世界の主な国々

※赤シートで国名を隠して学習しましょう。

大学受験「一問一答」シリーズ

世界史一問一答【完全版】

4th edition

【監修】
東進ハイスクール・東進衛星予備校 講師
加藤 和樹
KATOU Kazuki

東進ブックス

はしがき

PRIFACE

世界史は、**「適切な努力」**を重ねれば飛躍的に成績が伸びる科目です。

では、「適切な努力」とは何なのか？　それは、**インプットとアウトプットを繰り返すこと**です。古代ローマ史を例にお話ししましょう。

インプットは、２段階に分けて考えてください。１段階目は**「世界史を理解すること」**です。まずは、塾や予備校、学校の授業、教科書や参考書など、何でも構いませんので、古代ローマ史の流れを最もわかりやすく自分自身に伝えてくれるものを探してみてください。それらを活用して歴史の流れを理解し、皆さん自身が古代ローマ史を友人に教えられるようになるのが理想です。ここでの注意点は、**「まだ、用語は覚えてなくても良い」**ということ。テキストなどを見ながらおおまかな流れが説明できるようになればOKです。

２段階目が「用語の暗記」です。その際に、本書を活用してください。古代ローマ史のおおまかな流れを理解したうえで、本書を使うと非常に効率よく用語の暗記ができます。

７～８割くらいインプットができたならば、次はいよいよアウトプット。市販の問題集などで構いませんので、古代ローマ史の問題を実際に解いてみましょう。その結果、自分の知識の曖昧だった部分が明確になりますよ。そこで見つかった“穴”を中心に、また本書を活用してインプットしなおす……これを**反復すること**で、古代ローマ史が次第に得意範囲となっていくのです。

以上が「適切な努力」の具体的な方法です。ここで注意してほしいのが、**本書をインプットの１段階目には用いないこと**です。全体の流れが理解できていないのに「一問一答」集で用語の暗記を進めていくと、「用語だけは知っているけれど、意味はわかっていない」、つまり、「努力はしているけれど、成績は伸びない」という残念なパターンに陥ってしまいます。本書の有効活用方法は、とにかく**「インプットの２段階目！」**を意識してください。

本書を監修するうえで、インプットの２段階目として最も威力が発揮できるように以下の点を工夫しています。

①学習優先度を明確にするために、すべての問題に頻出度（★印）を示した。
②文中の重要用語は赤文字、理解しておくべきポイントは**太文字**で示した。
③問題文の関連知識や注意点などを注釈として掲載した。

このように工夫を凝らした本書ではありますが、皆さん自身が本書を使い込む中で、間違ってしまった点や知らなかった知識を補足するなどして、**自分色にバージョンアップ**してほしいと思います（書き込み大歓迎！）。受験会場で本書を見た際に積み重ねてきた努力が実感できるよう、ボロボロになるまで使いこなしてもらえると幸いです。

「世界史」は努力を裏切りません。 皆さんにとって、本書が世界史学習の救世主になるよう祈っています！

監修によせて
加藤 和樹

【改良・改善点】

□1 「世界史探究」「歴史総合」に対応

▶「**世界史探究**」の教科書や**最新の入試傾向**も踏まえ、未収録の重要用語・基本用語を収録（修正）しました。また、共通テスト「**歴史総合**」の対策もできるよう、「歴史総合」の重要用語を問う問題にはアイコンをつけて明示しました。

□2 新傾向を踏まえた「頻出度」の見直し

▶近年の入試傾向を分析すると、瑣末（さまつ）な用語の暗記問題は減少することが予想されます。そのため、本書では各用語の頻出度（★★★〜　）の大幅な見直しを行いました。自分の目標に合わせて、覚えるべき用語が一目でわかります。

□3 「記述・論述問題」で問われやすいポイントも掲載

▶国公立大の「記述・論述問題」などで問われやすいポイント（出来事の流れや因果関係など）も掲載しました。単に用語知識を覚えるだけではない、「探究」にも対応した一問一答集になっています。

□4 重要問題の「朗読音声」を新規制作

▶世界史の「流れ」をつかむために重要な問題文（★★★の問題文）を朗読した音声を新規制作。スマホ等で二次元コード（☞P.5下）を読み取ると、その音声が再生されます。音声を何度も繰り返し聞き流し、耳からも世界史の要点や流れを定着させましょう。

本書の特長

SPECIAL FEATURES

最短距離で得点力が上がる

用語集などに掲載されている「世界史用語」は全部で6,000語程度ありますが、時間の限られた受験生がそれらをすべて覚えることはまず不可能です。

では、**受験生は何をどこまで覚えればよいのか**。そのテーマを長年集計・分析してきた結果を簡潔に示したのが下のグラフです。大ざっぱにいうと、入試で問われる（可能性がある）用語はたくさんあるものの、そのうち、**頻出度の高い順に約３～４割（★★★）を覚えるだけで70%得点でき、約半分（★★★＋★★）を覚えれば80%も得点できる**ということです。逆に、頻出度の低い用語をいくら頑張って覚えても、そもそも入試で問われることが少ないため、あまり得点の伸びには結び付きませんし、近年はますますその傾向が強まっています。

また、世界史の用語は、志望校レベルによっても「出る用語」と「出ない用語」があるため、本書のような一問一答集をやる場合、覚えるべき用語の選別が非常に大切になってきます。つまり、**「どの用語を重点的に覚えればよいのか」という選択は、大学受験の合否を確実に左右します**。本書では、頻出度を★印でシンプルに表すことにより、自分の志望校レベルに合わせて、「解くべき問題」や「飛ばしてもよい問題」が一目でわかるようになっています。

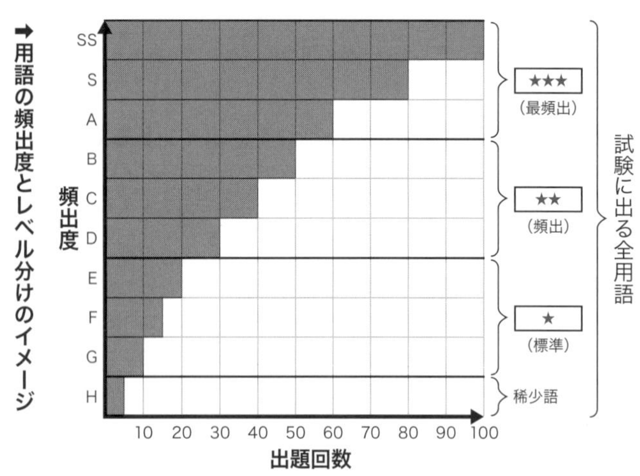

大学入試に必要な用語を完全収録

大学入試に出題された世界史用語を、本書収録の用語がどのくらいカバーしているのかを表したのが「カバー率」です。例えば、テストで「アショーカ王」や「黄巾の乱」など、世界史用語が合計 100 語出題されたとします。その 100 語のうち 98 語が本書に収録されてあった（残りの２語は未収録だった）とすれば、カバー率は 98%となります。

本書収録の用語
（延べ 6,079 語※／3,591 問）
※空所の数（文中の赤文字は除く）
入試に出た用語
カバーしている用語
カバーしていない用語

本書では、共通テストや中堅私大はもちろん、明青立法中・関関同立などの有名私大、早慶などの難関私大、旧七帝大などの国公立大を中心に、各入試問題で問われた用語を集計して分析。大学入試における「カバー率」を極限にまで高められるよう、掲載する問題や注釈の内容を追求しました。カバーしていない用語は、選択肢の中の「ひっかけ」などとして出ただけの用語（＝正解に関係なく無視してよい用語）がほとんど。本書の知識を完璧に身につけておけば、用語の知識が関係する問題において、ほぼ全試験で満点近くを取ることができるといえます。

【速報】2024 年度共通テストカバー率：100%（163/163 語）

「なぜ」と「流れ」がわかる　（音声付き）

本書は、世界史の「なぜ」（＝因果関係）と「流れ」がわかりやすいように問題文を並べています。また、出来事の因果関係がわかりづらい場合は注釈を適宜補足しました。これにより、旧来の一問一答集よりもはるかに歴史の「なぜ」と「流れ」がわかりやすい構成になっています。

さらに、世界史の「流れ」に関わる問題文（★★★の問題文）の朗読音声を新規制作。スマホ等で右の二次元コード（➡）を読み取ると、音声が再生できます。音声は、歴史・教育系のナレーションに特化したプロのナレーターが朗読。最高レベルの品質と覚えやすさを実現しました。音声を何度も繰り返し聞き流し、耳からも世界史の要点や流れを定着させましょう。

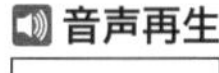

本書の使い方

HOW TO USE

本書は、下図のような一問一答式の用語問題集です。赤シートやしおりで正解欄を隠す基本的な学習（1）の他、問題文の赤文字を隠す（正解欄は隠さずに見る）という応用（2）も可能。右ページにある「スパイラル式」の学習もオススメです。自分に合った学習法で、効率的に世界史の得点力を上げていきましょう。

1 正解欄を隠して学習する（基本）

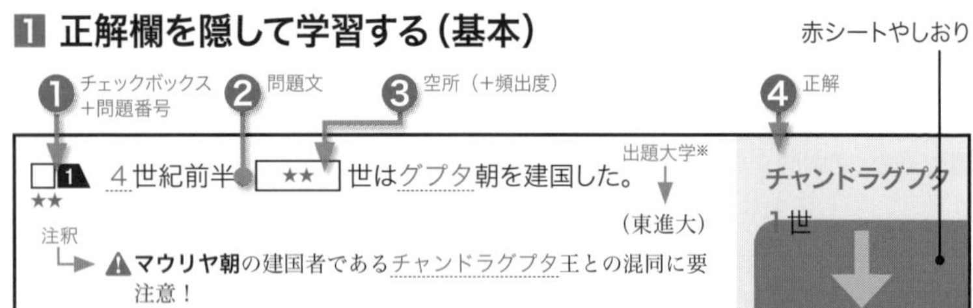

※共通テスト試行調査を出典とする問題は，「試行調査」と表記

2 問題文の赤文字を隠して学習する（応用）

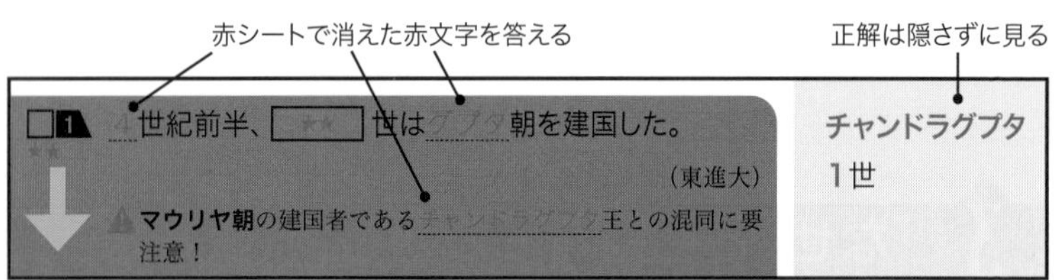

〈凡例〉

❶＝**チェックボックス＋問題番号**。間違った問題に✔を入れ，復習などで活用しましょう。

❷＝**問題文**。大学入試問題を抜粋して（一問一答式に適宜改変して）収録しています。

赤文字…★★★～★★レベルの重要用語（一部★レベルの用語も含みます）

太文字…理解しておくべきポイント

歴総…「歴史総合」の重要問題（用語）

【注釈の種類】

◆…関連知識や補足事項

☞…学習時のアドバイス

⚠…注意点（受験生がよく間違える点）

❸＝**空所（＋頻出度）**。重要な用語や知識が空所になっています。空所内の★印は、大学入試における頻出度を４段階で示したものです。

※同じ用語で★の数が異なるものは、その用語の問われ方の頻度の違いによるものです。

※チェックボックス下の★印は、問題文中の空所で最も多い★の数を表示しています。

❹＝**正解**。なるべく空所と「同じ行の位置」に正解がくるようにしています。正解と正解の間は黒いカンマ（,）で区切っています。

（　）…別解　　［　］…省略してもよい

なお、世界遺産には「世界遺産」マークを付けています。

「頻出度」とスパイラル式学習法

本書の問題は、過去の入試問題などに関して、その「頻出度」を下記のように４段階で明示しました。

学習法としては、**まず［★★★］の用語だけ完璧にしてください。**［★★★］が完璧になったら、次は［★★］に挑戦です。このとき、［★★］**を解きながら**［★★★］**も一緒に解き**ましょう。そして、［★★］もマスターした後、［★］に進むときは、［★］を解きながら［★★★］と［★★］も一緒に解く。このように学習することによって、**頻出度の高い用語を優先的に強化する**ことができます。これが、一問一答集で最も効率的な“**スパイラル（らせん）式**”学習法です。

	【1周目】の学習▼	【2周目】の学習▼	【3周目】の学習▼
★★★	○	○	○
★★		○	○
★			○

頻出度の高い用語を優先的に覚えられる

（問題数／空所の延べ数）

［★★★］＝最頻出レベル　1,933問／3,166個

▶星３つの用語は、すべての受験生に覚えてほしい**共通テスト**レベルの**最頻出**用語です。問題文（正解含む）の**音声**（☞P.5下参照）も活用して、まずはこの用語を完璧にしましょう。

［★★］＝頻出レベル　1,303問／2,257個

▶星２つの用語は、**一般的な私大（中堅私大）・国公立大**で合格点を取るために必要な重要用語です。普通の受験生は、ここまではマスターしましょう。時間の許す限り、星３つの問題と一緒に解いてください。

［★］＝難関レベル　355問／656個

▶星１つの用語は、**有名私大**（明青立法中・関関同立レベル）や**難関私大**（早慶レベル）で高得点を取るためには覚えておきたい用語です。星３つ・星２つの問題と一緒に解いてください。ここまで完璧にすれば、世界史の偏差値は70を超えることでしょう。

［　］＝超ハイレベル

▶星無しの用語は、ほとんどの教科書や用語集に載っていない**超ハイレベル用語**です。マニアックな稀少語ではありますが、「旧課程の入試」では稀に出題されていた用語であるため、一部の大学入試（の選択肢など）で出る可能性はあります。世界史が好きで「世界史では誰にも負けたくない！」という人は、目を通しておいて損はないでしょう。

目　次

CONTENTS

Ⅷ 近代ヨーロッパ世界の拡大と展開

Ⅸ 近代国民国家の発展

Ⅹ 帝国主義とアジア諸地域の民族運動

Ⅺ 2つの世界大戦

第3部 現代

XII 冷戦の時代

XIII 現代の世界

本書で使用する国名の略称

米＝アメリカ	中＝中国
英＝イギリス	独＝ドイツ
伊＝イタリア	日＝日本
印＝インド	仏＝フランス
墺＝オーストリア	普＝プロイセン
ソ＝ソ連	露＝ロシア

0

先史時代

□1 ★★★ 人類の進化の段階は、古い順に［★★★］人(じん)→［★★★］人→［★★★］人→［★★★］人である。（明治大）
◆化石骨の発見により知られた人類を化石人類（古生(こせい)人類）という。
猿(えん)人，原(げん)人，旧(きゅう)人，新(しん)人

□2 1000万〜700万年前、人類はゴリラやチンパンジーなどの［　］から分かれたとされる。（予想問題）
類人猿(るいじんえん)

□3 ★★ 人類の特徴は、［★★］歩行、［★★］の使用や製作である。（駒澤大）
直立二足(ちょくりつにそく)歩行，道具(どうぐ)

□4 ★★★ 最古の化石人類は、約700万年前に登場した［★★★］人で、打製石器の［★★］を使用した。（早稲田大）
猿(えん)人，礫石器(れきせっき)

□5 ★ アフリカのチャドで発見された［★］は、現在**最古とされる化石人骨**で、約700万年前に生息していたとされる。（早稲田大、立命館大）
サヘラントロプス

□6 ★ **エチオピア**で発見された［★］猿人は、約440万年前に生息していたとされる。（立命館大）
ラミダス猿人

□7 ★★★ 約420万年前、**アフリカ**には猿人の［★★★］が生息していた。（立命館大）
◆アウストラロピテクスは「**南のサル**」という意味。脳容量はサヘラントロプスやラミダス猿人より若干大きく、直立二足歩行はさらに進化したとされる。
アウストラロピテクス

□8 ★★★ 約240万年前に**アフリカ**に出現した［★★★］人は、猿人に比べて脳容量が大きく、アフリカから［★］大陸へと広がった。（中央大）
原(げん)人，ユーラシア大陸

□9 ★★ 原人は、ハンドアックス（握斧(にぎりおの)）などの［★★］石器を作り、火を使用した。（早稲田大）
打製(だせい)石器

□10 ★★ **東アフリカ**で発見された原人には、約240万年前に出現した［★★］、約180万年前に出現した［★］がいる。
◆ホモ=ハビリスは「**器用な人**」を意味する。（立教大、立命館大）
ホモ=ハビリス，ホモ=エレクトゥス

□11 ★★★ アジアで発見されたホモ=エレクトゥスには、インドネシアの［★★★］や、北京(ペキン)の［★★★］がいる。（早稲田大）
◆北京原人は、北京南西の**周口店**(しゅうこうてん)の猿人洞で発見された。
ジャワ原人(げんじん)，北京(ペキン)原人(げんじん)

□12 19世紀、オランダの［　］はジャワ島のトリニールでジャワ原人の化石人骨を発見した。（早稲田大）
デュボワ

□13 ★★★ 約60万年前、西アジアとヨーロッパに［★★★］人が出現した。（立教大）
旧(きゅう)人

□14 ★★ 旧人は、［★★］石器を使用した。（早稲田大）
剝片(はくへん)石器

□15 ★★★ **ドイツ**で発見された旧人の［★★★］人は、約20万年前にヨーロッパに出現し、埋葬(まいそう)の習慣を特徴としていた。（立教大）
ネアンデルタール人

□16 ★★★ 約20万年前、**アフリカ**に出現した［★★★］人は、数万年前までにヨーロッパやユーラシア大陸へ広がり、1万年前までに南北アメリカ大陸へ到達した。（京都府立大）
新(しん)人

□17 ★ 新人は、**現生人類**である［★］に属する。（予想問題）
◆ホモは「人間」、サピエンスは「知恵」を意味するラテン語。
ホモ=サピエンス

□18 ★★★ 新人の代表例には、**フランス**の［★★★］人、**中国**の［★★］人、**イタリア**のグリマルディ人がいる。（早稲田大）
クロマニョン人，周口店上洞人(しゅうこうてんじょうどう)

□19 ★ 約1万4000年前、新人はユーラシア大陸と陸続きだった**アメリカ大陸**の［★］に渡った。その後［★］海峡が形成されると、アメリカ大陸では独自の文明が発達した。（立教大）
アラスカ，ベーリング海峡

□20 ★★★ 約250万～約1万3000年前の打製石器が用いられた時代を［★★★］時代といい、地質年代としてはほぼ［★★★］世に相当する。（立命館大）
旧石器(きゅうせっき)時代，更新(こうしん)世

▼地質年代のおおよその区分（年代は目安）　※現代は完新世

←700万年前	←250万年前	←60万年前	←20万年前	←1万1700年前
	更新世			完新世
	旧石器時代			新石器時代
←猿人出現	←原人出現	←旧人出現	←新人出現	

□21 ★ 旧石器時代の人々は、**石を打ち割り**鋭利な刃を付けた［　］や、**動物の骨を加工**した［★］で矢尻(やじり)や槍先(やりさき)を作り、**狩猟・採集生活**を行った。（京都府立大）
石刃(せきじん)，骨角器(こっかくき)

□22 ★★★ 約1万年前に氷期が終わり、温暖化が進むと、人々は**狩猟・採集・漁撈中心**の [★★★] 経済から、**家畜飼育・農耕中心**の [★★★] 経済へ転換した。（立教大）

獲得経済, 生産経済

⚠獲得経済→生産経済の順番に要注意！

□23 ★★★ フランス西南部の [★★★] は、旧石器**時代末期**の**洞穴絵画遺跡**で、牛や馬が描かれた。（センター）

ラスコー 世界遺産

□24 ★★ スペイン北部の [★★] は、旧石器**時代後期**の**洞穴絵画遺跡**で、動物の群れなどが描かれた。（名古屋大）

アルタミラ 世界遺産

⚠**フランス**のラスコーと**スペイン**のアルタミラの混同に要注意！どちらも入試では図版として出題されることが多いため、資料集などで必ず確認しておこう。

□25 ★★★ [★★★] 時代に入ると、**農耕の発達**にともない、石斧、石臼などの [★★] 石器が登場した。（早稲田大）

新石器時代, 磨製石器

□26 ★★ 新石器時代には [★★] が作られ、食料の備蓄や煮炊き、儀式などに用いられた。（青山学院大）

土器

□27 ★★ 約1万1700年前から現在までは [★] 期にあたり、地質年代としては [★★] 世である。（立命館大）

間氷期, 完新世

◆旧石器時代が終わる時期とほぼ同時期に間氷期が始まった。

□28 ★ 約9000年前、**西アジア**では [　] を主とする穀物栽培や家畜飼育が始まった。ヨルダン川西岸の [★] やイラク東北部の [★] は、最も古い初期農耕集落遺跡である。（立教大、早稲田大）

麦, イェリコ, ジャルモ 世界遺産

□29 ★ 中国では**新石器時代**の [★] が出土し、赤・白・黒・茶などの顔料で**幾何学文様**が描かれていた。（立教大）

彩文土器（彩陶）

□30 ★★★ 金属器時代に入ると、銅と錫の合金を用いた [★★★] が登場した。（早稲田大）

青銅器

◆青銅器は前4000年頃から西アジアで使用されるようになったと推定され、のちにヨーロッパや中国でも用いられた。また、前2000年頃からは、西アジアで鉄器の使用が始まり、鉄を作り出す冶金術が各地へと広まったとされる。

□31 ★★★ 文字による記録が存在しない時代を「[★★★]」といい、それ以降の、文字による記録がされるようになった時代を「[★★★]」と呼ぶ。（京都大）

先史時代, 歴史時代

第Ⅰ部
前近代

PREMODERN HISTORY

Ⅰ　古代オリエントと地中海世界

Ⅱ　イラン・南アジア・東南アジア世界の成立

Ⅲ　前近代の東アジア世界

Ⅳ　イスラーム世界の成立と発展

Ⅴ　ヨーロッパ世界の成立と発展

Ⅵ　アジア諸地域の発展

I

古代オリエントと地中海世界

40…15 14 13 12 11 10 9 8 7 6 5 4 3 2 1 BC AD 1 2 3 4 5 6 7 8 9 10 11 12 13 14 15 16 17 18 19

1 オリエントの諸国家①（メソポタミア）

ANSWERS □□□

□1 ★★★ [★★★] はティグリス川とユーフラテス川の流域地方で、「**川の間の土地**」を意味する。（立教大）

メソポタミア

□2 ★ メソポタミア文明は、メソポタミア・シリア・パレスチナにかけての「[★]」と呼ばれる地域で発達した。（センター、早稲田大）

肥沃(ひよく)な三日月地帯(みかづきちたい)

□3 ★★★ メソポタミアでは、自然の雨水に頼らず人工的に耕地に水を供給する [★★★] 農業の技術が発達した。（京都府立大、立教大）

灌漑(かんがい)農業

□4 ★★ 灌漑農業が始まると、[★] などの穀物生産が可能となり、多くの人口を養えるようになった。そして共同体が発達し、[★★] が成立した。（東京大、神戸女学院大）

麦(むぎ)，
都市国家(としこっか)

□5 ★★★ 歴史上最初に**都市文明**を築いたとされるのは、系統不明の民族の [★★★] 人である。（センター）

シュメール人

□6 ★★★ シュメール人は、最古の文字である [★★★] 文字を作った。（北海道大、東京大）

楔形(くさびがた)文字 型×

□7 ★★★ 楔形文字は主に [★★★] に記された。（センター）

◆碑文(ひぶん)に刻まれて記された例もある。

粘土板(ねんどばん)

□8 ★★★ シュメール人は、ユーフラテス川沿いの [★★★]、そのやや上流の [★★★]、その北のラガシュなどの都市国家を建設した。（東京経済大、早稲田大）

ウル，
ウルク　世界遺産

□9 ★★ シュメール人の都市国家では、王を**神**または**最高位の神官**とする [★★] 政治が行われ、**階級社会**が形成された。（センター、関西学院大）

◆古代メソポタミアの都市国家では、**神官**が政治的権力を持っていた。

神権(しんけん)政治

□10 ★★ シュメール人は［★★］と呼ばれる**聖塔**を建設した。（関西学院大）

ジッグラト 世界遺産

□11 ★★ 『［★★］』は『旧約聖書』の「**創世記**」にある洪水伝説の原型になったといわれる。（京都大、東京経済大）

◆ウルクの王ギルガメシュの冒険の物語。

ギルガメシュ叙事詩

□12 ★★★ 前24世紀頃、アラビア方面から移動した［★★★］語系の［★★★］人が**メソポタミア初の統一国家を建設**した。（京都大）

セム語系, アッカド人

□13 ★★ アッカド王国の創始者は［★★］である。（早稲田大）

サルゴン［1世］

□14 ★ **ウル第3王朝**を興した［★］は、**最古の法典**といわれる［★］法典を作った。（学習院大）

ウルナンム, ウルナンム法典

□15 ★★★ 前19世紀、シリア方面から侵入した［★★★］人は、［★★★］を都とするバビロン第1王朝を建国した。（成蹊大、早稲田大）

◆バビロンは現在イラクの世界文化遺産に登録されている。

アムル人, バビロン 世界遺産

□16 ★★★ バビロン第1王朝は、**全メソポタミアを統一**した第6代［★★★］王の時代に全盛期を迎えた。（早稲田大）

ハンムラビ王

□17 ★★★ ハンムラビ王は、［★★★］法典で全メソポタミアの多くの民族を統治した。（明治大）

◆アッカド語で書かれたハンムラビ法典は、楔形文字で石碑に刻まれている。20世紀初頭、フランスの調査隊がスサで発見した。

ハンムラビ法典

□18 ★★ ハンムラビ法典は「**目には目を、歯には歯を**」という言葉に象徴される［★★］の原則を定めている。（早稲田大）

⚠同害復讐が原則ではあったが、**身分によって刑罰に差があった**ことに要注意！

同害復讐

□19 ★★★ 前17世紀半ば頃、インド=ヨーロッパ語族の［★★★］は**小アジア（アナトリア）**に王国を建てた。（東京大）

ヒッタイト

□20 ★★ ヒッタイトは［★★］に都を置いた。（予想問題）

ハットゥシャ

□21 ★★ ヒッタイトは初めて［★★］武器を実用化し、戦車や馬を駆使して勢力を伸ばした。（学習院大、早稲田大）

鉄製武器

□22 ★★★ 前16世紀初め、ヒッタイトは［★★★］を滅ぼした。（早稲田大）

バビロン第1王朝

□23 ★★★ ヒッタイトは「 ★★★ 」と呼ばれる集団に滅ぼされた。 (学習院大、早稲田大)

海の民

◆「海の民」とは、前13世紀末〜前12世紀初めにかけて東地中海一帯を混乱させた諸民族集団の総称。

◆古代世界では、青銅に比べて**圧倒的な強度を誇る鉄**の生産が重要な意味をもっていた。ヒッタイト滅亡後、独占していた**製鉄技術**がシリアやエジプト、メソポタミアなどにも普及した。

□24 ★★ バビロン第１王朝滅亡後、メソポタミア南部では、 ★★ 人がバビロニアを支配し、メソポタミア北部では ★★ 王国が領土を広げた。 (東京経済大、西南学院大)

カッシート人, ミタンニ王国

◆カッシート人は**バビロン第３王朝**を建てた。

□25 ★★ シュメール人は ★★ 法という記数法を発明した。 (センター、成蹊大)

六十進法

◆**１週７日制**の風習を始めたのもシュメール人である。

□26 ★★★ メソポタミアでは月の満ち欠けに基づく ★★★ 暦が使用されていたが、後に太陰太陽暦の要素が加わった。 (早稲田大)

太陰暦

2 オリエントの諸国家②(エジプト)

ANSWERS □□□

□1 ★★★ エジプトでは、 ★★★ 川の上流から運ばれる肥沃な土壌を利用した農業が行われた。流域には ★★ という集落が誕生し、**豊かな穀物生産**による文明が栄えた。 (東京大、上智大)

ナイル川, ノモス

□2 ★★★ 古代ギリシアの歴史家 ★★★ は、『歴史』の中で「**エジプトは** ★★★ 」と記した。 (立教大)

ヘロドトス, ナイルのたまもの

□3 ★★★ 前3000年頃に統一政権ができてからのエジプトの王朝時代は大きく ★★★ 王国、 ★★★ 王国、 ★★★ 王国の３つに区分される。 (予想問題)

古王国, 中王国, 新王国

▼エジプトの王朝

前27世紀〜前22世紀	前21世紀〜前18世紀	前1567年〜前1085年
古王国	中王国	新王国
メンフィス	テーベ	テーベ➡テル=エル=アマルナ

□4 ★★★
古代エジプトでは、**太陽神** [★★★] を中心とする多神教に基づき、**霊魂**（れいこん）**の不滅と死後の世界**の存在が信じられた。　（センター、京都橘大）

ラー

□5 ★★★
古代エジプトの王は太陽神ラーの子とされ、[★★★] と呼ばれた。　（センター）

ファラオ

□6 ★★★
前27世紀から、[★★★] を都とする古王国が栄えた。　（センター）

☞メンフィスは、ナイル川が地中海に向かって大きく枝分かれしていく直前に位置する。資料集などで確認しておこう。

メンフィス

□7 ★★
ギザの**三大ピラミッド**は、[★★] 王、カフラー王、メンカウラー王の３人のものを指す。　（上智大）

クフ王

□8 ★
[★] は人面獣身の彫刻で、ギザの**カフラー王のピラミッド**のそばにあるものが有名である。　（上智大）

◆スフィンクスはバビロニアにも存在し、ギリシアでも謎かけの伝説で知られている。

スフィンクス

□9 ★★★
中王国は [★★★] を都とした。　（京都府立大）

テーベ

□10 ★★★
中王国末期、アジア系民族の [★★★] が**シリア方面**からエジプトに入り、第15王朝を興（おこ）した。　（学習院大）

ヒクソス

□11 ★
新王国時代の第18王朝の [★] 世は、シリアやナイル川上流のヌビア地方を征服し、**最大版図**（はんと）を築いた。　（上智大）

トトメス３世

□12 ★★★
新王国時代、テーベの守護神アメン（アモン）と太陽神ラーが結合した [★★★] の信仰が盛んとなった。　（高崎経済大）

アメン（アモン）＝ラー

□13 ★★★
前14世紀、新王国の王 [★★★] 世は、都をテーベから [★★★] に移した。　（同志社大）

◆ナイル川東岸に作られたテル＝エル＝アマルナは、**テーベとメンフィスの中間**に位置する。

アメンヘテプ４世，テル＝エル＝アマルナ

□14 ★★★
アメンヘテプ４世は、アメンを奉じる神官団を抑えるため、太陽神 [★★★] への信仰を強制する**宗教改革**を行い、名を [★★★] と改めた。　（センター、京都大）

◆アクエンアテン（イクナートン）とは「アテンに有益なる者」という意味。なお、次の王は**黄金のマスク**で有名な**ツタンカーメン**である。

アテン（アトン），アクエンアテン（イクナートン）

□15 ★★
アメンヘテプ4世の宗教改革の影響を受け、伝統にとらわれない**自由で写実的**な［★★］美術が現れた。（中央大）

アマルナ美術

□16 ★
アメンヘテプ4世の妃［★］の胸像は、アマルナ美術の代表作として知られている。（上智大）

◆ありのままを表現しようとする**写実的なアマルナ美術**の代表作。目のふちに濃く引かれたアイシャドウには、強い太陽光線を和らげたり、伝染病から目を守る効果があったといわれる。

ネフェルティティ

□17 ★
新王国時代の前1275年頃（または前1286年頃）、エジプトとヒッタイトは［★］の戦いを起こした。（上智大）

◆外征に積極的であったエジプト新王国のラメス（ラメセス）2世と、ヒッタイト王ムワタリとの間で起こった戦い。この戦いの講和条約は、**世界最古**の国際条約といわれている。

カデシュの戦い

□18 ★★★
エジプトでは、**碑文**（ひぶん）**や石棺**（せっかん）などに刻まれる**象形文字**（しょうけいもじ）の［★★★］文字と、**パピルス**に書かれる［★］文字が用いられていた。（明治大）

神聖（しんせい）文字，民用（みんよう）文字

□19 ★★★
ナポレオン**のエジプト遠征**で発見された［★★★］には、上段に神聖文字（［★★★］）、中段に民用文字（［★★］）、下段にギリシア文字が刻まれていた。（東京大、立教大）

ロゼッタ=ストーン，ヒエログリフ，デモティック

□20 ★★★
1822年、フランスの［★★★］はロゼッタ=ストーンの銘文（めいぶん）を参照して、ヒエログリフの解読に成功した。（京都大、成蹊大）

シャンポリオン

□21 ★
ヒエログリフを簡略化した［★］は、行政文書や宗教文書などに使用された。（予想問題）

神官文字（しんかんもじ）（ヒエラティック）

□22 ★★★
古代エジプトでは、副葬品として、死者の来世での幸福を祈念する「［★★★］」が作られた。（京都府立大、早稲田大）

死者の書（ししゃのしょ）

□23 ★★
古代エジプトでは、霊魂の不滅を信じて［★★］が作られた。（東京経済大）

ミイラ

□24 ★★★
古代エジプトでは、**死後の審判**を行う［★★★］神が信仰されていた。（名古屋大）

◆オシリス神は**ミイラ**の姿をした冥界（めいかい）の神である。

オシリス神

□25 ★★★
古代エジプトでは、1年を365日とする［★★★］暦が用いられた。（センター）

太陽暦（たいようれき）

3 セム語系諸民族とオリエントの統一

ANSWERS □□□

□1 ★★★ セム語系民族の [★★★] 人は、ダマスクスを中心に**内陸貿易**で活躍した。（京都大、青山学院大）

◆アラム人は、ラクダを利用して進出した。

アラム人

□2 ★★★ [★★★] 人は地中海東岸に拠点を作り、**海上貿易**で活躍した。（中央大）

フェニキア人

□3 ★★★ [★★★] 語は**オリエント商業の共通語**となり、アッシリアや [★] **朝の公用語**としても用いられた。（関西学院大）

◆**パレスチナ生まれ**のイエスも、アラム語を用いたとされる。

アラム語, アケメネス朝

□4 ★ アラム文字は、右から左に書く [★] 文字で、西アジアではアラビア文字のもととなった。（慶應義塾大）

◆ヘブライ文字、東方のソグド文字、ウイグル文字、満洲文字などの母体にもなった。

表音（ひょうおん）文字

□5 ★★★ フェニキア人は東地中海沿岸の [★★★] と [★★★] に都市国家を作り、アフリカ北岸からイベリア半島にかけて [★] を建てた。（東京大、青山学院大）

◆ティルス・シドンは現在のレバノン付近に位置する。フェニキア人はミケーネ文明滅亡後の前12世紀頃から、**レバノン杉**で作られたとされる船を用いて地中海貿易を独占した。

世界遺産

ティルス，シドン ※順不同，

植民市（しょくみんし）

□6 ★★★ 前９世紀、ティルス出身のフェニキア人は、現在の**チュニス**に植民市 [★★★] を建設した。（センター）

◆チュニスは現在のチュニジア共和国の首都。カルタゴはポエニ戦争でローマに徹底的に破壊されたが、ローマ帝政期にキリスト教文化の拠点として再建された。

カルタゴ 世界遺産

□7 ★★★ フェニキア人は [★★★] 文字を作り、これがギリシア人に伝わって [★★★] に発展した。（北海道大）

◆フェニキア文字は22の子音からなる表音文字で、**シナイ文字**をもとに作られたとされる。

フェニキア文字, アルファベット

□8 ★★ ユダヤ人とは、ユダヤ教成立以降の [★★] 人を指す。（上智大）

◆現在のイスラエル法では、ユダヤ人の定義は、ユダヤ人の子や孫、配偶者、ユダヤ教に改宗した者を指す。彼らは「**イスラエル人**」と自称したが、一般には**ヘブライ人**と呼ばれる。

ヘブライ人

□9 ★★★
ヘブライ人を率いて「出(しゅつ)エジプト」を行った [★★★] は、その途上で唯一神 [★★★] から十戒(じっかい)を授かった。 (九州大)
→ モーセ, ヤハウェ

◆神の言葉を預かった者として、モーセは**預言(よげん)者**とされている。

□10 ★★
前11世紀頃、**ヘブライ人**はイスラエル王国を建設し、第2代 [★★] 王と第3代 [★★] 王の時代に最盛期を迎えた。 (早稲田大、京都女子大)
→ ダヴィデ王, ソロモン王

□11 ★★★
ソロモン王の没後、イスラエル王国は分裂し、北にイスラエル王国が、南に [★★★] 王国が成立した。 (明治大)
→ ユダ王国

□12 ★★★
イスラエル王国は [★★★] の**サルゴン2世**に、ユダ王国は新バビロニア（カルデア）の [★★] 世に滅ぼされた。 (南山大、京都女子大)
→ アッシリア, ネブカドネザル2世

□13 ★★★
前586年、ネブカドネザル2世はユダ王国の住民を強制移住させた。この出来事を [★★★] という。 (京都府立大、京都女子大)
→ バビロン捕囚(ほしゅう)

◆バビロン捕囚は、前586年〜前538年までの約50年間で、二度にわたって行われた。

□14 ★★★
アケメネス朝の [★★★] 世が新バビロニアを滅ぼしたことでバビロン捕囚を解かれたユダヤ人は、故国に帰り [★★] に神殿を再建し、ユダヤ教を成立させた。 (早稲田大)
→ キュロス2世, イェルサレム

□15 ★★★
ユダヤ教は [★★★] を**唯一神**とし、「ユダヤ人こそが神に選ばれた民(たみ)として救済される」という [★★★] を持つ。 (試行調査)
→ ヤハウェ, 選民思想(せんみんしそう)

◆古代オリエント世界では多くの地域が**多神教**信仰であったが、ユダヤ教は**一神教**信仰であった。

□16 ★★
ユダヤ教は、**律法（トーラー）を遵守(じゅんしゅ)**する [★★] 派などの宗派に分かれていた。 (学習院大)
→ パリサイ派

◆イエスはパリサイ派を**形式主義だとして批判**した。

□17 ★★★
前2000年紀初め、セム語系の民族は北メソポタミアに [★★★] 王国を興(おこ)した。前15世紀、王国は一時期 [★★] 王国に服属した。 (西南学院大)
→ アッシリア王国, ミタンニ王国

□18
アッシリア王国は、アナトリア各地との [　] 貿易で繁栄した。 (学習院大)
→ 中継(ちゅうけい)貿易

□19 ★★ 前8世紀、アッシリアは騎馬隊や戦車、［★★］武器を使用してオリエント一帯に勢力を広げた。（神戸学院大）

鉄製（てつせい）武器

□20 ★★ アッシリア王国は、［★★］を都とした。（西南学院大）

ニネヴェ

□21 ★★★ アッシリアは、前7世紀半ばの［★★★］の時代にメソポタミアからエジプトを含む**最大版図**（はんと）となったが、強圧的な政策が反発を招き、王の死後、前612年に事実上滅亡した。（同志社大）

アッシュルバニパル

◆都のニネヴェに**大規模な図書館**を建設した王であり、遺跡からは大量の粘土板が出土された。

□22 ★★★ アッシリア滅亡後、オリエントでは**イラン北西部**の［★★★］・**アナトリア**の［★★★］・**メソポタミア**の［★★★］・エジプトの**4**つの王国が分立していた。（同志社大）

メディア，リディア（リュディア），新（しん）バビロニア（カルデア）

◆メディアとリディアはインド=ヨーロッパ語系である。

□23 ★★★ ［★★★］は、**最古の金属貨幣**を使用した。（センター）

リディア

□24 ★★ 新バビロニア王国は［★★］世の時代にメソポタミア・シリア・パレスチナなどを支配した。（同志社大）

ネブカドネザル2世

□25 ★★★ ネブカドネザル2世は、前586年にユダ王国を滅ぼし、その住民を都の［★★★］に強制移住させた。これを［★★★］という。（同志社大）

バビロン，バビロン捕囚（ほしゅう）

□26 ★★★ 前6世紀中頃、インド=ヨーロッパ語系の**イラン（ペルシア）人**がイラン高原に［★★★］朝を建て、前550年には［★★★］世がメディアを滅ぼして独立した。（学習院大、早稲田大）

アケメネス（アカイメネス）朝，キュロス2世

□27 ★ 前525年、アケメネス朝の［★］世が**エジプト**を征服し、全オリエントを再統一した。（早稲田大）

カンビュセス2世

□28 ★★★ アケメネス朝は第3代の王［★★★］世の時代に大帝国に発展し、東はインダス川、西はエーゲ海北岸に至る領土を築いた。（京都大、南山大）

ダレイオス1世

□29 ★ ［★］は、ダレイオス1世の事績を刻んだ**戦勝記念碑**で、イギリスの［★］らはこれを手掛かりに楔形（くさびがた）文字を解読した。（早稲田大）

ベヒストゥーン碑（ひ）文（ぶん），ローリンソン

◆ベヒストゥーン碑文は、ペルシア語、バビロニア語、エラム語で記されている。

□30 ★★★
ダレイオス1世は**中央集権的**な支配体制を敷いた。全領土を約20の**州**に分割して［★★★］に統治させ、「［★★★］」「［★★★］」という王直属の監察官に巡回させた。（京都府立大、早稲田大）

知事（サトラップ），王の目，王の耳
※順不同

□31 ★★
ダレイオス1世は、スサとサルデス（サルディス）を結ぶ**国道**の「［★★］」を造った。（法政大）

◆サルデスはアナトリアの都市で、リディアの都だった。サルデスからイランのスサまでの距離はおよそ2,500kmである。

王の道

□32 ★★★
アケメネス朝は、街道に宿駅を設けて交代で物資や情報を運び伝える［★★★］制を整備し、地方と都を効率よく結んだ。（早稲田大）

◆駅伝制はアッシリアでも整備された。

駅伝制

□33 ★★★
ダレイオス1世は、イラン南西部の都市［★★★］の建設に着手した。（共通テスト）

◆ペルセポリスは**祭儀用の都市**として建設され、**行政の中心**は変わらずスサに置かれた。

ペルセポリス

□34 ★★★
前330年、アケメネス朝は［★★★］大王の東方遠征で滅亡し、旧領のほとんどは［★★］朝となった。（京都大）

◆アケメネス朝のダレイオス3世の軍は、前333年のイッソスの戦いと前331年のアルベラの戦いで、アレクサンドロス大王の遠征軍に敗北した。

アレクサンドロス大王，セレウコス朝

□35 ★★★
古代イラン人に信仰された［★★★］教は、善神（光明神）［★★★］と悪神（暗黒神）［★★★］とを対立させる**善悪二元論**に基づいた宗教である。（関西学院大）

◆現在もインド西岸部を中心に信仰されている。教祖のゾロアスターは実在の人物だが、活動時期には諸説ある。

ゾロアスター教，アフラ=マズダ，アンラ=マンユ（アーリマン）

□36 ★★
ゾロアスター教は火や光を崇拝したため、［★★］教とも呼ばれる。（関西学院大）

拝火教

□37 ★★
ゾロアスター教の［★★］や善悪二元論の考えは、**ユダヤ教やキリスト教に影響を与えた**。（センター）

最後の審判

4 エーゲ文明

ANSWERS □□□

□1 ★★★ 前3000年頃、オリエントの影響を受けて、東地中海沿岸に [★★★] 文明と呼ばれる**青銅器文明**(せいどうき)が誕生した。 (中央大)

エーゲ文明

□2 ★★★ 前2000年頃から前1400年頃にかけ、クレタ島を中心に [★★★] 文明が栄えたが、その民族系統は不明である。 (関西大)

◆クレタ文明は、神話に登場する王の名にちなんでミノア文明とも呼ばれる。

クレタ文明（ミノア文明）

□3 ★★★ クレタ文明の中心都市 [★★★] の宮殿には**城壁がなかった**ことから、**平和な海洋的性格**を持っていた文明であることがうかがえる。 (中央大)

クノッソス

□4 ★★ 20世紀初め、イギリスの考古学者 [★★] はクノッソス宮殿の遺跡を発掘した。 (法政大)

◆クノッソス宮殿の壁には色鮮やかなイルカのフレスコ画が描かれた。

エヴァンズ

□5 ★★★ ギリシア本土では、前1600年頃に南下したギリシア系の [★] 人が、ペロポネソス半島に [★★★] 文明を築いた。 (センター、早稲田大)

◆クレタ文明とミケーネ文明がエーゲ文明の代表。両文明ともに青銅器文明であった。

アカイア人, ミケーネ文明

□6 ★★★ ギリシア人は、ミケーネやその南方の [★★★] などに、巨石城塞(じょうさい)のある王宮を中心とした**小王国**をいくつも建設した。 (早稲田大、同志社大)

◆巨大な城塞から、**軍事的関心**の高さがうかがえる。

ティリンス 世界遺産

□7 ★★★ クレタ文明では [★★★] が使われていたが、完全な解読には至っていない。 (東京学芸大)

線文字(せんもじ)A

□8 ★★★ ミケーネ文明では、ギリシア人が線文字Aに学んで作った音節文字の [★★★] が使われていた。これは、1952年にイギリスの [★★★] らが解読した。 (早稲田大)

◆**粘土板**に残された線文字B文書の解読により、ミケーネ文明の担い手がギリシア人だと判明し、研究が進められた。

線文字(せんもじ)B, ヴェントリス

□9 ★★ ギリシア人は、**小アジア西北岸**の［★★］にも勢力を広げた。（同志社大）

トロイア（トロヤ）

□10 ★★★ 19世紀後半、ドイツの［★★★］はミケーネ文明や［★★］の遺跡を発掘した。（明治大）

シュリーマン，トロイア 世界遺産

□11 ★★ 前1200年頃、ミケーネ文明の諸王国は**突然破壊**され、その後ギリシアは［★★］時代と呼ばれる約400年間の混乱した時代に入った。（同志社大、西南学院大）

◆史料が乏しく、不明な点が多いことから暗黒時代と呼ばれた。ギリシアの青銅器文明が衰退・消滅していったが、鉄器が普及し始めたことから「**初期鉄器時代**」とも呼ばれる。

暗黒(あんこく)時代

5 ポリスの成立

ANSWERS □□□

□1 ★★★ 前8世紀頃より、ギリシア人有力者の指導で［★★★］が行われ、［★★★］と呼ばれる都市国家が形成された。この結果、社会は安定し、暗黒時代は終了した。（学習院大）

シノイキスモス（集住(しゅうじゅう)），ポリス

□2 ★★★ ポリスは、［★★★］という**神殿の丘**と［★★★］という**公共の広場**を中心に成立した。（中央大、同志社大）

アクロポリス，アゴラ 世界遺産

□3 ★★★ 各ポリスは独立しており、統一されることはなかったが、ギリシア人は［★★★］の神託(しんたく)などの**共通の文化や言語・宗教**を共有するものとして**同族意識**を形成した。（センター、跡見学園女子大）

デルフォイの神託

□4 ★★★ ギリシア人は自らを［★★★］、異民族を［★★★］と区別した。（センター、跡見学園女子大）

◆ヘレネスは「英雄ヘレンの子孫」、バルバロイは「わけのわからない言葉を話す者」の意味。

ヘレネス，バルバロイ

□5 ★★★ デルフォイには［★★★］神のアポロン神の神殿があり、各ポリスは重要事項の決定時にその**神託を重視**した。（関西学院大）

オリンポス12神

□6 ★★★ 前776年以来、古代ギリシアでは、4年に1度［★★★］の祭典が開催された。（東京大）

◆オリンピアの祭典は「オリンピック」の名の由来とされる。女人禁制で、期間中はすべての戦いが中止された。392年、ローマ皇帝テオドシウスが**キリスト教の国教化と異教信仰を禁止**したことで、開催が禁じられた。

オリンピアの祭典

□7 ★★★ 代表的な**ポリス**には、ドーリア人の [★★★] とイオニア人の [★★★] がある。（センター、同志社大）

スパルタ, アテネ

□8 ★★ ポリスの住民には、**自由人**の市民とこれに隷属する [★★] がおり、市民にも貴族と [★★] の区別があった。（明治大）

奴隷(どれい), 平民(へいみん)

□9 ★ ポリスの市民には [★] と呼ばれる**世襲農地**が分配され、市民は家族と数人の奴隷の労働力で農業を営み、経済的自立を保った。（立教大）

クレーロス

6 ギリシア人の植民活動

ANSWERS □□□

□1 ★★★ 人口増加による土地不足などを背景に、ギリシア人は前8世紀半ばから**地中海や黒海(こっかい)の沿岸**に [★★★] を建設した。**南フランス**の [★★] や**イタリア半島南部**の [★★] が代表例である。（同志社大）

◆マッサリア (Massalia) は現在の**マルセイユ** (Marseille)、ネアポリス (Neapolis) は現在の**ナポリ** (Naples)。

植民市(しょくみんし), マッサリア, ネアポリス

□2 ★★ 前7世紀に建てられたギリシア人植民市 [★★] は、現在のイスタンブルに位置しており、**地中海と黒海**を結ぶ**東西交通の要衝(ようしょう)**として栄えた。（東京大、上智大）

ビザンティオン

□3 ★ [★] はイタリア半島南東部のギリシア人植民市である。（南山大）

タレントゥム

□4 ★★ 数学者アルキメデスは、**シチリア島**のギリシア人植民市 [★★] の出身である。（青山学院大）

シラクサ

7 スパルタの国政

ANSWERS □□□

□1 ★★★ ドーリア人のポリスのスパルタでは、**半自由民**の [★★★] が**商工業の生産活動**に従事した。（東京大）

◆参政権を持っていたのは完全市民であるスパルタ（ドーリア）人のみで、半自由民であるペリオイコイは納税や従軍の義務を果たしても参政権は与えられなかった。

ペリオイコイ

□2 ★★★ スパルタでは、少数のドーリア系のスパルタ市民が大多数の**非ドーリア系の先住民を征服**し、[★★★] という**隷属農民(れいぞくのうみん)**として土地を耕作させていた。（共通テスト）

ヘイロータイ（ヘロット）

□3 ★★ スパルタでは［★★］の国制と呼ばれる**軍国主義体制**のもと、市民間の平等維持や厳しい軍事訓練が行われた。

◆リュクルゴスとは、伝説的立法者の名前である。　(同志社大)

□4 スパルタでは、**貧富の差**を防ぎ市民を**平等化**させるために［　］貨幣の使用が禁じられ、［　］のみ使用できた。　(青山学院大)

8 アテネ民主政

□1 ★★★ ［★★★］人は、アッティカ地方に**アテネ**を建てた。　(予想問題)

□2 ★★★ ポリスの政治は、騎馬で**国防の主力**を担う貴族が独占する［★★★］政だったが、交易が活発になり富裕になった［★★★］が次第に台頭した。　(筑波大)

□3 ★★★ 商工業の発達で安価な武具を買えるようになった平民は［★★★］として国防で活躍し、発言権を強めて**参政権を要求**した。　(東京大、中央大)

□4 ★★★ 重装歩兵部隊は、［★★★］の**戦術**で戦った。　(中央大)

◆ファランクスは、歩兵が長槍と盾を装備し、横並びで隣人の防御を担当しつつ隊列を組んで戦う。

□5 ★★ 前7世紀後半、［★★］が従来の慣習法を成文化したことで、**アテネ最古の成文法**が定められた。　(センター)

◆ドラコンの立法によって、貴族による恣意的な刑罰が規制されるようになった。

□6 ★★★ 前594年、［★★★］は**貴族と平民の調停者**として、借金の帳消し、［★★★］政治の導入、［★★★］**の禁止**などの国政改革を断行した。　(試行調査、東京大)

□7 ★★★ ［★★★］政治とは、財産を基準に市民を4つの階級に分ける制度で、一部の平民は**参政権を獲得した。**　(試行調査)

◆ソロンは貴族と平民の抗争を調停するために財産政治を始めたが、平民の不満は解消しなかった。

□8 ★★★ ［★★★］とは、地代を払えず奴隷(どれい)身分に転落した者のことで、平民**の没落**は［★★★］の減少に直結するため、国防の問題となっていた。　(試行調査)

ANSWERS □□□

- リュクルゴスの国制
- 貴金属貨幣(ききんぞく), 鉄銭(てっせん)
- イオニア人
- 貴族政(きぞく), 平民(へいみん)
- 重装歩兵(じゅうそうほへい)
- ファランクス(密集隊形(みっしゅうたいけい))
- ドラコン
- ソロン, 財産政治(ざいさん), 債務奴隷(さいむどれい)
- 財産政治(ざいさん)
- 債務奴隷(さいむどれい), 重装歩兵(じゅうそうほへい)

□9 ★★★ 前6世紀半ば、[★★★]は平民の支持を受け、非合法に政権を奪って[★★★]政治を行った。（北海道大、東京大）

◆僭主とは、非合法な手段で政権を握った支配者のこと。ペイシストラトスの死後、息子のヒッピアスも僭主となった。

ペイシストラトス, 僭主(せんしゅ)政治
僭×

□10 ★★★ 前508年、[★★★]は投票制度の[★★★]を作り、僭主の出現を防止した。これにより、アテネ民主政の基礎が築かれた。（センター、立教大）

◆オストラキスモスは、**僭主**になる恐れのある人物名をオストラコン（**陶器の破片**）に記入して**投票**する制度。全部で6,000票集まったとき、そのうちの最多得票者は10年間**アテネから追放**された。

クレイステネス, オストラキスモス（陶片追放(とうへんついほう)）

□11 ★★ クレイステネスは、旧来の血縁に基づく4部族制を、**地縁共同体**である[★★]をもととした10部族制に改めた。（東京大、京都大）

◆クレイステネスの改革によって、**血縁で結ばれた**貴族たちは打撃を受けた。

デーモス

□12 ★★★ 前5世紀半ば頃、[★★★]の指導のもとで**民主政が完成**し、黄金期を迎えた。（東京学芸大）

ペリクレス

□13 ★★★ アテネでは[★★★]民主政が採用され、成年男子市民全員で構成される[★★★]が**最高議決機関**とされた。（明治大）

直接(ちょくせつ)民主政, 民会(みんかい)

□14 ★ アテネでは、将軍を除くほとんどの**官職**が一般市民から[★]で選ばれた。（関西学院大）

抽選(ちゅうせん)

□15 ★★ アテネの[★★]裁判所では、**30歳以上の市民**の中からくじで選ばれた[★★]が判決を下した。また、役人や政治家の不当行為の告発のために[　]裁判が制度化された。（関西学院大）

民衆(みんしゅう)裁判所, 陪審員(ばいしんいん), 弾劾(だんがい)裁判

□16 ★★ 前451年、**両親共にアテネ人である男子**に[★★]を与える法が成立した。（関西学院大）

市民権(しみんけん)

□17 ★ アテネでは総人口の3分の1を**奴隷**が占めており、[★]奴隷、家事に従事する[★]奴隷、公務に従事する国有奴隷などがいた。最も過酷な扱いを受けた**鉱山奴隷**は、アテネ近郊の[★]銀山で使役された。（青山学院大）

農業(のうぎょう)奴隷, 家内(かない)奴隷, ラウレイオン銀山

9 ペルシア戦争（前500～前449）

ANSWERS □□□

□1 ★★★
前5世紀初頭、ミレトスを中心とする［★★］植民市の人々は、アケメネス朝の支配に対して反乱を起こした。**ギリシア本土の諸ポリス**も支援し、3度にわたる［★★★］戦争が起こった。（神戸女学院大）

イオニア植民市，ペルシア戦争

□2 ★★★
前490年、アテネの重装歩兵軍団は［★★★］の戦いでペルシア軍に勝利した。（センター、慶應義塾大）

◆陸上競技のマラソンは、マラトンの戦いの故事が由来。アテネの飛脚は、援軍依頼のために230kmを超えるスパルタまでの道のりを2日間で駆け抜けたという伝承がある。

マラトンの戦い

□3 ★
前480年、ペルシア軍は［★］の戦いでレオニダス王率いるスパルタ軍を全滅させ、アテネに侵入した。（早稲田大、同志社大）

◆スパルタは300人の精鋭のみで、20万のペルシア軍に立ち向かったが、全滅に終わった。

テルモピレー（テルモピュライ）の戦い

□4 ★★★
前480年、アテネの軍人［★★★］は、［★★★］の海戦でペルシア軍を破った。（センター）

テミストクレス，サラミスの海戦

□5 ★★★
自前の武器を持たない［★★］がサラミスの海戦で［★★★］の漕（こ）ぎ手として活躍したことで、**政治的発言力**を強め、アテネの民主化が進んだ。（試行調査、京都大）

◆三段櫂船は上下3段に分かれており、180人の漕ぎ手が櫂（オール）を漕ぐ船である。

無産市民（むさんしみん），三段櫂船（さんだんかいせん）
櫂×

□6 ★★★
前479年、ギリシア連合軍は［★★★］の戦いでペルシア軍を破り、ペルシア戦争はギリシアの勝利に終わった。（早稲田大）

プラタイアの戦い

□7 ★★★
ギリシア人の歴史家［★★★］は、**ペルシア戦争を題材**に『歴史』を著した。（京都大）

ヘロドトス

□8 ★★★
前478年頃、ペルシアの再来襲に備え、アテネを盟主とする［★★★］同盟が結成された。（センター、青山学院大）

デロス同盟

□9 ★★
アテネの［★★］神殿はペルシア戦争で破壊されたが、ペリクレスが［★★］同盟の資金を流用して再建した。（東京大、名古屋大）

◆再建にはペリクレスの友人で、彫刻家のフェイディアスが携わったとされる。

パルテノン神殿，デロス同盟

10 ペロポネソス戦争 (前431〜前404)

ANSWERS □□□

□1 ★★★ 前431年、スパルタを盟主とする [★★★] 同盟と、アテネを盟主とするデロス同盟はギリシアの覇権をめぐって [★★★] 戦争を起こした。 (センター、青山学院大)

ペロポネソス同盟, ペロポネソス戦争

□2 ★★ アテネは当初優勢だったが、戦争中に [★★] が**疫病で死亡**し、その後政治が混乱した。 (早稲田大)

◆戦中に流行した伝染病によって、ペリクレス含め当時のヨーロッパ人口の3分の1が死に至ったとされる(諸説あり)。

ペリクレス

□3 ★ 前404年、アテネは [★] 朝の支援を受けたスパルタに降伏し、**スパルタはギリシアの覇権を握った。** (早稲田大)

アケメネス朝

□4 ペロポネソス戦争で敗れたアテネでは、クリティアスら率いる [ ] がスパルタの支援を受けて政権を樹立し、民主派と対立した。 (青山学院大)

三十人僭主(さんじゅうにんせんしゅ)

□5 ★★ 前4世紀半ば、エパメイノンダス率いる [★★] がレウクトラの戦いでスパルタを破り、**一時ギリシアの覇権を握った。** (立教大、早稲田大)

☞古代ギリシアの覇権は「アテネ→スパルタ→テーベ」と移り変わった。順番を確認しておこう。

テーベ

11 ギリシア文化

ANSWERS □□□

□1 ★★★ 古代ギリシアで信仰された [★★★] 神は、**人間と同じ姿や感情を持つ**とされていた。 (センター、成蹊大)

◆ギリシア神話の世界は、主神ゼウスとその妻ヘラ、海と大地の神**ポセイドン**、軍神アレス、太陽神**アポロン**、美と愛の女神**アフロディテ**など12の**人間的な神々**が織りなす。

オリンポス12神

□2 ★★ オリンポス12神の [★★] は太陽・芸術の神で、神託で有名なデルフォイの神殿に祀(まつ)られている。 (東京大、名古屋大)

アポロン

□3 ★★★ **古代ギリシア最大の詩人**である [★★★] は、**トロイア戦争を題材**として『イリアス』『 [★★★] 』を遺した。 (武蔵野大、関西学院大)

◆両作品ともに**叙事詩**(じょじし)。『イリアス』では英雄の活躍が描かれた。

ホメロス, オデュッセイア

□4 ★★ [★★] は、**ギリシア神話の神々の系譜**を説いた叙事詩『[★★]』や、教訓詩『労働と日々』を記した。 (センター)
ヘシオドス, 神統記(しんとうき)

□5 ★★★ 前7世紀、**女性詩人** [★★★] が多くの叙情(じょじょう)詩を遺した。 (関西学院大)
サッフォー

□6 ★★★ アテネの三大**悲劇詩人**は『**オイディプス王**』の [★★★]、『**メデイア**』の [★★★]、『**アガメムノン**』の [★★★] である。 (センター、岡山理科大)
ソフォクレス, エウリピデス, アイスキュロス

◆ギリシア悲劇は**神話**をもとにした作品が多い。例えばアイスキュロスの『アガメムノン』は、神話上の英雄アガメムノンがトロイア戦争から帰還後、妻とその情夫に殺害されたという逸話を題材にしている。

□7 ★★★ アテネの**喜劇作家** [★★★] は、『女の平和』『**女の議会**』を著した。 (関西学院大)
アリストファネス

◆『女の平和』は、ペロポネソス戦争への反戦をテーマとしている。

□8 ★★ 前6世紀頃、ミレトスを中心とする [★★] 地方で始まった [★★] は、初期には自然を考察の対象とし、**万(ばん)物(ぶつ)の根源(アルケー)**を求める思索を展開した。 (愛知教育大、早稲田大)
イオニア地方, 自然哲学(しぜんてつがく)

◆自然現象を神話的ではなく、**合理的に**説明しようとしたことが特徴!

□9 ★★★ **古代ギリシア初の自然哲学者** [★★★] は、万物の根源を水だと考えた。 (京都大)
タレス

◆ミレトス生まれのタレスは、天文学者や数学者としても知られる。アナクシメネス、アナクシマンドロスとともに「**ミレトス学派**」に位置付けられる。

□10 ★★★ 古代ギリシアの自然哲学者・数学者の [★★★] は、万物の根源を数(すう)だと考えた。 (愛知教育大、早稲田大)
ピタゴラス

◆ピタゴラスの学派は、魂の不滅や転生を信じる宗教的な秘密結社でもあった。

□11 ★★ [★★] は万物の根源を**変化自体**とし、その象徴を火とした。 (愛知教育大、早稲田大)
ヘラクレイトス

◆ヘラクレイトスはこの考えを端的に「**万物は流転(るてん)する**」という言葉で表した。

□12 ★★ 古代ギリシアの自然哲学者 [★★] は、万物の根源を原子(アトム)とした。 (文教大)
デモクリトス

□13 ［　　　］は、万物の根源を**無限定なるもの**だと考えた。（早稲田大）

アナクシマンドロス

▼代表的な自然哲学者

タレス	万物の根源は水
ピタゴラス	万物の根源は数
ヘラクレイトス	万物の根源は火
デモクリトス	万物の根源は原子（アトム）

□14 ★★★ 民主政が発達したアテネでは、前５世紀頃から**職業教師**の［★★★］たちが、都市の政治を担う市民たちに弁論術を教えた。（センター、成蹊大）

ソフィスト

□15 ★★★ ソフィストの代表的な人物である［★★★］は、「**万物の尺度は**［★★］」と唱え、**客観的真理の存在を否定**した。（センター、京都女子大）

プロタゴラス，人間

□16 ★★★ ［★★★］は、ソフィストを批判して**客観的真理の存在を唱えた。**（立命館大）

ソクラテス

◆ソクラテスは、普遍的・客観的な真理は存在しないという**相対主義**のプロタゴラスと論争を繰り広げた。

□17 ★ ソクラテスは、対話を通じて**自らが何も知らない**ことを認識する「［★］」を説いた。（愛知教育大）

無知の知

□18 ★★★ 前４世紀前半、**ソクラテスの弟子**の［★★★］は、アテネにアカデメイアと呼ばれる**学園**を開いた。（センター）

プラトン

□19 ★★★ プラトンは、事象の背後にある［★★★］こそが**永遠不変の実在**、すなわち真理であると説いた。（文教大）

イデア

□20 ★★★ ［★★★］は諸学を体系的に集大成し、**イスラームの学問や中世のスコラ学**に影響を与えた。（センター）

アリストテレス

◆アリストテレスはマケドニア出身。青年期にアテネに渡り、アカデメイアでプラトンに学んだ。様々な学問に通じそれらを体系化させたことから「**万学の祖**」と呼ばれた。

□21 ★ アリストテレスは、［★］と呼ばれる**学園**を開いた。（慶應義塾大）

リュケイオン

□22 ★ アリストテレスは、代表作『［★］』の中で、国家の政体について論じた。（予想問題）

政治学

□23 ★★★ [★★★] は物語風の歴史叙述（じょじゅつ）で知られ、主著『歴史』ではペルシア戦争を題材とした。（センター）

ヘロドトス

◆古代ローマの著述家**キケロ**は、ヘロドトスを「**歴史の父**」と称賛した。「**エジプトはナイルのたまもの**」という言葉を残したのもヘロドトスである。

□24 ★★★ [★★★] は、**厳密な史料批判**に基づき、ペロポネソス戦争を題材とする『歴史』を著した。（南山大）

トゥキディデス

▼2つの『歴史』

ヘロドトスの『歴史』	トゥキディデスの『歴史』
ペルシア戦争が題材	ペロポネソス戦争が題材
物語的な歴史記述	客観的な歴史記述

□25 ソクラテスの弟子の [ ] は、トゥキディデスのペロポネソス戦争に関する未完の記述を引き継いで書いた。（予想問題）

クセノフォン

◆クセノフォンは、従軍記『アナバシス』に傭兵1万人を率いてペルシアでの内紛に参戦したことを記した。『ソクラテスの思い出』では、師ソクラテスの姿を後世に伝えている。

□26 ★★ 古代ギリシアの建築様式には、前期の**荘重**な [★★] 式、中期の**優雅**な [★★] 式、後期の**華麗**な [★★] 式がある。（予想問題）

ドーリア式, イオニア式, コリント式

▼古代ギリシアの建築様式

前期	中期	後期
ドーリア式	イオニア式	コリント式
荘重な印象	優雅な印象	華麗な印象

□27 ★★★ 前5世紀後半、アテネのアクロポリスに [★★] 式の [★★★] 神殿が建てられた。（東京大、京都女子大）

ドーリア式, パルテノン神殿

◆ギリシア建築の均整美と輝きがわかるパルテノン神殿だが、オスマン帝国下ではモスクに転用され、軍の弾薬庫として使用されたこともあった。

□28 ★★ パルテノン神殿の本尊（ほんぞん）は、[★★] が製作した「[★★]」である。（予想問題）

フェイディアス, アテナ女神像（めがみぞう）

12 アレクサンドロス大帝国

ANSWERS □□□

□1 ★★★ 前359年、ギリシア北方のマケドニアの王に即位した [★★★] 世は、常備軍を整え、国力を強大化させた。 (早稲田大)

フィリッポス2世

□2 ★★★ フィリッポス2世は、前338年の [★★★] の戦いで**アテネ**と**テーベ**の連合軍を破った。 (京都大、同志社大)

◆カイロネイアは、中部ギリシアの要塞(ようさい)都市。**『対比列伝』**で知られる哲学者プルタルコスの出身地でもある。

カイロネイアの戦い

□3 ★★ 前337年、フィリッポス2世はスパルタを除くギリシアの諸ポリスと [★★] 同盟を結成し、**ギリシア全域を支配下に置いた。** (千葉大、上智大)

コリントス同盟(ヘラス同盟)

□4 前4世紀、アテネの政治家で弁論家の [　　] は、マケドニアのギリシア支配に抵抗した。 (早稲田大)

◆デモステネスはアテネの愛国者として、反マケドニア運動の急先鋒に立った。

デモステネス

□5 ★★★ 前336年、フィリッポス2世が暗殺されると、息子の [★★★] 大王が即位した。 (慶應義塾大)

アレクサンドロス大王

□6 ★★ [★★] はアレクサンドロス大王の若き日の**家庭教師**を務めた。 (早稲田大、南山大)

◆アレクサンドロス大王の即位後、アリストテレスはアテネに戻り、自らの学園であるリュケイオンを開設した。

アリストテレス

□7 ★★★ 前334年に [★★★] を開始したアレクサンドロス大王は、前333年にシリア北西部での [★★★] の戦いでアケメネス朝の [★★★] 世率いるペルシア軍に勝利した。 (学習院大)

東方遠征(とうほうえんせい), イッソスの戦い, ダレイオス3世

□8 ★★ アレクサンドロス大王はエジプトを征服し、さらに前331年のペルシア軍との [★★] の戦いで決定的な勝利を収めた。 (同志社大)

アルベラの戦い

□9 ★★★ アレクサンドロス大王の遠征によって疲弊したアケメネス朝は、前330年に [★★★] 世が**暗殺されたことで滅亡した。** (早稲田大)

ダレイオス3世

□10 ★★★ アケメネス朝の王都 [★★★] は、アレクサンドロス大王に焼かれ廃墟(はいきょ)と化した。 (予想問題)

◆ダレイオス1世以来3代かけて建設されたものだった。

ペルセポリス 世界遺産

□11 ★ 前4世紀後半、アレクサンドロス大王は [★] 峠を越えて**インドへの侵入**を試み、[★] 川流域を征服した。この結果、東西にまたがる大帝国が樹立された。 (同志社大)

⚠アレクサンドロス大王の支配領域の東端はインダス川で、ガンジス川には到達していない点に注意！ この脅威が**北インド**の統一を促した。

カイバル峠, インダス川

□12 ★★★ アレクサンドロス大王は、征服地に [★★] 風の都市を建設した。特に、エジプトの [★★★] は**経済・文化**の中心として栄えた。 (九州大)

ギリシア, アレクサンドリア

□13 ★★ 前323年、バビロンでアレクサンドロス大王が急死すると、[★★] と呼ばれる部下たちの争いが起こった。前301年のイプソスの戦いを経て、大帝国は3つの王国に分裂した。 (センター、西南学院大)

◆ディアドコイは「後継者」の意。

ディアドコイ

□14 ★★★ アレクサンドロス大王の死後、大帝国は [★★★] 朝マケドニア・[★★★] 朝シリア・[★★★] 朝エジプトに分裂した。 (センター)

アンティゴノス朝, セレウコス朝, プトレマイオス朝

□15 ★ 前262年、小アジアにはセレウコス朝から [★] 王国が独立し**アッタロス朝**が始まった。 (立教大)

◆大規模な**図書館**が建設され、アレクサンドリアと並ぶ**ヘレニズム文化の中心地**となった。

ペルガモン王国

□16 ★★ 前3世紀半ば、セレウコス朝から**ギリシア系**の [★★] が**中央アジア**に、**イラン系**の [★★] が**イラン**に自立した。 (京都大、西南学院大)

バクトリア, パルティア

□17 ★ 前168年、[★] 朝はローマに滅ぼされた。 (青山学院大)

アンティゴノス朝

□18 ★★★ 前64年にローマの [★★★] がセレウコス朝を、前30年に [★★★] がプトレマイオス朝を滅ぼした。 (上智大、早稲田大)

ポンペイウス, オクタウィアヌス

13 ヘレニズム文化

ANSWERS □□□

□1 ★★★ ヘレニズム時代とは、前334年開始の [★★★] 大王の東方遠征から、前30年の [★★★] 朝エジプト滅亡までの、約**300**年間を指す。（上智大、立教大）

アレクサンドロス大王，プトレマイオス朝

□2 ★★★ [★★★] 文化とは、オリエントとギリシアの要素が融合した文化である。（立教大）

◆19世紀のドイツの歴史家ドロイゼンによる造語。

ヘレニズム文化

□3 ★★★ 東方遠征の後、東西文化の融合が進み、ポリスに縛られず**普遍的**な立場から価値判断をしようとする [★★★] の考えが生まれた。（東京大）

◆ポリスの枠に縛られないという点では、**個人主義的**な色彩が強い思想でもあった。

コスモポリタニズム（世界市民主義）

□4 ★★ 現在のギリシア語の基礎となった [★★] は、**ヘレニズム世界共通のギリシア語**で、地中海世界から中央アジアに至る広範囲で使用された。（学習院大、立教大）

◆『新約聖書』も初めはコイネーで書かれた。

コイネー

□5 ★★★ 前４世紀にエジプトに建設されたのち、[★★] 朝の都となった [★★★] は、**ヘレニズム世界の中心**として文化的に大きく繁栄した。（京都大）

プトレマイオス朝，アレクサンドリア

□6 ★★★ プトレマイオス朝のプトレマイオス１世は、アレクサンドリアに王立研究所の [★★★] を設置し、アテネなどから学者を誘致したため、ヘレニズム文化の中心地となった。（立教大）

◆ムセイオンはミュージアムの語源である。

ムセイオン

□7 ムセイオンに併設された [　] には膨大な量の本が所蔵された。（予想問題）

大図書館

□8 ★★★ ムセイオンで学んだギリシアの数学者 [★★★] は、平面幾何学（ユークリッド幾何学）を大成した。（京都大）

◆エウクレイデスの著書『幾何学原本』は、のちに徐光啓と**イエズス会士**のマテオ＝リッチに漢訳され、明代の中国で紹介された。

エウクレイデス

□9 ★★★ シラクサ出身の [★★★] は、浮力の原理やてこの原理を発見し、第2回ポエニ戦争にカルタゴ側で参戦した。（獨協大、関西学院大） — アルキメデス

◆シラクサ陥落の際、図形の計算に没頭していたところをローマ兵に殺されたとされる。

□10 ★★ [★★] は、地球を球形ととらえて周囲の長さを測定した。（関西学院大） — エラトステネス

□11 ★★ ギリシアの天文学者 [★★] は、地球は自転しながら太陽の周囲を公転するという [★★] 説（太陽中心説）を唱えた。（センター、早稲田大） — アリスタルコス, 地動説

□12 ★★★ ヘレニズム期の哲学者 [★★★] は、理性で欲望や感情を抑えて徳を養うことを人生の目的とする、禁欲主義的な [★★★] 派の哲学を生み出した。（早稲田大、西南学院大） — ゼノン, ストア派

□13 ★★★ ヘレニズム期の哲学者 [★★★] は、人生の目的は幸福であるとし、苦痛や恐怖から解放され、精神的安定による [★★] を最高の善であるとする哲学の一派を創始した。（学習院大） — エピクロス, 快楽

⚠禁欲的なストア派、快楽的なエピクロス派の混同に要注意！

□14 ★★★ 美と愛の女神アフロディテの像である「[★★★]」は、ヘレニズム文化を代表する彫刻である。（京都大） — ミロのヴィーナス

□15 ★★ 「[★★]」はヘレニズム彫刻の代表的作品で、ギリシア神話のトロイア戦争を題材にしている。（上智大） — ラオコーン

□16 ★★ ヘレニズム彫刻の影響を受け、西北インドの [★★] 地方で [★★] が造られるようになった。（早稲田大、共立女子大） — ガンダーラ, 仏像

☞彫りが深く写実的な顔立ちや、ひだのある衣服がガンダーラ美術の仏像の特徴で、中国や日本へも伝わり影響を与えている。資料集などで確認しておこう。

□17 ヘレニズム文化は東方へ伝わり、奈良の法隆寺の柱には [　] の手法が用いられた。（青山学院大、早稲田大） — エンタシス

◆エンタシスとはギリシア建築の柱の様式の一種で、円柱につけられた微細な膨らみのこと。柱の中央がくびれて見える錯覚を防ぐために考案されたといわれている。

14 ローマの建国と共和政の展開

ANSWERS □□□

□1 ★★★ イタリア半島では、前1000年頃に北方から南下した古代イタリア人一派の [★★★] 人が、ティベル川の河畔(かはん)に都市国家 [★★★] を建設した。（立教大）

ラテン人, ローマ

□2 ★★★ 都市国家ローマは当初、トスカナ地方を拠点としていたイタリア半島の**先住民**である [★★★] 人の王に支配されていた。（青山学院大、関西学院大）

◆古代イタリア人の侵入以前、エトルリア人は**青銅器**を用いた独自の文化を持っていた。ギリシアと盛んに交易を行い、積極的に文化や技術を受容した。

エトルリア人

□3 ★★★ 前509年、ローマはエトルリア人の王を追放し、**王政から** [★★★] 政へと移行した。（青山学院大、関西学院大）

共和政(きょうわ)

□4 ★★★ ローマの共和政では、上位階層で主要な**官職を独占**する [★★★] と、それ以外の一般市民である [★★★] との間に身分差があった。（早稲田大、関西学院大）

貴族(きぞく)(パトリキ), 平民(へいみん)(プレブス)

□5 ★★★ ローマでは、定員２名・任期１年で国政全般を主導する**最高官職**の [★★★] が [★] で選出されたが、その役職は貴族**が独占**した。（京都大、早稲田大）

コンスル(執政官(しっせいかん)), 民会(みんかい)

□6 ★★★ ローマでは、終身任期制の貴族議員で構成される [★★★] が**国政の実質的な指導権を握っており、国政の最高諮問(しもん)機関**としてコンスルなどの公職者を指導していた。（東京大、関西学院大）

元老院(げんろういん)

□7 ★★★ [★★★] は**非常時における最高責任者**で、国家が重大な危機に直面した時にコンスルが指名した。（城西大）

ディクタトル(独裁官(どくさいかん))

□8 ★★★ 平民は [★★★] として国防で重要な役割を果たすようになると、参政権を要求して [★★] を展開した。（早稲田大、関西学院大）

重装歩兵(じゅうそうほへい), 身分闘争(みぶんとうそう)

□9 ★★★ 前５世紀初頭の聖山(せいざん)事件をきっかけに、前494年、元老院やコンスルの決定に**拒否権**を持つ [★★★] と、平民のみで構成される [★★★] が設けられた。（北海道医療大、関西学院大）

◆聖山事件とは、前494年と前449年の２度にわたって平民が貴族に反抗し、ローマ北東の聖山（モンス=サケル）に立てこもった事件。

護民官(ごみんかん), 平民会(へいみんかい)

□10 ★★★ 前5世紀半ば、**ローマ最古の成文法**である［★★★］法が制定された。これは、旧来の**慣習法を成文化**したもので、**貴族による法知識の独占が打破**された。（京都女子大）

十二表法

▲アテネのドラコンによる**慣習法の成文化**（前7世紀後半）と混同しないように要注意！

□11 ［　　］法とは、平民と貴族の婚姻を認めたもので、これによって平民の地位向上が図られた。（早稲田大）

カヌレイウス法

□12 ★★★ 前367年の［★★★］法により、コンスルの1名は平民から選ばれることと、公有地**の占有面積を制限**することが定められた。（センター、北海道大）

リキニウス・セクスティウス法

▲リキニウスとセクスティウスはともに護民官を務めた人物。コンスルではないことに注意！

□13 ★★ リキニウス・セクスティウス法により、富裕な平民がコンスルに進出し、貴族とともに［★★］と呼ばれる**新支配層**を形成した。（センター、関西学院大）

新貴族（ノビレス）

□14 ★★★ 前287年に制定された［★★★］法により、元老院の承認がなくとも、［★★★］の決議が全ローマ人の国法となることが定められた。これによって**平民と貴族の政治上の権利が同等**となり、身分闘争は終了した。（センター、京都大）

ホルテンシウス法, 平民会

▼身分闘争の流れ

前494年		前5世紀半ば		前367年		前287年
護民官・平民会設置	➡	十二表法	➡	リキニウス・セクスティウス法	➡	ホルテンシウス法

□15 ★ 前272年、ローマはイタリア半島南部のギリシア人植民市［★］を征服し、**イタリア半島を統一**した。（早稲田大）

タレントゥム

□16 ★★ ローマは征服した諸都市の団結と反抗を防ぐため、それぞれに**異なる権利と義務を与える**［★★］を行った。（武蔵野大）

分割統治

◆分割統治は、「**植民市**>**自治市**>**同盟市**」の順に待遇に差がつけられた。

15 ローマの伸長とポエニ戦争

ANSWERS □□□

□1 ★★★ 前9世紀頃、[★★★]人の都市ティルスによって建設された植民市[★★★]は、西地中海での交易を独占した。（北海道大）

◆カルタゴは現在のチュニジアに位置する。フェニキア人はここを拠点に交易活動を行った。

フェニキア人，カルタゴ 世界遺産

□2 ★★★ ローマは西地中海の覇権を握るカルタゴと衝突し、3度にわたる[★★★]戦争を起こした。（慶應義塾大）

◆ポエニはラテン語で「**フェニキア人**」を意味する。

ポエニ戦争

□3 ★★★ 前241年、**第1回ポエニ戦争**に勝利したローマは[★★★]島を支配下に収め、**最初の**[★★★]とした。（千葉大、南山大）

◆ローマは戦争で獲得した**イタリア半島以外の占領地**を属州とした。属州では、ローマから派遣された総督が**徴税**を行うなどの統治をしており、その富で都のローマは潤った。

シチリア島，属州（ぞくしゅう）

□4 ★★★ **第2回ポエニ戦争**では、カルタゴの将軍[★★★]がイタリアに侵入し、前216年のカンネーの戦いでローマ軍は壊滅的な打撃を受けた。（成蹊大）

◆ハンニバルはイベリア半島のカルタゴ=ノヴァから象を率いて、厳冬期のアルプスを越え南イタリアまで到達し、ローマ軍の不意を突いて大混乱に陥れた。

ハンニバル

□5 打撃を受けたローマは将軍[ ]の持久戦略で持ちこたえ、ポエニ戦争は膠着（こうちゃく）状態に陥った。（青山学院大）

◆19世紀後半に結成された、漸進的な社会改革を目指すイギリスのフェビアン協会の名は、このファビウスに由来する。

ファビウス

□6 ★★ カルタゴの本土に侵攻したローマの将軍[★★]は、前202年の[★★]の戦いでカルタゴに大勝した。（名古屋大）

☞前202年は、ザマの戦いの他に、中国で劉邦（りゅうほう）が前漢（ぜんかん）を建国した年としても問われる。同時代の出来事として、ヨコの歴史も把握しておこう！

スキピオ，ザマの戦い

□7 ★ **第3回ポエニ戦争**では、前146年にスキピオの孫[★]が**カルタゴを滅亡**させた。（青山学院大、南山大）

◆勝利後、ローマ軍はカルタゴの町中に塩をまき農作物が二度と育たないようにするなどして、徹底的に破壊した。

小（しょう）スキピオ

□8 ★★★ 前2世紀半ば頃のローマでは、**長期の従軍**や**耕地の荒廃**、[★★]からの安価な穀物の流入によって[★★★]**が没落**した。(青山学院大、上智大)
属州，中小農民

□9 ★★★ 没落し[★★★]となった中小農民は首都ローマに流入し、彼らが主力をなしていたローマ軍が急激に弱体化した。(上智大)
無産市民

□10 ★★★ 有力者は、**平民会の選挙権をもつ**無産市民の歓心を得るため、「[★★★]」を恩恵として与えた。(上智大)
パンと見世物

□11 ★★ ローマでは、共和政後期の征服戦争で大量に確保された[★★]が、家内労働から農業労働、鉱山労働にわたり広く従事していた。(上智大)
奴隷

□12 ★★★ ローマでは、対外戦争で得た公有地で奴隷を酷使する**大土地所有制**の[★★★]が盛んに行われた。(センター、北海道医療大)
ラティフンディア(ラティフンディウム)

□13 ★ ラティフンディアでは、[★]や[★]などの商品作物が栽培された。(北海道大)
ブドウ，オリーヴ ※順不同

◆両方とも、現在のイタリアの地中海式農業で盛んに栽培されている。

□14 ★★ 属州の統治を行う元老院議員や、属州の**徴税請負人**となった[★★]は、**富を蓄積**して大土地所有者となった。(共通テスト、東京大)
騎士(エクイテス)

◆この時代の騎士とは**騎兵のことではなく、一定以上の財産を持つ身分に対する呼称**で、身分階層の上位に位置した。

16 内乱の1世紀

ANSWERS □□□

□1 ★★ 前2世紀後半以降、有力者たちは**元老院を基盤**とする[★★]派と、**民会を基盤**とする[★★]派に分かれて争うようになった。(青山学院大、早稲田大)
閥族派，平民派

□2 ★★★ 中小農民の没落による軍事力低下に危機感を抱いた[★★★]兄弟は、護民官となって**大土地所有者の土地の再分配**などの改革を試みたが、失敗した。(早稲田大)
グラックス兄弟

□3 ★★ グラックス兄弟の改革以降、ローマは「 ★★ 」という混乱した時代を迎えた。 (早稲田大)

◆前1世紀頃から、ローマでは奴隷の反乱や対外戦争が相次いだ。

内乱の1世紀

□4 ★★★ **平民派**の ★★★ は、志願した無産市民を軍隊に編入する**軍制改革**を行い、その他有力者たちも軍隊を私兵として養い戦争を行った。 (京都大)

◆マリウスの軍制改革以降、**将軍の私兵化が進展**し、共和政は動揺した。

マリウス

□5 ★★ 前91年、イタリア半島の同盟市の人々は市民権を求めて ★★ 戦争を起こしたが、**閥族派**の ★★ に鎮圧された。 (センター、早稲田大)

同盟市戦争，スラ

□6 ★★ 同盟市戦争の結果、**イタリア半島全土**の同盟市に ★★ が付与された。 (千葉大)

ローマ市民権

□7 ★★★ 前73年、**剣闘士**(**剣奴**)たちが ★★★ の反乱を起こした。 (京都大、早稲田大)

◆剣闘士は猛獣や人を相手に命がけで戦う奴隷たちのことで、その血なまぐさい試合は見世物にされていた。

スパルタクスの反乱

□8 ★★★ 前60年、平民派の ★★★ は、元老院と閥族派に対抗するため、クラッスス、 ★★★ と私的な政治同盟を結び政権を握った。これを**第1回** ★★★ という。 (早稲田大、金沢学院大)

カエサル，ポンペイウス，第1回三頭政治

□9 ★★★ 第1回三頭政治に参加した ★★★ は、**パルティアに遠征した際に戦死**した。 (京都大)

クラッスス

□10 ★★★ カエサルは、 ★★★ 遠征を成功させ、勢力を伸ばした。 (学習院大、関西大)

◆ガリアは現在のフランス・ベルギーにあたる地域。

ガリア遠征

□11 ガリア遠征では、ガリア人指導者 [　] がローマ軍に徹底抗戦したが、前52年のアレシアの戦いで敗れた。 (早稲田大、関西学院大)

ウェルキンゲトリクス

□12 ★★★ 前48年、カエサルは**元老院と結んだ** ★★★ を打倒した。 (早稲田大)

ポンペイウス

□13 ★★ カエサルは、前46年に ★ の称号を獲得し、前44年には終身 ★★ に就任して**独裁権を獲得**した。 (早稲田大)

インペラトル，ディクタトル(独裁官)

□14 ★★★ カエサルは、救貧やカルタゴへの植民事業、太陽暦の［★★★］暦の採用などの改革を行い、民衆に広く人気を得た。(早稲田大)

ユリウス暦

□15 ★★ カエサルは、元老院を無視して王位に就こうとしていると見なされ、前44年に［★★］ら共和主義者たちに暗殺された。(早稲田大)

◆ブルートゥスは、はじめはカエサルを支持していたが、のちに暗殺するに至った。カエサルは暗殺される時、ブルートゥスに向かって「ブルートゥス、お前もか」と言い放った。

ブルートゥス

□16 ★★★ 前43年、**カエサルの養子**［★★★］、カエサルの部下の［★★★］とレピドゥスは、**第2回**三頭政治を行った。(センター)

◆レピドゥスはオクタウィアヌスと対立し、前36年に失脚した。

オクタウィアヌス, アントニウス

□17 ★★★ ［★★★］朝の女王［★★★］と結んだアントニウスは、前31年の［★★★］の海戦でオクタウィアヌスに敗れた。翌年、ローマはエジプトを属州とし、**地中海世界を統一**した。(センター、早稲田大)

◆オクタウィアヌスに敗れたクレオパトラは自ら命を絶った。

プトレマイオス朝, クレオパトラ, アクティウムの海戦

17 ローマ帝政

ANSWERS □□□

□1 ★★★ 前27年、オクタウィアヌスは「**尊厳者**(そんげんしゃ)」を意味する［★★★］の称号を元老院から与えられた。(センター)

アウグストゥス

□2 ★★★ オクタウィアヌスは［★★★］を自称し、**元老院との共同統治**を行う［★★★］を行ったが、実際には要職を兼任したため、**事実上の帝政**であった。(北海道大)

◆プリンケプスは「**市民のなかの第一人者**」という意味である。

プリンケプス, プリンキパトゥス(元首政(げんしゅせい))

□3 ★★ 前1世紀、ローマ軍はドナウ川中流に、後のウィーンの原型といわれる［★★］を建設した。(京都女子大)

ウィンドボナ

□4 ★★ ローマ帝国は［★★］海周辺全域を支配し、その地域を「**我らの海**」と呼んだ。(上智大)

地中海(ちちゅう)

□5 ★★★ アウグストゥスの治世から五賢帝(ごけんてい)時代までの約200年間、ローマ帝国は「［★★★］」と呼ばれる繁栄の時代を迎えた。(早稲田大)

パクス=ロマーナ(ローマの平和(へいわ))

□6 ★★★ 五賢帝とは、①ネルウァ→② [★★★] →③ [★★★] →④アントニヌス=ピウス→⑤ [★★★] の5人である。 (近畿大)

トラヤヌス，ハドリアヌス，マルクス=アウレリウス=アントニヌス

□7 ★★★ 五賢帝の2番目の [★★★] 帝は、ダキアや**メソポタミア**の征服、パルティアとの戦いの勝利で領土を拡大し、**ローマ帝国の最大版図**(はんと)を実現した。 (名古屋大、獨協大)

◆トラヤヌスはローマの属州ヒスパニアの出身で、**初の属州出身の皇帝**だった。

トラヤヌス帝

□8 ★ 後1世紀、ローマ帝国はブリテン島を征服して属州 [★] を完成させた。この地はテムズ川沿いの都市 [★] を中心に繁栄した。 (立教大)

◆ロンディニウムは後の**ロンドン**で、ロンドン中心部のシティの地下からは、ローマ時代の城壁跡が見つかっている。

ブリタニア，ロンディニウム

□9 ★★★ 五賢帝の3番目の [★★★] 帝は**内政を整備**し、ブリタニアに長城を築くなど**辺境防備**に努め、属州の安定に注力した。 (獨協大、関西学院大)

◆「ハドリアヌスの長城」とも呼ばれる防壁。北方のケルト人の侵入を防ぐために造られ、その全長は約118kmにも及ぶ。

ハドリアヌス帝

□10 ★★ 五賢帝の4番目の [★★] 帝は**内政の安定化**に努めた。 (予想問題)

アントニヌス=ピウス帝

□11 ★★ マルクス=アウレリウス=アントニヌス帝は、『**後漢書**(ごかんじょ)』では「 [★★] 」といわれ、2世紀にその使者と称する者が日南(にちなん)郡に到着したと記述されている。 (センター、早稲田大)

◆日南郡は、現在のベトナム中部に位置する。

大秦王安敦(たいしんおうあんとん)

□12 ★★ 後1世紀中頃に**ギリシア系**商人が記した『 [★★] 』には、当時の**紅海・インド洋方面の交易**の様子が書かれ、航行でインド洋の [★★] が利用されていたことがわかる。 (九州大、立教大)

◆インド洋では、夏に南西の季節風が、冬に北東の季節風が吹き、「**ヒッパロスの風**」とも呼ばれる。この頃のローマ帝国は、**南インド**のサータヴァーハナ朝などと活発に貿易を行った。

エリュトゥラー海(かい)案内記(あんないき)，モンスーン(季節(きせつ)風(ふう))

□13 マルクス=アウレリウス=アントニヌス帝の死後、帝位継承をめぐり激しい争いが起きたが、アフリカ出身の［　　］が帝位に就き、これを収めた。（早稲田大）

◆軍人だったセプティミウス=セウェルスは元老院を軽視して軍隊を優遇した。

セプティミウス=セウェルス

□14 ★★ 212年、［★★］帝はアントニヌス勅令を出してローマ帝国内の全自由人に［★★］を与えた。（早稲田大）

⚠同盟市戦争（前91～前88年）で**イタリア半島内の全自由人**にローマ市民権が付与されたことと混同しないように注意！

カラカラ帝, ローマ市民権

□15 ★★★ 3世紀中頃のローマ辺境では、北方から［★★］人、東方からササン朝などの侵入が頻発し、**属州の軍団が皇帝を擁立**して争う［★★★］時代となった。（早稲田大）

◆約50年の軍人皇帝時代の間に、**26**人の皇帝が即位した。

ゲルマン人, 軍人皇帝時代

□16 ★★★ 3世紀半ば、軍人皇帝の［★★★］は、**エデッサの戦い**で**ササン朝**の［★★★］世に敗れ捕虜となった。（立教大、早稲田大）

◆ウァレリアヌスは、初めて**敵国の捕虜**となったローマ皇帝である。

ウァレリアヌス, シャープール1世

□17 ★★★ 帝政後期になるとラティフンディアは衰退し、解放奴隷や没落した農民を**小作人**（［★★★］）として使役する［★★★］へと変化した。（センター、京都大）

◆奴隷の供給の減少や、奴隷を用いた農業経営の**効率悪化**が背景にあった。

☞「ラティフンディア→コロナトゥス」という、ローマにおける生産体制の変化を押さえておこう！

コロヌス, コロナトゥス

□18 ★★★ 284年に即位した［★★★］帝は、軍人皇帝時代を終わらせ、それまでのプリンキパトゥス（元首政）に代わり［★★★］を開始した。（早稲田大）

◆属州出身のディオクレティアヌス帝は、兵卒から皇帝の座に就いた。

ディオクレティアヌス帝, ドミナトゥス（専制君主政）

□19 ★★★ ディオクレティアヌス帝は、帝国を東西に分け、2人の**正帝**と2人の**副帝**で分担して統治させる［★★★］を始めた。（早稲田大）

◆ディオクレティアヌス帝は**東の正帝**として帝国の東部を治めた。

四帝分治制（テトラルキア）

□20 ★★★ ディオクレティアヌス帝は皇帝の権威を高めるため、［★★］を義務付けて**専制支配**を行い、［★★★］教徒に対して**大迫害**を行った。（京都府立大、早稲田大）

◆この迫害は最大級のものだったが、失敗に終わった。

皇帝崇拝，キリスト教徒

□21 ★★★ ディオクレティアヌス帝の退位後、［★★★］帝は一時争乱に陥ったローマ帝国を再統一した。（早稲田大）

コンスタンティヌス帝

□22 ★★★ 313年、コンスタンティヌス帝は［★★★］勅令によってすべての宗教の信仰の自由を認め、［★★★］**教を公認**した。（上智大、早稲田大）

⚠392年、テオドシウス帝による**キリスト教の国教化**では、キリスト教以外の信仰を**禁止**された。混同しないよう要注意！

ミラノ勅令，キリスト教

□23 ★★★ 330年、コンスタンティヌス帝はビザンティウムに遷都し、［★★★］と改称した。（センター、早稲田大）

コンスタンティノープル

□24 ★ コンスタンティヌス帝は、税収入の確保を目的として［★］令を発布した。（早稲田大）

◆この法令により、**コロヌスの移動の自由が奪われた**。

コロヌスの移動禁止令

□25 ★★ コンスタンティヌス帝が造らせた［★★］金貨は死後も用いられ、東ローマ帝国では［★★］と呼ばれた。（早稲田大）

◆ソリドゥス金貨は地中海交易で用いられた。

ソリドゥス金貨，ノミスマ

□26 ★★ 4世紀後半に即位した［★★］帝は、ローマ古来の多神教への信仰の復活を図り「**背教者**」と呼ばれた。（早稲田大）

◆ユリアヌス帝は古くからの伝統宗教を保護し、宗教寛容令を出した。キリスト教側から見れば「**背教**」的なことといえる。

ユリアヌス帝

□27 ★★★ 395年、［★★★］帝は**帝国を東西に分割**し、2人の子にそれぞれを分け与えた。（上智大、関西大）

◆広大な支配領域をもつローマ帝国は、次第に統一を維持することが困難になっていた。**東ローマ帝国**（ビザンツ帝国）は長子アルカディウスが、**西ローマ帝国**は次子ホノリウスが創始した。

テオドシウス帝

18 キリスト教の成立とローマ

ANSWERS □□□

□1 ★★★ ユダヤ人の [★★★] は、従来のユダヤ教パリサイ派を**形式主義として批判**し、神の絶対愛や、人は自らを愛するようにすべての人々を愛すべきだという [★★] を説いた。（学習院大）

◆イエスはパレスチナ北部ガリラヤ地方のナザレ村出身。イェルサレムから現在のレバノンやシリアにわたる地域で伝道活動を行った。

イエス, 隣人愛（りんじんあい）

□2 ★★ イエスは、ユダヤ教において**民族的団結**を維持する役割を果たす [★★] を否定し、**普遍的な愛**を唱えた。（上智大）

選民思想（せんみんしそう）

□3 ★★ イエスの教えを信仰する者たちは、イエスこそが [★★] であると信じた。（学習院大）

◆「キリスト」はメシアのギリシア語訳。

救世主（きゅうせいしゅ）(メシア)

□4 ★★★ ユダヤ教の祭司やパリサイ派が、イエスをローマ支配への反逆者だとローマ総督 [★★★] に訴えたため、イエスは**十字架**（じゅうじか）にかけられ処刑された。（学習院大）

◆ローマの属州ユダヤの第5代総督ピラトは、イエスを許そうとしたが、つめかけた群衆に押し切られゴルゴタの丘で処刑した。

ピラト (ピラトゥス)

□5 ★★★ イエスの死後、弟子たちの間で、イエスは [★] し、**十字架での死**は人間の [★] **を贖**（あがな）**うもの**であったという信仰が生まれた。これを中心として [★★★] 教が誕生した。（学習院大）

復活（ふっかつ）, 罪（つみ）, キリスト教

□6 ★★★ イエスの**直弟子**（じきでし）である [★★★] は、帝国の各地で福音を語った。（予想問題）

使徒（しと）

□7 ★★★ **十二使徒の筆頭**であった [★★★] と、パリサイ派から回心して東方の**異邦人への伝道に尽力**した [★★★] が中心となり、イエスの教えを広めた。（学習院大）

ペテロ (ペトロ), パウロ

□8 ★★★ 『[★★★]』は、イエスの言行を記した4つの福音書や、使徒の言行録、書簡や黙示録（もくしろく）からなる教典で、当時の共通語である [★★★] で記された。（学習院大、立教大）

新約聖書（しんやくせいしょ）, コイネー

□9 ★★ ローマ帝国における古来の神々への崇拝や [★★] を拒否したキリスト教徒は、弾圧の対象となった。（北海道大）

皇帝崇拝（こうていすうはい）

◆弾圧を受け処刑された**殉教者**が、教会では**聖人**として認定された。

□10 64年、［★★★］帝は**ローマ市大火の犯人**としてキリス**ト教徒を迫害**し、ペテロとパウロも殉教した。 ネロ帝
★★★
（早稲田大、京都女子大）

◆「暴君」といわれるネロ帝だが、芸術への理解が深く、特にギリシア文化に傾倒していた。芸術家としての才能の方が恵まれていたのかもしれない。

□11 4世紀、［★★★］帝はキリスト教徒に対して**最大級の迫害**を行った。（青山学院大） ディオクレティアヌス帝
★★★

□12 迫害を受けていた時代、キリスト教徒は［★★★］と呼ばれる**地下墓所**を礼拝所にしていた。（センター） カタコンベ
★★★

□13 キリスト教は、313年のコンスタンティヌス帝による［★★★］勅令（ちょくれい）で**公認**された。（青山学院大） ミラノ勅令
★★★

□14 325年にコンスタンティヌス帝が開催した［★★★］公会議では、キリストを神と同一視する［★★★］派が**正統**とされ、キリストを人間であるとする［★★★］派は**異端**とされた。（早稲田大） ニケーア公会議, アタナシウス派, アリウス派
★★★

□15 アタナシウス派は、のちに父なる神・子なるイエス・聖霊（せいれい）の3者が同質のものであるとする［★★★］説を唱えた。（予想問題） 三位一体説（さんみいったい）
★★★

□16 ニケーア公会議で活躍したカイサリアの司教［★★］は、教父としてキリスト教最初の『**教会史**』を書いた。 エウセビオス
★★
（東京大、早稲田大）

◆『**教会史**』には、「神のみわざ」を証明する歴史だとして、イエスの出現から教会公認までの軌跡が記されている。また、彼は神の恩寵（おんちょう）を受けた皇帝の支配を神聖なものだとする**神寵帝**（しんちょうてい）**理念**を唱えたことでも知られる。

□17 392年、［★★★］帝はアタナシウス派キリスト教を［★★］とし、**異教信仰を禁じた。**（早稲田大、同志社大） テオドシウス帝, 国教（こっきょう）
★★★

◆これに伴い、異教信仰として**オリンピアの祭典が禁止**された。

□18 キリストの神性と人性を分離して考える［★★★］派は、431年の［★★★］公会議で**異端**とされたが、ササン朝を経て**唐**（とう）**代の中国**に伝わり［★★★］と呼ばれた。 ネストリウス派, エフェソス公会議, 景教（けいきょう）
★★★
（共通テスト、文教大）

□19 ★★
[★★]論は、451年の[★★]公会議で**異端**とされたが、シリア・アルメニア・エジプトなどの教会で受け入れられ、**エジプト**では[★★]教会が生まれた。 (京都大、慶應義塾大)

単性(たんせい)論, カルケドン公会議, コプト教会

◆現在もエジプトの人口のおよそ1割がコプト教会の信者だといわれる。シリアでも、カルケドン公会議の決定に反発した一派が**シリア教会**を組織した。

▼公会議一覧

公会議	開催年	結果
ニケーア公会議	325年	アタナシウス派正統／アリウス派異端
エフェソス公会議	431年	ネストリウス派異端
カルケドン公会議	451年	単性論異端

□20 ★★★
キリスト教**最大の教父**(きょうふ)ともいわれた[★★★]は、青年期には[★★]教に傾倒しており、**『告白録』**にキリスト教に回心するまでを記述した。 (慶應義塾大)

アウグスティヌス, マニ教

◆異教徒の父と熱心なキリスト教徒の母のもとに生まれたアウグスティヌスは、マニ教の教義に惹かれ、青年時代には快楽や激情に流される自らに苦悩した。キリスト教の禁欲的な教えが回心するきっかけとなった。

□21 ★★
アウグスティヌスは北アフリカの[ ]の司教で、西ゴート人の**ローマ占領**を背景に『[★★]』を著した。 (京都大、大阪大)

ヒッポ, 神(かみ)の国(くに)(神国論(しんこくろん))

19 ローマ文化

ANSWERS □□□

□1 ★★
ローマ人は、[★★]文化を継承しつつ、**建築や法律**などの**実用的**な分野において優れた文化を遺(のこ)した。 (学習院大)

ギリシア文化

□2 ★★★
ローマ帝国では[★★★]語が公用語とされ、その表記文字として、ローマ字が成立した。 (立教大)

ラテン語

◆ローマ字はラテン文字とも呼ばれる。**ギリシア**文化の影響を受けて誕生した。

□3 ★★★
ローマ時代、**南フランス**の[★★★]水道橋や、**最古の軍道**である[★★★]街道などの公共施設が造られた。(東京大)

ガール水道橋, アッピア街道

◆アウグストゥス帝の時代以降、ローマ市には様々な建築物が建てられた。石で舗装されたアッピア街道は、ローマから各地へ整備され、各地との交流のうえで重要な役割を果たした。「すべての道はローマに通ず」の格言が有名。

□**4** ★★
[★★]帝時代の216年、ローマ市に大規模な公共の大浴場が建設された。（予想問題）

◆2012年の映画「テルマエ・ロマエ」でもローマの公衆浴場が登場するが、こちらはハドリアヌス帝時代が舞台である。

カラカラ帝

□**5** ★★★
無産市民は**円形闘技場**の[★★★]で開催される剣闘士の試合を**娯楽**として楽しんだ。（京都女子大）

コロッセウム　世界遺産

□**6** ★★★
[★★★]法は、十二表法を起源にローマ人が作成した法の総称で、**近代ヨーロッパ諸国法の源流**となった。（早稲田大）

ローマ法

□**7** ★★★
ローマ法は、はじめは**ローマ市民だけに適用**される市民法だったが、ヘレニズム思想の影響を受け、**帝国内すべての市民に適用**される[★★★]法となった。（センター、京都大）

万民法

□**8** ★★
6世紀の東ローマ帝国では、ユスティニアヌス大帝の命により、[★★]を中心に『ローマ法大全』が編纂された。（共通テスト）

◆『ローマ法大全』は『**ユスティニアヌス法典**』とも呼ばれる。

トリボニアヌス

□**9** ★★
ローマ帝国では、初代皇帝[★★]から4世紀初頭まで多くの皇帝たちが神格化され国家神となり、**万神殿**である[★★]に祀られた。（共立女子大、学習院大）

⚠**ローマ**の万神殿であるパンテオンと、**アテネ**のアクロポリスに建築されたパルテノン神殿を混同しないように要注意！

アウグストゥス,
パンテオン

□**10** ★
帝政ローマでは、軍人を中心に[★]神への信仰が広まったが、キリスト教の広がりとともに衰退した。（関西学院大）

ミトラ神

□**11** ★★★
[★★★]はローマ共和政末期に活躍し、『国家論』など弁論、哲学に関する著作を残した。（学習院大）

◆キケロの文章は、**ラテン語散文の最も模範的なもの**とされており、後世にも大きな影響を与えている。

キケロ

□**12** ★★★
アウグストゥス帝時代、**ラテン文学は黄金期**を迎え、[★★★]はローマの建国叙事詩『アエネイス』をラテン語で著した。（京都大、共立女子大）

◆『アエネイス』は、トロイア戦争で敗れたトロイア将軍アイネイアスが、カルタゴを経てイタリアへと流れ着き、土着の王を打ち倒す物語。

ウェルギリウス

□13 ★★ アウグストゥス帝時代の詩人 [★★] は、『叙情詩集』を著した。（予想問題）　ホラティウス

□14 ★★ アウグストゥス帝時代の詩人 [★★] は、『恋の技法』『転身譜』を著した。（予想問題）　オウィディウス

□15 ★★★ カエサルは、簡潔な文体で、自らのガリア遠征の記録を『[★★★]』に記した。（センター、早稲田大）　ガリア戦記（せんき）

◆『ガリア戦記』はカエサルが7年分のガリアへの遠征を記録したもの。続編『内乱記』では、ルビコン川を渡り（「賽（さい）は投げられた」の台詞で有名）ポンペイウスとの戦いを終結させるまでのローマ内戦が記録されている。

□16 ★★★ アウグストゥス帝時代、歴史家 [★★★] は、ラテン語で『ローマ建国史（ローマ建国以来の歴史）』を著した。（センター、東京大）　リウィウス

◆アウグストゥスの側近の文人だったリウィウスは、生涯の大半をかけて『ローマ建国史』を完成させた。

□17 ★★★ [★★★] は、ローマ人の目線から、ゲルマン人社会について『ゲルマニア』に記した。（センター、早稲田大）　タキトゥス

◆『ゲルマニア』には、社会・風俗・習慣などゲルマン人の民族誌的な内容が著述されている。自らゲルマニアを遍歴したわけではないため、偏見や事実の歪曲（わいきょく）が含まれているとされる。

☞タキトゥスが遺した帝政ローマ初期の**歴史書**『年代記』も覚えておこう。

□18 タキトゥスの作品『[　　]』は、ブリタニア総督を務めた岳父の伝記である。（早稲田大）　アグリコラ

□19 ★★ 共和政期の**ギリシア人**歴史家 [★★] は、『歴史』を著した。（北海道大、同志社大）　ポリビオス

□20 ★★ ポリビオスは、[★★] 史観の観点から、ローマ興隆の要因は王政・貴族政・[★] 政の混合政体であったことだと考えた。（北海道大）　政体循環史観（せいたいじゅんかん）, 民主政（みんしゅ）

□21 ★★★ ギリシア人の [★★★] は、著書『対比列伝（たいひれつでん）（英雄伝）』で、ギリシアとローマの有力者を比較した。（同志社大）　プルタルコス

◆プルタルコスは、ローマの名士との交流を通じてローマの歴史や文化に精通した。『対比列伝』では、ペリクレスやグラックス兄弟、アレクサンドロス大王などを取り上げた。

□22 ★★ ギリシア人地理学者 [★★] は、『地理誌』を著した。（センター）　ストラボン

□23 [　　] は著書『事物の本性について』で、エピクロスの教説を**ラテン語**韻文の形でうたった。（予想問題）

ルクレティウス

□24 ★★ **ネロ帝の教師**を務めたストア派哲学者 [★★] は、『幸福論』などを著した。（学習院大）

◆スペインのコルドバの騎士階級出身のセネカは、ネロの即位後に政治の実権を握るが、最後はネロの命で自殺した。彼の著作は、**シェークスピア**やラシーヌなど後世の文学に大きな影響を与えている。

セネカ

□25 ★★ ギリシア人の [★★] は、奴隷出身のストア**派哲学者**である。（予想問題）

エピクテトス

□26 ★★★ 五賢帝の [★★★] は「哲人皇帝（てつじんこうてい）」と呼ばれた**ストア派哲学者**でもあり、[★★] 語で『自省録（じせいろく）』を著した。（センター、早稲田大）

◆マルクス=アウレリウス=アントニヌスは、苦難の中でも心の平安を保つ大切さを説くエピクテトスの思想を引き継いだ。

⚠『自省録』はラテン語ではなくギリシア語で書かれていることに要注意！

マルクス=アウレリウス=アントニヌス，ギリシア語

□27 ★★ ローマの博物学者 [★★] は、百科全書『博物誌』を著した。（共立女子大、早稲田大）

◆艦隊司令官だった彼は、イタリア南部のポンペイを襲ったヴェスヴィオ火山噴火の救助活動中に亡くなった。

プリニウス

□28 ★★★ 2世紀頃、エジプトのアレクサンドリアで活躍した [★★★] は『**天文学大全**』を記し、[★★★] 説を唱えた。（京都女子大）

◆プトレマイオスは、緯度と経度を使った世界地図を作成した。

プトレマイオス，天動説（てんどうせつ）

□29 ★★★ ローマでは太陰太陽（たいいんたいよう）暦が用いられていたが、季節と暦にずれが生じるようになると、前46年に [★★★] が [★★★] 暦を制定した。（センター）

カエサル，ユリウス暦

□30 ★ マルクス=アウレリウス=アントニヌスの侍医を務めた**ギリシア人医師**の [★] が作り上げた医学は、アラビア医学の規範となった。（立教大）

ガレノス

II

イラン・南アジア・東南アジア世界の成立

26…15 14 13 12 11 10 9 8 7 6 5 4 3 2 1 BC AD 1 2 3 4 5 6 7 8 9 10 11 12 13 14 15 16 17 18 19

1 古代ペルシアの国々と文化

ANSWERS □□□

□1 ★★★ 前3世紀、セレウコス朝から相次いで独立し、**イラン**にイラン系の［★★★］、**中央アジア**のアム川流域にギリシア系の［★★★］、小アジアに**ペルガモン**が成立した。（センター）

パルティア，バクトリア

☞場所・民族系統・国をしっかりと一致させて覚えよう。

□2 ★★ アルサケスが建国したパルティアは前2世紀に都を［★★］と定め、［★］朝からメソポタミアを奪い、東西交易路を独占したことで繁栄した。（南山大）

クテシフォン，セレウコス朝

◆パルティアは、司馬遷（しばせん）の『史記（しき）』では「安息（あんそく）」と記されている。前2世紀、**ミトラダテス1世**の時代に最盛期を迎えた。

□3 ★★★ 224年、パルティアを倒した［★★★］世は［★★★］朝を建国し、クテシフォンを都とした。（センター）

アルダシール1世，ササン朝

□4 ★★★ ［★★］朝の正統な後継者を自認したササン朝は、［★★★］**教を国教**とした。（京都女子大）

アケメネス朝，ゾロアスター教

◆アケメネス**朝の再興**を図ることを目的としていた。

□5 ★★★ ゾロアスター教の聖典『［★★★］』は、**ホスロー1世**の時代に編纂された。（学習院大）

アヴェスター

◆ゾロアスター教は、北魏（ほくぎ）の時代に中国に伝わり祆教（けんきょう）と呼ばれた。

□6 ★★ 3世紀、マニは、［★★］教、［★★］教、［★★］教を融合して**マニ教**を創始した。（同志社大）

ゾロアスター教，仏（ぶっ）教，キリスト教 ※順不同

◆マニ教はササン朝では弾圧されたが、中央アジアや中国に伝わった。

□7 ★★★ ササン朝の［★★★］世は、エデッサの戦いでローマの軍人皇帝ウァレリアヌスを破り、捕虜とした。（北海道大）

シャープール1世

◆シャープール1世はササン朝の体制を固めた人物で、自らを「**イラン人および非イラン人の諸王の王**」と称した。

□8 ★★ シャープール1世は、インドの［★★］朝を破って領土を拡大した。（北海道大）

クシャーナ朝

□9 ★★★ 6世紀、**ササン朝**は［★★★］世の治世下で全盛期をむかえ、**東方**では突厥（とっけつ）と同盟し［★★★］を滅ぼした。また、**西方**では**ビザンツ皇帝**（とっくつ）［★★★］と抗争した。（青山学院大、早稲田大）

ホスロー1世，エフタル，ユスティニアヌス1世（せい）（大帝）（たいてい）

□10 ★★★ 642年、［★★★］の戦いでヤズデギルド3世の軍がイスラーム軍に大敗すると、その後まもなくササン朝は滅亡した。（早稲田大）

ニハーヴァンドの戦い

□11 ★★ 華麗なガラス器・銀製品・織物などが特徴のササン朝美術は、中国を経て日本にも伝わった。代表的な宝物に、東大寺（とうだいじ）［★★］所蔵の「［★★］」がある。（東京農業大、立命館大）

正倉院（しょうそういん），漆胡瓶（しっこへい）

□12 ★★★ 奈良県斑鳩（いかるが）の［★★］に所蔵されている「［★★★］」も、ササン朝美術の影響を受けた工芸品である。（早稲田大）

◆「獅子狩文錦」の絵柄には、馬上の男たちが弓を射る姿や、日本に生息しないライオン（獅子（しし））が描かれている。日本の獅子舞（ししまい）は、ペルシアの獅子をモチーフに生まれたという説もある。

法隆寺（ほうりゅうじ），獅子狩文錦（ししかりもんきん）

2 インダス文明

ANSWERS □□□

□1 ★★★ ［★★★］文明は前2600年頃に成立した**インド最古の文明**で、［★★★］系の人々によって作られたものと推定される。（センター、同志社大）

◆インダス文明は前1800年頃までに衰退したが、原因ははっきりしておらず諸説ある。ドラヴィダ系は、南インドに居住するタミル語などの言語系統に属する人々の祖先。

インダス文明，ドラヴィダ系

□2 ★★★ インダス文明の遺跡には、**シンド**地方の［★★★］、**パンジャーブ**地方の［★★★］、インド西部のドーラヴィーラーなどがある。（立教大、同志社大）

◆モエンジョ=ダーロは「死人の丘」という意味。

⚠**シンド**地方のモエンジョ=ダーロ、**パンジャーブ**地方のハラッパーの区別に要注意！

モエ（ヘ）ンジョ=ダーロ，ハラッパー

□3 ★
インダス文明では、都市計画に基づいて［★］場や［★］倉庫、レンガ造りの住居などが築かれた。
（上智大、東京都市大）

沐浴場，穀物倉庫

◆宮殿や陵墓が発見されなかったことから、**強大な支配者のいない社会**であったことが推測される。

□4 ★★★
インダス文明の遺跡からは、**彩文土器**や青銅器、神・人・動物の図柄や象形文字の［★★★］文字を滑石に刻んだ［★★★］が多く出土した。
（上智大、同志社大）

インダス文字，印章

◆インダス文字は現在も**未解読**である。

3 インド古代文明

ANSWERS □□□

□1 ★★★
前1500年頃、インド=ヨーロッパ語族で牧畜民の［★★★］人は、カイバル峠を越えてインダス川中流域の［★★★］地方に侵入した。
（共通テスト、関西大）

アーリヤ人，パンジャーブ

□2 ★★
前1000年以降、アーリヤ人は［★★］川上流域に移動し、青銅器に代わって［★★］器具を用いて**農耕社会を形成**した。彼らは馬と［★］を使用した。
（上智大、関西学院大）

ガンジス川，鉄製器具，戦車

□3 ★★
アフガニスタンのカーブルとパキスタンのペシャワールを結ぶ［★★］峠は、古来から重要な交易路として発達した。
（センター）

カイバル峠

◆前4世紀のアレクサンドロス大王や、7世紀の中国僧玄奘も通った。

□4
アフガニスタンを北東から南西に走る［　］山脈の周辺地域は、古来より東西南北の文化が盛んに流入した場所である。
（関西大）

ヒンドゥークシュ山脈

□5 ★★★
アーリヤ人が先住民とともに社会を形成させる過程で、［★★★］という**身分的上下観念**が生まれた。
（同志社大、関西大）

ヴァルナ

◆ヴァルナはもともと「色」を表す語。アーリヤ人は先住民との肌の色の違いで人々を区別した。

□6 ヴァルナは４つの基本的身分からなり、階層の高い順に［★★★］・［★★★］・ヴァイシャ・［★★★］となる。
★★★
(京都大、上智大)

◆ヴァルナの枠外の最下層には、不可触民(ふかしょくみん)と呼ばれる人々が存在し差別を受けていた。差別撤廃を目指した**ガンディー**は、彼らを「ハリジャン（神の子）」と呼んだ。

バラモン，クシャトリヤ，シュードラ

□7 インド社会には、［★★］集団という職業集団があり、人々は固有の職業を世襲し、異なる集団の者との結婚や食事は禁じられた。
★★
(中央大)

◆インドでは「生まれ」を意味するジャーティという言葉が使われ、カーストとジャーティはほぼ同じ意味で用いられている。

カースト集団

□8 インド独特の身分制度の［★★］制度は、ヴァルナとカースト（ジャーティ）が結びついて成立した。
★★
(中央大)

カースト制度

□9 バラモンがつかさどる宗教を［★★★］教という。
★★★
(法政大)

バラモン教

□10 アーリヤ人は自然現象を神として崇めて［★★★］を編纂(へんさん)し、これはバラモン教の聖典とされた。
★★★
(センター)

ヴェーダ

□11 ４つのヴェーダのうち、**最古**の『［★★★］』は前1200〜前1000年頃に成立したとされ、**神々への賛歌**がまとめられた。ヴェーダが成立した時代を［★★］時代という。
★★★
(センター、上智大)

◆ヴェーダは「**知識**」という意味。『リグ=ヴェーダ』『サーマ=ヴェーダ』『ヤジュル=ヴェーダ』『アタルヴァ=ヴェーダ』の**4**種類がある。入試では『リグ=ヴェーダ』が問われることが圧倒的に多い。

リグ=ヴェーダ，
ヴェーダ時代

□12 ヴェーダ時代が終わると、北インドの政治経済の中心は、ガンジス川の上流域から中・下流域へと移り、前６世紀には［★★★］国や［★★★］国などの小王国が成立した。
★★★
(同志社大、関西学院大)

マガダ国，コーサラ国 ※順不同

□13 前５世紀頃、［★★★］国が**コーサラ国**を倒して、ガンジス川流域を統一した。
★★★
(関西学院大)

マガダ国

□14 **商工業**が盛んになると、富を蓄えたヴァイシャや、勢力を伸ばした武士階層のクシャトリヤが新しい宗教を求めて、マガダ国では［★★］教や［★★］教などの新しい宗教が生まれた。
★★
(センター、上智大)

仏(ぶっ)教，ジャイナ教
※順不同

□15 ★★★ ブッダ（仏陀）と尊称される [★★★] は、前6世紀にヴェーダ祭式や [★★] 制を否定して仏教を説いた。（神戸学院大）

ガウタマ=シッダールタ，ヴァルナ制

◆ガウタマ=シッダールタはシャカ族のカピラ国の王子で、尊称のブッダは「**悟った者**」という意味。

□16 ★★★ ガウタマ=シッダールタは [★★★] の続く人生を苦ととらえ、苦の原因から離脱する正しい認識と正しい実践の方法を説き、正しい道を行えば人は平等に苦から救われると説いた。（同志社大）

輪廻転生

□17 ★★ ガウタマ=シッダールタは、[★★] と呼ばれる解脱に至るための実践法を説いた。（上智大）

八正道

□18 ★★★ マハーヴィーラと尊称される [★★★] は、前6世紀に**不殺生主義**を特徴とするジャイナ教を創始した。（京都大、上智大）

ヴァルダマーナ

□19 ★★★ バラモン教の**祭式至上主義**に反発して改革運動が生じ、[★] と我（アートマン）の一体を説く哲学的な [★★★] が編纂された。（東京大、明治大）

梵（ブラフマン），ウパニシャッド（「奥義書」）

◆生命は死と再生を永遠に繰り返し（輪廻転生）、来世は現世の行いである業（カルマ）により決定されると考えられ、宇宙の根本原理である梵と個人の根源である我は究極的に同一であることを悟ることで輪廻**から解脱できる**とする。これを梵我一如という。

□20 **雨季**と**乾季**がある [　　] 気候のインドでは、雨季の雨水を蓄えて稲・ヒエ・アワを、乾季を利用して [　　] を栽培し、**牛・羊などの飼育**を組み合わせた生産活動が行われた。（予想問題）

モンスーン気候，麦

4 マウリヤ朝

ANSWERS □□□

□1 ★★★ 前4世紀のアレクサンドロス大王の侵入を契機に、[★★★] 王はマガダ国のナンダ朝を倒して、**インド最初の統一王朝**である [★★★] 朝を建国した。（名古屋大、上智大）

チャンドラグプタ王，マウリヤ朝

□2 ★★ マウリヤ朝は [★★] に都を置き、**属州制**を採用して遠隔地を支配した。（東京都市大、明治大）

パータリプトラ

□3 ★ チャンドラグプタ王は、**インダス川流域の** [★] の勢力を駆逐し、[★] 朝からはアフガニスタンを奪った。 (同志社大)

ギリシア, セレウコス朝

□4 ★★★ 前3世紀、マウリヤ朝は第3代 [★★★] 王の治世に最盛期を迎えた。彼はカリンガ国を征服し、**南部以外のインドを統一**した。 (東京都立大、文教大)

◆カリンガ国の征服戦争では多くの犠牲者が出た。

アショーカ王

□5 ★★ 征服戦争の惨状を見たアショーカ王は仏教に帰依(きえ)し、**シンハラ人**が支配する [★★] に王子のマヒンダを派遣して上座部(じょうざぶ)仏教を伝えた。 (東京都立大、文教大)

セイロン島(とう)(スリランカ)

□6 ★★★ アショーカ王は、**社会倫理・社会道徳**である [★★★] による統治を行い、各地に勅令を刻んだ [★★★] や石柱(せきちゅう)碑(ひ)を建立した。 (センター、同志社大)

ダルマ(法(ほう)), 磨崖碑(まがいひ)

□7 ★★★ アショーカ王は仏教保護事業の1つとして、**第3回** [★★★] をパーリ語で行った。 (法政大)

◆仏典結集とは、ブッダの死後、弟子たちが行った**教典の編纂(へんさん)事業**のこと。口伝(くでん)で行われているブッダの教えが整理・統一された。パーリ語は、古代インドの俗語の1つである。

仏典結集(ぶってんけつじゅう)

□8 ★★ インドでは、**仏舎利(ぶっしゃり)を納めた** [★★] が造られ、仏教徒はこれを礼拝した。 (法政大)

◆仏舎利とはブッダ(シャカ)の遺骨のこと。**仏像**が作られるようになる以前はストゥーパが信仰の対象だった。

ストゥーパ(仏塔(ぶっとう))

□9 ★ アショーカ王は、中国では [★] 王と呼ばれた。 (上智大)

阿育(あいく)王

□10 マウリヤ朝はセレウコス朝と互いに使節を交換し、マウリヤ朝に派遣された [ ] は帰国後に見聞録『インド誌』を著した。 (慶應義塾大)

メガステネス

□11 ★ 前3世紀末、マウリヤ朝の衰退に乗じたギリシア人国家の [★] は**西北インドに進出**した。 (早稲田大)

バクトリア

5 クシャーナ朝

ANSWERS □□□

□1 ★★★ バクトリア地方では、1世紀頃にイラン系のクシャーン人が ★★★ 朝を開き、 ★★ に都を定めた。 (京都大、法政大)

クシャーナ朝, プルシャプラ

□2 ★★★ ★★★ 王の治世に最盛期を迎えたクシャーナ朝は、3世紀頃まで**中央アジアからガンジス川中流域にいたる地域を支配**した。 (東京都市大、関西学院大)

カニシカ王

□3 ★★ クシャーナ朝は**東西交易で繁栄**し、 ★★ 帝国の貨幣を参考に金貨を発行した。 (東京都立大、上智大)

ローマ帝国

□4 ★★★ カニシカ王は ★★★ 教を保護し、**第4回**仏典結集(ぶってんけつじゅう)を行った。 (京都大、法政大)

仏教(ぶっ)

□5 ★★★ クシャーナ朝では、**個人の救済**を求める従来の上座部(じょうざぶ)仏教に対し、 ★★★ 信仰を中心として**大衆の救済**を目指す ★★★ 仏教が広まり、カニシカ王の保護を受けた。 (大阪大、上智大)

菩薩(ぼさつ), 大乗(だいじょう)仏教

□6 ★★★ クシャーナ朝時代の ★★★ 美術はヘレニズム文化の影響を受けており、**彫(ほ)りの深い写実的な顔立ちや、ひだのある服**が特徴の ★★★ が作られるようになった。 (センター、上智大)

ガンダーラ美術, 仏像(ぶつぞう)

□7 ★★★ 3世紀頃、クシャーナ朝は ★★★ 朝の ★★★ 世の侵攻を受けて衰退した。 (立正大)

ササン朝, シャープール1世

6 グプタ朝

ANSWERS □□□

□1 ★★ 4世紀前半、 ★★ 世はグプタ朝を建国した。(上智大)

⚠**マウリヤ朝**の建国者であるチャンドラグプタ王との混同に要注意!

チャンドラグプタ1世

□2 ★★ グプタ朝は ★★ に都を置いた。 (明治大)

パータリプトラ

□3 ★★★ グプタ朝は、第3代王 ★★★ 世の時代に**最盛期**を迎え、北インド全域を支配した。 (京都大)

チャンドラグプタ2世

□4 ★ チャンドラグプタ2世は、中国では ★ 王と呼ばれた。 (法政大)

超日王(ちょうにち)

□5 ★★★ グプタ朝時代、影響力を失いかけていた［★］が再び重用され、彼らが用いていた［★★★］語が**公用語**となった。（明治大）

バラモン，サンスクリット語

□6 ★★★ グプタ朝時代、バラモン教に**民間の信仰や慣習を取り込んだ**［★★★］教が社会に定着した。（明治大、同志社大）

◆仏教の輪廻（りんね）や解脱（げだつ）の思想なども取り入れられた。

ヒンドゥー教

□7 ★★★ ヒンドゥー教は［★★★］・［★★★］・ブラフマーを三大神とする**多神教**である。（中央大）

◆三大神の特徴はそれぞれ次の通り。
①ブラフマー：宇宙を創造した神。信仰の対象にはならなかった。
②ヴィシュヌ：世界維持の神。民衆に人気！
③シヴァ：破壊の神。こちらも民衆に人気！

ヴィシュヌ，シヴァ
※順不同

□8 ★★★ グプタ朝時代、**純インド的**な美術様式の［★★★］様式が完成した。（上智大）

⚠ギリシア文化に影響を受けたガンダーラ美術とは異なり、グプタ様式は**純インド的**であることに要注意！

グプタ様式

□9 ★★★ ［★★★］石窟（せっくつ）寺院には、グプタ様式の仏像壁画や彫刻が数多く残されている。（共立女子大）

アジャンター石窟寺院 世界遺産

□10 ★ ［★］石窟寺院は、**仏教・ヒンドゥー教・ジャイナ教**の石窟寺院群である。（青山学院大）

エローラ石窟寺院 世界遺産

□11 ★ アジャンター石窟寺院の壁画などで見られる画法は、［★］金堂（こんどう）の壁画にも見られ、**グプタ様式**が日本に伝わっていたことがわかる。（センター、共立女子大）

法隆寺（ほうりゅうじ）

□12 ★ インド北部のヤムナー河畔（かはん）の都市［★］では、**純インド風**の仏像が制作された。（京都大）

マトゥラー

□13 ★★★ **前2～後2世紀頃に成立**した『［★★★］』は、司祭者のバラモンを最高の身分とし、ヴァルナごとに人々の**生活規範**を定めている。（センター、同志社大）

◆『マヌ法典』では、人類の始祖とされるマヌが、4つのヴァルナそれぞれが遵守（じゅんしゅ）すべき規範や義務などを定めている。

マヌ法典（ほうてん）

□14 ★★★ 『［★★★］』『［★★★］』はサンスクリット語で書かれた**古代インドの叙事詩（じょじし）**で、ヒンドゥー教の聖典ともされる。（上智大）

マハーバーラタ，ラーマーヤナ
※順不同

□15 ★★ グプタ朝時代の宮廷詩人 [★★] は、**サンスクリット文学**を代表する戯曲『シャクンタラー』を書いた。（共通テスト）
カーリダーサ

□16 ★★★ グプタ朝時代、天文学や数学などの諸学問が発達し、十進法や [★★★] **の概念**が生み出された。（上智大）
ゼロ

□17 ★★★ 東晋(とうしん)時代の僧 [★★★] は、**長安**から陸路でグプタ**朝時代のインド**を訪れ、帰国後に『 [★★★] 』を記した。（千葉大、九州大）
法顕(ほっけん)、仏国記(ぶっこくき)（法顕伝(ほっけんでん)）

⚠法顕は西域(せいいき)経由でインドに訪れたことに注意！

□18 ★★ 5世紀、インド東部に**仏教教学**の学院である [★★] が建設された。（武蔵野大、京都外国語大）
ナーランダー僧院(そういん) 世界遺産

□19 ★★ グプタ朝は、**遊牧民の** [★★] の侵入を受けて衰退し、6世紀半ばに滅亡した。（センター）
エフタル

7 ヴァルダナ朝

ANSWERS □□□

□1 ★★★ グプタ朝の衰退後に成立した [★★★] 朝は、古代の北インドでは**最後の統一王朝**である。（センター、明治大）
ヴァルダナ朝

□2 ★★★ 7世紀前半、[★★★] 王はガンジス川流域にヴァルダナ朝を建て、カナウジに都を置き北インド一帯を支配した。（センター、慶應義塾大）
ハルシャ王

◆ハルシャ王は中国名を戒日(かいにち)王という。詩人でもあった彼は、宗教や学芸の振興に努め、ヒンドゥー教や仏教を保護した。

□3 ★★★ 唐(とう)の僧 [★★★] は、陸路でヴァルダナ朝期のインドに訪れ、**ナーランダー僧院で仏教を学んだ**。帰国後は『 [★★★] 』を著した。（センター）
玄奘(げんじょう)、大唐西域記(だいとうさいいきき)

◆玄奘は明(みん)代の小説『西遊記(さいゆうき)』に登場する**三蔵法師**(さんぞうほうし)のモデルでもある。彼は多くの仏典を中国に持ち帰り漢訳した。

□4 ヴァルダナ朝と唐との間では**使節**の交換が行われ、唐の太宗は [　] を使者として派遣した。（予想問題）
王玄策(おうげんさく)

□5 ★★ ハルシャ王の死後、ヴァルダナ朝は分裂して急速に衰退し、北インドは**多数の小王国が分立**する [★★] 時代に入った。（東京都市大、明治大）
ラージプート時代

◆小王国の諸王がラージプート族出身だったことに由来する。

□6 唐の僧 [★★★] は、海路でヴァルダナ朝滅亡後の混乱期のインドに訪れ、**ナーランダー僧院で仏教を学んだ。** その際の見聞を『 [★★★] 』にまとめた。 (センター)
★★★

義浄(ぎじょう),
南海寄帰内法伝(なんかいききないほうでん)

▼インドを訪れた中国の僧

人物	中国の王朝	インドの王朝	著書	ナーランダー僧院で学んだか	経路
法顕	東晋	グプタ朝	仏国記	×	往路：陸路 復路：海路
玄奘	唐	ヴァルダナ朝	大唐西域記	○	陸路
義浄	唐	ヴァルダナ朝滅亡後	南海寄帰内法伝	○	海路

□7 ラージプート時代の戦乱期、 [★] 交易の衰えによる都市の衰退や、ヒンドゥー教徒のバクティ運動の活発化によって [★] 教への信仰が衰退した。 (東京都立大、明治大)
★

◆仏教は**都市**で盛んに信仰されていたが、都市の衰退で支持基盤であった商人層の力が弱まったことで、次第に衰退した。

陸上(りくじょう)交易,
仏(ぶっ)教

8 南インドの王朝

ANSWERS □□□

□1 1世紀の見聞録『 [★★] 』には、インドで [★★] を利用した「海の道（陶磁(とうじ)の道）」による東西交易が盛んに行われたことが記されている。 (大阪大、東京都立大)
★★

エリュトゥラー海(かい)案内記(あんないき)，モンスーン（季節風(きせつふう)）

□2 東西交易において、インドからは**胡椒(こしょう)**などの [★] や綿布が輸出され、西方からは [★] **帝国の金貨**やガラスなどがもたらされた。 (大阪大、東京都立大)
★

◆インドからは、真珠や象牙(ぞうげ)なども輸出された。

香辛料(こうしんりょう),
ローマ帝国

□3 前3世紀頃、タミル人の王国である [★★★] 朝が**ギリシア・ローマ帝国との交易**で繁栄した。 (上智大)
★★★

◆タミル人は、インド南部とスリランカ（セイロン島）に居住する民族である。

チョーラ朝

□4 11世紀、チョーラ朝は東南アジアの [★★] へ遠征した。 (予想問題)
★★

シュリーヴィジャヤ

□5 ★★★ 前1世紀頃、デカン高原にドラヴィダ系の［★★★］朝が成立した。**海上交易**で繁栄し、［★★］**帝国の金貨**が多く出土した。（センター、上智大）

☞サータヴァーハナ朝はクシャーナ朝と同時期に存在していたことを覚えておこう！

サータヴァーハナ朝，ローマ帝国

□6 ★★ サータヴァーハナ朝時代の僧［★★］は大乗仏教を大成し、その思想を『［★］』にまとめた。（センター）

竜樹（ナーガールジュナ），中論

□7 ★★ **インド南端部**では［★★］朝（前3世紀頃～後14世紀）が、**インド南東岸**では［★］朝（3～9世紀）が繁栄した。（慶應義塾大）

◆パーンディヤ朝はローマとも交易を行った。都はマドゥライ。

パーンディヤ朝，パッラヴァ朝

□8 ★★ **スリランカ**では、アーリヤ系の［★★］人が上座部仏教を受け入れ、インド洋交易で活躍した。（上智大）

◆シンハラ人は前5世紀頃に北インドから移住した。スリランカで**多数派**を占めるが、**少数派**の**ヒンドゥー教系**のタミル人との間で古くから抗争が続いている。

シンハラ人

□9 ★ 6世紀に南インドで成立したドラヴィダ系の［★］朝は、ハルシャ王の侵入を撃退した。（予想問題）

チャールキヤ朝

□10 ★★★ ［★★★］信仰は、**ヒンドゥー教における神への愛と絶対的帰依を説く教え**で、7世紀頃に**南インド**から広がって**ヒンドゥー教の大衆化**に貢献した。（武蔵野大）

◆バクティ運動は、14世紀以降に北インドへ普及した。

バクティ信仰

9 スマトラ・ジャワ・マラッカ

ANSWERS □□□

□1 ★★ 東南アジアでは、沿岸部や河川などの交易ルート沿いの港を中心に、遠隔地貿易を中継する複数の［★★］が栄えた。（上智大、京都女子大）

港市国家

□2 ★★★ 7世紀にスマトラ島で成立した［★★★］は、マラッカ海峡が東西交易の要衝になると、パレンバンを中心に**海上交易**で栄えた。（センター、京都府立大）

シュリーヴィジャヤ（室利仏逝）

□3 ★★★ 7世紀末、唐の僧 [★★★] はインド渡航の途中でシュリーヴィジャヤに滞在し、**大乗仏教**が盛んな様子を『[★★★]』に記した。(東京都立大、近畿大)

義浄，南海寄帰内法伝

□4 ★★ シュリーヴィジャヤは、交易の利をめぐって**南インド**の [★★] 朝と抗争した。(予想問題)

チョーラ朝

□5 ★★★ シュリーヴィジャヤを引き継いでマラッカ海峡地域を支配した港市国家連合を [★★★] という。(高崎経済大、慶應義塾大)

三仏斉

□6 ★ **スマトラ島**北端の港市国家 [★] は、東南アジアにおける**イスラームの先進地**であった。(慶應義塾大)

サムドゥラ=パサイ

□7 ★★★ 15世紀末に**スマトラ島北端**に成立したイスラーム国家の [★★★] 王国は、**胡椒**の取引で繁栄した。(京都大)

◆アチェ王国は、1873～1912年のアチェ戦争で、植民地拡大を狙うオランダによって制圧された。

アチェ王国

□8 ★★★ ジャワ島中部のシャイレンドラ朝は、8世紀後半～9世紀初めに大乗仏教寺院の [★★★] を建立した。(東京大)

◆ボロブドゥールの遺跡は、19世紀にイギリス人の**ラッフルズ**が発見した。方形のピラミッド型で、回廊状の表面には多数の仏像が配置されている。

ボロブドゥール 世界遺産

□9 ★★ **インド化**が進んだ東南アジア諸島部では、8世紀にジャワ島中部で**ヒンドゥー教国**の [★★] 朝が興った。(センター)

⚠16世紀末にジャワ島東部に興った**イスラーム教国**のマタラム王国と混同しないように要注意！

マタラム朝

□10 ★★ マタラム朝は**ヒンドゥー教寺院群**の [★★] を建設し、特にロロジョングランという寺院遺跡が有名である。(慶應義塾大)

プランバナン 世界遺産

□11 ★★ [★★] 教、仏教、[★★] 教は、ジャワ島の伝統文化の形成に影響を与えた。(センター)

ヒンドゥー教，イスラーム教 ※順不同

□12 ★★ 10世紀末、中心をジャワ島東部へ移したマタラム朝は [★★] 朝と称して、三仏斉に対抗した。(慶應義塾大)

クディリ朝

□13 ★★★ クディリ朝では、**影絵芝居**の [★★★] が発達した。(センター)

ワヤン

□14 ★★ ワヤンでは、インド古代叙事詩の『 ★★ 』や『ラーマーヤナ』が題材とされた。（センター） ◆これらの叙事詩はクディリ朝時代に**ジャワ語に翻訳**された。	マハーバーラタ
□15 ★★ **クディリ朝**は、 ★★ 朝に滅ぼされた。（予想問題）	シンガサリ朝
□16 ★★ シンガサリ朝は、**元**(げん)の ★★ からの朝貢勧告を拒んだために**ジャワ遠征**の要因を作ったが、元の遠征軍が来る前年、**内乱**により滅亡した。（早稲田大） ⚠シンガサリ朝は、元のジャワ遠征によって滅ぼされたわけではない。正誤問題で注意しよう！	クビライ（フビライ）
□17 ★★★ 13世紀末、**元軍を撃退**したラーデン=ヴィジャヤはジャワ島東部に ★★★ 王国を建国し、ヒンドゥー教を信仰した。（東京大、名古屋大）	マジャパヒト王国
□18 ★★ 14世紀に最盛期を迎えたマジャパヒト王国は、現在の ★ の大部分とマレー半島南部まで勢力を伸ばしたが、15世紀後半以降は ★★ 勢力の拡大によって衰えた。（センター、京都府立大）	インドネシア，イスラーム
□19 ★★★ 16世紀、ジャワ島**西部**に**イスラーム国家**の ★★★ 王国が成立した。（慶應義塾大） ◆バンテン王国は、スンダ海峡を押さえ**胡椒**の交易で栄えた。	バンテン王国
□20 ★★★ 16世紀にジャワ島**東部**に成立した ★★★ 王国は、18世紀頃から王位継承をめぐる内紛と ★★ 会社の介入などで弱体化した。（学習院大） ⚠ジャワ島西部の**バンテン王国**、ジャワ島東部の**マタラム王国**はともに**イスラーム国家**。東西の区別に注意しよう！	マタラム王国，オランダ東(ひがし)インド会社
□21 ★★★ 14世紀末にマレー半島に成立した ★★★ 王国は、15世紀、**明**(みん)の ★★★ の**南海遠征**の補給基地となった。（東京大）	マラッカ王国（ムラカ王国），鄭和(ていわ)
□22 ★★★ 15世紀、マラッカ王国の支配階級は ★★★ 教に改宗した。（東京大） ◆これにより、マラッカ王国は**東南アジア最初の本格的**なイスラーム国家となり、東南アジアのイスラーム化の拠点となった。	イスラーム教
□23 マラッカ王国は [ ] という港務(こうむ)長官を置き，東西海洋交易の中継港としての地位を確立した。（慶應義塾大）	シャーバンダル

□24 ★ ポルトガルがマラッカを占領したことを契機に、ムスリム商人はマラッカ海峡ルートに代わり、**スマトラ島とジャワ島の間を通る** [★] 海峡ルートを開拓した。（慶應義塾大）

スンダ

10 ビルマ（ミャンマー）

ANSWERS □□□

□1 ★★ 4世紀頃、[★★] 人は**ビルマ**のエーヤワディー川（イラワディ川）沿いに都市国家を建設した。（慶應義塾大）

ピュー人

□2 ★★★ 1044年、**エーヤワディー川**中流域にビルマ人（ミャンマー人）による初の統一王朝の [★★★] 朝が成立した。（センター）

パガン朝

□3 ★★★ スリランカと交流があったパガン朝では、[★★★] 仏教が浸透し、ここから大陸内部へと広まった。（センター、早稲田大）

上座部(じょうざぶ)仏教

□4 ★★ 13世紀末、**パガン朝**は [★★] の侵攻を受けて滅亡した。（早稲田大）

元(げん)

□5 ★ 16世紀、[★] 朝が**米の輸出**をはじめとした交易で繁栄した。（名古屋大）

◆16世紀前半にはポルトガル人傭兵(ようへい)を活用して版図(はんと)を拡大した。

タウングー朝（トゥングー朝）

□6 ★★★ 18世紀半ばにビルマ人が建国した [★★★] 朝は、**タイ**のアユタヤ朝を滅ぼし、中国の清(しん)を撃退した。（京都大）

コンバウン朝（アラウンパヤー朝）

11 タイ

ANSWERS □□□

□1 ★★ 7世紀頃、チャオプラヤ川の下流域に、モン人の港市(こうし)国家である [★★] が成立し、**上座部(じょうざぶ)仏教**を信仰した。（慶應義塾大、近畿大）

◆モン人は、もともとエーヤワディー川流域に居住していたタイとビルマの先住民。ドヴァーラヴァティーは王国として、**11世紀頃**まで続いたとされる。

ドヴァーラヴァティー

□2 ★★★ 13世紀半ば、**タイ人**はカンボジアのアンコール朝から自立して [★★★] 朝を建てた。（センター、立命館大）

◆スコータイ朝は、**最古のタイ人国家**といわれている。

スコータイ朝

□3 ★ **スコータイ**朝は、第3代の ★ 王の治世に最盛期を迎え、タイ文字が発明された。 (センター)

ラームカムヘーン王

□4 ★★ ラームカムヘーン王の時代、スリランカから ★★ 仏教が伝わった。 (立命館大)

◆上座部仏教の仏寺や仏塔などが数多く作られ、仏教文化が盛んとなった。また、製陶技術も発達した。

上座部仏教

□5 ★★★ スコータイ朝は14世紀半ばに衰退し始め、1438年に ★★★ 朝に併合された。 (立命館大)

アユタヤ朝

□6 ★ 14世紀、チャオプラヤ川下流域で成立したアユタヤ朝は、**鹿皮**などの森林産物や ★ **の輸出**で栄え、17世紀前半には日本から西ヨーロッパにまで及ぶ広域な交易関係を構築した。 (上智大)

米

□7 ★ 17世紀、アユタヤ朝には、朱印船貿易の興隆を背景に ★ が建設された。 (共通テスト)

日本町

□8 ★★★ アユタヤ朝は、1767年にビルマの ★★★ 朝の侵攻により滅亡した。 (センター、立命館大)

コンバウン朝(アラウンパヤー朝)

□9 ★★★ 1782年にタイ人がバンコクを首都に建てた ★★★ 朝は、現在も続くタイの王朝である。 (センター、立命館大)

ラタナコーシン朝(チャクリ朝)

12 ベトナム

ANSWERS □□□

□1 紀元前5世紀頃、**ベトナム中部から南部**に広がった漁撈民の文化を [ ] 文化という。 (慶應義塾大)

◆サーフィン文化の遺物は主に墓地で見つかっており、石器や耳飾り、青銅器が出土した。

サーフィン文化

□2 ★★★ **ベトナム北部**では ★★★ 文化が成立し、**鉄器**や、支配者の権威のシンボルとされる青銅製の ★★★ が発見された。 (千葉大、同志社大)

◆ドンソン文化は前4世紀に発展し、**稲作**を基礎とした社会が発展した。銅鼓は中国南部から東南アジアの広い地域で発見されている。

ドンソン文化, 銅鼓

□3 ★★★ 前3世紀末に秦が滅亡すると、**趙佗**が自立し、現在の広州を都として ★★★ を建てた。 (早稲田大、関西大)

南越

□4 ★★ 前2世紀、「 ★★ 」を通じて南越の都にアフリカの象牙(ぞうげ)や東南アジアの香辛料がもたらされた。(同志社大)

◆「海の道」は地中海から東アジア海域を結ぶ交易ルートで、東西交易に重要な働きをした。

海(うみ)の道(みち)

□5 ★★★ 前2世紀末、前漢(ぜんかん)の ★★★ 帝は南越を滅ぼし、ベトナムに領土を広げた。 ★★ 郡(ぐん)(現在の**ハノイ**)・ ★★★ 郡(現在の**フエ〔ユエ〕**)を南海貿易の拠点とした。(同志社大)

◆武帝は、他にも南海郡や九真(きゅうしん)郡など、全部で9つの郡(現地の統治機関)を置いた。

武(ぶ)帝, 交趾(こうし)郡, 日南(にちなん)郡

□6 ★★★ 2世紀頃、**ベトナム中部**に ★★★ 人がチャンパーを建国した。(共通一次試験、早稲田大)

チャム人

□7 ★★ チャンパーは、中国史料では、宋(そう)代以前は林邑(りんゆう)・環王(かんおう)、宋代以降は ★★ と表記された。(センター、千葉大)

◆8世紀、東大寺(とうだいじ)で行われた開眼供養(かいげんくよう)に林邑の僧が参加したことから、日本とも深い関係にあったことがうかがえる。

占城(せんじょう)

□8 ★★ インドと中国との**中継貿易**で栄えたチャンパーでは、4世紀頃からヒンドゥー教や仏教、インドの建築様式などを受容して「 ★★ 化」が進んだ。(センター)

インド化

□9 ★★ 7世紀、**唐**(とう)はハノイに ★★ 都護府を設置した。(関西大)

安南(あんなん)都護府

□10 ★★★ 10世紀初めから唐の支配が衰えると、北部ベトナムでは11世紀初めに李公蘊(りこううん)が ★★★ 朝(★★★)を開いて**ベトナム最初の長期政権**を打ち立てた。(上智大、関西大)

◆李朝は中国の諸制度を導入した。都の昇竜(しょうりゅう)は現在のハノイ。

李(り)朝, 大越(だいえつ)(ダイベト)

□11 ★★★ 13世紀に成立した陳(ちん)朝は、 ★★★ の**3度にわたる侵攻を撃退**した。(慶應義塾大、早稲田大)

元(げん)

□12 ★★ 陳朝では、**漢字**の部首をもとにした ★★ が考案された。(慶應義塾大、早稲田大)

チュノム(字喃(チュノム))

□13 ★ 陳朝の太宗の命によって、歴史書の『 ★ 』が編纂された。(上智大)

大越史記(だいえつしき)

□14 ★★★ 15世紀初め、明の［★★★］帝は**陳朝の滅亡**を口実に軍を派遣し、一時ベトナムを併合した。その後、陳朝の武将黎利は**明軍を撃退**し、［★★★］朝を建てた。（早稲田大、同志社大）

永楽帝, 黎朝

□15 ★★ 明と**朝貢関係**を結んだ黎朝は、明の諸制度を取り入れ、［★★］学を振興して支配を固めた。（南山大）

◆黎朝は、明の**中央集権制度**を導入して国力を高めた。

朱子学

□16 17世紀、ベトナム中部の［　］を中心に阮氏が［　］王国を建設し、独立政権として北部の**鄭氏（黎朝）と対立**した。（上智大）

フエ（ユエ）, 広南王国

□17 ★★ 1771年、ベトナム中南部の農民が黎朝に対して［★★］の乱を起こし、西山朝（タイソン朝）を建てた。（センター）

◆ベトナム中部の西山郡出身の阮文岳ら三兄弟がリーダーとなって反乱を起こし、短期間ながらもベトナムに統一政権を成立させた。ベトナムの歴史上、重要な意味をもつ農民反乱である。

西山の乱（タイソンの乱）

□18 ★★★ フランス人宣教師ピニョーの支援を得た［★★★］は、19世紀初め、西山朝（タイソン朝）を滅ぼして［★★★］朝を建てた。（大阪大、上智大）

阮福暎, 阮朝

13 カンボジア

ANSWERS □□□

□1 ★★★ 1世紀頃、メコン川下流域に**東南アジア最古の国家**といわれる［★★★］が成立し、インド文化の影響を受けてヒンドゥー教や仏教が栄えた。（早稲田大、近畿大）

◆扶南には「インドからきたバラモンが現地の女王柳葉と結婚して建国された」という建国神話がある。実際、紀元前後からインドや中国との交流が盛んに行われていた。

扶南

□2 ★★ 扶南の外港である［★★］の遺跡では、［★★］帝国の金貨、インドの神像、後漢の鏡などが出土した。（上智大）

オケオ, ローマ帝国

□3 ★★★ メコン川流域に定住していた［★★★］人は、**6世紀**に**扶南**から独立して［★★★］を建国した。（早稲田大）

クメール人, 真臘（カンボジア）

□4 8世紀頃、真臘は南北に分裂したが、9世紀に［★★★］朝を建国したジャヤヴァルマン2世のもとで再統一された。（早稲田大）
★★★

◆9世紀、内陸を支配した**陸**真臘と、メコン川流域を支配した**水**真臘が合わさりアンコール朝が成立した。都が置かれたアンコールは、内陸にもかかわらず水路が張りめぐらされ、交易都市として栄えた。

アンコール朝

□5 12世紀にスールヤヴァルマン2世が建立した［★★★］は、もともと［★★★］教寺院として造られたが、のちに［★★★］教寺院に改修された。（高崎経済大、早稲田大）
★★★

◆アンコール=ワットは国の文化の象徴として、現在のカンボジア王国の国旗の中央に大きく描かれている。

☞真臘の**アンコール朝**が建造したアンコール=ワットと、ジャワ島の**シャイレンドラ朝**が建造したボロブドゥールを見分けられるように図版を確認しておこう！

アンコール=ワット，ヒンドゥー教，仏教
世界遺産

□6 13世紀初頭にジャヤヴァルマン7世が建てた［★★］は、堀と城壁で囲まれた**王都**である。（早稲田大）
★★

アンコール=トム
世界遺産

III

前近代の東アジア世界

50…15 14 13 12 11 10 9 8 7 6 5 4 3 2 1 BC AD 1 2 3 4 5 6 7 8 9 10 11 12 13 14 15 16 17 18 19

1 中国文明の発祥と殷周～春秋・戦国時代

ANSWERS □□□

□1 ★★★ 【★★★】流域ではアワ、キビなどを栽培する畑作が行われ、前５千年紀に文明が誕生した。（早稲田大）

黄河

□2 ★★★ 黄河文明の前期、**黄河中流域**の肥沃な**黄土地帯**では、【★★★】を特徴とする【★★★】文化が発達した。（神戸学院大）

彩文土器（彩陶），仰韶文化

□3 ★★★ 黄河文明後期の前３千年紀、**黄河中・下流域**には、灰陶や【★★★】を特徴とする【★★★】文化が広がった。（京都府立大、神戸学院大）

黒陶，竜山文化

◆黒陶は黒色で光沢のある薄い**磨研土器**で、後の青銅器文化へと受け継がれていったとされる。

▼黄河文明の２つの文化

文化	時期	地域	土器
仰韶文化	前５千年紀	黄河中流域	彩陶
竜山文化	前３千年紀	黄河中・下流域	黒陶・灰陶

□4 ★ 西安市には、仰韶文化の【★】遺跡がある。（京都大）

半坡遺跡

□5 竜山文化は、山東省竜山区にある【　】遺跡で初めて発見された。（上智大）

城子崖遺跡

□6 ★★ 前5000年頃、長江下流域では、水稲作を主とする新石器文化の【★★】文明が展開された。【★★】遺跡からは、稲もみや漆器、高床式の住居跡が発見された。（上智大、関西学院大）

長江文明，河姆渡遺跡

□7 ★ 浙江省杭州市郊外の【★】遺跡では、巨大な祭壇や精巧な大量の玉器が発見された。（上智大）

良渚遺跡　世界遺産

◆良渚遺跡には大規模な水利事業の形跡が見られ、最古のダムシステムともいわれる。

□8 ★★★ 伝説では、[★★]が開いた[★★★]王朝が最初の王朝とされる。 (京都大、関西学院大)

◆河南(かなん)省の**二里頭(にりとう)遺跡**は夏王朝の遺跡ではないかと考えられている。中国における青銅器の使用は二里頭文化期に始まったとされるが、夏王朝そのものの存在については、現在も議論が分かれている。

禹(う)，夏(か)王朝

□9 ★★★ 現在確認できる最古の王朝は、**黄河中流域**の[★★★]である。 (京都大、関西学院大)

殷(いん)(商(しょう))

□10 ★★ **四川(しせん)省**広漢(こうかん)市の[★★]遺跡からは、独特な青銅器や黄金製品、子安貝(こやすがい)などが出土した。 (上智大)

◆青銅製の「縦目(たてめ)仮面」が有名。その名前の通り、眼が縦に突き出た独特の造形の仮面である。

三星堆(さんせいたい)遺跡

□11 ★★★ 殷は黄河流域に多数点在していた[★★★]が、商という大邑に従属する形で成立した国家である。 (京都産業大)

◆邑は氏族的共同体で、血縁関係に基づいて形成された集団である。

邑(ゆう)

□12 ★★★ 殷では、[★★★]が武器や祭祀に用いられた。 (同志社大)

青銅器(せいどうき)

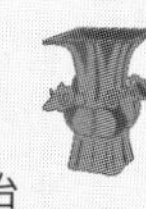

□13 ★★ 殷は**祭政一致**の[★★]政治を行った。 (早稲田大)

神権(しんけん)政治

□14 ★★★ 殷では国事の神意を占った結果を[★★★]文字で記した。この文字は使用法から[★]とも呼ばれ、**漢字の原形**になった。 (明治大)

◆甲骨文字は**亀甲(きこう)**や**獣骨(じゅうこつ)**に文字を刻んだことが名前の由来。亀甲獣骨にくぼみを掘り、火であぶって急激に冷却すると表面に「卜」の形のひび割れができる。このひび割れ具合で吉凶を占った。

甲骨(こうこつ)文字，卜辞(ぼくじ)

□15 ★★ 河南省安陽(あんよう)市の[★★]は殷の代表的な遺跡で、甲骨文字が刻まれた甲骨や、青銅器が多数出土した。 (京都大、京都府立大)

殷墟(いんきょ)

□16 ★★★ 陝西(せんせい)省の渭水(いすい)盆地を中心とする[★★★]は、はじめ殷に服属していたが、異民族を服属させるなどして勢力を拡大した。 (明治大)

◆渭水は中国北西部の甘粛(かんしゅく)省から陝西省に流れ黄河に合流する川。渭水盆地は、古代中国の中心地で、関中(かんちゅう)とも呼ばれる。

周(しゅう)

□17 ★★★ 前11世紀、周の[★]王は牧野(ぼくや)の戦いで殷の[★]王を破って殷を滅ぼし、渭水流域の[★★★]に都を置いた。 (京都大、明治大)

武(ぶ)王，紂(ちゅう)王，鎬京(こうけい)

□18 ★★★ 中国での王朝交替の理論を [★★★] といい、**平和的**に位を譲る [★★] と、**武力**によって前王朝を倒す [★★] とがある。（センター、関西学院大）

◆儒家の孟子が提唱した易姓革命は、「天命が革まり天子の姓が易る」という意味。堯→舜、舜→禹の交替は禅譲、周の武王が殷の紂王を破ったような、武力による交替は放伐である。

易姓革命, 禅譲, 放伐

□19 ★★ 周では、王朝の支配者を [★★] と呼んだ。（京都女子大）

天子

□20 ★★★ 周では、建国に貢献した一族・功臣に [★★★] を与えて世襲の [★★★] とし、彼らに軍役や貢納の義務を負わせる [★★★] 制がとられた。（京都産業大）

⚠**契約関係**に基づく西欧の封建制と異なり、周は**血縁関係**に基づいていたことに注意しよう！

封土, 諸侯, 封建制

□21 ★★★ 周王や諸侯らは、[★★★]、大夫、士という世襲の家臣に土地を分与し、その統治を任せた。（京都府立大）

卿

□22 ★★★ 周の封建制では、家長を中心に**血縁集団**の [★★] が構成され、家柄を重んじて**共通の祖先を崇拝した。**氏族の秩序は [★★★] によって維持された。（京都府立大）

◆宗法のもとで、祖先の祭祀や服喪を通じて本家を中心に団結が図られた。

宗族, 宗法

□23 『孟子』によると、周では耕地を公田と私田に分けて耕作させる**土地制度**の [　　] 制がとられていたとされる。（予想問題）

井田制

□24 ★★★ 前8世紀、周は異民族の犬戎の侵入などによって都を [★★★] に移した。この出来事までの周を [★★]、その後を [★★] と呼ぶ。（センター、東京大）

◆東周の都である洛邑は、後に洛陽と呼ばれるようになる。

洛邑, 西周, 東周

□25 ★★★ 周の**東遷**後、周王の権威は失墜し、**分裂と抗争の時代**が続いた。この時期の前半である前5世紀末までを [★★★] 時代、それ以降の後半を [★★★] 時代と呼ぶ。（神戸学院大）

春秋時代, 戦国時代

□26 ★★★ 春秋時代、[★★★] と呼ばれる**有力諸侯**は周の権威のもとに多くの諸侯と会盟を行った。（京都大、関西学院大）

◆会盟は、諸侯が集まって同盟を結ぶこと。

覇者

□27 ★★ 春秋時代、「周王を尊び、異民族（＝[★]）を打ち払え」という [★★] の思想が生まれた。（東京大）

夷狄, 尊王・攘夷

□28 春秋時代の**覇者**として、斉の［★★］や晋の［★★］などが有名である。（京都府立大、関西学院大）
★★

◆彼らは「**春秋の五覇**」と呼ばれる（残りの3人が誰かは諸説あり）。桓公は現在の山東省付近を拠点として勢力をふるった。

桓公，文公

□29 前403年、晋の家臣だった［★］氏、［★］氏、［★］氏は晋を分割して独立した。（立命館大）
★

魏，趙，韓 ※順不同

□30 戦国時代に力を強めた［★★★］・［★★★］・燕・楚・韓・魏・趙の7つの国を「［★★★］」と呼ぶ。
★★★

▼戦国の七雄（簡略図）（早稲田大）

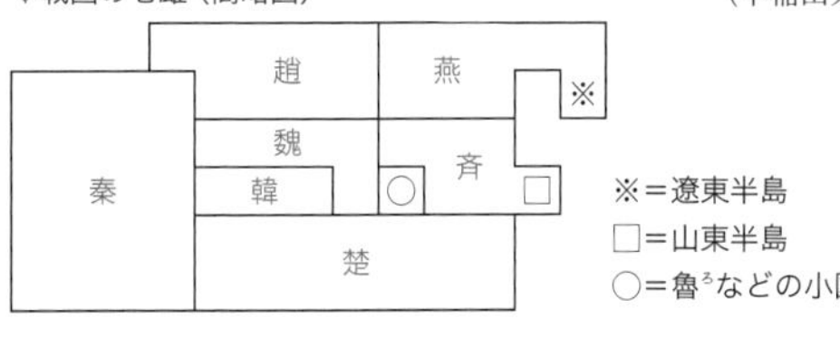

秦，斉 ※順不同，戦国の七雄

□31 **中国を文明の中心**とし、周辺地域の異民族を夷狄として劣ったものと見なす考え方を［★★］思想という。
★★

（予想問題）

◆**夷狄**は四夷とも呼ばれ、中国の四方にいる異民族を北狄、東夷、南蛮、西戎として蔑視した。

華夷思想

□32 **春秋・戦国**時代には、［★★★］農具や［★★★］農法が普及して農業生産力が向上した。（神戸女学院大）
★★★

◆中国では鉄を打って鍛える鍛鉄よりも、型に鉄を流しこむ鋳鉄の技術が発達した。初期の鋳鉄は強度に乏しく武器としては利用できなかったが、春秋時代後期には技術が発達して様々な**鉄製農具**が作られるようになった。

鉄製農具，牛耕農法

□33 戦国時代、**商業**が盛んになって［★★★］貨幣が出現した。（駒澤大）
★★★

青銅貨幣

□34 戦国時代の青銅貨幣には、秦などの［★★］、楚の［★★］、斉や燕の刀銭、韓・魏・趙の布銭がある。
★★

（東京大）

◆殷・周代では，**貝貨**という貝を使った貨幣が流通していた。

円銭

蟻鼻銭

刀銭

布銭

円銭（環銭），蟻鼻銭

□35 戦国時代、趙の都の［★］、周の都の洛邑、斉の都の［★］では、**鉄**と**塩**が製造された。（学習院大）
★

邯鄲，臨淄

2 秦・漢古代帝国

ANSWERS □□□

□1 ★★ 前4世紀、秦は [★★] に遷都した。（京都大）
咸陽

□2 ★★★ 秦の孝公に仕えた法家の [★★★] は、富国強兵を目指して改革（変法）を推し進めるとともに、行政単位を [★] に定めた。（センター、早稲田大）
商鞅, 郡県 群×

□3 ★★★ 戦国の七雄の1つだった [★★★] は、前221年に [★] を倒して**初めて中国を統一**した。（京都大）
秦, 斉

□4 ★★★ 前221年に中国を統一した秦王の政は、「王」にかわる称号として [★★★] を用い、死後は [★★★] と呼ばれた。（京都大）
皇帝, 始皇帝

□5 ★★★ 始皇帝は、渭水南岸に新たな宮殿として**阿房宮**を建設し、また [★★] 時代の各国が造営した [★★★] を修築して匈奴に対抗した。（早稲田大、京都女子大）
◆これらの大規模な土木工事は民衆の負担となった。後年、阿房宮は項羽が放った火で3カ月かけて燃え尽きた。
戦国時代, 長城

□6 ★★★ 秦の**中央集権政策**は主に [★★★] 家の [★★★] の意見をもとに展開された。（京都女子大）
法家, 李斯

□7 ★★ 始皇帝は、度量衡や車軌の他、文字を**小篆**に、貨幣を [★★] にそれぞれ統一した。（京都大、関西学院大）
◆車軌は馬車の車輪の幅である。半両銭は中央に四角い穴のあいた円形方孔銭で、のちの中国や日本などの銅銭もこの形を擬している。
半両銭

□8 ★★★ 前213年、始皇帝が行った**思想弾圧**の [★★★] では、[★★]・[★★]・占いの関連書以外の書物が焼き払われた。（関西学院大）
焚書, 医薬, 農業 ※順不同

□9 ★★★ 前212年、始皇帝が行った**思想弾圧**の [★★★] では、数百人の [★] などが生き埋めにされた。（慶應義塾大）
◆一連の思想弾圧は「焚書・坑儒」と呼ばれる。
坑儒, 抗× 儒者

□10 ★★ 始皇帝は、拡張政策として**南方遠征**を行い、現在の広西省、広東省からベトナム北部にかけて [★★] 郡、桂林郡、象郡の3郡を置いた。（京都大、早稲田大）
◆南海郡は現在の広東省。桂林郡は広西チワン族自治区にある石灰岩の奇峰で知られる。象郡はベトナム北部だが、正確な所在はまだ確定していない。
南海郡

□11 ★★★ 始皇帝の陵墓付近では、**兵士や馬をかたどった** [★★★] が発見された。（早稲田大）

◆兵馬俑は1体あたり高さ約180cm、重さ約300kgで、約8,000体が発見された。

兵馬俑

世界遺産

□12 ★★ 秦の滅亡後、嶺南地域では漢人の**趙佗**が [★★] を建国した。（早稲田大）

◆嶺南は、現在の広東省からベトナム北部までの地域を指す。

南越

□13 ★★ 始皇帝の死の翌年、秦の支配に対抗し、**中国史上初の農民反乱**である [★★] の乱が起こった。（センター、慶應義塾大）

陳勝・呉広の乱

□14 ★★ 陳勝・呉広の乱を起こした**陳勝**は「[★★]」という言葉を残した。（関西大）

◆この言葉は、王や諸侯などになるのに生まれは関係なく、実力が重要だということを表している。

王侯将相いずくんぞ種あらんや

□15 ★★★ 秦末、農民出身の [★★★] と楚の名門出身の [★★★] が覇権を争った。（京都府立大）

劉邦, 項羽

□16 ★★★ 劉邦は**垓下の戦い**で項羽に勝利し、前202年に [★★★] を建国した。（京都府立大）

前漢（漢）

□17 ★★★ 劉邦は、前漢の [★★★] として帝位に就き、新しい都の [★★★]（現在の**西安**）を築いた。（京都大）

◆高祖とは、天子の霊を宗廟にまつる際に贈る廟号である。高祖の他に、太宗・太祖などがある。

高祖, 長安

□18 ★★★ 高祖は、中央の**直轄地**では秦の [★★★] 制を引き継ぎ、**それ以外の地方**には封建制を復活させる、[★★★] 制を導入した。（センター）

郡県制, 郡国制

□19 ★★★ 高祖は、[★★★] のもとで強大化した**匈奴に敗れ**、多額の貢ぎ物を贈るという屈辱的な講和を結んだ。（慶應義塾大）

冒頓単于

□20 ★★★ 前154年、第6代景帝による諸侯王抑圧政策に対し、諸侯は [★★★] の乱を起こした。これを鎮圧した景帝は、統治体制を郡国制から事実上の [★★★] 制へと移行し、**中央集権体制を強化**した。（早稲田大）

呉楚七国の乱, 郡県制

□21 ★★★ 前2世紀後半に即位した［★★★］帝は、諸侯王の無力化政策と積極的な対外政策を実施し、**前漢の最盛期**を築いた。（京都女子大）

武帝

□22 ★★★ 武帝は、［★★★］の献言により儒学**を官学化**して、［★★］を置き、それぞれの専門の経学を太学で教えるようにした。（学習院大、上智大）

◆太学とは、官僚を養成するための最高学府のことで、武帝の時代に都の長安に設けられた。科挙制度が整えられる宋代に衰退した。

董仲舒，舒×
五経博士

□23 ★★★ 武帝は、**徳のある優秀な人材を選び、地方長官が中央に推薦する**［★★★］という官吏登用法を設けた。（センター、上智大）

郷挙里選

□24 ★★★ 武帝は、［★★★］を大月氏に派遣し**匈奴挟撃をもくろんだが、同盟の交渉は失敗した。**（京都大）

◆武帝は他にも、匈奴討伐のため衛青と霍去病を北方に派遣した。

張騫
塞×

□25 ★★ 武帝は、匈奴との戦いでは良馬が必要であるとし、将軍李広利を**汗血馬の産地**［★★］に派遣した。（上智大）

◆汗血馬は、1日に千里を走り、ひとたび走れば血の汗を流す名馬といわれていた。西域に派遣された張騫によって、この地が汗血馬の産地であることが武帝に伝わった。

大宛（フェルガナ）

□26 ★★ 武帝は、河西回廊に西域経営の拠点となる［★★］郡などの**河西4郡**を設置した。（名古屋外国語大）

敦煌郡

□27 ★★★ 前108年、武帝は朝鮮半島の［★★★］を倒し、［★★★］郡を中心に、真番、臨屯、玄菟からなる**朝鮮4郡**を置いて直接支配した。（試行調査）

◆中国王朝の朝鮮支配の拠点だった楽浪郡だが、313年に高句麗に倒される。現在の平壌にあたる。

衛氏朝鮮，楽浪郡

□28 ★★★ 前111年、武帝は［★★★］を征服し、［★★★］郡（現在の**フエ**）、交趾郡（現在の**ハノイ**）などの**南海9郡**を置いた。（センター、京都女子大）

◆南海9郡の1つである**南海郡**は、現在の広東省北東部一帯に置かれ、南海貿易の拠点となった。

南越，日南郡

□29 ★★ 武帝は、新たに**青銅銭**の［★★］を大量に発行し、貨幣制度を安定させた。（上智大）

◆五銖銭は唐代に廃止された。

⚠秦の始皇帝が統一貨幣とした半両銭、前漢の武帝が発行した五銖銭の混同に注意！

五銖銭

□30 ★★★ 武帝は**西域**などへの対外遠征に積極的だったことから、軍事費を賄うために［★★★］・［★★★］・［★★★］といった生活必需品を**専売制**とした。（東京大）

塩，鉄，酒
※順不同

□31 ★★★ 武帝の時代の対外戦争や土木事業は深刻な財政難をもたらしたため、**桑弘羊**は［★★★］や［★★★］といった新たな財政再建策を推進した。（京都府立大）

◆均輸は**各地の特産物を貢納させ、不足地域に転売して物価を調整する**政策、平準は**物資を貯蔵し、価格が高騰すると売り出し、下がると購入する**という政策であったが、いずれも庶民の生活に重圧をかけるものとなった。

均輸，平準
※順不同

□32 ★★★ 武帝の死後、国内は混乱し、**去勢された男性**である［★★★］や、**皇后や妃の親族**である［★★★］の専横が王朝の衰退を招いた。（上智大）

宦官，外戚

□33 ★★★ 前漢の中頃から、没落農民を奴隷や小作人として使役し大規模な農業経営を行う［★★★］が現れた。前漢は［★］を発布して大土地所有の制限を試みたが、彼らは官僚となって政界に進出した。（早稲田大）

豪族，
限田策

□34 ★★★ 後8年、**外戚**の［★★★］は前漢の皇帝を毒殺し、長安を都に［★★★］を建国した。（センター）

王莽，莾×
新

□35 ★★ 自ら皇帝となった王莽は、『周礼』による［★★］代の復古的政治を行ったが、社会は混乱した。（中央大）

◆王莽は土地の国有化や商業の抑制、貨幣の改鋳などの改革を強行した。

周

□36 ★★ 後23年、新は**農民反乱**の［★★］の乱によって滅びた。（京都女子大）

◆赤眉の乱は、新の復古的政治による混乱のなかで起こった。「赤眉」は、この反乱に参加した農民たちが眉を赤く染めていたことに由来する。赤は漢を象徴する色である。

赤眉の乱

□37 ★★★ 劉秀は後25年に［★★★］帝として即位し、漢王朝を再興した。この王朝を［★★★］という。（センター）

光武帝，
後漢

□38 ★★★ 後漢の都は [★★★] に置かれた。 (センター)

⚠前漢の都の長安、新の都の長安、後漢の都の洛陽の混同に注意！

洛陽（らくよう）

□39 ★★★ 東アジアでは、古代から中国を中心とする [★★★] 体制が続いてきた。この国際関係は、**周辺諸国の首長が中国王朝の権威を認めて [★★★] し、中国皇帝が彼らに官爵（かんしゃく）や印綬（いんじゅ）などを与えて、従属的な君臣関係を結ぶ**ことで成立する。 (法政大)

◆爵位によって、与えられる印の材質、文字、つまみの形は異なっていた。

冊封（さくほう）体制,
朝貢（ちょうこう）

□40 ★★★ 1784年、日本の筑前国（ちくぜんのくに）で出土した [★★★] には「漢委奴国王（かんのわのなのこくおう）」と刻印されており、光武帝が倭（わ）の奴国（なこく）に授けたものとされている。 (試行調査)

◆筑前国は現在の福岡県で、金印が出土したのは**志賀島**（しかのしま）である。

金印（きんいん）

□41 ★★★ 後漢では、[★★★] が西域都護（さいいきとご）に任命され、西域経営を推進した。 (センター)

⚠前漢の**張騫**、後漢の**班超**の混同に注意！

班超（はんちょう）

□42 ★★ 97年、班超は部下の [★★] を [★★] （ローマ帝国）に派遣したが、ローマに行き着くことはできなかった。 (センター)

甘英（かんえい）, 大秦（たいしん）

□43 ★★★ 166年、[★★★] （ローマ皇帝マルクス=アウレリウス=アントニヌス）の使者が**日南郡**に到着した。 (センター)

大秦王安敦（たいしんおうあんとん）

□44 ★★ 166年と169年の２度にわたって起きた [★★] は、宦官による**官僚や学者への弾圧**であった。 (センター)

党錮（とうこ）の禁（きん）

□45 ★★★ 184年、宗教結社 [★★★] の指導者張角（ちょうかく）は、**農民反乱**の [★★★] の乱を起こした。 (試行調査)

◆この結果、後漢は急速に衰退した。

☞「こうきんの乱」には、この時代の「黄巾（こうきん）の乱」と**元**（げん）**末**の「**紅巾**（こうきん）**の乱**」の２つがある。比較的時代の近い「**赤眉**（せきび）**の乱**」と合わせ、「赤い眉に黄色い頭巾」をセットで覚えよう。

太平道（たいへいどう）,
黄巾（こうきん）の乱

3 三国時代と晋の統一

ANSWERS □□□

□1 ★★ 208年、劉備・孫権の連合軍は、赤壁の戦いで曹丕の父［★★］を撃破した。（京都女子大、立命館大）

◆赤壁は、中国湖北省の南東部の長江南岸にある。この戦いで三国鼎立の形勢が固まった。

曹操

□2 ★★★ 220年、**後漢の献帝から禅譲を受けた**［★★★］は、魏を建国し、［★★★］を都とした。（京都大）

曹丕, 洛陽

□3 ★★★ 漢室の末裔を主張する［★★★］は都を［★★］におき、［★］を宰相に登用して、長江上流の四川に蜀を建国した。（京都大）

劉備, 成都, 諸葛亮

□4 ★★★ ［★★★］は建業を都に呉を建国し、長江流域の開発を進めた。（京都大）

◆建業は現在の**南京**にあたる。

孫権

□5 ★★★ 220年、曹丕（文帝）は、漢代の郷挙里選に代わる新たな官吏任用制度として、［★★★］を制定した。（京都大、慶應義塾大）

◆九品中正は、**中正官が地方の人材を9つの等級に分け官吏へと推薦した制度**。南北朝時代を通じて用いられた。

九品中正

□6 ★★★ 九品中正は本来、個人の才能に基づいて決めていたが、結果的に有力な家柄の［★★★］が上級官僚を代々独占する体制が生まれた。（東京学芸大、東北学院大）

◆このような状況を嘆いて「**上品に寒門なく、下品に勢族なし**」と言われた。

門閥貴族（貴族）

□7 ★★ 曹操は、官有地を人民に耕作させ収穫の5～6割を国に納めさせる土地制度の［★★］制を導入した。（早稲田大）

◆**屯田**民が納める収穫は国家の重要な財源となった。

屯田制

□8 ★★ 239年に［★★］の女王［★★］が使者を送ると、魏は「**親魏倭王**」の称号を与えて［★★］体制に組み込んだ。（センター、京都女子大）

邪馬台国, 卑弥呼, 冊封体制

□9 ★ 魏が邪馬台国に「**親魏倭王**」の称号を与えたことは、中国の正史『［★］』に記録されている。（京都女子大）

◆『**魏志』倭人伝**とは、『三国志』の「魏書」東夷伝のうちの、日本に関する記述の俗称である。

三国志

□10 ★★★ 魏は263年に［★★★］を滅ぼし、さらに魏に代わった［★★★］は280年に呉を滅ぼした。この結果三国時代は終わり、中国は再び統一された。（京都大、昭和女子大）

蜀，西晋（晋）

□11 ★★★ ［★★★］は、265年に魏の皇帝から禅譲を受けて西晋を建国した。（上智大）

◆彼は魏の武将である司馬懿の孫にあたる。司馬懿は曹操、曹丕に仕えていたが、クーデタによって実権を握っていた。

司馬炎（武帝）

□12 ★★★ 西晋は、都を［★★★］に置いた。（上智大）

洛陽

□13 ★★ 西晋の武帝は、土地制度の［★★］法を実施した。（龍谷大）

占田・課田法

□14 ★★★ 西晋の武帝の死後、司馬氏一族が帝位をめぐって［★★★］の乱を起こし、この結果［★★★］と呼ばれる非漢民族の侵入を招いた。（京都大、青山学院大）

◆これが王朝南遷のきっかけとなった。

八王の乱，五胡

□15 ★★★ 4世紀、**五胡**と呼ばれる［★★★］・［★★★］・羯・氐・羌の非漢民族が華北へ侵入して勢力を伸ばした。（新潟大、関西学院大）

◆五胡のうち、匈奴・鮮卑・羯は**北方系**、氐・羌は**西方（チベット）系**の民族である。

匈奴，鮮卑
※順不同

□16 ★★★ 匈奴の劉淵らが起こした［★★］の乱によって西晋は事実上滅亡し、華北は［★★★］時代に入った。（京都女子大）

⚠西晋で起こった**八王の乱・永嘉の乱**の2つの反乱の混同に注意！

永嘉の乱，五胡十六国時代

□17 ★★★ 西晋が滅びると、その王族の［★★★］は江南で東晋を建国した。東晋**には華北から多数の漢人貴族・農民が移住**し、**長江下流域**の農業開発が進んだ。（学習院大）

◆この結果、中国は北が遊牧系、南が漢人系の分断状態となった。

◆江南とは長江以南の地域、狭義には**長江下流域**の三角州地帯を指す。豊富な水と温暖な気候に恵まれ、水田開発が普及した。

司馬睿

□18 ★★★ 東晋は［★★★］（現在の**南京**）を都とした。（新潟大）

建康

□19 ★ 華北を統一した前秦の［★］は、383年の［★］の戦いで東晋に敗れた。（京都大）

苻堅，淝水の戦い

4 南北朝時代

ANSWERS □□□

□1 ★★★ 五胡の1つである ★★★ の ★★★ 氏は、北魏を建国した。（九州大、早稲田大）

鮮卑、拓跋氏（抜×）

□2 ★★ 439年、北魏の**第3代皇帝** ★★ 帝は**華北を統一**した。（学習院大）

太武帝

□3 ★★ 太武帝は ★★ を重用し、**道教に帰依して仏教弾圧（廃仏）を断行した。**（同志社大）

寇謙之（冦×）

□4 ★★★ 北魏の**第6代皇帝** ★★★ 帝は、土地制度の ★★★ 制を実施した。（早稲田大）

孝文帝、均田制（考×）

□5 ★ 北魏の均田制では、女性・ ★ ・耕牛にも給田された。（センター）

◆奴婢とは、律令制における最下層の賤民で、奴は男子、婢は女子である。

奴婢

□6 ★★ 孝文帝は**村落制度**の ★★ 制を開始した。（立命館大）

◆三長制は5家を隣、5隣を里、5里を党としてまとめ、それぞれに隣長、里長、党長を置く村落制度である。

三長制

□7 ★★★ 494年、孝文帝は都を ★★★ （現在の**山西省大同**）から洛陽に移した。（京都大）

平城

□8 ★★★ 孝文帝は、 ★★★ 族の服装や言語を漢人風に改める ★★★ 政策を実施した。（学習院大、早稲田大）

鮮卑、漢化政策

□9 ★★★ 漢化政策に反発する軍人が六鎮の乱を起こすと、6世紀前半に北魏は ★★★ と ★★★ に分裂した。（京都大）

東魏、西魏 ※順不同

□10 ★★ 西魏では兵制として ★★ 制が開始され、中央軍と地方軍が一体化された。（京都大）

府兵制

□11 ★★★ 550年には東魏にかわり ★★★ が、556年には西魏にかわり ★★★ が建国された。（青山学院大、立命館大）

北斉、北周

□12 ★★★ 北周は、武帝の時代に華北を再統一したが、その後 ★★★ が帝位を奪い、581年に隋を建国した。（京都大）

楊堅（陽×）

□13 ★★★ 江南(こうなん)では東晋の滅亡後、［★★★］→［★★★］→［★★★］→［★★★］の順に王朝が興亡した。（愛知教育大）

◆この4王朝を総称して南朝という。また、これに呉(ご)と東晋を加えて六朝(りくちょう)ともいい、**六朝はいずれも現在の南京(ナンキン)を都とした**。ただし、呉の時代での呼び名は建業(けんぎょう)であり、東晋時代以降は建康(けんこう)である。

宋(そう)，斉(せい)，梁(りょう)，陳(ちん)

□14 ★ 東晋の軍人［★］は、東晋の禅譲を受けて宋を建国した。（予想問題）

劉裕(りゅうゆう)

5 隋

ANSWERS □□□

□1 ★★★ 581年、北周(ほくしゅう)**の外戚(がいせき)**である［★★★］は［★］の形式で帝位につき、隋(ずい)の文(ぶん)帝となった。（早稲田大）

楊堅(ようけん)，禅譲(ぜんじょう)
陽×

□2 ★★★ 589年、**隋**は南朝の［★★★］を倒し、南北に分裂していた中国を再統一した。（早稲田大）

陳(ちん)

□3 ★★★ 文帝は、長安の近くに［★★★］を建設し、都とした。（京都大）

大興城(だいこうじょう)

□4 ★★★ 文帝が建設を始めた［★★★］は、第2代皇帝の煬帝(ようだい)の時代に完成した。（センター）

◆北京(ペキン)市付近から杭州(こうしゅう)に至る南北の水路が、西から東へ流れる中国の大河を接続した。大運河が経済発展に及ぼした効果は大きかったが、巨大な公共工事で民衆は疲弊した。

⚠**大運河南端**の都市が杭州である点に注意！

大運河(だいうんが) 世界遺産

□5 ★★ 文帝は、**均田(きんでん)制**に基づく税制の［★★］制を実施した。（早稲田大）

◆当初は夫婦単位で徴税されたが、煬帝の時代に女性の負担が廃止され、成人男性（丁男(ていだん)）からの徴税となった。

租調庸(そちょうよう)制

□6 ★★ 租調庸制では、**穀物を納める**［★★］、**絹や麻の布を納める**［★★］、**労役を行う**［★★］が課された。（近畿大）

☞「租」「調」「庸」がそれぞれ何を指すか、結び付けて理解しよう。

租(そ)，調(ちょう)，庸(よう)

□7 ★★★ 文帝は官僚登用制度として［★★★］を導入した。この結果、魏の時代から続いていた［★★★］は廃止された。（早稲田大）

科挙, 九品中正

▼中国の官吏任用制度の変遷

郷挙里選		九品中正		科挙
前漢の武帝	➡	魏の文帝	➡	隋の文帝
豪族が中央官界に進出		豪族の官僚独占➡門閥貴族化		貴族の官僚独占を防止

□8 ★★★ ［★★★］は黄河と淮河を結ぶ通済渠などの大運河を建設し、これにより政治の中心地である［★★］と、経済の中心地である［★★］が結ばれた。（京都大、関西学院大）

煬帝, 楊× 陽×
華北,
江南

◆大運河は中国を南北につなぐ大動脈となり、現在でも盛んに利用されている。

□9 ★★ 隋の巧みな離間策により、583年に［★★］は東西に分裂した。（国士舘大、早稲田大）

突厥

◆離間策とは、仲たがいをさせようとすること。突厥は東西に分裂したのち、東突厥はモンゴル高原を、西突厥は中央アジアを支配した。

□10 ★★★ 煬帝は、3度にわたって［★★★］への遠征を行ったが、いずれも失敗した。（センター、青山学院大）

高句麗

◆607年、厩戸王（聖徳太子）は遣隋使を派遣した。隋への国書には「日出ずる処の天子、書を日没する処の天子にいたす」とあり、煬帝は不快感を示した。しかし、高句麗遠征をもくろむ煬帝は、倭と高句麗が結びつくのを恐れ、これを不問にした。

□11 ★★★ 煬帝が行った［★］事業や周辺諸国への遠征は民衆の不満を招き、［★★★］遠征の失敗を機に各地で反乱が起こって隋は滅亡した。（中央大、同志社大）

土木事業,
高句麗遠征

◆618年、煬帝は側近に暗殺され、隋はわずか38年間で滅亡した。

6 唐の盛時と政治組織

ANSWERS □□□

□1 ★★★ [★★★]は、隋末の混乱に乗じて山西で挙兵し、隋の首都[★★★]に入って618年に唐を建てた。（上智大）

李淵（高祖），大興城

□2 ★★★ 唐の都[★★★]は、**中央の大通りを軸とする東西対称の都市**として建設された。（センター）

長安

□3 ★★★ 628年、第２代皇帝[★★★]によって中国全土が統一された。（法政大）

◆彼は兄と弟を殺害し、さらに父の高祖を幽閉して権力を握った。このような強引な方法で皇帝となったが、安定した政治を行ったため、彼の治世は「**貞観の治**」と呼ばれている。

太宗（李世民）

□4 ★★★ 唐は隋の制度を発展させ、律・令・[★★★]・[★★★]の法制に基づく[★★]体制を整備した。（中央大、早稲田大）

◆西晋から律と令が区別され、隋と唐で格・式が加えられ完成した。

格，式，律令国家体制

□5 ★★★ 律令格式は、**刑法典**の[★★★]、**行政法**や**民法典**の[★★★]、律・令の補充改正や臨時法である[★★]、施行細則の[★★]からなる。（予想問題）

律，令，格，式

□6 ★★★ 唐代、中央には[★★★]・[★★★]を中核とする官制が整備された。（東京大）

三省，六部 ※順不同

□7 ★★★ 三省の[★★★]省は、**皇帝の詔勅などの草案を作成**した。（京都女子大）

中書省

□8 ★★★ 三省の[★★★]省は、**皇帝の詔勅や臣下からの上奏を審議**した。（京都女子大）

門下省

□9 ★★★ 三省の[★★★]省は、**政務を執行し、**六部**を管轄**した。（予想問題）

尚書省

□10 ★★ 六部の[★★]は、**官僚の人事を担当**した。（早稲田大）

◆六部の中でも、特に吏部は要職とされた。

吏部

□11 ★★ 六部の[★★]は、租調庸などの**財政を担当**した。（青山学院大、早稲田大）

戸部

□12 ★★ 六部の[★★]は、**科挙の実施や外交などを担当**した。（青山学院大、早稲田大）

礼部

□13 六部の［★★］は、軍事を統轄した。（予想問題）
★★
兵部（へいぶ）

□14 六部の［★★］は、司法や訴訟を統轄した。（予想問題）
★★
刑部（けいぶ）

□15 六部の［★★］は、土木や建設を統轄した。（予想問題）
★★
工部（こうぶ）

□16 唐では、官僚の不法行為を監察する［★★★］が設置された。（高崎経済大）
★★★
御史台（ぎょしだい）

□17 唐は、**地方統治制度**として［★★★］制を敷いた。（名古屋大）
★★★
州県制（しゅうけん）

□18 唐は、隋の官吏登用制度を引き継いで［★★］を実施した。（青山学院大）
★★
科挙（かきょ）

□19 唐は**土地制度**として［★★★］制を実施し、成年男性に**一代限り**の口分田（くぶんでん）と**世襲が許された**［★］を支給した。（予想問題）
★★★
均田制（きんでん）, 永業田（えいぎょうでん）

□20 均田制のもと、高級官僚には世襲・売買が可能な［★］が与えられた。（早稲田大）
★
官人永業田（かんじんえいぎょうでん）

□21 唐は、隋の税制を引き継いで［★★★］制を実施した。（センター、早稲田大）
★★★
◆租調庸制は北魏（ほくぎ）の均田（きんでん）制をもとにしてできた制度である。
租調庸制（そちょうよう）

□22 人民に課せられた**力役**（りきえき）には、**中央政府**から課せられる［★★］と、**地方官庁**から課せられる［★★］があった。（予想問題）
★★
庸（よう）, 雑徭（ざつよう／ぞうよう）

□23 ［★★★］制は均田制を基盤とした徴兵制度で、農民の中から徴集された府兵は租調庸を免除され、一定期間都の警護や辺境の守備を行った。（早稲田大）
★★★
◆府兵制は西魏（さいぎ）で始まり、隋・唐に引き継がれた。農閑期には全国に置かれた**折衝府**（せっしょうふ）で訓練を行った。
府兵制（ふへい）

□24 唐の領域は、第３代皇帝［★★★］の時代に最大となった。（東京農業大）
★★★
高宗（こうそう）

□25 高宗は、征服地に［★★★］をおき、実際の統治はその地の有力者に任せる［★★★］政策を行った。（東洋大）
★★★
◆本来、「羈」は馬の手綱、「縻」は牛の鼻綱を指し、羈縻政策とは**周辺民族を直接統治するのではなく、現地の有力者に自治権を与えて「ゆるくつなぎとめておく」間接統治政策**である。
都護府（とごふ）, 羈縻政策（きび） 覊×

III 6 唐の盛時と政治組織

□26 ★★★ 690年、高宗の皇后である［★★★］が皇帝に即位した。（京都大、京都女子大）
則天武后(武則天)

◆則天武后は**中国史上唯一の女帝**。彼女の死後、復位した中宗の皇后である**韋后**も政権を握ろうとしたが、失敗した。女性が政治に介入し政治が混乱したことから、これを批判的に「**武韋の禍**」と呼ぶこともある。

□27 ★★ 則天武后は、［★★］で選ばれた官僚を積極的に任用した。（京都大、京都女子大）
科挙

□28 ★★★ 則天武后は国号を［★★★］と改めた。（京都大）
周

□29 ★★★ 8世紀初めに即位した第6代皇帝［★★★］は、国内の混乱を収めて安定をもたらしたため、彼の治世は「［★★］」と呼ばれる。（國學院大）
玄宗, 開元の治

◆玄宗はポロ競技の名手だったといわれている。ポロは馬に乗りながら槌で相手のゴールに球を入れる、西アジア発祥のスポーツである。

□30 ★★★ 玄宗は均田制の崩壊を背景に、兵制を**府兵制**から［★★★］制に切り替えた。（國學院大、日本女子大）
募兵制

□31 ★★★ 府兵制の崩壊後、唐では北方などの辺境防備のため［★★★］が任命された。（立教大、早稲田大）
節度使

◆節度使は辺境の募兵集団の指揮官であり、膨大な兵力を有した。

□32 ★★★ 玄宗の晩年、彼に**寵愛を受けた**［★★★］**とその一族が実権を握り、政治は乱れた。**（高崎経済大）
楊貴妃

□33 ★★★ **玄宗**は楊貴妃一族の専横を許したため、それに反発した**節度使**の［★★★］とその武将［★★★］は755年に安史の乱を起こした。（日本大、早稲田大）
安禄山, 史思明

◆彼らは**ソグド系突厥人**である。

□34 ★★★ 安史の乱は［★★★］の援軍を得て763年に鎮圧されたが、その後、唐の国勢は衰えた。（センター）
ウイグル

□35 ★★★ 安史の乱の後、有力な節度使は管轄地域の民政・財政も掌握して強大化し、［★★★］と呼ばれるようになった。（早稲田大）
藩鎮

□36 ★★★ 780年、中央政府の財政再建のため、楊炎の主導で［★★★］法が施行された。（早稲田大）
両税法

☐37 両税法では、農民の［★★］所有が認められ、**現住地で所有する土地・資産の額**に応じて夏・秋の**2回**徴税が行われた。（試行調査）
★★

◆作付作物の収穫期にあわせて夏と秋に徴収するため、両税と呼ばれた。同一の土地から二度徴収するのではない。

土地

☐38 唐の衰退とともに均田制は崩壊し、［★★★］といわれる大土地所有が広まった。（東京都立大）
★★★

荘園

☐39 荘園では、小作農の［★★］が耕作に従事した。（東京都立大）
★★

佃戸

☐40 875年、［★★］の密売商人を中心とした農民反乱である［★★★］の乱が起こった。（京都大、立教大）
★★★

◆黄巣の乱の背景には、塩の専売が深く関わっている。当時の唐では、財政安定策として塩が専売制となり、原価の数十倍に価格が引き上げられた。その結果、安価な密売が横行したが、政府がこれを厳しく取り締まったために反乱が起こった。

塩,
黄巣の乱

☐41 907年、**節度使**の［★★★］は唐の哀帝を廃して唐を滅ぼした。（上智大）
★★★

◆朱全忠は黄巣の乱の幹部だったが、後に唐に帰順して、節度使となった。

朱全忠

☐42 玄宗の治世に、**広州**に初めて［★★★］が置かれ、［★★★］商人が来航した。（センター、青山学院大）
★★★

◆市舶司は海上交易を管理する役所で、**明**代まで存続した。

市舶司,
ムスリム商人

☐43 ［★★］は長江北岸に位置し、大運河の一大物資集散地として繁栄した通商都市である。（京都女子大）
★★

揚州

☐44 唐は周辺諸民族に対して羈縻政策や**朝貢国の首長を王とし君臣関係を結ぶ**［★★★］を行った他、対等の国とは婚姻などを通じて友好関係の維持を図った。（名古屋大、立教大）
★★★

◆19世紀になり中国がアヘン戦争で敗れると、中国も主権国家体制に取り込まれていく。冊封体制はその時代まで続いた。

冊封

☐45 630年、唐の太宗は［★★］を服属させ、モンゴル高原に勢力を拡大した。（早稲田大）
★★

東突厥

☐46 唐の太宗は、朝鮮半島の［★★］に遠征したが、失敗に終わった。（早稲田大）
★★

高句麗

□47 ★★★ 7世紀半ば、高宗は朝鮮半島の [★★★] と結び、660年に [★★★] を、668年に高句麗を滅ぼした。 (國學院大)
新羅(しんら)、百済(ひゃくさい・くだら)

□48 ★★ 唐は、朝鮮半島の新羅、中国東北部・朝鮮半島北部の [★★] 、雲南(うんなん)地方の [★★] と冊封関係を結んだ。 (名古屋大)
渤海(ぼっかい)、南詔(なんしょう)

□49 ★★ 630～894年にかけて、日本は唐に [★★] を派遣し、唐の律令制や文化を取り入れた。 (予想問題)
遣唐使(けんとうし)

□50 ★★ 唐は、7世紀初めにチベットを統一した [★★] 、8世紀半ばにモンゴル高原で勢力を誇った [★★] と**対等の婚姻関係**をもった。 (名古屋大)
吐蕃(とばん)、ウイグル

□51 ★★ ベトナムでは、現在のハノイに [★★] 都護府、亀茲(きじ)(クチャ)に [★★] 都護府が置かれた。 (早稲田大)
◆遣唐留学生として唐に渡った阿倍仲麻呂(あべのなかまろ)は、安南都護府に赴任した。
安南(あんなん)都護府、安西(あんせい)都護府

□52 ★★★ 唐代、陸路の東西交易ではイラン系の [★★★] 商人が活躍した。 (センター、京都府立大)
ソグド商人

□53 ★★★ 751年、唐は [★★★] の戦いで**アッバース朝**に大敗した。 (早稲田大)
タラス河畔(かはん)の戦い

□54 ★ 高句麗出身の [★] は、タラス河畔の戦いで唐軍を率いた。 (新潟大、学習院大)
高仙芝(こうせんし)(之×)

□55 ★★★ タラス河畔の戦いをきっかけに [★★★] 法が**イスラーム世界に伝わった。** (明治大)
製紙(せいし)法

□56 9世紀前半、唐は吐蕃(とばん)と和平を結び、[　　] が建立された。 (早稲田大)
唐蕃会盟碑(とうばんかいめいひ)(番×)

□57 ★★ 唐の滅亡後、周辺地域では渤海(ぼっかい)が遊牧狩猟民の [★★] に降伏し、朝鮮では新羅(しんら)から [★★] 、雲南(うんなん)では南詔(なんしょう)から [★★] へと政権が変わった。 (名古屋大、名城大)
◆唐の滅亡によって、周辺諸国にも様々な変化が訪れた。
キタイ(契丹(きったん))、高麗(こうらい)、大理(だいり)

7 五代十国

ANSWERS □□□

□1 ★★★ 唐の滅亡後、**華北**に5つの王朝、**華中・華南**に10の国が興亡した時代を [★★★] という。 (青山学院大)

◆五代十国時代には**華南**で著しい経済発展が見られた。また、現在の省にあたる行政区分に近いものが形成された時代でもある。

五代十国

□2 ★★★ 907年、**唐**を倒した [★★★] は [★★★] を建国した。 (青山学院大)

朱全忠, 後梁

□3 ★★ 朱全忠は [★★] に都を置いた。 (京都大、早稲田大)

汴州(開封)

□4 ★★ 五代十国時代では、有力な [★★] が独立し、相次いで国を建てた。 (センター)

節度使

□5 ★★ 五代の王朝のうち、2番目の [★★] 、3番目の後晋、4番目の [★★] はいずれも**突厥出身**の節度使によって建てられた。 (センター)

後唐, 後漢

□6 ★★ 五代の王朝のうち、**洛陽**に都を置いたのは [★★] である。他の4つの王朝は [★★] に都を置いた。 (京都大、青山学院大)

後唐, 汴州(開封)

▼五代王朝一覧

王朝	都	特徴
後梁	汴州(開封)	漢人の王朝/朱全忠が建国
後唐	洛陽	トルコ系王朝
後晋	汴州(開封)	トルコ系王朝
後漢	汴州(開封)	トルコ系王朝
後周	汴州(開封)	漢人の王朝

□7 ★★ 五代十国時代には貴族が [★★] を失って没落したが、新興の地主層は [★★] と呼ばれる小作農から小作料を徴収し、経済力を高めた。 (青山学院大)

荘園, 佃戸

□8 ★★★ キタイ(契丹)は [★★★] の建国を支援した見返りに [★★★] を割譲させた。 (センター、京都大)

◆このころ、キタイはモンゴル東部で勢力を伸ばしていた。

後晋, 燕雲十六州

□9 ★ 後周の第2代**世宗**による**廃仏**は、 [★] の1つに数えられている。 (立命館大)

◆**北魏の太武帝**・北周の武帝・**唐の武宗**・後周の世宗による仏教の大弾圧事件(廃仏)を、まとめて「三武一宗の法難」という。

三武一宗の法難

8 宋（北宋）の成立

ANSWERS □□□

□1 ★★★ 混乱にあった五代十国を統一した［★★★］は、1276年に［★★★］に滅ぼされるまで続いた中国王朝である。（センター）

宋, 元

□2 ★★★ 宋は1127年の**靖康の変**まで続いた［★★★］と、その後、都を［★★★］に置き1276年まで続いた［★★★］の時代に分かれる。（関西大）

北宋, 臨安（杭州）, 南宋

◆唐代までの都は政治都市であったが、**宋代では夜間の営業活動が認められる**など**制限が撤廃され、商業が発達した**。

□3 ★★★ 五代最後の王朝［★★★］の武将であった［★★★］は、960年に宋（北宋）を建国した。（センター、京都大）

後周, 趙匡胤（太祖）

□4 ★★★ 北宋は、大運河と**黄河**の接点に位置する［★★★］に首都を定めた。（京都府立大、京都女子大）

開封

◆経済の中心であった**江南**との交通・輸送の便を重視したためである。かつては汴州と呼ばれた。

□5 ★★★ 宋代では、武力によらず、**文官の優位によって国家体制を維持しようとする**［★★★］主義にのっとった政治が行われた。（京都女子大）

文治主義

◆軍事力統御の重要性を熟知していた趙匡胤は、**文人官僚制**を実施し、皇帝直属軍である**禁軍**の強化・再編を行った。

⚠五代は**武断政治**を、宋は**文治主義**を行った。混同に注意！

□6 ★★ 文治主義の政策の1つとして、皇帝は［★★］の権力を奪って地方軍閥の台頭を防いだ。（明治大）

節度使

□7 ★★★ 中国の官吏登用制度［★★★］は、宋代に完成した。（センター、青山学院大）

科挙

◆科挙は、2泊3日にわたり個室で試験が実施され、受験者は筆記用具、食料、夜具が持ち込みOKだった。男性であれば誰でも受験できたが、後の太平天国では中国史上唯一、女性も受験できた。

□8 ★★★ 太祖は科挙の最終審査に、**皇帝自らが候補者を審査する**［★★★］を設置した。（センター、青山学院大）

殿試

◆科挙は、宋代より3年に1度の実施となり、州試→省試→殿試という**3段階制**となった。殿試の導入により、**皇帝専制政治が確立された**。

□9 ★★★ 宋代、儒学の教養を身につけた知識人層の［★★★］たちが、科挙に合格して**文人官僚**となった。（名古屋大）

士大夫（したいふ）

◆経済発展を背景に台頭した形勢戸（けいせいこ）と呼ばれる新興地主や富商の出身者が士大夫の多くを占めた。

□10 ★★★ 北宋の第２代皇帝［★★★］は燕雲十六州を除く中国を統一した。（早稲田大）

太宗（たいそう）

□11 ★★★ 遼（りょう）と［★★★］を、西夏（せいか）（大夏（たいか））と［★★］を結んだ宋では、それらの国に贈る貢物や歳幣（さいへい）の費用が**財政を圧迫**していた。（早稲田大）

澶淵（せんえん）の盟（めい），慶暦（けいれき）の和約（わやく）

□12 ★★★ 宋では、官僚の増加や**北方民族**に対する防衛費の増加で財政が窮乏（きゅうぼう）したため、第６代皇帝の［★★★］の時代に、［★★★］が新法（しんぽう）を実施した。（京都大）

神宗（しんそう），王安石（おうあんせき）

◆王安石が断行した富国強兵のための諸政策は、特権官僚などの利益を抑えるものであったため、**旧法党と呼ばれる保守派の官僚層は反対した**。

□13 ★★★ 新法の［★★★］法は、**農民への低利融資を通じて貧農の救済を目指した**政策である。（京都女子大）

青苗法（せいびょうほう）

◆青苗法は、政府が貧農に対して低利で金銭を貸し、穀物で納めさせるという内容だった。しかしこれは地主や商人の中間搾取を防ぐものだったため、地主層から強い反発を受けた。

□14 ★★★ 新法の［★★★］法は、**中小商人への低利融資**を行う政策で、大商人の独占を牽制（けんせい）した。（京都女子大）

市易法（しえきほう）

⚠**中小農民**の救済を目的とする**青苗法**と、**中小商人**の救済を目的とする**市易法**の混同に注意！

□15 ★★ 新法の［★★］法は、**政府の介入により物価安定を図る**政策である。（京都女子大）

均輸法（きんゆほう）

◆均輸法は、政府が物資を買い上げ不足地に転売することで商人の中間利潤を排除する政策。そのため、大商人の強い抵抗を受けた。

□16 ★★ 新法の［★★］法は、富裕層などから免役銭（めんえきせん）を徴収し、希望者を雇用して給料を支払う政策である。（京都女子大）

募役法（ぼえきほう）

◆従来は差役として農民に強制的に徴税などをさせていたが、募役法では希望者を募り給料を支払うこととした。

□17 ★★ 新法の［★★］法は、傭兵（ようへい）制にかわる**兵農一致政策**である。（早稲田大、京都女子大）

保甲法（ほこうほう）

◆保甲法では農閑期に軍事訓練を実施した。

□18 ★★
新法の［★★］法は、希望者に軍馬を飼育させ、少ない財政負担で軍馬を確保する政策であり、主に**華北**で実施された。（早稲田大、京都女子大）

保馬法

□19 ★★★
改革を目指す王安石ら**新法党**と、これに対する［★★★］ら**旧法党**が対立した。（青山学院大）

◆司馬光は、編年体の歴史書『資治通鑑』を著した。

司馬光

□20 ★★★
北宋は、北方からの**金**の侵略および上皇・皇帝らが金の捕虜となった［★★★］により、1127年に滅亡した。（関西大）

⚠「靖康の変」は、明代の1399～1402年に起こった「**靖難の役**」（明の洪武帝死後の皇位継承争い）と混同しやすいので、気をつけよう。

靖康の変

□21 ★★★
靖康の変で、金は北宋の都の**開封**を陥落させ、**上皇**［★★★］と第9代**皇帝**［★★★］を捕虜にした。（法政大）

◆1125年に北宋は燕雲十六州の奪還を目指し金と結んで遼を滅ぼしたが、遼の残存勢力とむすぶ、歳賜増加の約束を果たさないなど、背信行為を繰り返していたことが靖康の変の原因である。

徽宗，欽宗
徽×

□22 ★★★
欽宗の弟［★★★］は、靖康の変のときに江南に逃れて即位し、宋を再建した。これ以降の宋を［★★★］という。（早稲田大）

高宗，
南宋

□23 ★★★
南宋は［★★★］を都とした。この都市は、現在の［★★★］である。（センター、京都大）

◆臨安とは「臨時の都」という意味。

臨安，
杭州

□24 ★★★
高宗の時代、金に対する政策に関して［★★★］率いる**主戦派**と［★★★］率いる**和平派**が対立し、**和平派が勝利**した。（京都大）

◆秦檜は、死後しばらくの間「売国奴」と評され、岳飛の墓前には鎖につながれた秦檜夫妻の像が作られた。しかし現在では、南宋に安定をもたらしたという点で評価が見直されている。

岳飛，
秦檜

□25 ★★
1142年、南宋は秦檜の主導のもと、［★★］に対して**臣下の礼**をとる紹興の和議を結んだ。（慶應義塾大、早稲田大）

金

□26 ★★
南宋と金は和議によって国境線を［★★］と秦嶺に定め、さらに南宋は金に対して毎年銀と絹を贈ることを約束した。（慶應義塾大、早稲田大）

淮河

□27 1276年、[★★★]軍によって都の臨安(杭州)が占領され、南宋は事実上滅亡した。(関西大)
★★★

元(モンゴル)

9 宋の社会と経済

ANSWERS □□□

□1 荘園を失って没落した門閥貴族に代わり、[★★]といわれる新興地主が台頭した。この階層からは多くの科挙官僚が輩出された。(中央大、法政大)
★★

◆商品経済の波及、均分相続などから浮き沈みが激しかった地主たちは、経済的・社会的地位の安定のため、科挙を受けて官僚となる道を目指すようになった。

形勢戸

□2 形勢戸は[★★★]を労働力として荘園の経営を行った。(中央大、法政大)
★★★

佃戸

□3 科挙官僚を出した家は[★★]として、一般とは戸籍が区別され、租税以外の徭役が免除された。(法政大)
★★

官戸

□4 宋では、儒学の教養を身につけた知識層の[★★]が登場し、政治や文化を支えた。(明治大、南山大)
★★

士大夫

□5 宋代には商業都市が発達して貨幣経済が発展し、**北宋**では**世界初の紙幣**である[★★★]が、**南宋**では[★★★]が使用された。(センター、京都大)
★★★

交子, 会子

□6 北宋では[★★★]が大量に発行され、東アジア全域に輸出された。(予想問題)
★★★

◆宋の銅銭は、日本には平安時代末期から室町時代にかけて輸入され、国内通貨として用いられた。

銅銭(宋銭)

□7 北宋の時代、日照りに強く成長が早い[★★★]がベトナムのチャンパーから伝来し、**長江下流域**の水田地帯に普及した。(東京大)
★★★

占城稲

□8 宋では、低湿地で[★]、[★]、[★]と呼ばれる水利田が造成された。(上智大)
★

◆囲田とは、湿地帯を堤防で囲んで干拓した農地のこと。湖田・圩田も基本的には同じものである。

囲田, 湖田, 圩田
※順不同

□9 江南では水田稲作が発達し、**長江下流域**は「[★★★]」と呼ばれる穀倉地帯の中心地となった。(上智大)
★★★

蘇湖(江浙)熟すれば天下足る

□10 ★★★ 江南で盛んに栽培された [★★★] は喫茶の風習を各地に広げた。江西省の [★★★] などで生産された**陶磁器**とともに、中国の重要な輸出品となった。(センター)

◆喫茶の風習は、北方騎馬民族や朝鮮、日本にまで伝わった。

茶(ちゃ), 景徳鎮(けいとくちん)

□11 ★★★ 宋代では、[★★★] や [★★★] などの陶磁器の生産が盛んになり、ジャンク船により各地に輸出された。(上智大)

◆青磁は釉薬(うわぐすり)に鉄分を含む灰を用い、高温で焼きあげることで独特の青緑色にしたもの。白磁は白色の素地に透明な釉薬を施して高温で焼きあげたものである。

青磁(せいじ), 白磁(はくじ) ※順不同

□12 ★★★ 宋代では、[★★★] (商人) や [★★★] (手工業者) などの同業組合が作られた。(同志社大)

行(こう), 作(さく)

□13 ★★★ 宋代では、交通の要所に [★★★] と呼ばれる**城外の市**が生まれ、それが発展して**小都市**の [★★★] が出現した。(学習院大)

草市(そうし), 鎮(ちん)

□14 ★★★ 宋代では沿岸の港市に複数の [★★★] が置かれ、**海上交易が盛ん**となった。(京都女子大)

市舶司(しはくし)

□15 ★★ 市舶司は、宋代では福建(ふっけん)省東南部の [★★] や浙江(せっこう)省東部の [★★] などに置かれた。(学習院大)

⚠市舶司は、唐代には**広州**のみに置かれたが、宋代には**泉州**など複数の港市に置かれた点に注意!

泉州(せんしゅう), 明州(めいしゅう)(寧波(ニンポー))

□16 ★★ 唐代や宋代に広州(こうしゅう)や泉州などの港湾都市に形成された外国人居住区は [★★] と呼ばれた。(立教大)

蕃坊(ばんぼう)

10 宋と北方民族

ANSWERS □□□

□1 ★★★ 10世紀初め、[★★★] は東モンゴルにキタイ(契丹(きったん))を中心とした国を建て、皇帝を称した。(早稲田大)

耶律阿保機(やりつあぼき)(太祖(たいそ)) 邪×

□2 ★★★ 926年、キタイは [★★★] を滅ぼした。(明治大)

渤海(ぼっかい)

□3 ★★★ 936年、キタイは五代の後晋(こうしん)の建国を助けた見返りに [★★★] を獲得した。(学習院大、立教大)

◆宋(そう)はのちに燕雲十六州を奪還しようとしたため、キタイと対立した。

燕雲十六州(えんうんじゅうろくしゅう)

□4 ★★★ 947年、キタイは国号を中国風に [★★★] と改めた。(立教大)

遼(りょう)

□5 ★★★ 1004年、遼と北宋の間で [★★★] が結ばれた。（新潟大） — 澶淵の盟

☞北宋と西夏の間で結ばれた**慶暦の和約**とセットで覚えておこう。

□6 ★★ 澶淵の盟では、北宋から遼に**絹**と [★★] を歳幣として贈ることが取り決められ、[★★] を**兄**、[★★] を**弟**として**名目上対等な関係**とした。（新潟大、京都大） — 銀, 北宋, 遼

□7 ★★★ 遼では、[★] が固有の**部族制**で遊牧民・狩猟民を統治し、[★] が**州県制**により農耕民を統治するという [★★★] 体制がとられた。（昭和女子大） — 北面官, 南面官, 二重統治体制

□8 ★★★ 遼では、**漢字**や**ウイグル文字**をもとにした [★★★] 文字が使われた。（昭和女子大） — 契丹文字

◆この文字は現存する資料が少なく、まだ完全には解読されていない。

□9 ★★ 1125年、遼は [★★] と [★★] の攻撃によって滅ぼされた。（京都府立大、日本女子大） — 北宋, 金　※順不同

□10 ★★ 遼の滅亡後、遼の皇族の [★★] は中央アジアにカラキタイ（西遼）を建国した。（九州大） — 耶律大石

□11 ★★★ 1038年、チベット系 [★★★] の [★★] が西夏を建国した。（上智大） — タングート, 李元昊

◆「**西夏**」は宋から呼ばれた国名で、自らは「**大夏**」と名乗った。

□12 ★★ 1044年、北宋を君、西夏を臣とする [★★] が結ばれた。（大阪大、京都女子大） — 慶暦の和約

◆北宋を兄、遼を弟とした**澶淵の盟**と似ているが、北宋と遼が和睦に向かったのに対し、北宋と西夏の間では諍いが続いた。2つとも遼・西夏の軍事的圧力に苦しんでの措置だったが、北宋にとっては大きな財政的負担となった。

□13 ★ 西夏は現在の敦煌などの [★] 都市を勢力下に入れ、西方と中国を結ぶ交易の要衝として [★] 貿易で繁栄した。（センター） — オアシス都市, 中継貿易

□14 ★★★ 西夏では、**漢字を模した複雑な字体**の [★★★] 文字が作られた。（センター） — 西夏文字

◆李元昊は文化面でも宋や遼と対抗するため、西夏文字を作った。日本や旧ソ連の学者たちによって解読が進められた。

□15 ★★★ 西夏は1227年に大モンゴル国（モンゴル帝国）の [★★★] に滅ぼされた。（明治大） — チンギス=カン（ハン）

□16 ★★★ 1115年、女真（ジュシェン）の ★★★ は遼から独立し、皇帝に即位して ★★★ を建てた。

◆完顔阿骨打は金の太祖となった。（東京外国語大、早稲田大）

完顔阿骨打（太祖），金

□17 ★★ 1125年、金は**北宋**と結んで ★★ を滅ぼした。（京都府立大）

遼

□18 ★★★ 1126年、金は北宋の都 ★★★ を陥落させ、翌年に上皇の徽宗と皇帝の ★★★ を拉致した。この事件を ★★★ という。（京都大、慶應義塾大）

◆金と北宋は遼を倒すために手を組んだが、北宋は絹や銀を金に支払うという取り決めを守らなかった。このことを理由に、金は華北に攻め入った。

開封，欽宗，靖康の変

□19 ★★ 金と南宋は ★★ と秦嶺を国境線とした。（京都大）

淮河

□20 ★★★ 金は、女真族には部族制に基づく軍事・行政組織の ★★★ を適用し、支配下の華北の漢民族には州県制を適用する ★★★ 体制をとった。（京都大、大東文化大）

猛安・謀克，二重統治体制

□21 ★★★ 金では、**契丹文字と漢字を参考にした** ★★★ 文字が作成された。（東京理科大）

女真文字

▼北方民族の文字

遼	西夏	金
契丹文字	西夏文字	女真文字

□22 ★★★ 1234年、金はモンゴルの ★★★ と南宋の攻撃を受けて滅んだ。（明治学院大、早稲田大）

オゴデイ（オゴタイ）

11 モンゴルと世界の一体化

ANSWERS □□□

□1 ★★★ 13世紀初め、★★★ は勢力を伸ばしてモンゴル族を統合した。（名城大）

テムジン

□2 ★★★ テムジンは、1206年の ★★★ で**カン（ハン）**位に就き、★★★ と称して**大モンゴル国（モンゴル帝国）**を形成した。（名城大）

◆クリルタイはモンゴル語で「集会」を意味する。**大モンゴル国**では最高議決機関と位置付けられた。

クリルタイ，チンギス=カン（ハン）

□3 ★ モンゴルは中国北部からロシア・イランに至る地域を支配し、その領土は［★］の子孫たちによる地方政権が緩やかに連合する形をとった。（名城大）

チンギス=カン

□4 ★★★ 13世紀、チンギス=カンは、トルコ系の［★★］、トルコ系イスラーム王朝の［★★★］朝、チベット系タングート族の［★★★］を滅ぼした。（西南学院大）

☞モンゴル帝国は**誰がどこの王朝を滅ぼした**のかが重要！　地図を見て場所とともに整理しておこう。

ナイマン，ホラズム=シャー朝，西夏（大夏）

□5 ★★★ チンギス=カンの死後即位した［★★★］は、1234年に［★★★］を滅ぼして華北を領有し、［★★★］を都とした。（名城大）

◆オゴデイはチンギス=カンの第3子である。モンゴル皇帝の称号となる「**カアン（ハーン、大ハン）**」を創始した。チンギス=カンは「カン」と呼ばれたが、オゴデイ以降「カアン」となり、君主は「カアン」、諸王は「カン」と区別されるようになった。

オゴデイ（オゴタイ），金，カラコルム

□6 ★★ 1241年、バトゥ率いるモンゴル軍は［★★］の戦いでドイツ・ポーランド連合軍を撃破した。（センター）

ワールシュタットの戦い

□7 ★★ 第4代皇帝のモンケ（憲宗）の命で中国方面へ派遣された［★★］は、1254年に**雲南**地方の［★★］を滅ぼした。（日本大、近畿大）

クビライ（フビライ），大理

□8 ★★★ ［★★★］はモンケの命で西アジア遠征を行い、1258年に**バグダード**を占領して［★★★］朝を滅ぼした。（順天堂大、早稲田大）

フレグ（フラグ），アッバース朝

□9 ★★★ 1306年、［★］を首都として［★★★］国が建国され、中央アジアの広範囲を支配したが、14世紀半ばに内紛によって**東西分裂**した。（法政大）

アルマリク，チャガタイ=ハン国

□10 ★★★ 13世紀にバトゥが**南ロシア**に［★★★］国を建てると、ロシア諸侯はモンゴルの支配下に置かれ、これをロシアでは「［★★★］**のくびき**」と呼んだ。（上智大）

◆「くびき（軛）」とは、牛馬が車を引く際に首に当てる横木のことである。モンゴルの支配は約240年にわたって続いた。

キプチャク=ハン国，タタールのくびき（モンゴルのくびき）

□11 ★★ キプチャク=ハン国は［★★］を首都とした。（慶應義塾大）

サライ

□12 ★★ 14世紀前半、キプチャク=ハン国は［★★］の時代に最盛期を迎え、［★★］**教を国教**とした。（慶應義塾大）

ウズベク=ハン，イスラーム教

□13 ★★★ フレグはアッバース朝を滅ぼしたのち、イラン高原を中心とする [★★★] 国を建国した。（武蔵大、明治学院大） — イル=ハン国

▼3ハン国一覧

国名	建国者	都	支配領域
チャガタイ=ハン国	チャガタイの子孫	アルマリク	中央アジア
キプチャク=ハン国	バトゥ	サライ	南ロシア
イル=ハン国	フレグ	タブリーズ	イラン高原

□14 ★★ イル=ハン国の第7代君主 [★★] は、13世紀末に**イスラーム教に改宗**（かいしゅう）し、これを国教とした。（大阪大） — ガザン=ハン

□15 ★★ イル=ハン国の首都 [★★] ではイラン=イスラーム文化が栄えた。（早稲田大） — タブリーズ

◆タブリーズはイランの首都テヘランの北西に位置する。

□16 ★★ ガザン=ハンの宰相を務めた [★★] は、世界諸地域の歴史書『[★★]』を**ペルシア語**で編纂（へんさん）した。（センター） — ラシード=アッディーン，集史（しゅうし）

◆ユーラシア全般を扱った世界史で、モンゴル史、諸民族史、地理書、系譜集の全4巻で構成されているが、このうち地理書はいまだに発見されていない。

□17 ★★ モンゴルはチベットと朝鮮半島の [★★] を属国とした。（予想問題） — 高麗（こうらい）

□18 ★★★ 第5代皇帝に即位した [★★★] は、[★★★]（現在の**北京**（ペキン））に遷都し、国号を中国風に元（げん）とした。（早稲田大） — クビライ（フビライ），大都（だいと）

□19 ★★★ 1276年、クビライは [★★★] を滅ぼして**中国全土を統一**した。（早稲田大） — 南宋（なんそう）

□20 ★★★ モンゴル帝国内では、クビライの即位に反対したオゴデイ（オゴタイ）の孫が [★★★] の乱を起こした。（慶應義塾大） — カイドゥの乱（ハイドゥの乱）

□21 ★★ 元はビルマの [★★] 朝に侵攻し、崩壊させた。（早稲田大） — パガン朝

□22 ★★ 元は、1274年の [★★] の役（えき）、81年の [★★] の役の2度にわたって日本遠征を行ったが、いずれも失敗した。（昭和女子大） — 文永（ぶんえい）の役，弘安（こうあん）の役

□23 ★★★ 元はベトナム遠征を行ったが、[★★★] 朝に撃退された。（上智大） — 陳（ちん）朝

□24 元はジャワに侵攻したが退けられ、その後 [★★] 王国が成立した。(センター)
★★

マジャパヒト王国

□25 元は、国内の支配における序列を、上から [★★] 人、[★★] 人、[★★] 人、[★★] 人の順とした。(青山学院大、学習院大)
★★

モンゴル人, 色目(しきもく)人, 漢(かん)人, 南(なん)人

□26 元では、最高官職を [★★★] 人が独占し、中央アジアや西アジア出身の [★★★] 人が**財務官僚**として重用された。(東京都市大)
★★★

◆色目人は「様々な種類の人」を意味する。モンゴル人ではなかったが、元では政治、経済、文化などの面で活躍した。

モンゴル人, 色目(しきもく)人

□27 漢人とは**華北**の旧 [★★] の支配下にあった人々を指し、南人とは**江南**の旧 [★★] の支配下にあった人々を指す。(予想問題)
★★

金(きん), 南宋(なんそう)

□28 元では [★★] が一時停止され、儒教を信奉する士大夫(したいふ)が官僚として活躍する場は少なくなった。(同志社大)
★★

科挙(かきょ)

□29 元では貨幣としての銅銭・金・銀の他に、**銀との交換が保証された紙幣**である [★★★] が発行された。(大阪大、名城大)
★★★

◆元では**銀**を基本通貨とし、交鈔はその補助通貨として使われた。

交鈔(こうしょう)

□30 クビライは [★★★] に傾倒したが、この宗教への過剰な寄進が元末の財政破綻の一因となった。(東京都市大)
★★★

チベット仏教(ぶっきょう)

□31 クビライは、チベット仏教の高僧パクパを国師とし、モンゴル語を表記する [★★★] 文字を作らせた。(中央大)
★★★

◆**公文書などに使われた**が、書きにくかったこともあり元の滅亡後は使われなくなった。

パクパ文字

□32 元では駅伝制（[★★★]）が完備され、公用で旅行する者は通行証の [★★] を携帯した。(東京大)
★★★

◆ジャムチは**チンギス=カン**が始め、東西文化の交流に貢献した。

ジャムチ, 牌符(はいふ)（牌子(パイザ)）

□33 モンゴル帝国は、交易路の [★] を保護した。(名古屋大)
★

◆このような草原地帯での大国形成により支配地域内での交通・通信がスムーズとなり、商業活動や文化交流が促進された。

絹(きぬ)の道(みち)（シルク=ロード）

□34 ★★ 元では交通振興策や商業重視策の実施を背景に**長距離貿易**が発達し、[★★]商人を中心とする広域貿易網と結びついて経済が発展した。（大阪大）

ムスリム商人

□35 ★★ クビライは、南北を結ぶ[★★]を補修し、大都に至る[★★]も整備した。（青山学院大、明治大）

大運河（だいうんが）、海運（かいうん）

□36 ★★ 元では海上交易が発達し、北から順に港市の[★★]・[★★]・[★★]が繁栄した。（昭和女子大）

杭州（こうしゅう）、泉州（せんしゅう）、広州（こうしゅう）

□37 ★★★ 元末の1351年、**交鈔の乱発による財政難**などを背景に、[★★★]教徒らが[★★★]の乱を起こした。（京都女子大）

☞同じ読みの「**黄巾（こうきん）の乱**」は、**後漢（ごかん）**滅亡を招いた農民反乱である。時代背景から「**黄**巾」か「**紅**巾」を判断させる問題もあるので、区別して理解しよう。

白蓮教徒（びゃくれん）、紅巾の乱（こうきん）

□38 ★★★ 紅巾の乱で頭角を現した[★★★]は、1368年に明（みん）を建国した。（京都女子大）

◆貧しいなか、両親を失った朱元璋は托鉢僧（たくはつそう）として食いつなぎ、紅巾の乱に身を投じて皇帝の座に昇りつめた。

朱元璋（しゅげんしょう）

□39 ★★ 明軍に追われた元の皇室はモンゴル高原に退き、[★★]を建てた。（共立女子大）

北元（ほくげん）

□40 ★★★ 13世紀半ば、ローマ教皇の使節[★★★]は、モンゴル帝国の都[★★★]に至ってグユクに謁見した。（大阪大）

◆当時十字軍を組織していた西欧は、イスラーム地域を侵略していたモンゴル帝国に関心を持った。

プラノ=カルピニ、カラコルム

□41 ★★★ [★★★]はフランス国王**ルイ９世**の命でカラコルムを訪れ、[★]に謁見した。（京都大）

ルブルック、モンケ

□42 ★★★ 大都でクビライに仕えた[★★]出身のマルコ=ポーロは、帰国後に『[★★★]』を口述した。（センター、西南学院大）

ヴェネツィア、世界の記述（せかいのきじゅつ）（東方見聞録（とうほうけんぶんろく））

□43 ★★ 『世界の記述』において、福建省の港市[★★]は「ザイトン」という名で紹介された。（予想問題）

◆泉州は世界最大の港と称された。また、マルコ=ポーロは杭州を「**キンザイ**」という名でヨーロッパに紹介した。

泉州（せんしゅう）

□44 ★★★ 13世紀末、**大都**で[★★★]が**カトリックの布教**を行った。（センター）

モンテ=コルヴィノ

□45 ★★ ［★★］は、元代の中国を訪れ、『**大旅行記**（**三大陸周遊記**）』を著した。（センター）

イブン=バットゥータ

12 明の成立（朱元璋の中国統一）

ANSWERS □□□

□1 ★★★ 1368年、［★★★］は**明を建国**した。（東京大）

朱元璋（洪武帝，太祖）

□2 ★★★ 朱元璋は、［★★★］教徒が主導した［★★★］の乱から台頭した。（東京大、京都橘大）

白蓮教徒，紅巾の乱

□3 ★★★ 朱元璋は［★★★］を都とした。（京都橘大）

南京

□4 ★★★ 朱元璋は［★★★］の制を採り入れ、元号を［★］とした。（京都橘大）

一世一元の制，洪武

◆一世一元の制とは、1人の君主が1つの元号を用いる制度。朱元璋が即位後、元号を「洪武」で通したことから、以後継承された。ちなみに日本でも、明治時代以降は一世一元となっている。

□5 ★★★ 南宋の儒学者［★★★］により体系化された［★★★］学は、洪武帝によって**明の官学**とされた。（センター）

朱熹（朱子），朱子学

◆子には先生という意味がある。故に、朱子とは「朱熹先生」である。

□6 ★★ 洪武帝は**刑法典**である［★★］と、**行政法典**である［★★］を定めた。（予想問題）

明律，明令

□7 ★★★ 洪武帝は［★★★］省とその長官である［★★］を廃止し、［★★★］を皇帝直属としたことですべての行政権を握った。（同志社大）

中書省，丞相（宰相），六部

□8 ★★★ 明代には［★★★］により、**士大夫が官僚に採用**された。（センター）

科挙

□9 ★★★ 洪武帝は一般の民戸と兵役を負担する［★★★］とを区別し、［★★★］制を敷いて民戸を管理した。（國學院大）

軍戸，里甲制

◆農民・商人など一般の家（民戸）と兵役を負担する家（軍戸）を戸籍上区別したうえで、民戸を細かい行政単位に分けて輪番で徴税や治安維持にあたらせ、支配を末端の農民にまで及ばせた。

□10 ★★ 洪武帝は、**戸籍**・**租税台帳**の［★★］や、**土地台帳**の［★★］を作成した。（センター、早稲田大）

賦役黄冊(ふえきこうさつ)，魚鱗図冊(ぎょりんずさつ)

◆賦役黄冊は表紙が黄色いことから、魚鱗図冊は台帳に記録された区画図が魚のうろこのように見えることから、それぞれこの名前がついた。

⚠**戸籍・租税台帳**の賦役黄冊と、**土地台帳**の魚鱗図冊との混同に注意！

□11 ★★★ 洪武帝は、唐代の府兵制を模範とし、**兵農一致**を原則とする［★★★］制を定めた。（早稲田大）

衛所制(えいしょ)

◆軍戸は戸籍を兵部の管理下に置かれ、屯田を耕し、各戸1名の兵士を出した。

□12 ★★ 洪武帝は民衆教化のために、**6カ条からなる教訓**の［★★］を定め、［★★］に毎月6回唱えさせた。（城西大、上智大）

六諭(りくゆ)，里老人(りろうじん)

◆六諭には「父母に孝順(こうじゅん)なれ」などの内容がある。

◆里老人は里甲制の里に置かれた役職で、人望の厚い年長者が選ばれた。

□13 ★★★ 14世紀後半、明は**前期倭寇**の対策のため、沿海部では**民間人の貿易を禁止**し、**朝貢国とだけ外交関係を結ぶ**［★★★］を行った。（慶應義塾大）

海禁(かいきん)

□14 ★★ 1388年、洪武帝は［★★］を滅ぼした。（國學院大）

モンゴル（北元(ほくげん)）

◆北元は、モンゴルの残存勢力が**モンゴル高原**に建てた国である。

□15 ★★★ 洪武帝の孫にあたる第2代［★★★］帝が諸王の勢力を抑圧すると、1399年に叔父の燕王(えんおう)が［★★★］を起こして**帝位を奪った**。（上智大）

建文帝(けんぶん)，靖難(せいなん)の役(えき)

◆燕王は北平(ほくへい)（のちの北京）を拠点としていた。

⚠北宋が滅亡した靖康(せいこう)の変と、明の永楽帝が即位する契機となった靖難の役との混同に注意！

13 明の興隆（永楽帝の治世）

ANSWERS □□□

□1 ★★★ 靖難(せいなん)の役を起こした燕王(えんおう)は、1402年に［★★★］帝として即位した。（同志社大）

永楽帝(えいらく)

□2 ★★★ 1421年、永楽帝は［★★★］に**遷都(せんと)**し、この地を拠点に北方のモンゴル勢力に積極的に攻撃した。（東京大）

北京(ペキン)

□3 ★★ 永楽帝は［★★］を置き、皇帝の顧問とした。（明治大）

内閣大学士（ないかくだいがくし）

□4 ★★ 永楽帝は、中国最大級の類書である『［★★］』を編纂させた。（関西学院大）

永楽大典（えいらくたいてん）

□5 ★★ 永楽帝は、四書の注釈書である『［★★］』を編纂させた。（予想問題）

四書大全（ししょたいぜん）

□6 ★★ 永楽帝は、五経の注釈書である『［★★］』を編纂させた。（予想問題）

◆『五経大全』は唐の**孔穎達**（くようだつ）が編纂した『五経正義（ごきょうせいぎ）』にならって作られた。

五経大全（ごきょうたいぜん）

□7 ★ 永楽帝は、宋・元の性理学説を分類した集大成である『［★］』を編纂させた。（予想問題）

性理大全（せいりたいぜん）

□8 ★★ 永楽帝は、［★★］の**修築**に積極的に取り組んだ。（関西学院大）

[万里の]長城（ばんりのちょうじょう）　世界遺産

□9 ★★ 永楽帝は、都の北京に［★★］城を建造した。（中央大）

紫禁城（しきんじょう）　世界遺産

□10 ★★★ 15世紀前半、永楽帝の命を受け、［★★］教徒の宦官（かんがん）である［★★★］は**南海諸国遠征**を行った。（センター）

◆遠征の目的は「**諸国に朝貢を促して皇帝の威光を増すため**」。鄭和はイスラーム教徒であるため、南方に向かうのに適任だとされて、遠征の総指揮官に抜擢された。

◆南海遠征は全7回実施されたが、このうちの7回目のみ、宣徳（せんとく）帝の代に行われた。

イスラーム教徒，鄭和（ていわ）
鄭×

□11 ★★ 鄭和の艦隊は東南アジア・インド・アラビア半島・アフリカ東岸の［★★］を訪れ、インド洋沿岸の十数カ国が朝貢（ちょうこう）を行うようになった。（青山学院大）

マリンディ

□12 ★★ マレー半島の［★★］王国は、**南海諸国遠征**を機に急成長した。（上智大）

マラッカ王国（ムラカ王国）

□13 東アフリカからは［　］が明に献上され、中国の伝説上の霊獣（れいじゅう）と呼称が類似することから吉祥の象徴として重宝された。（京都府立大）

◆麒麟（きりん）は古代中国の伝説上の動物。聖人が現れて良い政治を行うと、麒麟が現れると信じられていた。

キリン

□14 ★★ 1406年、永楽帝はベトナムの［★★］朝の内紛に乗じて出兵し、ベトナム北部を一時支配した。（名古屋学院大）

陳朝（ちん）

□15 ★★★ 中国で作られた木造船の［★★★］船は、**中国から東南アジアに至る南シナ海貿易**で多用された。大型で船底が平らなことから、中国商人による［★★］の運搬に使用された。（センター）

ジャンク船, 陶磁器（とうじき）

▼ジャンク船とダウ船の違い

ジャンク船	ダウ船
中国商人が使用	ムスリム商人が使用
南シナ海での交易	インド洋での交易
蛇腹（じゃばら）式の帆	大きな三角形の帆

※どちらの船も木造船であった。

14 明の衰退

ANSWERS □□□

□1 ★★★ 明（みん）は「［★★★］」と呼ばれる外患に悩まされており、これは明の国力衰退の背景となった。（関西大）

北虜南倭（ほくりょなんわ）

□2 ★★ 北虜南倭の「北虜」とは15世紀以降の［★★］の侵入、「南倭」は16世紀中頃に活発化した東南沿岸の［★★］を指す。（京都女子大）

モンゴル, 倭寇（わこう）

□3 ★★★ 1449年、第6代の正統（せいとう）帝が［★★★］の率いる**オイラト軍の捕虜**になる［★★★］が起きた。（京都大、東京都市大）

◆正統帝はその後、明へ送還され、第8代皇帝の天順（てんじゅん）帝となった。

エセン, 土木の変（どぼくのへん）

□4 ★ 土木の変で、オイラト（瓦剌（ワラ））は河北（かほく）省北部の［★］で明軍を壊滅させた。（慶應義塾大、関西大）

土木堡（どぼくほ）

□5 ★★★ 16世紀、モンゴル（韃靼（だったん）、タタール）の［★★★］は明への侵入を繰り返し、一時［★★］を包囲した。（慶應義塾大、関西大）

◆このような度重なる外患（がいかん）で軍事費がかさみ、また朝貢体制が維持できず貿易収入が減って農民への税が重くなったことが、暴動が頻発する要因となった。

アルタン=ハーン, 北京（ペキン）

□6 ★★ アルタン=ハーンは**チベット仏教を保護**し、［★★］派の指導者に［★★］の称号を与えた。（早稲田大）

黄帽派（こうぼうは）（ゲルク派）, ダライ=ラマ

□7 ★★★ 14世紀に活発化した**前期倭寇**は［★★★］人中心だったが、16世紀に活発化した**後期倭寇**では、明の海禁政策に不満をもつ［★★★］人が中心だった。（中京大）

日本人, 中国人

◆15～16世紀に日本の室町幕府と明との間で行われた勘合貿易は、日本と明の正式な貿易を始めることによって倭寇の活動を抑えるために行われ、実際に前期倭寇は一時沈静化した。

◆16世紀中頃には、明は海禁をゆるめて民間人の貿易を許した。

□8 ★★ 中国の密貿易商人［★★］は、**後期倭寇**の代表的な頭目である。（慶應義塾大）

王直

□9 王直は、日本の［　］を拠点とした。（東京外国語大）

平戸

□10 ★★★ 明の第14代皇帝［★★］帝は、幼少で即位し、宰相の［★★★］の補佐を得て安定した統治を行ったが、宰相の死後は奢侈にふけり、宦官を重用するなど政治的混乱をまねいた。（予想問題）

万暦帝, 張居正

□11 ★★★ 万暦帝の親政後、［★★］派・［★★］派の抗争が激化し、さらに［★★★］の朝鮮侵攻への援軍などで明の政治や財政は混乱した。（予想問題）

東林派, 非東林派 ※順不同, 豊臣秀吉

□12 ★★ 東林派は［★★］らの**東林書院を中心**とする派閥で、非東林派は［★★］らの**宦官を中心**とする派閥である。（東洋大）

顧憲成, 魏忠賢

◆江蘇省で儒学を講じた学校・東林書院の関係者が中心となって政府批判を行ったので、このように呼ばれた。

□13 ★★★ **崇禎帝**（**毅宗**）の時代、［★★★］が農民の反乱を率いて1644年に［★★★］を占領すると、**明は滅亡**した。（センター、青山学院大）

李自成, 北京

□14 ★★★ 明が滅亡すると、山海関で清軍と戦っていた明の武将［★★★］は清と講和し、清軍を北京へ導いて占領した。（センター、青山学院大）

呉三桂

□15 ★★ 山海関は、［★★］の東端に位置し、渤海湾に面した軍事・交通の要衝である。（早稲田大、京都女子大）

［万里の］長城

◆山海関は明代に修築された万里の長城の東端の関で、北京を守る要地であった。

15 明の社会

ANSWERS □□□

□1 ★★★ 明代中頃には**長江中流域**が新たな穀倉(こくそう)地帯となり、「［★★★］」と称された。（上智大）

◆宋代では**長江下流域**が稲作の中心だったが、明代ではその中心地が**長江中流域**に移動した。

☞宋代では「蘇湖(そこ)(江浙(こうせつ))熟すれば天下足る」ということわざがうまれた。「湖広熟すれば天下足る」と似ているので、時代と場所を整理しておこう。

→ 湖広(ここう)熟(じゅく)すれば天下(てんか)足(た)る

□2 ★★ 明代は商業経済が活発となり、江南(こうなん)では［★★］などの手工業が発展した。この特産品は［★★］と交換され、アメリカ大陸や日本へ大量に輸出された。（同志社大）

→ 生糸(きいと), 銀(ぎん)

□3 ★★ 明代に**海禁政策**が緩和されると、［★★］貿易でマニラから運ばれた［★★］銀や、南シナ海と東シナ海の交易を通じ流入した［★★］銀により銀が主要通貨となった。（学習院大、早稲田大）

→ アカプルコ貿易, メキシコ銀, 日本(にほん)銀

□4 ★★★ 明代後期、銀の流通を背景に、**人頭税・土地税・徭役(ようえき)などの諸税を一括して銀で納める**［★★★］が実施された。（北海道大）

→ 一条鞭法(いちじょうべんぽう)

□5 ★★ 明代における国際商業の活発化は商工業の発展を促し、［★★］や生糸は代表的な輸出品となった。（青山学院大、南山大）

→ 陶磁器(とうじき)

□6 ★★★ 江西(こうせい)省の［★★★］では、元代後期に確立された染付(そめつけ)や、明代に確立された［★★］が生産された。（関西学院大）

◆明代になり都市が繁栄すると陶磁器の需要が増大し、景徳鎮には政府直営の工場も建てられた。

→ 景徳鎮(けいとくちん), 赤絵(あかえ)

□7 ★★★ 16世紀以降、商工業の発展に伴い、**金融業**などの［★★★］商人や**塩商**の［★★★］商人など、政府と結びついた**特権商人**が台頭した。（学習院大、同志社大）

→ 山西(さんせい)商人, 徽州(きしゅう)商人(新安(しんあん)商人)

□8 ★★★ 同郷の商人や同業の職人たちは主要都市に［★★★］や［★★★］を建て、ネットワークを広げた。（学習院大、同志社大）

→ 会館(かいかん), 公所(こうしょ) ※順不同

□9 ★ 明代には、江蘇(こうそ)省の［★］や浙江(せっこう)省の［★］が商工業や交易などによって栄えた。（同志社大）

→ 蘇州(そしゅう), 杭州(こうしゅう)

□10 16世紀半ば以降、中国では人口増加に伴って ★ を中心とする海外への**移住が盛ん**となり、彼らは ★★ と呼ばれた。（センター、青山学院大）
★★

◆福建・広東省など華南の出身者が多かった。

東南アジア、華人（華僑）

□11 明代後期以降、科挙合格者や官僚経験者は、地域社会の権威ある指導者層の ★★ として地方行政にも影響力を持った。（京都女子大）
★★

◆清代には**郷勇**や**団練**と呼ばれる義勇軍を組織して、反乱の鎮圧などに活躍した。

郷紳

□12 明末から清初にかけて、佃戸が地主への**小作料の納入を拒否する** ★★ 運動が盛んになった。その先駆けとして、15世紀に福建省で ★ の乱が起こった。（予想問題）
★★

抗租運動、鄧茂七の乱

16 清の中国統一

ANSWERS □□□

□1 1616年、女真（女直、満洲人）を統一した ★★★ は ★★★ を建国した。（京都大）
★★★

ヌルハチ、金（後金、アイシン）

□2 ヌルハチの子の ★★★ は国号を清、民族名を満洲とした。（京都大）
★★★

ホンタイジ

□3 女真は、ヌルハチが定めた ★★★ 文字を用いた。（センター、学習院大）
★★★

満洲文字

□4 ヌルハチが制定した**軍事・行政組織（正規軍）**を ★★★ という。（東京大）
★★★

◆八旗を構成する人々を旗人という。満洲族の成人男性は全員八旗に属していた。

八旗

□5 ホンタイジは、内モンゴルの ★★ や**朝鮮王朝（李朝）**を服属させた。（センター）
★★

チャハル

□6 ホンタイジは、それまで満洲族で構成されていた八旗に ★★ 八旗・ ★★ 八旗を加えた。（早稲田大）
★★

◆モンゴル八旗は内モンゴル併合後に帰来したモンゴル人、漢軍八旗は投降した漢人で構成された。

モンゴル八旗、漢軍八旗 ※順不同

III 16 清の中国統一

□7 ★★★ 第3代 [★★] 帝の時代、明は李自成(りじせい)の反乱によって滅亡した。万里の長城東端の [★★] で清軍と対峙(たいじ)していた明の武将 [★★★] は、投降して清軍を関門内に招き入れた。 (早稲田大)

順治(じゅんち)帝, 山海関(さんかいかん), 呉三桂(ごさんけい)

□8 ★★★ 順治帝は呉三桂と協力して李自成を破り、**ヌルハチが都とした盛京(せいけい)(瀋陽(しんよう))** から [★★★] に遷都(せんと)した。 (関西学院大)

北京(ペキン)

□9 ★★ 北京入城後、順治帝は**漢人を召募して** [★★] を編成した。 (上智大)

◆緑営は、投降した明の軍旗の色に由来して緑旗とも呼ばれる。治安維持など警察の機能を果たしたが、政治全般では旗人の方が優遇された。

緑営(りょくえい)

17 清の最盛期

ANSWERS □□□

□1 ★★★ 清は、第4代 [★★★] 帝、第5代 [★★★] 帝、第6代 [★★★] 帝の時代に最盛期を迎えた。 (国士舘大)

☞この3人が何をしたのかは頻出なので、それぞれ明確に理解しておこう。

康熙(こうき)帝, 雍正(ようせい)帝, 乾隆(けんりゅう)帝

□2 ★★★ 清は、中国支配に協力した呉三桂(ごさんけい)らの漢人武将を [★★★] とした。彼らは次第に強大な軍事力を背景に独立国家のようになった。 (学習院大、中央大)

◆広東・福建など南部諸地域に配置された。

藩王(はんおう)

□3 ★★★ 1673年、**雲南(うんなん)**の藩王呉三桂は広東・福建の藩王とともに [★★★] の乱を起こしたが、81年に [★★★] 帝によって鎮圧された。 (新潟大)

◆三藩の乱勃発時には、康熙帝はまだ20歳であった。反乱鎮圧後、1680年代半ばには清の中国支配が確立された。

三藩(さんぱん)の乱, 康熙(こうき)帝

□4 ★★★ 清に抵抗した明の遺臣 [★★★] は、オランダ勢力を駆逐して [★★★] を拠点とした。 (予想問題)

◆鄭成功は日本の平戸出身で、母は日本人である。江戸初期に近松門左衛門(ちかまつもんざえもん)が鄭成功の清への抵抗を題材に**浄瑠璃(じょうるり)『国姓爺(こくせんや)合戦』**を作った。

鄭成功(ていせいこう), 台湾(たいわん)

□5 ★★ [★★] 令で圧迫を受けた鄭氏政権は、1683年に康熙帝治世の清に降伏した。 (予想問題)

◆遷界令は、広東・福建を中心に沿岸の住民を強制的に内陸に移住させ、経済活動を断つ法令であった。

遷界令(せんかいれい)

□6 ★★★ 1689年、康熙帝とロシアのピョートル1世(大帝)は、北方の境界についての [★★★] 条約を**対等な形式**で締結した。 (北海道大、京都大)

◆ロシア人が黒竜江(こくりゅうこう)に進出したことで頻発(ひんぱつ)した紛争を背景とする。

ネルチンスク条約

□7 ★★★ 1727年、雍正帝はロシアと [★★★] 条約を締結し、ネルチンスク条約で未定だった**モンゴル地区の国境を画定**させた。 (センター)

キャフタ条約

□8 ★★ 雍正帝は [★★] を**併合**して藩部とした。 (関西学院大)

青海(せいかい)

□9 ★★ 雍正帝は、軍事機密を扱う部署として [★★] を創設し、内閣の位置付けを弱めた。 (予想問題)

軍機処(ぐんきしょ)（所×）

□10 ★★★ 乾隆帝は、治安維持を理由にヨーロッパ人との貿易港を [★★★] 一港に限定し、その運営を [★★★] に任せた。 (青山学院大)

◆行商とは唯一の貿易港である広州において貿易業務の独占を認められていた特権商人団体のこと。

広州(こうしゅう), 行商(こうしょう)(公行(こうこう/コホン))

□11 ★★★ 乾隆帝は西北方面で遊牧勢力の [★★★] を滅ぼし、**回部(かいぶ)**(東トルキスタン)と合わせて [★★★] と名付けた。

◆結果、清朝の領域は18世紀半ばに最大となった。 (大阪大)

ジュンガル, 新疆(しんきょう)

18 清の社会と経済

ANSWERS □□□

□1 ★★ 清代、山地でも栽培できる [★★] や [★★] などの**新大陸の作物**が普及し、人口増加を支える食料源となった。 (試行調査、学習院大)

トウモロコシ, サツマイモ ※順不同

□2 ★★★ 清は明の統治体制をほぼ踏襲(とうしゅう)したうえで、**中央の高官に満洲人と漢人を同数ずつ任命**する [★★★] 制を導入した。 (大阪大、東京都市大)

◆清は中国の伝統文化の尊重や科挙実施など、漢人士大夫の懐柔を重視した。

満漢併用制(まんかんへいようせい)

□3 ★★★ 清は、支配下の**漢人**に満洲人の風習である [★★★] を強要した。また、禁書(きんしょ)や [★★★] を行って清朝批判を厳しく弾圧した。 (大阪大)

◆女真族の伝統的な衣装は「旗装」と呼ばれる。現在のチャイナドレスも、もともとは「旗装」であった。特徴的な脚の部分のスリット(切れ込み)は、デザイン性というよりも、馬に乗るための利便性によるものである。

辮髪(べんぱつ), 文字の獄(もんじのごく)

□4 ★★★ 康熙帝・雍正帝の時代、地銀（地税）に丁税（人頭税）を繰り込み**一括して銀納**させる［★★★］制に税制が改められた。（予想問題）

地丁銀制

□5 ★★★ ［★★★］帝の時代に、広州にのみヨーロッパ船の来航が認められ、［★★★］が外国船貿易を独占した。（上智大）

◆戸部の免許を受けた特許商人が作る組合であり、中世ヨーロッパのギルドのようなものであった。

乾隆帝, 行商（公行）

□6 ★★ 清は、モンゴル人やチベット人に信仰されている［★★］仏教を保護して、彼らの支持を得ようとした。（早稲田大）

チベット仏教

□7 ★★★ 清は、その勢力範囲を３つの段階に分けて統治した。中国内地・東北地方・**台湾**は**直轄地**、モンゴル・青海・チベット・新疆は［★★★］、**朝鮮**・ベトナム・タイ・ビルマなどは**属国**として朝貢国の待遇を与えた。（明治大）

▼清の勢力範囲（簡略図）

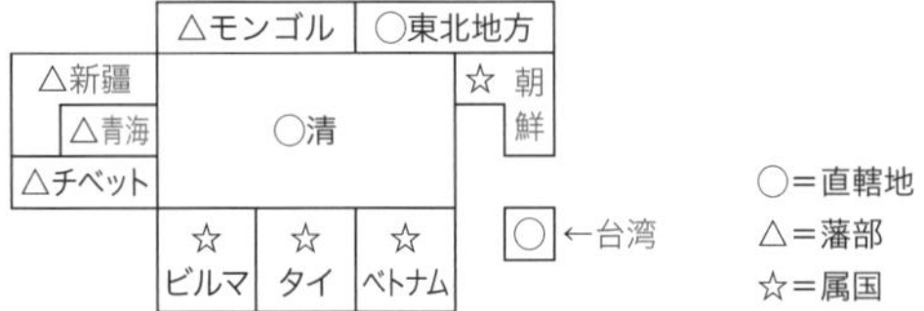

藩部

□8 ★★★ 清は、藩部に対しては［★★★］の監督下で自治を認める間接統治を行った。（北海道大）

理藩院

19 中国文化史①（周〜後漢）

ANSWERS □□□

□1 ★★★ 戦争が続き、中国の政治や社会のあり方が大きく変化した春秋・戦国時代では、［★★★］と呼ばれる学派や思想家が登場した。（センター）

諸子百家

□2 ★★★ 孔子は、親に対する［★★］・兄や年長者に対する**悌**という**家族道徳**を基礎に、**他人への親愛の情である**［★★★］の思想を唱えた。（立教大、西南学院大）

孝, 仁

□3 儒家の祖は魯国の ★★★ である。(北海道大) ★★★ — 孔子

◆孔子の教えは儒学として発展した。漢代には儒学は**官学**となり、皇帝が営む専制国家を支える正統な学問となった。

□4 孔子の死後、彼の言行は弟子によって『 ★★ 』にまとめられた。(予想問題) ★★ — 論語

□5 **春秋時代**という名称は、孔子が編纂したとされる魯国の年代記『 ★★ 』に由来する。(青山学院大) ★★ — 春秋

□6 儒家の ★★★ は、人間の本性を善として、**性善説**と ★★ 政治を説いた。(共立女子大) ★★★ — 孟子, 王道政治

□7 儒家の ★★★ は、**性悪説**を唱え、 ★★ による規律の維持の重要性を説いた。(上智大) ★★★ — 荀子, 礼

□8 ★★★ は、血縁をこえた万人への**無差別の愛**である ★★ や、**侵略のための戦争を否定**する ★★ を主張し、孔子の**仁を批判**した。(立教大、関西学院大) ★★★ — 墨子, 兼愛, 非攻

□9 ★★★ 家は、**自然の道と天命に従う** ★★★ を主張し、儒家の唱える仁や礼を人為的として排した。(名古屋大、共立女子大) ★★★ — 道家, 無為自然

◆**老子・荘子**の説を奉じる学派。漢初においては、法家と儒家に並んで有力であった。

□10 秦や漢代でも重要な政治思想であった ★★★ 家は、信賞必罰や法による秩序維持を重視した。(名古屋大) ★★★ — 法家

□11 法家の ★★★ は、**秦の孝公に仕え**、連帯責任や信賞必罰に基づく改革を行った。(早稲田大) ★★★ — 商鞅

◆商鞅は孝公の死後に謀反の罪で処刑された。

☞商鞅は秦の「孝公と変法」、李斯は秦の「始皇帝と焚書・坑儒」とセットで覚えておこう。

□12 ★★ は**荀子**に学んで、のちに**法家の学説理論を大成**させた。(上智大) ★★ — 韓非 (韓非子)

□13 ★★★ は、**秦の始皇帝に仕え**、法家思想に基づく政策を進言した。(早稲田大) ★★★ — 李斯

□14 ★★ 家は、概念と本質との一致・調和を論理的に目指した。代表的人物は ★ である。(東京理科大) ★★ — 名家, 公孫竜

□15 ★★ 孫子（孫武）や呉子（呉起）を代表とする［★★］家は、兵法や戦術について説いた。（予想問題） ― 兵家

□16 ★★ 蘇秦・張儀を代表とする［★★］家は、戦国諸国の戦略的な外交を論じた。（青山学院大） ― 縦横家

□17 ★★ 蘇秦は、西方の秦に対抗して東方の**6国が同盟を結ぶ**［★★］策を主張した。（学習院大） ― 合従策

□18 ★★ 張儀は、秦が6国のおのおのと**単独に同盟する**［★★］策を説いた。（法政大） ― 連衡策

◆戦国の七雄と称された7カ国の中から**秦**の勢力が突出したため、合従・連衡策が主張された。

⚠蘇秦の**合従策**、張儀の**連衡策**の混同に注意！

□19 ★ 陰陽家の［★］は、天体の運行と人間社会の関係を［★］説としてまとめた。（共立女子大、早稲田大） ― 鄒衍，陰陽五行説

□20 ★★ ［★★］家の許行は、**農業の重要性**を論じた。（共立女子大） ― 農家

□21 ★★★ 『［★★★］』は、**中国最古の詩集**である。（駒澤大） ― 詩経

◆西周から春秋時代までの歌謡が収録されている。のちに**五経の1つとされた**。

□22 ★★★ 戦国時代には、楚の屈原らの**詩歌**を集めた『［★★★］』が編まれた。（同志社大） ― 楚辞

◆屈原らの文章を集めたとされる文集であり、南方系の方言がみられる。

□23 ★★★ **五経**とは、『易経』『書経』『詩経』『［★★★］』『［★★★］』の五つの経典を指す。（中央大・法政大） ― 礼記，春秋 ※順不同

□24 ★★★ 前漢の武帝の時代、［★★★］の提言によって儒学が官学化され、五経博士が置かれた。（京都府立大） ― 董仲舒

◆五経博士は五経の解釈・教授を行う官職である。

□25 ★★★ ［★★★］学は**儒教の経典の字句解釈**を主とした学問で、後漢の馬融が基礎を作り、［★★★］が大成した。（中央大） ― 訓詁学，古× 鄭玄

◆鄭玄は、党錮の禁で弾圧を受けた儒学者の1人である。

◆仏教における仏の教えを記した経典（**きょう**てん）に対し、古代中国の聖人・賢人の教えを記した書を経典（**けい**てん）という。

□26 前漢の歴史家 [★★★] は、伝説の時代から前漢の武帝にいたる歴史を [★★★] 体で『 [★★★] 』に著した。
★★★
(センター、青山学院大)

司馬遷(しばせん), 紀伝体(きでん), 史記(しき)

□27 紀伝体は主に [★] と [★] からなる。前者は**皇帝たちの年代記**であり、後者は**功臣たちの伝記**を中心に扱っている。
★
(センター、慶應義塾大)

◆これに対し**年代順に歴史を追う書き方**を編年(へんねん)体という。

本紀(ほんぎ), 列伝(れつでん)

□28 後漢(ごかん)の歴史家 [★★★] は、著作『漢書(かんじょ)』で前漢の時代を描いた。
★★★
(早稲田大)

◆班固は西域都護(さいいきとご)であった班超(はんちょう)の兄。宦官と対立し完成間近で獄死するも、『漢書』の**未完の部分を妹の班昭(はんしょう)が追記、完成させた**。班昭は儒教的な妻のあり方を示した『女誡』を執筆し、皇后や貴人の教育係として宮中にも招かれた女性である。

◆『漢書』は紀伝体で書かれた。『史記』『漢書』以来、中国では**紀伝体が正史のスタンダードな書き方**となった。

班固(はんこ)

□29 紙の使用が普及する前の中国では、文字を記すために**木簡(もっかん)**・ [★★★] や布の一種の [★] が使用されていた。
★★★
(日本大、東海大)

竹簡(ちくかん), 帛(はく)(絹布(けんぷ))

□30 漢代には篆書(てんしょ)よりも簡便な書体である [★★] が一般化した。
★★
(センター)

◆石に刻まれた篆書にかわり、木簡や竹簡に書きやすい隷書が使われるようになった。

隷書(れいしょ)

□31 後漢末には、現在の漢字とほぼ同じ隷書の他、 [★★] ・ [★★] ・**草書(そうしょ)**の三書体も用いられるようになった。
★★
(慶應義塾大)

楷書(かいしょ), 行書(ぎょうしょ) ※順不同

□32 後漢の宦官 [★★] は**製紙法を改良**し、紙が普及する基礎を作った。
★★
(早稲田大)

◆樹皮や麻布、魚網などの材料から繊維を取り出して漉(す)くのが当時の製紙法だった。紙は**木簡(もっかん)や竹簡(ちくかん)に比べてはるかに軽量**で、書写の材料として普及した。

⚠蔡倫は紙を発明したわけではない点に注意！

蔡倫(さいりん)
祭×

□33 後漢の**許慎(きょしん)**は**中国最古の字書**『 [★] 』を編纂した。
★
(慶應義塾大、専修大)

◆漢字一字一字について、その由来と意味を説明した辞典である。

説文解字(せつもんかいじ)

20 中国文化史②（魏晋南北朝）

ANSWERS □□□

□1 ★ 南北朝時代の仏教は、北朝では［ ★ ］が保護し、南朝では［ ★ ］の間で流行した。（名古屋大）

国家, 貴族

□2 ★★ 六朝時代には、華北からの人口流入によって江南の開発が進んだことにより、［ ★★ ］文化と呼ばれる貴族文化が開花し、文学・絵画・書道などがさかんになった。（國學院大、成蹊大）

六朝文化

□3 ★★★ 魏晋時代には、儒教道徳に反抗し、老荘思想に基づいて議論を行う［ ★★★ ］が流行した。このような論議にふけった**阮籍**ら7人は「［ ★★ ］」と呼ばれた。（成蹊大）

清談, 竹林の七賢

□4 ★★★ **亀茲**（**クチャ**）出身の仏僧［ ★★★ ］は、約900もの仏寺を建立するなど、仏教の民間普及に貢献した。（新潟大、法政大）

◆本名はブドチンガという。4世紀前半に洛陽にいたり、後趙で重用された。

仏図澄

□5 ★★★ **亀茲**（**クチャ**）出身の［ ★★★ ］は、長安で**大乗仏典の漢訳**に尽力した。（新潟大、京都大）

◆本名はクマラジーヴァという。

☞仏典を**漢訳した**鳩摩羅什と**漢訳していない**仏図澄の区別が入試頻出！

鳩摩羅什

□6 ★★★ 東晋時代の仏僧［ ★★★ ］は、**チャンドラグプタ2世**時代のグプタ朝に赴き、その旅行記として『［ ★★★ ］』を著した。（試行調査、京都大）

◆『仏国記』は別名『法顕伝』とも。彼がインドへ向かったのは60歳を過ぎてからであった。

法顕, 仏国記

□7 ★★ インドを訪問した法顕は、往路は［ ★★ ］路、復路は［ ★★ ］路をとった。（試行調査）

◆往路は6年、復路は3年の歳月をかけて移動した。

陸路, 海路

□8 ★★★ 甘粛省西端のオアシス都市である［ ★★★ ］には、4世紀後半から14世紀にわたって［ ★★ ］が建造された。（早稲田大）

◆この石窟寺院は、1900年以降に石窟内から多数の古文書が発見されたことで名高い。

敦煌, 莫高窟（千仏洞） 世界遺産

□9 ★★★ 北魏の時代に開削された平城(現在の大同)の [★★★] 石窟には、ガンダーラ様式と [★★] 様式の仏教美術の影響が見られる。 (京都大)

雲崗石窟, グプタ様式 世界遺産

□10 ★★ [★★] の石窟寺院は北魏の孝文帝が遷都した新しい都 [★★] の近くに造営された。 (新潟大)

竜門, 洛陽 世界遺産

□11 ★★ 北魏の [★★] 帝は仏教を弾圧したが、帝の死後、雲崗・竜門で石窟寺院が造営されるなど、北魏の統治下でも仏教信仰は広まっていった。 (新潟大)

太武帝

□12 ★★ 北魏の太武帝、北周の [★] 帝、唐の武宗、後周の世宗によって行われた仏教弾圧を総称して [★★] という。 (京都女子大)

武帝, 三武一宗の法難

□13 ★★★ 太武帝の時代、仏教に対抗するように [★★★] 教が成立し、その指導者の1人 [★★★] は太武帝の保護を受け、教団の勢力を伸ばした。 (新潟大、上智大)

◆太武帝は、5世紀半ばごろに道教を**国教化**した。

道教, 寇謙之

□14 ★ 道教は、仏教に刺激され、民間信仰と [★] 思想に古来の**道家思想**を取り込んで成立した。 (東京大、上智大)

◆道教は、自ら仙人になることを究極の理想とする。現在でも台湾や香港の中国人社会で信仰され、神社のお守り、桃の節句、七五三など、現代日本にも大きな影響を与えている。

神仙思想

□15 ★★ 嵩山にこもって啓示を受けた寇謙之は、後漢の [★★] が始めた宗教結社・**五斗米道**(**天師道**)を改革し、道教教団の [★★] を形成した。 (センター、上智大)

◆源流となった後漢末の**太平道**や**五斗米道**から道教の組織化は始まっていたが、寇謙之は教団を確立し、信者の組織化と教理の普及を図った。

張陵, 新天師道

□16 ★★ インドの達磨は瞑想と座禅を行う [★★] 宗を北魏に伝えた。この教えは唐から五代にかけて盛んになった。 (関西学院大)

禅宗

□17 ★★ 東晋の慧遠を開祖とする [★★] 宗は、阿弥陀仏を信仰し、**極楽浄土への往生**を説いた。 (関西学院大)

◆宋代以降、民衆の間に広まった。

浄土宗

□18 ★★★ 「帰去来辞」を書いた東晋時代の [★★★] は、六朝第一の田園詩人と評された。 (京都大)

陶潜(陶淵明)

□19 南朝宋の詩人［★★］は、すぐれた技巧で山水の美しさを表現する詩文を作った。（早稲田大）
★★

謝霊運

□20 南朝梁の［★★］は、周代以来の名文・詩歌を編纂して『文選』を作った。（京都大）
★★

◆周代から南朝梁までの名文・詩歌が収められた『文選』は文人の必読書とされ、清少納言ら日本の平安文学にも影響を与えた。

昭明太子

□21 南朝では、**対句を用いた華麗な文体**である［★★］体が流行した。（京都大）
★★

四六駢儷体

□22 「**女史箴図**」は、東晋の時代に王朝に仕え、「**画聖**」と称された［★★★］の作と伝えられる。（京都大）
★★★

◆宮廷女性への戒めを説いた文章「女史箴」に絵をつけたもの。

顧愷之

□23 「**蘭亭序**」で知られる東晋の書家［★★★］は、楷書・行書・草書の三書体を芸術的に完成させ、「**書聖**」と称せられた。（上智大、法政大）
★★★

◆残念なことに、現存する作品はすべて、唐の太宗が書家に命じて模写させたものといわれている。

王羲之
義×

□24 西晋の王叔和は、医学書『［★］』の再整理を行った。（慶應義塾大）
★

◆主に傷寒（急性熱病）の療法をまとめたもので、漢方医学の原典とも目される。後漢の張仲景著のものを王叔和が整理したとされる。

傷寒論

□25 北魏の酈道元は、川の流れに沿って地理や史跡を記した『［★］』を著した。（京都大、早稲田大）
★

◆既存の地理書『水経』に、文献と実地調査によって正確な地理的注釈を加えたもの。

水経注

□26 北魏の賈思勰は、華北の農法を体系的に著した農業書『［★］』を叙述・編纂した。（慶應義塾大）
★

◆現存する最古の農業技術書といわれている。

⚠**地理書**の『水経注』と**農書**の『斉民要術』の混同に注意！

斉民要術

21 中国文化史③(隋～五代十国)

ANSWERS □□□

□1 ★
唐代では、周辺地域の多様な要素を取り入れて**国際色豊かな** [★] 文化圏が形成された。(名城大)

◆特に、東西交易が盛んだったことから**ペルシア文化**が大規模に輸入された。「**絹の道(シルク=ロード)**」と結ばれた**長安**は東西交易の中心となり、玄宗の時代には100万人の人口を擁する一大都市に成長した。

東アジア文化圏

□2 ★★★
唐の太宗(李世民)の時代に**陸路**でインドへ赴いた [★★★] は、帰国後『大唐西域記』を著した。(京都大)

玄奘

□3
玄奘は、文化事業に熱心な**太宗**の勅命により仏典の漢訳を行い、これによって [ ] 宗を開いた。(上智大)

◆『大般若波羅蜜多経』などの仏典を漢訳した。

法相宗

□4 ★★★
唐代の僧 [★★★] は**海路**でインドに赴き、**ナーランダー僧院**で学び、695年に南海諸国を経て帰国した。(上智大)

義浄

□5 ★★★
義浄は、南海やインドの各地を訪れ、7世紀末に**スマトラ島**の [★★★] でその見聞を『 [★★★] 』としてまとめた。(早稲田大)

シュリーヴィジャヤ，南海寄帰内法伝

□6 ★★
隋代にひらかれた [★★] 宗は、**最澄**によって日本に移入された。(学習院大、早稲田大)

天台宗

□7 ★★
空海は、長安の僧恵果から密教を伝授され、帰国後に日本の [★★] 宗の祖となった。(立命館大)

真言宗

□8 ★★★
唐代に伝来したネストリウス派キリスト教は [★★★] 教といわれ、その教会堂は大秦寺と呼ばれた。(立教大)

◆ネストリウス派キリスト教は、845年に武宗が外来宗教の取り締まりを始めると衰退していった。

景教

□9 ★★
唐の都長安には、景教の伝来を伝える [★★] が建てられた。この石碑は、**漢字とシリア文字で記されている。**(東京都市大)

大秦景教流行中国碑

□10 ★★★
北魏の時代に西域人によって伝えられたゾロアスター教は、中国では [★★★] 教と呼ばれ、唐代には各地に寺院が建てられた。(早稲田大)

祆教

□11 ★★★
ササン朝ペルシアで生まれた［★★★］教は7世紀末に唐に伝わり、長安などに寺院が建てられたが、9世紀半ば以降衰退した。（早稲田大）
◆中国では**摩尼教**と記された。
マニ教

□12 ★★
7世紀後半、唐の海港都市にアラブ人経由でイスラーム教が伝わると、［★★］教と呼ばれた。（予想問題）
回教（清真教）

□13 ★★★
則天武后は**仏教**を信奉し、洛陽の南方の［★★★］石窟に壮大な仏像を造らせた。（京都大）
◆竜門石窟は、北魏の孝文帝が造営を開始し、唐の玄宗の時代まで開削が続いた。
竜門石窟 世界遺産

□14 ★★
唐代には、**太宗の命**により［★★］らが『五経正義』を編集して**五経の解釈を統一**した。（桃山学院大）
◆解釈は統一されたが、科挙の国定基準書として思想統制につながり、儒学の停滞も招いた。
孔穎達

□15 ★★
詩人の［★★］は絵画にも秀でており、のちに南画の祖と呼ばれた。（早稲田大）
◆仏教に篤く、自然の美をうたった。詩、音楽、美術をこなす社交界の人気者で、生前の詩名は李白・杜甫をはるかにしのいだ。
王維

□16 ★★★
唐中期の詩人［★★★］は「**詩仙**」と称された。（早稲田大）
◆自由奔放なさまで知られ、一時玄宗に仕えるも酒に酔って暴言を吐き追放された。湖に映る月を取ろうとして溺死したなど伝説も多い。
李白

□17 ★★★
「**詩聖**」と称された唐中期の詩人［★★★］は、世の中の矛盾を批判する社会派の作品で知られる。（早稲田大）
◆安史の乱では捕虜となり、その時に「春望」が作られたとされる。李白とともに中国詩の最高峰といわれる人物。
杜甫

□18 ★★
［★★］は、遣唐留学生として唐に渡り、李白らと交流した。（成蹊大）
◆科挙に合格して高級官僚として活躍した。詩文でも才能を発揮し、彼の「天の原　ふりさけ見れば　春日なる　三笠の山に　出でし月かも」の和歌は小倉百人一首にも選ばれている。
阿倍仲麻呂

□19 ★★
唐後期の詩人［★★］は、『長恨歌』で**玄宗**と**楊貴妃**の悲運をうたった。（センター）
◆平易な新詩風で人々の悲しみや私生活の喜びをうたい、民衆に愛された。詩文集『白氏文集』は日本に伝来し、『文選』と共に広く読まれた。
白居易（白楽天）

□20 ★★★ 唐後期の［★★★］は、六朝以来の文章の主流であった［★★★］体を批判し、先秦から前漢時代の**「古文」の復興を主張**した。（京都女子大）

韓愈（韓退之）、四六駢儷体

◆先秦は、周から春秋時代、つまり前221年に秦の始皇帝が中国を統一する以前の時代を指す。韓愈は古代の簡素で力強い文体の復興を主張するとともに、儒教を尊んで仏教・道教を排撃し、宋学の先駆者ともいわれる。

□21 ★★★ 唐後期の文学者［★★★］は、韓愈とともに古文の復興を主張した。（南山大）

柳宗元

□22 ★ 「古文復興」の代表者である唐代の韓愈や柳宗元は、宋代以後の散文文学の先駆となった。これらの文章家を［★］という。（早稲田大）

唐宋八大家

□23 ★★ 唐初期の画家の［★★］は、仏画や人物画を得意とし、「歴代帝王図巻」を作った。（立命館大）

閻立本

□24 ★★★ 唐中期の［★★★］は山水画などにすぐれていた。（関西学院大）

呉道玄

◆地方の小官吏であったが、玄宗に画才を認められ宮廷画家として活躍した。人物・鬼神・山水・禽獣、いずれにも巧みであったが、現存作品はない。

□25 ★ 唐の初期、［★］は王羲之の書を受け継ぎ、楷書の典型を作った。（予想問題）

欧陽詢

□26 ★★★ 唐中期には［★★★］が**力強い書風**で一世を風靡した。（西南学院大）

顔真卿

◆彼は安史の乱の際に義勇軍を率いて抵抗したことでも知られる。

◆書家として、「**書聖**」と称された**東晋**の王羲之と、**力強い書風**で知られる**唐**の顔真卿が入試頻出である。

□27 ★★★ **「絹の道（シルク=ロード）」**と並ぶ**「海の道」**は、唐代から、中国の産物である絹や［★★★］を西に運んだ。（東京大）

陶磁器

◆陶磁器は中国の重要な輸出品とされ、ヨーロッパまで運ばれた。china という英単語が陶磁器を意味するのはここに由来する。

□28 ★★★ 唐代に作られた［★★★］と呼ばれる陶器は、もともと貴人の副葬品として利用されたが、後にその技法は東アジアに伝わった。（センター）

唐三彩

◆唐三彩は白、緑、黄を基調とし、西域から来たラクダや胡人などの題材が好まれた。

22 中国文化史④（宋〜元）

ANSWERS □□□

□1 ★★
宋代には、儒学の教養を身に付けた［★★］と呼ばれる知識人層が文化の担い手となった。彼らの間には［★★］宗が受容され、中国仏教の主流となった。
（名城大）

◆宋の時代、士大夫には禅宗が、庶民には浄土宗が、主に信仰された。

士大夫, 禅宗

□2 ★★★
宋学は、北宋の［★★★］から始まり、程顥と程頤に継承され、南宋の［★★★］によって大成されたため、［★★★］学ともいわれる。
（上智大）

◆宋学はもともと宋代に興った学問文化の総称であるが、特に朱子学のことをいう場合が多い。

周敦頤, 朱熹, 朱子学

□3 ★★
朱熹は、君臣間の厳格な区別を強調する［★★］論を説き、それを強調した歴史書である『［★］』を著した。
（上智大）

◆君臣・父子の道徳を絶対視する儒家の政治理論。欧陽脩や司馬光が唱え、朱熹が強調した。日本では江戸時代の身分制社会を支え、幕末には尊王攘夷論の思想背景となった。

大義名分論, 資治通鑑綱目

□4 ★★★
朱子学では、中央の中華に文化的優位性を認める［★★★］の区別が大義名分論とあわせて強調された。
（南山大）

華夷の区別

□5 ★★★
朱熹は**格物致知**、［★★★］説などを唱え、客観的な事物の道理をきわめつつ自己修練を行うことを主張して、**心即理説**を唱える南宋の［★★★］と対立した。
（青山学院大、上智大）

性即理説, 陸九淵（陸象山）

□6 ★★
朱子学が経典とする四書とは『［★★］』『［★★］』『［★★］』『［★★］』である。
（京都女子大）

◆朱熹は、程顥・程頤が重んじた『論語』『孟子』に『礼記』の中から『大学』『中庸』の2編を加え、これらを学んでから五経に進めと指示した。以後、学問の重点は四書に移っていった。

大学, 中庸, 論語, 孟子
※順不同

□7 ★★
［★★］は**宋学**の立場から、『新五代史』や『**新唐書**』といった儒教的な道義を重んじる正史の編纂を行った。
（京都女子大）

◆政治家としては、王安石の青苗法に反対した。

欧陽脩

□8 ★★★ 司馬光は、[★★★]体の歴史書『[★★★]』を著した。（成蹊大）

編年体，資治通鑑

□9 ★★★ [★★★]は、**赤壁の戦い**を題材に「**赤壁の賦**」を詠んだ。（京都女子大）

蘇軾

◆旧法党に属した蘇軾は王安石の新法に反対して左遷され、生涯の多くを地方長官として過ごした。

□10 ★★ 蘇軾は宋代を代表する文人で、[★★]の一人に数えられる。（センター）

唐宋八大家

◆蘇軾は散文の他、書道や文人画など芸術の各方面で豪放かつ個性的な作風を発揮し、山遊びやグルメなど趣味の面でも当時の文化をリードした。彼の名前「蘇東坡」を冠した中国の豚の角煮「東坡肉（トンポーロー）」は彼の好物だったとされる。

◆唐宋八大家は、**唐**の韓愈・柳宗元、**宋**の欧陽脩・蘇洵・蘇軾・蘇轍・曾鞏・王安石の八人を指す。

□11 ★★★ 北宋の第8代皇帝[★★★]は文化・芸術を愛好し、自らも筆をとった。彼は[★★★]画の様式を得意とした。（京都大）

徽宗，院体画

◆代表作は「桃鳩図（とうきゅうず）」。彼は北宋最後の皇帝欽宗とともに**金に拉致された**。

◆院体画では、宮廷の趣味的・鑑賞的様式を踏まえて写実と色彩が重んじられた。院体画は北宗画（北画）とも呼ばれる。

□12 ★ 北宋代、宮廷の[★]を中心に、院体画の様式が生み出された。（早稲田大）

画院

◆翰林図画院の略。唐の玄宗の時代に創設された。

□13 ★★★ 北宋代、宮廷の院体画と並んで、士大夫などの非職業画家が描く[★★★]画が開花した。（慶應義塾大）

文人画

◆南宗画（南画）とも。士大夫や禅僧など非職業画家によるもので、技巧よりも精神性が重んじられた。

□14 ★★ 宋代、[★★]印刷の普及によって書籍の流通が促され、科挙のための学問を支えることにつながった。（関西学院大）

木版印刷

◆本格的な木版印刷が始まったのは唐代の8世紀中頃とされる。

□15 ★★★ 唐代に発明されたといわれる[★★★]は、宋代では軍事面にも利用されるようになった。（慶應義塾大）

火薬

□16 ★★★
中国人は磁石の指極性を発見し、宋代に［★★★］を実用化して航海で利用した。（関西大）

◆これが**ムスリム商人**経由でヨーロッパに伝わり、改良を加えられて**遠洋航海を可能にした**。

羅針盤(らしんばん)

□17 ★★★
唐代に現れ、宋代になって興隆した韻文の形式を［★★★］という。これは、特定の旋律に合わせて作られる歌詞である。（関西学院大）

詞(し)

□18 ★★★
宋代には、歌を伴った芝居である［★］が演じられるようになり、元(げん)代に［★★★］として完成された。（関西学院大）

雑劇(ざつげき), **元曲(げんきょく)**

□19 ★★★
北宋末、張択端(ちょうたくたん)は「［★★★］」に当時の都開封(かいほう)の賑わいの様子を描いた。（早稲田大、京都女子大）

清明上河図(せいめいじょうがず)

□20 ★★★
金の時代に華北で**王重陽(おうじゅうよう)**が興した［★★★］教は、儒・仏・道三教の調和を唱え、［★］宗の影響も受けて座禅を奨励するなど、実践的で庶民的な性格をもった。（上智大）

全真教(ぜんしん), **禅宗(ぜん)**

□21 ★★
南宋代以降、弥勒仏(みろくぶつ)がこの世に現れて人々を救済するという［★★］教が広まった。（センター）

白蓮教(びゃくれん)

□22 ★★
元代、宋代以来の庶民文化が発達し、［★★］と呼ばれる古典演劇が流行した。（京都女子大）

◆元曲は全部で4幕からなる構成で、幕ごとに異なる音階の旋律が用いられる。

元曲(げんきょく)

□23 ★★
元曲の代表作には、『［★★］』『［★★］』『**漢宮秋(かんきゅうしゅう)**』がある。（早稲田大）

◆中国の伝統的な儒学や詩文はふるわなかったが、庶民文化はモンゴル人にも親しみやすかった。

西廂記(せいそうき), **琵琶記(びわき)**
※順不同

□24 ★★★
元代に景徳鎮で盛んに生産された［★★★］は、**イスラーム諸国から伝わったコバルト顔料**で模様を描いた白磁である。（センター）

◆中国では青花(せいか)、日本では染付と呼ばれる。

染付(そめつけ)

□25 ★★★
元からイル=ハン国に伝わった中国絵画は、イランで発達した［★★★］に大きな影響を与えた。（名城大）

写本絵画(しゃほんかいが)（細密画(さいみつが)）

□26 ★★★ 元代の科学者・官僚の［★★★］は、イスラーム天文学に影響されて［★★★］暦を作成した。（関西大）

◆クビライに仕えていた郭守敬は、運河建設などの公共事業にも携わった。

⚠モンゴル時代における東西文化の交流として、**中国ではイスラーム文化の影響を受けて**授時**暦**が、**イランでは中国文化の影響で**写本絵画が発達した。混同に注意しよう。

郭守敬（かくしゅけい），授時暦（じゅじ）

□27 ★ 授時暦は、江戸時代の［★］が作成した［★］暦の基礎になった。（慶應義塾大）

渋川春海（しぶかわはるみ），貞享暦（じょうきょう） 晴×

23 中国文化史⑤（明～清）

ANSWERS □□□

□1 ★★★ 明（みん）の［★★★］は、外面的な知識を求める［★★★］学を批判し、人間が本来心にもつものを重視してその心に従って行動することを説く［★★★］学を唱えた。（神戸女学院大）

◆朱子学は科挙受験のための学問として形骸化しただけでなく、外面的事物や知識を通じてのみ理を求める傾向に陥っていた。

王守仁（おうしゅじん）（王陽明（おうようめい）），朱子学（しゅし），陽明学（ようめい）

□2 ★★ 王守仁は、認識と実践の統一を内容とする［★★］を主張した。（早稲田大）

◆王守仁はさらに、理を事物にではなく心の働きそのものに求めるべきだとした「**心即理**（しんそくり）」、人に先天的に備わる是非を判断する「良知」が心のあるがままに発揮されることで理想社会が実現されるとした「**致良知**（ちりょうち）」を説き、無学な人でも聖人になれるとした。

知行合一（ちこうごういつ）

□3 ★★★ 明代に成立した口語小説の『［★★★］』は、『三国志演義（さんごくしえんぎ）』『水滸伝（すいこでん）』『金瓶梅（きんぺいばい）』とともに四大奇書（きしょ）の1つに数えられる。（京都女子大）

◆『西遊記』：呉承恩（ごしょうおん）作。玄奘（げんじょう）のインドへの旅路を題材に妖怪などのファンタジーを織り交ぜた人間劇。
『三国志演義』：羅貫中（らかんちゅう）作。三国時代の英雄たちを描いた。
『水滸伝』：元の施耐庵（したいあん）作、明の羅貫中編。北宋（ほくそう）末に活躍した108人の豪傑の武勇を描いた。
『金瓶梅』：作者不詳。明末の新興商人の欲望に満ちた暮らしを描いた。

西遊記（さいゆうき）

□4 ★★ 明代に景徳鎮（けいとくちん）で盛んに生産された［★★］は、白磁（はくじ）に赤を基調としたデザインを施した陶磁器である。日本の［★］焼などに影響を与えた。（センター）

◆中国では五彩（ごさい）、日本では赤絵と呼ばれる。

赤絵（あかえ），有田焼（ありた）

□5 ★
明末の画家・書家の［ ★ ］は、**文人画の系譜を継承したものを南宗画、院体画の流れをくむものを北宗画**と名付け区別した。（予想問題）

董其昌（とうきしょう）

□6 ★★★
李時珍（りじちん）は、**医学・薬学**の解説書である『［ ★★★ ］』を著した。（学習院大）

◆1898種類の薬物を60類に分け薬効を解説している。李時珍は民間医で、治療のかたわら各地の民間療法や薬を研究した。

本草綱目（ほんぞうこうもく）
項×

□7 ★★★
徐光啓（じょこうけい）は、**農業技術の総合書**である『［ ★★★ ］』を編纂した。（中央大）

農政全書（のうせいぜんしょ）

□8 ★★★
宋応星（そうおうせい）は、**産業技術書**の『［ ★★★ ］』を著した。（慶應義塾大）

◆中国の伝統的な生産技術を18部門に分け、豊富な図版で解説している。

天工開物（てんこうかいぶつ）

□9 ★★★
徐光啓は、イエズス会宣教師アダム=シャールの協力を得て西洋暦法による『［ ★★★ ］』を作成した。（東京大）

崇禎暦書（すうていれきしょ）

□10 ★★★
明末・清初に活躍した［ ★★★ ］は、社会秩序の回復のためには、古典研究をふまえた文献実証の学問が必要であると唱え、『**日知録**（にっちろく）』などの作品を著した。（上智大）

◆顧炎武は、明末の混乱期には反清運動に身を投じた。清代には朝廷から出仕要請を受けるが、異民族王朝である清には生涯仕えることがなかった。

顧炎武（こえんぶ）

□11 ★★★
実証的な学問方法を確立した顧炎武や黄宗羲（こうそうぎ）らは、［ ★★★ ］学の先駆者となった。（上智大）

◆明末清初の混乱を経て、「なぜ満洲人の力に屈したのか」という問題から中国文化の歴史と現実への関心が高まり、古典から役立つ知識を見いだそうとする動きが生まれた。

考証学（こうしょう）

□12 ★★
考証学は清代中期に盛期を迎え、［ ★★ ］学の経典の校訂が精密に行われた。（東京大、関西学院大）

◆考証学は訓詁学・文字学・音韻（おんいん）学を重視し、近代以降の漢字文化圏における文献研究の基盤にもなった。

儒学（じゅ）

□13 ★★
清代の［ ★★ ］は、音韻学、金石（きんせき）学など多方面の研究を行い、**考証学を大成**した。（関西学院大）

◆銭大昕は『二十二史考異（にじゅうにしこうい）』などを著した。

◆金石学は、金石文（きんせきぶん）、つまり金属や石材に刻まれた文字を研究する学問である。

銭大昕（せんたいきん）

□14 『春秋』の「公羊伝」を正統とし、社会実践を重視する
★★ [★★] 学は、康有為らが主導した**清後期の変法運動の思想的基盤となった。** (関西学院大)

公羊学

□15 清代、呉敬梓は口語長編小説の『[★★]』を著し、**科挙にまつわる腐敗現象**を批判的に描いた。
★★ (学習院大、京都女子大)

◆出世や金銭をめぐり血眼になる士大夫たちを皮肉を込めて描いた風刺である。

儒林外史

□16 清代、**曹雪芹**は満洲人貴族の家庭を舞台にした口語長編小説の『[★★★]』を著した。
★★★ (関西大)

紅楼夢

□17 清代、蒲松齢は妖怪と人間との交情を描いた短編小説をまとめた『[★★]』を著した。
★★ (関西大)

⚠小説として、**明代**の『水滸伝』『三国志演義』『西遊記』『金瓶梅』と、**清代**の『紅楼夢』『儒林外史』『聊斎志異』の混同に注意！

聊斎志異

□18 清代の洪昇が著した戯曲『[★]』は、唐の**玄宗と楊貴妃のロマンス**を題材としている。
★ (予想問題)

長生殿伝奇

□19 清代の孔尚任の戯曲『[ ]』には、明末の**美女と文人の悲恋**が描かれた。 (予想問題)

桃花扇伝奇

□20 明代、永楽帝の命で、四書の注釈書である『[★★]』、五経の注釈書である『[★★]』が編纂された。
★★ (上智大)

◆これ以降、科挙における儒教の解釈は、この二書に載っているもの以外は認められなくなった。

四書大全, 五経大全

□21 永楽帝の命で、性理学（宋学）を集大成した『[★★]』が編纂された。
★★ (早稲田大)

性理大全

□22 永楽帝の命で、中国最大の類書（百科事典）である『[★★]』が編纂された。
★★ (センター)

永楽大典

□23 清代、康熙帝の命で、漢字字書の『[★★★]』が編纂された。
★★★ (南山大)

康熙字典

□24 康熙帝の命で類書（百科事典）の『[★★★]』が編纂が始められ、雍正帝の時代に完成した。
★★★ (関西大)

古今図書集成

□25 ★★★ 乾隆(けんりゅう)帝の命で、全国の書物を集めた叢書(そうしょ)の『 ★★★ 』が編纂された。（早稲田大）

四庫(しこ)全書(ぜんしょ)

◆『四庫全書』の編纂の目的は「**反清的な書物を捜索して取り締まり、思想統制を行う**」ためであった。

▼明・清の大編纂事業

	皇帝	書名	内容
明	永楽帝	『四書大全』	四書の注釈書
明	永楽帝	『五経大全』	五経の注釈書
明	永楽帝	『性理大全』	性理学の集大成
明	永楽帝	『永楽大典』	類書
清	康熙帝	『康熙字典』	漢字字書
清	康熙帝〜雍正帝	『古今図書集成』	類書
清	乾隆帝	『四庫全書』	叢書

⚠それぞれの書物が明・清のどちらの時代に編纂されたのか、混同しないように注意！

□26 ★★★ 明末の17世紀初頭、イタリア出身のイエズス会宣教師 ★★★ は中国初の漢訳世界地図「 ★★★ 」を作り、中国人の世界観に多大な影響を与えた。（早稲田大）

マテオ=リッチ(利(り)瑪竇(まとう))，坤輿万国全図(こんよばんこくぜんず)（輿 ×興）

◆マテオ=リッチは伝統文化の尊重とヨーロッパの科学技術の紹介に重きを置いた伝道で尊敬を集めた。

□27 ★★★ 明末、マテオ=リッチは ★★★ と協力し、**エウクレイデス**の著作を漢訳して『 ★★★ 』を著した。（早稲田大）

徐光啓(じょこうけい)，幾何原本(きかげんぽん)

◆徐光啓は『坤輿万国全図』に感服してカトリックの洗礼を受け、西洋諸学の導入に努めた。

□28 ★★★ ドイツ出身のイエズス会宣教師 ★★★ は、明末に徐光啓と協力して西洋暦法にのっとった『崇禎暦書』を作成し、清代に暦の作成に貢献した。（上智大）

アダム=シャール(湯若望(とうじゃくぼう))

□29 ★★ ベルギー出身のイエズス会宣教師 ★★ は、17世紀半ばに中国に渡り、アダム=シャールを補佐して暦法の改定を行った。（京都大）

フェルビースト(南懐仁(なんかいじん))

◆順治(じゅんち)帝に招かれ、三藩の乱では多くの**大砲を鋳造**して活躍した。

□30 ★★ フランス出身のイエズス会宣教師 ★★ は、康熙帝の命を受け、レジス（雷孝思(らいこうし)）とともに**中国最初の実測地図**である「 ★★ 」を作成した。（センター、学習院大）

ブーヴェ(白進(はくしん))，皇輿全覧図(こうよぜんらんず)（輿 ×興）

◆康熙帝は無類の学問好きだった。エウクレイデスの著書『原論』をブーヴェらが満洲文字版に編集したものは、康熙帝が幾何学を学ぶために作成された書とされる。実際、この本には康熙帝が記したと思われる直筆のメモが残っている。

⚠**世界地図**の「坤輿万国全図」と**中国の地図**である「皇輿全覧図」の混同に注意！

□31 ★★ 皇太子時代の［★★］帝が着工した［★★］は、バロック様式の西洋建築と大噴水が有名な北京郊外の離宮・庭園である。（京都女子大）

◆1860年、アロー戦争に乗じて英仏両軍が略奪し、破壊された。1984年から修復が始まり、現在は国の重点保護文化財に指定されている。

雍正帝，円明園

□32 ★★★ 円明園の設計に参画したことなどで知られるイタリア出身のイエズス会宣教師［★★★］は、康熙帝・雍正帝・［★★］帝に仕え、西洋の技術や文化を中国に伝えた。（京都女子大）

カスティリオーネ（郎世寧），乾隆帝

□33 ★★★ イエズス会は布教の際に中国文化を重んじ、［★★★］の崇拝や祖先の祭祀といった典礼を認めた。これに対し、ドミニコ会や［★★］会は反発し、ローマ教皇はイエズス会の布教方法を禁止した。（関西大）

孔子，フランチェスコ会

□34 ★★★ 中国での布教をめぐるカトリック内部の論争を［★★★］問題という。（聖心女子大）

典礼問題

□35 ★★★ 典礼問題を受け、［★★★］帝は**イエズス会以外の布教を禁止**した。その後、1724年には［★★★］帝が**キリスト教の布教を全面禁止**した。（明治大）

☞康熙帝・雍正帝のキリスト教布教への対応をまとめよう！
①康熙帝：中国文化を重んじたイエズス会の布教のみ許可
②雍正帝：布教を全面的に禁止

康熙帝，雍正帝

24 北・中央アジアの遊牧民

ANSWERS □□□

□1 ★★★ 前7～前3世紀頃、イラン系の騎馬遊牧民［★★★］は、**黒海**の北方で勢力を広げた。（京都女子大）

◆スキタイは文献資料のうえで最初に存在が確認されている遊牧国家で、**ヘロドトス**の『**歴史**』には、彼らの生活の様子が詳細に描かれている。

スキタイ

□2 ★★ スキタイ文化は、特有の［★★］文様や**馬具・武具**、**金の豊富な使用**を特徴とする。（國學院大、明治大）

動物文様

□3 ★★★ **騎馬遊牧民**の［★★★］は、前3世紀末から［★★］高原を支配して中央アジアの交易路を握った。（東京大）

匈奴，モンゴル高原

□4 ★ 匈奴は、秦の始皇帝(しこうてい)の攻撃によって［★］地方を奪われた。（学習院大）
◆始皇帝は、将軍の蒙恬(もうてん)に30万人もの兵士を与えて匈奴討伐を命じた。また、匈奴の侵入を防ぐために長城の修築が行われた。
オルドス地方

□5 ★★★ 匈奴は、［★★★］の時に最盛期を迎え、西域方面に進出した。（センター）
冒頓単于(ぼくとつぜんう)

□6 ★★★ 冒頓単于は、西域の［★★］を圧迫し、さらに白登山(はくとさん)の戦いで前漢の［★★★］を破った。（東京大、京都大）
◆匈奴の攻撃を受けた月氏の主力は西方へ移動したが、さらに**烏孫**(うそん)に圧迫されアム川上流域に移った。これが大月氏(だいげっし)である。
月氏(げっし), 高祖(こうそ)（劉邦(りゅうほう)）

□7 ★★ 匈奴は、紀元前1世紀に［★★］匈奴と［★★］匈奴に分裂した。後1世紀半ばにはさらに前者が［★★］匈奴と［★★］匈奴に分裂した。（予想問題）
東(ひがし)匈奴, 西(にし)匈奴, 南(みなみ)匈奴, 北(きた)匈奴 ※順不同

□8 ★★★ 狩猟遊牧民の［★★★］は、2世紀半ばより匈奴にかわってモンゴル高原を支配した。（上智大）
鮮卑(せんぴ)

□9 ★★★ 鮮卑は、3世紀半ばに五胡の1つとして内モンゴル・華北に入り、4世紀後半に［★★★］氏が［★★★］を建てた。（上智大）
◆鮮卑の君主は「カガン（可汗）」という称号を用いた。この称号は柔然(じゅうぜん)、突厥(とっけつ)などの遊牧国家でも用いられ、のちにモンゴル帝国の「カン」の由来となった。
拓跋(たくばつ)氏（抜×）, 北魏(ほくぎ)

□10 ★★★ 5～6世紀にモンゴル高原を支配した［★★★］は**北魏**としばしば交戦した。（京都大）
柔然(じゅうぜん)

□11 ★★★ 隋(ずい)・唐(とう)時代にモンゴル高原を中心とする北方で勢力を拡大したのは、［★★★］系の［★★★］である。（上智大）
トルコ系, 突厥(とっけつ/とっくつ)

□12 ★★★ 6世紀末、突厥は内紛や隋の離間策を受けて、モンゴル高原を中心とする［★★★］と中央アジア方面を中心とする［★★★］に分裂した。（予想問題）
東突厥(ひがしとっけつ/とっくつ), 西突厥(にしとっけつ/とっくつ)

□13 ★★★ 7世紀に［★★★］が建てた吐蕃(とばん)では、民間信仰と［★★］が融合してチベット仏教（ラマ教）が生まれた。（東京都立大）
ソンツェン=ガンポ, 大乗仏教(だいじょうぶっきょう)

□14 ★★★ 8世紀半ばに東突厥を滅ぼした［★★★］は、唐代中期以降の混乱に乗じて中国を圧迫した。（上智大）
ウイグル

□15 ★★★ ウイグルは唐に出兵して ★★★ の乱の平定を援助するなど強盛を誇ったが、840年に ★★★ に敗れて滅亡した。(上智大、立命館大)

◆キルギスは、モンゴル高原北部のイェニセイ川上流を拠点とする**トルコ**系遊牧民である。

安史(あんし)の乱, キルギス

□16 ★ キルギスに征服されたウイグルの一部は ★ 盆地へ移住した。(東京都市大)

タリム盆地

□17 ★★ ウイグルの繁栄には、 ★★ 人と呼ばれる、広範な商業活動を行う**中央アジア出身のイラン系の人々**が貢献した。(京都大)

ソグド人

25 中央アジアの都市と民族

ANSWERS □□□

□1 ★★ 内陸アジアの乾燥地帯には、湧水(ゆうすい)や河水を利用した農業を行う ★★ が点在し、東西交通の中継地ともなっていた。(神戸女学院大)

オアシス都市(とし)

□2 ★★★ **シルク=ロード**は、北から「 ★★★ の道」、「 ★★★ の道」、「 ★★★ の道」の三つのルートに分けられる。(名古屋大)

草原(そうげん)の道, オアシスの道, 海(うみ)の道

□3 ★ 中央ユーラシアを横断する「草原の道」は、別名を「 ★ =ロード」という。(センター)

ステップ=ロード

□4 ★★ 「草原の道」は、ロシアの南からカザフ草原、 ★★ 高原を通過し、中国に至る交通路である。(センター)

◆**スキタイ・匈奴(きょうど)・鮮卑(せんぴ)・柔然(じゅうぜん)・突厥(とっけつ)・ウイグル**などの騎馬遊牧民がこの交通路の周辺地域に国家を築いた。

モンゴル高原

□5 ★★ 「草原の道」を経て、 ★★ **様式**の動物意匠の美術作品が、東欧から中国北辺にかけて広く伝わった。(共通一次試験、東京都市大)

スキタイ様式

□6 ★★ 中央アジアの ★★ 地方は、**アム川とシル川に挟まれた地域**であり、その中心都市が**サマルカンド**である。

◆アム川とシル川はともに**アラル海**に流入していた川。(関西大)

◆現在の地図と、20世紀以前の地図を見比べてほしい。ソ連が行った灌漑の影響で、1960年代以降アラル海は急速に干上がり、10分の1ほどになってしまった。そのため、現在アム川とアラル海は接していない。

ソグディアナ地方

□7 ★ [★] は新疆(しんきょう)のタリム盆地南縁のオアシス都市国家である。（早稲田大）
◆この国は玉(ぎょく)の名産地であるとともに、仏教国であり、仏教の東伝に役割を果たした。
→ ホータン（于闐(うてん)）

□8 ★★ タリム盆地周辺のオアシス都市国家の１つである [★★] には、漢代に西域都護府が置かれた。（上智大）
→ クチャ（亀茲(きじ)）

26 チベット史・雲南史

ANSWERS □□□

□1 ★★★ ソンツェン=ガンポが建国した [★★★] は、インド文字をもとに [★★★] 文字を作るなど、唐とインドから文化を取り入れて栄えた。（関西学院大）
◆ソンツェン=ガンポはネパールと唐からそれぞれ妃を招き、両国の仏教を導入して仏教寺院を建立した。
→ 吐蕃(とばん), チベット文字

□2 ★★ 吐蕃の都 [★★] は、チベットの政治と宗教の中心地となった。（福岡大）
◆現在は中華人民共和国チベット自治区の区都。
→ ラサ

□3 ★★ 13世紀、クビライがチベット仏教の高僧 [★★] を国師として厚遇すると、その後の元の皇帝らもチベット仏教を保護した。（大阪学院大）
◆その信仰や寺院の建立に莫大な国費をつぎ込んだ結果、元は深刻な財政難に陥った。
→ パクパ

□4 ★★ 14世紀に改革運動を起こし、黄帽(こうぼう)派（ゲルク派）を確立した人物は [★★] である。（明治学院大）
◆ツォンカパは、世俗との過度な接近を戒めた。以後、チベット仏教の主流は黄帽派となった。
→ ツォンカパ

□5 ★★ 16世紀のモンゴルでは、アルタン=ハーンの頃から [★★] 派のチベット仏教がモンゴル族に広まった。（センター）
→ 黄帽(こうぼう)派（ゲルク派）

□6 ★★★ 黄帽派チベット仏教の最高指導者の称号を [★★★] といい、17世紀以降、政治権力を掌握した。（センター）
◆1578年にモンゴルのアルタン=ハーンが贈ったことに始まる称号。現在の最高指導者はダライ=ラマ14世である。
→ ダライ=ラマ

□7 ★★ ダライ=ラマ５世は、ラサに [★★] 宮殿を建立した。（予想問題）
◆ソンツェン=ガンポの宮殿跡に建てられた。
→ ポタラ宮殿 世界遺産

□8 ★★ 清の時代、チベットは**新疆**(しんきょう)・**モンゴル**・**青海**(せいかい)とともに、[★★]として[★★]の監督下で間接統治が行われた。（北海道大）

◆チベットは1720年、清の康熙(こうき)帝に制圧され藩部となったが、清の皇帝はチベット仏教を保護した。

藩部(はんぶ), 理藩院(りはんいん)

□9 ★★ 8世紀以降、唐とチベットの対立に乗じて、**雲南**(うんなん)で[★★]が勢力を広げた。（センター）

◆南詔は唐の文化の影響を受けており、仏教文化も盛んであった。

南詔(なんしょう)

□10 ★★★ 10世紀、**雲南**では南詔にかわって[★★★]が成立したが、1254年に[★★★]率いるモンゴル軍に滅ぼされた。（日本大）

大理(だいり), クビライ

27 朝鮮史

ANSWERS □□□

□1 ★★ **衛氏朝鮮**(えいしちょうせん)は、燕(えん)の亡命者[★★]が箕子(きし)朝鮮の王を追放して建てた国家と伝えられる。（早稲田大）

衛満(えいまん)

□2 ★★★ 前108年、**前漢の武帝**(ぜんかんのぶてい)は、朝鮮半島に[★★★]・真番(しんばん)・臨屯(りんとん)・玄菟(げんと)の4郡を設置し、支配下に置いた。（試行調査）

楽浪(らくろう)

□3 ★ 朝鮮4郡の中心である楽浪郡は、現在の[★]付近に位置する。（予想問題）

平壌(ピョンヤン)

□4 ★ 2世紀末に後漢が分裂状態になると、遼東(りょうとう)では公孫氏(こうそんし)が自立し、楽浪郡の南部を割いて[★]郡を設置し、朝鮮半島に対する支配を強めた。（早稲田大）

帯方郡(たいほうぐん)

□5 ★★ 1～4世紀頃、朝鮮半島中南部には韓族が住み着き、[★★]・[★★]・[★★]の**三韓**(さんかん)に分かれて小国を群立させていた。（早稲田大）

馬韓(ばかん), 辰韓(しんかん), 弁韓(べんかん)
※順不同

□6 ★★★ 4世紀半ば、馬韓は[★★★]に、辰韓は[★★★]に、それぞれ統一された。（國學院大、武蔵大）

百済(ひゃくさい／くだら), 新羅(しんら／しらぎ)

□7 ★★★ 朝鮮半島の**中南部**の弁韓の地には［★★★］が成立した。（予想問題）

加耶（加羅）

▼古代の朝鮮半島①

【3世紀】
高句麗
（楽浪郡）
馬韓 辰韓
弁韓

➡

【4～5世紀】
高句麗
百済 新羅
加耶

□8 ★ 百済は、初め［★］に都を置き、朝鮮半島の**西南部**を領有した。（関西学院大）

漢城

□9 ★★★ 朝鮮半島の**東南部**の新羅は［★★★］に都を置いた。（國学院大）

金城（慶州）

□10 ★★★ 660年、唐・新羅の連合軍は**百済を滅ぼした**。日本は**百済救援**のため出兵したが、［★★★］の戦いで大敗し、日本の勢力は朝鮮半島から一掃された。（早稲田大）

◆その後、新羅は676年に朝鮮半島から唐の勢力を排除し、朝鮮半島で最初の統一国家となった。

白村江の戦い（はくそんこう／はくすきのえ）

▼古代の朝鮮半島②

【4～5世紀】
高句麗
百済 新羅
加耶

➡

【6世紀～】
高句麗
百済 新羅

➡

【7世紀～】
渤海
新羅

□11 ★★ 前1世紀頃に建国された高句麗は、初め［★］を王都としていたが、427年に［★★］に遷都した。（早稲田大）

丸都城, 平壌（ピョンヤン／へいじょう）

□12 ★★ 高句麗の［★★］の事績を記した石碑が、現在の中国［　］省に建てられた。（九州大）

◆当時の朝鮮半島と日本との関係についての記述が多く含まれている。

広開土王（好太王）, 吉林省

□13 ★★★ 隋の第2代皇帝［★★★］は3度にわたって高句麗に遠征したが、失敗した。（予想問題）

煬帝（ようだい）
楊× 陽×

□14 ★★★ 668年、唐・［★★★］連合軍は高句麗を滅ぼした。唐は［★★］を設置して朝鮮・中国東北地方に対する**羈縻政策**を開始した。（早稲田大）

新羅（しんら／しらぎ）, 安東都護府

□15 7世紀末、[★]系靺鞨人の[★★]は、**高句麗の遺民**を率いて、中国東北部・沿海州・朝鮮半島北部を支配する渤海を建てた。 (上智大)
★★

ツングース系, 大祚栄

□16 渤海は9世紀には「**海東の盛国**」と呼ばれ、仏教文化が栄えたが、926年に[★★★]に滅ぼされた。 (上智大、法政大)
★★★

キタイ（契丹）

□17 渤海の都[★★]は、唐の都[★★]の**都城制**を模倣して造営された。 (早稲田大)
★★

◆渤海は他にも唐の律令制度や文化を積極的に取り入れた。ちなみに、**日本の平城京も長安にならって建設された**ものである。

上京竜泉府, 長安

□18 新羅は唐の[★★★]体制に組み込まれた。 (予想問題)
★★★

冊封体制

□19 新羅は唐の官僚制度を導入したが、同時に[★★]制に基づく身分秩序も維持していた。 (学習院大)
★★

◆王族や貴族のみを対象とした特権的な身分制度である。

骨品制

□20 新羅は仏教を保護し、慶州の郊外には[★★]寺や[★]といった仏教寺院が造られた。 (名城大)
★★

◆仏国寺は、豊臣秀吉の朝鮮出兵の際に焼失してしまった。焼け残った石造物は世界文化遺産に登録されている。石塔の**多宝塔**が有名。

仏国寺, 石窟庵 世界遺産

□21 **10世紀**、新羅が衰退すると、[★★★]は[★★★]を建国するとともに新羅を併合し、936年に**朝鮮半島を統一**した。 (学習院大)
★★★

王建, 高麗

□22 高麗は、[★★]に首都をおいた。 (京都府立大)
★★

◆開城は北朝鮮南西部の都市。現在の北朝鮮と韓国との休戦ラインである北緯38度線に近い。

開城

□23 高麗では、中国から伝えられた仏教が国教として厚く保護され、木版印刷による[★★★]が2度にわたり刊行された。 (成蹊大、早稲田大)
★★★

◆契丹の圧力を受けた11世紀と、モンゴルの侵攻があった13世紀に作られた。

高麗版大蔵経

□24 高麗では、**世界最古**の[★★★]印刷が行われた。 (関西学院大)
★★★

⚠高麗版大蔵経は**金属活字で印刷されていない**ので注意。正誤問題で問われやすい。

金属活字

□25 ★ 13世紀、高麗の実質的支配者であった［★］氏政権は、**モンゴル退散を祈念**して高麗版大蔵経の復元を進め、1251年に完成した。（学習院大、成蹊大）

崔氏

◆このとき復元された高麗版大蔵経の版木は、現在韓国の海印寺に保管されている。

□26 13世紀後半の高麗で作られた史書『三国遺事』には、**朝鮮の起源説話**の［　］神話が登場する。（関西大）

檀君神話

□27 ★★ 高麗では、宋の青磁の影響を受けた［★★］が生産された。（専修大）

高麗青磁

□28 ★ 高麗では、金富軾らが百済・高句麗・新羅時代の歴史書『［★］』を編纂した。これは［★］体で記述された。（法政大、早稲田大）

三国史記，紀伝体

□29 ★★ 高麗では［★★］学を官学とした一方で、［★★］教文化も隆盛を極め、都の［★★］には多くの寺院が建てられた。（関西大）

朱子学，仏教，開城

□30 ★ 1270年、済州島などでモンゴルに対する［★］の乱が発生した。（帝京大）

三別抄の乱

□31 ★★★ 高麗・朝鮮時代に**特権身分を形成した文武の世襲的官僚**を［★★★］と呼ぶ。（予想問題）

両班

□32 ★★★ 1392年、**倭寇の討伐**により名声を高めた［★★★］が、［★★★］を倒して朝鮮王朝（李朝）を建国した。（センター）

李成桂，高麗

□33 ★★ 李成桂（太祖）は都を［★★］に置いた。（センター）

漢城

□34 ★★ 朝鮮は明の朝貢国となり、明にならって［★★］学を**官学化**し、科挙を整備した。（京都府立大）

朱子学

□35 ★★★ 朝鮮では、第３代太宗の時代に**銅活字**による活版印刷術が実用化された。その後、第４代［★★★］の時代に**独自の表音文字**である［★★★］が考案・公布された。（早稲田大、西南学院大）

世宗，訓民正音（ハングル）

◆訓民正音は、20世紀初頭以降「ハングル」（**偉大な文字**）と呼ばれるようになった。

□36 1590年に日本を統一した ★★★ は2度の朝鮮侵攻を行った(1592～98年)。これらを日本では ★★ 、朝鮮では ★★ と呼ぶ。 (試行調査)
★★★

◆2度の侵攻によって、朝鮮から日本に陶工の技術が伝わった。

豊臣秀吉(とよとみひでよし), 文禄(ぶんろく)・慶長(けいちょう)の役(えき), 壬辰(じんしん)・丁酉(ていゆう)の倭乱(わらん)

□37 壬辰・丁酉の倭乱では朝鮮の武将 ★★★ が亀(き)船(亀甲(きっこう)船)を主力とする水軍で活躍した。 (立教大)
★★★

李舜臣(りしゅんしん)

□38 朝鮮は、**江戸幕府**が成立すると日本と国交を結び、 ★★★ と呼ばれる使節を**将軍の代替わり**に派遣した。 (中央大、早稲田大)
★★★

◆朝鮮通信使は1607年に始まり、1811年までに12回派遣された。

朝鮮通信使(ちょうせんつうしんし)

□39 朝鮮では、科挙(かきょ)を通じて官僚となった ★★ が、政治的な実権をめぐって党争を繰り返した。 (京都府立大)
★★

両班(ヤンバン)

□40 両班の間には、満洲人の清を夷狄(いてき)と見なし、明以降の正統な「中華」を守っているのは自分たちだけであると自負する「 ★★ 」意識が広まった。 (一橋大)
★★

小中華(しょうちゅうか)

28 琉球史

ANSWERS □□□

□1 琉球(りゅうきゅう)では、14世紀に北山・中山・南山の3つの小国が形成されたが、15世紀初めに ★★★ 王の ★ によって統一された。 (センター、学習院大)
★★★

◆琉球王国の都は首里(しゅり)である。

中山(ちゅうざん)王, 尚巴志(しょうはし)

□2 琉球は、**15世紀より明の冊封を受けて** ★★★ 貿易に加わり、東シナ海と南シナ海を結ぶ**中継貿易**を行って栄えた。 (センター、早稲田大)
★★★

◆琉球は171回と最も多く朝貢し、厚遇を受けた。

朝貢(ちょうこう)貿易

□3 琉球は、**17世紀初め**に ★★★ 氏の侵攻により薩摩(さつま)藩の支配下に入ったが、中国との冊封関係も継続し、**日本と中国に両属(りょうぞく)**していた。 (上智大、早稲田大)
★★★

◆この状態を**両属体制**という。

島津(しまづ)氏

□4 琉球は定期的に □ に上陸して、**清朝に朝貢**した。 (京都大)

福州(ふくしゅう)

29 日本史

ANSWERS □□□

□1 ★★★
倭の奴国(わのなこく)の王は、後漢の [★★★] 帝に使者を送り、「漢委奴国王(かんのわのなのこくおう)」と刻まれた [★★★] を授かった。(早稲田大)

光武帝(こうぶてい), 金印(きんいん)

□2 ★★★
3世紀頃、邪馬台国(やまたいこく)の女王 [★★★] は、魏(ぎ)に朝貢して「[★★★]」の称号を授かった。(愛知教育大)

卑弥呼(ひみこ), 親魏倭王(しんぎわおう)

□3 ★★
邪馬台国や卑弥呼については、歴史書の [★★] に記述がある。(和歌山大)

◆『魏志』倭人伝は、中国の正史である『**三国志**(さんごくし)』の中の1つ。『三国志』は西晋の歴史家陳寿(ちんじゅ)が著した。

『魏志(ぎし)』倭人伝(わじんでん)

□4 ★★
4世紀の日本では、[★★] 政権による統一が進められた。(名古屋学芸大)

◆大和(やまと)地方(奈良県)の諸豪族の連合政権である。

ヤマト政権

□5 ★
5世紀から6世紀初め、[★] は宋などの**南朝**に使節を派遣し、朝貢した。(関西学院大)

◆高句麗の南下、新羅と百済の対立を受け、朝鮮半島との外交をめぐって有利な立場に立とうとした。

倭(わ)の五王(ごおう)

□6 ★
[★] は、遣隋使(けんずいし)の派遣を始めた。(青山学院大)

◆冊封ではなく対等外交を求めて、600年以降留学生や学問僧と共に3、4回派遣された。

厩戸王(うまやとおう)(聖徳太子(しょうとくたいし))

□7 ★★
日本は大化改新(たいかのかいしん)ののち、[★★] にならって [★★] 制を導入し、**中央集権的国家体制を作った。**

(センター、青山学院大)

唐(とう), 律令制(りつりょう)

□8 ★★★
日本は、唐と新羅に滅ぼされた [★★★] の復興支援のために軍を派遣したが、663年の [★★★] の戦いで大敗した。(学習院大)

百済(ひゃくさい/くだら), 白村江(はくそんこう/はくすきのえ)の戦い

□9 ★★
奈良時代、日本は遣唐使(けんとうし)を派遣して唐の文化を取り入れ、その影響を受けた [★★] 文化が栄えた。(中央大)

◆仏教美術が栄え、正倉院には唐や新羅から渡来した、ササン朝ペルシアやインドなどの影響を受けた国際色豊かな品々が所蔵された。

天平(てんぴょう)文化

□10 ★★★
奈良時代の都 [★★★] は、唐の**長安**を模倣して建設された。(中京大)

◆同じく長安をモデルとした渤海の**上京竜泉府**と比べると、長安城>平城京>上京竜泉府の順に面積が広い。

平城京(へいじょうきょう/へいぜいきょう)

□11 ★★
日本から唐へ留学した［★★］は玄宗に重用され、李白らと交流した。（関西学院大）

◆科挙に合格して、高官に抜擢され、安南都護を務めた。暴風で日本に帰国できず、長安で没した。

阿倍仲麻呂

□12 ★★★
平安時代、**9世紀末**の［★★★］の停止を背景に［★★★］文化が形成され、仮名文字の発達により和歌や物語が貴族の間で栄えた。（摂南大）

◆海上交易で財をなす者が現れ、9世紀には唐や新羅の民間商人が来て交易活動を行っており、遣唐使の意義が薄れていた。

遣唐使，国風文化

□13 ★★★
武家出身で1167年に**平氏政権**を樹立した平清盛は、博多・大輪田泊を港に［★★★］貿易に力を入れた。（中京大）

◆宋からは**宋銭**・織物・陶磁器・香料・書籍、日本からは砂金・刀剣・**硫黄**・漆器が輸出された。宋銭は国内通貨として用いられ、朱子学や禅宗の流入も影響を与えた。

日宋貿易

□14 ★★★
日宋貿易は、平氏政権が崩壊した後も［★★★］幕府のもとで継続された。（予想問題）

鎌倉幕府

□15 ★★
1274年、元のクビライは日本にモンゴル・高麗の連合軍を派遣し、元寇（［★★］の役）を起こした。（東京都市大）

◆1281年の2度目の日本遠征は弘安の役と呼ばれ、元・高麗・旧南宋軍が派遣された。

文永の役

歴総 □16 ★★★
15世紀初め、室町幕府の［★★★］は**明**から「日本国王」の称号を与えられ、［★★★］貿易を行った。（関西大）

◆倭寇と区別するため、明の交付した勘合の持参が義務付けられた。日本は**硫黄**・銅・刀剣を輸出し、明銭・**生糸**を輸入した。

◆義満は天皇の位を目指していたため、明帝から冊封と同時に「**日本国王**」に封じられることは、国際的な権威によって王権を認められる好機だと考えた。

足利義満，勘合貿易

□17 ★
日本では［★］銀山や生野銀山が発見され、銀が大量に中国に流出した。（上智大）

◆戦国時代、日本では金銀山開発が盛んだった。16世紀の朝鮮伝来の製錬技術の導入により石見銀山の産出量が増加し、17世紀初め、日本は世界の銀の3分の1を産出したともいわれる。

石見銀山

歴総 □18 ★★
1543年、ポルトガル人の乗った船が［★★］島に漂着し、日本に**鉄砲**が伝わった。（立教大）

◆日本では火縄銃として知られ、織田信長らが活用した。鉄砲隊が組織されるなど、戦術に大きな変化をもたらした。

種子島

□19 ★★ 日本とポルトガルの本格的な貿易が始まると、1549年に**イエズス会**宣教師の［★★］が来日し、日本に初めてキリスト教を伝えた。（慶應義塾大、立教大）

◆宣教師たちは伴天連（バテレン）と呼ばれ、彼らは日本語を学び日本文化に適応しながら布教活動を行った。

フランシスコ=ザビエル（シャヴィエル）

歴総 □20 ★★ 16世紀半ば〜17世紀半ばまで行われたポルトガル・スペインとの［★★］貿易により、日本には鉄砲や中国の生糸が輸入された。（予想問題）

南蛮（なんばん）貿易

歴総 □21 ★★★ 16世紀末、日本の［★★★］は**2度にわたって朝鮮侵攻**を行った。（予想問題）

豊臣秀吉（とよとみひでよし）

□22 ★★ 豊臣秀吉**の朝鮮侵攻**を、朝鮮側は［★★］と呼んだ。（立教大）

◆日本側は文禄（ぶんろく）・慶長（けいちょう）の役（えき）と呼んだ。

壬辰（じんしん）・丁酉（ていゆう）の倭乱（わらん）

□23 ★★ 豊臣秀吉の朝鮮侵攻で、日本は［★★］が率いた水軍の［★★］船に苦戦し、**秀吉の死後に撤退**した。（試行調査、南山大）

◆亀の甲羅のような厚い屋根で甲板を覆っており、船を接舷（せつげん）して襲うことが困難だった。

李舜臣（りしゅんしん）, 亀船（きせん）（亀甲（きっこう）船）

歴総 □24 ★★★ 江戸幕府は、［★★★］教の布教禁止や貿易独占の目的で「［★★★］」と呼ばれる**海禁（かいきん）制度**を実施した。（センター）

◆「鎖国」という言葉そのものは19世紀になってから作られたものである。

キリスト教, 鎖国（さこく）

歴総 □25 ★★★ **徳川家康（とくがわいえやす）**は［★★★］貿易を促進した。（センター）

朱印船（しゅいんせん）貿易

□26 ★★ 朱印船貿易が盛んになると、多くの日本人商人が海外に進出し、17世紀前半には**東南アジア各地の港市（こうし）**に［★★］が形成された。（センター）

◆フィリピンのマニラや**タイのアユタヤ**などで、自治権のある町が発達した。

日本町（にほんまち）

歴総 □27 ★★ 1641年以降、日本の外国との貿易は**長崎**の［★★］のみで行われた。（センター）

◆オランダ商館も平戸から出島に移された。

出島（でじま）

歴総 □28 ★★ 出島への来航を許可されていたのは、[★★]・朝鮮・[★★]・琉球(りゅうきゅう)などのみであった。(センター)

オランダ, 清(しん) ※順不同

歴総 □29 ★★★ 朝鮮は江戸幕府に[★★★]と呼ばれる使節を派遣した。(早稲田大)

◆「信(よしみ)を通じるための使節」の意。主に**将軍の代替わりを祝う目的**で来日した。

朝鮮通信使(ちょうせんつうしんし)

歴総 □30 ★★ 朝鮮と日本の間では、[★★]藩の**宗氏**(そう)を介した交易が行われた。(駒澤大)

◆対馬藩の守護・大名の宗氏は、秀吉の侵攻後の関係改善に尽力し貿易独占の特権を与えられた。

対馬藩(つしま)

歴総 □31 ★★ 北海道のアイヌと江戸幕府の間では、[★★]藩を介した交易が行われた。(予想問題)

松前藩(まつまえ)

歴総 □32 ★★★ 1792年、[★★★]世治世下のロシアは[★★]を北海道の根室(ねむろ)に派遣して通商を求めたが、日本側は拒否した。(学習院大)

エカチェリーナ2世, ラクスマン

IV

イスラーム世界の成立と発展

15 14 13 12 11 10 9 8 7 6 5 4 3 2 1 BC/AD 1 2 3 4 5 6 7 8 9 10 11 12 13 14 15 16 17 18 19 20 21

1 ムハンマド朝

ANSWERS □□□

□1 ★★ 6世紀後半、[★★]朝と**ビザンツ帝国**の争いで衰えた内陸貿易に代わって紅海沿岸の中継貿易が栄え、[★★]の商人は大きな利益をあげた。（北海道大）

ササン朝, メッカ（マッカ）

□2 ★★★ **イスラーム教**は、アラビア半島において7世紀初めに[★★★]によって創始された。（センター）

ムハンマド

□3 ★★★ ムハンマドは、610年頃に唯一神(ゆいいつしん)である[★★★]の啓示を受けて[★★★]を自覚した。（武蔵大）

⚠「預言者」を「予言者」としないように気をつけよう。「預言者」は「神からことばを『預(あず)かる』者」のことである。

アッラー, 預言者(よげんしゃ) 予×

□4 ★★ ムハンマドは、[★★]族の**ハーシム家**出身である。

◆クライシュ族はメッカの名門一族であった。（北海道大）

クライシュ族

□5 ★★★ 622年、ムハンマドは迫害を逃れて**メッカから**[★★★]に移り住んだ。この出来事を[★★★]という。（センター）

メディナ, ヒジュラ（聖遷(せいせん)）

□6 ★★★ ヒジュラが行われた622年を元年とする暦を[★★★]暦(れき)という。（センター）

◆ヒジュラ暦は**太陰暦**であるので、実際の季節とのズレが多い。

イスラーム暦（ヒジュラ暦）

□7 ★★★ イスラーム教徒にとって最大の聖地は、**ムハンマド誕生の地**[★★★]である。（センター）

メッカ

□8 ★★★ メッカの北方に位置する[★★★]はイスラーム教徒の第2の聖地であり、ヒジュラ以前は**ヤスリブ**と呼ばれていた。（センター）

メディナ

□9 ★★★ イスラーム教では、**唯一絶対の神**[★★★]のもとでは人間は皆(みな)平等だとされる。（センター）

アッラー

□10 ★★★ イスラーム教は、**唯一神アッラーのみを信じる** [★★★] 教である。 （センター）

◆イスラーム教、キリスト教、ユダヤ教など、セム語系の宗教には一神教が多い。一方で、**複数の神々を信仰する**宗教を多神教といい、ヒンドゥー教、仏教、道教などがこれにあたる。

一神教

□11 ★★★ **イスラーム教徒**のことを**アラビア語**で [★★★] という。 （予想問題）

ムスリム

□12 ★★★ **イスラーム共同体**のことを [★★★] という。 （京都大）

ウンマ

□13 ★★★ [★★★] とは、ムスリムの**信仰と行為の内容**を簡潔にまとめたものである。 （慶應義塾大、関西大）

◆ムスリムが信仰すべき、アッラー・天使・啓典・預言者たち・来世・神の予定（定命）を**六信**という。

六信五行

□14 ★★ [★★]・礼拝・[★★]・ザカート（喜捨）・メッカ巡礼の五つの行いは五行と言われ、イスラーム教において特に重要な義務とされている。 （関西大）

◆信仰告白とは、「アッラーの他に神はなく、ムハンマドは神の使徒である」と唱えることである。

信仰告白，断食
※順不同

□15 ★★★ イスラーム教の聖典は『[★★★]』と呼ばれ、[★★★] 語で書かれている。 （センター）

◆『コーラン』は、第3代正統カリフのウスマーンの時代に整理された。

コーラン（クルアーン），アラビア語

□16 ★★ ムスリムは、**ユダヤ教徒**や**キリスト教徒**を「[★★]」と見なし、[★★] の支払いを条件に**信仰の自由を認めた。** （法政大、早稲田大）

啓典の民，ジズヤ

□17 ★★★ イスラーム世界では**知識人である** [★★★] や修行者である**スーフィー**が知・人・物的交流の担い手であった。 （立教大）

ウラマー

□18 ★★★ **メッカ**にはイスラーム教の聖殿の [★★★] 聖殿がある。 （センター）

◆もともとはアラブ人の多神教の神殿であったが、ムハンマドがそこに祀られていた偶像を破壊し、イスラーム教の聖殿に定めた。

カーバ聖殿

□19 ★★★ ムハンマドの死後、ウンマの最高指導者は [★★★] と呼ばれた。 （センター、東京大）

◆「後継者」を意味する「ハリーファ」がヨーロッパ風に訛って「カリフ」となった。

カリフ

□20 ★★ カリフには [★★] 的権威はないが、政治・社会的指導権が認められた。（センター）
宗教（しゅうきょう）

2 正統カリフの時代

ANSWERS □□□

□1 ★★★ ムハンマドの死後、[★★★] 代にわたって選挙で選ばれたカリフを [★★★] と呼ぶ。（センター）
4，正統（せいとう）カリフ

□2 ★★★ 正統カリフ時代には [★★★] と呼ばれる異教徒との戦いが繰り返され、これによりイスラーム勢力は支配地域を拡大した。（京都大）
ジハード（聖戦（せいせん））

□3 ★★ 正統カリフ時代、ムスリム軍は征服地に**軍営都市**の [★★] を設けた。（中央大、早稲田大）
ミスル

◆イラク南部の**バスラ**、イラク中部の**クーファ**などがミスルの代表都市である。

□4 ★★★ 初代正統カリフに就任したのは、ムハンマドの義父にあたる [★★★] である。（センター）
アブー=バクル

□5 ★★★ 第２代正統カリフの [★★★] は、**ヘラクレイオス１世**率いるビザンツ帝国から [★★] とエジプトを奪った。（関西大）
ウマル，シリア

□6 ★★★ 642年、ウマルはササン朝を [★★★] の戦いで破り、この結果、**ササン朝は事実上崩壊した。**（関西大）
ニハーヴァンドの戦い

□7 ★★ 『[★★]』は、第３代正統カリフの [★★] の時代に現在の形に編集された。（新潟大、早稲田大）
コーラン（クルアーン），ウスマーン

□8 ★★★ 第４代正統カリフの [★★★] は、過激な [★] 派に暗殺された。（上智大）
アリー，ハワーリジュ派

□9 ★★★ アリーの死後、イスラーム教は多数派の [★★★] 派と、**アリーとその子孫のみをウンマの指導者として認める**少数派の [★★★] 派に分裂した。（京都府立大）
スンナ派，シーア派

◆スンナ派の人々は、ウマイヤ朝とアッバース朝などのカリフを共同体の政治的指導者として認めた。

☞シーア派の主要な王朝として、**ファーティマ朝・ブワイフ朝・サファヴィー朝**の３つは必ず覚えておこう！

□10 ★★ シーア派では、ウンマの最高指導者を [★★] と呼んだ。（慶應義塾大）
イマーム

3 ウマイヤ朝

ANSWERS □□□

□1 ★★★ [★★★] はウマイヤ朝を創始し、これ以降**カリフの地位は [★★] 化された。** (早稲田大)

ムアーウィヤ, 世襲(せしゅう)

□2 ★★★ ウマイヤ朝は都を [★★★] に置き、北西インドから [★★] 半島までの広大な版図を支配した。 (京都大)

◆現在シリアの首都となっているダマスクスは、現存する世界最古の都市の1つである。

ダマスクス, 世界遺産 イベリア半島

□3 ★★ ダマスクスには、現存する最古のモスクである [★★] が建設された。 (予想問題)

ウマイヤ=モスク 世界遺産

□4 ★★ ウマイヤ朝第5代カリフの [★] は、[★★] 語の**公用語化**や**新貨幣の鋳造(ちゅうぞう)**を行った。 (上智大)

◆彼の時代に中央集権化が進んだ。

アブド=アルマリク, アラビア語

□5 ★★ アブド=アルマリクの時代、イェルサレムに [★★] が建築された。 (早稲田大、南山大)

◆岩のドームはムハンマドが昇天した巨石を黄金色のドームで覆って作られた。

岩(いわ)のドーム 世界遺産

□6 ★★ 711年、ウマイヤ朝は [★★] 半島に進出し、[★★] 王国を滅ぼした。 (試行調査、新潟大)

イベリア半島, 西(にし)ゴート王国

□7 ★★★ 732年、ウマイヤ朝は [★★★] の戦いで、[★★★] 率いるフランク王国に敗北した。 (センター、早稲田大)

トゥール・ポワティエ間(かん)の戦い, カール=マルテル

□8 ★★★ ウマイヤ朝では、[★★★] と [★★★] は**征服地の先住民にのみ課され、イスラーム教に改宗しても免除されなかった。** (同志社大)

◆ハラージュは、アラビア語で「地租」を意味する。

ハラージュ, ジズヤ ※順不同

□9 ★★ アラブ人が特権階級として上層を占めたウマイヤ朝では、**非アラブ人のイスラーム改宗者** [★★] の不満が増大し、[★★] 派の反ウマイヤ運動も起こった。 (青山学院大)

◆正統カリフ時代からウマイヤ朝にかけて、アラブ人が特権をもち非アラブ人を支配していた時代を「アラブ帝国」と呼ぶ。

マワーリー, シーア派

□10 ★★★ ウマイヤ朝は、マワーリーによる不満の高まりを背景に、750年に [★★★] 家を中心とする勢力によって滅ぼされた。 (新潟大、関西大)

アッバース家

4 アッバース朝

ANSWERS □□□

□1 ★★★ 750年、[★★]はウマイヤ朝に対する**シーア派やマワーリーの不満を利用して**[★★★]朝を建国し、初代カリフに就任した。(センター、早稲田大)

アブー=アルアッバース(サッファーフ), アッバース朝

□2 ★★★ アッバース朝は、751年の[★★★]の戦いで**高仙芝**(こうせんし)率いる唐軍に勝利した。(センター、早稲田大)

タラス河畔(かはん)の戦い

□3 ★★★ タラス河畔の戦いを機に**唐から**[★★★]**法が伝わり**、アッバース朝の首都[★★★]にはその工場が建設された。(明治大)

◆タラス河畔の戦いで捕虜となった唐兵に紙すき職人がいた。

◆バグダードの他、**サマルカンド**などにも製紙工場が造られた。のちに製紙法はヨーロッパへと伝えられた。

製紙(せいし)法, バグダード

□4 ★★★ 762年、第2代カリフの[★★★]はティグリス河畔の[★★★]に都を置いた。(立教大)

◆バグダードは、13世紀にモンゴルの**フレグ**に滅ぼされるまでイスラーム文化の中心だった。

マンスール, バグダード

□5 ★★★ アッバース朝は**第5代カリフ**の[★★★]の治世に全盛期を迎えた。(東京都市大)

ハールーン=アッラシード

□6 ★★ アッバース朝は、ハールーン=アッラシードの死後衰退し、エジプトの**トゥールーン朝**や西トルキスタンの[★★]朝が独立した。(東京都市大)

サーマーン朝

□7 ★★★ アッバース朝はアラブ人の特権を廃止し、イスラームへの改宗者は[★★★]が免除され、征服地ではアラブ人であっても[★★★]が課された。(東京都市大)

ジズヤ, ハラージュ

□8 ★★ アッバース朝は、全ムスリムの平等を実現したとして「[★★]帝国」と呼ばれる。(早稲田大)

☞ウマイヤ朝とアッバース朝の支配体制の違いをまとめよう！
①ウマイヤ朝＝「アラブ帝国」：アラブ人は免税の特権あり。非アラブ人はジズヤ・ハラージュの納入義務あり。
②アッバース朝＝「イスラーム帝国」:民族を問わず、ムスリムは全員ジズヤを免除。

イスラーム帝国

□9 ★★★ アッバース朝時代には、イスラーム法([★★★])の整備が進んだ。(明治大)

シャリーア

□10 イスラーム法は、『**コーラン**』や、**ムハンマドの言行（スンナ）の記録**である［★★］の解釈をもとに体系づけられた。（明治大）
★★

ハディース

□11 アッバース朝では、［★］と呼ばれる行政機構の統括者が、**カリフに次ぐ権限**をもった。（慶應義塾大）
★

ワジール（ワズィール）

□12 9世紀前半、アッバース朝の首都［★★］では、主に哲学・科学に関する［★★］語文献が**アラビア語**に翻訳された。（京都大）
★★

バグダード，ギリシア語

□13 9世紀以降、トルコ系奴隷の［★★］軍団が政治に介入し、カリフの権威が衰退した。（東京都市大）
★★

マムルーク

□14 9世紀後半、アッバース朝のエジプト総督代理はエジプトに［★★］朝を建てた。（早稲田大）
★★

トゥールーン朝

□15 9世紀後半、イラク南部で**黒人奴隷による**［★］の乱が起こった。（立教大）
★

◆反乱軍は独立王国を形成したものの、883年には滅ぼされた。

ザンジュの乱

□16 アッバース朝は、946年にイラン人軍事政権の［★★］朝による**バグダードへの入城**を許した。（京都府立大）
★★

ブワイフ朝

□17 1258年、アッバース朝はモンゴルの［★★］にバグダードを攻略されて滅亡した。（京都大）
★★

フレグ（フラグ）

5 ブワイフ朝

ANSWERS □□□

□1 ブワイフ朝は**シーア派**の一派である［★］派を奉じた。（早稲田大）
★

十二イマーム派

□2 946年にバグダードを占領した**イラン系シーア派**の［★★★］朝は、カリフから［★★★］に任じられた。（京都大）
★★★

◆大アミールとは、「将軍たちの第一人者」を指す言葉である。

ブワイフ朝，大アミール

□3 ブワイフ朝は、バグダード占領後に［★★］**朝のカリフを傀儡化した。**（早稲田大）
★★

◆「傀儡」とは操り人形のこと。つまり、ブワイフ朝はアッバース朝のカリフを「思いのままに操れる」ようになったということである。

アッバース朝

□4 ★★ ブワイフ朝は土地の**徴税権を軍人に与え**、各人の俸給(ほうきゅう)に見合う金額を**直接民から徴税させる** [★★] 制を創始した。（センター、北海道大）

イクター制

◆イクターとは、国家から授与された分与地の名称である。イクター制はセルジューク朝のとき西アジアに広く施行され、のちの様々な国家でこれと似た制度が取られた。

□5 ★★ [★★] 制は、ウマイヤ朝やアッバース朝時代に広く制度化された、**征服地の租税を俸給として支給**する制度である。（東洋大）

アター制

◆ブワイフ朝はアター制に代わってイクター制を導入した。

□6 ★★ ブワイフ朝は、11世紀半ばに [★★] 朝のトゥグリル=ベクによって滅ぼされた。（早稲田大）

セルジューク朝

6 セルジューク朝

ANSWERS □□□

□1 ★★★ 1038年、[★★★] はセルジューク朝を建国した。（京都大、早稲田大）

トゥグリル=ベク

□2 ★★★ 11世紀半ば、トゥグリル=ベクは [★★★] 朝を滅ぼし、アッバース朝のカリフから [★★★] の称号を授かった。（関西学院大）

ブワイフ朝, スルタン

◆「スルタン」は「政治的権力者」の意味で、トゥグリル=ベク以降、世俗的支配権を持つ者の称号として定着した。

⚠アッバース朝カリフから、**ブワイフ朝**は大アミールの称号を、**セルジューク朝**はスルタンの称号を授かった。混同に注意しよう！

□3 ★★ 1071年、セルジューク朝は [★★] の戦いでビザンツ軍を破り、**アナトリア（小アジア）に侵攻**した。（成蹊大）

マンジケルトの戦い

◆アナトリアのトルコ化を進めるセルジューク朝に脅威を感じたビザンツ皇帝は、キリスト教世界へ救援要請を行った。このことが、その後の十字軍の一因となった。

□4 ★★ セルジューク朝は、[★★] 派イスラームを受容した [★★] 系王朝である。（早稲田大）

スンナ派, トルコ系

□5 ★★★ セルジューク朝時代の詩人 [★★★] は、代表作『四行詩集(よんぎょうししゅう)（ルバイヤート）』で知られ、数学・天文学に精通し、太陽暦の制定にも加わった。（学習院大）

ウマル=ハイヤーム

□6 マリク=シャーに仕えたセルジューク朝の**イラン系宰相** [★★] は、行政制度・軍隊・イクター制を整備した。
★★ (京都女子大)

ニザーム=アルムルク

□7 ニザーム=アルムルクは、[★★] 学院を創設して学芸を奨励した。
★★ (京都女子大)

◆ニザーム=アルムルクは、各地に**マドラサ（学院）**を建設し官僚の養成やスンナ派諸学の普及に努めた。

ニザーミーヤ学院

□8 **イスラーム法**に基づく寄付制度を [★★★] と呼ぶ。所有する私財の権利を放棄し、その収益を**公共施設の建設や運営費用**に当てた。
★★★ (法政大)

ワクフ

□9 ワクフにより、[★★★]（学院）やモスクなどの設立・運営が行われた。
★★★ (京都女子大)

マドラサ

□10 セルジューク朝時代のスンナ派学者 [★★] は、神秘主義を初めて理論化した。
★★ (東京大)

◆10世紀頃から、イスラーム教が普及した地域では、修行などによって**神との一体感を求めようとする神秘主義**がさかんになった。

◆ガザーリーはニザーミーヤ学院の教授だった。

ガザーリー

□11 セルジューク朝の一派が建てた [★★] 朝のもとで、アナトリアのトルコ化とイスラーム化が進んだ。
★★ (早稲田大)

ルーム=セルジューク朝

7 サーマーン朝

ANSWERS □□□

□1 875年、中央アジアにイラン系の [★★★] 朝が成立した。
★★★ (京都大)

サーマーン朝

□2 サーマーン朝では、[★★] **人奴隷**を中心とするマムルークを売買する市場を置いていた。
★★ (早稲田大)

トルコ人

□3 サーマーン朝はイラン系の文化を奨励し、アラビア文字を用いた [★★] 語を発達させた。
★★ (同志社大)

ペルシア語

□4 サーマーン朝は首都を [★★] に置いた。
★★ (京都大)

◆かつてブハラはソグド商人の拠点として栄えた。学者のイブン=シーナーはブハラ出身である。

ブハラ 世界遺産

□5 ★★★ サーマーン朝は、**トルコ系騎馬民族の奴隷**を軍人として育成し、[★★★]軍団を組織した。（早稲田大）

マムルーク

□6 ★★ サーマーン朝は、[★★]朝の侵入により999年に滅亡した。（東京女子大）

カラハン朝

8 カラハン朝

ANSWERS □□□

□1 ★★★ 10世紀に建国された[★★★]朝は、**中央アジア最初のトルコ系イスラーム王朝**である。（京都大）

カラハン朝

□2 ★★★ カラハン朝は[★]高原の西へも勢力を伸ばし、10世紀末に**イラン系**の[★★★]朝を滅ぼして**東西トルキスタンのイスラーム化**を進めた。（京都大、京都女子大）

パミール高原，サーマーン朝

□3 ★★ カラハン朝では、11世紀頃から王族が各地に割拠し、12世紀にはそれらは[★★]や[★★]朝などによって滅ぼされた。（東京女子大）

カラキタイ(西遼（せいりょう）)，ホラズム=シャー朝

9 ホラズム=シャー朝

ANSWERS □□□

□1 ★★ 11世紀後半、セルジューク朝のマムルーク出身者がアム川下流に自立して[★★]朝を建てた。（京都大）

ホラズム=シャー朝

□2 ★★ ホラズム=シャー朝は、セルジューク朝からイラン高原を奪い、[★★]朝を滅ぼしてアフガニスタンに進出するなど一時強勢を誇った。（東海大、早稲田大）

ゴール朝

□3 ★★★ ホラズム=シャー朝は、モンゴルの使節を殺害したことがきっかけで、モンゴルの[★★★]の侵攻を受け、その後滅亡した。（関西学院大）

チンギス=カン(ハン)

10 アフガニスタン・北インドのイスラーム王朝

ANSWERS □□□

□1 ★★★ 10世紀半ば、**サーマーン朝のマムルーク**が[★★★]朝を**アフガニスタン**に建国した。（関西大、関西学院大）

ガズナ朝

□2 ★ ガズナ朝は［★］の治世下に北インドに侵攻し、略奪を繰り返した。（関西大、関西学院大）
◆北インドへの侵入の結果、**インドのイスラーム化**が進んだ。
マフムード

□3 ★★ 12世紀後半、ガズナ朝は［★★］朝に滅ぼされた。（センター）
ゴール朝

□4 ★★★ イラン系とされる［★★★］朝は12世紀後半にガズナ朝を滅ぼし、インド侵入を繰り返した。（上智大）
ゴール朝

□5 ★★ ゴール朝は、トルコ系の［★★］朝の攻撃によって衰退した。（駒澤大）
ホラズム=シャー朝

□6 ★★★ ［★★★］朝とは、1206年から1526年にかけて**インドのデリーを都**とした**5つのイスラーム王朝の総称**である。（センター、早稲田大）
デリー=スルタン朝

□7 ★★★ デリー=スルタン朝の**最初の王朝**は、［★★★］が建国した［★★★］王朝である。（センター、早稲田大）
◆彼が**マムルーク（軍人奴隷）だった**ことから、奴隷王朝と呼ばれる。
アイバク，奴隷（どれい）王朝

□8 ★★★ デリー=スルタン朝の5つの王朝は、**トルコ系の**奴隷王朝、ハルジー朝、［★★★］朝、［★★★］朝、そして**アフガン系の**［★★★］朝である。（慶應義塾大）
⚠最後のロディー朝のみ、**アフガン系**であることに注意！
トゥグルク朝，サイイド朝，ロディー朝

□9 ★★ ガンジス川と［★★］川の中間に位置する**デリー**は、［★★］王朝の首都となって以来、**交通の要衝として政治や文化の中心地**になった。（センター）
インダス川，奴隷（どれい）王朝

□10 ★★ ［★★］は、1333年にインドのトゥグルク朝を訪れた。（立教大）
イブン=バットゥータ

□11 ★★ サイイド朝は、［★★］朝の武将ヒズル=ハンによって建国された**デリー=スルタン朝**の第［★★］番目の王朝である。（明治大）
ティムール朝，4

□12 デカン地方**最初のイスラーム王朝**である［　］朝は、**トゥグルク朝**の地方総督が独立を宣言したことで始まった。（慶應義塾大）
バフマニー朝

11 ファーティマ朝

ANSWERS □□□

□1 ★★★ 909年に［★★★］朝が**チュニジア**で成立し、969年にエジプトを征服して新首都［★★★］を建設した。 （京都女子大）

ファーティマ朝、カイロ 世界遺産

⚠ファーティマ朝はエジプトの王朝として知られるが、**建国地はチュニジア**であることに注意しよう。

□2 ★★★ ファーティマ朝・後ウマイヤ朝はともに［★★★］を名乗った。 （桜美林大、慶應義塾大）

カリフ

◆そのため、アッバース朝とあわせて**3人のカリフが並び立った**。

□3 ★ 第4代正統カリフのアリーの子孫は、**シーア派**の［★］朝を**モロッコ**に建国したが、926年にファーティマ朝に滅ぼされた。 （予想問題）

イドリース朝

□4 ★★ ファーティマ朝は**シーア派**の一派である［★★］派を国教とした。 （学習院大）

イスマーイール派

□5 ★★ ファーティマ朝の初期、イスラーム神学・法学の最高の学院である［★★］学院がカイロに創立された。 （青山学院大）

アズハル学院 世界遺産

◆現在もアズハル大学として存続しており、今もなおイスラーム法学の最高権威の大学となっている。「世界最古の大学」ともいわれている。

□6 ★★ 1171年、ファーティマ朝はクルド人の［★★］によって滅ぼされた。 （予想問題）

サラーフ=アッディーン（サラディン）

12 アイユーブ朝

ANSWERS □□□

□1 ★★★ クルド人の［★★★］は、1169年にアイユーブ朝を建てた。 （センター）

サラーフ=アッディーン（サラディン）

◆サラーフ=アッディーンは、もともとファーティマ朝の宰相だった。

□2 ★★ アイユーブ朝の首都は［★★］に置かれた。 （センター）

カイロ 世界遺産

□3 ★★ アイユーブ朝は［★★］派の王朝である。 （早稲田大）

スンナ派

□4 ★★ アイユーブ朝では [★] 系とトルコ系の [★★] が軍を構成し、イクターが与えられた。（早稲田大）

クルド系，マムルーク

□5 ★★★ サラーフ=アッディーンは、十字軍を破り聖地の [★★★] を奪回した。（名古屋大）

世界遺産 イェルサレム

□6 ★★★ サラーフ=アッディーンは、イェルサレム回復を目指す第 [★★★] 回十字軍の指導者となったイギリス国王 [★★] 世と戦った。（学習院大）

◆サラーフ=アッディーンは、リチャード1世と攻防を重ねたが、1192年に休戦協定を結んで戦いを終了させた。彼の異教徒への寛容さはヨーロッパでも高く評価された。

第3回十字軍，リチャード1世

□7 ★★ 1250年、アイユーブ朝はトルコ系奴隷軍人の [★★] 軍によって滅ぼされた。（京都大）

マムルーク

13 マムルーク朝

ANSWERS □□□

□1 ★★★ アイユーブ朝を倒した軍人奴隷出身者は、エジプトとシリアに [★★★] 朝を建国した。（中央大、立教大）

マムルーク朝

□2 ★ [★] は、[★] の戦いでフレグ率いるモンゴル軍を破り、第5代スルタンに即位した。（早稲田大）

バイバルス，アイン=ジャールートの戦い

□3 ★ マムルーク朝は、13世紀半ばにエジプトに侵入した第 [★] 回十字軍を撃退した。（京都大）

第6回十字軍

□4 ★★ 12～15世紀、[★★] 商人は**マムルーク朝などの庇護**のもと、アレクサンドリアやアデンなどの貿易港を中心に香料・砂糖・穀物などを扱い活躍した。（立教大）

◆彼らはカイロを拠点としていた。

カーリミー商人

□5 ★ 1509年、マムルーク朝は [★] の海戦で、ポルトガルに [★] 海の制海権を奪われた。（関西大）

ディウ沖（おき）の海戦，アラビア海

□6 ★★★ マムルーク朝は、1517年に**オスマン帝国**の [★★★] 世によって滅ぼされた。（センター、早稲田大）

◆セリム1世はオスマン帝国第9代のスルタンで、サファヴィー朝も破り、シリアへ進出した。

セリム1世

14 後ウマイヤ朝

ANSWERS □□□

□1 ★★★ 756年、ウマイヤ朝の一族はアッバース朝から自立して [★★★] 朝を建国した。 (新潟大)

後ウマイヤ朝

□2 ★★ 後ウマイヤ朝は、[★★] を都として独自のイスラーム文化を開花させた。 (東京大、慶應義塾大)

コルドバ 世界遺産

□3 ★ 首都コルドバには、8世紀後半に [★] が建造された。 (東京大)

大モスク 世界遺産

◆このコルドバの大モスク（メスキータ）は、8世紀に建立され最盛期の王アブド=アッラフマーン3世により拡張された。

□4 ★★★ 10世紀、[★] 世の治世に後ウマイヤ朝は**全盛期**を迎えた。彼は**ファーティマ朝に対抗**して [★★★] の称号を用いた。 (予想問題)

アブド=アッラフマーン3世, カリフ

□5 ★ イスラーム支配下のイベリア半島では住民のイスラームへの改宗が進められたが、[★] 教徒や [★] 教徒も暮らし続けた。 (新潟大)

キリスト教徒, ユダヤ教徒 ※順不同

□6 ★★ キリスト教徒は、イスラーム教徒からイベリア半島の領土を奪回しようとする [★★] を展開した。(上智大)

国土回復運動（レコンキスタ）

□7 ★★ **12世紀**、イベリア半島西部では、**カスティリャ王国**から [★★] 王国が独立した。 (南山大)

ポルトガル王国

□8 ★★ カスティリャ王国の [★★] とアラゴン王国の [★★] の結婚により、1479年に両王国は合併し**スペイン王国**（**イスパニア王国**）となった。 (上智大)

イサベル, フェルナンド

15 マグリブ地方のイスラーム王朝

ANSWERS □□□

□1 ★★ [★★]・アルジェリア・[★★] などのアフリカ北部地域を総称して [★★] という。 (東京都市大、明治大)

チュニジア, モロッコ ※順不同, マグリブ

◆「マグリブ」はアラビア語で「**日の没する土地**」「**西方**」を意味する。

□2 ★★★ 1056年、[★★★] 人は**モロッコ**に [★★★] 朝を建国した。 (センター、京都大)

ベルベル人, ムラービト朝

□3 ★★ ムラービト朝は都を [★★] に置いた。 (京都大)

マラケシュ 世界遺産

□4 11世紀後半、ムラービト朝は南下して［★★★］王国に侵攻し、サハラ以南のイスラーム化を促進した。（センター、関西学院大）
★★★

ガーナ王国

□5 ムラービト朝は国土回復運動が進む［★★★］半島へ進出し、キリスト教徒の軍を破った。（センター、関西学院大）
★★★

イベリア半島

□6 1147年、ベルベル人の［★★★］朝はムラービト朝を滅ぼし、［★★］を首都とした。（センター、名古屋大）
★★★

◆ムラービト朝、ムワッヒド朝はいずれも**マラケシュ**を都とした。マラケシュは現在の国名「モロッコ」の語源である。

ムワッヒド朝, マラケシュ

16 ナスル朝

ANSWERS □□□

□1 イベリア半島ではキリスト教徒による国土回復運動が進み、［★★］世紀以来この地を支配していたイスラーム勢力は次第に駆逐されていった。（京都女子大）
★★

8

□2 1232年、イベリア半島に成立した［★★★］朝は、［★★★］を首都と定めた。（駒澤大）
★★★

ナスル朝, グラナダ 世界遺産

□3 ナスル朝は、［★★★］が進むイベリア半島で最後となった**イスラーム王朝**である。（試行調査）
★★★

国土回復運動（こくどかいふくうんどう）（レコンキスタ）

□4 首都グラナダに建設された［★★★］宮殿は、**スペイン=イスラーム建築**の代表作である。（青山学院大）
★★★

◆宮殿の壁や天井は美しい**アラベスク模様**のタイルで装飾されている。資料集などで見てみよう。

アルハンブラ宮殿 世界遺産

□5 1492年、ナスル朝は［★★★］王国の攻撃を受け、都［★★★］が陥落し滅亡した。（試行調査、学習院大）
★★★

◆これにより国土回復運動が完成し、およそ**800年**に及ぶイベリア半島のイスラーム支配が終わった。

スペイン王国（イスパニア王国）, グラナダ

▼イベリア半島のイスラーム勢力（簡略図）

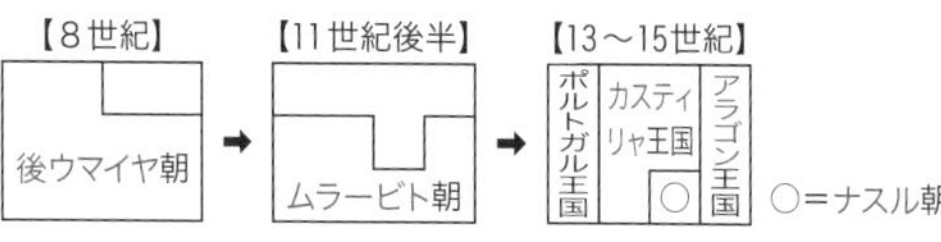

□6 レコンキスタを完成させたスペイン王国は、［★★］教に改宗しない［★★］教徒と**ユダヤ教徒**を国外追放した。（上智大）
★★

キリスト教, イスラーム教徒

IV 16 ナスル朝

17 前近代のアフリカ

ANSWERS □□□

□1 ★★★ ナイル川の中流域に前920年頃に建国された ★★★ 王国は、前8世紀には ★★★ に侵攻し、第25王朝を建てた。 (慶應義塾大)

クシュ王国, エジプト

◆この当時のエジプトは末期王朝時代(前11世紀～前332年)と呼ばれる被征服の時代だった。前8世紀にクシュ王国による征服、前671年にアッシリア王国による征服、前525年にアケメネス朝による征服、そして前332年にアレクサンドロス大王による征服でエジプト人による王朝はその幕を閉じた。

□2 ★★ クシュ王国はアッシリアの攻撃を受けてヌビアに後退した。その後、新都 ★★ を中心に交易などで栄えたが、4世紀頃に**アクスム王国によって滅ぼされた。** (青山学院大)

メロエ 世界遺産

◆**製鉄技術**が発達した。エジプトの神聖文字を起源とするメロエ文字が作成・使用されたが、この文字が未解読であるため王国の実態は不明のままである。

□3 ★★★ **エチオピア高原**に建国された ★★★ 王国は、紅海(こうかい)からインド洋へかけての通商路を掌握し、3～6世紀に繁栄した。 (東京大)

アクスム王国

◆アクスム王国はエチオピア高原北部、つまり現在のエチオピア・エリトリア・ジブチにまたがる地域にあった。

□4 ★★ アクスム王国は、4世紀に ★★ 教化が進み、単性論を受け入れた。 (法政大)

キリスト教

◆単性論は、451年にカルケドン公会議で異端とされた説である。

□5 ★★ アクスム王国は、7世紀以降にイスラーム教徒が ★★ 海に進出するとともに衰退した。 (学習院大)

紅(こう)海

□6 ★★★ 7世紀頃に西アフリカの**ニジェール川**上流に成立した ★★★ 王国では、ニジェール川で採れる ★★ とサハラ砂漠で採れる ★★ を交換する**サハラ交易**が盛んに行われた。 (試行調査)

ガーナ王国, 金(きん), 岩塩(がんえん)

◆ガーナ王国は**金の産地**として有名で、金が「人参(にんじん)のように生える」といわれていた。ガーナ王国の王宮では、なんと犬も金の首輪をしていたという。

□7 ★★ ガーナ王国は、11世紀後半に**モロッコのベルベル人王朝である** ★★ 朝の攻撃を受け、その後衰退した。 (試行調査)

ムラービト朝

□8 ★★★ 1240年にニジェール川上流に建国された［★★★］王国は「**黄金の国**」と呼ばれた。（センター、法政大）

◆マリ王国は、ガーナ王国に代わって台頭したマンディンゴ人が建てた。ガーナ王国と同じく金の産地を押さえて繁栄した。

マリ王国

□9 ★★★ マリ王国最盛期の王は［★★★］である。メッカ巡礼に赴いた彼は、立ち寄った［★］朝時代のカイロで大量の金を消費したため、カイロの金価格が下落したと伝えられる。（センター、北海道大）

◆「マンサ」とは「大王」の意。彼は人類史上最大の金持ちとさえいわれている。

マンサ=ムーサ，マムルーク朝

□10 ★★ モロッコ出身の旅行家［★★］は、14世紀にマリ王国を訪問した。（共立女子大）

◆彼は西アジア、インド、中国などをめぐり、その見聞を『大旅行記(三大陸周遊記)』に記した。

イブン=バットゥータ

□11 ★★ 15世紀後半、マリ王国は［★★］王国の勃興（ぼっこう）により衰退した。（上智大）

ソンガイ王国

□12 ★★★ 1464年に西スーダンに成立した［★★★］王国は西アフリカの隊商都市を数多く傘下におさめ、都のガオはサハラ交易で栄えた。（早稲田大）

◆ソンガイ王国は、16世紀末にモロッコ軍の侵入により滅亡した。

⚠ニジェール川流域に成立した王国としてガーナ王国→マリ王国→ソンガイ王国の順番に注意しよう！

ソンガイ王国

□13 ★★★ ［★★★］川流域に栄えた**マリ王国**や**ソンガイ王国**では、交易都市［★★★］を中心に**ムスリム商人**が出入りし、イスラーム文化が浸透した。（センター、東京大）

◆この都市には、**黒人最古の大学**が設立され、学術の中心地としても栄えた。

ニジェール川，トンブクトゥ 世界遺産

□14 ★ 8世紀頃、**チャド湖周辺地域**に成立した［★］王国は、11世紀末よりイスラーム教を受容し、16世紀後半に最盛期を迎えた。（慶應義塾大）

カネム=ボルヌー王国

□15 ★★ 15世紀から17世紀にかけてアフリカ東南部の**ザンベジ川**流域を支配した［★★］王国は金や象牙を輸出し、綿布を輸入する［★］交易で繁栄した。（共立女子大）

◆16世紀にポルトガル人が来航した際、その繁栄ぶりに驚愕したという。

モノモタパ王国，インド洋（よう）交易

□16 ★★
13世紀から15世紀にかけて繁栄したアフリカ南部の［★★］遺跡は、**石造建築**の遺跡である。（センター）

大ジンバブエ遺跡（世界遺産）

◆ジンバブエはショナ語で「**石の家**」という意味。大ジンバブエ遺跡は1868年に発見され、中国の陶磁器やアラビアのガラス、インドのビーズなどが出土した。

□17 ★★
アフリカのギニア地方のダホメ王国と［★★］王国は、**黒人奴隷の供給地として栄え**、新大陸に多くの黒人奴隷を供給した。（青山学院大）

ベニン王国

□18 ★★
10世紀以降、アフリカ東岸の海港都市に［★★］商人が住み着き、インド洋交易の拠点となった。（センター）

ムスリム商人

☞アフリカ東岸の主要な海港都市として、北から順にモガディシュ・マリンディ・モンバサ・ザンジバル・キルワを押さえておこう。地図も見ておこう。

□19 ★★★
アフリカの土着の言語である**バントゥー諸語**に**アラビア語**を取り入れた［★★★］語は、ムスリム商人の商業活動とともに普及した。（センター）

スワヒリ語

◆スワヒリとはアラビア語の「サワーヒル」（＝海岸）が語源である。

□20 ★★
10世紀以降、港湾都市に居留したムスリム商人が伝えた**イスラーム文化と現地のバントゥー文化が融合した**［★★］文化が形成された。（立教大）

スワヒリ文化

□21 ★★★
ムスリム商人は、アラビア海やインド洋を航海する際、**三角型の帆を持つ**［★★★］船を主に利用した。（センター、慶應義塾大）

ダウ船

◆ダウ船は鉄を使わずにヤシの繊維などを材料に作られた。大きなものでは180トンもの積み荷を載せて運ぶことができたという。

□22 ★★★
明（みん）の時代、イスラーム教徒の宦官（かんがん）［★★★］の艦隊は、南海遠征の中でアフリカ東岸の［★★★］を訪れた。（センター）

鄭和（ていわ），マリンディ

□23 ★
15世紀末、ヴァスコ=ダ=ガマはインドへの航海の途上でアフリカ東岸のマリンディ、［★］、［★］に寄港した。（上智大）

モンバサ，キルワ
※順不同

18 イスラーム文化

ANSWERS □□□

□1 ★★★ [★★★] は内面的な精神性や信仰を重んじる思想で、これに基づいて修行に励む人々を [★★★] という。イスラーム神秘主義者とも呼ばれる。（駒澤大、法政大）

◆イスラーム法の外面的な形式化に反発する形で誕生した。

スーフィズム, スーフィー

□2 ★ ムスリム商人が東南アジアに進出すると、島嶼(とうしょ)部を中心に [★] 教団の活動が活発化した。（早稲田大）

神秘主義(しんぴしゅぎ)教団（スーフィー教団）

□3 ★★ 9世紀前半、アッバース朝第7代カリフ [★] は首都のバグダードに「[★★]」を創設した。（予想問題）

マームーン, 知恵(ちえ)の館(やかた)

□4 ★★★ 「知恵の館」では、主に哲学・科学に関する [★★★] 語文献が [★★★] 語に翻訳され、イスラームの学問が飛躍的に発達した。（京都大）

ギリシア語, アラビア語

□5 ★★ イスラーム教のモスクには [★★] という塔(とう)がある。（関西大）

ミナレット（光塔(こうとう)）

□6 ★★ アイバクがデリーに建てたミナレットである [★★] は、[★] **様式とイスラーム様式が混合している**という特徴がある。（センター、九州大）

◆**インド最古のイスラーム建築**である。

クトゥブ=ミナール, ヒンドゥー 世界遺産

□7 ★★★ [★★★] 数字は、[★★★] の概念を含む**インド数字**を原型とし、イスラーム世界で完成した。（法政大）

アラビア数字, ゼロの概念

□8 ★★★ アッバース朝時代の数学者 [★★★] は、インド数字を利用してアラビア数学を確立し、[★★★] 学を発展させた。（京都大、早稲田大）

フワーリズミー, 代数(だいすう)学

□9 ★ [★] は、アッバース朝時代に活躍し、年代記的世界史の**『預言者たちと諸王の歴史』**を記した。（予想問題）

タバリー

□10 ★★★ ガズナ朝時代、イラン系詩人の [★★★] は、**ペルシア語**で**民族・英雄叙事詩**の『シャー=ナーメ（王の書）』を書いた。（立教大、早稲田大）

フィルドゥーシー

□11 ★★★ セルジューク朝時代の詩人 [★★★] は、『四行詩集(ルバイヤート)』を著した。（センター、京都大）

ウマル=ハイヤーム

◆彼は数学や天文学にも精通し、正確なジャラーリー暦（太陽暦）を制定した。

⚠フィルドゥーシーの『**シャー=ナーメ**』とウマル=ハイヤームの『**ルバイヤート**』の混同に注意！

□12 ★ 12世紀、シチリアのパレルモで活躍した [★] は**世界地図**を作成した。（予想問題）

イドリーシー

◆イドリーシーの作った地図は、南が上になっている。

□13 ★★ スンナ派の学者 [★★] はニザーミーヤ学院の教授で、スーフィズムを理論化した。（センター、早稲田大）

ガザーリー

□14 ★★ 11世紀に活躍した [★★] は『医学典範』を著し、ラテン名ではアヴィケンナと呼ばれた。（センター、早稲田大）

イブン=シーナー

◆『医学典範』はのちにラテン語に翻訳され、16世紀頃までヨーロッパの医学に大きな影響をもたらした。

□15 ★★★ [★★★] は、『政治学』を除く**アリストテレスの全著作に注釈**を施し、ラテン名ではアヴェロエスと呼ばれた。（京都大、早稲田大）

イブン=ルシュド

◆イブン=ルシュドによる注釈書は、多くが13世紀にラテン語に翻訳され、**スコラ学に影響を与えた**。また彼は12世紀にムワッヒド朝に仕えた。

□16 ★★★ 14世紀、モロッコ出身の [★★★] は、メッカ巡礼を皮切りにインド・中国・中央アジアなど世界各地を巡った。その見聞は『[★★★]』にまとめられた。（九州大）

イブン=バットゥータ，大旅行記（三大陸周遊記）

□17 ★★★ 14世紀、チュニジア出身の歴史家 [★★★] は、著書『世界史序説』で、歴史発展の法則性を論じた。（慶應義塾大）

イブン=ハルドゥーン

□18 ★★ イル=ハン国の**宰相ラシード=アッディーン**は、歴史書『[★★]』をペルシア語で叙述した。（東京大）

集史

◆**ラシード=アッディーン**はガザン=ハンに仕え、イスラーム化政策を推進した。

□19 『［★★★］』は、ペルシア語の説話集に、［　　］やイラン、ギリシア、アラビアなど各地の説話が融合して成立した**説話集**である。（早稲田大）
★★★

◆この物語は、大臣の娘シェヘラザードが1,001夜にわたって王に物語を聞かせるという形式で書かれている。有名な物語は「アラジンと魔法のランプ」や「シンドバッドの冒険」など。

◆16世紀にカイロで現在の形になった。

千夜一夜物語（アラビアン=ナイト），インド

□20 イスラーム世界では、唐草文様やアラビア文字を図案化した**幾何学的な装飾文様の**［★★★］が発達した。（センター）
★★★

◆イスラーム教では**偶像崇拝が禁止**され、人物や鳥獣を描くことができなかった。そこで、草花や果実などをモチーフにしたアラベスクが発達した。

アラベスク

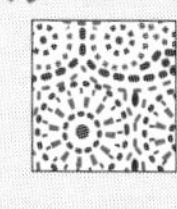

□21 **中国絵画の影響を受け**、イスラーム世界で［★★★］が発達した。（センター）
★★★

◆写本絵画はその後ムガル絵画に影響を与えた。

写本絵画

□22 インド洋を中心に中国沿岸から紅海地域にまで広がった交易路は「［★★★］の道」と呼ばれる。ムスリム商人は［★★］船に乗ってこの交易路を用いた。（北海道大）
★★★

◆「海の道」は陶磁器がさかんに運ばれたことから、「陶磁の道」とも呼ばれる。

⚠**ムスリム商人が用いた**ダウ船と**中国商人が用いた**ジャンク船との混同に注意！

海の道，ダウ船

ダウ船

ジャンク船

□23 **ファーティマ朝・アイユーブ朝・マムルーク朝の首都**［★★★］は、イスラーム文化の中心地の１つとして発展した。（予想問題）
★★★

カイロ

□24 10世紀以降、東アフリカの海岸部では、**現地のバントゥー語とアラビア語が融合**した［★★★］語が成立した。（京都大）
★★★

スワヒリ語

□25 カラハン朝時代、［　　］は**トルコ語辞典**を完成させた。（予想問題）

◆アラビア語で書かれた。世界初のトルコ語辞典である。

カシュガリー

V

ヨーロッパ世界の成立と発展

15 14 13 12 11 10 9 8 7 6 5 4 3 2 1 BC AD 1 2 3 4 5 6 7 8 9 10 11 12 13 14 15 16 17 18 19 20 21

1 ゲルマン人の大移動

ANSWERS □□□

□1 ★★ 前６世紀頃から、アルプス以北のヨーロッパにはインド=ヨーロッパ語系の先住民である［★★］人が住み着いていた。（早稲田大）
ケルト人

□2 ★★★ バルト海沿岸を原住地とする［★★★］人は、ケルト人を西に圧迫しながら勢力を広げた。（予想問題）
ゲルマン人

□3 ★ ゲルマン人は王や貴族を指導者とする部族国家を作り、［★］を最高決定機関とした。（立命館大）
民会（みんかい）

□4 ★★ 古ゲルマンについての史料には、カエサルの『［★★］』、タキトゥスの『［★★］』がある。（南山大）
ガリア戦記（せんき），ゲルマニア

□5 ★★★ ４世紀後半、中央アジアを原住地としていた騎馬遊牧民（きばゆうぼくみん）の［★★★］人が西進し、**東ゴート人**および**西ゴート人**を圧迫した。（試行調査）
フン人

◆フン人は北匈奴（きょうど）ではないかとする説があるが、確証は得られていない。

□6 ★★ ５世紀前半、フン人の［★★］王が**パンノニア**を中心に大帝国を作った。（同志社大）
アッティラ王

◆パンノニアは、現在のハンガリーにあたるドナウ川中流域。

□7 ★★ **451年**、アッティラ王率いるフン軍は、［★★］の戦いで西ローマ帝国とゲルマン人の連合軍に敗れた。（日本大、早稲田大）
カタラウヌムの戦い

◆彼の死後、やがてフン人の王国は分裂し、周辺諸民族に吸収されていった。

□8 ★★ 西ゴート人は、**フン人の攻撃を受けて**376年にドナウ川を渡ってローマ帝国領内に入り、［★★］王のもとでローマを略奪した。（関西学院大）
アラリック王

◆**ゲルマン人の大移動**は、この西ゴート人の南下に始まる。

□9 ★★★ 西ゴート人は、418年にガリア西南部から**イベリア半島**にわたる地域に [★★★] 王国を建国した。 (法政大)

西ゴート王国

□10 ★★ 西ゴート王国は、6世紀初めに**クローヴィス**率いる [★★] 王国に敗れ、都を [★★] に移したが、711年に**ウマイヤ朝**によって滅ぼされた。 (関西学院大)

フランク王国，トレド 世界遺産

□11 ★★★ 5世紀前半、ゲルマン人の一派の [★★★] 人は**ガリア**と**イベリア半島**を経て [★★★] に進み、カルタゴの故地に王国を建てた。 (成蹊大、東京農業大)

ヴァンダル人，北アフリカ

□12 ヴァンダル人は、**ガイセリック王**に率いられて455年にローマを略奪し、[ ] 帝国の滅亡を早めた。 (上智大)

西ローマ帝国

□13 ★★ ヴァンダル王国は、534年に**ビザンツ帝国**の [★★] に滅ぼされた。 (試行調査)

ユスティニアヌス1世(大帝)

□14 ★★★ 476年、**ゲルマン人傭兵隊長**の [★★★] は、[★★★] 帝国を滅亡させた。 (青山学院大)

◆ゲルマン人が諸国家を成立させた混乱の最中で、西ローマ帝国は滅亡した。

オドアケル，西ローマ帝国

□15 ★★★ 493年、[★★★] 大王に率いられた [★★★] 人は、**イタリア**に移動して王国を建てた。 (関西大)

テオドリック大王，東ゴート人

□16 ★★ 東ゴート王国は、555年にビザンツ帝国の [★★] によって滅ぼされた。 (慶應義塾大)

ユスティニアヌス1世(大帝)

□17 ★★★ ゲルマン人の一派である [★★★] 人は、ジュネーヴを中心として [★★] 部に建国した。 (中央大)

◆のちにフランク王国に滅ぼされた。ブルゴーニュという地名は、ブルグンドに由来している。

ブルグンド人，ガリア東南部

□18 ★★ 568年、北イタリアでは [★★] 王国が建国された。 (青山学院大)

ランゴバルド王国

□19 ★★ 8世紀、ランゴバルド王国はフランク王国の [★★] に [★★] 地方を奪われた。 (成城大)

◆ランゴバルド王国はラヴェンナ地方を奪われたのち、カール大帝に征服された。

ピピン(小ピピン)，ラヴェンナ地方

□20 ★★ アングル人・サクソン人・ジュート人からなるゲルマン人の一派［ ★★ ］人はユトランド半島付近から**大ブリテン島（ブリタニア）**に渡った。（立教大、同志社大）

アングロ=サクソン人

□21 ★★ ゲルマン系のアングロ=サクソン人は、**イングランド**に［ ★★ ］を建てた。（早稲田大）

◆9世紀にウェセックス王**エグバート**により統合された。

アングロ=サクソン七王国（しちおうこく）（ヘプターキー）

▼ゲルマン人の大移動

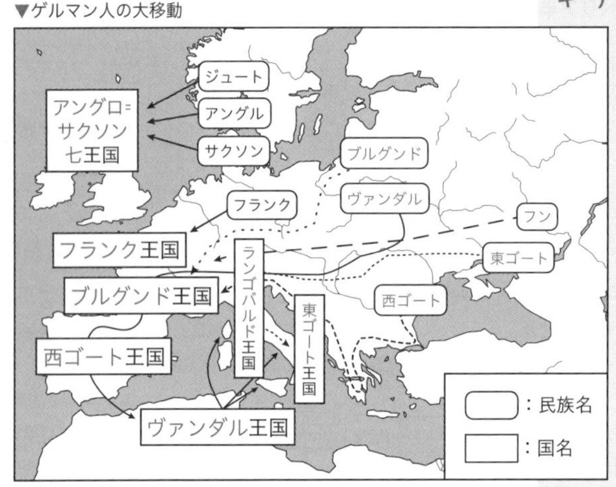

2 フランク王国の発展

ANSWERS □□□

□1 ★★★ 481年、メロヴィング家出身の［ ★★★ ］はフランク族を統一して**フランク王国を建国**し、［ ★★★ ］朝を開いた。（早稲田大）

クローヴィス, メロヴィング朝

□2 ★★★ ゲルマン人の多くは**異端**とされた［ ★★ ］派を信仰していたが、多神教信仰であったクローヴィスは、496年に正統派である［ ★★★ ］派に改宗し、**ローマ=カトリック教会の支持**を受けた。（中央大、関西大）

◆この結果、カトリック教会とフランク族との結びつきが強まった。

アリウス派, アタナシウス派

□3 メロヴィング朝では権力闘争の中で王権が弱体化し、かわって**最高官職**の［★★★］が実権を握るようになった。（試行調査）
★★★

◆メロヴィング朝は、分割相続と内紛により、次第に弱体化していった。

宮宰（マヨル=ドムス）

□4 732年、宮宰の［★★★］はピレネー山脈を越えて侵入したウマイヤ朝のイスラーム勢力を［★★★］の戦いで撃退した。（早稲田大）
★★★

カール=マルテル、トゥール・ポワティエ間の戦い

□5 カール=マルテル**の息子**［★★★］は、ローマ教皇の支持を得てメロヴィング朝を廃し、751年に［★★★］朝を始めた。（早稲田大）
★★★

◆カロリングという名称はカール=マルテルに由来し、「カールの子孫」を意味する。

ピピン（小ピピン）、カロリング朝

□6 ピピンは［★★★］王国から奪取した［★★★］地方を、756年に**教皇に寄進**した。これがローマ教皇領の起源である。（同志社大）
★★★

ランゴバルド王国、ラヴェンナ地方

□7 ラヴェンナ地方はアドリア海に面し、［★］帝国の**総督府が置かれた**北イタリアの要地である。（京都府立大）
★

ビザンツ帝国

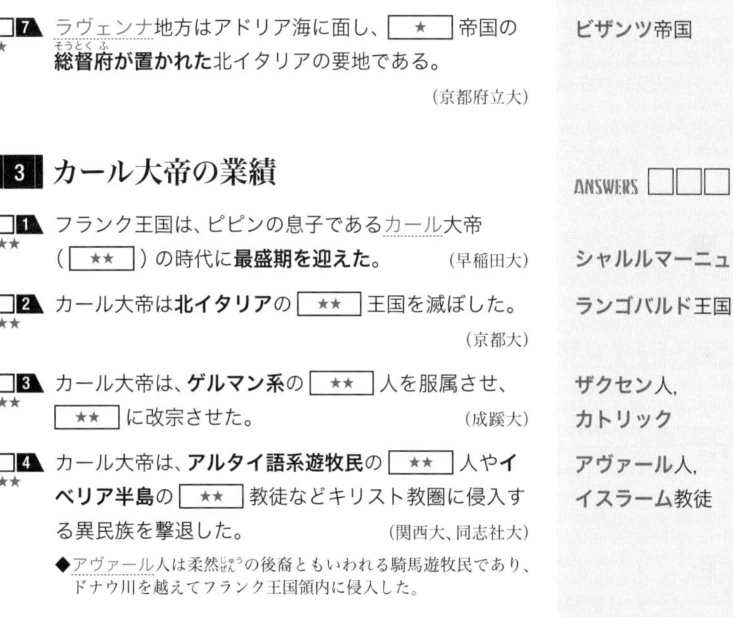

3 カール大帝の業績

ANSWERS □□□

□1 フランク王国は、ピピンの息子であるカール大帝（［★★］）の時代に**最盛期を迎えた。**（早稲田大）
★★

シャルルマーニュ

□2 カール大帝は**北イタリア**の［★★］王国を滅ぼした。（京都大）
★★

ランゴバルド王国

□3 カール大帝は、**ゲルマン系**の［★★］人を服属させ、［★★］に改宗させた。（成蹊大）
★★

ザクセン人、カトリック

□4 カール大帝は、**アルタイ語系遊牧民**の［★★］人や**イベリア半島**の［★★］教徒などキリスト教圏に侵入する異民族を撃退した。（関西大、同志社大）
★★

◆アヴァール人は柔然の後裔ともいわれる騎馬遊牧民であり、ドナウ川を越えてフランク王国領内に侵入した。

アヴァール人、イスラーム教徒

□5 ★★ カール大帝は、地方の有力者や家臣を**地方管区長**である［★★］に任命し、［★★］を派遣してそれらを監督させた。（早稲田大）

伯、巡察使

□6 ★★★ 800年、カールは教皇［★★★］世より**ローマ皇帝としての戴冠**を受けた。（学習院大）

◆この出来事はクリスマスの夜、サン=ピエトロ大聖堂で起きた。「**カールの戴冠**」と呼ばれ、**西ローマ帝国の再興**を意味するものだった。

レオ3世

□7 ★★★ カール大帝はイギリス人神学者［★★★］らを都のアーヘンに招いてラテン語や神学など学芸を奨励し、**古典文化の復興**を行った。これを［★★★］という。（センター、早稲田大）

アルクイン、カロリング=ルネサンス

□8 ★★★ カール大帝死後の843年、相続をめぐる争いから［★★★］条約が結ばれ、**フランク王国は三分割された。**（専修大、日本女子大）

◆三分された東フランク王国・西フランク王国・中部フランク王国が、のちのドイツ・フランス・イタリアの原型となった。

ヴェルダン条約

□9 ★ ヴェルダン条約で［★］世は西ローマ皇帝位と**中部フランクを領有**した。（上智大）

ロタール1世

□10 ★★★ 870年の［★★★］条約によってフランク王国は再び分割・併合され、**東フランク王国・西フランク王国・イタリア**の3つに分裂した。（中央大）

メルセン条約

□11 ★★ 東フランク王国では、911年に［★★］家が断絶し、諸侯の選挙で王を選ぶ［★★］政に移行した。（センター、成蹊大）

カロリング家、選挙王政

□12 ★★ 東フランク王国では、ザクセン家の［★］世が選出され、［★★］朝を建てた。（早稲田大）

ハインリヒ1世、ザクセン朝

□13 ★★★ 西フランク王国では、**987年**にカロリング家が断絶し、**パリ伯**の［★★★］が王となった。（新潟大）

◆王権の及ぶ範囲はパリ周辺に限られ、周囲には王に匹敵する大諸侯が分立していた。

ユーグ=カペー

□14 ★ イタリアでは、875年にカロリング家が断絶したのち、［★］帝国の介入やイスラーム勢力の侵入によって国内が乱れ、都市が分立した。（法政大）

神聖ローマ帝国

4 ノルマン人の移動

ANSWERS □□□

□1 ★★★ ノルマン人は［★★★］人の一派で、［★★★］半島やユトランド半島に住んでいた。（センター、上智大）

◆ノルマン人とは、「北の人」という意味。

ゲルマン人，スカンディナヴィア半島

□2 ★★★ **優れた造船技術と航海術をもつ**ノルマン人は［★★★］と呼ばれ恐れられた。（早稲田大、関西学院大）

◆ヴァイキングとは、本国で農業等を営む一方、海上に進出し各地で略奪・交易を行った北方系ゲルマン人の総称。しばしばノルマン人と同義で用いられる。

ヴァイキング

□3 ★★ **9世紀**後半、ノルマン人（ルーシ）の首領［★★］が東スラヴ人の地域であるロシアに［★★］国を建てた。（関西学院大）

リューリク，ノヴゴロド国

□4 ★★ ルーシとは、［★★］の古名であり、スラヴ人地域に進出した［★★］人の呼称でもある。（学習院大）

ロシア，ノルマン人

□5 ★★ 9世紀後半、ノヴゴロド国の一派は南下して［★★］公国を建国した。（早稲田大）

キエフ公国

□6 ★★ 都市キエフは、**スカンディナヴィア**と**ビザンツ**を結ぶ［★★］川の中流域に位置し、その交易路の途上で発展した。（学習院大）

◆ロシアからウクライナを通って黒海に注ぐドニエプル川は、古来より**南北の交通を支える重要なルート**だった。

ドニエプル川

□7 ★★ **911年**、ノルマン人の首領［★★］は西フランク王から土地の領有を認められ、［★］川の河口域に**ノルマンディー公国**を建てた。（早稲田大、京都女子大）

◆ロロはデーン系の人々を率いて北フランスの沿岸地方を略奪した後、セーヌ川の河口一帯に定住した。ノルマンディーは「ノルマン人の土地」を意味する。

ロロ，セーヌ川

□8 ★★ **イングランド**は［★★］人の侵入に悩まされていたが、9世紀末にアングロ=サクソン王家の［★★］大王が撃退した。（神奈川大）

デーン人，アルフレッド大王

□9 ★★ 1016年、デンマーク王スヴェンの息子［★★］が**イングランドを征服**し、**デーン朝**を開いた。（駒澤大）

◆侵攻当時のイギリス王エセルレッドは無思慮王と呼ばれており、イギリスの有力者はむしろスヴェンを支持した。しかし彼が急死したためクヌートが正統な王として迎えられた。

クヌート（カヌート）

□10 ★ クヌートは［★］・［★］・イングランドの王位を兼ねて「**北海帝国**」を築いた。 (立教大)

デンマーク，ノルウェー ※順不同

□11 ★★★ 1066年、［★★★］は［★★］の戦いに勝利してイングランドを征服した。これをノルマン=コンクェストという。 (京都府立大)

ノルマンディー公ウィリアム，ヘースティングズの戦い

□12 ★★★ ノルマンディー公ウィリアムは［★★★］朝を開き、［★★★］世として即位した。 (学習院大)

◆彼は「征服王」と呼ばれた。

ノルマン朝，ウィリアム1世

□13 ★★★ 12世紀前半、ルッジェーロ2世はイタリア半島南部とシチリア島にまたがる［★★★］王国を建てた。 (京都大)

◆シチリア島は、9世紀にイスラームの支配下に入った後にノルマン人の侵攻を受けた。

両シチリア王国(ノルマン=シチリア王国)

□14 ★ 1282年の「**シチリアの晩鐘**」事件によって［★］家はシチリア島を追われ、イタリア半島南部の［★］王国のみを支配することになった。 (立命館大)

アンジュー家，ナポリ王国

□15 ★ アンジュー家が去ったシチリア島には、［★］王家から新しい支配者が迎えられた。 (立命館大)

アラゴン王家

5 封建制(封建社会)の成立

ANSWERS □□□

□1 ★★ **ローマ**の［★★］制度と**古ゲルマン**の［★★］制を起源として、**封建制**が成立した。 (上智大)

恩貸地制度，従士制

□2 ★★★ 封建的主従関係とは、主君が［★★★］を与えて保護する代わりに、家臣は主君に忠誠を誓って［★★］の義務を負う、**個人間での双務的な契約関係**を指す。 (上智大)

◆これに対し、中国の封建制は血縁関係に基づくものであった。

封土(領地)，軍事的奉仕

□3 ★★ 領主が所有する荘園は、領主が直接経営する［★★］地、農民の自主的な耕作に任せる［★★］地、森林などの［★］地からなる。 (上智大)

領主直営地，農民保有地，共同利用地

□4 ★★★ 領主は［★★★］が認められ、荘園内における**国王の裁判権や課税権を拒否**することができた。 (早稲田大)

不輸不入権(インムニテート)

□5 家族・家屋・農具は所有しているが、**移動の自由が認められない**農民を [★★★] という。(上智大)
★★★

◆この時代の農民は、農地を所有している自由農民と、領主に隷属する農奴の２種類が存在した。

農奴

□6 農奴は、**領主直営地において労働する** [★★★] と、領主に**農民保有地からの収穫物を納める** [★★★] の義務を負った。(関西学院大)
★★★

賦役, 貢納

□7 農奴は、領主に対して [★★] 税や [★★] 税を支払う必要があった。(東京都市大)
★★

死亡税, 結婚税
※順不同

□8 農民は、教会に対して [★★] 税を支払う必要があった。(京都府立大)
★★

十分の一税

□9 領主は、農民に対して [★★★] 権をもち、領主の意志で荘園内における裁判を起こすことができた。(成蹊大)
★★★

領主裁判権

□10 11世紀頃の西ヨーロッパでは、**牛や馬**の使役や [★★★] などの大型鉄製農具の導入、[★] の普及により農業生産力が高まった。(上智大、成蹊大)
★★★

◆重量有輪犂は、アルプス以北の重い土壌を深く耕すために開発された。

重量有輪犂, 水車

□11 耕地を**春耕地・秋耕地・休耕地**の３つに区分し、年ごとに順次利用して生産力を上げる [★★★] 制が普及した。(関西大)
★★★

三圃制

6 封建制(封建社会)の動揺

ANSWERS □□□

□1 14世紀頃より、ヨーロッパでは [★★★] 経済が普及し、荘園に基づく経済体制が崩れ始めた。(南山大)
★★★

貨幣経済

□2 貨幣経済の普及により、領主は**領主直営地**を解体して [★★★] 地とし、賦役を廃して農民に生産物地代や [★★★] 地代を納めさせるようになった。(南山大)
★★★

農民保有地, 貨幣地代

□3 農民が市場で農産物を売って貨幣を蓄えるようになると、[★★] の動きが進んだ。(上智大)
★★

農奴解放

□4 14世紀以降、疫病の [★★★] が流行し、農業人口が減少した。(法政大)
★★★

黒死病（ペスト）

□5 ★★★ 封建制が衰退すると、農民の身分的拘束はゆるめられ、イギリスでは [★★★] と呼ばれる**独立自営農民が登場**した。（名城大）
ヨーマン

□6 ★★ 経済的に困窮した領主は [★★] によって農民への支配を再び強めようとしたが、農民は [★★] を起こして対抗した。（法政大）
封建反動，農民一揆

□7 ★★★ 百年戦争中の**1358年**、**フランス**で農民が蜂起し、[★★★] の乱が起こった。（センター、早稲田大）
◆ジャックとは貴族が農民に対して使う蔑称だった。
ジャックリーの乱

□8 ★★★ 1381年、**イギリス**で農民による [★★★] の乱が起こった。（立教大）
⚠**フランス**のジャックリーの乱と**イギリス**のワット=タイラーの乱の混同に注意！
ワット=タイラーの乱

□9 ★★★ ワット=タイラーの乱の指導者 [★★★] は、「アダムが耕しイブが紡いだ時、だれが [★★★] であったか」と**身分制度を批判**した。（立教大）
ジョン=ボール，貴族

7 ローマ教皇権の盛衰

ANSWERS □□□

□1 ★★ **キリスト教会の五本山**は、ローマ、トルコの [★★] と [★★] 、エジプトの [★★] 、イェルサレムの５つである。（青山学院大、早稲田大）
アンティオキア，コンスタンティノープル ※順不同，アレクサンドリア

□2 ★★ ５世紀中頃、ローマ教皇 [★★] 世は [★★] 人の**アッティラ**によるローマ侵入を防ぐことによって権威を高め、教会における首位権を主張した。（関西学院大）
レオ１世，フン人

□3 ★ 451年、レオ１世の要請で招集された [★] 公会議において、**キリストに神性のみを認める** [★] 論が異端とされた。（青山学院大）
カルケドン公会議，単性論

□4 ★★★ ６世紀末～７世紀初頭、教皇 [★★★] 世はイングランドを中心とするゲルマン人への**カトリック布教で活躍**した。（学習院大）
グレゴリウス１世

□5 ★★★ ６世紀初頭、ベネディクトゥスは**イタリア**の [★★★] に [★★★] 修道会を設立した。（京都府立大）
モンテ=カシノ，ベネディクト修道会

□6 ★★ ベネディクト修道会は「★★」をモットーとする清貧・純潔・服従の戒律を修道士に課し、その戒律は各地の修道院に広まった。（青山学院大）

◆このモットーは、生産労働を奴隷の仕事と考える古典古代以来の労働観を大きく変えた。

祈り、働け

□7 ★★★ 10世紀以降、**フランス**の ★★★ 修道院を中心に、聖ベネディクトゥスの戒律への回帰を掲げる**教会改革運動**が始まった。（センター、早稲田大）

◆広大な荘園を有していた教会や修道院が土地や財産を蓄積し、世俗化していく動きに対する刷新運動である。

クリュニー修道院

□8 ★★ 12世紀、ベネディクト会系修道院は次第に富裕化したため批判が起こり、**ベネディクトゥス戒律の原点に戻る**ことを目指す ★★ 修道会が**フランス**に成立した。（センター、関西大）

シトー修道会

□9 ★ シトー修道会は清貧と ★ を重んじ、ヨーロッパ各地に ★ を建設して**大開墾運動**を促進した。（上智大）

労働，修道院

□10 シトー修道会の ＿＿ は、クレルヴォー修道院を創設した。（予想問題）

◆ベルナルドゥスは、修道院を舞台に神学を発展させた。

ベルナルドゥス（聖ベルナール）

□11 ★★★ 13世紀初頭、イタリアのアッシジの ★★★ 修道会、フランスのトゥールーズの ★★★ 修道会などの**托鉢修道会**が創設された。（新潟大、甲南大）

◆托鉢修道会とは、財産を持たず、信者からの施しをよりどころとして清貧を重んじる修道会のこと。

フランチェスコ修道会，ドミニコ修道会

□12 ★★★ クリュニー修道院の影響を受けた教皇**グレゴリウス7世**は、★★★ や聖職者の ★★ を禁止する改革を行った。（早稲田大）

◆聖職売買とは教会の聖職位や財産を売買すること。また、カトリックの世界では聖職者の妻帯は教会の腐敗ととらえられた。

聖職売買，妻帯

□13 ★★★ **グレゴリウス7世**は、皇帝や国王などが司教などの**教会人事に介入すること**を嫌い、世俗権力による ★★★ 権を否定した。（早稲田大）

◆教皇の権力を強化しようという動きである。

聖職叙任権

□14 ★★★
国内の聖職者の任命権を持つ神聖ローマ皇帝 [★★★] 世は、教皇グレゴリウス7世と対立し、**破門**された。この対立は [★★★] と呼ばれる。 (早稲田大)

ハインリヒ4世, 叙任権闘争（じょにんけんとうそう）

□15 ★★★
1077年、破門された皇帝ハインリヒ4世は、北イタリアの山中に教皇グレゴリウス7世を訪ね謝罪した。この出来事を [★★★] という。 (早稲田大)

◆ハインリヒ4世は3日間雪の中で立ち尽くして許しを乞い、ようやく破門を解かれたという。教皇の権威が強調された出来事である。

カノッサの屈辱（くつじょく）（カノッサ事件（じけん））

□16 ★★★
1122年、教皇カリクストゥス2世は皇帝ハインリヒ5世との間に [★★★] 協約を結んだ。これによって、**叙任権闘争は一応終息**した。 (東洋大)

ヴォルムス協約

□17 ★★★
教皇 [★★★] 世の時代に**教皇権は絶頂に達した**。その威勢は「**教皇は** [★] **であり、皇帝は** [★] **である**」という言葉によく表されている。

(センター、慶應義塾大)

◆彼は、イギリス王ジョンを破門し、フランス王のフィリップ2世を屈服させたことでも知られる。

インノケンティウス3世, 太陽（たいよう）, 月（つき）

□18 ★★
14世紀になると、各国の国王権力の拡大に加え、[★★] の失敗によって教皇の**権威が衰退**した。

(駒澤大、上智大)

十字軍（じゅうじぐん）

□19 ★★★
聖職者への課税問題でフランス国王 [★★★] 世と対立した教皇 [★★★] 世は、1303年にローマ近郊の [★★★] に一時捕囚され、解放後に**急死した**。 (早稲田大)

◆このアナーニ事件により、**教皇権の弱体化**が明らかになった。

フィリップ4世, ボニファティウス8世, アナーニ

□20 ★★★
1309年、フランス人教皇**クレメンス5世**がフィリップ4世の支配下に入り、教皇庁はローマから**南フランス**の [★★★] へ移転した。この出来事を「[★★★]」という。 (早稲田大)

世界遺産

アヴィニョン, 教（きょう）皇（こう）のバビロン捕囚（ほしゅう）

□21 ★★★
十字軍の失敗はローマ教皇権力の衰退を招き、ローマとアヴィニョンにそれぞれ教皇が立つ [★★★] を引き起こした。 (駒澤大)

教会大分裂（きょうかいだいぶんれつ）（大（だい）シスマ）

□22 教会大分裂の結果、教皇がローマ・アヴィニョン・
★ [★] に並立し、混乱を招いた。 (早稲田大)

ピサ

□23 **イギリス**では、[★★★] 大学の [★★★] が、個人が聖書
★★★ を読んでそれぞれの見解をもつことができるように、**聖書の英訳**を行った。 (名古屋大、早稲田大)

◆彼は聖書を信仰の基本と捉え、教会の権威を否定した。

オクスフォード大学，ウィクリフ

□24 ウィクリフの活動に共鳴した**ベーメン(ボヘミア)**の神
★★★ 学者で**プラハ大学**総長の [★★★] は、聖書を [★] 語に翻訳した。 (早稲田大)

フス，チェコ語

□25 キリスト教の普遍主義(ふへんしゅぎ)に大きな影響を与えた**教会大分
★★★ 裂**は、1414～18年に開かれた [★★★] 公会議を経て収束した。 (名古屋大、関西大)

◆神聖ローマ皇帝ジギスムントの呼びかけで開かれた。

コンスタンツ公会議

□26 フスが [★★★] 公会議で**異端**(いたん)とされ火刑に処されると、
★★★ 彼の支持者らがベーメンで蜂起(ほうき)し [★★★] 戦争を起こした。 (早稲田大)

◆また、この会議では当時すでに亡くなっていたウィクリフも**異端**とされた。

コンスタンツ公会議，フス戦争

8 十字軍

ANSWERS □□□

□1 11～12世紀のヨーロッパでは [★] が盛んとなり、
★★ イベリア半島西北部の [★★] は**ローマやイェルサレムと並ぶ三大巡礼地**として人気を集めた。

(東京大、共立女子大)

◆サンティアゴ=デ=コンポステーラは、イエスの十二使徒(しと)の1人、聖ヤコブの墓があるという伝承から多くの巡礼者が訪れた。スペイン語で「ヤコブ」は「サンティアゴ」という。

巡礼(じゅんれい)，サンティアゴ=デ=コンポステーラ 世界遺産

□2 聖地イェルサレムを支配していた [★★] 朝がビザン
★★ ツ領を圧迫すると、ビザンツ皇帝は教皇に助けを求めた。 (西南学院大)

セルジューク朝

□3 1095年、教皇 [★★★] 世は [★★★] 宗教会議において
★★★ **十字軍の派遣を決定した。** (西南学院大)

ウルバヌス2世，クレルモン宗教会議

□4 **第1回十字軍の結果**、1099年、パレスチナに**キリスト教
★★★ 徒の国家**である [★★★] 王国が建設された。 (青山学院大)

イェルサレム王国

□5 ★★★ [★★★]朝のサラーフ=アッディーン(サラディン)に奪われた**聖地を奪還するため**、**第3回十字軍**が派遣されたが、失敗に終わった。(西南学院大)
アイユーブ朝

◆第2回十字軍はシリアのイスラーム勢力に対して行われたが、領土回復には失敗した。

□6 ★★ **第3回十字軍**には、神聖ローマ皇帝[★★]世、フランス王フィリップ2世、イギリス王[★★]世が参加した。(学習院女子大、法政大)
フリードリヒ1世, リチャード1世

◆リチャード1世は獅子心王(ししんおう)と呼ばれた。

□7 ★★ **第3回十字軍**の際、シリア沿岸のアッコンで**宗教騎士団**(きしだん)として[★★]騎士団が設立された。(共立女子大)
ドイツ騎士団

◆宗教騎士団は教皇直属の修道会で、巡礼の護衛を目的に発足した。

□8 ★ ドイツ騎士団は、13世紀以降にエルベ川以東への東方植民を進め、拠点を[★]海沿岸部に移し、広大な**騎士団領**(きしだんりょう)を開いた。(共立女子大、早稲田大)
バルト海

◆十字軍の行き詰まりが原因で、拠点を移し植民に転じた。

□9 ★ 代表的な騎士団は、[★]騎士団、[★]騎士団、ドイツ騎士団である。(京都大)
ヨハネ騎士団, テンプル騎士団 ※順不同

□10 ★★★ **第4回十字軍**は、商業圏の拡大をもくろむ[★★★]商人の要求により、[★★★]を占領してラテン帝国を建国した。(早稲田大、京都女子大)
ヴェネツィア商人, コンスタンティノープル

□11 ★★ [★]では、子どもや貧民が非武装で聖地[★★]を目指したが、奴隷にされるなど**悲劇的な結果**に終わった。(上智大)
少年十字軍(しょうねんじゅうじぐん), イェルサレム 世界遺産

□12 ★ 神聖ローマ皇帝[★]世は**第5回十字軍**を率いて、1229年に[★]朝との外交交渉により**聖地**イェルサレム**を回復**した。(関西大)
フリードリヒ2世, アイユーブ朝

□13 ★★ フランス王[★★]世は、**第6回十字軍**でエジプトに侵攻したが、[★]朝に大敗した。(上智大)
ルイ9世, マムルーク朝

□14 ★ ルイ9世は、**第7回十字軍**で北アフリカの[★]を攻撃したが、その地で病死し、十字軍も退却する結果となった。(上智大、明治大)
チュニス 世界遺産

□15 ★★ イェルサレム王国は、[★]朝軍の攻撃を受け、1291年に最後の拠点であったシリアの海港[★★]が陥落し、滅亡した。（立教大、早稲田大）

マムルーク朝, アッコン

□16 ★★ 十字軍の当初の目的はイェルサレム**奪還**であったが、結果として[★★]貿易が盛んになり**イスラームやビザンツの文化が流入**した。（センター）

東方貿易（レヴァント貿易）

▼十字軍

回	開始年	結果
第1回	1096年	イェルサレム王国建設
第2回	1147年	失敗
第3回	1189年	サラーフ＝アッディーンと講和, イェルサレム奪回失敗
第4回	1202年	ラテン帝国建国
第5回	1228年	アイユーブ朝と交渉しイェルサレム回復
第6回	1248年	ルイ９世敗北により失敗
第7回	1270年	ルイ９世病死により失敗

9 中世ヨーロッパ都市の成立

ANSWERS □□□

□1 ★★★ 11世紀後半から、農業生産性の上昇とともに余剰生産物の取引が活発になり、交易拠点に成立した[★★★]は領主に自治を主張するようになった。（東京大、青山学院大）

中世都市

□2 ★★ 「[★★]」という**ドイツのことわざ**は、封建領主から支配を受けない都市生活をたたえたものである。（中央大）

◆ヨーロッパ諸都市の多くが持つ都市法により、１年と１日居住した農奴は自由身分となることができるとされた。

都市の空気は［人を］自由にする

□3 ★★★ 各地の都市は特許状により[★★★]を獲得し、領主支配を脱して[★★]都市になった。（東京都市大）

自治権, 自治都市

□4 ★★★ 中世ヨーロッパの都市貴族などが中心となって**領主から自治権を獲得した北部・中部イタリアの自治都市**は[★★★]と呼ばれる。（神戸女学院大）

◆代表的なコムーネには、**フィレンツェ**や**ジェノヴァ**がある。

コムーネ

□5 ★★★ ドイツでは、諸都市が皇帝から特許状を得て自治権を獲得し、**皇帝直属**の[★★★]が成立した。（北海道大）

帝国都市（自由都市）

□6 ★ 中世ヨーロッパにおける多くの自治都市は [★] が置かれていた都市であり、周辺の [★] の介入を防ぐために石造の市壁を作った。(早稲田大)

◆司教座都市とは大司教などの高位聖職者が置かれた都市のこと。信仰の中心として周囲から人と物資が集まっており、都市として発達する条件が整っていた。

司教座(しきょうざ), 諸侯(しょこう)

□7 ★★★ イタリアの諸都市は12世紀以降、**教皇派の** [★★★] と**皇帝派の** [★★★] に分かれて激しく対立した。(センター、青山学院大)

◆主なゲルフの都市としてはフィレンツェやボローニャ、主なギベリンの都市としてはピサやヴェローナがあった。

ゲルフ(教皇党(きょうこうとう)), ギベリン(皇帝党(こうていとう))

□8 ★★ 現オランダ・ベルギーを中心とする低地地方の [★★] は、中世から近世にかけ、国際的な商業・交易や [★★] 工業で繁栄した。(学習院大)

ネーデルラント, 毛織物(けおりもの)工業

□9 ★★ フランドル地方は、特に11世紀以降 [★★] 産業で栄えた。中心都市は [★★] で、**ハンザ同盟の商館**も置かれた。(京都大)

◆フランドル地方は**百年戦争の係争地となった地域**でもある。

毛織物(けおりもの)産業, ブリュージュ(ブルッヘ)

□10 ★★ イタリアの [★★] は、毛織物産業で富を蓄積した。

◆『神曲(しんきょく)』で有名なダンテの出身地である。(センター)

フィレンツェ

□11 ★★★ イタリアにはコムーネを中心とした小国家的組織が多く立ち、**アドリア海に面する** [★★★] は東地中海に進出して**商業活動を展開**した。(学習院大)

ヴェネツィア

□12 ★★★ **十字軍の影響**で交通が発達すると、遠隔地(えんかくち)貿易で発展する都市も現れた。**イタリア商人**による地中海沿岸における遠隔地貿易を [★★★] 貿易という。(関西大)

◆イタリア商人は主に銀を輸出し、ムスリム商人などから**香辛料**や**絹織物**などを輸入していた。

東方(とうほう)貿易(レヴァント貿易)

□13 ★ 東方貿易を独占した海港都市ヴェネツィアは、その繁栄から「[★]」と呼ばれた。(早稲田大)

アドリア海(かい)の女王(じょおう)

□14 ★★★ 中世の都市では、大商人たちが**相互扶助や市場の独占**などの目的で [★★★] を結成した。(センター)

◆やがて市場の管理や都市法の制定、裁判権の行使などを担う市参事会を構成し、市政を掌握した。

商人(しょうにん)ギルド

□15 ★★★ 商人ギルドが勢力を増す中、職人たちを組織化した手工業者の［★★★］たちによる同職組合の［★★★］が生まれた。（センター）

親方，同職ギルド（ツンフト）

□16 ★★★ 同職ギルドには親方だけが参加でき、手工業者の下層にあたる［★★★］や［★★★］は参加できなかった。（センター）

職人，徒弟 ※順不同

□17 ★ 同職ギルドは生産・流通の［★］を保障し、成員間の［★］を防ぐために各種の**規制を設け、ギルドに参加しない者の営業を禁止**していた。（センター）

◆当初、こうした規制は手工業者の経済的安定をもたらしたが、のちに自由な発展を妨げることになった。

独占，自由競争

□18 ★★ 勢力を増した手工業者層が、市政を独占していた大商人と抗争しながら市政の中で一定の地位を占めていったプロセスを［★★］という。（センター）

ツンフト闘争

□19 ★★ 11～13世紀の西ヨーロッパでは、［★★］の増加が中世都市の成立や植民活動の活発化を引き起こし、外部での［★★］やイベリア半島での［★★］の要因となった。（上智大）

人口，十字軍，国土回復運動（レコンキスタ）

□20 ★★ 中世都市は商業上の利益を守るために［★★］を結び、皇帝・王・諸侯などと対抗した。（予想問題）

都市同盟

□21 ★★★ 北ドイツの港湾都市である［★★★］は、［★★★］同盟の**盟主**として**バルト海交易**に従事した。（センター）

リューベック，ハンザ同盟

□22 ★★★ ハンザ同盟には、エルベ川河口の［★★★］、その西に位置する［★★］など北ヨーロッパの多くの都市が加盟した。（予想問題）

⚠リューベック・ブレーメン・ハンブルクの位置を問う問題に注意！

ハンブルク，ブレーメン

□23 ★ ハンザ同盟はヨーロッパ各地に在外商館を持ち、中でもロンドン・［★］・［★］・ベルゲンは四大商館と呼ばれた。（青山学院大）

◆統治組織は不定期の総会のみというゆるい組織だった。

世界遺産 ブリュージュ，ノヴゴロド ※順不同

□24 ★★★ 1167年、**神聖ローマ皇帝のイタリア政策に対抗**し、北イタリア諸都市は ★★★ を中心としたロンバルディア同盟を結成した。 (南山大)

◆共同で軍隊を用意しイタリア政策に抵抗した。

ミラノ

□25 ★★ 中世都市では、フィレンツェの ★★ 家、アウクスブルクの ★★ 家などの大富豪が現れた。 (上智大)

メディチ家,
フッガー家

▼中世ヨーロッパ都市

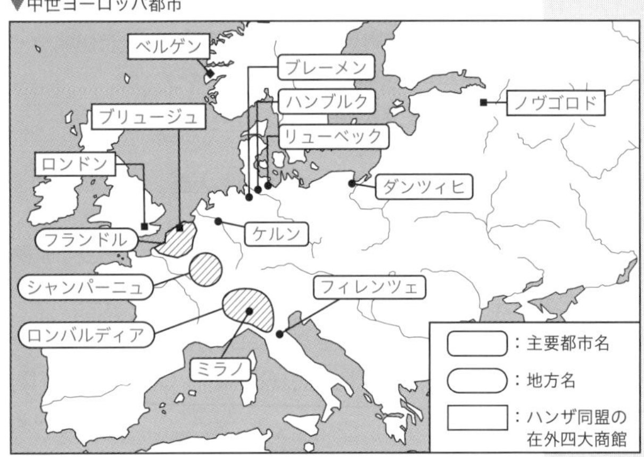

10 ヨーロッパ商業の中継点

ANSWERS □□□

□1 ★★ 中世ヨーロッパでは商業活動の活発化に伴い ★★ 経済が浸透し、イタリアを中心に**金融業**が栄えた。 (上智大)

貨幣(かへい)経済

□2 ★★ ヴェネツィアやジェノヴァなどの北イタリア諸都市は、**東方貿易**の拠点として、 ★★ 圏で得たアジアの物産品をヨーロッパ各地に運んでいた。 (予想問題)

◆コンスタンティノープルやシリア諸港、アレクサンドリアなどと取引を行い、**銀**や**毛織物**とひきかえに**香辛料・絹織物**・宝石など奢侈品を輸入した。これによりヨーロッパでアジア商品の需要が高まった。

地中海商業圏(ちちゅうかいしょうぎょうけん)

□3 ★★ ★★ 圏は、**海産物・木材・毛皮**・穀物などの生活必需品の取引で栄えた。 (予想問題)

◆**リューベック**や**ハンブルク**などの北ドイツ諸都市、毛織物産業で栄えた**フランドル地方**、原料の羊毛を供給するロンドンなどが中心であった。

北(きた)ヨーロッパ商業(しょうぎょう)圏(北海(ほっかい)・バルト海交易圏(かいこうえきけん))

□4 ★★★ **ブリュージュ**を中心とした [★★★] 地方の諸都市は [★★★] の生産で繁栄した。（青山学院大）

フランドル地方, 毛織物（けおりもの）

□5 ★★ フランドル地方の [★★] は毛織物の生産で栄えた都市の１つで、**現在のベルギーにあるヘント**である。（南山大）

ガン

□6 ★★★ 地中海と北ヨーロッパの二つの商業圏を結ぶフランスの [★★★] 地方は**定期市**で栄えた。（同志社大）

◆シャンパーニュ地方は最大の商品集積地であると同時に、為替などを扱う金融市場でもあった。

シャンパーニュ地方

□7 ★★ [★★] 王国は、15世紀以降通航量が増大した北海とバルト海を結ぶエーレスンド（ズント）海峡の両側を支配した。（京都大）

デンマーク王国

11 中央集権国家の形成①（イギリス）

ANSWERS □□□

□1 ★★★ **ノルマンディー公ウィリアム**による1066年の [★★★] によって、ブリテン島に [★★★] 朝が成立した。（慶應義塾大）

ノルマン=コンクェスト, ノルマン朝

□2 ★★ ノルマン=コンクェストによって、[★★] 王の家臣がイギリス王として君臨することになり、イギリスにフランスの制度や文化がもたらされた。（法政大）

フランス

□3 ★★★ 1154年、フランスの**アンジュー伯（はく）**が [★★★] 世として [★★★] 朝を開いた。（センター、早稲田大）

◆当時のイングランド王国は、フランスの西半分とイギリスを領土とする、ドーバー海峡を挟んだ広大な王国であった。

ヘンリ２世, プランタジネット朝

□4 ★★★ プランタジネット朝の第2代 [★★] 世は、第 [★★★] 回十字軍に参加して**アイユーブ朝**のサラーフ=アッディーンと戦った。（中央大）

リチャード１世, 第３回十字軍

□5 ★★★ 第３代 [★★★] 王は、北フランスに所有していた領土をフランス王 [★★★] 世に奪われたうえ、教皇 [★★★] 世から**破門された**。（センター、早稲田大）

◆あだ名「**欠地王**」は、末子のため出生時にフランス国内領地がすべて兄たちに行き渡ってしまっていたことが由来である。彼以降、ジョンを名乗るイギリス国王は現れていない。

ジョン王, フィリップ２世, インノケンティウス３世

□6 ★★★ 戦費調達のための**重税に貴族たちが反発**し、1215年にジョン王は［★★★］**への署名**を余儀なくされた。（上智大、中央大）

大憲章（マグナ=カルタ）

□7 大憲章は、［　］市が交易の自由を持ち、［　］について自ら決定できることを認めた。（上智大、早稲田大）

◆大憲章は、貴族への相談なしに課税することを禁じ、教会も国王から自由とし、国王の権限を制限する内容となっていた。**イギリスの立憲政治の原点**といわれる。

ロンドン市，関税

□8 ★★ 第4代［★★］世は、失地回復の外征の失敗や強引な課税などで失政を重ねた。（青山学院大）

ヘンリ3世

□9 ★★★ イギリスの貴族であった［★★★］は、大憲章を無視した［★★］世に対して**反乱を起こし**、1265年に議会を招集した。（上智大）

◆聖職者・貴族・騎士・都市代表が招集された。これが**イギリス議会の起源**とされる。

シモン=ド=モンフォール，ヘンリ3世

□10 ★★★ 第5代［★★★］世時代に開かれた［★★★］には、大貴族や高位聖職者の他、各州2名ずつの騎士や各都市2名ずつの市民代表も召集された。（関西大）

◆「模範議会」という呼び名は、当時の身分制社会を模範的に反映していたことに由来する。

エドワード1世，模範議会

□11 ★★ エドワード3世時代には、大貴族や高位聖職者の代表による［★★］院と、各州の騎士や各都市の代表による［★★］院からなる**二院制議会**が成立した。（青山学院大、上智大）

◆このときの国王エドワード3世は、フランス王位の継承権を主張して**百年戦争**を起こした人物でもある。

上院（貴族院），下院（庶民院）

□12 ★★★ イギリスの地方行政や議会の下院のメンバーとして活躍した、貴族と農民の中間に立つ**地主階級**を［★★★］という。（大妻女子大、上智大）

ジェントリ（郷紳）

12 中央集権国家の形成②（フランス）

ANSWERS □□□

□1 ★★★ フランスでは、**カロリング家の血統が断絶**したのち、987年にパリ伯の［★★★］が王位について［★★★］朝が成立した。（中央大）

ユーグ=カペー, カペー朝

◆この王朝の王権はパリやオルレアンとその周辺を支配するのみで弱く、**諸侯の力が強かった**。

□2 ★★★ フランス王［★★★］世は、［★★★］朝のイギリス王ジョンと戦って、フランス国内における**イギリス領の大半を奪った**。（明治大）

フィリップ2世, プランタジネット朝

□3 ★★★ フィリップ2世は、神聖ローマ皇帝**フリードリヒ1世**やイギリス王**リチャード1世**とともに第［★★★］回十字軍に参加した。（名古屋大、國學院大）

第3回十字軍

□4 ★★★ **南フランス**諸侯に保護された異端［★★★］派は、教皇**インノケンティウス3世**が提唱した［★★★］十字軍の攻撃を受けた。（愛知大、関東学院大）

カタリ派（アルビジョワ派), アルビジョワ十字軍

◆悪魔が物質世界を創造したとするカタリ派の善悪二元論は、教会の秩序を脅かすとして異端とされた。アルビジョワは南フランスにおけるカタリ派の地方的呼び名。

□5 ★★★ フランス王［★★★］世はカタリ派を制圧し、**王領を南フランスまで広げた**。（南山大）

ルイ9世

◆フィリップ2世が開始したアルビジョワ十字軍は、フランス王権拡大のための征服戦争という一面も持っていた。

□6 ★★ ルイ9世は、第［★★］回十字軍・第［★★］回十字軍を起こした。（早稲田大）

第6回十字軍, 第7回十字軍

□7 ★★★ **フィリップ4世**は、聖職者への課税問題から教皇［★★★］世と対立し、1302年、**フランス初の身分制議会**である［★★★］を開いた。（名古屋大、早稲田大）

ボニファティウス8世, ［全国(ぜんこく)］三部会(さんぶかい)

◆全国三部会は17世紀に**ルイ13世**により招集が停止されたが、フランス革命直前の1789年に**ルイ16世**により再び召集された。

□8 ★★★ 全国三部会の支持を受けた**フィリップ4世**は、教皇［★★★］世を捕らえ、さらに教皇庁をローマから［★★★］へ移した。（早稲田大）

ボニファティウス8世, アヴィニョン 世界遺産

◆ボニファティウス8世は解放後に急死した（アナーニ事件）。

□9 ★★★ 1328年、フランス国王**フィリップ6世**は［★★★］朝を開いた。（法政大）

ヴァロワ朝

13 百年戦争

ANSWERS □□□

□1 ★★★ プランタジネット朝の［★★★］世が母方の血筋を理由に**フランス王位継承権を主張**して侵攻したことが、［★★★］戦争の始まりである。（試行調査、慶應義塾大）

◆カペー家の直系が途絶え、傍系のヴァロワ家が王位を継いだところであった。百年戦争は**1339年**から**1453年**まで続いた。

エドワード3世, 百年(ひゃくねん)戦争

□2 ★★★ 百年戦争の背景には、**毛織物**の産地の［★★★］地方や、**ワイン**の産地の［★★］地方をめぐる**フランスとイギリスの対立**もあった。（立命館大）

フランドル地方, ギエンヌ地方（ギュイエンヌ地方）

□3 フランス東部の封建諸侯［　　］公は、イギリスと結んで**フランス王権に対抗**した。（早稲田大）

ブルゴーニュ公

□4 ★★ 百年戦争の初期、イギリスは［★★］兵の活躍により、1346年の［★★］の戦いでフランスの騎士軍に大勝した。（上智大、早稲田大）

長弓(ちょうきゅう)兵, クレシーの戦い

□5 ★★ エドワード3世の長男である［★★］は、1356年の［★］の戦いで大勝し、フランス南西部を獲得した。

◆「黒太子」は、黒い鎧(よろい)を愛用したことに由来する。（上智大）

エドワード黒太子(こくたいし), ポワティエの戦い

□6 ★★★ 百年戦争中、**黒死病（ペスト）の大流行**に加え、フランスで［★★★］の乱、イギリスで［★★★］の乱が起こり、両国は互いに疲弊(ひへい)した。（早稲田大）

ジャックリーの乱, ワット=タイラーの乱

□7 ★★★ 1429年、農民の娘［★★★］の活躍でイギリス軍に包囲された［★★★］が解放されると、フランスは攻勢に転じた。（上智大、南山大）

◆神のお告げを信じて戦ったジャンヌ=ダルクだが、イギリス側に捕らえられ、宗教裁判の結果、異端として火刑に処された。

ジャンヌ=ダルク, オルレアン

□8 ★★★ オルレアンが解放されると、［★★★］世はランスで正式に戴冠(たいかん)した。（関西大）

◆その後の1453年、フランスはほぼ全領土の回復に成功し、百年戦争は終結した。シャルル7世は諸侯・騎士の没落の中で王権を強化し、財務官ジャック=クールを起用して**商工業振興策を推進した**。

シャルル7世

□9 ★★★ フランス北部の港市 [★★★] のみは、百年戦争後も**イギリスの拠点として**16世紀半ばまで残された。（早稲田大）

◆イギリスは、百年戦争に敗北して大陸での勢力を失った。

カレー

□10 ★★★ イギリスにおいて、1455～85年にかけて [★★★] 家と [★★★] 家が王位をめぐり争った**内乱**を [★★★] 戦争という。（早稲田大、関西大）

◆ランカスター家の紋章が赤いバラ、ヨーク家の紋章が白いバラであることに由来する。

ランカスター家, ヨーク家 ※順不同, バラ戦争

□11 ★★★ バラ戦争をおさめ王位に就いた [★★★] 世によって [★★★] 朝が開かれた。（センター）

ヘンリ7世, テューダー朝

14 中央集権国家の形成③（ドイツ）

ANSWERS □□□

□1 ★★★ 東フランク王国の君主であった**ザクセン家**のオットー1世は、[★] の戦いでウラル語系の [★★★] 人を撃破し、962年に**ローマ皇帝の冠を受けた。**（学習院大、同志社大）

◆この戴冠を機にローマ皇帝は**神聖ローマ皇帝**と呼ばれるようになった。

レヒフェルトの戦い, マジャール人

□2 ★★ [★★] 朝のフリードリヒ1世は、自らの支配領域に初めて「神聖帝国」という公式呼称を付与した。（学習院大）

◆フリードリヒ1世は「バルバロッサ（赤髭）」とも呼ばれる。第3回十字軍の際に溺死した。

シュタウフェン朝

□3 フリードリヒ1世の時代には、[　] 大学を中心に復興しつつあった [　] 法に基づく、新たな皇帝理念が創出されようとしていた。（学習院大）

ボローニャ大学, ローマ法

□4 ★★★ シュタウフェン朝で活発化した、神聖ローマ皇帝がイタリアに干渉する [★★★] 政策に対抗するため、**北イタリアの諸都市**は [★★★] 同盟を結成した。（専修大）

◆フリードリヒ1世、フリードリヒ2世の時代は、イタリア政策の全盛期であった。

イタリア政策, ロンバルディア同盟

□5 ★★★ 神聖ローマ帝国は、13世紀半ばにシュタウフェン朝が断絶した後、**約20年間実質的に皇帝が不在**である「[★★★]」となった。（早稲田大）

大空位時代

□6 ★★★ 1356年、皇帝［★★★］世は7名の［★★★］に**皇帝選挙権を与える**［★★★］を発布した。（同志社大）

◆これは、皇帝に対して領邦君主の優位を確認するものであった。

カール4世，選帝侯，金印勅書

□7 ★ 皇帝選出権を認められたのは、マインツ・ケルン・トリーアの**大司教**と、ファルツ伯・［★］公・［★］辺境伯・［★］王の**世俗諸侯**の**7名**である。（慶應義塾大、立命館大）

◆彼らが多数決で神聖ローマ帝国の皇帝を選出する。

ザクセン公，ブランデンブルク辺境伯，ベーメン王

□8 ★★★ 15世紀以降、神聖ローマ皇帝の位は［★★★］家が世襲した。（上智大）

◆ハプスブルク家は、1806年に神聖ローマ帝国が消滅するまで皇帝位をほぼ独占した。

ハプスブルク家

□9 ★★★ 12～14世紀にかけて、［★★★］川以東へドイツ人が**大規模に植民**した。これを［★★★］という。（上智大）

◆この地域にはもともとスラヴ人やマジャール人が居住していた。大規模な植民の背景には、気候の温暖化や穀物生産の効率化などによる人口の増加があった。

エルベ川，東方植民

□10 ★★ 東方植民が活発化した過程で、のちに**ホーエンツォレルン家**領となった［★★］領や、バルト海沿岸の［★★］領が成立した。（青山学院大、上智大）

◆東方植民に加え、オランダの干拓、レコンキスタ、十字軍運動など、この頃は西ヨーロッパが外の世界に向けて拡大傾向に転じていた。

ブランデンブルク辺境伯領，ドイツ騎士団領

15 中央集権国家の形成④（その他）

ANSWERS □□□

□1 ★★★ ノルマン人が建設した**ノルウェー・スウェーデン・デンマーク**は、1397年にデンマーク王家の［★★★］の主導で［★★★］同盟を結んだ。（センター、青山学院大）

◆複数の国家が同一人物を君主として結ぶ連合関係を同君連合という。カルマル同盟は黒死病への対応やハンザ同盟の進出に対抗するために結成された。

マルグレーテ，カルマル同盟

□2 ★★ ［★★］は、13世紀末から有力な州や都市が盟約を結んで**ハプスブルク家に対する独立闘争**を始め、1499年には**事実上の独立**を果たした。（京都府立大）

スイス

□3 ★★★ イベリア半島では、12世紀半ばに［★★★］王国が**カスティリャ王国から分離独立**し、やがてアフリカ西海岸に進出して**海洋国家**として発展した。（國學院大、上智大）

ポルトガル王国

□4 ★★★ **カスティリャ王国**のイサベルと［★★★］王国のフェルナンドとの結婚を経て、**1479年**に［★★★］王国が成立した。（センター、慶應義塾大）

アラゴン王国, スペイン王国（イスパニア王国）

□5 ★★★ 1492年、スペイン王国は［★★］朝の都［★★★］を征服し、国土回復運動が完了した。（明治学院大）

ナスル朝, グラナダ 

16 ビザンツ帝国

ANSWERS □□□

前期

□1 ★★★ 重税に対する反乱や異民族の侵入で混乱状態にあったローマ帝国は、395年、［★★★］帝によって［★★★］**帝国と西ローマ帝国に分割**された。（青山学院大）

◆ビザンツ帝国という呼び名は、首都コンスタンティノープルの旧名ビザンティウムに由来する。

テオドシウス帝, 東（ひがし）ローマ帝国（ビザンツ帝国）

□2 ★★★ ユスティニアヌス1世は、**534年**に**北アフリカ**の［★★★］王国、555年に**イタリア**の［★★★］王国を征服し、地中海の旧ローマ帝国の領土をほぼ回復した。（京都大、慶應義塾大）

◆ヴァンダル王国は**カルタゴ**の故地で、現在のチュニジアである。

ヴァンダル王国, 東（ひがし）ゴート王国

□3 ★★★ ユスティニアヌス1世が首都コンスタンティノープルに建設した［★★★］聖堂は、巨大なドームを持つ［★★★］様式の建築である。（センター）

◆ハギア=ソフィア聖堂は1万人もの職人によって建設されたと伝えられ、巨大ドームは複数回の崩落と修復を経た。また、コンスタンティノープルがオスマン帝国領になった後は、イスラーム教のモスクとして用いられた。

ハギア（セント）=ソフィア聖堂, ビザンツ様式

□4 ★★ ビザンツ帝国によるイタリア支配の要地であった［★★］では、サン=ヴィターレ聖堂が建設されるなど［★★］様式の文化が花開いた。（京都女子大）

◆ラヴェンナはイタリア半島北部のアドリア海に面した都市である。サン=ヴィターレ聖堂は、**ユスティニアヌス1世**や皇后**テオドラ**の**モザイク壁画**で知られる世界文化遺産である。

ラヴェンナ, ビザンツ様式 世界遺産

V 16 ビザンツ帝国

□5 ★★
ユスティニアヌス1世期には、中国から**養蚕技術**が伝わり、[★★]の生産が盛んとなった。（東京大）
◆この繊維の原料や製法は長く中国の秘密とされていたが、ユスティニアヌス1世は中国在住のネストリウス派の修道僧に原料を持ち帰らせた。

絹

□6 ★★★
ユスティニアヌス1世の命を受け、トリボニアヌスは『[★★★]』を編纂した。（センター）

ローマ法大全

中期

□7 ★★★
7世紀、**ヘラクレイオス1世**治世下で公用語が[★★★]語から[★★★]語に変わり、ローマ帝国の継承国家という性質は次第に薄れていった。（京都女子大）
◆男性名詞の語尾は、ラテン語では -us で終わることが多いのに対し、ギリシア語では -os で終わることが多い。そのためヘラクレイオス1世前後で皇帝の呼び名の語尾が変わる。

ラテン語，ギリシア語

□8 ★★★
7世紀以降、異民族の侵入に対処するために[★★★]制が導入され、**帝国をいくつかの地区に分け、その司令官に軍事と行政双方の権限を与えた。**（北海道大）
◆この時、北方からスラブ人やトルコ系のブルガール人が、東方よりササン朝やイスラーム勢力が進出した。

軍管区制（テマ制）

□9 ★★
ビザンツ帝国の各地区では、農民に土地を与えるかわりに**兵役義務を課す**[★★]制が行われた。（北海道大）

屯田兵制

□10 ★★★
717年に即位した[★★★]世は**ウマイヤ朝**を撃退したが、726年に発布した[★★★]令により、**ローマ教皇との関係を悪化**させた。（センター、法政大）
◆偶像を否定するイスラームの影響であったが、ゲルマン布教に聖像を必要としたローマ教会は反発した。なお、聖像禁止令は843年に廃止された。

レオン3世，聖像禁止令

□11 ★★★
1054年、対立を深めたキリスト教世界は、ビザンツ皇帝を首長とする[★★★]教会と、教皇を首長とする[★★★]教会に分裂した。（センター）

ギリシア正教会，ローマ=カトリック教会

□12 ★★
ローマ=カトリック教会では[★★]語を、ギリシア正教会では[★★]語を**公用語**とした。（センター）

ラテン語，ギリシア語

□13 ★★ ローマ=カトリック教会では [★★] を、ギリシア正教会では [★★] をそれぞれ中心都市に、宗教圏を形成した。 (センター)

ローマ, コンスタンティノープル

□14 ★★★ キエフ大公の [★★★] 世は、ビザンツ皇女を妃にし、**ギリシア正教に改宗**した。 (センター)

ウラディミル1世

□15 ★★ 11世紀、ビザンツ帝国は [★★] 帝国を併合した。 (慶應義塾大)

[第1次(だいいちじ)]ブルガリア帝国

後期

□16 ★★ 1071年、ビザンツ帝国は [★★] の戦いで**セルジューク朝に敗れ**、[★★] を奪われた。これ以降、ビザンツ帝国は衰退期に入った。 (慶應義塾大、法政大)

◆マンジケルトの戦いののち、セルジューク朝の一派はアナトリアにルーム=セルジューク朝を建国し、この地のトルコ化・イスラーム化が進んだ。

マンジケルトの戦い, アナトリア(小(しょう)アジア)

□17 ★★★ ビザンツ帝国は、**イスラーム勢力に対抗するため**ローマ教皇へ救援を要請し、[★★★] が始まった。 (中央大)

十字軍(じゅうじぐん)

□18 ★★★ ビザンツ帝国では、11世紀末以降、中央集権維持のため、**軍役奉仕を条件に貴族に国有地の管理を任せる** [★★★] 制をとったが、領主化が進み**皇帝権が弱体化した**。 (北海道大)

⚠軍管区制(テマ制)とプロノイア制の混同に注意!

プロノイア制

□19 ★★★ 第 [★★★] 回十字軍が首都コンスタンティノープルを一時占領し、**1204年**に [★★] 帝国を建国したため、ビザンツ帝国は一時的に中断された。 (慶應義塾大)

第4回十字軍, ラテン帝国

□20 ★★★ 第4回十字軍は、**商業圏拡大を目論む** [★★★] 商人が主導した。 (京都府立大)

ヴェネツィア商人

□21 ★★★ 1453年、**ビザンツ帝国**は [★★★] 帝国の第7代スルタン [★★★] 世によって**コンスタンティノープル**を攻略され、滅亡した。 (早稲田大)

◆ビザンツ帝国最後の皇帝はコンスタンティヌス11世であった。

オスマン帝国, メフメト2世

V 16 ビザンツ帝国

□22 ★★★ **コンスタンティノープル**はオスマン帝国の首都となり、やがて［★★★］と呼ばれるようになった。4世紀以前は［★★★］と呼ばれていた。（センター）

イスタンブル,
ビザンティウム

◆ギリシア人の植民市だったビザンティウムに、**ローマ皇帝コンスタンティヌス**が新たに都を開き、コンスタンティノープルとなった。

17 スラヴ人などの活動

ANSWERS □□□

□1 ★ ［★］山脈の北方を原住地とするスラヴ人は、6世紀以降、［★］帝国の北側の地域に急速に広がった。（南山大）

カルパティア山脈,
ビザンツ帝国

◆カルパティア山脈はスロヴァキア・ウクライナ・ルーマニアにまたがっている。

□2 ★★★ ロシア人やウクライナ人などの［★★★］人は、ドニエプル川中流域に広がった。（関西大）

東(ひがし)スラヴ人

□3 ★★★ **9世紀**、**ルーシ**の［★★★］は、ロシアに［★★★］国を建てた。（日本大）

リューリク,
ノヴゴロド国

◆ルーシとはスウェーデン系ノルマン人の呼称。

□4 ★★★ 9世紀、ノヴゴロド国の一族は南下して［★★］川流域に［★★★］公国を建て、まもなくスラヴ化した。（上智大）

ドニエプル川,
キエフ公国

□5 ★★★ キエフ公国の［★★★］世は、ビザンツ皇帝の妹と結婚し、［★★★］教を国教とした。（早稲田大）

ウラディミル1世,
ギリシア正(せい)教

□6 ★★★ 13世紀、キエフ公国はモンゴル帝国の［★★★］の西征によって滅ぼされた。（法政大）

バトゥ

□7 ★★★ 13世紀、バトゥは**南ロシア**に［★★★］国を建て、ロシア諸侯はモンゴルの支配を受けた。（日本大）

キプチャク=ハン国

◆この事態をロシアでは「タタール（モンゴル）のくびき」と呼んだ。

□8 ★★★ 15世紀、**モスクワ大公国**は［★★★］世の時代にロシアの諸公国を併合し、**1480年**にキプチャク=ハン国の支配から脱した。（同志社大）

イヴァン3世

□9 ★★ イヴァン3世は「［★★］」の称号を**自称**し、帝国の基礎を築いた。（上智大）

ツァーリ

◆ツァーリはロシアにおける皇帝の称号で、カエサルが語源。

□10 ★★ イヴァン3世は［★★］皇帝の紋章(もんしょう)である「双頭(そうとう)の鷲(わし)」を継承し、モスクワを「第3の［★★］」とする政治理論が生まれた。（関西学院大）

ビザンツ皇帝, ローマ

◆イヴァン3世はビザンツ帝国最後の皇帝の姪と結婚し、皇帝を意味するツァーリの称号を初めて用いた。こうしたことから、モスクワが古代ローマ帝国やビザンツ帝国を継承する国家であるという概念が生まれた。

□11 ★★ 1547年、［★★］世はツァーリの称号を**正式**に採用し、専制政治を進めた。（明治大）

イヴァン4世

◆イヴァン4世は3歳で即位し、14歳のときに公式にツァーリを名乗って**事実上ロシア帝国の創始者**となった。「**雷帝**(らいてい)」とも呼ばれた。

◆ロシア国家における強力な皇帝専制体制のことをツァーリの称号に由来して「ツァーリズム」という。

□12 ★ イヴァン4世の時代、農民の移動が禁止され［★］制の強化が図られるとともに、貴族勢力が抑えられて［★］化が進んだ。（関西学院大）

農奴(のうど)制, 中央集権(ちゅうおうしゅうけん)

□13 ★★ ロシアの逃亡農奴で狩猟、牧畜、略奪などを生業とした人々を［★★］という。（予想問題）

コサック

□14 ★★ イヴァン4世はコサックの首長［★★］の協力を得て、［★★］に領土を広げた。（立教大）

イェルマーク, シベリア

□15 ★★ 9世紀、**西スラヴ人**の**チェック人**は、チェコ東部に［★★］王国を建てた。この国は、フランク王国に対抗して［★］教の導入を図った。（立命館大）

モラヴィア王国, ギリシア正(せい)教

□16 ★ モラヴィア王国は、［★］人に滅ぼされた。（立命館大

マジャール人

□17 ★ ［★］・メトディオス兄弟は、ビザンツ帝国からモラヴィア王国に派遣され、**聖書と典礼書**(てんれいしょ)**の現地語訳を通して布教**を試みた。（京都大）

キュリロス

◆この兄弟の業績として、グラゴール文字の考案も合わせて確認しよう。

□18 ★★ 10世紀初頭、**チェック人**により［★★］王国が建国された。（予想問題）

ベーメン王国

◆ベーメン（ボヘミア）は現在のチェコ西部にあたる。

□19 ★★ 11世紀に［★★］帝国に編入されたベーメン王国は、ドイツ人の東方植民を利用し、都市建設や銀山開発などを進めた。（予想問題）

神聖(しんせい)ローマ帝国

□20 ★
ベーメン王国では、14世紀にルクセンブルク朝の［★］世が神聖ローマ皇帝を兼ね、**王国に最盛期**をもたらした。（予想問題）

カレル1世

◆神聖ローマ皇帝としてはカール4世。チェコ人の間で人気の高い国王であり、現在のチェコの紙幣には彼の肖像画が描かれているものがある。**金印勅書発布**や**プラハ大学建設**などの功績を残した。

□21 ★★
1236年、［★★］率いる**モンゴル軍が西方遠征を行い**、ロシアの［★］を攻略後、ポーランドと［　］に侵入した。（立命館大）

バトゥ, キエフ, ハンガリー

□22 ★★★
ポーランドに侵入したバトゥの一隊は1241年の［★★★］の戦いで**ドイツ・ポーランド連合軍を破り**、その後、ハンガリーを転戦した。（立命館大）

ワールシュタットの戦い

□23 ★★
14世紀前半に再統一されたポーランドでは、［★★］大王が行政機構の改革を行い、［★★］大学を創設して文化振興に努めた。（明治大、立命館大）

カジミェシュ大王（カシミール大王）, クラクフ大学

◆カジミェシュ大王は、ドイツ騎士団(きしだん)の入植やユダヤ人の移住を促進し経済を発展させた。

□24 ★★★
1386年、［★★］の台頭を受け、**リトアニア大公とポーランド女王が結婚**し、［★★★］朝リトアニア=ポーランド王国が成立した。（早稲田大）

ドイツ騎士団(きしだん), ヤゲウォ朝（ヤゲロー朝）

◆ヤゲウォ朝の成立により、リトアニア人は**カトリックへ改宗**した。

□25 ★★
1410年、ヤゲウォ朝は**タンネンベルクの戦い**で［★★］を破った。（早稲田大）

ドイツ騎士団(きしだん)

◆タンネンベルクはポーランドの北東部の町。第一次世界大戦中の1914年にドイツとロシアが戦った場所でもある。

□26 ★★
［★★］圏の東の辺境に位置するベーメン・ハンガリー・ポーランドは、［★★］圏との間で複雑な民族と国家形成の舞台となった。（新潟大、立命館大）

ローマ=カトリック, ギリシア正教(せいきょう)

◆キエフ公国がギリシア正教を受容した一方、ベーメン・ポーランドなど西スラヴ人の諸国はローマ=カトリックに改宗した。

□27 ★★
西スラヴ人のスロヴァキア人は［★★］に改宗し、ラテン文化の影響を受けた。彼らは10世紀以降、［　］人の支配を受けた。（上智大）

ローマ=カトリック, マジャール人

□28 ★★★ バルカン半島に南下した南スラヴ人の［★★★］人は、9世紀以降、東ローマ帝国に服属していたが、12世紀に独立した。 (関西大)

セルビア人

□29 ★ 1389年の［★］の戦いで、**オスマン帝国**のムラト1世がセルビア・ボスニア・ワラキアの連合軍を破った。 (予想問題)

◆オスマン帝国支配下のバルカン半島では、多くの貴族がイスラームに改宗し出世していった。

コソヴォの戦い

□30 ★ セルビア王国は、14世紀前半の［★］の治世に最盛期を迎えたが、その後コソヴォの戦いに敗れオスマン帝国の支配下に入った。 (関西大)

◆ステファン=ドゥシャンは広大な領土を有し、自ら「セルビア人とギリシア人の皇帝」を称した。彼の死後にセルビア王国の領土は分裂し、弱体化した。

ステファン=ドゥシャン

□31 ★★★ トルコ系遊牧民の［★★★］人は、スラヴ人を征服してブルガリア帝国（ブルガリア王国）を建国したが、次第にスラヴ化した。 (早稲田大)

ブルガール人

□32 ★★ 7世紀末にバルカン半島東南部に建国され、ビザンツ帝国と戦った［★★］帝国は、9世紀に［★★］教に改宗した。 (法政大、早稲田大)

◆ビザンツ化を避けるため、この国ではギリシア語典礼やギリシア文字にかわって、スラヴ語典礼(てんれい)やキリル文字の普及が進められた。

［第(だい)1次(じ)］ブルガリア帝国，ギリシア正(せい)教

□33 ★ ブルガリア帝国は10世紀初め、［★］世のもとで**最盛期**を迎えた。 (法政大)

シメオン1世

□34 ★★ ブルガリア帝国は12世紀後半に第2次ブルガリア帝国として再独立したが、14世紀末に［★★］帝国の支配下に入った。 (東京理科大)

オスマン帝国

□35 ★★ **バルカン半島南西部**に移住した**南スラヴ人**の**クロアティア人**は、ビザンツ帝国の影響に対抗するため［★★］を受容した。 (明治大)

ローマ=カトリック

□36 ★★ **南スラヴ人**の**スロヴェニア人**は、［★★］王国の支配下で**ローマ=カトリックを受容した。**13世紀以降は［★★］家の領土に組み込まれた。 (同志社大、福岡大)

◆クロアティア人もフランク王国の支配下でローマ=カトリックを受容した。

フランク王国，ハプスブルク家

□37 ★★ ロシア人などの [★★] 人、南スラヴ人の [★★] 人、非スラヴ系の [★★] 人などは**ギリシア正教**を受容した。（同志社大）

東スラヴ人，セルビア人，ブルガール人

□38 ★★ アルタイ語系の [★★] 人は、一時期中部ヨーロッパで強盛を誇ったが、フランク王国のカール大帝に撃退された。（法政大、立命館大）

アヴァール人

□39 ★ 6世紀中頃、スラヴ人の一部は [★] に侵入したアヴァール人に追われ、ボヘミア・[　　] ・ズデーテン以北へと移った。（立命館大）

◆パンノニアは現在のハンガリーにあたる地域。古代ローマはここにパンノニア属州を置いていた。

パンノニア，モラヴィア

□40 ★★★ [★★★] 人は、ウラル語系に属する**ハンガリー人の自称**である。ヨーロッパの主流である [★] 語系に属さない少数派である。（上智大）

マジャール人，インド=ヨーロッパ語系

□41 ★★★ マジャール人は、955年のレヒフェルトの戦いでザクセン朝2代目の王 [★★★] 世に敗れ、**西方進出を阻止された**。（上智大）

オットー1世

□42 ★★★ [★★] に定住したマジャール人は、1000年に教皇に王冠を授けられ、[★★★] 王国を建てた。（立命館大）

◆ハンガリー王国は、神聖ローマ帝国から独立した立場を維持するため、ローマ教会との関係を重視した。

パンノニア，ハンガリー王国

□43 ハンガリー王国は、10世紀の国王 [　　] 世の**ローマ=カトリックへの改宗**を機にキリスト教国となった。（予想問題）

◆彼はのちに列聖され、ハンガリーの守護聖人となった。ハンガリーの国章には今でも「**聖イシュトゥバーンの王冠**」があしらわれている。

イシュトゥバーン1世

□44 15世紀のハンガリー王 [　　] はルネサンス文化の導入に尽力した。（早稲田大）

マーチャーシュ

□45 ★★ ハンガリー王国は、1526年に [★★] の戦いで**スレイマン1世率いるオスマン帝国に敗れた**。（早稲田大）

◆オスマン帝国はこの戦いに勝利したのち、**ハンガリーを支配下に入れた**。

モハーチの戦い

□46 ★★ **ラテン系の民族意識**をもつ［★★］人は、9世紀に**ギリシア正教を受容**した。14世紀には、ワラキア公国・［★］公国を建てた。（上智大）

ルーマニア人，モルダヴィア公国

18 中世ヨーロッパ文化

ANSWERS □□□

□1 ★★ ［★★］文字は、スラヴ人への［★★］教の布教のために考案された。（京都女子大、同志社大）

◆のちにピョートル1世（大帝）は、対ヨーロッパ貿易を促進するためにキリル文字を簡略化し、ラテン文字に近づけた。

キリル文字，ギリシア正(せい)教

□2 ★★★ 中世ヨーロッパでは、［★★★］語が**共通の学術語**であった。（早稲田大）

ラテン語

□3 ★★★ 十字軍により東西交流が活発になると、イスラーム圏からもたらされたギリシア古典が**アラビア語から**［★★★］**語に翻訳**され、［★★★］と呼ばれる**学問・文芸の隆盛**が起こった。（青山学院大、日本大）

◆この文芸復興運動の結果、古代ギリシアの様々な学問がキリスト教世界に伝わった。

ラテン語，12世紀(せいき)ルネサンス

□4 ★★ イスラーム世界との接点となった**シチリア島**の［★★］や**スペイン**の［★★］では、アラビア語やギリシア語文献からラテン語への翻訳が盛んに行われた。（一橋大、早稲田大）

◆トレドはスペイン中央部の都市であり、古くは**西ゴート王国**の都として栄えた。

パレルモ，トレド　世界遺産

□5 ★★★ スコラ学とは、［★★★］の権威の理論的確立のため**信仰を論理的に体系化する学問**で、13世紀に最盛期を迎えた。（センター、学習院大）

◆スコラは教会や修道院に付属する「学校」の意味。神学とアリストテレスの論理学との融合により発展した学問である。

教会(きょうかい)

□6 ★★ ［★★］論は、神や普遍(ふへん)は実在するとし、**信仰の優越**を説いた。［★★］論は**理性**を重んじ、普遍は思考の中にしかないとし、無批判な信仰を否定した。（学習院大、慶應義塾大）

実在(じつざい)論，唯名(ゆいめい)論

□7 ★★ 実在論と唯名論の間に繰り広げられた［★★］論争は、スコラ哲学の中心的論争である。（関西学院大）

普遍(ふへん)論争

□8 ★★ 「スコラ学の父」と呼ばれる [★★] は、プラトンの哲学に [★★] 論の理論的基礎を求めた。(学習院大)

◆プラトンは、事象の背後にあるイデアを普遍の存在であるとしていた。

アンセルムス, 実在論(じつざい)

□9 ★★ 唯名論を唱えた [★★] は、アリストテレス哲学を重んじる先駆けとなった。(立教大)

◆アベラールは、恋人エロイーズとの書簡『愛の書簡集』でも有名。

アベラール

□10 ★★★ **信仰**と**アリストテレス哲学**による**理性**との**調和**を探究した [★★★] は、スコラ学を大成し普遍論争を収拾した。(京都女子大)

◆信仰を通じて得た知識と、理性を通じて得た知識は結び付けることができるという発想である。

トマス=アクィナス

□11 ★★ トマス=アクィナスは、『[★★]』を著した。(京都大)

◆ナポリ大学に修学した後、神学やアリストテレスの注解で高名となった。

神学大全(しんがくたいぜん)

□12 ★★★ イスラーム科学の影響を受けたイギリスの自然科学者 [★★★] の理論は、実験と観察を重視する [★★★] の源流となった。(京都女子大、関西学院大)

ロジャー=ベーコン, 経験論(けいけんろん)

□13 ★★ イギリスのフランチェスコ会修道士 [★★] は、唯名論を主張し、**理性と信仰を明確に分離**した。(明治大)

ウィリアム=オブ=オッカム

□14 大学が誕生する以前、学問研究と教育は主に [　　] で行われていた。(北海道大)

修道院(しゅうどういん)

□15 ★ 大学では、**文法学・修辞学・論理(弁証(べんしょう))学・算術・幾何・天文・音楽**の [★] と呼ばれる基礎科目の上に、[★] と呼ばれる神学・法学・医学が置かれた。(早稲田大)

自由七科(じゆうしちか), 3学部(がくぶ)

□16 ★★★ **イタリア南部**の [★★★] 大学は中世最古の大学の1つで、12世紀に西欧医学教育の頂点に立った。(北海道大)

◆サレルノ大学は、保養地として名高いイタリア南部のサレルノに設立された。

サレルノ大学

□17 ★★ **北イタリア**の [★★] 大学は**現存する最古の大学**であり、法学の研究で知られている。(北海道大、学習院大)

ボローニャ大学

□18 ★★★ ノートルダム大聖堂付属神学校より昇格した [★★★] 大学は、神学の研究で著名となった。(早稲田大)

パリ大学

□**19** ★★★ イギリスの［★★］大学は、12世紀後半に**パリ大学を模範**として立てられた［★★★］大学の教師と学生が移って設立された。（法政大）

ケンブリッジ大学, オクスフォード大学

◆オクスフォード大学とケンブリッジ大学は、イギリス神学の中心で、独自の学寮（コレッジ）制を発展させた。

▼中世ヨーロッパの大学

大学	国	創立時期	中心の学問
サレルノ大学	イタリア	？	医学
ボローニャ大学	イタリア	11世紀	法学
パリ大学	フランス	12世紀	神学
オクスフォード大学	イギリス	12世紀	神学
ケンブリッジ大学	イギリス	13世紀	神学

□**20** ★★ 14世紀、ポーランドの［★★］大王は、［★★］大学を創設するなどして学問を奨励した。（法政大）

カジミェシュ大王（カシミール大王）, クラクフ大学

□**21** ★★★ カール大帝により宮廷に招かれたイギリス人神学者［★★★］らによって、**古典文学の復興運動**［★★★］が起こった。（センター）

アルクイン, カロリング=ルネサンス

□**22** ★★★ **ケルト人**の英雄を題材とした『［★★★］』は、騎士道(きしどう)物語の代表的作品の1つである。（立命館大）

アーサー王物語(おうものがたり)

□**23** ★★★ 『［★★★］』は、北欧・ゲルマン神話と**ブルグンド人**の歴史を題材とした**英雄叙事詩(えいゆうじょじし)**である。（センター）

ニーベルンゲンの歌(うた)

◆英雄ジークフリートの死と、その妻クリームヒルトの復讐を悲劇的に描いた詩である。

□**24** ★★★ **ビザンツ様式**の教会建築には、**コンスタンティノープル**の［★★★］聖堂や**ラヴェンナ**の［★★］聖堂などがある。（同志社大）

ハギア（セント）=ソフィア聖堂, サン=ヴィターレ聖堂

◆ビザンツ様式の教会は、**正十字形の平面図**、**ドーム**、**モザイク壁画**を特徴とする。

□**25** ★★★ ［★★★］様式の建築は、ローマ風の**半円型アーチ**や小さな窓、重厚で荘重な雰囲気を特徴とする。（上智大、関西学院大）

ロマネスク様式

◆ロマネスクとは、「**ローマ風**」の意味である。

V 18 中世ヨーロッパ文化

□26 ★★ 代表的なロマネスク建築には、斜塔(しゃとう)で有名なイタリアの [★★] 大聖堂、フランスの**クリュニー修道院**、ドイツの [★] 大聖堂などがある。（早稲田大）

世界遺産 ピサ大聖堂, ヴォルムス大聖堂

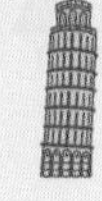

□27 ★★★ [★★★] 様式の建築は、高い**尖塔**(せんとう)や**ステンドグラス**を特徴とする。（関西学院大）

◆ゴシックとは、「**ゴート人風**」の意味である。

ゴシック様式

□28 ★★★ 代表的なゴシック建築には、ドイツの [★★★] 大聖堂やフランスの [★★★] 大聖堂、[★★★] 大聖堂がある。（センター、関西大）

◆「ノートルダム」は、フランス語で聖母マリアを意味する。

ケルン大聖堂, シャルトル大聖堂, ノートルダム大聖堂 ※順不同 世界遺産

▼中世ヨーロッパの建築様式

様式	特徴	代表例
ビザンツ様式	ドーム／モザイク壁画／上から見ると正十字形	ハギア=ソフィア聖堂 サン=ヴィターレ聖堂 聖マルコ大聖堂
ロマネスク様式	半円型アーチ／小さな窓／重厚な雰囲気／上から見ると長十字形	ピサ大聖堂 ヴォルムス大聖堂 シュパイアー大聖堂
ゴシック様式	尖塔／ステンドグラスを使った大きな窓／上から見ると長十字形	ケルン大聖堂 シャルトル大聖堂 ノートルダム大聖堂 ランス大聖堂

⚠資料集などで、それぞれの建築様式の特徴と実際の建築物を見比べてみよう。混同しないように注意！

□29 ★★ 15世紀に描かれた「**死の舞踏**(ぶとう)」とは、[★★] に襲われたヨーロッパにおける「死は万人を襲う」という現実を表現したものである。（センター）

◆骸骨(がいこつ)と人間が踊る姿などが描かれ、皇帝、修道院長、貴族、商人などあらゆる階層が描かれた。

黒死病(こくしびょう)（ペスト）

□30 ヨーロッパの大西洋側の地方は [　　] 性気候で、冬暖かく夏涼しいが、東に行くほど乾燥・寒冷な [　　] 性気候になる。（予想問題）

◆ヨーロッパ東側の大陸性気候は遊牧に適した草原地帯になっている。

海洋(かいよう)性気候, 大陸(たいりく)性気候

□31 ヨーロッパ中央部の山脈以南の地中海沿岸は、夏が暑くて乾燥する [　　] 性気候に属している。（予想問題）

地中海(ちちゅうかい)性気候

MEMO

VI アジア諸地域の発展

15 14 13 12 11 10 9 8 7 6 5 4 3 2 1 BC AD 1 2 3 4 5 6 7 8 9 10 11 12 13 14 15 16 17 18 19 20 21

1 ティムール朝

ANSWERS □□□

□1 ★★★ 1370年、**西チャガタイ=ハン国**の混乱に乗じ、[★★★]は西トルキスタンに国を建てた。（早稲田大、西南学院大）

ティムール

□2 ★★★ ティムールは学術・文化の保護と育成に努め、帝国の首都[★★★]はイスラーム文化の中心として栄えた。（早稲田大）

世界遺産 サマルカンド

□3 ★★ ティムールは[★★]国の旧領を併合した。（予想問題）

イル=ハン国

□4 ★★ ティムールは**デリー=スルタン朝**の３番目の王朝である[★★]朝へ侵入した。（早稲田大）

◆この王朝はトルコ系の王朝である。

トゥグルク朝

□5 ★★★ ティムールは、1402年の[★★★]の戦いでオスマン帝国を破り、スルタンの[★★★]世を捕虜（ほりょ）にした。（慶應義塾大）

アンカラの戦い、バヤジット１世

□6 ★★★ 1405年、ティムールは[★★★]帝治世下の**明（みん）に遠征**する途中で病死した。（予想問題）

永楽帝（えいらくてい）

□7 ★★ ティムール朝は、15世紀にサマルカンドからアフガニスタン北西部の[★★]へ遷都（せんと）した。（立命館大）

◆遷都後、この地はイラン=イスラーム文化の中心地として栄えた。

ヘラート

□8 ★★★ ティムール朝第４代君主[★★★]は、[★★★]に**天文台**を建設した。（京都大）

世界遺産 ウルグ=ベク、サマルカンド

□9 ★ チュニジア出身の歴史家[★]は、**ティムールと会見**した。（東京大）

◆代表作は、歴史発展の法則性を述べた『世界史序説（じょせつ）』。

イブン=ハルドゥーン

□10 ★★★ 1507年、ティムール朝は**シャイバーニー**が統率する[★★★]によって滅ぼされた。（関西学院大）

遊牧（ゆうぼく）ウズベク（ウズベク人（じん））

2 オスマン帝国の拡大

ANSWERS □□□

□1 ★ 1300年頃、[★]はアナトリア北西部に**オスマン帝国**を建国した。(上智大)

オスマン[1世]

□2 ★ オスマン帝国は、当初[★]を都とした。(予想問題)

ブルサ

□3 ★★ ムラト1世はビザンツ帝国から[★★]を奪い、この都市は1453年までオスマン帝国の都となった。(京都大)

アドリアノープル(エディルネ)

□4 ★ 1389年、ムラト1世は[★]の戦いで**セルビアを獲得**した。(京都大、学習院大)

コソヴォの戦い

□5 ★★★ [★★★]世は、1396年の[★★]の戦いで**ハンガリー王**ジギスムント率いるキリスト教連合軍を破った。(学習院大、上智大)

バヤジット1世,
ニコポリスの戦い

□6 ★★★ 1402年、[★★★]の戦いで[★★★]世が捕虜になると、オスマン帝国ではおよそ10年にわたりスルタンの空位が続いた。(早稲田大)

◆この時代、オスマン帝国の脅威にさらされていたヨーロッパ諸国にとってティムール朝の躍進は朗報であった。

アンカラの戦い,
バヤジット1世

□7 ★★★ 1453年、[★★★]世は[★★★]を攻略して**ビザンツ帝国を滅ぼした。**(センター)

☞1453年は**英仏百年戦争が終結した年**でもある。頻出なので一緒に覚えておこう！

メフメト2世，コンスタンティノープル

□8 ★★★ 1453年、コンスタンティノープルは**オスマン帝国の新しい首都**となり、[★★★]と呼ばれるようになった。(センター)

◆この都市は、4世紀にコンスタンティノープルとなる以前はビザンティオンと呼ばれていた。

イスタンブル

□9 ★ 1475年、メフメト2世は黒海北岸の[★]半島にあった[★]国を服属させ、黒海沿岸地域を勢力下に入れた。(センター)

クリミア半島,
クリミア(クリム)=ハン国

□10 ★★ メフメト2世は**イスタンブルに**[★★]宮殿を建設し、国政の中心とした。(センター)

トプカプ宮殿
世界遺産

□11 ★★★ 1514年、[★★★]世は[★]の戦いで**サファヴィー朝**のイスマーイールを破り、シリアへ進出した。 (東京都市大)

セリム1世，チャルディラーンの戦い

◆セリム1世は、父のバヤジット2世を退位させスルタンに即位した。気性が荒く、「冷酷者」と呼ばれた。

□12 ★★★ 1517年、セリム1世は[★★★]朝を滅ぼして**エジプト**を手に入れ、同時にメッカと[★★★]の両聖都を支配下に入れた。 (センター、早稲田大)

マムルーク朝，メディナ

□13 ★★ セリム1世以降、メッカとメディナの保護権を得たオスマン帝国は、[★★]**派イスラームの盟主**としての立場を確立した。 (早稲田大)

スンナ派

3 スレイマン1世の時代

ANSWERS □□□

□1 ★★★ 16世紀、[★★★]世の治世下で**オスマン帝国は最盛期を迎えた。** (早稲田大)

スレイマン1世

□2 スレイマン1世は、セルビアの首都[　　]を攻略して**ハンガリー進出の足掛かり**を築き、1523年にロードス島を攻略して**ヨハネ騎士団**をマルタ島へ退去させた。 (予想問題)

ベオグラード

◆ロードス島はヨハネ騎士団の拠点だった。彼らは地中海のムスリム商人の障害となっていた。

□3 ★★ 1526年、スレイマン1世は[★★]の戦いで**ハンガリー**を破った。 (早稲田大)

モハーチの戦い

□4 ★★ 地中海の覇権をめぐり、スレイマン1世と**神聖ローマ皇帝**[★★]世は激しく対立した。 (法政大)

カール5世

□5 ★★★ **1529年**、スレイマン1世は神聖ローマ帝国に攻め入り、**ハプスブルク家の支配の拠点**を包囲する第1次[★★★]を起こした。 (成蹊大、早稲田大)

第1次ウィーン包囲

◆第1次ウィーン包囲は、寒冷化により撤退を余儀なくされたが、ヨーロッパ諸国に大きな動揺をもたらした。

□6 ★★ スレイマン1世は、**南イラク**をめぐって[★★]朝と争い、**北アフリカ**の地中海沿岸にも支配を広げた。 (慶應義塾大)

サファヴィー朝

□7 ★★★ 1538年、**スレイマン1世**は [★★★] の海戦でスペイン・ヴェネツィア・ローマ教皇の連合艦隊を破り、**地中海の制海権**を手に入れた。（フェリス女学院大）	プレヴェザの海戦
□8 ★★★ スレイマン1世は、[★★★] をめぐって神聖ローマ帝国と対立していた**フランス**の [★★★] 世と手を結んだ。（東京都立大、学習院大） ◆オスマン帝国とフランスのヴァロワ家双方にとって、ハプスブルク家は共通の敵だった。	イタリア, フランソワ1世
□9 ★★★ [★] 世は、スレイマン1世時代の慣習に基づき、フランス商人に居住や通商の自由、免税といった**特権を認める** [★★★] を公に認めた。（青山学院大、法政大） ◆これは、オスマン帝国が友好関係にあったフランスに恩恵として与えたものである。	セリム2世, カピチュレーション
□10 ★★★ セリム2世時代のオスマン帝国は、1571年に [★★★] の海戦で [★★★] ・ローマ教皇・ヴェネツィア連合軍に敗北した。（高崎経済大） ◆このときスペインを率いていたのは、フェリペ2世である。	レパントの海戦, スペイン
□11 ★★★ オスマン帝国内の [★★★] 教徒や [★★★] 教徒は、それぞれ [★★★] と呼ばれる**共同体で自治が認められていた。**（同志社大） ◆ミッレトでは、納税を条件に自治と信仰の自由を許された。	キリスト教徒，ユダヤ教徒 ※順不同, ミッレト
□12 ★ オスマン帝国では、イスラーム法（シャリーア）を補充する法体系として [★] を採用し、スルタンの勅令や慣習法も帝国の法規範の一部とした。（青山学院大）	カーヌーン
□13 ★★★ スレイマン1世は、建築家 [★★] に命じて、**オスマン建築の代表**とされる [★★★] を**イスタンブル**に建てさせた。（慶應義塾大、法政大）	シナン（スィナン）, スレイマン=モスク 
□14 ★★★ バルカン半島の [★★★] 教徒の男子を強制的に徴用し [★★★] 教に改宗させ、**訓練を施したうえで官僚や軍人にする制度**を [★★★] 制という。（早稲田大） ◆デヴシルメ制によって徴収された男子を「スルタンの奴隷」という。キリスト教徒の農村から眉目秀麗(びもくしゅうれい)（イケメン！）で身体頑健（タフ！）な少年たちが選ばれ、それぞれの適性に合った訓練を受けた。帝国の人材供給システムとして機能した。	キリスト教徒, イスラーム教, デヴシルメ制

□15 ★★★ デヴシルメ制で徴用された男子が所属するオスマン帝国の**歩兵**常備軍は ★★★ と呼ばれ、 ★★★ 直属の精鋭軍に発展した。 (センター、学習院大)

イェニチェリ，スルタン

□16 ★★★ オスマン帝国では ★★★ 制が導入され、トルコ系騎士（シパーヒー）に町や村の ★★★ 権を与える代わりに、**軍事奉仕の義務**を課した。 (学習院大、早稲田大)

◆ティマール（封土）を与えられて徴税権を認められたトルコ系騎士をシパーヒーという。

⚠イギリス東インド会社が組織したインド人傭兵のシパーヒーと混同しないように注意！

ティマール制，徴税権

4 オスマン帝国の衰退

ANSWERS □□□

□1 ★★★ 1683年の第２次 ★★★ に失敗したオスマン帝国は、1699年に講和条約の ★★★ 条約を結んだ。 (センター、関西大)

◆この失敗は、オスマン帝国衰退の分岐点となった。

第２次ウィーン包囲，カルロヴィッツ条約

□2 ★★ オスマン帝国はカルロヴィッツ条約で ★★ ・トランシルヴァニアなどを**オーストリア**に割譲したことで、バルカン半島では大きく後退し、衰退が決定的となった。 (センター、関西大)

◆オスマン帝国の衰退の主な原因としては、ヨーロッパ勢力の伸長や、帝国内の民族運動などが挙げられる。

ハンガリー

□3 ★ 17世紀以降、オスマン帝国では地方豪族による**徴税請負制**が拡大し、18世紀以降は ★ 制が徐々に崩壊していった。 (京都大、國學院大)

ティマール制

□4 ★ オスマン帝国は、18世紀前半のアフメト３世の治世に「 ★ 時代」と呼ばれる文化の爛熟期を迎えた。 (予想問題)

◆アフメト３世がチューリップの花を好んだためこう呼ばれた。

チューリップ時代

5 サファヴィー朝

ANSWERS □□□

□1 ★★★ 1501年、[★★★]はサファヴィー朝を建国した。（上智大）

イスマーイール

□2 ★★ サファヴィー朝の初期の都は[★★]である。（上智大）

タブリーズ

□3 ★ サファヴィー朝は、[★]と呼ばれる**トルコ系遊牧民**の支持を得て勢力を伸ばした。（慶應義塾大）

◆キジルバーシュはサファヴィー朝の軍事力の中心であった。

キジルバーシュ

□4 ★★★ サファヴィー朝は、アラブ的なスルタンではなく**イラン固有の**[★★★]を**国王の称号**として使用した。（試行調査、京都大）

シャー

□5 ★★★ サファヴィー朝は、**シーア派**の[★★★]派を**国教**とした。（試行調査、京都大）

◆十二イマーム派はシーア派の中の最大宗派であり、サファヴィー朝は、強力にシーア派化政策を推進した。

十二イマーム派

□6 ★★ サファヴィー朝は、**東の隣国の**[★★]帝国や、[★★]派が主流である**西の隣国の**[★★]帝国と**対立**した。（上智大）

ムガル帝国，スンナ派，オスマン帝国

□7 ★★★ サファヴィー朝は、第5代の王[★★★]世の時代に**最盛期**を迎えた。（上智大）

アッバース1世

□8 ★★ 1622年、アッバース1世は**ポルトガル**から[★★]島を**奪回**した。（上智大）

ホルムズ島

□9 ★★★ アッバース1世は**サファヴィー朝の新首都**[★★★]を建設した。（京都大）

イスファハーン

□10 ★★★ 17世紀当時のイスファハーンの繁栄ぶりは、「**イスファハーンは**[★★★]」と表された。（予想問題）

世界の半分

□11 ★★★ アッバース1世は、イスファハーンに[★★★]を建設した。（青山学院大）

◆正面入り口天井に施された、鮮やかな青色のタイル装飾が有名。

イマームのモスク 世界遺産

□12 ★ サファヴィー朝は18世紀、[★]人にイスファハーンを占領されて滅びた。（早稲田大）

アフガン人

6 ムガル帝国

ANSWERS □□□

□1 ★★★ 1526年、ティムールの子孫 [★★★] は、**ロディー朝**の軍を [★★] の戦いで破り、[★★★] 帝国を建国した。 (早稲田大)

◆ロディー朝はデリー=スルタン朝の最後の王朝である。

◆「ムガル」という名称はモンゴルに由来する。

バーブル，パーニーパットの戦い，ムガル帝国

□2 ★★★ ムガル帝国は、**第３代皇帝** [★★★] から**第６代皇帝** [★★★] の時代に**最盛期を迎え**、インド全域を支配した。 (学習院大)

アクバル，アウラングゼーブ

□3 ★★★ アクバルは [★★★] に遷都した。この都市は、[★] 川の支流であるヤムナー川西岸に位置する。(早稲田大)

アグラ，ガンジス川

□4 ★★★ アクバルは、**すべての官僚に序列をつけ、その位階に応じて給与と保持すべき騎馬の数を定める** [★★★] 制を導入して官僚制を整備した。 (センター、学習院大)

◆アクバルは、支配階層の組織化をはかり、中央集権的な統治機構を整えた。

マンサブダール制

□5 ★★★ アクバルは、帝国内でヒンドゥー教徒など**非ムスリムに課されていた** [★★★] を廃止し、ヒンドゥー教徒とイスラーム教徒の融和を図ることで支配の基盤を固めようとした。 (立教大)

◆アクバル自ら、ヒンドゥー教徒であるラージプートの女性と結婚した。

ジズヤ（人頭税（じんとうぜい））

□6 アクバルによる**ラージプート宥和政策**と**宗教寛容政策**は、1605年に即位した第４代皇帝 [　] に受け継がれた。 (予想問題)

ジャハーンギール

□7 ★★★ 第５代皇帝の [★★★] は、亡くなった**愛妃のため**に、アグラに [★★★] を建設した。 (早稲田大)

◆シャー=ジャハーンは晩年権力を失い、息子のアウラングゼーブに幽閉された。

シャー=ジャハーン，タージ=マハル

□8 ★★★ 第６代皇帝 [★★★] の時代に、**ムガル帝国の領土は最大**になった。 (センター)

アウラングゼーブ

□9 ★★★ アウラングゼーブはヒンドゥー教寺院の破壊や ★★★ の復活などを命じ、非ムスリムの強い反発を招いた。（センター）

ジズヤ（人頭税）

◆アウラングゼーブは厳格なスンナ派だったため、アクバルの治世期から行われていた宗教寛容政策をやめた。

□10 ★★ ムガル帝国の公用語は ★★ 語である。（センター）

ペルシア語

◆ムガル皇帝はペルシア語圏のティムール朝の子孫であることから、ペルシア語が公用語となった。

□11 ★★ ムガル帝国では ★★ 絵画やタージ=マハルなどの ★★ 文化が栄えた。（東京都市大）

ムガル絵画，インド=イスラーム文化

□12 ★★ ムガル帝国の時代、**インド固有の言語**に**ペルシア語**や**アラビア語**の語彙を取り入れた ★★ 語が成立し、主にムスリムが使用した。（西南学院大）

ウルドゥー語

◆インド固有の言語とは、のちのヒンディー語となる北インドの地域語である。ウルドゥー語は、アラビア文字で表記され、現在パキスタンの公用語となっている。

□13 ★★★ 16世紀初頭、 ★★★ はイスラーム教の影響を受けて**ヒンドゥー教を改革**し、 ★★★ 教を創始した。（京都大）

ナーナク，シク教

◆シク教のシクは弟子を意味し、ナーナクの弟子たちの宗教という意味がある。

□14 ★★★ **14世紀**に**南インド**に成立した ★★★ 王国は、**交易で栄えた。**（センター、日本大）

ヴィジャヤナガル王国

□15 ★★ ヴィジャヤナガル王国は ★★ 教国である。（センター）

ヒンドゥー教

□16 **デカン地方で成立**した最初のイスラーム王朝の [ ] 朝は、ヴィジャヤナガル王国と抗争を繰り返した。（慶應義塾大、関西学院大）

バフマニー朝

◆この王朝は14世紀半ばにデカン高原北部で成立した。

□17 ★★★ 17世紀後半以降、**デカン高原**の ★★★ 王国、**ガンジス川中流域**の [ ] 王国など、ムガル帝国から自立する国家が出現した。（青山学院大）

マラーター王国，アワド王国（アウド王国）

◆アワド王国は、1856年にイギリス東インド会社に併合されるまで続いた。

MEMO

第2部
近代
MODERN HISTORY

VII

近代ヨーロッパの成立

15 14 13 12 11 10 9 8 7 6 5 4 3 2 1 紀元前 紀元 1 2 3 4 5 6 7 8 9 10 11 12 13 14 15 16 17 18 19 20 21

1 イタリア=ルネサンス

ANSWERS □□□

□1 ★★★ ルネサンスは中世の［★★★］教的価値観を乗り越え、［★★★］を基調とした。 (武蔵大)

◆イタリア諸都市を中心に**ギリシアとローマの古典に立ち返る学問や芸術が興隆**した。イタリア諸都市の勃興や、イスラーム文化の刺激などを背景とする。

キリスト教, ヒューマニズム(人文主義)

□2 ★★★ 中世後期のイタリアにおいて、**フィレンツェ**の［★★★］家は**金融業**で資金を得て、学芸を庇護し、政治権力を維持した。 (京都大)

◆メディチ家ははじめ薬屋を営んでいたため、紋章には丸薬をあらわす装飾が付いている。また、英語の medicine (薬) の語源であるともいわれている。

メディチ家

□3 ★ 15世紀、フィレンツェ共和国の元首［★］は、ルネサンスを保護して**アカデミー**を開設した。 (法政大)

◆彼は古代ギリシアの学問研究を盛んにするきっかけを作った。

コジモ

□4 ★ コジモの孫の［★］の時代に、メディチ家は**最盛期**を迎えた。 (学習院大)

ロレンツォ

□5 ★★★ ダンテの『［★★★］』は、聖職者への批判を盛り込んだルネサンスの先駆的作品である。 (センター)

◆『神曲』には古代ローマの詩人ウェルギリウスが案内役として登場し、地獄・煉獄から天国へ至る経路を描いた。他にもダンテ本人や、ダンテが理想とした女性ベアトリーチェが登場する。

神曲

□6 ★★ 『神曲』は［★★］地方の口語で書かれ、これは今日のイタリア語のもとになった。 (新潟大)

トスカナ地方

□7 ★★ ［★★］は、『**叙情詩集**』を著した。 (学習院大、早稲田大)

ペトラルカ

□8 ★★ ［★★］の代表作『**デカメロン**』は、**黒死病**(**ペスト**)流行下の世相を風刺した。 (武蔵大、関西学院大)

◆『デカメロン』には、キリスト教的な禁欲主義ではなく、欲望をあらわにする人間像が赤裸々に描かれるため、ダンテの『神曲』に対し『人曲』とも呼ばれる。

ボッカチオ(ボッカチョ)

□9 ★ ドミニコ会修道士(しゅうどうし)［★］は、15世紀末に**フィレンツェ**での［★］家による独裁政治や風俗の乱れ、教会の腐敗を激しく非難し、厳格な信仰に戻るべきと説教を行った。（専修大、関西学院大）

◆彼は、当時フィレンツェ共和国の事実上の支配者となっていたメディチ家一族を国外追放した。

サヴォナローラ, メディチ家

□10 ★★★ フィレンツェの［★★★］は、『［★★★］』を著して**政治を宗教や道徳から切り離す近代的な政治理論**を提示した。（東京大）

◆マキァヴェリは、近代政治学の祖であり、イタリア統一のために権謀術数(けんぼうじゅっすう)を肯定した。

マキァヴェリ, 君主論(くんしゅろん)

□11 ★★ **「聖フランチェスコの生涯」**を描いた画家の［★★］は、透視図法・明暗法の発達による写実表現の先駆者である。（早稲田大）

ジョット

□12 ★ **彫刻家**の［★］は、写実的なルネサンス彫刻を確立させた。彼の「ダヴィデ像」は、古代以後初の２本足で立つ独立像といわれている。（上智大、関西学院大）

ドナテルロ

□13 ★★★ 画家の［★★★］は、「ヴィーナスの誕生」や**「春」**などの作品を残した。（センター、武蔵大）

ボッティチェリ

□14 ★★★ ブルネレスキは、**フィレンツェ**の［★★★］大聖堂の大円蓋(だいえんがい)を完成させた。（成蹊大）

サンタ=マリア大聖堂 世界遺産

□15 ★★ ブラマンテは、ローマの［★★］大聖堂の設計・建築に携わった。（成蹊大）

サン=ピエトロ大聖堂 世界遺産

□16 サン=ピエトロ大聖堂の新聖堂は、教皇［　］世の時代にブラマンテにより最初の設計が行われた。（早稲田大、関西大）

◆サン=ピエトロ大聖堂は、現在のヴァチカン市国にあるカトリックの総本山である。

ユリウス２世

□17 ★★★ ［★★★］は、壁画**「最後の晩餐(ばんさん)」**を残した。（センター）

◆絵画をはじめ、建築や科学、哲学などさまざまな分野で才能を発揮した「万能人（万能の天才）」だった。

レオナルド=ダ=ヴィンチ

□18 ★★ レオナルド=ダ=ヴィンチは、ミラノやローマで活躍したのち、1516年に［★★］世に招かれてフランスに移住し、この国で没した。（学習院大、早稲田大）

◆現在、彼の代表作「**モナ=リザ**」がパリのルーヴル美術館に所蔵されているのはこのような事情もある。

フランソワ1世

□19 ★★★ ［★★★］は、天井画の「**天地創造**」、祭壇壁画の「［★★★］」を残した。（センター）

◆ミケランジェロは**フィレンツェ**と**ローマ**を中心に活躍した。「最後の審判」は約14.4m×13.3mの巨大な壁画で、彼は60歳から約6年の歳月をかけて完成させた。

⚠**レオナルド=ダ=ヴィンチ**の「最後の晩餐」と**ミケランジェロ**の「最後の審判」の混同に注意！

ミケランジェロ, 最後の審判（さいごのしんぱん）

□20 ★ ミケランジェロの「天地創造」「最後の審判」は、**ヴァチカン宮殿**にある［★］礼拝堂に所蔵されている。（センター）

◆システィナ礼拝堂にはミケランジェロをはじめとした数多くの芸術家の作品が所蔵されている。教皇選挙（コンクラーベ）が行われる場所としても知られる。

システィナ礼拝堂 世界遺産

□21 ★★ ミケランジェロは、彫刻家としては「［★★］像」を残した。（センター）

ダヴィデ像

□22 ★★★ 多くの**聖母子像**（せいぼしぞう）を残したことで知られる［★★★］は、「**アテネの学堂**（がくどう）」を描いた。（共立女子大）

ラファエロ

2 西欧のルネサンス

ANSWERS □□□

□1 ★★★ 16世紀**最大の**ヒューマニスト（人文主義者）と呼ばれたネーデルラントの［★★★］は、『愚神礼賛（ぐしんらいさん）』で聖俗の腐敗を風刺した。（京都大）

◆彼は宗教改革にも大きな影響を与え、「エラスムスが卵を産み、ルターがそれを孵（かえ）した」といわれた。しかし、彼自身は宗教改革には批判的で、ルターとも対立していた。

エラスムス

□2 ★★ イギリスの［★★］は、人文主義者として古典研究に傾倒し、エラスムスと親交を結んだ。（上智大）

◆エラスムスは、ロンドンにあるトマス=モアの自宅で『愚神礼賛』を書きあげた。

トマス=モア

□**3** トマス=モアは著書『 ★★★ 』で、当時イギリスで進行していた第1次囲い込み（エンクロージャー）を「**羊が人間を食う**」と批判した。（法政大、早稲田大）
★★★

◆トマス=モアは、**ヘンリ8世の離婚に反対**したことが理由で処刑された。

ユートピア

□**4** ネーデルラントでは、 ★★ がフランドル派絵画を築き、**油絵の画法を改良**した。（武蔵大）
★★

◆兄フーベルトはフランドル絵画の創始者。弟ヤンはフーベルトの弟子として数多くの作品を残すとともに、宮廷画家として活躍した。

ファン=アイク兄弟（きょうだい）

□**5** 16世紀のフランドルの画家 ★★★ は、代表作「**農民の踊り**」などで民衆や農民の生活を写実的に描いた。（センター、早稲田大）
★★★

ブリューゲル

□**6** **イギリス=ルネサンスの先駆者**である**チョーサー**は、ボッカチオの『**デカメロン**』の影響を受けて『 ★★ 』を著した。（センター）
★★

◆ロンドンの方言で書かれ、イギリスの国民文学の始まりとされた。

カンタベリ物語（ものがたり）

□**7** エリザベス1世期に活躍し、**イギリス最大の劇作家**といわれる ★★★ は、『ハムレット』『マクベス』などの四大悲劇や、喜劇『ヴェニスの商人』などを残した。（関西学院大）
★★★

◆シェークスピアの生誕の町として知られるストラトフォード=アポン=エイボンには、復元された彼の生家が保存されている。

シェークスピア

□**8** シェークスピアの『ヴェニスの商人』に登場する高利貸（こうりがし）には、当時の ★ 人への偏見が表現されている。（和歌山大、成城大）
★

ユダヤ人

□**9** ドイツ出身で、のちにイギリス宮廷画家となった ★★ は、「エラスムス像」や、イギリス国王 ★★ 世の肖像画などを残した。（センター）
★★

◆ホルバインが製作した木版画「**死の舞踏**」は、黒死病の流行を取り上げた作品である。

ホルバイン，ヘンリ8世

□**10** ドイツの画家 ★★ は、優れた**版画**や「**四人の使徒**（しと）」などの作品を残した。（関西大）
★★

◆デューラーの「**四人の使徒**」はヨハネ・マルコ・ペテロ・パウロを描いた作品。彼は銅版画で有名な芸術家だが、この作品は**油絵**である。

デューラー

VII 2 西欧のルネサンス

□11 ★★★ スペインの**セルバンテス**は『 ★★★ 』を著し、騎士(きし)的人物の時代錯誤な様(さま)を通して社会を風刺した。(センター)

◆彼はレパントの**海戦で負傷**し、左手の自由を失った。

ドン=キホーテ

□12 ★★★ フランスの**ラブレー**は『 ★★★ 』を著した。(関西大)

◆ガルガンチュアとパンタグリュエルは巨人の父子であり、彼らを中心に奇想天外な物語が展開される。物語には社会や教会への批判が盛り込まれている。

ガルガンチュアとパンタグリュエルの物語(ものがたり)

□13 ★★ フランスの ★★ は『**エセー(随想録(ずいそうろく))**』を著した。(関西大)

モンテーニュ

□14 ★★★ 16世紀、**ポーランド**の**コペルニクス**はプトレマイオス天文学に疑問を抱き、 ★★★ 説を理論化したが、 ★★★ 説をとるカトリック教会は反発した。(武蔵大)

◆地動説は、太陽を中心に地球を含む他の惑星が回っているとする説。天動説は、地球を中心にその周りを他の惑星が回っているとする説。

地動(ちどう)説,
天動(てんどう)説

□15 ★ イタリアの ★ は、地動説を主張したが、宗教裁判の結果、**火刑に処された。**(東京大)

◆彼はドミニコ会修道士(しゅうどうし)だった。

ジョルダーノ=ブルーノ

□16 ★★★ イタリアの ★★★ は地動説を擁護したため、1633年に異端(いたん)として宗教裁判にかけられ、その後幽閉された。(センター)

◆ガリレイは望遠鏡で**金星**の満ち欠けを観察し、地動説を説明した。また、ピサ大聖堂の斜塔で物体落下の法則を証明したという伝説でも知られる。

ガリレイ(ガリレオ=ガリレイ)

□17 ★★★ ドイツの ★★★ は、**惑星運行の法則**を発見した。(共立女子大)

ケプラー

□18 ★★ ルネサンス期、イスラーム世界から伝わった ★★ 法が普及した。(学習院大)

製紙(せいし)法

□19 ★★★ ドイツの ★★★ は**活版印刷術を改良**し実用化した。(センター)

◆この技術により聖書や贖宥状(しょくゆうじょう)が印刷され、宗教改革の拡大につながった。**活版印刷**の普及で印刷業が大きく発展したことは、「情報革命の原点」とされる。

グーテンベルク

□20 ★★★ ルネサンスの三大改良の1つである ★★★ と、それを使った武器である ★★★ の普及は、当時の封建的関係に影響を与えた。(慶應義塾大)

火薬(かやく),
鉄砲(てっぽう)

□21 ★★ ルネサンスの三大改良の１つである［★★］の利用は大航海時代をもたらし、その結果新大陸からの［★★］の大量流入を促し、領主に打撃を与えた。（慶應義塾大）

羅針盤（らしんばん）, 銀（ぎん）

3 中米の古代文明（メソアメリカ文明）

ANSWERS □□□

□1 ★★★ ユーラシア大陸のモンゴロイド系と考えられる人々は、かつて陸続きであった［★★★］海峡を通ってアメリカ大陸に渡った。（中央大、明治学院大）

◆彼らはのちにヨーロッパ人からインディオ（インディアン）と呼ばれた。

ベーリング海峡

□2 ★★ メキシコ高原から中央アメリカにかけて成立した古代文明を総称して［★★］文明という。（予想問題）

メソアメリカ文明（中米文明（ちゅうべい））

□3 ★★★ メキシコ高原やアンデス地帯では、米や麦は栽培されなかったが、［★★★］や**ジャガイモ**を主食とする独自の農耕文化が生まれた。（同志社大）

トウモロコシ

□4 ★★★ メソアメリカ文明では、金・銀・［★★★］は用いられたが、［★★］や車輪の利用、牛や馬など大型の家畜の飼育は行われなかった。（センター、南山大）

青銅器（せいどうき）, 鉄器（てっき）

□5 ★★★ メキシコ湾岸では、前1200年頃までに［★★★］文明が成立した。この文明は巨石人頭像（きょせきじんとうぞう）、ジャガー崇拝を特徴としている。（獨協大、青山学院大）

オルメカ文明

□6 ★★★ メキシコ高原では、前１世紀頃に［★★★］文明が生まれた。［　　］製品の交易で栄え、信仰された神々はメソアメリカ全体に広がった。（上智大、東京理科大）

テオティワカン文明, 黒曜石（こくようせき）

□7 ★★ テオティワカン文明では、［★★］と月のピラミッドが建造された。（共通テスト）

◆太陽のピラミッドは高さ65mの巨大ピラミッドである。夏至（げし）の日にピラミッドの正面に太陽が沈むように設計されていた。

太陽（たいよう）のピラミッド　世界遺産

□8 ★ メキシコ高原では、10〜12世紀にテオティワカン文明を継承した［★］文明が成立した。（上智大）

トルテカ文明

□9 ★★★ ［★★★］文明は、前４世紀頃にユカタン半島で成立し独自の文明を発達させたが、**16世紀にスペイン人に征服**された。（早稲田大）

マヤ文明

□10 ★ マヤ文明は［★］状の神殿を多数建設した。（予想問題）　ピラミッド

◆**ユカタン半島**北部のチチェン=イツァ遺跡はマヤ文明の中心地で、最高神ククルカンのピラミッドが有名。1988年に世界文化遺産に登録された。2020年6月には、ユカタン半島南部でマヤ文明では最大規模となる祭祀用の建造物が発見された。

□11 ★★ マヤ文明では［★★］文字が使われ、［★★］進法を用いた高度な数学や**天文学**が発達していた。（センター）　マヤ文字，二十（にじっ）進法

◆高度な数学と天文学を活用し、1年を365.2420日とする暦を使っていた。現代の暦では1年は365.2425日だから、その正確さがわかるだろう。チチェン=イツァ遺跡も365段の階段を持つ。

□12 ★★★ ［★★］人は、14世紀に首都［★★★］を建設して王国を建て、16世紀にはメキシコ高原一帯を支配した。（センター）　アステカ人，テノチティトラン

□13 ★ アステカ王国の首都テノチティトランは、現在のメキシコの首都［★］である。（関西学院大）　メキシコシティ

□14 ★ テノチティトランは［★］湖にある島の上に築かれた。（関西学院大）　テスココ湖

◆巨大な人工都市メキシコシティは地盤が緩く、1985年の大地震では約1万人の犠牲者を出した。

□15 ★★★ 1521年、アステカ王国はスペインの［★★★］に滅ぼされた。（京都府立大）　コルテス

4 南米の古代文明（アンデス文明）

ANSWERS □□□

□1 ★★ 南米のアンデス地帯に築かれた古代文明を総称して［★★］文明と呼ぶ。段々畑や灌漑（かんがい）施設を発達させたことで知られる。（センター）　アンデス文明

□2 ★ アンデス文明では運搬にアルパカや［★］を常用していた。（立教大）　リャマ

◆リャマはラクダ科の動物で、アンデス山脈の高地を中心に生息する。アルパカは全身が体毛に覆われているのが特徴的で、インディオの伝統服であるポンチョやマントなどに加工される。

□3 ★★ 紀元前1000年頃から、現在のペルー北部から中部にかけて栄えた［★★］文化は、アンデス文明の中では最古の文明である。（専修大、早稲田大）　チャビン文化

◆チャビン=デ=ワンタル遺跡が有名。蛇やジャガーを神聖視した。

□4 15世紀半ばにアンデス地帯で繁栄した [★★★] 帝国は広大な地域を支配した。（京都府立大）
★★★

◆現在のコロンビア南部からチリに至る広大な領土を支配していた。建国した人々の末裔の一部は**ケチュア人**と呼ばれ、インカ帝国の公用語であったケチュア語は、現在でもペルーとボリビアで公用語の1つとなっている。

インカ帝国

□5 インカ帝国の首都は [★★] に置かれた。（センター）
★★

クスコ 世界遺産

□6 インカ帝国は [★★] 制を設け、道路網を整備した。（早稲田大）
★★

◆インカ帝国の道路は常に掃除されており、その道には小石や雑草すらなかったといわれている。飛脚は、この道を使ってクスコ〜エクアドル間を20日ほどで往復した。

駅伝制（えきでん）

□7 インカ帝国は、高地では灌漑網を整備して [★★] を栽培した。（早稲田大）
★★

トウモロコシ

□8 インカ帝国では、王は [★] の子として崇拝され、絶大な権力を振るった。（センター）
★

太陽（たいよう）

□9 インカ帝国は石造技術や織物（おりもの）技術に優れていたが、**文字は無く**、[★★★] と呼ばれる記録・伝達手段が発達した。（試行調査、京都府立大）
★★★

◆縄の色や結び方、結び目の数によって数字などの情報をやり取りした。

キープ（結縄（けつじょう））

□10 標高約2,400mの地点に発達した [★★] は、インカ帝国の代表的な遺跡である。（センター）
★★

マチュ＝ピチュ 世界遺産

□11 スペイン王室は、「征服者（せいふくしゃ）」を意味する [★★★] をアメリカ大陸に派遣した。（西南学院大）
★★★

◆先住民たちは鉄器や馬を知らなかったため、スペインからの「征服者」を非常に恐れたという。

コンキスタドール

□12 1533年、スペインの征服者 [★★★] はインカ帝国を滅ぼした。（同志社大）
★★★

⚠**インカ帝国**を征服したピサロと、**アステカ帝国**を征服したコルテスの混同に注意！

ピサロ

□13 ピサロはインカ帝国の首都クスコを破壊し、新都 [★] を建設した。（同志社大）
★

リマ 世界遺産

VII 4 南米の古代文明（アンデス文明）

5 大航海時代の到来と背景

ANSWERS □□□

□1 ★★★ 15～17世紀のヨーロッパは、「[★★★]時代」と呼ばれるヨーロッパ外への積極的な膨張期に入り、西ヨーロッパ主導の「世界の[★★★]化」が始まった。（神戸女学院大）

大航海時代, 世界の一体化

□2 ★★ 大航海時代は、[★★]時代とも表現される。これは、アジア・ヨーロッパ・アメリカ大陸で起きた広範な交易と交流の全体をとらえるものである。（立教大）

◆これは、明の鄭和の艦隊による遠征や、14世紀後半の倭寇による交易の活性化などを含める。

大交易時代

□3 ★★★ 十字軍以来、ヨーロッパではマルコ=ポーロの『[★★★]』などに刺激され、アジアの富や文化への関心が強まった。（名城大）

◆およそ2世紀にわたる十字軍の時代、ヨーロッパはイスラーム世界から非常に多くの文物を吸収した。十字軍は聖地奪還を目的とするものであったが、文化交流を促進することになった。

世界の記述（東方見聞録）

□4 ★★ 『世界の記述』の中で、日本は[★★]と表現された。（予想問題）

ジパング

□5 ★★★ アジアの特産品である胡椒などの[★★★]は、金や銀とともに新たな財源を求めるヨーロッパの君主たちをひきつけた。（名城大）

香辛料

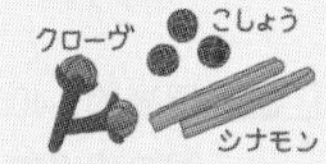

□6 ★★ フィレンツェの[★★]は、**大地は球形**であり、大西洋を西に進むのが[★★]への近道だと主張した。（関西大）

◆プトレマイオスの地球球体説と世界地図に影響を受けたトスカネリは、西廻り航路で東洋に到達できることを提唱し、コロンブスに説いた。

トスカネリ, アジア

□7 ★★★ 造船術や天文知識の進歩、[★★★]の改良などが遠洋航海を可能にし、15世紀末のヨーロッパの大航海時代の開始を促した。（同志社大）

羅針盤

6 ポルトガルのアジア進出

ANSWERS □□□

□1 ★★ ポルトガルは、12世紀に［★★］王国から自立し、15世紀後半には［★★］世が貴族の反乱を抑えて王権を強化した。(神戸女学院大)

カスティリャ王国, ジョアン2世

□2 ★★★ 1415年、アフリカ西岸探検を奨励していた［★★★］は、北アフリカにあるイスラーム勢力の拠点**セウタ**を攻略した。(早稲田大)

◆これを足掛かりにポルトガルの海外進出が本格化した。

エンリケ

□3 ★★★ 1488年、バルトロメウ=ディアスは、アフリカ南端の［★★★］に到達した。(西南学院大)

喜望峰（きぼうほう） 希×

□4 ★★★ ポルトガル国王［★★］世は、**バルトロメウ=ディアス**の喜望峰到達を援助し、［★★★］開拓に乗り出した。(京都女子大)

ジョアン2世, アジア航路（こうろ）(インド航路（こうろ）)

□5 ★★★ マヌエル1世時代の1498年、リスボンを出発した［★★★］は、インド西岸の［★★★］に到達し、アジア航路を開いた。(共通テスト)

◆ヴァスコ=ダ=ガマはアジア航路を開拓した英雄のイメージでとらえられるが、実際には平和な商人たちの海に大砲などの圧倒的武力を持ち込み、暴力的な取引や略奪によって物資を獲得していた。現地の人々からすれば海賊である。

ヴァスコ=ダ=ガマ, カリカット

□6 ★★★ 1500年、カブラルが［★★★］に漂着し、その地をポルトガル領とした。(西南学院大)

ブラジル

□7 ★★★ アジアの交易に最初に参入したポルトガルは、1505年に［★★★］島、1510年に**インド西岸**の［★★★］、1511年に**マレー半島**の［★★★］に相次いで進出した。(慶應義塾大、上智大)

◆マラッカは、その後130年ほどにわたり、ポルトガルの東南アジア交易における中心地となった。

セイロン島, ゴア, マラッカ

□8 ★ インド総督の［★］はゴア・マラッカを占領し、ポルトガルのアジア進出の拠点とした。(上智大)

アルブケルケ

□9 ★★ インド原産の香辛料である［★★］は、肉の調味・保存のため、ヨーロッパでは需要が高かった。(センター)

胡椒（こしょう）

□10 古くからインドが供給していた [ ] と呼ばれる藍(あい)は、ゴアを植民地化したポルトガルを中心にヨーロッパに輸出され、胡椒、綿織物（キャラコ）に次ぐ主要輸出産品となった。 （学習院大）

インディゴ

□11 ★★★ ポルトガルは、[★★★] 征伐(せいばつ)を援助したことで**1557年**に [★★★] の居住権を獲得し、[★★★] 代の中国とポルトガルの貿易は拡大した。 （慶應義塾大、上智大）

倭寇(わこう)，マカオ，明(みん)

□12 ★ ポルトガルは、４大拠点のゴア・マラッカ・マカオ・[★] の港を介して、東アジアと首都リスボンを結ぶ貿易を行った。 （上智大）

平戸(ひらど)

□13 ポルトガルは東・東南アジア域内の [ ] 交易も盛んに行った。 （上智大）

仲介(ちゅうかい)交易

□14 ★★ ポルトガルは、マラッカやアフリカ東海岸の [★]、**ペルシア湾口**の [★★] 島などに要塞(ようさい)を築き、香辛料交易を独占しようとした。 （同志社大）

モザンビーク，ホルムズ島

7 新大陸の「発見」

ANSWERS □□□

□1 ★ レコンキスタ完了後のスペイン王国は、キリスト教に改宗しないムスリムと [★] 教徒を国外追放した。 （上智大）

ユダヤ教徒

□2 ★★★ トスカネリの影響を受けた**コロンブス**は、スペインの [★★★] 女王の後援のもと、大西洋を横断し [★★★] 島に到達した。 （センター、関西大）

イサベル女王，サンサルバドル島

□3 ★★ 1493年、スペインは教皇アレクサンデル６世に働きかけ、[★★] との間で「新世界（新大陸）」の分割を取り決める [★★] を定めさせた。 （学習院大）

◆教皇子午線は、アフリカ西岸のヴェルデ岬の沖約550キロの子午線を境に、西がスペイン領、東がポルトガル領と定めた。子午線が走る大西洋の中央を東西に分けた形である。

ポルトガル，教皇子午線(きょうこうしごせん)

□4 ★★★ 1494年の [★★] 条約により、教皇子午線**が西方へ移動**した。その結果、のちに発見された [★★★] はポルトガル領となった。 （共通テスト、上智大）

トルデシリャス条約，ブラジル

□**5** ★★★ ジェノヴァ出身の［★★★］は、**イギリス王ヘンリ7世**の支援のもと、北アメリカ大陸のニューファンドランドなどを探検した。（予想問題）

◆**ニューファンドランド**は「新しく発見された土地」という意味。

カボット［父子］

□**6** ★★★ ポルトガルの［★★★］は、インド航路を航海中に西に流され［★★★］に漂着し、ここをポルトガル領と宣言した。（早稲田大）

◆現在の南米では、ブラジルのみがポルトガル語を使用している（他はスペイン語が公用語）。これは、トルデシリャス条約とカブラルのブラジル漂着に由来する。

カブラル, ブラジル

□**7** ★★★ イタリアの［★★★］の南アメリカ探検によって、コロンブス以降探検が進んでいた土地が「新世界（新大陸）」であることが明らかとなった。（西南学院大、名城大）

◆新大陸は、アメリゴ=ヴェスプッチにちなんで「アメリカ」と呼ばれた。

アメリゴ=ヴェスプッチ

□**8** ★★★ スペインの［★★★］は、ヨーロッパ人で初めてパナマ地峡を横断して太平洋に到達した。（早稲田大）

バルボア

□**9** ★★★ ポルトガルの［★★★］は、自国の政府から援助を受けられず、［★★★］のカルロス1世の支援を受けて世界周航に出発した。（試行調査、慶應義塾大）

マゼラン（マガリャンイス）, スペイン

□**10** ★★★ 1519年に出発したマゼランの船は、南米大陸南端の［★★］海峡を通過し、1521年に［★★★］に到達した。（試行調査）

◆マゼラン自身は、**フィリピンの現地人との抗争の中で死亡した。**彼の航海を引き継いだ一団は、1522年、スペインに帰着し**世界初の世界周航を成し遂げた。**

マゼラン海峡, フィリピン

□**11** ★★ マゼランは、フィリピンへ至る航海の際に嵐にあわなかったことから、その海を［★★］と名付けた。

◆「太平洋」は「穏やかな海」という意味。（大阪大）

太平洋

□**12** ★★★ アメリカ大陸での勢力拡大を図るスペインは「征服者」（［★★★］）を送りこみ、ラテンアメリカにおける植民地支配を進めた。（京都女子大）

◆征服者は、先住民たちの保護とキリスト教の布教を条件にスペイン王から現地の支配を委ねられたが、結果的に過酷な労働とヨーロッパから持ち込まれた**伝染病により先住民の人口は激減**した。

コンキスタドール

□13 ★★★
1521年、スペインの征服者 [★★★] は、アステカ王国を破ってメキシコを征服した。（センター、関西学院大）

コルテス

◆「インディオの使徒」と呼ばれた**ラス=カサス**ら良心的な聖職者たちは、本国へ働きかけて**先住民の奴隷化の廃止に成功**したが、これにより**アフリカからの奴隷の大量輸入**が起きてしまった。

□14 ★★★
1533年、スペインの征服者 [★★★] は**インカ帝国**を滅ぼし、その首都 [★★] を破壊した。（東京大）

ピサロ,
クスコ

□15 ★★
インカ帝国の征服が行われた時代のスペイン国王は [★★] 世である。（東京大）

カルロス1世

□16 ★★★
アステカ王国とインカ帝国の滅亡の大きな原因の１つは、スペイン人が持ち込んだ [★★★] であった。（慶應義塾大）

伝染病（でんせんびょう）

□17 ★
1529年の [★] 条約によって、アジアにおけるスペイン・ポルトガル両国の植民地分割協定が定められた。（慶應義塾大）

サラゴサ条約

◆この結果、スペインは香辛料貿易の拠点であるマルク（モルッカ、香料）諸島から撤退し、フィリピンをアジアの拠点とした。

□18 ★★★
スペインの商人は、メキシコから大量の銀をフィリピンの [★★★] に運び、中国の商人から絹や陶磁器などを買い取る [★★★] 貿易を行った。（センター、学習院大）

マニラ,
アカプルコ貿易
（ガレオン貿易）

◆アカプルコ貿易は1815年まで続き、日本産の銀と合わせ大量の銀が中国に持ち込まれたことで、**アジア地域の交易が活性化**された。

□19 ★★
[★★] 船は、大航海時代のスペインやポルトガルの遠洋航行に用いられた。軍艦やアカプルコ貿易の商船として利用された。（センター、青山学院大）

ガレオン船

▼船の特徴

ガレオン船	ジャンク船	ダウ船
スペイン・ポルトガルが使用	中国商人が使用	ムスリム商人が使用
アカプルコ・アジア間の交易	南シナ海での交易	インド洋での交易

□20 ★
16世紀、日本の [★] 銀山や生野（いくの）銀山では大量の銀が産出し、東アジアにおける銀の流通に大きく作用した。（早稲田大）

石見銀山（いわみぎんざん）

◆石見銀山は現在の島根県にある。

□21 明代後期の中国では、アカプルコ貿易でマニラから ★★★ 銀が、南シナ海と東シナ海の交易を通じて ★★★ 銀が大量に流入し、銀が主要通貨となった。（試行調査、北海道大）
★★★

メキシコ銀，日本銀

□22 明代に大量の銀が流入してきたことを背景に、中国では**諸税を銀で一括納入する税制**の ★★ が実施された。（試行調査、北海道大）
★★

一条鞭法

□23 スペインが支配した**ボリビア**の ★★★ 銀山は、世界最大の銀の産出量を誇った。（北海道大）
★★★

◆**アメリカ大陸最大の銀山**で、1545年に発見された。

ポトシ銀山 世界遺産

□24 1565年、スペインのレガスピがフィリピンの [ ] 島に到着したのち、スペインは1571年に ★ 島にマニラ市を建設した。（慶應義塾大）
★

◆1565年に**レガスピ**がセブ島に到着して以降、スペインによる**フィリピン征服**が始まった。「フィリピン」の名称は**スペイン国王フェリペ2世にちなむ**。

セブ島，ルソン島

□25 フィリピンのルソン島の港市 ★★★ は、★★★ 貿易の拠点として繁栄した。（センター）
★★★

マニラ，アカプルコ貿易

□26 16世紀に西インド諸島の多くを領有していた国は ★★ である。（センター）
★★

◆西インド諸島は、フロリダ半島南部から南米大陸北部のベネズエラ沖合にかけてのカリブ海の島々を指す。スペインは18世紀にかけて西インド諸島の他、現在のメキシコから南米の**太平洋側にかけての広大な地域を支配**した。

スペイン

□27 16世紀、植民地獲得競争で先頭に立ったのはスペインと ★★★ で、さらに17世紀、スペインから独立した ★★★ がこれに続いた。（立命館大）
★★★

ポルトガル，オランダ

□28 フランスは [ ] 貿易の拠点確保という商業上の理由から、[ ] の植民地を奪ってアフリカの領土を拡大した。（立命館大）

◆例えば、現在のセネガル沖合の**ゴレ島**は、フランスが奴隷売買を禁止する19世紀初期まで黒人奴隷貿易の拠点として栄えた。

[黒人] 奴隷貿易，オランダ

□29 単一作物の生産と輸出に依存した経済を ★★ といい、多くの植民地で形成された。（試行調査）
★★

◆農産物だけでなく、**単一の鉱産物の輸出**に依存する場合もある。気候や国際価格の変動によって大きな影響を受ける、**脆弱な経済構造**である。

モノカルチャー

8 新大陸の「発見」とその影響

ANSWERS □□□

□1 ★★★ アメリカ大陸原産の [★★★]・[★★★] はヨーロッパに伝わり、世界人口の増大にも寄与した。（東京大）

◆トウモロコシは家畜の飼料として使われ、ジャガイモは寒冷地の食糧事情を改善した。

トウモロコシ, ジャガイモ ※順不同

□2 ★★★ 16世紀前半に [★★★] は、ラテンアメリカの [★★★] に黒人奴隷を導入し、大規模な [★★★] のプランテーション（大農園）を行った。（東京大）

◆ポルトガルは同時期にマラッカも占領した。

ポルトガル, ブラジル, サトウキビ

□3 ★★★ スペインによる新大陸統治では、スペイン国王が**「征服者」に先住民の統治を委託し、キリスト教に改宗させることを条件に労働力として使用することを認める** [★★★] 制がとられた。（上智大）

◆エンコミエンダ制は1503年にスペインが王令で定めた植民地経営形態。

エンコミエンダ制

□4 ★★ **エンコミエンダ制**にかわって導入された [★★] 制は、大農園主が先住民などの負債農民を [★] 化して農業や牧畜を営むもので、17世紀以降に広まった。

（北海道大）

◆黒人奴隷や先住民などを働かせ、カカオやサトウキビなどが栽培された。

アシエンダ制（大農園制）, 債務奴隷

□5 ★★★ [★★★] は**『インディアスの破壊についての簡潔な報告』**を著し、[★★★] 制に基づくスペインの新大陸経営を批判して、先住民の人権擁護に尽力した。

（東京大、京都大）

◆ドミニコ修道会聖職者であったラス=カサスは、初めは征服活動に参加していたが、次第に奴隷貿易に反対するようになった。

ラス=カサス, エンコミエンダ制

□6 地理学者の [　　] は、神聖ローマ皇帝カール5世が依頼した地球儀の製作に関わった。（京都大）

◆1569年には、メルカトル投影図法による世界地図を発表した。

メルカトル

□7 ★★★ 商品の種類や取引額が拡大し、遠隔地貿易の中心地が地中海から [★★★] 沿岸の国々へ移動したことを「[★★★] 革命」という。（早稲田大）

◆商業革命を受けて、リスボンやアントウェルペン（アントワープ）が繁栄した。

大西洋, 商業革命

□8 ★★★ 16世紀の西ヨーロッパでは、ラテンアメリカ産の［★★★］の流入で貨幣価値が下落し、物価が高騰する［★★★］革命が起こった。（北海道大）

◆ラテンアメリカで産出された銀は、鉱物資源というよりも**経済面で世界に巨大なインパクト**を与えた。大量に採掘され輸出されたが、**19世紀初頭に枯渇**した。

銀, 価格革命

□9 ★ 価格革命が進むと商工業が刺激され、［　］の市民層が成長した。［★］に依存する封建領主層は没落し、一部の［　］は経済力を強めた。（慶應義塾大）

都市, 固定地代, 農民

□10 ★★★ 16世紀以降の東ヨーロッパでは、領主が直営地経営を行う［★★★］制が［★★★］以東で普及し、**農奴に対する支配が再び強まった。**（慶應義塾大）

◆商業革命により、西欧諸国が貿易の中心となった。そのため、食糧供給地としての役割を東欧地域が担うようになり、西欧向けの輸出用穀物栽培を目的とした農場領主制が東欧地域に広がった。

農場領主制, エルベ川

□11 ★ 農場領主制は、プロイセンでは［★］と呼ばれた。（予想問題）

グーツヘルシャフト

□12 ★ 大航海時代以降、大西洋貿易により新たにもたらされたトウモロコシ・ジャガイモ・**タバコ・トマト**・茶・コーヒーなどの新奇商品は、西欧諸国で［★］革命を引き起こした。（共通テスト、早稲田大）

生活革命

9 ドイツの宗教改革

ANSWERS □□□

□1 ★★★ ルネサンスを保護した、**メディチ家出身**の教皇［★★］世は、［★★★］大聖堂の新築資金を集めるために贖宥状を販売した。（北海道大）

◆サン=ピエトロ大聖堂はカトリックの総本山。火災や老朽化で荒廃した旧聖堂を取り壊し、新しく建て直す工事が進んでいた。

レオ10世, サン=ピエトロ大聖堂 世界遺産

□2 ★ 中世末期に、ローマ教皇庁が**贖宥状**を販売するようになると、その主たる対象とされたドイツは「［★］」と呼ばれた。（センター）

ローマの牝牛

□3 ★★★ 1517年、ヴィッテンベルク大学の神学教授［★★★］は、「［★★★］」を発表して**贖宥状**の販売を批判した。（早稲田大）

◆ルターは、聖書の記述と異なるとして贖宥状の販売に疑問を持っていた。

ルター, 九十五カ条の論題

□4 ★
ルターは1520年に発表した『 ★ 』において、人は信仰のみによって救われるという ★ 説を主張した。（早稲田大、関西学院大）

キリスト者の自由、信仰義認説

□5 ★★★
1521年、ルターは ★★ 議会で皇帝 ★★★ 世から自説の撤回を求められたが、これを拒んで帝国追放処分を受けた。（中央大）

ヴォルムス帝国議会、カール5世

□6 ★★
反皇帝派の ★★ は、帝国追放処分になったルターを**ヴァルトブルク城**にかくまった。（立命館大）

ザクセン選帝侯フリードリヒ

□7 ★★★
ヴァルトブルク城で、ルターは『 ★★★ 』をドイツ語に翻訳した。（立命館大）

◆ルターのドイツ語版『新約聖書』は1522年に初版が発行され、**聖書が一般の人々に広く読まれるきっかけ**となるとともに、**近代ドイツ語の確立**にも貢献した。

新約聖書

□8 ★★★
ルターの説に影響を受けた ★★★ は、1524年に始まった**ドイツ農民戦争**を指揮した。（京都大）

◆ルターは、ミュンツァーの**教会批判には賛同**したが、社会変革を目指した**武装闘争には反対**の立場をとり、農民戦争を非難した。

ミュンツァー

□9 ★
ドイツ農民戦争において、農民たちは ★ 制の廃止や**封建地代**の軽減を要求した。（一橋大）

農奴制

□10 ★★
ルターの教えを採用したドイツの諸侯は ★★ 制をとり、カトリック教会の権威から離れて領内の教会の首長になった。（学習院大）

領邦教会制

□11 ★★★
カール5世の弾圧に対して抗議したルター派の諸侯や都市は ★★★ と呼ばれた。（センター）

◆カトリックから分派し、プロテスタントはのちに教皇権を認めない宗派の総称となった。

プロテスタント

□12 ★★
1530年、カール5世の宗教弾圧に対抗し、 ★★ 派の諸侯や都市は ★★ 同盟を結成した。（京都府立大）

◆1546～47年、シュマルカルデン同盟とカール5世の間で、**宗教の自由をめぐる**シュマルカルデン戦争が起こった。宣戦布告したカール5世が勝利し、シュマルカルデン同盟は解体させられた。

ルター派、シュマルカルデン同盟

□13 ★★★
1555年の ★★★ により、皇帝とルター派の妥協が成立し、**諸侯はカトリックかルター派かの選択権を認められたが、各領民にはその選択権は認められなかった。**（慶應義塾大）

◆また、カルヴァン派を信仰することは認められなかった。

アウクスブルクの和議

10 スイスの宗教改革

ANSWERS □□□

□1 ★★ 16世紀、ツヴィングリがスイスの［★★］で宗教改革を進めた。（京都府立大）

チューリヒ

□2 ★★★ フランス出身の［★★★］は、ジュネーヴで独自の宗教改革を進めた。（関西学院大）

◆ジュネーヴは、**プロテスタントのローマ**とも呼ばれたレマン湖畔の都市である。

⚠**チューリヒ**で活躍したツヴィングリと、**ジュネーヴ**で活躍したカルヴァンの混同に注意！

カルヴァン

□3 ★★ カルヴァンは、スイスのバーゼルで『［★★］』を出版した。（関西大）

キリスト教綱要（きょうこうよう）

□4 ★★ カルヴァンは、ジュネーヴで厳格な［★★］政治を行った。（東京大、上智大）

◆ジュネーヴでは、市民活動に宗教的規範が導入された。神学校が設立され、カルヴァンの思想の普及に努めた。

神権（しんけん）政治

□5 ★★★ カルヴァンは、人が救われるかどうかはあらかじめ神により決められているとする［★★★］説を主張した。（早稲田大）

予定（よてい）説

□6 ★★ 予定説では、人々は神に与えられた［★］に励むべきとしたうえで、職業上の成功の結果としての［★★］が肯定された。（関西学院大）

◆**資本主義的な営利活動を肯定**するカルヴァンの主張は**商工業者たちに受け入れられ**、商工業の盛んな地域に広まっていった。

天職（てんしょく）、蓄財（ちくざい）

□7 ★★★ カルヴァンは、**司教制度を廃止**し、信徒の中から選ばれた者に牧師を補佐させる［★★★］主義をとった。（日本大）

長老（ちょうろう）主義

□8 ★★★ カルヴァン派は、**イングランド**では［★★★］、**スコットランド**では［★］と呼ばれた。（早稲田大、関西学院大）

ピューリタン（清教徒（せいきょうと））、プレスビテリアン（長老派（ちょうろうは））

□9 ★★ カルヴァン派は、**フランス**では［★★］、**ネーデルラント**では［★★］と呼ばれた。（早稲田大）

◆ユグノーは「同盟者」、ゴイセンは「乞食（こじき）」の意。どちらも当初カトリック側が侮蔑的に使った呼び名である。

ユグノー、ゴイセン

□10 ★★ 20世紀、ドイツの［★★］は著書**『プロテスタンティズムの倫理と資本主義の精神』**でプロテスタントの宗教倫理と資本主義の関係を分析した。（関西学院大）

マックス=ヴェーバー

◆この本は、**プロテスタントの禁欲的な宗教倫理がヨーロッパにおける近代資本主義の精神的支柱になった**と論じている。職業は神から与えられた使命であるという前提のもと、禁欲的に仕事に励み節約と蓄財を行う行為は、近代資本主義にたどりつくと分析した。

11 イギリスの宗教改革

ANSWERS □□□

□1 ★★★ 1534年、テューダー朝の［★★★］世は、**王妃との離婚を教皇に反対された**ことを機に首長(しゅちょう)法(国王至上(こくおうしじょう)法)を制定し、国王を首長とする［★★★］を成立させた。（センター、慶應義塾大）

ヘンリ8世, イギリス国教会(こっきょうかい)

◆離婚のきっかけとなったブーリン家のアン（アン=ブーリン）は、エリザベス1世の母である。

□2 ★ ［★］世が制定した一般祈禱(きとう)書によって、国教会の教義と制度が整えられた。（関西学院大）

エドワード6世

□3 ★★ ［★★］世はカトリックを復活させ、新教徒を弾圧した。（関西学院大）

メアリ1世

◆厳しい弾圧を行ったため「血まみれのメアリ（Bloody Mary）」と呼ばれた。

□4 ★★★ 1559年、**エリザベス1世**は［★★★］法を制定して国教会を確立した。（センター）

統一(とういつ)法

◆統一法は、イギリス国教会が**礼拝や祈祷の方法**について指南するための法である。

□5 ★★★ ［★★★］は**イングランドにおけるカルヴァン派の一派**で、国教会に残るカトリック的要素を除き、「清い教会」の実現を目指した。（青山学院大）

ピューリタン（清(せい)教徒(きょうと)）

□6 スコットランド出身の聖職者［　］はスコットランドの宗教改革運動を成功に導いた。（関西学院大）

ノックス

12 旧教(カトリック勢力)の巻き返し

ANSWERS □□□

□1 ★★★ 旧教側が新教側に対抗して行ったカトリック内部の改革を [★★★] 改革という。(センター)

カトリック改革(対抗宗教改革)

□2 ★★★ 1534年に設立された [★★★] は、教皇への絶対服従などを会則とし、南米やアジアなどで活発な海外布教活動を行った。(東京大)

イエズス会(ジェズイット教団)

□3 ★★★ スペインの軍人 [★★★] は、パリで**イエズス会を創設**した。(京都女子大)

イグナティウス=ロヨラ

歴総 □4 ★★★ イエズス会宣教師の [★★★] はインドや東南アジアで布教し、1549年には日本に初めてキリスト教を伝えた。(センター、京都女子大)

◆フランシスコ=ザビエルは現在の鹿児島県に到着した。

フランシスコ=ザビエル(シャヴィエル)

□5 ★★★ 1545年に [★★★] 公会議が行われ、**教皇の至上権を確認**するとともに、[★★★] が制定され、**宗教裁判の強化**がはかられた。(法政大)

トリエント公会議, 禁書目録

□6 ★★ 16～17世紀、社会的緊張の高まりから「[★★]」の動きが激化した。(上智大)

◆「魔女狩り」では10万人以上が処刑された。カトリック・プロテスタント両方で行われ、中には男性でも「魔女」として処刑された者もいた。

魔女狩り

13 絶対主義国家の特徴

ANSWERS □□□

□1 ★★★ 16～18世紀のヨーロッパでは、[★★★] 説を理論的支柱として、王権を絶対視する [★★★] と呼ばれる政治体制が出現した。(試行調査、京都府立大)

◆**絶対主義**とも呼ばれる。

王権神授説, 絶対王政

□2 ★★ 王権神授説とは、王権を [★★] から授けられた神聖不可侵なものとする政治思想である。(上智大)

神

□3 ★★★ 絶対王政においては、軍事面では [★★★] 軍、政治面では [★★★] 制が制度の基盤とされた。(関西学院大)

常備軍, 官僚制

□4 ★★★ 明確な国境で囲まれた［★★］と排他的な主権を持った国家間のシステムを［★★★］体制という。（センター）

領域（国土），主権国家体制

□5 ★★ 主権国家体制の成立により、［★★］や［★★］といった普遍的な権威が衰えた。（試行調査）

ローマ教皇，神聖ローマ皇帝 ※順不同

□6 ★★★ 主権国家体制の成立により、明確な領土を有する［★★★］同士が対等に並び立つ国際関係が形成された。（試行調査）

国家

□7 ★★★ ［★★★］戦争を機に、ヨーロッパで主権国家体制が形成され始めた。（北海道大）

イタリア戦争

□8 ★★ **1559年**、イタリア戦争の講和条約として［★★］条約が結ばれ、フランスはイタリアに関する権利を放棄した。（早稲田大）

カトー=カンブレジ条約

□9 ★★★ 主権国家体制は、1648年に三十年戦争の講和条約として結ばれた［★★★］条約で確立した。（センター）

ウェストファリア条約

□10 ★★★ 16～18世紀の絶対王政下のヨーロッパ諸国では、**国家が経済活動に積極的に介入する**［★★★］主義が進展した。（島根県立大、関西学院大）

◆重商主義をとった**イギリス・フランス・オランダ**は、海外植民地であるインドに**東インド会社を設立**した。

重商主義

□11 ★★ 重商主義政策の初期にスペインなどで見られた［★★］主義とは、**金・銀などの貴金属を獲得し、国家財政を富ませようとした経済政策**である。（慶應義塾大）

重金主義

□12 ★★ 重金主義によって貴金属が大量に流入した結果、貨幣価値が下落してインフレが起こったため、その後は**輸出を盛んにして輸入を制限する**［★★］主義が取られた。（駒澤大）

貿易差額主義

□13 ★★ 絶対王政期、イギリスの毛織物産業を中心に［★★］制や［★★］が発展した。（同志社大）

◆問屋制とは、商人や金融業者が手工業生産者に原料や道具などを前貸しして注文する経営形態のこと。マニュファクチュアとは、資本家が労働者を仕事場に集め分業の方式で生産を行う生産様式のことである。

問屋制，マニュファクチュア（工場制手工業）

14 スペインの盛衰

ANSWERS □□□

□1 ★★★ 1516年、ハプスブルク家のカール大公がスペイン王 [★★★] 世として即位し、**スペイン=ハプスブルク朝**が創始された。（早稲田大）

カルロス1世

◆カルロス1世は、1519年には神聖ローマ皇帝カール5世としても即位し、伝統的なキリスト教世界の統一を象徴する存在となった。

□2 ★★★ カルロス1世の息子 [★★★] 世は、アメリカ植民地やネーデルラント、シチリアなどの領土を受け継いだ。（センター）

フェリペ2世

□3 ★★★ 1571年、フェリペ2世は [★★★] の海戦で [★★★] 帝国を破った。（センター）

レパントの海戦，オスマン帝国

◆オスマン帝国は、キプロス島を占領し西方進出を目指していた。レパントはギリシア西岸に位置する町である。

□4 ★★ レパントの海戦は、スペイン・ [★★] 教皇・ [★] の同盟軍とオスマン帝国との戦いであった。（センター）

ローマ教皇，ヴェネツィア

◆レパントの海戦は、何百隻もの手漕ぎの**ガレー船**で戦われた。

□5 ★★★ **1580年**、フェリペ2世は [★★★] を併合した。（センター）

ポルトガル

◆ポルトガルは、1580年に王家が途絶えたため、王の甥であったフェリペ2世が併合した。

□6 ★★★ スペインはポルトガルの植民地も支配下に入れ、スペインは「 [★★★] 」と呼ばれる繁栄の時代を迎えた。（センター）

太陽(たいよう)の沈(しず)まぬ帝国(ていこく)

◆アフリカ東海岸・インド・スリランカ・東南アジアにかけて**ポルトガルが拠点とした多くの海外都市が存在**した。地図で確認しておこう。

□7 ★★★ 1588年、フェリペ2世はネーデルラント独立を支援する [★★★] を攻撃するため [★★★] を送り込んだが、惨敗した。（センター）

イギリス，無敵艦隊(むてきかんたい)（アルマダ）

◆「無敵艦隊」の名は、最盛期のスペイン艦隊に対してイギリスが（皮肉交じりに）称賛してつけた呼び名である。

□8 ★★ **アルマダ海戦**の惨敗に加え、アメリカ大陸から大量に調達していた [★★] の浪費も重なったため、スペインは衰退していった。（センター）

銀(ぎん)

15 オランダ(ネーデルラント)の独立

ANSWERS □□□

□1 ★★ スペイン支配に抵抗したネーデルラントのカルヴァン派は [★★] と呼ばれた。 (センター)

ゴイセン

◆ゴイセンは「乞食」の意味。カトリック側がスペインに対抗するカルヴァン派の貴族を侮辱する目的で使われた。

□2 ★★★ フェリペ2世は、カルヴァン派が拡大していた [★★★] にカトリック**を強制**したため、反発が起き、**1568年**に [★★★] 戦争が始まった。 (神奈川大)

ネーデルラント，オランダ独立戦争

□3 ★★★ [★★★] は、カトリック強制に反対してオランダ独立戦争を指導した。 (予想問題)

オラニエ公ウィレム(オレンジ公ウィリアム)

□4 ★★ [★★] 教徒の多いネーデルラントの [★★] は、オランダ独立戦争の途中で脱落し、スペイン支配下にとどまった。 (センター)

カトリック教徒，南部10州

□5 ★★★ **新教徒の多い**ネーデルラントの [★★★] は、1579年に [★★★] 同盟を結成して抵抗した。 (センター)

北部7州，ユトレヒト同盟

□6 ★★ 南部10州は現在の [★★] 、北部7州は現在の [★★] にあたる地域である。 (予想問題)

ベルギー，オランダ

□7 ★★★ 1581年、北部7州は [★★★] の樹立を宣言した。 (センター)

ネーデルラント連邦共和国

◆オランダの独立は、同じく新教国の**イギリスが支援**した。

□8 ★★ ネーデルラント連邦共和国では、アムステルダムを州都とする [★★] 州が政治・経済の中心となった。 (センター)

ホラント州

□9 ★★★ オランダ独立戦争中、世界経済の中心であった [★★★] がスペイン軍に占領されて衰退したため、代わって [★★★] が中心都市となった。 (神奈川大)

アントウェルペン(アントワープ)，アムステルダム

◆アムステルダムは現在のオランダの首都である。

□10 ★★★ **1609年**に結ばれた休戦条約で、オランダは事実上の独立を果たしたが、国際的な承認を得たのは1648年の [★★★] 条約においてであった。 (センター)

ウェストファリア条約

◆ウェストファリア条約では、同時に**スイスの独立も承認**された。

16 イギリス絶対王政

ANSWERS □□□

□1 ★★★ [★★★]世は、バラ戦争を収めて1485年に[★★★]朝を創始した。（福岡大）

ヘンリ7世, テューダー朝

□2 ★★★ 1534年、[★★★]世は首長法（国王至上法）を制定し、国王はイギリス国教会の唯一最高の首長とした。（早稲田大）

ヘンリ8世

□3 ★★ ヘンリ8世の時代には、牧羊のために、共有地の第1次[★★]が進行した。（法政大）

◆その名の通り、領主や地主が生垣や塀で農地を囲い込んで牧羊地を作ること。**イギリスで毛織物市場が拡大していた**ことが背景にあった。

第1次囲い込み（エンクロージャー）

□4 ★★★ [★★★]世は、カトリック政策の一環でスペイン皇太子（のちの[★★]世）と結婚した。（予想問題）

◆メアリ1世はカトリックに復帰して新教徒を弾圧した。

メアリ1世, フェリペ2世

□5 ★★ メアリ1世の時代、イギリスは唯一の大陸領であった[★★]を失った。（青山学院大、東京農業大）

カレー

□6 ★★★ 1559年、[★★★]世は**統一法**を制定してイギリス国教会の基礎を固めた。（早稲田大）

エリザベス1世

□7 ★★★ 1600年、エリザベス1世は[★★★]会社を設立した。（早稲田大）

◆イギリスの他、オランダ・フランスも同様の組織を設立した。フランスの東インド会社は、ほとんど機能せずにいったん解散し、1664年に再建された。

東インド会社

□8 ★ 1601年、エリザベス1世は[★]法を制定して内政の安定化を目指した。（予想問題）

救貧法

□9 エリザベス1世は財政顧問に[　]を登用し、貨幣を改鋳して通貨安定を図った。（慶應義塾大、國學院大）

◆「悪貨は良貨を駆逐する」という主張が有名である。

トマス=グレシャム

□10 ★ エリザベス1世時代、[★]はアメリカにイギリス最初の植民地建設を試み、その地をヴァージニアと命名したが、失敗に終わった。（予想問題）

ローリー

□11 ★★ エリザベス1世は、[★]や世界周航を成し遂げた[★★]らに私掠(しりゃく)特許状を与え、スペインの商船や貿易拠点を攻撃させた。(関西学院大)

ホーキンズ, ドレーク

◆ホーキンズは西アフリカの黒人奴隷を西インド諸島へ運ぶことで巨額の富を得た他、アルマダの海戦に司令官として参戦した。

□12 ★★ 国の許可を受けて敵国植民地や外国船の略奪を行う民間船を[★★]船という。(予想問題)

私拿捕(しだほ)船(私掠(しりゃく)船)

□13 ★★★ 1588年、ドレークは[★★★]の海戦で副提督(ていとく)としてスペイン艦隊を破り、イギリスの海洋国家発展に貢献した。(京都府立大)

アルマダの海戦

□14 ★★★ **1603年**、エリザベス1世の死によって[★★★]朝が断絶すると、同王家の血をひくことからスコットランド王の[★★★]世が即位し、ステュアート朝が始まった。(立命館大)

テューダー朝, ジェームズ1世

□15 ★★★ イギリス絶対王政では、土着の有力者である[★★★]が**地方行政を担って官僚のかわりとなった。**(法政大)

ジェントリ(郷紳(きょうしん))

17 フランス絶対王政の確立

ANSWERS □□□

□1 ★★★ フランスでは、16世紀半ばから中産市民層を中心に[★★★]派が広まり、**1562年**に新旧両派の内乱である[★★★]戦争が勃発した。(早稲田大)

カルヴァン派, ユグノー戦争

◆ヴァロワ朝のシャルル9世の在位中に勃発した。

□2 ★★ シャルル9世の母[★★]は、ユグノー戦争の新旧両派の対立を利用して王権を強化しようとした。(明治大)

カトリーヌ=ド=メディシス

□3 ★★★ 1572年、カトリーヌ=ド=メディシスは、**旧教徒が多数の新教徒を殺害する**[★★★]を主導し、この結果新旧両教徒の対立が激化した。(立命館大)

サンバルテルミの虐殺(ぎゃくさつ)

□4 ★★★ [★★★]世は、ヴァロワ朝断絶後に即位し、[★★★]朝を創設した。(明治大)

アンリ4世, ブルボン朝

□5 アンリ4世は [★★★] からカトリックに改宗し、1598年に [★★★] を出してプロテスタントの権利も認め、**ユグノー戦争を終結**させた。 (慶應義塾大、明治大)
★★★

◆アンリ4世はカナダに進出し、植民地を作るなど**海外進出にも積極的**だったが、1610年にカトリック教徒に暗殺された。

ユグノー, ナントの王令(おうれい)

□6 **ルイ13世**の時代、1615年に身分制議会の [★★] 会の招集が停止された。 (センター)
★★

全国三部会(ぜんこくさんぶかい)

□7 1624年、ルイ13世は宰相に [★★] を登用した。 (センター)
★★

◆リシュリューは、貴族やユグノーなど王権に抵抗する勢力を抑え、**王権の強化に取り組んだ**。彼は猫好きでたくさんの猫を飼っていたが、それは食事の毒味をさせるためでもあったといわれる。

リシュリュー

18 ルイ14世時代

ANSWERS □□□

□1 幼少時の**ルイ14世を補佐した宰相** [★★★] は、リシュリューの政策を引き継いで中央集権化を進めた。 (センター)
★★★

マザラン

□2 マザランの中央集権化に対し、最高司法機関である高等法院や貴族が**1648年**に [★★★] の乱を起こしたが、鎮圧された。 (センター)
★★★

◆王令は高等法院で審査されなければ効力を持たなかったため、**貴族は王令登録権を盾に王権に抵抗することができた**。

フロンドの乱

□3 ルイ14世は、[★★] 説やガリカニスム(フランス国家教会主義)を唱える [★★] を重用した。 (学習院大)
★★

王権神授説(おうけんしんじゅ), ボシュエ

□4 ルイ14世は、王権神授説を信奉して「[★★★]」と発言したとされる。 (中央大)
★★★

◆ルイ14世は「太陽王」とも呼ばれた。「朕は国家なり」という言葉は、**自らと国家の利害を同一視**する彼の政治観を象徴するものである。

朕(ちん)は国家(こっか)なり

□5 ルイ14世が登用した**財務総監** [★★★] は、**重商主義政策**(じゅうしょう)を展開した。 (センター、慶應義塾大)
★★★

コルベール

□6 コルベールは [★★] を設立し、国内の商工業育成や毛織物などの輸出を拡大することによる財政強化を目指した。 (センター、慶應義塾大)
★★

王立(おうりつ)(特権(とっけん))マニュファクチュア

□7 ★★ 1664年、コルベールは、17世紀初頭に創設されて以来活動停止状態であった［★★］会社を**再建**した。(同志社大)

東インド会社

□8 ★★★ ルイ14世は、**1685年**に［★★★］を廃止し、カトリックへの宗教的な統一を図った。(早稲田大)

ナントの王令

□9 ★ 1667年、スペイン王女を妃としたルイ14世は、スペイン王フェリペ4世の死後、［★］の継承権を主張して戦争を引き起こした。(法政大)

南ネーデルラント

□10 ★ ルイ14世は、南ネーデルラント継承戦争で敵方に立った［★］に対しても戦争を起こした。(立教大)

オランダ

□11 ★★ 神聖ローマ帝国の［★］選帝侯の領土継承権を主張するルイ14世に対抗して、神聖ローマ皇帝は選帝諸侯と**アウクスブルク同盟**を結成し、［★★］戦争が起こった。(立命館大)

◆ルイ14世は王位が空位となった周辺諸国へ次々と介入し、順に南ネーデルラント継承戦争、オランダ戦争、ファルツ戦争を起こした。しかし、あまり成果はなく、むしろ度重なる戦争で財政は悪化していった。

ファルツ選帝侯,
ファルツ戦争（アウクスブルク同盟戦争）

□12 ★★★ スペイン=ハプスブルク家の断絶後、1701年にオーストリア=ハプスブルク家は、孫のスペイン王位継承権を主張するルイ14世に反発して［★★★］戦争を起こした。(立命館大)

◆1700年、カルロス2世の死によってスペイン=ハプスブルク家が断絶した。スペイン王女を妃とした**ルイ14世**は、その血筋から**自らの孫をスペイン王位につけた**。これに反発したオーストリアはイギリス・オランダなどと結び、戦争を起こした。

スペイン継承戦争

□13 ★★★ スペイン継承戦争の結果、1713年に［★★★］条約が結ばれ、ルイ14世の孫の［★★］世の王位継承が認められた。(慶應義塾大)

◆ユトレヒト条約を結ぶにあたって領土のやり取りが行われ、植民地を得た**イギリスが国力を伸ばし、フランスの力が抑えられた**。

ユトレヒト条約,
フェリペ5世

□14 ★★ フェリペ5世がスペイン王に即位した代償として、スペインは［★★］・ミノルカ島を、フランスは［★］湾地方・［★★］・アカディアなどを**イギリスに割譲**した。(立命館大)

ジブラルタル，ハドソン湾地方，ニューファンドランド

□15 ジブラルタルは大西洋と地中海を結ぶ要衝で、［★］の生産地であるエジプトとの中継地の役割も担った。（九州大、慶應義塾大）
★

◆21世紀現在も、**ジブラルタルはイギリスの海外領土**である。2019年末のイギリスのEU離脱（ブレグジット）では、隣接するスペインをはじめEUとの人的・経済的なつながりから、現地住民の大半が国民投票でEU残留（離脱反対）を支持していた。

綿花

□16 ルイ14世時代、対外的な侵略戦争を正当化するために［★］説が唱えられた。（早稲田大）
★

◆自然国境説とは、国の国境は民族・人種などによらず**川や山脈などの自然物によって定められる**という考え方のこと。16世紀のフランスでは国境は**ライン川**、**ピレネー山脈**、**アルプス山脈**などであるべきとされた。

自然国境説

19 三十年戦争

ANSWERS □□□

□1 1618年、**ベーメンの新教徒**が［★★★］家の旧教化政策に反抗したことをきっかけに［★★★］戦争が起こった。（新潟大）
★★★

◆ドイツにおける新旧両派の対立は1555年の**アウクスブルクの和議**で一応の決着を見たが、その後も混乱は続き、17世紀には三十年戦争が起こった。この戦争の結果、ドイツの諸侯にはほとんど完全な主権が承認されることとなった。

ハプスブルク家，三十年戦争

□2 ［★★］王クリスチャン4世は、新教徒の保護を名目に参戦した。（立教大）
★★

デンマーク

□3 **傭兵隊長**の［★★］は、神聖ローマ皇帝軍を率いて旧教側で戦った。（新潟大、京都大）
★★

◆ヴァレンシュタインは新教陣営の軍隊を次々と破ったが、皇帝の命に背いて和平を試み、暗殺された。

ヴァレンシュタイン

□4 皇帝軍が優勢になると、1630年、スウェーデン国王［★★★］が新教徒の保護を名目に参戦した。（新潟大）
★★★

グスタフ=アドルフ

□5 スウェーデンは［★★］海に勢力を広げ、この地域における覇権を目指していた。（早稲田大、関西学院大）
★★

バルト海

□6 グスタフ=アドルフは［★］の援助を得て参戦したが、1632年に［★］の戦いで戦死した。（明治大）
★

◆グスタフ=アドルフは、内政にも熱心に取り組んだ名君として知られる。**国王は戦死したもののスウェーデンは勝利をおさめ、**ヨーロッパ有数の大国となった。

フランス，リュッツェンの戦い

VII 19 三十年戦争

□7 ★★★ **旧教国**フランスの宰相 [★★★] は、ハプスブルク家の皇帝に対抗するため、**新教側で参戦**した。（早稲田大）

リシュリュー

□8 ★★★ [★★★] 年、三十年戦争の講和条約である [★★★] 条約が締結された。（埼玉大）

1648, ウェストファリア条約

□9 ★★★ ウェストファリア条約では、ドイツの [★★★] にほぼ完全な主権が認められ、[★★★] **は有名無実化**した。（上智大）

◆この条約で**神聖ローマ帝国は事実上解体**したため、「神聖ローマ帝国の死亡診断書」と呼ばれる。

領邦(りょうほう), 神聖(しんせい)ローマ帝国(ていこく)

□10 ★★★ ウェストファリア条約では [★★★] が再確認され、ルター派と同等の条件で [★★★] 派の信仰が公認された。（龍谷大）

アウクスブルクの和議(わぎ), カルヴァン派

□11 ★★★ ウェストファリア条約では、ハプスブルク家からの [★★★]・[★★★] の独立が国際的に承認された。（センター）

スイス, オランダ
※順不同

□12 ★★ ウェストファリア条約で、フランスは [★★] とロレーヌの一部を獲得した。（筑波大）

アルザス

□13 ★★ ウェストファリア条約で、スウェーデンはバルト海南岸の [★★] を獲得した。（京都大、南山大）

西(にし)ポンメルン

□14 1659年、スペインとフランスは [　　] 条約を結び、その結果、三十年戦争後も継続していた両国間の戦争状態が終結した。（関西大）

◆ピレネー条約では、両国の婚姻関係の他、スペインがフランスに領土を割譲しフランスの優位で決着した。スペイン王女はルイ14世妃となった。

ピレネー条約

20 プロイセンの台頭

ANSWERS □□□

□1 ★★★ 1525年、ドイツ騎士団の団長がルター派に改宗して［★★★］公国が成立した。（試行調査、青山学院大）

プロイセン公国

□2 ★★ プロイセン公国は、13世紀の［★★］によってこの地に定住した［★★］領を前身とする。（試行調査）

東方植民, ドイツ騎士団領

◆ドイツ騎士団は**第３回十字軍の際に結成**され、バルト海沿岸にドイツ騎士団領を建てた。

□3 ★ 16世紀以降、**エルベ川以東**のドイツ諸地域では農場領主制（［★］）が広がり、**ヨーロッパ西部に向けた穀物輸出の拠点**となった。（上智大）

グーツヘルシャフト

□4 ★ 農場領主制の特色は、農民への［★］を強化して、西欧へ輸出する［★］を生産したことである。（東京大）

賦役労働, 穀物

◆商業革命で商工業が発展し、経済的に先進地域になった西欧諸国への穀物の輸出が増えた。西欧は**商工業**、東欧は**穀物生産**という**分業体制が成立**した。

□5 ★★★ プロイセンには、［★★★］と呼ばれる**領主貴族**が存在した。（センター）

ユンカー

◆ユンカーは農場領主制の経営で豊かになったエルベ川以東の土地貴族である。啓蒙専制君主の典型といわれるフリードリヒ２世（大王）は、農民支配をユンカーに委ねていた。ビスマルクもユンカー出身である。

□6 ★★ 1618年に**ホーエンツォレルン家**の［★★］選帝侯がプロイセン公国を相続し、ブランデンブルク=プロイセンが成立した。（京都大）

ブランデンブルク 選帝侯

□7 ★★★ プロイセン公国は、**1701年**の［★★★］戦争において、神聖ローマ帝国に対する軍事援助を背景に**王国への昇格**を許された。（立命館大）

スペイン継承戦争

□8 ★★ 1701年に王国となったプロイセン王国の君主は［★★］家、首都は［★］である。（関西学院大）

ホーエンツォレルン家, ベルリン

□9 ★★ プロイセンは２代目国王［★★］世の時に、**軍隊や官僚制を整備**して国力を高め、絶対王政の基礎を固めた。（新潟大）

フリードリヒ=ヴィルヘルム１世

□10 ★★★ 18世紀後半のプロイセン国王 [★★★] 世は**啓蒙専制君主**であり、「**君主は国家第一の僕**（しもべ）」という言葉を残した。（慶應義塾大）

フリードリヒ2世

◆フリードリヒ2世は、フランスの啓蒙思想家**ヴォルテールと親交**があった。

□11 ★★★ フリードリヒ2世は、**1740年**のオーストリア継承戦争と**1756年**の [★★★] 戦争の結果、鉱工業地帯の [★★★] を領有した。（京都大）

七年（しちねん）戦争，シュレジエン

21 オーストリアとプロイセン

ANSWERS □□□

□1 ★★★ [★★★] は、1278年にハプスブルク家の所領となり、以後その本拠地となっていた。（法政大）

オーストリア

◆オーストリアは、8世紀末にカール大帝が東方の防衛線として設置した「オストマルク」を起源とする。

□2 ★★★ **カール6世には男子の王位継承者がいなかった**ため、王位継承法により、娘の [★★★] が即位した。（慶應義塾大）

マリア=テレジア

◆生前、カール6世は王位継承法を出しマリア=テレジア**が家領を継承することを定め**、関係諸国の同意を取りつけていた。彼女はオーストリア=ハプスブルク家で初の女性君主となった。

□3 ★★★ マリア=テレジアが [★★★] 家領を継承すると、バイエルン公などが反発し、**1740年**に [★★★] 戦争が起こった。（立命館大）

ハプスブルク家，オーストリア継承（けいしょう）戦争

□4 ★★★ オーストリア継承戦争時、プロイセンは [★★★] を占領した。（新潟大）

シュレジエン

□5 ★★★ オーストリア継承戦争はプロイセンが勝利し、[★] の和約でマリア=テレジアのハプスブルク家領の継承が認められ、シュレジエンは [★★★] 領となった。（慶應義塾大）

アーヘンの和約，プロイセン

□6 ★★★ オーストリアは、シュレジエンの奪回を目指してフランス・スペイン・ロシアと同盟を結び、[★★★] 戦争でプロイセンと戦った。（新潟大）

七年（しちねん）戦争

□7 ★★★ 七年戦争に際し、マリア=テレジアは [★★★] の [★★★] 家との対立を解消して同盟関係を結んだ。この政策転換を「[★★★] 革命」という。（立命館大）

フランス，ブルボン家，外交革命

□8 ★★★ 七年戦争で勝利したプロイセンは [★★★] を確保した。（早稲田大）

シュレジエン

□9 ★ 七年戦争の講和条約は [★] 条約である。（早稲田大）

◆この条約により、プロイセンのシュレジエン領有が確定した。

フベルトゥスブルク条約

□10 ★★★ マリア=テレジアの子の [★★★] 世は、**啓蒙専制君主**として上からの近代化を目指した。（近畿大）

◆1780年からはヨーゼフ２世の**単独統治**となる。

ヨーゼフ２世

□11 ★★ ヨーゼフ２世は [★★] 令と [★★] 令を出し、自由主義的改革を進めた。（センター、島根県立大）

◆ヨーゼフ２世は検閲の禁止なども実施した。しかし、当時のハプスブルク家はチェック人、マジャール人の他、ベルギー、イタリアなど支配地域に多様な民族が含まれ、**中央集権的な政策は反発を招いた**。

宗教寛容令，農奴解放令 ※順不同

□12 ★ 宗教寛容令は、[★] や [★] に信教の自由を認め、ユダヤ人の待遇も改善した。（センター、島根県立大）

プロテスタント，ギリシア正教徒 ※順不同

□13 ★ 農奴解放令は農奴の人格的自由を認めたが、[★] 派の反発を受け、ヨーゼフ２世の死後に廃止された。（センター、島根県立大）

保守派

□14 ★★★ **1772年、93年、95年**の３度、[★★★]・[★★★]・[★★★] によるポーランドの分割と併合が行われた結果、ポーランド王国が消滅した。（早稲田大）

◆**１回目**は３国がそれぞれの国境線から侵入しポーランド領土の約**４分の１を併合**。**２回目**はロシアとプロイセンが**さらに大きく侵入**し、**３回目**に残る領土が**すべて分割**された。

ロシア，プロイセン，オーストリア ※順不同

22 絶対王政下のロシア

ANSWERS □□□

□1 ★★ 1613年、[★★]がツァーリに即位し、**ロマノフ朝**が始まった。（センター）

ミハイル=ロマノフ

◆彼の時代に**専制支配と農奴制はさらに強化された**。

□2 ★★ 農奴制の強化に対して、17世紀後半、コサック出身の[★★]が農民反乱を起こしたが、政府軍に惨敗した。（早稲田大）

ステンカ=ラージン

□3 ★★★ 1682年に即位した[★★★]世は、ヨーロッパ諸国を視察し、これを模範に**近代化政策**を行った。（上智大）

ピョートル1世

◆ピョートル1世は視察後、服装も西欧風に改めた。ロシア貴族はもともとあごひげを生やす習慣があったが、彼は貴族に西欧の風習を強制してあごひげを切らせた。それに従わない者には「ひげ税」を徴収した。

□4 ★★★ ロシアは、ピョートル1世時代の1689年に清(しん)の[★★★]帝と[★★★]条約を結んで国境を定めた。（成蹊大）

康熙(こうき)帝, ネルチンスク条約

◆この条約によって、アルグン川とスタノヴォイ山脈（外興安嶺(そとこうあんれい)）がロシアと清の国境と定められた。

□5 ★ 17世紀末、ピョートル1世は、オスマン帝国を圧迫して黒海の東北部分にあたる[★]海に進出した。（中央大）

アゾフ海

□6 ★★★ 18世紀前半の[★★★]戦争で、ピョートル1世はポーランド・デンマークと同盟を結び、スウェーデン国王[★★]世と[★★★]海の覇権(はけん)をめぐり戦った。（早稲田大、南山大）

北方(ほっぽう)戦争, カール12世, バルト海

◆カール12世は18歳で即位した。それに対して、ピョートル1世はポーランドおよびデンマークと結んでスウェーデンを攻撃し、北方戦争が始まった。

□7 ★★★ ピョートル1世は、**北方戦争中**に新首都[★★★]を建設した。（京都大、学習院大）

ペテルブルク

◆ペテルブルクは「**西欧への窓**」と呼ばれた。

□8 ★ 北方戦争は当初スウェーデンが優勢だったが、1709年の[ ]の戦いや1718年にカール12世が戦死したことでロシアが勝利し、[★]条約によって終結した。（センター）

ポルタヴァの戦い, ニスタット条約

◆この結果、バルト海の覇権はスウェーデンからロシアへ移った。

□9 ★★ ピョートル１世は、デンマーク出身の［★★］にアジア・アメリカ間の探検を命じた。（関西学院大）

ベーリング

◆ベーリングはアジアとアメリカの間が地峡なのか海峡なのかを探った。この地域は、のちにベーリング海峡と呼ばれた。

□10 ★★★ 1727年、ロシアは［★★★］の雍正帝と［★★★］条約を結び、モンゴル北部とロシアの国境を画定した。（センター）

清，キャフタ条約

◆キャフタ条約は1860年の**北京条約**まで効力が続いた。国境線を画定した他、北京にロシア正教会が置かれることとなった。国境の町キャフタは、バイカル湖のすぐ南に位置し、ロシアでの茶の需要が高まると清露貿易で栄えた。

□11 ★★★ ピョートル３世の妃の［★★★］世は、クーデタによって夫から帝位を奪って1762年に即位し、［★★★］君主として改革に取り組んだ。（慶應義塾大、國學院大）

エカチェリーナ２世，啓蒙専制君主

□12 ★★★ エカチェリーナ２世はフランスの啓蒙思想家［★★★］や［★★★］と交流し、新しい思潮を取り入れた。（京都大）

ディドロ，ヴォルテール
※順不同

□13 ★★★ 1773年、コサック出身の［★★★］が**農奴解放を求めて反乱を起こしたが**、エカチェリーナ２世に鎮圧された。（センター）

プガチョフ

◆プガチョフは、圧政からの解放を期待した農民などを味方に引き入れたが、最終的には密告により処刑された。鎮圧後、エカチェリーナ２世は**農奴制を強化**した。

歴総 □14 ★★ 1792年、エカチェリーナ２世の命で、［★★］は日本の根室に来航して通商を求めたが、失敗した。（センター）

ラクスマン

◆ラクスマンは漂流民の大黒屋光太夫を伴って日本を訪れた。

□15 ★★★ 18世紀、エカチェリーナ２世治世下のロシアは、南方ではオスマン帝国から［★★★］半島を奪い、東方では［　］海に進出した。（上智大）

クリミア半島，オホーツク海

□16 ★★★ アメリカ独立戦争が起こると、エカチェリーナ２世はイギリスを牽制するため、1780年に［★★★］同盟を提唱してアメリカを支援した。（早稲田大）

武装中立同盟

23 ポーランド史

ANSWERS □□□

□1 ★★★ 1572年、ポーランドでは [★★★] 朝が断絶したのち、[★★★] が導入された。 (学習院大、東京都市大)

◆選挙王政とは、**国会が国王を選挙で選出する制度**である。貴族間の紛争により国家としての統一感を著しく欠き、**他国の干渉を招いた**。

ヤゲウォ朝(ヤゲロー朝), 選挙王政(せんきょおうせい)

□2 ★★★ [★★★] と [★★★] は、ロシアに**ポーランド分割**を提案し、その後3度にわたってポーランドの分割・併合が行われた。 (立教大、早稲田大)

◆プロイセンとオーストリアはロシアの勢力拡大を危惧(きぐ)していた。

プロイセン, オーストリア ※順不同

□3 ★★★ **1772年**の第1回ポーランド分割には、ロシアの [★★★] 世、プロイセンの [★★★] 世、オーストリアの [★★★] 世が参加し、ポーランド領土の約4分の1を奪った。 (成蹊大、早稲田大)

エカチェリーナ2世, フリードリヒ2世, ヨーゼフ2世

□4 ★★★ **1793年**の第2回ポーランド分割には、ロシアと [★★★] が参加した。[★★★] は、**フランス革命への対応のため不参加となった。** (上智大)

プロイセン, オーストリア

□5 ★★ ポーランドの軍人で、アメリカ独立戦争に義勇兵として参加した [★★] は、1794年に独立を目指す民族蜂起軍を指導した。 (早稲田大)

コシューシコ(コシチューシコ)

□6 ★★★ [★★★] 年の第3回ポーランド分割はロシア、プロイセン、オーストリアの3国が参加し、これによって**ポーランド王国は完全に消滅した。** (福井大)

1795

24 啓蒙思想

ANSWERS □□□

□1 ★★★ 18世紀のフランスでは、[★★] を重視して権威や偏見を検証し、絶対王政やカトリック教会を批判する [★★★] 思想が盛んになった。 (共通テスト、島根県立大)

理性(りせい), 啓蒙思想(けいもう)

□2 ★★ ヴォルテールは、『[★★]』で [★★] の政治制度を称賛し、[★★] の古い社会や制度を批判した。 (青山学院大、学習院大)

◆『哲学書簡』は英語とフランス語で出版された。その内容から、フランスでは禁書とされ焼かれてしまった。

哲学書簡(てつがくしょかん), イギリス, フランス

□3 ★★★ [★★★]は、著書『法の精神』で、[★★★]を提唱した。（試行調査、京都大）

◆モンテスキューは各国への旅の経験をもとに**各国の制度の違いなどを論じながら、イギリスの立憲王政をたたえた**。三権分立の考えは、のちのアメリカ合衆国憲法に大きな影響を与えた。

モンテスキュー，三権分立

□4 ★★ 三権分立とは、[★★]・司法・行政を異なる機関に委ね、権力の分散と均衡を図る制度である。（試行調査）

立法

□5 ★★★ ルソーは『[★★★]』『[★★★]』を著し、万人の平等に基づく人民主権論を主張した。（龍谷大）

◆この思想は、18世紀末のフランス革命に深く影響を及ぼした。

人間不平等起源論，社会契約論 ※順不同

□6 ★★★ [★★★]と[★★★]が編集した『**百科全書**』は、フランス啓蒙思想を集大成した百科事典である。（島根県立大）

◆執筆にはルソーやヴォルテールも参加した。**政府からは危険視され、一時は廃刊の危機に陥った**。

ディドロ，ダランベール ※順不同

25 イギリス経験論と大陸合理論

ANSWERS □□□

□1 ★★ 経験論は、個別事象の観察を重視する[★★]法を用いる。（センター）

帰納法

□2 ★★★ [★★★]は、**イギリス経験論哲学の祖**である。（センター）

フランシス=ベーコン

□3 ★★ 合理論は、数学的な論証法を用いる[★★]法を用いる。（センター）

演繹法

□4 ★★★ 合理論を主張したフランスの[★★★]は、『方法序説』を著した。（青山学院大）

デカルト

□5 ★ デカルトは『方法序説』で、すべての存在を疑ったのち、その疑う自分の存在を確かなものと考え、「[★]」という言葉を残した。（慶應義塾大）

われ思う，ゆえにわれあり

□6 ★★★ 『**パンセ（瞑想録）**』は、[★★★]の遺稿集である。（予想問題）

◆「人間は考える葦である」という言葉を残した。

パスカル

□7 ★★ オランダの[★★]は、合理論的な思考から**汎神論**を唱えた。（センター）

スピノザ

□8 ★★ ドイツの[★★]は、世界を合理的に認識して**単子論**を説いた。（学習院大）

ライプニッツ

26 17～18世紀の政治思想

ANSWERS □□□

□1 ★★★ [★★★]法とは、人間の本性に基づく不変の法のことである。この思想では、国家の起源を個々人が自発的に結んだ契約（社会契約）としている。 （明治大）

自然法

□2 ★★★ オランダの[★★★]は、自然法の考え方を国家間の関係に応用した。 （センター）

グロティウス

□3 ★★★ グロティウスは、三十年戦争の惨状を受けて『[★★★]』を著し、**国際法**を体系化した。 （センター）

◆国が持つ**自然権**、戦時下で各国が**遵守するべき義務や権利**などをまとめ、**国際法を体系化**した。そのため、グロティウスは「**国際法の祖**」「**近代自然法の父**」と呼ばれた。

戦争と平和の法

□4 ★★ グロティウスは、『[★★]』で中継貿易拠点として発展したオランダの立場から**海洋航行の自由**を主張した。 （センター）

海洋自由論

□5 ★★ [★★]は、フランスのカトリック教会の教皇権からの独立を唱える**ガリカニスム（フランス国家教会主義）**を主張した。 （学習院大、早稲田大）

◆フランスの古名がガリアであることに由来し、ガリア主義、ガリカン教会主義などと訳される。ボシュエは**ルイ14世に重用**され、王太子の教育係も務めた。

ボシュエ

□6 ★★★ [★★★]は『リヴァイアサン』を著した。 （法政大）

ホッブズ

□7 ★★ ホッブズは『**リヴァイアサン**』の中で、自然状態を「[★★]」であると捉え、この解決のために人々は為政者に個人の自然権を委ねたとし、国家主権が絶対であると主張した。 （法政大）

万人の万人に対する闘い

□8 ★★★ イギリスの[★★★]は、『**統治二論（市民政府二論）**』で社会契約説に基づいて抵抗権を認め、[★★]革命を擁護した。 （立教大）

◆ロックは、人間は白紙（タブラ=ラサ）の状態で生まれると提唱した（タブラは「板」、ラサは「拭われた」を意味するラテン語）。

ロック，名誉革命

27 17〜18世紀の経済思想

ANSWERS □□□

□1 ★★★ 16〜18世紀のヨーロッパでは、国家が経済に介入して自国を富ませようとする［★★★］主義政策がとられた。（学習院大）

重商主義

□2 ★★ 重商主義のうち、海外植民地で［★］開発を進め、国家が金銀を増すことで国家財政を富ませようとする政策を［★★］主義という。（立命館大）

◆比較的初期のあり方で、16世紀のスペインなどで実施された。次第に貿易差額主義へと移行していった。

鉱山, 重金主義

□3 ★★ 重商主義のうち、輸出の促進と輸入の制限で国家財政の増大を図る経済政策を［★★］主義という。（学習院大）

貿易差額主義

□4 ★★★ ルイ14世の財務総監［★★★］は［★★★］主義政策をとり、王立マニュファクチュア創設など国家による産業育成を行った。（北海道大）

コルベール, 重商主義

□5 ★★ 18世紀のフランスでは、重商主義を批判し、富の源泉を農業に求める［★★］主義が生まれた。（青山学院大）

重農主義

□6 ★★ 重農主義では自由放任主義（［★★］）が重んじられ、この考えは**「なすに任せよ」**と表現された。（法政大）

レッセ=フェール

□7 ★★ ［★★］は、『経済表』を著して経済の自由放任主義を主張し、**重農主義の祖**となった。（早稲田大）

ケネー

□8 ★★★ フランスの［★★★］は重農主義を主張し、**ルイ16世の財務総監**を務めた。（早稲田大）

テュルゴ

□9 ★★★ イギリスの［★★★］は**『諸国民の富（国富論）』**を著した。（法政大）

アダム=スミス

□10 ★★ アダム=スミスは［★］主義の影響を受けながら、国民の労働が富の源泉と見なし、**自由放任主義や自由貿易を主張**して［★★］経済学を開いた。（早稲田大）

◆自由な経済活動はやがて過酷な労働や資本の独占を招いた。こうしたことを背景に社会主義思想が広まっていった。

重農主義, 古典派経済学

□11 ★★★ イギリスの［★★★］は、労働価値説を徹底し、［★★］論を主張した。（早稲田大）

◆リカードは、アダム=スミスが体系化した古典派経済学の理論を受け継いだ。

リカード, 自由貿易論

□12 ★★★ 古典派経済学者の ［★★★］ は、『人口論』で、過剰な人口増加が貧困の原因であると説いた。 （東京経済大） — マルサス

□13 ★★ 19世紀のドイツでは、**国家による保護を重視**した**リスト**らの ［★★］ 経済学が生まれた。 （早稲田大） — 歴史学派経済学

28 17～18世紀のヨーロッパ文化

ANSWERS □□□

□1 ★★ 大航海時代以降、海外からもたらされた**コーヒー・砂糖・茶・タバコ**などは上・中流階級に普及して ［★★］ 革命を起こし、人々の生活を一変させた。 （慶應義塾大） — 生活革命

□2 ★★ 17世紀以降のイギリスでは、［★★］ やクラブで市民が政治・経済などの言論を活発に行った。 （立命館大） — コーヒーハウス

◆コーヒーハウスは**世論**の形成とも密接に関わった。

□3 ★★ 18世紀のフランスでは ［★★］ が営業され、市民はここで政治や文化について語り合った。 （学習院大） — カフェ

◆当時、およそ600店舗のカフェが営業していた。

□4 ★★★ 17～18世紀のフランスでは、貴族や上流階級の女性などが ［★★★］ を開いた。 （センター） — サロン

□5 ★ 識字率の上昇を背景に、17世紀初頭以降、［★］ や雑誌が創刊された。 （関西学院大） — 新聞

◆新聞はイギリス・ドイツ・フランス・オランダなどで発刊された。

□6 ★★★ 17世紀のヨーロッパでは近代的合理主義の思想や学問が確立し、［★★★］ 革命の時代と呼ばれた。 （学習院大） — 科学革命

□7 ★★★ イギリスの ［★★★］ は、**万有引力の法則**を発見し、『［★★★］』を著した。 （近畿大） — ニュートン, プリンキピア

◆ニュートンはイギリスの**王立協会**会長を務めた。

□8 ★★ イギリスの ［★★］ は、**気体の体積と圧力に関する法則**を解明した。 （センター） — ボイル

□9 ★★ ［ ★★ ］は燃焼理論を研究し、**質量保存の法則**を発見した。（同志社大）

ラヴォワジェ

◆ラヴォワジェは徴税官を務める貴族であったため、**フランス革命中の国民公会の治世下で処刑**された。その類稀(たぐいまれ)なる業績から彼を擁護する声もあったが、革命政府は「共和国に科学者は必要ない」と一蹴したという。

□10 ★★ イギリスの［ ★★ ］は**血液循環説**を唱えた。（同志社大）

ハーヴェー

□11 ★★ 18世紀末、当時の［ ★ ］の流行を受けて、［ ★★ ］が**種痘(しゅとう)法**を開発した。（立教大）

天然痘(てんねんとう)，ジェンナー

□12 ★★ 18世紀、スウェーデンの［ ★★ ］は**植物分類学**を確立した。（センター）

リンネ

□13 ★★ フランスの［ ★★ ］は**宇宙進化論**を唱えた。（南山大）

ラプラース

□14 ★★ **ルイ13世の宰相**リシュリューは、［ ★★ ］を創設した。（京都大）

アカデミー=フランセーズ

□15 ★ アカデミー=フランセーズは、フランス語の［ ★ ］・［ ★ ］に大きな役割を果たした。（関西大）

純化(じゅんか)，統一(とういつ) ※順不同

□16 ★★ ルイ14世の時代、古代ギリシア・ローマを理想とし、均衡のとれた形式美を尊重する［ ★★ ］主義文学が生まれた。（関西大）

古典(こてん)主義

□17 ★★ **古典主義悲劇を創始**したフランスの［ ★★ ］は、『ル=シッド』を著した。（明治学院大）

コルネイユ

□18 ★★ フランス古典主義を代表する**悲劇作家**の［ ★★ ］は、『アンドロマック』『フェードル』を著した。（早稲田大）

ラシーヌ

□19 ★★ フランス古典主義を代表する**喜劇作家**の［ ★★ ］は、『人間嫌い』を著した。（関西大）

モリエール

□20 ★★ 17世紀のイギリスでは、ピューリタン革命の影響から、ピューリタンの信仰や心情を描く［ ★★ ］文学が生まれた。（関西学院大）

ピューリタン文学

□21 ★★ ピューリタン革命に参加したイギリスの［ ★★ ］は、旧約聖書の楽園追放を題材に叙事詩『**失楽園(しつらくえん)**』を書いた。（関西学院大）

ミルトン

□22 ★★ ピューリタン革命に参加したイギリスの［★★］は、『天路歴程(てんろれきてい)』でピューリタンの信仰上の苦闘を描いた。（関西学院大）

バンヤン

□23 ★★ イギリスの［★★］は、小説『**ロビンソン=クルーソー**』を著した。（センター）

◆無人島に漂着した**ロビンソン=クルーソー**の28年間に及ぶ無人島生活を描いた小説。チリ沖の無人島に置き去りにされたイギリス人セルカークがモデルといわれる。

デフォー

□24 ★★★ イギリスの**スウィフト**は『［★★★］』を著し、当時のイギリス社会を痛烈に批判した。（南山大）

⚠スウィフトの『**ガリヴァー旅行記**』と，デフォーの『**ロビンソン=クルーソー**』の混同に注意！

ガリヴァー旅行記(りょこうき)

□25 ★★★ 17世紀、スペインやフランスで豪壮華麗(ごうそうかれい)な［★★★］美術が完成された。（早稲田大）

バロック美術

□26 ★★★ ルイ14世は、パリ郊外に［★★★］式の［★★★］宮殿を建築させた。（関西大）

◆ヴェルサイユ宮殿には大勢の王族や貴族が暮らし、華やかな儀礼のもと生活を送った。ヨーロッパ各国の宮廷がこれを模倣するとともに、フランス語がヨーロッパの国際語となった。

バロック式，ヴェルサイユ宮殿

□27 ★ ウィーンでは、バロック式の［★］宮殿が建てられた。（上智大）

◆シェーンブルン宮殿は**バロック式**だが、内部はマリア=テレジア時代に**ロココ式**に改造された。

シェーンブルン宮殿

世界遺産

□28 ★★ フランドル派の［★★］は、豊潤で壮麗な画風で、宗教画や神話画などを手がけた。（上智大）

ルーベンス

□29 ★ フランドル派の肖像画家［★］は、イギリスに渡って宮廷画家となった。（関西大）

ファン=ダイク

□30 ★★★ オランダの［★★★］は、明暗画法を取り入れて「夜警(やけい)」を描いた。（センター、立教大）

◆「**光と影の画家**」として知られ、明暗を強調する画法が特徴的。

レンブラント

□31 ★★ オランダの［★★］は、「真珠(しんじゅ)の耳飾りの少女（青いターバンの少女）」などを描いた。（予想問題）

フェルメール

□32 ★★ バロック画家で**ギリシア出身**の［★★］は、**スペインのトレド**で活動し、「オルガス伯の埋葬(まいそう)」などの宗教絵画を制作した。（関西大）

エル=グレコ

□33 **スペインの宮廷画家** [★★★] は、「ラス=メニーナス（女官たち）」を描いた。（青山学院大）
★★★

ベラスケス

□34 スペインのバロック画家 [★] は、やわらかく明るい色彩で宗教画や浮浪児・乞食を描いた。（予想問題）
★

ムリリョ

□35 18世紀、フランスを中心に繊細優美な [★★★] 美術が生まれた。（センター）
★★★

ロココ美術

□36 プロイセンのフリードリヒ２世は、ベルリン郊外の [★★] にロココ様式の [★★★] 宮殿を建てた。（京都大）
★★★

◆サンスーシは、フランス語で「憂いのない」という意味である。

⚠**バロック様式**のヴェルサイユ宮殿と，**ロココ様式**のサンスーシ宮殿の混同に注意！

ポツダム，サンスーシ宮殿 世界遺産

□37 フランスのロココ美術の画家 [★★] は、「**シテール島への巡礼**」を描いた。（上智大）
★★

ワトー

□38 ドイツのバロック音楽家 [★★★] は、「マタイ受難曲」などを作曲し、近代音楽の創始者と呼ばれた。（上智大）
★★★

◆バッハの作品の１つ「無伴奏チェロ組曲」は、19世紀末に楽譜が再発見されるまで、芸術作品としての価値が見いだされることはなかった。

バッハ

□39 ドイツのバロック音楽家 [★★] は、「メサイヤ」「水上の音楽」を作曲した。（明治学院大）
★★

ヘンデル

□40 オーストリアの [★★] は古典派音楽を確立し、交響曲の発展に貢献して「交響曲の父」と呼ばれた。（法政大）
★★

◆交響曲第94番「驚愕」、第104番「ロンドン」や弦楽四重奏曲「皇帝」などで知られている。

ハイドン

□41 オーストリアの [★★★] は、古典派音楽を完成させ、オペラ「魔笛」「フィガロの結婚」などを作曲した。（共通テスト）
★★★

◆他にもピアノソナタ第11番「トルコ行進曲付き」などが有名。

モーツァルト

□42 ドイツの [★★] は、古典派音楽を大成し、「英雄」「運命」などを作曲した。（法政大）
★★

◆他にも交響曲第６番「田園」、第９番「合唱付き」などが有名。

ベートーヴェン

□43 17世紀後半から、中国風の意匠を取り入れる [ ] が流行し、陶磁器や家具が収集された。（センター）

シノワズリ（中国趣味）

VIII

近代ヨーロッパ世界の拡大と展開

15 14 13 12 11 10 9 8 7 6 5 4 3 2 1 BC AD 1 2 3 4 5 6 7 8 9 10 11 12 13 14 15 16 17 18 19 20 21

1 ピューリタン(清教徒)革命

ANSWERS □□□

□1 ★★★ 1603年、[★★★]世は[★★]から迎えられ、イングランドの王位に就いて**ステュアート朝**を開いた。(新潟大)

ジェームズ1世, スコットランド

□2 ★★★ ジェームズ1世は[★★★]説を主張し、絶対王政をしいた。(同志社大)

王権神授説(おうけんしんじゅ)

□3 ★★★ ジェームズ1世はイギリス国教会を強制してカルヴァン派である[★★★]を迫害した。(立命館大)

ピューリタン

□4 ★★ 1620年、ピューリタンの一団である[★★]は、迫害から逃れるためにメイフラワー号でアメリカへ移住した。(明治大)

ピルグリム=ファーザーズ

□5 ★★★ 1628年、議会は[★★★]世に対して[★★★]を提出し、議会の同意のない課税や、法に基づかない逮捕・投獄に反対した。(京都大)

◆チャールズ1世は一度は権利の請願を受け入れるが、翌年に議会を解散し、以後11年にわたって**議会を開かずに専制政治を行った**。

チャールズ1世, 権利(けんり)の請願(せいがん)

□6 ★★ チャールズ1世が国教会の制度を強制しようとしたため、1639年に[★★]で反乱が起きた。(早稲田大)

スコットランド

□7 ★ 1640年4月に召集された[★]は、国王が提出したスコットランドの反乱の鎮圧費を得るための増税案を拒否した結果、3週間で解散した。(早稲田大)

短期議会(たんきぎかい)

□8 ★★★ 1640年11月、スコットランドの反乱の事態悪化に対処するために招集された[★]は、王に対する批判をより強め、1642年に[★★★]**派と**[★★★]**派が武力衝突**した。これがピューリタン革命である。(中部大)

長期議会(ちょうきぎかい), 王党派(おうとうは)(宮廷派(きゅうていは)), 議会派(ぎかいは)(地方派(ちほうは))
※順不同

□9 ★★ 議会派は、国王と徹底して戦おうとする [★★] 派と、穏健な [★★] 派に分かれた。 (日本女子大)

独立派, 長老派

□10 ★★ 独立派は、独立自営農民の [★★] や [★★] 会社に参加する新興貿易商人などの商工業層を支持基盤とした。 (立命館大)

ヨーマン, 東インド会社

□11 ★★★ 独立派を主導した [★★★] は、マーストン=ムーアの戦いで [★★] を率いて王党派に勝利した。 (立命館大)

◆鉄騎隊は、ピューリタンの厳格な道徳に基づく規律の厳しい軍隊だった。

クロムウェル, 鉄騎隊

□12 ★★ クロムウェルは、 [★★] 階層出身である。(昭和女子大)

ジェントリ(郷紳)

□13 ★★ 議会派は**クロムウェルの鉄騎隊を模範として新型軍を編成**し、1645年の [★★] の戦いで王党派を破った。 (南山大)

ネーズビーの戦い

□14 ★★ 議会派のうち、急進的な [★★] 派は兵士や貧農などを支持基盤とし、独立派と衝突した。 (立命館大)

水平派

□15 ★★★ クロムウェルは [★★] 派を議会から追放し、1649年に [★★★] 世を**処刑した。** (同志社大)

長老派, チャールズ1世

2 クロムウェルの政治

ANSWERS □□□

□1 ★★★ クロムウェルは、1649年にチャールズ1世を処刑し、 [★★★] を開始した。 (立命館大)

共和政

□2 ★★ クロムウェルは、王党派の制圧に乗じて1649年に [★★] を、50年に [★★] を征服した。 (センター、立命館大)

アイルランド, スコットランド

□3 ★ クロムウェルは、1655年に [★] を征服した。 (学習院大)

ジャマイカ

□4 ★★ クロムウェルは、急進派の [★★] 派を弾圧した。 (予想問題)

水平派

□5 ★★ 1653年、クロムウェルは終身の [★★] に就任して軍事独裁体制をしいた。 (新潟大、京都府立大)

◆**クロムウェル**は娯楽を大幅に制限し、ピューリタン的な生活を民衆に強制したため、民衆の反感を買った。

護国卿

□6 ★★★
クロムウェルは [★★★] 主義政策を推進し、1651年に [★★★] 法を制定した。これにより、**イギリスへの商品の輸出入はイギリス船と貿易相手国の船に限定された。**（センター）

重商主義(じゅうしょう), 航海法(こうかい)

□7 ★★★
航海法は [★★★] の中継貿易に打撃を与え、その結果、1652年に第1次 [★★★] 戦争が起こった。（新潟大）
◆両国は3度衝突したが、**いずれもイギリスが優勢**であった。

オランダ, 第1次イギリス=オランダ(英蘭(えいらん))戦争

□8 ★★★
独裁体制への不満が高まる中、1660年に [★★] 派・王党派の協力で [★★★] 世が亡命先から帰国し、王政復(ふっ)古(こ)が実現した。（京都女子大、立命館大）
◆クロムウェルの死後は息子が後を継いだが、政局は混乱し王政復古を招いた。

長老(ちょうろう)派, チャールズ2世

3 名誉革命

ANSWERS □□□

□1 ★★★
チャールズ2世は議会を尊重することを約束したが、専制政治と [★★★] 復活をはかって議会と対立した。（南山大）

カトリック

□2 ★★
議会は、チャールズ2世の**カトリック政策**に対抗して1673年に**公職就任者を国教徒に限る** [★★] 法を制定した。（立命館大）

審査(しんさ)法

□3 ★★
議会は、チャールズ2世の**カトリック政策**に対抗して**正当な理由なき逮捕や拘束を防止する** [★★] 法を制定した。（立命館大）

人身保護(じんしんほご)法

□4 ★★★
1670年代、チャールズ2世の弟ジェームズ2世による**王位継承を認める人々**は [★★★] 党を、**認めない人々**は [★★★] 党を結成した。（京都女子大）

トーリ党, ホイッグ党

□5 ★★
のちに、トーリ党は [★★] 党に、ホイッグ党は [★★] 党になった。（センター、立命館大）

保守(ほしゅ)党, 自由(じゆう)党

□6 ★★★
ジェームズ2世はカトリックと絶対王政の復活を目指したため、1688年、トーリ・ホイッグ両党は [★★★] 総督の [★★★] に介入を求めた。（センター）

オランダ, オラニエ公ウィレム

□7 ★★★
オラニエ公ウィレムが議会の要請に応えてイギリスに進攻すると、[★★★] 世はフランスへ亡命した。（関西大）

ジェームズ2世

□8 ★★★ ジェームズ2世による専制政治が打倒されるまでの過程は、流血を伴わなかったことから［★★★］革命という。（センター）

名誉革命

□9 ★★ ピューリタン革命と名誉革命をあわせて「［★★］革命」と呼ぶことがある。（予想問題）

◆これらの革命で確立された体制は、1世紀以上にわたって**イギリスの社会と政治に影響を与えた**。

イギリス革命

□10 ★★★ 1689年、オラニエ公ウィレムは［★★★］世として妻の［★★★］世とともに即位し、イギリスを共同統治した。（早稲田大）

ウィリアム3世, メアリ2世

□11 ★★ 名誉革命以降、イギリスと［★★］は同君連合となった。カトリック国である［★★］とは対抗関係になる。（学習院大）

オランダ, フランス

□12 ★★ 名誉革命後の1689年、［★★］が議会で可決され、ウィリアム3世とメアリ2世はこれを承認して王位に就いた。（センター）

◆権利の宣言には、議会の承認による課税や討論の自由、権力を濫用した逮捕や裁判の禁止などが盛り込まれた。

権利の宣言

□13 ★★★ 権利の宣言をもとにできた議会制定法が［★★★］である。これにより、**議会の王権に対する優越**が明確となり、**立憲王政の基礎**となった。（センター）

権利の章典

□14 ★ 1689年、議会は［★］法を制定し、**カトリック以外のプロテスタント**に信教の自由を認めた。（早稲田大）

寛容法

□15 ★★ 1694年、中央銀行である［★★］が創設され、民間から国家が資金調達を行うための［★★］制度が確立した。（京都府立大、立命館大）

イングランド銀行, 国債制度

□16 ★ 中央銀行や国債制度の確立によりイギリスの金融・財政構造は変化し（［★］革命）、資金力が強化された。（京都府立大、立命館大）

◆**名誉革命**後の政治的安定を背景に、**財政面の強化が進んだ**。国債から得た資金を軍事力増強に投入するこの時期のイギリスを指して**財政軍事国家**と呼ぶ。この結果、イギリスはフランスとの植民地抗争において優位に立った。

財政革命

□17 ★★★ ［★★］女王は、**イギリスとスコットランドが合同**して成立した［★★★］王国の初代国王となった。（早稲田大）

アン女王, グレートブリテン王国

□18 ★★★ 1714年にアン女王が死去すると、［★★★］朝は断絶した。（早稲田大）
ステュアート朝

◆アン女王には18人もの子どもがいたが、そのほとんどが幼いうちに亡くなってしまった。

□19 ★★ ステュアート朝断絶後、ドイツのハノーヴァー選帝侯(せんていこう)が国王に迎えられ、［★★］世として即位した。（明治大）
ジョージ1世

□20 ★★ ジョージ1世は、［★★］朝を開いた。（立教大）
ハノーヴァー朝

□21 ★★★ ハノーヴァー朝の時代に、内閣が議会に対して責任を負う［★★★］制が成立した。（試行調査）
議院内閣制(ぎいんないかく)（責任内閣制(せきにんないかく)）

◆ジョージ1世は英語が話せなかったため、政務をほとんど見なかった。そこで誕生したのが議院内閣制であった。

□22 ★★ 議院内閣制下では、イギリス国王の立場は「王は［★★］」と表現された。（試行調査）
君臨(くんりん)すれども統治(とうち)せず

◆フランスの**ルイ14世**の「**朕(ちん)は国家なり**」と、議院内閣制下のイギリスの「**王は君臨すれども統治せず**」は対照的な表現で、当時の両国の政治状況をよく表している。

□23 ★★★ ジョージ1世時代の1721年、ホイッグ党の［★★★］が首相になった。（早稲田大）
ウォルポール

◆ウォルポールは**イギリス初の首相**といわれている。

4 植民地の獲得

ANSWERS □□□

オランダ

□1 ★★★ オランダは、1602年に［★★★］会社を設立してアジアに進出し、［★★］商人を排除して香辛料(こうしんりょう)貿易の実権を握った。（東京都市大）
東(ひがし)インド会社，ポルトガル

◆オランダ東インド会社は**世界初の株式会社**である。複数の会社が連合し、貿易会社を形成していた。

□2 ★★ オランダ東インド会社は、［★★］から紅茶や磁器を輸入した。（予想問題）
中国(ちゅうごく)

□3 ★★★ オランダ東インド会社は、**ジャワ島**の［★★★］（現在のジャカルタ）をアジアにおける根拠地とした。（共通テスト）
バタヴィア

□4 ★★ 1623年、オランダはマルク諸島でイギリスに対して［★★］事件を起こし、**イギリス勢力をインドネシアから排除**した。（センター）

アンボイナ事件

□5 ★★ 1624年、オランダは中国福建省(ふっけん)対岸の［★★］を占領した。（長崎大）

台湾(たいわん)

歴総 □6 ★★ オランダは、当時のヨーロッパ諸国で唯一、鎖国(さこく)状態の［★★］と交易を行った。（東京都市大）

日本(にほん)（江戸幕府(えどばくふ)）

□7 ★★ 1652年、オランダはアジアへの中継地点として、アフリカ南端に［★★］植民地を建設した。（京都府立大）

ケープ植民地

□8 ★★ ケープ植民地に移住したオランダ人とその子孫は［★★］と呼ばれた。（予想問題）

◆「ブール」とは、オランダ語で「農民」の意味である。

ブール人（アフリカーナー）

□9 ★★★ オランダは、北アメリカに［★★］植民地を作ったが、17世紀後半の３回にわたる［★★★］戦争の過程でイギリスに奪われた。（京都府立大）

ニューネーデルラント植民地，イギリス=オランダ(英(えい)蘭(らん))戦争

□10 ★★★ ［★★★］は、1626年にマンハッタン島に建設された、ニューネーデルラントの中心都市である。（上智大）

ニューアムステルダム

□11 ★★ ニューアムステルダムは、1664年にイギリスに奪われた後は、［★★］と呼ばれた。（青山学院大）

ニューヨーク

□12 ★ オランダ東インド会社は、オランダ本国が［★］に占領されたことを契機に1799年に解散した。（東京大）

◆オランダ本国が占領された際、バタヴィア共和国が成立した。

ナポレオン=ボナパルト

イギリス

□13 ★★★ イギリスは、［★★★］世時代の1600年に東インド会社を設立した。（大阪大）

エリザベス１世

□14 ★★★ 1623年、イギリスはオランダと衝突した［★★★］事件をきっかけに東南アジアから撤退し、［★★★］経営に注力した。（センター）

アンボイナ事件，インド

□15 ★★ イギリスは、インドの ［★★］ や茶をヨーロッパに紹介して利益をあげた。 (予想問題)

綿織物(めんおりもの)(キャラコ)

◆17世紀後半以降、ヨーロッパでは**香辛料の人気が衰え**、これらの商品が好まれるようになった。このため、香辛料貿易に力を注いでいたオランダ**の勢力は衰え**、代わって**イギリスやフランスが力を伸ばした**。

◆毛織物**に比べて扱いが容易な**綿織物**はヨーロッパ人の生活を変えた**が、毛織物業者からの反発を買い1700年には輸入禁止、1720年には着用禁止が定められた。インド産の高級綿織物は国際商品としてヨーロッパ・東南アジア・日本に輸出された。

□16 ★★★ イギリス東インド会社は、インド南東岸の ［★★★］、西岸の ［★★★］、ガンジス川河口に位置する ［★★★］ を拠点とした。 (東京外国語大、京都大)

マドラス, ボンベイ, カルカッタ

□17 ★★★ イギリスは、17世紀初頭に**北アメリカ東岸に最初の植民地**である ［★★★］ を建設した。 (上智大)

ヴァージニア

◆1607年に建設されたジェームズタウンを起源とする。

□18 ★★ ピューリタンを中心とするピルグリム=ファーザーズが上陸したプリマスは、［★★］ 植民地に発展した。 (法政大)

ニューイングランド植民地

◆失業者や、ジェームズ1世治世下の本国で**宗教的な迫害を受けていたピューリタン**などが移住した。

□19 ★★★ 18世紀前半までには、アメリカの大西洋岸に ［★★★］ の植民地が成立した。 (青山学院大)

13

□20 ★★★ 1651年、クロムウェルは ［★★★］ 法を制定し、［★★★］ **を中継貿易から排除**しようとした。 (成蹊大)

航海(こうかい)法, オランダ

□21 ★★★ 航海法の制定により、1652年に第1次 ［★★★］ 戦争が起こった。両国は74年まで3度にわたり衝突したが、いずれも ［★★★］ が優勢であった。 (センター)

第1次イギリス=オランダ戦争, イギリス

◆この結果オランダ**の勢力は衰え**、イギリス**が海上覇権(はけん)を握った**。

□22 ★★ イギリス=オランダ戦争に勝利したイギリスは、オランダ領**ニューアムステルダム**を獲得して ［★★］ と改称した。 (明治大)

ニューヨーク

□23 ★★★ **ルイ14世の財務総監** [★★★] は、1604年に設立されて以来機能していなかった東インド会社を64年に**再建**した。（予想問題）

コルベール

□24 ★★★ フランス東インド会社は、インドの [★★★]・[★★★] を拠点とした。（東京大）

ポンディシェリ，シャンデルナゴル ※順不同

□25 ★★ アンリ4世時代の1608年、フランスのシャンプランはカナダの [★★] に植民地を建設した。（上智大）

◆ケベックは、現在もフランス語を母語とする人々の割合が高い、カナダ東部にある州である。

ケベック

□26 ケベックを中心とする [ ] 植民地では、**毛皮**の取引が盛んに行われた。（上智大）

ニューフランス植民地

□27 ★★ ルイ14世時代の1682年、フランスはミシシッピ川流域の [★★] を領有した。（試行調査）

ルイジアナ

5 英仏植民地戦争

ANSWERS □□□

□1 ★★ 1689～1815年にかけて勃発した、イギリスとフランスの植民地争奪戦を総称して [★★] 戦争という。（センター）

第2次英仏百年戦争

□2 ★ 第2次英仏百年戦争で、イギリスとフランスは北アメリカ・[★]・[★] における優位をめぐって争った。（京都大）

インド，アフリカ ※順不同

□3 ★★ 1688年、ルイ14世はファルツ選帝侯領の継承権を主張して [★★] 戦争を起こした。（慶應義塾大）

ファルツ戦争

□4 ★★ ファルツ戦争に連動し、北米では英仏の間で [★★] 戦争が展開された。（慶應義塾大）

ウィリアム王戦争

□5 ★★★ 1701年、ヨーロッパでスペイン王位継承をめぐる [★★★] 戦争が起こり、翌年、英仏はこれに並行して北米で [★★] 戦争を起こした。（上智大）

スペイン継承戦争，アン女王戦争

□6 ★★★ 1713年、スペイン継承戦争の講和条約として [★★★] 条約が結ばれた。（東京外国語大）

ユトレヒト条約

□7 ★★ ユトレヒト条約により、イギリスはフランスから［★★］・アカディア・ハドソン湾地方を、スペインから［★★］・ミノルカ島を獲得した。(上智大)
ニューファンドランド，ジブラルタル

□8 ★★ ヨーロッパでオーストリア継承戦争（1740～48年）が行われている間、北米では英仏による［★★］戦争（44～48年）が起こった。(上智大)
ジョージ王戦争

□9 ★★★ 第2次英仏百年戦争は、ヨーロッパでの［★★★］戦争（1756～63年）と、並行して北米で起こった［★★★］戦争（54～63年）で決着した。(センター、上智大)
七年戦争，フレンチ=インディアン戦争

□10 ★★ 1757年、［★★］の戦いで、［★★］率いるイギリス東インド会社軍がフランス・ベンガル太守の軍を破り、インドにおける**イギリスの勝利**が決定的となった。(試行調査、島根県立大)
プラッシーの戦い，クライヴ

□11 ★★ 英仏が1744～63年に3度にわたって**南インド**で起こした［★★］戦争では、当初は［★★］率いるフランスが優勢であった。(試行調査)
カーナティック戦争，デュプレクス

□12 ★★★ 1763年、［★★★］条約が結ばれ、イギリスの北米・インドにおける優位が確定した。(センター、上智大)
パリ条約

□13 ★★★ 1763年のパリ条約で、フランスは**イギリス**にカナダ・［★★★］を、**スペイン**に［★★］を割譲し、アメリカ大陸における植民地をすべて失った。(試行調査、京都大)
◆スペインは、イギリスにフロリダを割譲した。
ミシシッピ川以東のルイジアナ，ミシシッピ川以西のルイジアナ

6 産業革命

ANSWERS □□□ 18

□1 ★★★ ［★★★］世紀後半、イギリスで世界初となる産業革命が起こった。(予想問題)
18

□2 ★★★ 産業革命以前、イギリスの経済を支えてきたのは［★★★］業であった。(予想問題)
毛織物業

□3 ★★★ 産業革命は［★★★］工業を発端に始まり、続いて［★★★］が登場し動力革命が起こった。(試行調査)
◆東インド会社がインドから輸入した綿織物は、毛織物に比べて洗濯や染色がしやすく、人気を博した。
綿工業，蒸気機関

□4 ★★★ 18世紀のイギリスにおける、新たな農業技術や農業経営方式の出現を総称して [★★★] 革命という。(立教大)

農業革命

□5 ★★ 18世紀前半、イギリスでは**四輪作法**の [★★] 農法が広まった。(センター、立教大)

ノーフォーク農法

□6 ★ ノーフォーク農法とは、[★] → [★] → [★] → [★] の順に輪作する農法である。(上智大)

◆1年ごとに異なる作物を栽培して家畜を増やし、その畜糞を肥料として穀物の増産を図った。

大麦, クローヴァー(牧草), 小麦, カブ(飼料)

□7 ★★★ **穀物増産を目的**に、第2次 [★★★] が**議会の承認のもと合法的**に行われ、土地を失った農民は都市に流入して工業労働者となった。(早稲田大)

第2次囲い込み(エンクロージャー)

□8 ★★★ 1733年、ジョン=ケイが [★★★] を発明すると、綿織物の生産が効率化されて原料の綿糸が不足した。

◆綿糸が不足すると、紡績機が次々と発明された。(センター)

飛び杼(梭)

□9 ★★★ 1764年頃、ハーグリーヴズは [★★★] 紡績機を発明した。(新潟大)

多軸紡績機(ジェニー紡績機)

□10 ★★★ 1769年、アークライトは [★★★] 紡績機を発明した。(新潟大)

水力紡績機

◆水力を利用した紡績機の登場で、熟練工が不要で連続作業が可能になった。こうした発明が**工場での大量生産につながった**。

□11 ★★★ 1779年、クロンプトンはジェニー紡績機と水力紡績機の長所を取り入れた [★★★] 紡績機を発明した。(慶應義塾大)

ミュール紡績機

□12 ★★★ 紡績機の発明で良質な綿糸が大量生産できるようになったため、織物機械の改良が進み、1785年にカートライトが [★★★] を発明した。(同志社大)

力織機

□13 ★★ 1793年、[★★] が綿実から種を分離する綿繰り機を発明すると、綿花の生産高が劇的に増大した。(早稲田大)

ホイットニー

▼綿工業分野の発明品

発明年	用途	発明品	発明者
1733年	織布	飛び杼	ジョン=ケイ
1764年頃	紡績	多軸紡績機	ハーグリーヴズ
1769年	紡績	水力紡績機	アークライト
1779年	紡績	ミュール紡績機	クロンプトン
1785年	織布	力織機	カートライト
1793年	種の分離	綿繰り機	ホイットニー

⚠表の発明者のうち、ホイットニーのみアメリカ人。綿繰り機が発明された結果、アメリカ南部では大量の綿花を栽培するため、奴隷の需要が高まった。

□14 ★★ 1712年、[★★]は**蒸気機関**を動力としたポンプを発明した。（センター） ニューコメン

□15 ★★★ 1769年、[★★★]がニューコメンの**蒸気機関を改良**すると、紡績機や力織機などの動力源として利用されるようになった。（センター） ワット

⚠蒸気機関の**発明**をしたニューコメンと、**改良**したワットとの混同に注意！

□16 ★★ 機械の原料となる鉄が不足すると、[★★]父子が開発したコークス製鉄法により鉄の大量生産が可能になった。（京都府立大、早稲田大） ダービー

◆1709年に父が燃料を石炭からコークス**に変えて高純度の製鉄法を開発**し、息子がこの技術を発展させた。

□17 ★★ イギリスでは鉄道や[★★]の建設が進み、工業原料や製品が大量に輸送されるようになった。（早稲田大） 運河（うんが）

□18 ★★ 1807年、アメリカの[★★]は世界で初めて**蒸気船**クラーモント号を試作した。（センター、東京大） フルトン

□19 1819年、[　　]号は蒸気機関を補助的に用いて**大西洋横断**に成功した。（東京大） サヴァンナ号

□20 ★★★ 19世紀初頭、トレヴィシックは最初の軌道式[★★★]を開発した。（関西大） 蒸気機関車（じょうききかんしゃ）

□21 ★★★ 1825年、[★★★]は蒸気機関車を**実用化**し、[★★]からダーリントンまでの**試験運行**に成功した。（センター、慶應義塾大） スティーヴンソン，ストックトン

□22 ★★★ 1830年、[★★★]とリヴァプールをつなぐ旅客鉄道が開通した。（センター、京都大） マンチェスター

◆この鉄道は、リヴァプール港を経由した製品の輸出や原料の輸入に一役買った。

□23 ★★★ 蒸気機関車・蒸気船の発明などにより、交通環境が飛躍的に発展したことを[★★★]革命という。（関西学院大） 交通革命（こうつう）

□24 ★★★ イングランド中西部のマンチェスターは、産業革命期に[★★★]工業の中心地となった。（関西学院大） 綿工業（めん）

□25 ★★ イングランド北西部の[★★]は、かつて**奴隷貿易**で繁栄し、産業革命期は木綿を輸出した。（関西学院大） リヴァプール

□26 ★★ イングランド中部の [★★] は、鉄鉱石や石炭の産地に近く、産業革命後は**製鉄業**や機械工業の中心地となった。（中央大）

バーミンガム

□27 ★★★ 19世紀半ばのイギリスは、**北アメリカ南部の綿花**を原料に [★★★] を生産し輸出していた。（試行調査）

綿織物（めんおりもの）

□28 ★★★ 産業革命の進展に伴い、イギリスで綿花の需要が高まると、**北アメリカ南部**では**黒人奴隷**による綿花の [★★★] が拡大した。（上智大）

プランテーション（大農園・大農場制度）（だいのうえん・だいのうじょうせいど）

□29 ★★ 産業革命期、燃料として大量の [★★] が使われたため、工業都市では大気汚染などの環境問題を引き起こした。（センター）

石炭（せきたん）

◆1870年代からは、石炭にかわり石油が新しい動力源として産業技術の革新を牽引していく。これが**第2次産業革命**である。

□30 ★★★ 機械化により仕事を奪われた労働者たちは、[★★★] 運動などの機械打ちこわし運動を展開した。（予想問題）

ラダイト運動

◆打ちこわし予告状に「ラッド=ネッド」という人物の署名があったことからラダイト運動と呼ばれたが、実在の人物かは不明。

□31 ★★★ イギリスは、**19世紀半ば**に「[★★★]」と呼ばれ、国際市場で他国を圧倒した。（センター）

世界の工場（せかいのこうじょう）

□32 ★★★ **1851年**にロンドンで開かれた [★★★] は、イギリスの繁栄を世界に誇示するイベントであった。（京都大）

万国博覧会（ばんこくはくらんかい）

7 北アメリカへの入植活動

ANSWERS □□□

□1 ★★★ 17〜18世紀前半に、イギリスが**アメリカ大西洋岸**に建設した植民地を総称して [★★★] という。（予想問題）

13植民地（しょくみんち）

□2 ★★★ 北米におけるイギリスの最初の植民地は [★★★] である。（上智大）

ヴァージニア

□3 ★ ヴァージニアは、1607年に建設された [★] を起源とする。（上智大）

ジェームズタウン

□4 ★★ 1620年、ピルグリム=ファーザーズは [★★] 号でアメリカに向かい、[★] に上陸した。（早稲田大）

メイフラワー号, プリマス

□5 ★★ ピルグリム=ファーザーズ来航以降、北東部には多くのピューリタンが移住し、[★★]植民地を形成した。（予想問題）
ニューイングランド植民地

□6 ★ ピューリタンは、ボストンを中心とする[★]植民地を建設した。（北海道大）
マサチューセッツ植民地

□7 ★★★ 1664年、イギリスは[★★★]戦争（1652～74年）でニューアムステルダムを獲得し、[★★]と改称した。（法政大）
イギリス=オランダ戦争，ニューヨーク

□8 ★ 1681年、[　]教徒のウィリアム=ペンは[★]植民地を建設して宗教の自由を保障した。（早稲田大）
クウェーカー教徒，ペンシルヴェニア植民地

□9 ペンシルヴェニア植民地の中心都市は[　]である。（青山学院大）
フィラデルフィア

□10 13植民地のうち、最後に加わったのは[　]植民地である。（上智大）
ジョージア植民地

□11 ★★★ 1619年、ヴァージニアで最初の[★★★]が行われ、自治が発達した。（早稲田大）
植民地議会（しょくみんちぎかい）

□12 ★★★ 17世紀以降、南部の植民地では、**黒人奴隷**を用いて**タバコ**などを栽培する[★★★]が発達した。（上智大）
◆イギリスで産業革命が起こると、綿花のプランテーションが拡大した。
プランテーション（大農園・大農場制度）（だいのうえん・だいのうじょうせいど）

8 イギリスの重商主義政策

ANSWERS □□□

□1 ★★★ イギリスは、本国の商工業を保護するために[★★★]政策をとり、植民地における商工業の発達を抑えようとした。（成蹊大）
重商主義政策（じゅうしょうしゅぎ）

□2 ★★ ヨーロッパでの[★★]戦争とアメリカでの[★★]戦争で負債を抱えたイギリスは、植民地への課税を強化した。（センター）
七年戦争（しちねん），フレンチ=インディアン戦争

□3 ★★★ **1765年**、イギリスは[★★★]法を施行し、あらゆる印刷物に課税した。（センター）
印紙法（いんし）

□4 ★★★ 印紙法による不当な課税に対し、植民地側は「 ★★★ 」をスローガンに対抗した。翌年、この法律は撤廃された。 (センター、青山学院大)

代表なくして課税なし

□5 ★★★ 1773年、 ★★★ 法が発布され、 ★★★ 会社が**アメリカにおける茶の貿易独占権**を獲得した。 (センター)

茶法, イギリス東インド会社

□6 ★★★ 1773年、茶法に反発する急進派が東インド会社の船を襲う ★★★ 事件が発生した。 (共通テスト)

◆急進派は、積荷の茶箱をすべて海へ投げ捨ててしまった。この事件を受け、**イギリス本国政府はボストン港を封鎖**し、**植民地との対立が深まった**。アメリカ独立戦争の発端となった事件として知られる。

ボストン茶会事件

9 アメリカ独立戦争

ANSWERS □□□

□1 ★★★ 1774年、ジョージアを除く12植民地は ★★★ で第1回 ★★★ を開催し、イギリス本国への抗議を強めた。 (上智大)

フィラデルフィア, 第1回大陸会議

□2 ★★ 1775年、マサチューセッツでの ★★ の戦いを契機に、アメリカ独立戦争が始まった。 (上智大)

レキシントンの戦い

□3 ★★★ **第2回大陸会議**では、 ★★★ が植民地軍総司令官に任命された。 (センター)

ワシントン

□4 ★★★ 1776年、トマス=ペインが『 ★★★ 』で独立の正当性を訴えた。 (予想問題)

コモン=センス(常識)

□5 ★★★ 1776年7月4日、13植民地の代表はフィラデルフィアで ★★★ を発表した。 (同志社大)

独立宣言

□6 ★★★ 独立宣言の起草は、のちに第3代大統領となった ★★★ を中心に行われた。 (早稲田大)

◆のちに第2代大統領となったジョン=アダムズ、政治家のフランクリンも起草に携わった。

トマス=ジェファソン

□7 ★★★ 独立宣言は、イギリスの ★★★ の思想に基づいた**革命権**などの影響を受けた。 (同志社大)

◆独立宣言にある「人民」は**白人男性に限られ、女性、先住民、黒人等は含まれていなかった**。

ロック

□8 ★ 独立宣言では、イギリス王 ★ 世の暴政が厳しく批判された。 (立教大)

ジョージ3世

□9 ★ 独立宣言には、起草段階では [★] 制を批判する内容も含まれていたが、最終的に南部代表の抵抗に遭い、削除された。 (慶應義塾大、関西学院大)

奴隷制

□10 ★★★ 1777年、独立軍は [★★] の戦いでイギリス軍を降伏させると、翌78年にはこれをきっかけに [★★★] と同盟することに成功した。 (早稲田大)

サラトガの戦い，フランス

□11 ★★ [★★] はヨーロッパで遊説し、フランスの植民地に対する支援を取り付けた。 (センター、学習院大)

フランクリン

□12 ★★★ 1779年に [★★★] が参戦し、翌80年には [★★] もアメリカ独立戦争に参戦した。 (センター)

◆スペインは、フランスとともに国内の**イギリス領ジブラルタルを攻撃**し、ヨーロッパのイギリス軍を釘付けにした。

スペイン，オランダ

□13 ★ スペインが参戦した目的には、七年戦争でイギリスに割譲した [★] の奪還があった。 (京都大)

フロリダ

▼フロリダを領有した国

スペイン	➡	イギリス	➡	スペイン	➡	アメリカ
～18世紀		1763年		1783年		1819年
		パリ条約で獲得		アメリカ独立戦争後に獲得		モンロー大統領時代に買収

□14 ★★★ 1780年、ロシアの [★★★] 世は [★★★] 同盟を結成して中立国の自由な航行を要求し、**間接的に植民地側を援護**した。 (センター)

エカチェリーナ2世，武装中立同盟

□15 ★★★ ポーランドの [★★★]、フランスの貴族 [★★★]、フランスの初期社会主義者 [★] は、**義勇兵**としてアメリカ独立戦争に参加した。 (上智大)

◆コシューシコは、帰国後に分割以前の**ポーランド領の回復を目指して武装蜂起を指揮**した。

コシューシコ，ラ=ファイエット，サン=シモン

□16 ★★★ アメリカ独立戦争は、1781年の [★★★] の戦いで**植民地側の勝利**が決定的となった。 (武蔵野大)

◆ヨークタウンは**ヴァージニアの都市**で、**イギリス軍の拠点**だった。ここが陥落したことでアメリカ側の勝利が決定づけられた。

ヨークタウンの戦い

□17 ★★★ イギリスは1783年の [★★★] 条約でアメリカ合衆国の独立を承認し、[★★★] をアメリカに割譲した。 (センター)

パリ条約，ミシシッピ川以東のルイジアナ

10 アメリカ合衆国の誕生

ANSWERS □□□

□1 ★★ 1777年に承認された［★★］によって、アメリカ合衆国という国名が決められた。（早稲田大）

アメリカ連合規約

□2 アメリカ連合規約では、中央政府に［　　］締結、外交や［　　］の決定、［　　］鋳造などの権利が認められた。（早稲田大）

条約，戦争，貨幣

□3 ★★★ 1787年、［★★★］で憲法制定会議が開かれ、［★★★］憲法が採択された。（早稲田大）

フィラデルフィア，アメリカ合衆国憲法

□4 ★★★ アメリカ合衆国憲法では、中央政府が強くなり過ぎないよう、［★★★］が規定された。（試行調査）

三権分立

□5 ★★ アメリカ合衆国の三権分立では、**連邦議会**が［★★］権を、連邦政府を率いる**大統領**が［★★］権を、**最高裁判所**が［★★］権を持った。（名城大）

◆**アメリカ合衆国憲法**では、**ロック**や**モンテスキュー**の思想的影響を受け、司法・行政・立法の三権分立体制が定められた。

立法権，行政権，司法権

□6 ★★ アメリカ合衆国憲法では、**各州に大幅な自治を認めつつ、中央政府の権限を強化**する［★★］主義が採用された。（名城大）

連邦主義

□7 ★★★ 1789年、アメリカ合衆国憲法に基づいて［★★★］が初代大統領に就任した。（名城大）

ワシントン

□8 ★★ 連邦政府の権限強化を主張し、憲法に賛成する［★★］派と、憲法に反対する［★★］派が対立した。（早稲田大）

連邦派，反連邦派(州権派)

□9 ★★ 連邦派の代表的人物には、［★★］がいる。（早稲田大）

◆ハミルトンは、ワシントン政権で初代**財務長官**に就任した。

ハミルトン

□10 ★★ 反連邦派の一人［★★］は、ワシントン政権で**国務長官**を務めた。（昭和女子大）

トマス=ジェファソン

□11 ★★ 1800年、［★★］が新たな首都として建設された。（名城大）

ワシントン

□12 ★ アメリカ独立革命・フランス革命・ラテンアメリカ諸国の独立などを総称して、「［★］革命」と呼ぶことがある。（予想問題）

環大西洋革命

11 フランス革命の背景と原因

ANSWERS □□□

□1 ★★★ フランス革命以前のフランスの政治・社会制度のことを ★★★ という。（早稲田大）

アンシャン=レジーム（旧体制）

□2 ★★★ アンシャン=レジームでは、第一身分の ★★★ と、第二身分の ★★★ が**免税の特権**を得ていた。（東京都市大）

聖職者，貴族

□3 ★★★ アンシャン=レジームでは、第 ★★★ 身分の平民が人口の約98%を占めた。（京都大、東京都市大）

第三身分

□4 ★★ 第三身分の多くは ★★ で、領主への地代や税負担に苦しんだが、商工業者などの ★★ は次第に富を蓄えて台頭していった。（京都大、東京都市大）

◆第三身分は租税の義務がある一方で社会的な発言権がなかったため、第一身分や第二身分への不満がつのっていた。

農民，ブルジョワ（市民）

□5 ★★★ フランスの啓蒙思想家 ★★★ は、平等と人民主権を唱え、フランス革命の思想的背景となった。（関西大）

ルソー

□6 ★★ 1789年、★★ は、『第三身分とは何か』を発表し、フランスの特権身分を批判した。（京都大）

シェイエス

□7 ★★ 当時、フランスは ★★ との度重なる戦争によって国家財政が悪化していた。（一橋大）

イギリス

□8 ★★★ 国王 ★★★ 世とその妃 ★★ の莫大な宮廷費は国家財政をさらに圧迫した。（予想問題）

◆マリ=アントワネットはオーストリアの**マリア=テレジア**の娘。

ルイ16世，マリ=アントワネット

□9 ★★★ ルイ16世は**重農主義者**の ★★★ 、**銀行家**の ★★★ を財務総監に登用し、**財政改革**を試みた。（島根県立大）

テュルゴ，ネッケル

12 フランス革命の開始

ANSWERS □□□

□1 ★★★ 1789年5月、特権身分の免税特権廃止案を審議するため、★★★ 会が招集された。（京都府立大）

全国三部会

□2 ★★ 全国三部会は、1302年に ★★ 世によって開かれたが、1615年に ★★ 世が停止して以来招集されていなかった。（京都大）

フィリップ4世，ルイ13世

□3 ★★★ 全国三部会は、「［★★★］・［★★★］・平民」の３つの身分にそれぞれ分かれていた議会である。（明治大）

聖職者，貴族
※順不同

□4 ★★ 全国三部会では［★★］議決法をめぐって、特権身分と第三身分が対立した。（上智大）

◆身分別議決法は、1身分が1票をもち、身分別に審議する方法。これに対し、第三身分は1人1票を主張した。

身分別議決法

□5 ★★★ 第三身分の議員は、全国三部会から分離して［★★★］を結成した。（西南学院大）

国民議会

□6 ★★ 1789年、第三身分の議員は「［★★］」によって**憲法制定までは国民議会を解散しない**ことを宣誓した。（関西大）

球戯場（テニスコート）の誓い

□7 ★★ 1789年7月、国民議会は［★★］議会に改称した。（早稲田大）

憲法制定国民議会

□8 ★★★ 国王が財務長官［★］の罷免や軍隊の招集を行ったため、1789年7月14日、パリ市民は［★★★］を襲撃し、**フランス革命が始まった。**（早稲田大）

ネッケル，
バスティーユ牢獄

□9 ★★★ 1789年8月4日、国民議会は［★★★］**の廃止**を宣言し、農奴制・［★★］権・教会への［★★］税を無償で廃止した。ただし、**地代は有償での廃止**であった。（早稲田大）

封建的特権，
領主裁判権，十分の一税

□10 ★★★ 1789年8月26日、国民議会は「［★★★］」を採択した。（センター）

人権宣言（人間および市民の権利の宣言）

□11 ★★★ 「人権宣言」の起草には、アメリカ独立戦争に義勇兵として参加した［★★★］が携わった。（センター）

ラ=ファイエット

□12 ★★ 「人権宣言」には、［★★］主権、三権分立、［★★］の不可侵などが盛り込まれた。（センター）

国民主権，私有権

□13 ★★ 1789年10月、パンの値上げに苦しんだパリの女性たちが［★★］を行い、ルイ16世ら国王一家をパリに連行した。（関西大）

ヴェルサイユ行進

□14 ★ 国王一家の住居は、ヴェルサイユ宮殿からパリの［★］宮殿に移された。（予想問題）

テュイルリー宮殿

□15 ★★ 国民議会は、［★★］財産の国有化、［★★］の廃止、度量衡統一の宣言などの改革を進めた。（共通テスト）
教会，ギルド

□16 ★★ 1799年、長さや重さの単位について、十進法による［★★］法が正式に導入された。（センター）
メートル法

□17 ★★★ 1791年、王と国民議会の調停をはかっていた［★★］が急死すると、ルイ16世一家は［★★★］事件を起こしたが、失敗に終わった。（京都産業大）
ミラボー，ヴァレンヌ逃亡事件

◆ヴァレンヌ逃亡事件の結果、国民の国王への信頼は薄れた。

□18 ★★ フランス革命の進展を恐れた**プロイセン国王**と**オーストリア皇帝**は、1791年8月、［★★］宣言によってルイ16世の救援を諸国の君主に呼びかけた。（明治大）
ピルニッツ宣言

□19 ★★★ 国民議会は、**立憲君主政**の原理に基づく［★★★］憲法を制定した。その結果、国民議会は解散した。（関西大）
1791年憲法

◆1791年憲法は**立憲君主政**・**制限選挙**・一院制議会などを特徴としている。

□20 ★★ フランスの［★★］は、1791年に『女性の権利宣言』を著し、**フェミニズムの先駆者**となった。（早稲田大）
オランプ=ド=グージュ

□21 ★★ 1791年10月に発足した立法議会では、革命の進展を望まない**立憲君主派**の［★★］派と、ブルジョワ層を中心とした**共和派**の［★★］派が対立した。（センター、南山大）
フイヤン派，ジロンド派

□22 ★★★ 1792年春、［★★★］派内閣が成立し、革命に反対する［★★★］に宣戦布告したが、戦況はフランスに不利に展開した。（センター）
ジロンド派，オーストリア

□23 ★★★ オーストリア・プロイセン連合軍がフランスに侵入し、立法議会が非常事態宣言を出すと、各地で［★★★］軍が組織された。（センター）
義勇軍

□24 ★★ マルセイユからの義勇軍が歌った革命歌「［★★］」は、のちにフランスの国歌になった。（センター）
ラ=マルセイエーズ

□25 ★★★ フランス革命期、都市民衆は［★★★］と呼ばれた。（予想問題）
サンキュロット

□26 ★★★ 1792年、［★★★］事件が起こり、サンキュロットと義勇兵がテュイルリー宮殿を襲撃し、**王権を停止**させた。（南山大）

8月10日事件

□27 ★★ 1792年、フランス軍が［★★］の戦いでオーストリア・プロイセン軍に初勝利すると、［★★］は「**この日、この場所から世界史の新しい時代が始まる**」と書き記した。（慶應義塾大）

ヴァルミーの戦い，ゲーテ

□28 ★★ 1792年、［★★］が処刑道具として正式に導入された。（予想問題）

◆革命前の処刑方法は身分によって異なり、低身分層は絞首刑、貴族は斬首刑だった。それまでの斬首刑には斧が使われたため、受刑者は即死とならずに多大な苦痛を受けていた。

断頭台（ギロチン）

13 フランス革命の激化

ANSWERS □□□

□1 ★★★ 1792年9月、**初の男性普通選挙**により［★★★］が成立し、王制の廃止と共和政の成立が宣言された。この体制を［★★★］という。（早稲田大、西南学院大）

国民公会，第一共和政

□2 ★★★ 国民公会では**急進共和派**の［★★★］派が勢力を増し、1793年1月、［★★★］世が処刑された。（西南学院大）

山岳派（ジャコバン派），ルイ16世

□3 ★★★ ルイ16世の処刑後、フランス革命の波及を恐れたイギリスの首相ピットは、第1回［★★★］を提唱した。（西南学院大）

第1回対仏大同盟

□4 ★★ 1793年2月、山岳派は、対外戦争対策として［★★］制を導入した。（センター）

徴兵制

□5 ★★ 1793年、国内で徴兵制に反対する［★★］の反乱が起こった。（西南学院大）

ヴァンデーの反乱

□6 ★★★ 国内外の混乱に対処する目的で国民公会に設置された［★★★］は、急進的諸政策を推進した。（関西学院大）

公安委員会

□7 ★★★ 1793年6月、山岳派は［★★★］派を追放し、［★★★］政治と呼ばれる独裁体制を作った。（早稲田大）

ジロンド派，恐怖政治

□8 ★★ 山岳派の［★★］は、ジロンド派の追放を主導したため、ジロンド派支持者に殺害された。（立教大）

マラー

□9 ★★★ 山岳派の指導者 [★★★] は、恐怖政治を推進した。（早稲田大）
ロベスピエール

□10 ★ 山岳派右派の [★] は恐怖政治の強化に反対し、ロベスピエールと対立して処刑された。（青山学院大）
ダントン

□11 ★★ 1793年5月、ロベスピエールは、賃金や生活必需品の価格統制を目的とする [★★] 令を出した。（関西大）
最高価格令（さいこうかかく）

□12 ★★ 1793年6月、山岳派は民主的な [★★] 憲法を制定したが、内外の危機を理由に**施行は延期された。**（東京都市大、明治大）
1793年憲法（ねん）

◆1793年憲法は**男性普通選挙**が規定されたが、**実施には至らなかった。**

□13 ★★ 1793年7月、山岳派政権は [★★] **の無償廃止**を決めた。これにより農民の多くが**自作農**になった。（早稲田大）
封建地代（ほうけんちだい）

□14 ★★★ 1793年11月、グレゴリウス暦にかわって [★★★] 暦が導入された。（センター、関西学院大）
革命暦（かくめい）（共和暦（きょうわ））

□15 ★ 1793年、山岳派のエベールは、非キリスト教化運動として [★] の崇拝を行った。（法政大）
理性（りせい）

□16 ★★ 1793年10月、ルイ16世の妃 [★★] はギロチンで処刑された。（國學院大）
マリ=アントワネット

□17 ★★★ 1794年7月27日、[★★★] の反動（はんどう）で**ロベスピエールが逮捕され、処刑された。**（予想問題）
テルミドールの反動

□18 ★★ テルミドールの反動後、主導権を回復した穏健共和派は、恐怖政治の解消と政情の安定を願って [★★] 憲法を制定した。（同志社大）
1795年憲法（ねん）（共和国第3年憲法（きょうわこくだいねん））

◆1795年憲法は**制限選挙**や**二院制**が規定された。

14 ナポレオンの登場

ANSWERS □□□

□1 ★★★ 1795年、**5人の総裁（そうさい）に権限を分担させる** [★★★] 政府が発足したが、政局は安定しなかった。（学習院大）
総裁政府（そうさい）

□2 ★★ 1796年、政府の転覆を計画し、農地均分による平等な社会を目指した [★★] らが逮捕された。（同志社大）
バブーフ

□3 ★★★ 1795年、コルシカ島出身の [★★★] は、**王党派の反乱を鎮圧**して頭角を現した。 (新潟大)

ナポレオン=ボナパルト

□4 ★★★ ナポレオンは、[★★★] 遠征（1796～97年）でオーストリア軍を破り、名声を高めた。 (立命館大)

イタリア遠征

□5 1797年、ナポレオンはオーストリアと [　　] の和約を結び、**第1回対仏大同盟が崩壊**した。 (予想問題)

カンポ=フォルミオの和約

□6 ★★★ ナポレオンは、イギリスと [★★] の連絡を阻むことを目的に [★★★] 遠征（1798～99年）を行った。 (早稲田大)

インド,
エジプト遠征

□7 ★★ エジプト遠征で、ナポレオンは [★★] 率いるイギリス海軍に敗れた。 (法政大)

ネルソン

□8 ★★ エジプト遠征の際、[★★] が発見され、エジプト文字解読の手がかりとなった。 (センター)

ロゼッタ=ストーン

□9 ★★★ エジプト遠征を機に、第2回 [★★★] が結成された。 (立命館大)

第2回対仏大同盟（たいふつだいどうめい）

□10 ★★★ 1799年11月9日、ナポレオンは [★★★] のクーデタで総裁政府を打倒し、**フランス革命は終わった。** (早稲田大)

ブリュメール18日（にち）のクーデタ

□11 ★★★ ナポレオンは**3人の統領**による [★★★] 政府を樹立し、[★★★] に就任した。 (早稲田大)

◆実質的に統領政府は**ナポレオンの独裁政権**である。

統領（とうりょう）政府,
第一統領（だいいちとうりょう）

□12 ★★ 1800年、ナポレオンは財政の整理・統一のため、中央銀行として [★★] を設立した。 (中央大)

フランス銀行（ぎんこう）

□13 ★★★ 1801年、ナポレオンは教皇ピウス7世と [★★★] を結び、[★★] 教会の復権を承認する一方、革命政府が没収した**教会領は返還しないこと**を確認した。 (上智大)

◆カトリック教会との対立を解消したことで、信仰の保障を与えられた**農民層のナポレオン支持が高まった**。

政教協約（せいきょうきょうやく）（宗教協約（しゅうきょうきょうやく）, コンコルダート）, カトリック教会

□14 ★★ 1802年、ナポレオンはイギリスと [★★] の和約を結んだ。これにより、**第2回対仏大同盟は崩壊**した。 (上智大)

アミアンの和約

□15 ★★★ 1802年、ナポレオンは**国民投票**により ★★★ となり、事実的な独裁体制を確立した。 (予想問題)

終身統領

□16 ★★★ 1804年に制定された ★★★ は、**私有財産の不可侵**、**法の前の平等**、契約の自由などを成文化し、諸国の民法典の模範となった。 (早稲田大)

◆スペインやオランダ、日本など**各国の民法典にも影響**を与えた。

ナポレオン法典(フランス民法典)

15 ナポレオンの帝政

ANSWERS □□□

□1 ★★★ ★★ 年、ナポレオンは**国民投票**により皇帝に即位し、 ★★★ 世と称した。ここから ★★★ が始まった。 (上智大)

◆**ベートーヴェン**は、ナポレオンが自由と平等を実現する英雄だとして交響曲「ボナパルト」の作曲を進めていた。しかしナポレオンが皇帝に即位すると、その楽譜の表紙を破り捨てたという。この曲は、現在では「英雄」という曲名で知られている。

1804, ナポレオン1世, 第一帝政

□2 ★★★ 第一帝政の成立を受け、1805年にイギリス首相ピットが第3回 ★★★ を組織した。 (予想問題)

第3回対仏大同盟

□3 ★★★ 1805年10月、フランスは ★★★ の海戦で ★★ 率いるイギリス海軍に大敗した。 (早稲田大)

トラファルガーの海戦, ネルソン

□4 ★★ 1805年12月、ナポレオンは ★★ で ★★ ・ロシア連合軍を破り、**第3回対仏大同盟を崩壊**させた。 (予想問題)

アウステルリッツの戦い(三帝会戦), オーストリア

□5 ★★ アウステルリッツの戦いで、ロシア皇帝 ★★ 世はナポレオンに敗れた。 (慶應義塾大)

アレクサンドル1世

□6 ★★★ 1806年、ナポレオンを盟主として西南ドイツ諸邦は ★★★ 同盟を結び、 ★★★ 帝国は消滅した。 (センター)

ライン同盟, 神聖ローマ帝国

□7 ★★★ **1806年**、ナポレオンはベルリンで ★★★ 令を発し、諸国に ★★★ との通商を禁じた。 (センター)

大陸封鎖令, イギリス

□8 ★★ イエナの戦いで大勝したナポレオンは、1807年にプロイセン・ロシアと ★★ 条約を締結した。 (関西大)

◆プロイセンには領土の割譲・賠償金の支払い、ロシアには大陸封鎖令への協力を定めた。

ティルジット条約

□9 ★
ナポレオンは、旧プロイセン領ポーランドに［ ★ ］大公国を建てた。（関西大）

ワルシャワ大公国

□10 ★★
ティルジット条約の打撃を背景に、プロイセンでは［ ★★ ］首相・［ ★★ ］首相が**農民解放**などの諸改革に取り組んだ。（早稲田大）

シュタイン，ハルデンベルク ※順不同

□11 ★★
フランス占領下の**ベルリン**では、哲学者の［ ★★ ］が「［ ★★ ］」という講演を行い、ドイツ人の愛国感情を鼓舞した。（予想問題）

フィヒテ，ドイツ国民(こくみん)に告(つ)ぐ

□12 ★★
1808年、スペインではナポレオンの侵略に抵抗して民衆が［ ★★ ］を起こした。（中央大）

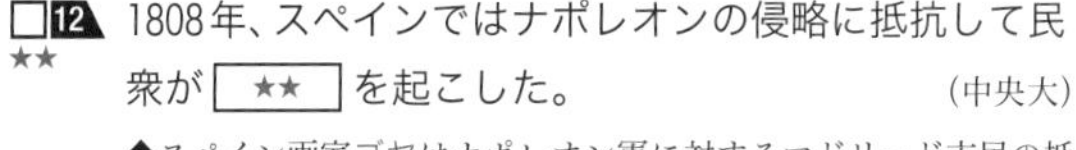

◆スペイン画家ゴヤはナポレオン軍に対するマドリード市民の抵抗を「1808年5月3日」で描いた。

スペイン反乱(はんらん)

□13 ★★★
1812年、ナポレオンはロシア皇帝［ ★★★ ］世が大陸封鎖令を破ったことを理由にロシア遠征を行ったが、失敗に終わった。（予想問題）

アレクサンドル1世

□14 ★★★
1813年、プロイセン・ロシア・オーストリア連合軍は［ ★★★ ］でナポレオン軍を大敗させ、フランスの敗北を決定づけた。（京都府立大）

解放戦争(かいほうせんそう)（諸国民戦争(しょこくみんせんそう)，ライプツィヒの戦(たたか)い）

□15 ★★
1814年、パリが占領されるとナポレオンは退位に追い込まれ、［ ★★ ］島に流された。（立命館大）

エルバ島

□16 ★★
1814年、［ ★★ ］世が王位に就いてブルボン朝が復活した。（立命館大）

ルイ18世

□17 ★★
1815年3～6月、ナポレオンはエルバ島から戻って皇帝に復位した。この期間を［ ★★ ］という。（早稲田大）

百日天下(ひゃくにちてんか)

□18 ★★★
1815年6月、ナポレオンは［ ★★★ ］の戦いでイギリス・オランダ・プロイセン連合軍に大敗した。（東京女子大）

ワーテルローの戦い

□19 ★★
1815年10月、ナポレオンは南大西洋上の［ ★★ ］に流された。（東京女子大）

セントヘレナ

□20 ★
ワーテルローの戦いでは、［ ★ ］がイギリス軍を率いてナポレオンと戦った。（予想問題）

ウェリントン

□21 ★★
フランス革命とナポレオンによる帝政は、［ ★★ ］意識の形成を促し、［ ★★ ］国家の理念をヨーロッパの各地に広めたという意義を持つ。（関西学院大）

国民(こくみん)意識，国民(こくみん)国家

IX

近代国民国家の発展

15 14 13 12 11 10 9 8 7 6 5 4 3 2 1 BC AD 1 2 3 4 5 6 7 8 9 10 11 12 13 14 15 16 17 18 19 20 21

1 ウィーン体制

ANSWERS □□□

□1 ★★★ 1814～15年、フランス革命とナポレオンによる一連の戦争後の処理のために［★★★］会議が開かれた。（新潟大）

ウィーン会議

◆各国の利害が対立し、会議が難航したことから「**会議は踊る、されど進まず**」と揶揄された。

□2 ★★★ オーストリアの［★★★］は、ウィーン会議の議長を務めた。（新潟大）

メッテルニヒ

□3 ★★★ ウィーン会議では、［★★★］主義と［★★★］均衡を基本原則とするウィーン議定書が採択された。（関西学院大）

正統主義，勢力均衡

□4 ★★ フランスの外相［★★］が唱えた正統主義に基づいて、**フランス・スペイン**・ナポリ王国で［★★］朝が復活した。（関西大）

タレーラン，ブルボン朝

◆正統主義とは、フランス革命以前の各国の王朝と体制が正統であると見なし、その状態に戻そうという考えのことである。

□5 ★★★ ウィーン体制において、1815年に**ロシア**、**イギリス**、**プロイセン**、**オーストリア**によって［★★★］同盟が結ばれ、これに**フランス**が加わり、1818年に［★★★］同盟が成立した。（センター、島根県立大）

四国同盟，五国同盟

□6 ★★★ 1815年、**ロシア皇帝**アレクサンドル1世は［★★★］同盟を提唱し、これを成立させた。（共通テスト）

神聖同盟

□7 ★★ 神聖同盟には、**イギリス国王**、**オスマン帝国**の［★★］、［★★］を除くヨーロッパの全君主が参加した。（センター）

スルタン，ローマ教皇

2 ウィーン議定書

ANSWERS □□□

□1 ★★★ ウィーン議定書により、［★★★］と［★★★］の領有権がオランダからイギリスに移された。（学習院大）

セイロン島（スリランカ），ケープ植民地 ※順不同

□2 ★★ **スイス**は国際関係上において［★★］が承認された。（京都府立大、島根県立大）

永世中立

□3 ★★★ ドイツでは、［★★★］帝国にかわり、オーストリア・プロイセンをはじめとした35の君主国とハンブルクなどの4つの自由都市からなる［★★★］が構成された。（島根県立大）

神聖ローマ帝国，ドイツ連邦

□4 ★★ **ロンバルディア**と**ヴェネツィア**は［★★］の支配下に入った。（京都府立大）

オーストリア

□5 ★★ プロイセンはライン川中流域の［★★］を獲得した。（早稲田大）

ラインラント

□6 ★★ 1812年、ロシアはオスマン帝国から［★★］を獲得した。（早稲田大）

◆ベッサラビアは黒海北西に位置する。現在は大部分がモルドヴァ、黒海沿岸の一部地域がウクライナとなっている。

ベッサラビア

□7 ★★ ［★★］は王国として復活し、オーストリアから**南ネーデルラント**を獲得した。（関西学院大）

オランダ

□8 ★ ノルウェーは、［★］領から［★］領となった。（早稲田大）

デンマーク，スウェーデン

□9 ★★★ ロシアは**ワルシャワ大公国**の大部分を支配し、［★★★］王国を建て、ロシア皇帝がその王位を兼ねた。（予想問題）

ポーランド立憲王国

3 ウィーン体制の動揺

ANSWERS □□□

□1 ★★★ [★★] 戦争後の**ウィーン体制**の復古的な風潮に対し、各国のブルジョワジーは [★★★] 主義で対抗した。 (早稲田大)

ナポレオン戦争, 自由主義

□2 ★★★ 18世紀後半〜19世紀にかけて、欧米諸国では旧来の [ ] 制度が解体され、**革命や改革を通じて**、市民の [ ] 的権利の拡大や、共通する [★★] 文化のまとまりを単位とした [★★★] **の建設を求める動き**が進んだ。 (試行調査)

身分, 政治, 言語, 国民国家

□3 ★★★ 19世紀、国民や民族という政治的共同体を重視する [★★★] の動きが活発になり、様々な地域で国民国家の形成が目指された。 (京都大)

ナショナリズム

□4 ★★ ウィーン体制下の**ドイツ**では、学生同盟の [★★] が自由と統一を求める運動を起こしたが、メッテルニヒにより弾圧された。 (早稲田大)

ブルシェンシャフト

□5 ★★ 1820年、ブルボン朝の専制に対し、**スペイン**で [★★] 革命が起きたが、フランス軍の干渉で挫折した。

◆この革命の代表的指導者はリエゴである。 (上智大)

スペイン立憲革命

□6 ★★ **イタリア**の独立と統一を目指した秘密結社の [★★] は、1820年代にナポリとピエモンテで蜂起したが、オーストリア軍により鎮圧された。 (明治大)

カルボナリ

□7 ★★★ 1825年、**ロシア**では [★★] 世が即位すると、**貴族の青年将校**が改革を求めて [★★★] の乱を起こした。 (島根県立大)

ニコライ1世, デカブリストの乱（十二月党員の乱）

□8 ★★★ 1821年、**オスマン帝国からの独立**を目指して [★★★] 戦争が始まった。 (立教大)

ギリシア独立戦争

□9 ★★★ イギリスやロシアの介入の結果、1829年に**オスマン帝国**はアドリアノープル条約で [★★★] **の独立を認めた**。 (京都女子大)

◆**ウィーン体制下のヨーロッパで、初めて独立運動に成功**した。

ギリシア

□10 ★★★ 1810〜20年代、[★★★] 諸国が相次いで独立し、アメリカはこれを支持するため、1823年に [★★★] 宣言を発表した。 (センター)

ラテンアメリカ, モンロー宣言

4 フランス七月革命とその影響

ANSWERS □□□

□1 19世紀前半のフランスでは、[　　] 農民が広範に存在したことから**工業化の進展が緩慢**だった。 (京都大)

小土地所有農民

□2 ★★★ ルイ16世・ルイ18世の弟の [★★★] 世は、内政では**貴族を保護し、選挙権の制限や言論統制を行うなどの反動政治**を行った。 (早稲田大)

シャルル10世

□3 ★★★ 1830年、シャルル10世は**国民の不満を外にそらすため**、[★★★] に侵攻して植民地化した。 (早稲田大)

アルジェリア

□4 ★★★ 1830年7月、シャルル10世が未招集の議会を解散するとともに、選挙権の制限などを盛り込んだ七月王令を発すると、パリ市民は武装蜂起して [★★★] 革命を起こした。 (センター)

七月革命

◆1830年の選挙で反国王派が議席を伸ばした。これを受け、シャルル10世は選挙の制限や言論統制などを行おうとしたが、七月革命が起こってしまった。

◆**ロマン主義**画家のドラクロワは、七月革命をテーマに「**民衆を導く自由の女神**」を描いた。

□5 ★★★ 1830年、七月革命で [★★★] 世がイギリスに亡命してブルボン復古王制が倒され、革命は市民の勝利に終わった。 (センター)

シャルル10世

□6 ★★★ 革命後、オルレアン家の [★★★] が王位に就き、[★★★] が始まった。 (センター、島根県立大)

ルイ=フィリップ, 七月王政

□7 ★ 選挙制度の民主化が極めて限定的だった七月王政では、銀行家などの [★] が社会の支配層を占めた。こうした中で、共和派や労働者の不満が高まっていった。 (関西学院大)

大ブルジョワジー

□8 ★★★ 七月革命の影響で、1830年に [★★★] がオランダから独立し、レオポルド1世が即位して**立憲王国**となった。 (早稲田大)

ベルギー

□9 ★★★ 七月革命の影響で、1830年11月に [★★★] 蜂起が起こったが、翌年にニコライ1世治世下の**ロシア軍に鎮圧**された。 (予想問題)

ポーランド蜂起

◆**ロマン派音楽**の作曲家ショパンは、このポーランド蜂起の失敗を知って「革命」を作曲した。

□10 七月革命の影響で、イタリアでは秘密結社の [★★] が中部イタリアを中心に蜂起を起こしたが、**オーストリア軍に鎮圧**された。（慶應義塾大、中央大）
★★

カルボナリ

□11 七月革命の影響を受けて、マッツィーニらが**マルセイユ**で「[★★]」を結成した。（早稲田大）
★★

青年(せいねん)イタリア

□12 七月革命の影響で、ドイツ各地でも**立憲政治を求める蜂起**が起こったが、オーストリアの [★★] はこれらを徹底的に弾圧し、反自由主義・反ナショナリズムの貫徹を図った。（早稲田大）
★★

メッテルニヒ

□13 七月革命の影響を受けて、イギリスでは [★★] 党内閣が [★★] を行った。（予想問題）
★★

ホイッグ党, 第1回選挙法改正(だいかいせんきょほうかいせい)

5 フランス二月革命とその影響

ANSWERS □□□

□1 1840年代、中小資本家や労働者は**選挙法改正**を求めて [★★] という集会を各地で開いた。（立命館大）
★★

◆ギゾー内閣は政治的な集会を禁止していたため、「宴会」と称してレストランなどで開催していた。

改革宴会(かいかくえんかい)

□2 1848年２月、**選挙法改正運動**を政府が弾圧したために、**パリ**で [★★★] 革命が起きた。（青山学院大）
★★★

二月革命(にがつ)

□3 二月革命では、国王 [★★★] が亡命するとともに**七月王政は崩壊**し、**臨時政府**が成立して [★★★] が樹立された。（成蹊大）
★★★

ルイ=フィリップ, 第二共和政(だいにきょうわせい)

□4 1848年の**二月革命の影響**により、ヨーロッパ各地でナショナリズムが高揚した状況を「[★★★]」という。（中央大、日本大）
★★★

諸国民(しょこくみん)の春(はる)

□5 **1848年**にオーストリアの [★★★] とプロイセンの [★★★] で**三月革命**が起きたことで、ドイツ統一と憲法制定の機運が高まり、[★★★] が開催されたが、目的は達成されずに解散した。（予想問題）
★★★

◆ウィーンで革命が起こった結果、メッテルニヒは失脚し、ウィーン体制は崩壊した。

ウィーン, ベルリン, フランクフルト国民議会(こくみんぎかい)

□6 ★★★ 1848年、オーストリアではマジャール人による［★★★］運動が起こった。運動を指導した［★★★］は、1849年4月にハンガリー共和国の独立を宣言した。（愛知大、関西学院大）

⚠**ハンガリー**の独立運動を指導したコシュートと、**ポーランド**愛国者のコシューシコとの混同に注意！

ハンガリー民族(みんぞく)運動，コシュート

□7 ★★★ 1848年、［★★★］では**チェック人**がオーストリアに対する自立を求めて蜂起を行ったが、鎮圧された。（学習院女子大、明治大）

◆この民族運動を指導したのはパラツキーである。

ベーメン（ボヘミア）

□8 ★★ 1848年、イタリアで民族運動が起こり、［★★］王国は**オーストリアに宣戦**したが、敗北した。（早稲田大）

サルデーニャ王国

□9 ★★ 1849年、［★★］共和国が樹立され、「青年イタリア」の［★★］も参加したが、フランス軍の圧力により倒された。（関西学院大）

ローマ共和国，マッツィーニ

6 イギリスの自由主義運動

□1 ★★ 1801年、イギリスは**アイルランドを正式に併合**することで［★★］王国が成立した。（予想問題）

◆現在のイギリスの正式な国名は「**グレートブリテンおよび北アイルランド連合王国**」である。

グレートブリテン=アイルランド連合(れんごう)王国

□2 ★★ 1828年、［★★］法が廃止され、**カトリック教徒を除く非国教徒(ひこっきょうと)の公職就任が可能**となった。（予想問題）

審査(しんさ)法

□3 ★★ **アイルランド人のオコネル（オコンネル）らの運動**の結果、イギリスでは**1829年**に［★★］法が成立し、**カトリック教徒も公職に就くことが認められた。**（予想問題）

カトリック教徒解放(きょうとかいほう)法（×開）

□4 ★★ ［★★］により都市人口が急増し社会構造が変化していたイギリスでは、［★］権を持たないブルジョワジーや民衆を中心に不満が高まっていた。（センター）

◆産業革命に起因する人口の激しい移動が起こったにもかかわらず、選挙区ごとの議員定数が修正されていなかった。

産業革命(さんぎょうかくめい)，参政権(さんせいけん)

□5 ★★★ 1832年、[★★★]党のグレイ内閣によって行われた第1回選挙法改正で、[★★★]**の廃止**と[★★★]**への選挙権の拡大**が実現された。（早稲田大）

ホイッグ党, 腐敗選挙区, 産業資本家

◆**第1回選挙法改正**では、工場や企業の経営者などの資本家に参政権が付与されたが、制限選挙制度そのものは維持された。

□6 ★★★ 第1回選挙法改正で選挙権を獲得できなかった[★★★]を中心とした民衆は、1830年代後半から**男性普通選挙や秘密投票**などの導入を求める[★★★]を掲げ、[★★★]運動を展開した。（センター）

労働者, 人民憲章, チャーティスト運動

□7 ★ イギリスでは、**福音主義**の立場から奴隷解放運動を展開した[★]らの努力により、1807年に**奴隷貿易が禁止**された。（慶應義塾大）

ウィルバーフォース

□8 1833年、[　]内閣の下で**奴隷制を廃止する法律が制定**された。（早稲田大）

グレイ

◆奴隷解放法といい、政府が奴隷所有者に補償を行うことでイギリス全域の奴隷制が廃止された。

□9 ★★ 1813年、イギリス東インド会社の[★★]への**貿易独占権の廃止**が実施された。（青山学院大）

インド

□10 ★★★ 1834年、イギリス東インド会社の[★★★]への**貿易独占権の廃止**が実施された。（法政大）

中国

□11 ★★ イギリスの[★★]は、著書『**経済学および課税の原理**』で自由貿易の利点を強調した。（早稲田大）

リカード

□12 ★★★ 1815年に**国産農業保護の目的**で制定された[★★★]法は、1846年に廃止された。（早稲田大）

穀物法
殻×

□13 ★★ [★★]と[★★]は自由貿易を唱え、穀物法の廃止を求めて**マンチェスター**を本部に反穀物法同盟を結成した。（明治大、立教大）

コブデン, ブライト ※順不同

□14 ★★★ 1849年、重商主義政策の一つである[★★★]法が廃止され、**イギリスの自由貿易体制が確立**された。（明治大、早稲田大）

航海法

◆これにより、紅茶運搬船による競争が激化し、国内に安価な紅茶が流入した。

7 二大政党時代のイギリス

ANSWERS □□□

□1 ★★★ イギリスは、19世紀の［★★★］女王時代に最盛期を迎えた。（明治大）

ヴィクトリア女王

□2 ★★★ 18世紀後半に**産業革命**を達成したイギリスは、**19世紀半ば**には「世界の［★★★］」と呼ばれた。（明治大）

世界の工場

□3 ★★★ ヴィクトリア女王時代のイギリスは経済的・軍事的に圧倒的な力をもち、**相対的に平和が保たれた**。この状況を［★★★］という。（京都大）

◆ラテン語でパクスは「平和」を意味し、ブリタニカは「ブリテン島の」を意味する。

パクス=ブリタニカ

□4 ★★★ 1851年、イギリスの［★★★］で**第1回万国博覧会**が開かれた。（上智大）

ロンドン

□5 ★★★ 19世紀後半から20世紀初頭にかけてのイギリスは、［★★★］党と［★★★］党の**二大政党が対立**し、政権交代を繰り返していた。（上智大）

保守党，自由党
※順不同

□6 ★★★ 1860年代後半からは、自由党の［★★★］と保守党の［★★★］が交互に首相を務めた。（センター）

◆従来の政治指導者は貴族やジェントリ階級の出身者で占められていたが、グラッドストンは貿易商、ディズレーリは作家、とそれぞれ中産階級家庭の出身者であった。この時代に学歴や専門技能を持つ中産階級出身者が新たなエリート層を形成していった。

グラッドストン，ディズレーリ

□7 ★★ 第1次グラッドストン内閣では、1870年に公立初等教育学校を増設する［★★］法、71年に労働組合を法的に認める［★★］法が制定された。（センター）

教育法，労働組合法

□8 ★★ イギリスの帝国主義政策は［★★］党の［★★］首相の下で本格化した。（予想問題）

保守党，ディズレーリ

□9 ★★★ 1874～80年の第2次［★★★］内閣の時代、**ユダヤ系のロスチャイルド財閥**の支援を受けて、1875年に［★★★］株式会社の**エジプト保有株を買収**した。（予想問題）

◆ディズレーリは、ユダヤ系の出身ながらも改宗し、首相まで上り詰めた。

ディズレーリ，スエズ運河

□10 ★★★ 第２次**ディズレーリ内閣**時代、1877年にイギリス国王を君主とする［★★★］帝国を樹立し、1878年に［★★★］条約でキプロスの管理権を獲得した。（予想問題）

◆キプロスは東地中海の島で、トルコとシリアの沖に位置する。ベルリン条約ではオスマン帝国からキプロスの行政権を奪った。

インド帝国，ベルリン条約

□11 ★★★ 1867年、保守党ダービー内閣時代に第［★★★］回**選挙法改正**が実現し、**都市労働者**にも選挙権が与えられた。（明治大、早稲田大）

第２回選挙法改正

□12 ★★★ 1884年、第２次［★★★］内閣で実施された第３回**選挙法改正**では、**農業・鉱山労働者**にも選挙権が認められた。（センター、青山学院大）

◆有権者層が大幅に広がり、有権者数は倍増した。これらの改正により、**労働者階級の約半数が選挙権を獲得**した。

グラッドストン

8 アイルランド史

ANSWERS □□□

□1 ★★ アイルランドにはもともと［★★］人が住み、５世紀頃に［★★］教が伝わって以降、カトリック信仰が根強い。（上智大）

◆カトリックを布教した聖パトリックは、アイルランドの守護聖人として有名である。

ケルト人，キリスト教

□2 ★ 17世紀初頭、北部の［★］地方には多数の**プロテスタントが入植**した。（早稲田大）

アルスター

□3 ★★★ ピューリタン革命期の1649年、アイルランドが**王党派**（おうとうは）の拠点だとして［★★★］によって征服されると、**事実上の植民地化**が進んだ。（成蹊大、関西学院大）

クロムウェル

□4 ★ クロムウェルによる征服以来、土地を奪われたアイルランド人は、農地を所有するイギリス人［★］のもとで［★］化し、困窮していった。（慶應義塾大）

◆イギリス人不在地主がプロテスタントである一方、小作人のほとんどはカトリックであった。

不在地主（ふざいじぬし），小作人（こさくにん）

□5 ★★ 1673年、公職就任者を**国教徒**に限るという［★★］法が制定され、カトリックの多いアイルランド人は公職から排除された。（学習院大）

◆このような現状を踏まえ、アイルランド出身の**スウィフト**は『ガリヴァー旅行記』でイギリスの現状を鋭く批判・風刺した。

審査法（しんさ）

□6 ★★ 1801年、アイルランドは正式に**イギリスに併合**され、[★★]王国の一部となった。(明治大)

グレートブリテン=アイルランド連合(れんごう)王国

□7 ★★ 1828年、[★★]法が廃止され、**カトリックを除く非国教徒に公職就任の権利**が認められた。(センター)

審査(しんさ)法

□8 ★★ 1829年、**オコネル**らの尽力によって[★★]法が制定され、**カトリック教徒の公職就任が認められた。**(上智大)

カトリック教徒解(きょうとかい)放(ほう)法（解は開×）

□9 ★★★ **1840年代半ば**、アイルランドでは[★★★]飢饉(ききん)が深刻化し、食糧不足と[★★★]への**移住**のために人口が激減した。(成蹊大)

◆この飢饉で100万人以上が餓死し、同時に100万人以上がアメリカやイギリス本土へ移住した。

ジャガイモ飢饉, アメリカ

□10 ★★ **自由党**グラッドストン内閣は、イギリスへの根強い反感の緩和を図り、**小作人の権利を保護**する[★★]法を制定した。(津田塾大、関西学院大)

アイルランド土地(とち)法

□11 ★★ 19世紀末、グラッドストン内閣によって[★★]法案が**2回提出されたが**、**いずれも議会で否決**され、成立することはなかった。(慶應義塾大、関西学院大)

アイルランド自治(じち)法案

□12 ★★ 20世紀初頭、アイルランドの**完全独立を目指す**[★★]党が結成された。(関西大)

シン=フェイン党

□13 ★★ **1914年、自由党**アスキス内閣は[★★]法を成立させたが、**第一次世界大戦の勃発で実施は延期**された。(慶應義塾大)

アイルランド自治(じち)法

□14 ★★ 1916年、シン=フェイン党の急進派は、**アイルランド自治法の実施延期に抗議して**[★★]蜂起を起こしたが、イギリス政府に鎮圧された。(関西大)

◆首謀者たちが立て続けに処刑されたことが、アイルランド人の反英感情に火をつけた。この蜂起以降、独立を求める動きがさらに強まり、**アイルランド独立戦争**(1919〜21年)が起こった。

アイルランド武装(ぶそう)蜂起（イースター蜂起）

□15 ★★★ 1922年、プロテスタントの多い[★★]地方を除いてアイルランドの**自治権が認められ**、[★★★]が成立した。(慶應義塾大)

アルスター, アイルランド自由(じゆう)国(こく)

□16 ★★★ 1931年、[★★★]によって、アイルランドは**イギリス連邦**内の**主権国家**となった。（上智大）
◆この憲章により、各自治領は本国と対等の地位を得た。
ウェストミンスター憲章(けんしょう)

□17 ★★★ 1937年、アイルランド自由国の首相[★]は新憲法を定め、国名を[★★★]と改めた。（中央大）
◆「エール」はゲール語でアイルランドを意味する。彼は**イースター蜂起の指導者**の1人であった。
デ=ヴァレラ, エール

□18 ★★ 1949年、正式に**イギリス連邦**から離脱したエールは、国号を[★★]とし、**共和制に移行**した。（新潟大）
アイルランド

□19 ★ 1960年代以降、北アイルランドではプロテスタントとイギリスからの独立を目指す**カトリック系**の[★]が武力を伴う紛争を起こした。（予想問題）
◆1998年に両者の和平が成立するまで、武力闘争が展開された。
アイルランド共和(きょうわ)軍(ぐん)(IRA)

9 フランス第二共和政

ANSWERS □□□

□1 ★★★ 二月革命で樹立した臨時政府は、**共和主義の詩人**[★★]を事実上の首相とし、労働者の代表として**社会主義者**の[★★★]も入閣した。（中央大）
ラマルティーヌ, ルイ=ブラン

□2 ★★ **社会主義者**のルイ=ブランは、失業者を救済しようと[★★]を設置した。（センター）
◆国立作業場は、その土木工事に従事する労働者を生んだ。しかし、仕事の有無にかかわらず日当が支払われる制度となり失敗した。
国立作業場(こくりつさぎょうじょう)

□3 ★★ 1848年４月の[★★]では、有産市民や農民の支持を受けた穏健共和派が勝利し、**社会主義勢力は大敗**した。（早稲田大）
四月普通選挙(しがつふつうせんきょ)

□4 ★★★ 1848年６月、政府による**国立作業場の閉鎖**を不満としたパリの**労働者**は[★★★]蜂起を起こしたが、政府に鎮圧された。（関東学院大、立命館大）
六月蜂起(ろくがつ)

□5 ★★★ 1848年12月の大統領選挙で、**ナポレオン１世の甥**(おい)である[★★★]が当選した。（早稲田大）
ルイ=ナポレオン

□6 ★★★ 1851年、ルイ=ナポレオンは**クーデタ**を起こして独裁権を握り、52年の**国民投票**で皇帝位に就き[★★★]世と称した。ここから第二帝政が始まった。（早稲田大）
ナポレオン３世

10 フランス第二帝政

ANSWERS □□□

□1 ★ ナポレオン3世の政治形態は [★] と呼ばれ、農民・資本家・労働者勢力の均衡を利用した独裁体制であった。（早稲田大、関西学院）

ボナパルティズム

□2 ★★ 1860年、ナポレオン3世は [★★] 条約を結び、自由貿易主義に基づいて国内産業の発展を目指した。（学習院大）

◆英仏通商条約の締結により、フランスの工業化が進んだ。その後、類似の条約が各国間で結ばれ、自由貿易体制は国際的に定着することになった。

英仏通商条約（えいふつつうしょうじょうやく）

□3 ★★★ ナポレオン3世は、セーヌ県知事の [★★] に命じて大規模な [★★★] の**都市改造**を実施させた。（上智大）

◆スラム街の一掃や、地下上下水道の建設が行われた。

オスマン,
パリ

□4 ★★ 1855年と67年、ナポレオン3世は国威発揚（こくいはつよう）のためにパリで [★★] を開いた。（明治大）

◆1867年のパリ万国博覧会は、日本が初めて正式参加した万国博覧会であった。

万国博覧会（ばんこくはくらんかい）

□5 ★★ ナポレオン3世は、宣教師殺害事件を口実にスペインとともに [★★] へ共同出兵した。（関西学院大）

◆ベトナムの阮（げん）朝はキリスト教を禁じ、宣教師を処刑した。

インドシナ

□6 ★★★ フランスは、フアレス政権による対外債務（さいむ）返済停止の宣言を口実に、1861年より**イギリス・スペイン**と [★★★] 遠征を行ったが、失敗に終わった。（青山学院大）

◆第二帝政下では、国威発揚のために積極的な外征が行われた。

メキシコ遠征

□7 ★★★ 1869年、[★★★] は**地中海と紅海（こうかい）を結ぶ**スエズ運河を開通させた。（学習院女子大、関西大）

レセップス

□8 ★★★ 1870年、[★★★] 戦争において、ナポレオン3世が [★★] で捕虜となり、**第二帝政は崩壊**した。（青山学院大）

ドイツ（プロイセン）=フランス戦争,
スダン（セダン）

□9 ★★ 1871年2月に**ボルドー**で成立した [★★] は共和派の [★★] を行政長官とし、ヴェルサイユでドイツとの仮講和条約に調印した。（東海大、立教大）

臨時政府（りんじせいふ）,
ティエール

□10 ★★★ 仮講和の内容に反発した民衆は、**史上初の労働者による自治政府**の［★★★］を樹立したが、ドイツの支援を受けた**臨時政府**に鎮圧された。（神戸学院大）

◆凄惨な内戦の最後の一週間は「血の週間」と呼ばれ、コミューン兵士の死者は約3万人に及ぶ。

パリ=コミューン

□11 ［　　］宮殿は、パリ=コミューンの蜂起で焼失した。（早稲田大）

テュイルリー宮殿

□12 ★ 第二帝政崩壊後、国内では王党派と共和派の争いが続いたが、1875年に［★］憲法が制定され、第三共和政の基礎が据えられた。（同志社大）

◆この憲法は三権分立・二院制・任期7年の大統領制などの規定を有する。

◆第三共和政は第二次世界大戦中の1940年まで続く。

第三共和国憲法（だいさんきょうわこく）

11 イタリアの統一

ANSWERS □□□

□1 ★★ **ウィーン体制下**のイタリアでは、秘密結社の［★★］が**武装蜂起**（ほうき）**と革命**を試みたが、オーストリア軍に鎮圧された。（東京大）

カルボナリ

□2 ★★★ 七月革命の影響を受けた共和主義者の［★★★］は、1831年に「青年イタリア」を結成し、**共和主義と民族統一**を掲げて活動した。（センター、早稲田大）

◆マッツィーニはカルボナリのメンバーだった。

マッツィーニ

□3 ★★★ 1849年、市民が蜂起してローマ教皇領に［★★★］共和国を建国し、のちにマッツィーニも合流した。（早稲田大）

ローマ共和国

□4 ★★ 二月革命をきっかけに、［★★］王国の王カルロ=アルベルトは1848年にオーストリアに宣戦布告したが、敗北した。（中央大、日本女子大）

サルデーニャ王国

□5 ★ サルデーニャ王国はイタリア北西部に位置し、産業革命の中心だった［★］や地中海のサルデーニャなどからなっていた。（関西大）

◆ピエモンテはイタリア北西部の都市トリノを含むエリア一帯で、アルプスを挟んで南フランスと国境を接する。

ピエモンテ

□6 ★★★ サルデーニャ王国では、［★★★］世が王位に就き、首相の［★★★］が**近代化に取り組んだ。**（明治大、早稲田大）

◆カヴールは自由主義者として知られていた。

ヴィットーリオ=エマヌエーレ2世, カヴール

□7 ★★★ カヴールは**サルデーニャ王国の国際的地位を向上させるため**、イギリス・フランス側に立って［★★★］戦争に参戦した。（京都女子大）

クリミア戦争

□8 ★★★ 1858年、**カヴール**と**ナポレオン3世**は［★★★］密約(みつやく)を結び、サルデーニャは対墺戦争で**フランスの支援を得る代償に**［★★★］・［★★★］**をフランスへ割譲**することを約束した。（同志社大）

プロンビエール密約, サヴォイア, ニース ※順不同 世界遺産

□9 ★★★ 1859年、カヴールは**オーストリアに宣戦**し、［★★★］戦争を開始した。（國學院大、東京理科大）

イタリア統一(とういつ)戦争

□10 ★★★ イタリア統一戦争でオーストリアに勝利したサルデーニャは、［★★★］を獲得した。（國學院大、東京理科大）

◆ロンバルディア州はミラノを含むイタリア北部の地域である。

ロンバルディア

□11 ★★ 1860年、カヴールはサヴォイア・ニースをフランスに譲ることと引き換えに、［★★］の併合を**フランスに認めさせた。**（龍谷大）

中部(ちゅうぶ)イタリア

□12 ★★★ ［★★★］は義勇軍の千人隊(せんにんたい)（赤シャツ隊）を組織し、占領した両シチリア王国を**サルデーニャ王に献上**した。（早稲田大）

ガリバルディ

□13 ★★★ 1861年、［★★★］世を国王とするイタリア王国が成立した。（関西大）

◆イタリア王国成立当初の首都は**トリノ**である。

◆工業が発達していた北部に対し、ガリバルディの千人隊に征服された南部では、農業が中心であり貧困問題もある中で大勢が移民となり流出した。

ヴィットーリオ=エマヌエーレ2世

□14 ★★★ イタリア王国は、プロイセン=オーストリア（普墺(ふおう)）戦争でプロイセン側で参戦し、**オーストリア領**の［★★★］を獲得した。（成蹊大、中央大）

ヴェネツィア

□15 ★★★ 1870年、イタリア王国はドイツ=フランス戦争に乗じて [★★★] を占領し、国家統一が実現した。 (センター、関西大)

ローマ教皇領(きょうこうりょう)

◆翌71年、首都がローマに移された。

◆この占領はローマ教皇とイタリア王国との**長い対立を生む**こととなった。

□16 ★★★ イタリア人居住地域であるが、**オーストリア領に留まった** [★★★]・[★★★] などは「未回収のイタリア」と呼ばれた。 (明治大、早稲田大)

トリエステ, 南(みなみ)チロル ※順不同

12 ドイツの統一

ANSWERS □□□

□1 ★★★ **1834年**、プロイセンを中心にドイツ諸邦が [★★★] 同盟を発足させたが、オーストリアは参加しなかった。 (東京大)

ドイツ関税(かんぜい)同盟

◆ドイツ関税同盟の設立には、**歴史学派経済学者**のリストが貢献した。

□2 ★★★ **二月革命の影響**により、ウィーンやベルリンで [★★★] 革命が起こった。この結果、オーストリアでは**メッテルニヒが失脚し、ウィーン体制が崩壊**した。 (早稲田大)

三月(さんがつ)革命

□3 ★★★ 1848年に開かれたフランクフルト国民議会では、**オーストリアのドイツ人地域を加えたドイツ統一**を主張する [★★★] 主義と、**プロイセンを中心とした統一**を主張する [★★★] 主義が対立し、後者が採択された。 (予想問題)

大(だい)ドイツ主義, 小(しょう)ドイツ主義

□4 ★★★ 1862年、プロイセン王 [★★★] 世のもと、**ユンカー出身**の [★★★] が首相に任命されると、議会の反対を無視して**軍備拡張政策を強行**した。 (成蹊大、明治大)

ヴィルヘルム1世, ビスマルク

◆統一の主導権はプロイセンの政府・軍部を支配する保守的なユンカー層が握った。

□5 ★★★ ビスマルクが採用した**軍備拡張政策**は、彼の議会演説にちなみ [★★★] 政策と呼ばれる。 (立教大)

鉄血(てっけつ)政策

◆ビスマルクは「現下の大問題は演説や多数決によってではなく、**鉄**(=**兵器**)と**血**(=**兵士**)によって決定される」と述べた。

□6 ★★★ 1864年、プロイセンは**オーストリアと結んで**デンマーク**戦争に勝利**し、［★★★］・［★★★］両公国をデンマークから奪取した。（早稲田大）

◆この戦争は、デンマークがシュレスヴィヒ公国の併合を図ったために起こった。

シュレスヴィヒ，ホルシュタイン ※順不同

□7 ★★★ プロイセンとオーストリアはシュレスヴィヒ・ホルシュタインの領有をめぐって対立し、1866年に［★★★］戦争を起こした。（学習院大）

プロイセン=オーストリア（普墺）戦争

□8 ★★★ プロイセン=オーストリア戦争に勝利したプロイセンは**ドイツ連邦を解体**し、翌年プロイセンを盟主とする［★★★］を成立させた。（明治大）

北ドイツ連邦

□9 ★★★ 1867年、オーストリアはアウスグライヒを結んでハンガリーに自治権を認め、**オーストリア皇帝がハンガリー王位を兼ねる**［★★★］帝国を成立させた。（法政大）

◆ハプスブルク家領内のスラヴ人の反抗を抑える目的があった。

オーストリア=ハンガリー帝国（二重帝国）

□10 ★★★ 1870年、スペイン王位継承問題を契機に、ナポレオン3世が宣戦布告して［★★★］戦争が勃発した。（成蹊大、中央大）

ドイツ=フランス戦争

□11 ★★★ 1871年、ドイツ=フランス戦争に勝利したドイツは、フランスから［★★★］・［★★★］を獲得した。（早稲田大）

◆アルザス・ロレーヌはフランスとドイツの国境地帯の地域。これに加え、フランスは多額の賠償金を支払った。

アルザス，ロレーヌ ※順不同

□12 ★★★ ドイツ=フランス戦争中の1871年1月、**ヴェルサイユ宮殿**で［★★★］世が即位し、［★★★］が成立した。（早稲田大）

ヴィルヘルム1世，ドイツ帝国

□13 ★★ ドイツ帝国の立法機関は、各邦を代表する［★★］と25歳以上の男性普通選挙による［★★］の**二院制**で構成されていた。（成蹊大、神戸女子大）

◆上院の連邦参議院がドイツ帝国の事実上の最高機関であった。

連邦参議院，帝国議会

□14 ★★★ 宰相となったビスマルクは国内統合のため、西南ドイツの［★★★］勢力と、その代表的な政党の中央党を弾圧する［★★★］を行った。（新潟大、京都大）

カトリック，文化闘争

□15 ★★ 社会主義運動においては、1875年、ラサール派とアイゼナハ派が合同し、[★★]党が成立した。（慶應義塾大）

◆ドイツ社会主義労働者党は、1890年にドイツ社会民主党に改称した。

ドイツ社会主義労働者党

□16 ★★★ 1878年、ビスマルクは皇帝狙撃事件を口実に[★★★]法を制定し、ドイツ社会主義労働者党などの社会主義運動を厳しく弾圧した。（センター）

社会主義者鎮圧法

□17 ★★★ ビスマルクは、労働者を社会主義から切り離すために[★★★]政策に取り組み、災害・疾病・養老などの社会保険制度を実施した。（慶應義塾大）

社会政策

□18 ★★ ビスマルクは、工業家とユンカーの利益を保護するために、[★★]法を制定して工業製品と穀物の輸入品に関税を課した。（法政大）

◆内容から「鉄と穀物の同盟」と呼ばれた。

保護関税法

□19 ★ 19世紀、ドイツ最大の軍事コンツェルンである[★]は、鉄鋼や兵器を大量に生産した。（慶應義塾大）

クルップ

□20 ★★ ドイツ帝国の成立までに結成された同盟や連邦を年代順に並べると、「[★]同盟→ドイツ連邦→[★★]同盟→[★★]連邦→ドイツ帝国」となる。（センター）

ライン同盟，ドイツ関税同盟，北ドイツ連邦

13 アメリカ合衆国の発展

ANSWERS □□□

□1 ★★★ 第3代大統領には、アメリカ独立宣言の起草者でもある[★★★]が就任した。（立命館大）

◆彼はヴァージニアの大農園の出身で、独立自営農民を基礎とする民主主義を理想とした。

トマス=ジェファソン

□2 ★★★ 1812年、イギリスが海上封鎖によりアメリカの通商を妨害したため、[★★★]戦争が勃発した。（中央大）

◆この戦争が、アメリカ北部の工業化が進む契機になった。

アメリカ=イギリス（米英）戦争

□3 ★★★ 1823年、第5代大統領の[★★★]は[★★★]宣言を発表し、ヨーロッパによる南北アメリカへの干渉を排除する孤立主義外交路線をとった。（センター）

モンロー，モンロー宣言

□4 第７代大統領ジャクソンの時代の民主化と改革は
★★ ［★★］と総称され、白人男性普通選挙制の普及など
民主主義の発展をもたらした。（早稲田大）

ジャクソニアン＝デモクラシー

□5 反ジャクソン派は**北部**を基盤に［★］党を、ジャクソン派は**南部**を基盤に［★★］党を形成し、二大政党の基礎を作った。（明治大）
★★

◆ホイッグ党はのちの共和党の基盤となった。

ホイッグ党，民主党（みんしゅ）

□6 1830年、ジャクソン大統領は［★★★］法を制定し、先住民にミシシッピ**川以西の保留地への移住を強制**した。（センター、東京大）
★★★

先住民強制移住法（せんじゅうみんきょうせいいじゅう）

□7 先住民強制移住法は先住民にとっては過酷であり、特に1838〜39年の［★］族の移動はその悲惨さから「［★★］」と呼ばれた。（センター、立教大）
★★

◆「涙の旅路」は約1,300kmに及び、約4,000人が命を落とした。

チェロキー族，涙の旅路（なみだ たびじ）

□8 フロリダの［　］族は強制移住に抵抗したが、1840年代初頭には住民の大半が降伏した。（予想問題）

セミノール族

□9 独立後のアメリカでは、**西部**への拡張を目指す［★★］運動が展開された。（早稲田大）
★★

西漸運動（せいぜん）

□10 西漸運動の開拓前線は［★★］といわれた。（法政大）
★★

フロンティア

□11 1840年代半ば以降、**アメリカでは西漸運動を正当化して**［★★★］ということばが使われた。（東京大、立教大）
★★★

明白なる運命（めいはく うんめい）

□12 アメリカは、1783年の**パリ条約**で**イギリス**から［★★★］を獲得した。（東洋大）
★★★

◆七年戦争とフレンチ＝インディアン戦争後の1763年のパリ条約で、イギリスが**フランス**から獲得した土地である。

ミシシッピ川以東（がわいとう）のルイジアナ

□13 1803年、ジェファソン大統領は**フランス**のナポレオンから［★★★］を買収した。（東洋大）
★★★

ミシシッピ川以西（がわいせい）のルイジアナ

□14 1819年、モンロー大統領は、**スペイン**から［★★］を500万ドルで買収した。（中央大）
★★

フロリダ

□15 1845年、アメリカが**メキシコ**からの独立を宣言していた［★★★］を併合すると、翌年に［★★★］戦争が勃発した。（成蹊大、関西大）
★★★

テキサス，アメリカ＝メキシコ戦争

□16 ★★ 1846年、アメリカは北西部の太平洋岸の［★★］をイギリスと分割し、南半部を併合した。（同志社大）

オレゴン

□17 ★★★ 1848年、アメリカ=メキシコ戦争に勝利した**アメリカ**は［★★★］を獲得した。同年、この地域で金鉱が発見され、**西漸運動**が進んだ。（センター）

カリフォルニア

□18 ★★ 1867年、アメリカは**ロシア**から［★★］を買収した。（法政大）

アラスカ

▼アメリカの領土拡大の変遷

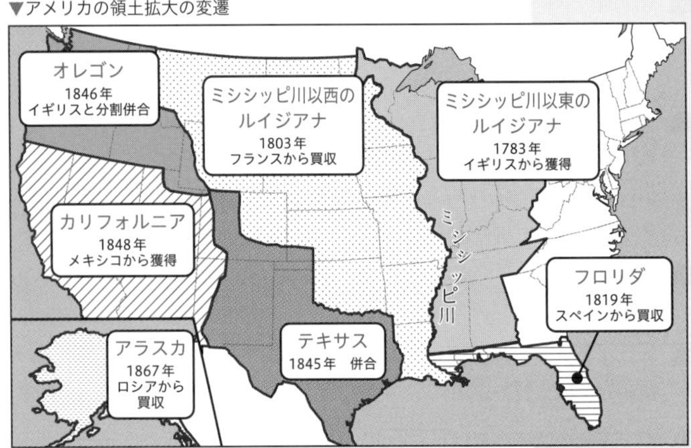

14 アメリカ南北戦争

ANSWERS □□□

□1 ★★★ アメリカの［★★★］部は人道的に**奴隷制に反対**したが、［★★★］部は黒人奴隷を使用して大農園を営んでいたため、**奴隷制に賛成**した。（関西大）

北部(ほく),
南部(なん)

□2 ★★★ 工業化を進める北部は［★★★］貿易を、綿花の輸出を有利に展開したい南部は［★★★］貿易を主張した。（関西学院大）

保護(ほご)貿易,
自由(じゆう)貿易

◆自由貿易を求める南部は綿花輸出が主な収入であるため、奴隷を必要としていた。一方、北部では商工業が発達しており、機械輸出が中心であったため、イギリスからの安価な工業製品の流入を恐れて保護貿易を求めた。

□3 ★★ 北部は中央政府の権限の強化を目指す［★★］主義を、南部は各州の自治を重んじる［★★］主義を主張した。（センター）

連邦(れんぽう)主義,
州権(しゅうけん)主義

□4 ★★★ 1820年、［★★★］協定が結ばれ、北緯36度30分を境に北部を**自由州**、南部を**奴隷州**とすることが定められた。（東洋大、法政大）

ミズーリ協定

□5 ★★★ 1854年、［★★★］法によって自由州となるか奴隷州となるかを住民投票に委ねたため、ミズーリ協定は**事実上否定された。**（明治大）

カンザス・ネブラスカ法

□6 ★★★ 1854年、**奴隷制に反対**する人々が［★★★］党を組織した。（京都女子大）

共和党

◆民主党は、西部の農民や南部の大農園主らがジャクソンを担いで結成した政党。一方共和党は、北部の企業家を支持基盤とした連邦派などが結成した政党である。

▼アメリカ北部と南部の違い

	北部	南部
主な生産物	工業製品	綿花（奴隷を使役して栽培）
貿易政策	保護貿易	自由貿易
奴隷制	反対	賛成
国家体制	連邦主義	州権主義
支持政党	共和党（1854年成立）	民主党（1820年代成立）

□7 ★★★ ［★★★］は『**アンクル=トムの小屋**』で奴隷の悲惨な生活を描き、奴隷制に反対した。（センター）

ストウ

□8 ★★★ 1860年の大統領選挙で共和党の［★★★］が勝利すると、翌年、南部11州は連邦から離脱して［★★★］を結成し、南北戦争が始まった。（中央大）

リンカン，アメリカ連合国（南部連合）

□9 ★★ アメリカ連合国の首都はヴァージニア州の［★★］に置かれ、大統領には［★★］が就任した。（明治大）

リッチモンド，ジェファソン=デヴィス

□10 ★★ 南北戦争は、当初［★★］将軍率いる**南軍が優勢**であった。（成城大、早稲田大）

リー

□11 ★★★ **1862年**、北部の連邦政府は**公有地で5年間定住・耕作した者に160エーカーの土地を無償で与える**［★★★］法を制定し、**西部農民の支持を獲得**した。（明治大）

ホームステッド法（自営農地法）

◆ホームステッド法は戦争後の西漸運動に貢献した。

□12 ★★★ 1863年1月1日、リンカンは南部反乱地域に対して ★★★ 宣言を出し、内外の世論の支持を集めた。 (予想問題)

奴隷解放宣言

◆リンカンは奴隷解放宣言を発することで、国際的な北部への支持を得て、戦争を有利にしようとした。

□13 ★★★ **最大の激戦**が行われた ★★★ での追悼式典で、リンカンは「**人民の、人民による、人民のための政治**」の演説を行った。 (センター)

ゲティスバーグ

◆この演説の冒頭 "Four score and seven years ago, ..."(87年前…) はとても有名で、キング牧師の "I Have a Dream" の演説でもこれに倣って "Five score years ago, ..." (100年前…) と始めている。(score は20の意)

□14 ★★ **1865年**、首都リッチモンドの陥落後、南軍のリー将軍が北軍の総司令官 ★★ に降伏し、南北戦争が終結した。 (早稲田大)

グラント

◆グラントはのちに第18代大統領となる。

□15 ★★ 1865年、 ★★ で**奴隷解放宣言が明文化**され、奴隷制は全面的に廃止されたが、**南部諸州では州法による黒人差別が続いた。** (早稲田大)

憲法修正第13条

◆南部で定められた、公共施設や交通機関などで白人用と黒人用を分離するなどの黒人差別法を総称してジム=クロウ法という。

□16 ★★ 1886年、**熟練労働者**による職業別組合の ★★ が結成された。 (上智大、関西学院大)

アメリカ労働総同盟 (AFL)

◆**サミュエル=ゴンパーズ**が初代会長となった。

□17 ★★ 土地を持たない黒人は ★★ と呼ばれる小作人となり、奴隷制から解放された後も劣悪な状況に置かれた。 (明治大)

シェアクロッパー

◆黒人は解放された後もプランテーションであった土地で働き収穫の半分程度を納めなければならず、経済的自立が難しく貧困から抜け出すことはできなかった。

□18 ★ 北アメリカでは、ヨーロッパ本国による植民地支配に加え、植民地内部でも白人による ★ や ★ に対する搾取や差別があり、二重の支配構造となっていた。 (予想問題)

先住民, 黒人奴隷
※順不同

□19 ★★ 南部では**秘密結社**の［★★］が組織され、白人優越(ゆうえつ)主義を掲げて黒人を迫害(はくがい)した。（東京大、早稲田大）

クー＝クラックス＝クラン（KKK）

◆KKKは20世紀に入ると白人プロテスタントの秘密組織となり、黒人だけでなく増え続ける世界各地からの移民に対し攻撃を行った。

□20 ★★★ 1869年、アメリカを東西に結ぶ［★★★］が完成し、西漸運動がさらに進んだ。（センター）

大陸横断鉄道(たいりくおうだんてつどう)

□21 ★ 西漸運動に対し、アパッチ族の首長［★］は1886年までゲリラ戦を展開した。（早稲田大）

ジェロニモ

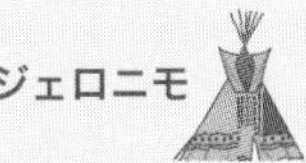

□22 19世紀半ばの北部諸州における**西漸運動の主な担い手**は［　　］であった。（予想問題）

白人自営農民(はくじんじえいのうみん)

□23 ★★★ **1890年、**［★★★］**の消滅**が宣言された。（センター）

フロンティア

◆1890年のウーンデッドニー保留地におけるスー族虐殺事件を最後に、先住民の武装抵抗は終了した。

歴総 □24 ★★ 1853年、［★★］の艦隊は日本の浦賀(うらが)に来航し、翌年に［★★］条約を結んだ。（センター、成蹊大）

ペリー，日米和親条約(にちべいわしん)

◆この当時はクリミア戦争の最中で、他のヨーロッパ諸国は東アジアに進出する余裕がなかった。

□25 ★★ 中国などの**アジア系移民**は［★★］と呼ばれ、鉱山や大陸横断鉄道建設の労働者として重労働を担った。（センター、早稲田大）

クーリー（苦力）

◆大陸横断鉄道は、「東半分はアイルランド人が、西半分は中国人が作った」と言われるほど、移民の労働力に頼った事業だった。

□26 ★★ 1880年代以降の東欧・南欧を中心とする移民は［★★］と呼ばれ、低賃金で働いた。（明治学院大）

新移民(しんいみん)

◆1880年代以降、**ロシア**などの**東欧**や、**イタリア**などの**南欧**からの新移民が増大した。

15 ラテンアメリカの植民地化と独立

ANSWERS □□□

□1 ★★★ **ラテンアメリカ植民地生まれの白人**である [★★★] は、独立運動で活躍した。(日本女子大)
→ クリオーリョ

◆スペイン王室は**ペニンスラール**(本国生まれの白人)**を優遇**して政治的な権力を与えたが、**クリオーリョには与えなかった**。そのため、クリオーリョは不満をつのらせ、ラテンアメリカの地で独立を目指していった。

□2 ★★★ スペイン人などの大農場では、[★★★] やアフリカ大陸から連れて来られた [★★★] が労働力となった。(北海道大)
→ インディオ(インディアン), 黒人(こくじん)

□3 ★★ **白人とインディオの混血(こんけつ)**は [★★] と呼ばれた。(東洋大)
→ メスティーソ

□4 ★★ **白人と黒人の混血**は [★★] と呼ばれた。(東洋大)
→ ムラート

▼ラテンアメリカの階層秩序

支配	ペニンスラール	本国生まれの白人(官吏・聖職者)
	クリオーリョ	ラテンアメリカ植民地生まれの白人(地主階級)
被支配	メスティーソ	白人とインディオの混血
	ムラート	白人と黒人の混血
	黒人奴隷・インディオ	

□5 ★★★ 1697年、西インド諸島のイスパニョーラ島西部はフランス領となり、[★★★] と呼ばれた。(上智大)
→ サン=ドマング

◆ここでは**砂糖**やコーヒーのプランテーションが行われていた。

□6 ★★★ 1791年、サン=ドマングで**黒人**の [★★★] を指導者に黒人奴隷が蜂起して**奴隷解放運動**が始まり、1804年に**史上初の黒人共和国** [★★★] が誕生した。(学習院大、関西学院大)
→ トゥサン=ルヴェルチュール, ハイチ

◆**ラテンアメリカ地域で初の独立**。黒人による独立は世界に衝撃を与えた。

□7 ★★ ハイチは独立承認後も、旧宗主国の [★★] が経済制裁を行ったため、困窮が続いた。(センター)
→ フランス

□8 ★★ アルゼンチン出身の**クリオーリョ**である [★★] は、**アルゼンチン・チリ・ペルー**の [★★] からの独立を指導した。(早稲田大)
→ サン=マルティン, スペイン

◆1816年にアルゼンチンが、1818年にチリが、1821年にペルーが独立を達成した。

□9 ★★★ ベネズエラ出身の**クリオーリョ**である［★★★］は、1811年のベネズエラ独立革命に参加し、19年に［★★］、25年に［★★］を独立させた。（明治大）

◆大コロンビアは1830年に解体した。

☞南米**北部**ではシモン=ボリバル、**南部**ではサン=マルティンらの指導により独立が進んだと覚えよう！

シモン=ボリバル，大コロンビア，ボリビア

□10 ★★★ 1822年、［★★★］では、**ポルトガル**のペドロ王子が皇帝となって独立を宣言した。（上智大、早稲田大）

ブラジル

□11 ★★ 多くのラテンアメリカ諸国が共和国として独立するなか、ブラジルは［★★］として独立した。（センター）

◆ブラジルは1889年に共和国へ移行した。

帝国

□12 ★★ **イギリスの外相**［★★］は、**自国の商品市場拡大**のため、ラテンアメリカ諸国の独立を支持した。（法政大）

カニング

□13 ★★★ 旧スペイン領植民地でのラテンアメリカ諸国の独立に対するヨーロッパ諸国の介入を嫌い、アメリカ合衆国は［★★★］宣言を発表した。（上智大）

◆アメリカ合衆国の独立以降、ラテンアメリカ地域では相次いで独立国が誕生した。

モンロー宣言

□14 1826年、シモン=ボリバルはラテンアメリカの連帯を強化するために［　　］会議を開いたが、成果は出なかった。（成蹊大、駒澤大）

パナマ会議

□15 ★★ ラテンアメリカ諸国の独立後の混乱期、［★★］と呼ばれる**軍事的な実力者**が政治の実権を握った。（上智大）

カウディーリョ

□16 ★★ ラテンアメリカ諸国では、独立後も**単一の商品作物**を生産し、その輸出に依存する［★★］が続いた。（学習院大）

◆アフリカでも同様の構造が見られた。輸出先の多くを旧宗主国に頼っており、極めて不安定な経済構造が形成された。

モノカルチャー

□17 ★★ **メキシコ**では、1810年にクリオーリョの神父［★★］が独立運動を指揮したが、翌年に鎮圧された。（上智大）

◆その後メキシコは1821年に独立を達成した。

イダルゴ

□18 ★★ 1858年にメキシコ大統領に就任した［★★］は、インディオ出身である。（法政大）

◆現在でもメキシコ建国の父として尊敬されており、メキシコシティには彼の名を冠した「ベニート=フアレス国際空港」がある。

フアレス

□19 ★★ フアレスは教会の土地所有を禁じる改革などを進めたが、保守派やカトリック教会が反発し［★★］内乱が起こった。(法政大)
メキシコ内乱

□20 ★★★ フランスの［★★★］世は、メキシコ内乱に乗じてメキシコへ出兵し、一時［★★］をその皇帝にすえた。(慶應義塾大、南山大)
ナポレオン3世, マクシミリアン

◆フランスは、アメリカ南北戦争の隙を突いてアメリカ大陸への進出を狙っていたため、執拗に介入を続けた。

□21 ★★ フランスのメキシコ遠征に対し、メキシコは［★★］の支援を受けてこれを退けた。(昭和女子大)
アメリカ合衆国(がっしゅうこく)

□22 ★★★ 1876年、［★★★］はクーデタで政権を奪って大統領に就任した。(センター、青山学院大)
ディアス

◆ディアスはメスティーソ出身で、内乱期はフアレスのもとで軍人として活躍した。

□23 ★★★ ディアスは**長期独裁政権を実現**したが、特権階級や英米資本への従属を強めたため、1910年に始まった［★★★］革命で倒された。(センター、青山学院大)
メキシコ革命

□24 ★★ 1910年、自由主義者の［★★］は武装蜂起し、翌11年にディアス政権を倒して大統領に就任した。(センター)
マデロ

□25 ★★★ メキシコ革命では、**立憲派**の［★★］と**農民革命派**の［★★★］・ビリャによる内戦状態になった。(センター)
カランサ, サパタ

◆メキシコ革命は、立憲派のカランサが優位に立った。

□26 ★★ 1917年、民主的な［★★］憲法が制定され、革命は終了した。(関西学院大)
メキシコ憲法

□27 メキシコ憲法では、［　］の権利保護、農地改革、［　］の権限強化などが明記された。(早稲田大)
労働者(ろうどうしゃ), 大統領(だいとうりょう)

◆労働者に関する事項では、8時間労働制、最低賃金、ストライキ権などが明記された。

□28 ★★ 1934年に大統領に就任した［★★］は、土地改革や**石油資源国有化**を行った。(慶應義塾大)
カルデナス

□29 ★ 1930年代、ラテンアメリカの［★］は食肉市場を確保するためにイギリスとの経済関係を強めた。(東京大)
アルゼンチン

◆第二次世界大戦が勃発すると、アルゼンチンはイギリスへの食肉供給基地として重要な役割を担った。

16 19世紀のロシア

ANSWERS □□□

□1 ★ **フランス革命**勃発後、ロシアは革命の波及を恐れて1805年の［★］に参加した。（京都大）

第3回対仏大同盟

□2 ★ 中世以来、フィンランドは［★］領だったが、ナポレオン戦争期の1809年に［★］に割譲され、大公国となった。（学習院大）

◆やがてフィンランドでは民族意識が高まり、ロシア革命を機に共和国として独立した。

スウェーデン, ロシア

□3 ★★★ ウィーン会議中、ロシア皇帝［★★★］世の指導で**キリスト教の友愛精神に基づく**［★★★］同盟が結成された。（早稲田大）

◆この同盟には、**イギリス王・オスマン帝国皇帝・ローマ教皇を除く**すべてのヨーロッパ君主が参加した。

アレクサンドル1世, 神聖同盟

□4 ★★ ウィーン議定書により、ロシアはスウェーデンから［★★］を、オスマン帝国からはベッサラビアを獲得した。（予想問題）

フィンランド

□5 ★★★ ウィーン議定書により、ロシア皇帝は［★★★］王国の王位を兼任することになった。（予想問題）

ポーランド王国

□6 ★★★ **ウィーン体制下のロシア**では青年貴族将校が農奴制廃止や立憲制樹立を目指して秘密結社を組織し、**1825年**12月に［★★★］の乱を起こした。（東京大）

◆反乱は12月に起きたため、反乱の参加者は「デカーブリ（ロシア語で12月）」から「デカブリスト」と呼ばれた。

デカブリストの乱（十二月党員の乱）

□7 ★★★ アレクサンドル1世の急逝にともない即位した［★★★］世は、デカブリストの乱を**鎮圧**した。（中央大）

ニコライ1世

□8 ★ ニコライ1世は1848年革命の鎮圧を行い、反革命の擁護者となって「［★］」と呼ばれた。（予想問題）

ヨーロッパの憲兵

□9 ★★★ ロシアでは、**知識人階級**の［★★★］がツァーリズムに対抗するようになった。（南山大）

インテリゲンツィア

□10 ★★ 19世紀、ロシアは2度にわたるイランの［★★］朝との戦争に勝利した。（上智大、法政大）

ガージャール朝

□11 ★★★ 1828年、ロシアはガージャール朝と［★★★］条約を結んで**アルメニア**を獲得し、ガージャール朝に**領事裁判権**を認めさせた。（上智大、法政大）

トルコマンチャーイ条約

□12 ★★★ ニコライ1世は、聖地管理権やオスマン帝国領内の［★★］の保護を名目に、1853年に［★★★］戦争を起こした。（早稲田大）

ギリシア正教徒, クリミア戦争

□13 ★★★ 1855年、クリミア戦争中にニコライ1世が死去したことを受けて、［★★★］世が即位した。（青山学院大）

アレクサンドル2世

□14 ★★★ 1856年、［★★★］条約が締結されてクリミア戦争は終結した。アレクサンドル2世は**この敗北によって自国の後進性を強く認識した。**（青山学院大）

◆クリミア戦争では、ロシア軍艦が帆船だったのに対し、イギリス・フランスの海軍は汽船を使用していた。イギリス・フランスは武器や補給路の整備などもロシアよりはるかに進んでいた。

パリ条約

□15 ★★★ 1861年、アレクサンドル2世は［★★★］令で工場労働者の創出を目指すなど、近代化政策に着手した。（センター）

農奴解放令

□16 ★★ 農奴解放令では農奴に身分の自由が認められたが、**土地は有償で買取**となり、土地代を完済するまで土地は［★★］が管理した。（センター）

◆農民はミールに縛られることになったが、工場労働者を創出する政策でもあった。

ミール（農村共同体）

□17 ★ アレクサンドル2世は［★］半島の［★］主義を利用して**南下政策**を再開した。（予想問題）

バルカン半島, パン=スラヴ主義

□18 ★★ 1863年1月、［★★］の反乱が起きると、アレクサンドル2世は反乱を鎮圧して**専制政治を復活させた。**（立教大）

ポーランドの反乱

□19 ★★★ ロシアにおけるヨーロッパ型の資本主義ではなく、社会主義を目指した知識人層を［★★★］という。彼らは［★★］を啓蒙しようとした。（センター）

ナロードニキ（人民主義者）, 農民

□20 ★★★ ナロードニキは「［★★★］」をスローガンに、［★★★］を基盤とした新社会の建設を唱えたが、**農民の無関心や政府の弾圧により挫折した。**（共通テスト、センター）

ヴ=ナロード（人民のなかへ）, ミール

□21 ナロードニキの一部は**テロリズム（暴力主義）**に走り、1881年に皇帝 [★★★] 世を暗殺した。（センター）
★★★

◆テロリズムは政治的な目的を実現するために、暗殺などの暴力行為を肯定する思想・運動のこと。

アレクサンドル2世

□22 ユダヤ人に寛大だったアレクサンドル2世の暗殺をきっかけに、ロシアでは [★★] と呼ばれるユダヤ人迫害の動きが広がった。（関西学院大）
★★

◆アレクサンドル2世の暗殺をユダヤ人の犯行と決めつけ、多くのユダヤ人を殺害した。

ポグロム

□23 アレクサンドル2世の後を継いだ [★★] 世は、**専制政治を強化**した。（神奈川大）
★★

アレクサンドル3世

□24 19世紀後半、ロシアはブハラ（ボハラ）=ハン国とホラズム地方の [★★] 国を保護国化し、西トルキスタンの [★★] 国を併合した。（センター、立教大）
★★

ヒヴァ=ハン国, コーカンド=ハン国

□25 ロシアは、**新疆（しんきょう）でのイスラーム教徒の反乱**を機に出兵し、1881年に清と [★★★] 条約を結んで国境を有利に取り決めた。（学習院大）
★★★

◆ロシアがイリ地方を占領したこの事件を**イリ事件**という。

イリ条約

17 東方問題

ANSWERS □□□

IX 17 東方問題

□1 19世紀前半、ロシアは不凍港（ふとうこう）の確保を目指して、[★★★] 戦争、2度の [★★★] 戦争に介入するなど、**南下政策**を展開した。（早稲田大）
★★★

ギリシア独立（どくりつ）戦争, エジプト=トルコ戦争

□2 ギリシア独立戦争で、[★★★] 総督ムハンマド=アリーは**オスマン帝国を支援**し、それに対して [★★★] ・ [★★★] ・ロシアは**ギリシアを支援**した。（青山学院大）
★★★

◆ギリシア独立戦争は、1827年のナヴァリノの海戦でオスマン帝国・エジプト艦隊が列強に壊滅させられ、敗北するという結果に終わった。

エジプト, イギリス, フランス ※順不同

□3 1829年、ロシアはオスマン帝国と [★★] 条約を結んだ。（早稲田大、中部大）
★★

アドリアノープル条約

□4 アドリアノープル条約により、**ギリシアの独立が承認**され、ロシアは [★★] 海峡・ [★★] 海峡の自由航行権を得た。（早稲田大、中部大）
★★

ダーダネルス海峡, ボスフォラス海峡 ※順不同

□5 ★★★ 1830年、[★★★]会議で**ギリシアの独立が国際的に認められた。** (実践女子大)

ロンドン会議

□6 ★★★ エジプト総督**ムハンマド=アリー**がシリアの領有を要求したことから、1831年に第1次[★★★]戦争が勃発した。 (近畿大)

第1次エジプト=トルコ戦争

□7 ★★★ 第1次エジプト=トルコ戦争で、オスマン帝国は[★★★]の、エジプトは[★★★]・フランス・オーストリアの支援を受けた。 (近畿大)

ロシア，イギリス

□8 ★★★ 第1次エジプト=トルコ戦争で**オスマン帝国は敗れ**、ムハンマド=アリーは[★★★]とエジプトを**終身領**として獲得した。 (近畿大)

シリア

□9 ★ 1833年、オスマン帝国はロシアと[★]条約を締結し、ダーダネルス・ボスフォラス両海峡における**ロシア以外の外国軍艦の通航を禁じた。** (近畿大)

ウンキャル=スケレッシ条約

□10 ★★★ ムハンマド=アリーが**エジプト・シリア**の世襲権を要求したことから第2次[★★★]戦争が始まった。 (予想問題)

第2次エジプト=トルコ戦争

□11 ★★★ エジプトは1840年の[★★★]会議で列強の介入を受け、エジプト・[★★★]の**総督位の世襲権を認められた**が、[★★★]の**領有権を放棄させられた。** (立正大)

◆ロンドン会議には、イギリス・ロシア・プロイセン・オーストリアが参加した。

ロンドン会議，スーダン，シリア

□12 ★★ ロンドン会議で、[★★]海峡・[★★]海峡における**軍艦の通行が禁じられ**、ロシアの南下政策は後退した。 (明治学院大)

◆この翌年の1841年、ウンキャル=スケレッシ条約は破棄された。

ダーダネルス海峡，ボスフォラス海峡 ※順不同

□13 ★★★ ニコライ1世時代のロシアは、南下政策を行うため、二度のエジプト=トルコ戦争では[★★★]側を支援した。 (早稲田大)

オスマン帝国(ていこく)

□14 ★★★ 聖地[★★★]の管理権をめぐるオスマン帝国の対応を不服としたロシアは、オスマン帝国内の[★★]の保護を要求し、クリミア戦争が勃発した。 (京都女子大)

世界遺産

イェルサレム，ギリシア正教徒(せいきょうと)

□15 ★★ クリミア半島南端の［★★］要塞（ようさい）は、クリミア戦争最大の激戦地となった。（京都女子大）

◆1855年にセヴァストーポリ要塞が陥落し、ロシアの敗北が決定的となった。

セヴァストーポリ要塞

□16 ★★★ 1856年、クリミア戦争の講和条約である［★★★］条約が結ばれ、**ロシアの南下政策は阻止**された。（関西大）

◆パリ条約では、オスマン帝国の領土保全、黒海の中立化、ドナウ川の自由航行などが認められた。

パリ条約

□17 ★★ イギリス人看護師［★★］は、クリミア戦争で**傷病兵（しょうびょうへい）の治療活動に従事**した。（センター）

◆スイスのデュナンは彼女の活動に影響を受け、**国際赤十字**を創設した。

ナイティンゲール

□18 ★★★ 1877年、ロシアがオスマン帝国に宣戦して［★★★］戦争が起こった。（南山大）

ロシア=トルコ（露（ろ）土（と））戦争

□19 ★★★ ロシア=トルコ戦争に勝利したロシアは、1878年に［★★★］条約を結んで**バルカン半島での勢力拡大**を認めさせた。（共通テスト）

サン=ステファノ条約

□20 ★★ サン=ステファノ条約では、［★★］・**ルーマニア・モンテネグロ**の独立、［★★］の自治領化が定められた。（京都大）

セルビア，ブルガリア

□21 ★★★ サン=ステファノ条約の内容にイギリス・［★★★］が反発したことを受け、1878年、ドイツのビスマルクの主導で［★★★］会議が開かれた。（予想問題）

◆ベルリン条約が結ばれ、サン=ステファノ条約は破棄された。

オーストリア，ベルリン会議

□22 ★★ 1878年のベルリン条約で、［★★］・［★★］・モンテネグロ**の独立が承認**された。（関西学院大）

ルーマニア，セルビア ※順不同

□23 ★★ ベルリン条約で、［★★］は領土を縮小させられ、オスマン帝国のもとで自治公国とされた。（関西学院大）

◆ブルガリアは**サン=ステファノ条約**で広大な領土を与えられていた。西欧諸国はブルガリアをロシアの傀儡（かいらい）国家であると考えていたため、ロシアの勢力拡大につながると危険視した。

ブルガリア

□24 ★★ ベルリン会議後にはバルカンをめぐって、**ロシア**を中心とする［★★］主義と**ドイツ・オーストリア**の掲げる［★★］主義とが対立し、これが第一次世界大戦の一因となった。（予想問題）

パン=スラヴ主義，パン=ゲルマン主義

18 19世紀のヨーロッパ文化

ANSWERS □□□

文学

□1 ★★ [★★]主義は、**古代ギリシア・ローマの文化を理想とし、調和と形式美を重んじる**文芸思潮である。(中央大、文教大)

古典主義

◆古典主義は17世紀末～18世紀にイギリスに広まり、18世紀後半にはドイツに広まった。

□2 ★ 1770年代にドイツで生まれた文学運動の[★]は、**個性を尊重し人間感情の解放を求めた。**(青山学院大)

疾風怒濤(シュトゥルム=ウント=ドランク)

□3 ★★ 『若きウェルテルの悩み』『ファウスト』を著したドイツの[★★]と、その友人で『群盗』を著した[★★]は、ドイツ古典主義文学を大成した。(近畿大)

ゲーテ，シラー

◆ゲーテとシラーは疾風怒濤運動の先駆けでもあった。『若きウェルテルの悩み』はゲーテ自身の恋愛経験をもとに、個性と自由に生きる青年を描いた。

□4 ★★★ 18世紀末、**個性や感情**、民族文化を尊重して啓蒙主義に反発する[★★★]主義の文化が始まった。(学習院大)

ロマン主義

□5 ★ ドイツのロマン派詩人[★]は、小説『青い花』を著した。(予想問題)

ノヴァーリス

□6 ★★★ ドイツのロマン派詩人[★★★]は、『歌の本』を著し、「**革命の詩人**」と呼ばれた。(センター)

ハイネ

◆ハイネはドイツ生まれだが、**七月革命**に共鳴しパリに移住した。

□7 ★ [★]は、弟とともにドイツの民話を収集して童話集を作成し、『**ドイツ語辞典**』を編纂した。(京都女子大)

グリム

◆この兄弟はともに言語学者であり文献学者である。『ドイツ語辞典』の編纂は後世の学者たちに引き継がれ、1世紀以上を経て1961年に完成した。

□8 ★★ イギリスのロマン派詩人[★★]は、『チャイルド=ハロルドの遍歴』を著した。(立教大)

バイロン

□9 ★★★ バイロンは[★★★]戦争に**義勇軍として参戦したが、現地で病死**した。(京都大、同志社大)

ギリシア独立戦争

◆西欧の知識人はギリシアを西欧文化の起源とし、理想と見なしていたため、義勇軍として参戦したり、芸術を通して世論に訴えかけたりといった手法でギリシアを応援する者も現れた。

□10 ★ イギリスのロマン派詩人 ［★］ は、湖水地方に住んで『叙情歌謡集』を著した。 （早稲田大）

ワーズワース

□11 ★★ フランスのロマン主義作家 ［★★］ は、長編小説『レ=ミゼラブル』を著した。 （センター）

◆『レ=ミゼラブル』は、一切れのパンを盗んだ罪で19年間服役した主人公のジャン=バルジャンが、人生をかけて全力で弱者を救おうとする物語。正義とは何かを問いかける作品で、現代でもミュージカルや映画の題材となっている。

ヴィクトル=ユゴー

□12 ★★ ロシアのロマン主義作家 ［★★］ は、『大尉（たいい）の娘』『オネーギン』を著した。 （東海大）

◆プーシキンは「ロシア近代文学の父」とも呼ばれた。デカブリストの乱に参加しようとしていたが、彼がモスクワに到着する前に反乱は鎮圧されてしまった。

プーシキン

□13 ★ アメリカのロマン主義詩人 ［★］ は『草の葉』を著した。 （明治大）

ホイットマン

□14 ★ アメリカの作家 ［★］ は、代表作『緋文字（ひもんじ）』でピューリタニズムの厳しさを描いた。 （京都大）

ホーソン

□15 ★★★ 19世紀後半、科学技術の興隆により、**現実をありのままに描写**しようとする ［★★★］ 主義、人間を科学的に観察し**社会の矛盾を描写**する ［★★★］ 主義が広がった。 （同志社大）

写実（しゃじつ）主義,
自然（しぜん）主義

□16 ★★ フランスの作家スタンダールは『 ［★★］ 』を著し、写実主義の先駆けとなった。 （センター）

赤（あか）と黒（くろ）

□17 ★★ フランスの写実主義作家 ［★★］ は『**人間喜劇**』を著した。 （上智大）

バルザック

□18 ★★ フランスの写実主義作家 ［★★］ は『ボヴァリー夫人』を著した。 （専修大）

◆一女性の不倫と自殺を描いた小説。発表後すぐ、小説の内容が公序良俗（こうじょりょうぞく）を乱すものとして訴えられた（結局無罪に終わった）。

フロベール

□19 ★ イギリスの写実主義作家には、『虚栄（きょえい）の市（いち）』を書いた**サッカレー**や、『二都（にと）物語』を著した ［★］ がいる。 （中部大）

ディケンズ

□20 ★★ ロシアの写実主義作家 [★★] は『父と子』を著した。この作品には、ロシアのインテリゲンツィアの [★] の思想が描かれている。(関西学院大)

トゥルゲーネフ, ニヒリズム

□21 ★★★ ロシアの [★★★] は『罪と罰』や『カラマーゾフの兄弟』を著した。(城西大)

◆彼は人間の魂の救済をテーマとした作品を残した。

ドストエフスキー

□22 ★★★ ロシアの [★★★] は『戦争と平和』で、**ナポレオンのロシア遠征**に対するロシア民衆の抵抗を描いた。(九州大)

◆この小説はロシア文学を代表する作品でありながら、実はその大部分がフランス語で書かれている。当時、トルストイを含むロシア上流階級はフランス語を好んで使用していた。

トルストイ

□23 ★★★ フランスの自然主義作家 [★★★] は『居酒屋(いざかや)』を著した。彼は**ユダヤ系軍人の冤罪(えんざい)事件**である [★★★] 事件で被告の無罪を主張した。(センター)

◆ゾラについては、著作『居酒屋』の他、ドレフュス事件との関連を問われることが多い。ユダヤ系軍人のドレフュスは、ゾラらの助けで無罪を勝ち取った。

ゾラ, ドレフュス事件

□24 ★★ フランスの自然主義作家 [★★] は、**『女の一生』**を著した。(成蹊大)

モーパッサン

□25 ★★ 19世紀末、ノルウェーの劇作家イプセンは『 [★★] 』を著した。(青山学院大、早稲田大)

◆イプセンは「**近代劇の父**」と称された。

人形(にんぎょう)の家(いえ)

□26 ★ 19世紀末、スウェーデンの作家 [★] は『令嬢(れいじょう)ジュリー』を著した。(青山学院大、早稲田大)

ストリンドベリ

□27 ★ 19世紀末、自然主義への反発で、**美を享受(きょうじゅ)することに最高の価値を見出す** [★] 主義が現れた。(同志社大)

耽美(たんび)主義

□28 ★ 19世紀末には、科学的実証主義への反発で、**人間の内面を象徴的に表現しようとする** [★] 主義が現れた。(同志社大)

象徴(しょうちょう)主義

□29 ★ フランスの [★] は、詩集**『悪の華』**で退廃(たいはい)的な官能(かんのう)美(び)をうたい、象徴主義の先駆となった。(同志社大)

ボードレール

□30 ★★ 自然淘汰の概念を人間社会にあてはめた**スペンサー**の「［★★］」は、**帝国主義を正当化する強者の論理**として利用された。（青山学院大、早稲田大）
社会進化論

□31 ★★★ ［★★★］は、イギリス経験論と大陸合理論を批判的に総合し、**ドイツ観念論哲学**を**創始**した。（センター）
カント

□32 ★ カントは、『［★］』を著した。（関西大）
純粋理性批判

□33 ★★★ ドイツ観念論の哲学者で、**ベルリン大学初代総長**を務めた［★★★］は、ベルリンで連続講演「ドイツ国民に告ぐ」を行った。（武蔵大、京都産業大）
フィヒテ

□34 ★★★ ドイツ観念論哲学は、**弁証法哲学**を唱える［★★★］によって**大成**された。（成蹊大）
ヘーゲル

□35 ★★★ ドイツの社会主義者［★★★］は、**弁証法哲学**と**唯物論**を受け継いで［★］を確立した。また、経済学では**古典派経済学を批判**した。（宮崎大、青山学院大）
マルクス, 史的唯物論

□36 ★★★ マルクスの盟友［★★★］は、自らの社会主義を「［★★］」と称して、共産社会の建設と社会主義運動の国際化を呼びかけた。（日本大）
エンゲルス, 科学的社会主義

□37 ★★★ 1848年、マルクスとエンゲルスは『［★★★］』を発表し、**「万国の労働者よ、団結せよ」**と呼びかけた。（明治大）
共産党宣言

◆マルクスとエンゲルスは『共産党宣言』で、これまでの歴史は階級闘争の歴史であるとし、社会主義を実現するように説いた。

□38 ★★★ マルクスは、著書『［★★★］』で、**史的唯物論**と剰余価値説を骨子とする社会主義理論を展開した。（日本大）
資本論

□39 ★★ イギリスの［★★］は、「最大多数の最大幸福」を標語に功利主義の思想を確立した。（試行調査、同志社大）
ベンサム

◆この思想は民主主義を支える理論となった。

□40 ★★★ イギリスのジョン=ステュアート=ミルは、［★★★］主義・経験論哲学を唱えた。（同志社大）
功利主義

◆ジョン=ステュアート=ミルは1867年に実施された第2回選挙法改正を提唱した。

□41 ★★ イギリスの［★★］は社会進化論を唱えた。（同志社大）
スペンサー

□42 ★★ フランスの［★★］は、現実世界の経験のみに知識の源泉を求める実証主義を唱え、社会学を創始した。（同志社大）

コント

□43 ★ デンマークの［★］の哲学は、人間存在の本質を問う20世紀の**実存哲学の先駆け**となった。（関西大）

◆彼は主著『死に至る病（やまい）』で、絶望は死に至る病であると述べた。

キェルケゴール

□44 ★★ ドイツの［★★］は「**神は死んだ**」と述べ、［★★］教に由来する**近代ヨーロッパ文明の衰退を批判**した。（成蹊大、法政大）

◆彼はキェルケゴールとならぶ**実存哲学の先駆け**とされる。

ニーチェ，キリスト教

□45 ★ ニーチェは『［★］』において、人間の理想像である「**超人（ちょうじん）**」思想を説いた。（東京女子大）

◆彼は**超人**の出現や、永劫回帰（えいごうかいき）などの思想を展開した。「ツァラトゥストラ」はゾロアスター教の開祖ゾロアスターのドイツ語読みである。

ツァラトゥストラはかく語（かた）りき（こう語（かた）った）

□46 ★ 19世紀末以降、欧米では**中国人や日本人に対する否定的な議論**である［★］論が説かれた。（京都大）

黄禍（こうか）論（禍：渦×）

□47 ★★★ 19世紀末、**ユダヤ人の間**で、民族的郷土の建設を求める［★★★］の運動が活発化した。（京都大）

シオニズム

歴史学・経済学

□48 ★★★ 18世紀後半の［★★★］は『**諸国民の富（しょこくみんのとみ）（国富論（こくふろん））**』を著し、**イギリス古典派経済学を創始**した。（中央大）

◆彼は重商主義批判の立場を受け継ぐとともに、富の源泉は労働であるとした。

アダム=スミス

□49 ★★★ **古典派経済学者**［★★★］は、主著『人口論（じんこうろん）』で**人口抑制の必要を主張**した。（東京大、同志社大）

◆マルサスは、社会的貧困は過剰な人口増に原因があるとして人口の抑制を解決策とした。これは社会主義者からは厳しく批判されたが、有効需要説をとる近代経済学の視点では評価された。

マルサス

□50 ★★ イギリスの経済学者［★★］は、**労働価値説**や分配論・地代論をまとめ、マルサスと対立しながらも**古典派経済学を確立**した。（早稲田大）

リカード

□51 イギリスに遅れて産業革命が進んだ後発資本主義国では、自国の産業を守るための［★］論が主張された。（早稲田大、京都女子大）
★

保護関税論

□52 保護関税論を唱えるドイツの［★★★］は、**プロイセンを中心とする**［★★★］同盟の発足に貢献した。（早稲田大）
★★★

◆1834年に発足した経済同盟である。

リスト，ドイツ関税同盟

□53 リストは、［★★］学の先駆となった。（一橋大）
★★

◆歴史学派経済学では、経済発展を歴史的に考察することが強調された。経済社会を国民単位で捉えたことから、国民経済学とも呼ばれる。

歴史学派経済学

□54 **近代歴史学の父**と呼ばれた［★★★］は、**厳密な史料批判**に基づいて史実を実証的に追求した。（センター）
★★★

ランケ

□55 **民族固有の歴史を追求**した［★］学は、ドイツ統一を求める［★］の思想的背景となった。（一橋大）
★

近代歴史学，ナショナリズム

□56 ［★］は、一国の法制度の歴史的・民族的特色を重視する**歴史法学**を創始した。（センター）
★

サヴィニー

□57 スイスの［★★］は国際赤十字を創設し、1901年に第１回**ノーベル平和賞**を受賞した。（早稲田大）
★★

デュナン

自然科学・探検

□58 イギリスの生物学者［★★★］は1859年に『［★★★］』を著し、自然淘汰と適者生存の理論から**進化論**を主張した。（センター）
★★★

◆ダーウィンは南半球をめぐり、**ガラパゴス諸島**などの動植物の変異を観察した。

ダーウィン，種の起源

□59 ダーウィンの進化論は、［　　］教の［　　］の記述を歴史的事実としてきた当時の人々に衝撃を与えた。（センター、同志社大）

キリスト教，聖書

□60 **スウェーデン**の［★★★］は、1867年に**ダイナマイト**を発明した。（センター、慶應義塾大）
★★★

◆世界各地で爆薬の製造工場を展開し巨額の富を得たうえ、油田の開発にも成功し、ノーベル家はヨーロッパ屈指の富豪になった。没後、彼の遺志でスウェーデン王立科学アカデミーに遺産が寄付され、これをもとにノーベル賞が創設された。

ノーベル

□61 ★★ アメリカの［★★］は、1837年に**電信機**の実験に成功した。（東京大）
◆彼が発明したのがモールス信号である。
モース(モールス)

□62 ★★ 電信機の発明により、1851年に世界初の［★★］がイギリス・フランス間の**ドーヴァー海峡**に敷設(ふせつ)され、66年には大洋航路に沿って**大西洋間**に設けられた。（慶應義塾大）
◆電信の普及によって**通信革命**が起こった。この**1851年**は、海底電信ケーブル敷設の他、世界最初の万国博覧会がロンドンで開催され、イギリスのヴィクトリア朝が近代文明の指標となる年であった。
海底電信ケーブル(かいていでんしん)

□63 ★★★ アメリカの［★★★］は、**電話機**を発明した。（早稲田大）
◆出身はスコットランド。ベルはもともと聾唖(ろうあ)者の教育に携わっており、音響学の研究から磁石式電話機を発明した。
ベル

□64 ★★★ アメリカの［★★★］は、蓄音機や白熱［★★★］を発明した。（関西学院大）
◆1000以上の発明品を生み出し、「**発明王**」と呼ばれた。
エディソン, 電灯(でんとう)

□65 ★★ 1895年、イタリアの［★★］は**無線電信の技術**を発明した。（センター）
◆1901年、マルコーニは大西洋横断無線通信に成功し、09年にノーベル物理学賞を受賞した。
マルコーニ

□66 ★ 1851年、ロンドンに世界初の通信社［★］が設立された。（慶應義塾大）
ロイター

□67 ★ ドイツの［★］は、1883年に**内燃機関**を発明し、86年にこれを搭載した四輪自動車を製造した。（慶應義塾大）
ダイムラー

□68 ★ 1897年、ドイツの［★］は燃料消費の少ない内燃機関を発明した。（法政大）
ディーゼル

□69 ★ 19世紀、［★］によって近代的旅行業が創始され、娯楽としての旅行が定着した。（早稲田大）
トマス=クック

□70 ★★★ 1869年、北米大陸における最初の［★★★］や、地中海と紅海を結ぶ［★★★］が開通した。（東京都立大、早稲田大）
◆こうした交通手段の飛躍的な進歩によって、世界の一体化が急速に進んだ。
大陸横断鉄道(たいりくおうだんてつどう), スエズ運河(うんが)

□71 ★★ イギリスの [★★] は1831年に**電磁誘導**、33年に電気分解に関する法則を発見した。（立教大）

◆いわゆる「ファラデーの法則」である。また、ベンゼンを発見したのも彼である。

ファラデー

□72 ★ ファラデーは実験的に初めて**電磁波**を確認し、これによって [★] 学が発展した。（慶應義塾大）

電磁気学

□73 ★★ 1842年、ドイツの [★★] が**エネルギー保存の法則**を発表し、[★★] が定式化した。（センター）

マイヤー，ヘルムホルツ

□74 ★★ 物理学者 [★★] は、1895年に**X線**を発見し、1901年に第1回ノーベル物理学賞を受賞した。（関西大）

◆X線は物体透過力の強い放射線である。

レントゲン

□75 ★★★ [★★★] は、[★★★] とポロニウムの分離に成功し、ノーベル物理学賞を受賞した。（中央大、早稲田大）

◆妻マリは夫ピエールの死後も研究を続け、ノーベル化学賞も受賞した。

キュリー夫妻，ラジウム

□76 ★ [★] によって**有機化学**の基礎が確立され、農業分野や生理学などへの応用も唱えられた。（早稲田大）

リービヒ

□77 ★★ [★★] は、エンドウ豆の交配実験を通じて**遺伝の法則性**を発見した。（青山学院大）

◆メンデルの研究は当時はあまり評価されず、30年ほどして再発見されたのちに評価されるようになった。

メンデル

□78 ★★★ [★★★] は葡萄の発酵、羊の炭疽病、狂犬病などの研究で**細菌学・免疫学の基礎**を築き、低温殺菌法を考案した。（青山学院大）

パストゥール

□79 ★★ [★★] は**コレラ菌や結核菌を発見**した。（西南学院大）

コッホ

□80 ★★ 1909年、アメリカの [★★] は初めて**北極点**に到達した。（試行調査）

ピアリ

□81 ★★★ イギリスの [★★] は、ノルウェーの [★★★] と競い**南極点**を目指した。（試行調査）

◆スコットはアムンゼンに1カ月ほど遅れて1912年に南極点に到達したが、帰路に遭難し亡くなった。

スコット，アムンゼン

□82 ★ スウェーデンの [★] は、中央アジア探検を行って**楼蘭の遺跡**を発見した。（早稲田大）

ヘディン

IX 18 19世紀のヨーロッパ文化

絵画・音楽など

□84 ★★★ 古典主義絵画では、「**ナポレオンの戴冠式**」で知られる［★★★］や、アングルが活躍した。（関西大） ダヴィド

□85 ★★ 19世紀初頭には、**人間の個性や感情を重視**し、自由な想像力で描く［★★］主義が絵画の分野にも現れた。（予想問題） ロマン主義

□86 ★★★ フランスのロマン主義画家［★★★］は、1830年の七月革命をテーマに「**民衆を導く自由の女神**」を描いた。（島根県立大、関西大） ドラクロワ

◆この作品には、労働者階級とブルジョワジーがともに描かれ、彼らが革命を主導したことが表現されている。

□87 ★★★ ドラクロワは、ギリシア独立戦争をテーマに「［★★★］」を描いた。（センター、東京外国語大） キオス島の虐殺

□88 ★★★ 自然主義の画家［★★★］は、「**落ち穂拾い**」で農民の生活を描いた。（同志社大） ミレー

□89 ★★★ スペインの宮廷画家［★★★］は、「**1808年5月3日**」でナポレオン軍に対するマドリード市民の抵抗を描いた。（関西大） ゴヤ

□90 ★★ フランスの写実主義画家［★★］は、「**石割り**」を描いた。（立教大） クールベ

□91 ★★★ 19世紀後半、フランスでは外光と色彩を重視する［★★★］派が登場した。（法政大） 印象派

□92 ★★ フランスの画家［★★］は、代表作「草上の昼食」を描き、「**印象派の父**」と称された。（上智大、明治学院大） マネ

◆「草上の昼食」は発表当時は酷評された。

□93 ★★ 印象派を代表する画家［★★］は、「**睡蓮**」を描いた。（法政大） モネ

◆印象派という名称は、モネの作品「印象・日の出」から取られた。

□94 ★★★ 印象派画家の［★★★］は、女性の肖像画や「ムーラン=ド=ラ=ギャレット」を描いた。（予想問題） ルノワール

□95 19世紀末、印象派から影響を受けつつ、人間の内面や感受性を重視する [★★] 派がおこった。 (同志社大)
★★

ポスト印象派

□96 フランスのポスト印象派画家 [★★] は、南太平洋のタヒチ島に移住し、「**タヒチの女たち**」を描いた。 (専修大)
★★

ゴーガン

□97 ポスト印象派画家の [★★] は、故郷の南フランスで「サント=ヴィクトワール山」を描いた。 (関西学院大)
★★

◆「サント=ヴィクトワール山」は、山を聖なるものと見なす葛飾北斎の富士山連作に遠く影響されたともいわれている。

セザンヌ

□98 オランダのポスト印象派画家 [★★] は、**浮世絵の技法に影響**を受け、強烈な色彩とタッチで代表作「**ひまわり**」などを描いた。 (センター、成蹊大)
★★

ゴッホ

□99 フランスの彫刻家 [★★] は、「**考える人**」を制作した。 (関西大)
★★

ロダン

□100 ポーランドのロマン派作曲家 [★★★] は、1830年の**ポーランドにおける対ロシア蜂起の失敗**を知って「**革命**」を作曲した。 (関西大)
★★★

◆彼は、叙情的なピアノ曲を多く作曲したことから「ピアノの詩人」と呼ばれた。「別れの曲」「バラード第1番」「子犬のワルツ」などが有名。

ショパン

□101 オーストリアのロマン派作曲家 [★] は「野ばら」などを作曲し、「**歌曲の王**」と呼ばれた。 (近畿大)
★

シューベルト

□102 ドイツのロマン派作曲家の [★] は「ニーベルングの指環(ゆびわ)」などの楽劇(がくげき)を制作した。 (京都産業大)
★

ヴァーグナー

□103 チェコの [★] は「**わが祖国(そこく)**」などを作曲し、国民楽派の創始者とされている。 (予想問題)
★

◆「**わが祖国**」は全6曲からなる作品で、チェコの自然や伝説を題材としている。日本では第2曲の「ヴルタヴァ(モルダウ)」が特に有名。

スメタナ

□104 ロシアの [★] は、「**白鳥の湖**」「**くるみ割り人形**」など、西欧的な音楽に民族的色彩を加えた音楽を作った。 (予想問題)
★

◆「白鳥の湖」「くるみ割り人形」「眠れる森の美女」といった**バレエ音楽**のほか、ナポレオンのロシア遠征に対するロシア軍の勝利を題材にした「1812年」を作曲した。

チャイコフスキー

19 社会主義思想

ANSWERS □□□

□1 ★★★ 資本主義経済の中で、資本家と労働者の経済格差が広がり、これを背景に**労働者を中心とした新しい社会秩序**を作ろうとする [★★★] 主義が生まれた。(明治大)

社会主義(しゃかい)

□2 ★ イギリスでは、1824年に [★] 法が廃止され、**労働組合運動が合法化**された。(早稲田大)

団結禁止法(だんけつきんし)

□3 ★★★ イギリスの [★★★] は工場法を提唱し、共産社会の建設を目指したが、頓挫した。(センター)

◆紡績工場の経営者であったオーウェンは、労働者保護のため工場法の立法運動を展開した。

オーウェン

□4 ★★★ フランスの初期社会主義者 [★★★] は、**アメリカ独立戦争に参加**した。(センター)

サン=シモン

□5 ★★ フランスの初期社会主義者 [★★] は、共同体的理想社会を提唱し、団体「**ファランジュ**」の設立を目指した。(センター)

フーリエ

□6 ★★ [★★] は、一切の政治的権威を否定し、完全な人間の自由を目指す思想や運動のことである。(早稲田大)

無政府主義(むせいふしゅぎ)(アナーキズム)

□7 ★★ **『所有とは何か』**を著したフランスの [★★] は、無政府主義に影響を与えた。(予想問題)

プルードン

□8 ★★ ロシアの [★★] は、無政府主義を唱えた。(関西学院大、早稲田大)

バクーニン

□9 ★★★ ドイツの [★★★] と [★★★] は、資本主義体制の没落は歴史の必然であるとする理論を展開し、以後の**社会主義運動**に大きな影響を与えた。(センター)

◆マルクスとエンゲルスは親友で、共著の**『共産党宣言』**などを制作した。

マルクス, エンゲルス ※順不同

□10 ★★ イギリスのオーウェン、フランスのサン=シモン、フーリエなど初期社会主義者は、のちにエンゲルスらから [★★] 主義と批判された。(センター)

空想的社会主義(くうそうてきしゃかい)

□11 ★★ マルクスやエンゲルスは、自らの理論を [★★] 主義と称した。(立教大、関西学院大)

◆彼らは、資本主義を**科学的**に分析したうえで社会主義思想を展開した。

科学的社会主義(かがくてきしゃかい)

□12 ★★★ 1864年、マルクスの呼びかけで、**労働者の国際的な組織**の［★★★］がロンドンで結成された。（センター）

◆第1インターナショナルはバクーニンら無政府主義者との対立などによって解散した。

第1インターナショナル

□13 ★★★ 1889年に［★★★］で結成された第2インターナショナルは、［★★★］主義の実現を目標に掲げる国際組織だったが、分裂し第一次世界大戦で崩壊した。（センター）

◆フランス革命の100周年を記念してパリで結成された。

パリ, 社会主義

IX 19 社会主義思想

X

帝国主義とアジア諸地域の民族運動

15 14 13 12 11 10 9 8 7 6 5 4 3 2 1 BC AD 1 2 3 4 5 6 7 8 9 10 11 12 13 14 15 16 17 18 19 20 21

1 帝国主義の展開

ANSWERS □□□

□1 ★★★ 1870～80年代以降の、ヨーロッパ列強の対外膨張(ぼうちょう)と、植民地・勢力圏の獲得競争の動きを [★★★] 主義という。 (成蹊大、早稲田大)

帝国(ていこく)主義

◆帝国主義の高まりの背景には、人種によって優劣が決まるという**人種主義**の考えがあった。欧米諸国は植民地支配を正当化するため、「白人は植民地の人々を文明化する義務がある（**文明化の使命**）」と主張した。

□2 ★★★ 1870年代からの**重化学工業**を中心とした**第２次産業革命**では、[★★★] と [★★★] が動力源となり、**ドイツ・アメリカ**を中心に発展した。 (慶應義塾大)

石油(せきゆ), 電力(でんりょく)
※順不同

▼２つの産業革命の違い

	時期	中心分野	動力源	中心国
第１次	18世紀後半	軽工業	石炭・蒸気	イギリス
第２次	19世紀後半	重化学工業 電機工業	石油・電力	ドイツ アメリカ

□3 ★★ 同一業種の企業が、**独立性を保ったまま価格・生産量・販路(はんろ)などを協定**し、市場の独占を図る**企業連合**のことを [★★] という。 (上智大)

カルテル

□4 ★★ 同一業種の企業が、**有力資本に合併**され、市場の独占が図られる**企業合同**のことを [★★] という。 (上智大)

トラスト

□5 ★★ 多種にわたる企業が、株式保有を通じて**１つの資本のもとに統合**され、市場の独占が図られる企業形態のことを [★★] という。 (上智大、法政大)

コンツェルン

□6 ★★ **産業資本**は、巨大な**銀行資本と結び付いて** [★★] 資本を形成した。 (慶應義塾大、中央大)

金融(きんゆう)資本

□7 ★★ 列強の [★★] 拡大、資本主義と社会主義の [★] 対立などは**地域紛争の原因**となった。 (試行調査)

植民地(しょくみんち), イデオロギー

□8 ★★ 第一次世界大戦中、［★★］は『帝国主義論』を著し、帝国主義を**資本主義の最高段階**と位置付けた。（学習院大）

レーニン

□9 ★★ 20世紀以降、ラジオ・テレビなどの［★★］やインターネットによる**大量情報伝達の時代**に入った。（和歌山大、立教大）

マス=メディア

□10 ★★ 「［★★］」は、20世紀初頭から第一次世界大戦勃発前までの、**戦争が起こらず豊かで芸術の栄えた西欧諸国の時代状況**を表したことばである。（専修大、日本大）

◆フランス語で「**古き良き時代**」のこと。

ベルエポック

ANSWERS □□□

2 帝国主義の時代

イギリス

□1 ★★★ 1874年に組閣した［★★★］党の［★★★］は、**帝国主義政策**を開始し、資本輸出による優位の確保を目指した。（予想問題）

保守党，ディズレーリ

□2 ★★★ 1875年、ディズレーリ内閣は［★★★］の**株式**を買収した。（予想問題）

スエズ運河会社

□3 ★★★ イギリスは、1857年からの［★★★］を契機にインドの直轄統治に乗り出した。（京都府立大）

◆シパーヒーはインド人傭兵のことである。

インド大反乱（シパーヒーによる大反乱）

□4 ★★★ イギリスは、［★★★］女王の治世下の1877年にインド帝国を成立させた。（京都府立大）

ヴィクトリア女王

□5 ★★★ ［★★★］は、1895年に**植民地相**となり、**イギリスの帝国主義政策を推進**して［★★★］南部の植民地を拡大した。（上智大）

ジョゼフ=チェンバレン，アフリカ

□6 ★★★ 1867年、［★★★］連邦が結成され、**イギリス帝国内の初の自治領**となった。（法政大）

カナダ連邦

□7 ★★ 1901年にイギリス帝国の**自治領**となった［★★］連邦では、［★★］主義のもと、**白人以外の移民を制限**した。（予想問題）

オーストラリア連邦，白豪主義

□8 ★★ ［★★］は1840年にイギリス植民地となり、1907年に**自治領**となった。（東京経済大）

ニュージーランド

□9 ★★ 1910年、ケープ・トランスヴァール・オレンジ・ナタールの4州からなる [★★] 連邦が、イギリス帝国内の**自治領**として成立した。(青山学院大)
南アフリカ連邦

◆自治領になった主な植民地の順番は、①カナダ連邦（1867年）→②オーストラリア連邦（1901年）→③ニュージーランド（1907年）→④南アフリカ連邦（1910年）である。

□10 ★★ ウェッブ夫妻や劇作家の [★★] らは**改良主義的な社会主義団体**である [★★] 協会を結成した。(関西大)
バーナード=ショー，フェビアン協会

□11 ★★★ フェビアン協会や労働組合らは1900年に [★★★] 委員会を結成し、06年に [★★★] 党に改称した。(成城大)
労働代表委員会，労働党

◆労働党には、マルクス主義の社会民主連盟は参加しなかった。

□12 ★★ 1911年、アスキス自由党内閣は、**疾病保険**と**失業保険**を内容とする [★★] 法を制定した。(学習院大)
国民保険法

□13 ★★ アスキス内閣は、[★★] 法を定めて**下院の優位を確立**させた。(青山学院大)
議会法

□14 ★★ ロンドンの [★★] は世界経済の中心となり、イギリスは「[★★]」と表現された。(上智大、法政大)
シティ，世界の銀行

◆シティには以前から**王立証券取引所**やイングランド銀行があり、多くの金融業者が集まった。

□15 ★ 19世紀中頃から末にかけて、イギリスの貿易収支は [★] 字であった。世界に大量の工業製品を [★] する一方、世界から大量の原料や食料などを [★] したためである。(共通テスト)
赤字，輸出，輸入

◆1870年代の恐慌をきっかけとした世界的不況で、イギリスの貿易収支の赤字はさらに拡大した。

フランス

□16 ★★ フランスでは、1871年の [★★] 戦争での敗北以降、**対独復讐感情が蔓延**していた。(立教大)
ドイツ（プロイセン）=フランス戦争

□17 ★★ ドイツ=フランス戦争以来、国際的に孤立傾向にあった第三共和政下のフランスは、1894年に**ロシア**と [★★] 同盟を結んだ。(早稲田大)
露仏同盟

◆この同盟が、ロシアへの**フランス資本の導入**の契機となった。

□18 ★★★ 1887～89年にかけて、**元陸相が政権奪取のクーデタを画策**するという ★★★ 事件が起こった。 (センター)

ブーランジェ事件

◆**結局は未遂に終わった。**当時、初等教育改革や政教分離などを推進する共和派と、カトリック教会や軍部を中心とする保守派の対立が続いていた。保守派は、国民に人気のあったブーランジェを反共和派の指導者にかつぎあげ、クーデタを狙ったのである。

□19 ★★★ 1894年、**ユダヤ系軍人にドイツのスパイ容疑がかけられる** ★★★ 事件が起こった。 (センター)

ドレフュス事件

□20 ★★★ ドレフュス事件では、**自然主義作家**の ★★★ が新聞に**「私は弾劾(だんがい)する」**という記事を書いて政府と軍部を批判し、無罪を勝ち取った。 (センター)

ゾラ

◆ゾラの代表作には『ナナ』や『居酒屋(いざかや)』がある。

□21 ★★ ドレフュス事件では ★★ 主義が煽られ、世論を二分した。 (センター)

反(はん)ユダヤ主義

□22 ★★★ ユダヤ人ジャーナリストの ★★ は、ドレフュス事件に遭遇し、**パレスチナにユダヤ人国家を建設**しようとする ★★★ を提唱した。 (慶應義塾大)

ヘルツル,
シオニズム

◆彼は、1897年にスイスのバーゼルで第1回世界シオニスト会議を開催した。

□23 ★ **ドレフュス事件を契機**に、1901年に進歩的共和派が集まり、 ★ 党が設立された。 (予想問題)

急進社会党(きゅうしんしゃかいとう)

□24 ★★ 19世紀末、フランスでは政党ではなく**労働組合**を基盤とする労働者のゼネストなどの**直接行動**によって社会革命の実現を目指す ★★ が現れた。 (同志社大)

サンディカリズム

◆サンディカリズムは「労働組合主義」の意。

□25 ★★ サンディカリズムの勢力には、1905年成立の ★★ 党は参加しなかった。 (同志社大)

フランス社会(しゃかい)党
(統一社会党(とういつしゃかいとう))

◆フランス社会党は、社会主義諸派によって結成された。

□26 ★★★ 1905年、カトリック教会勢力の政治介入を断つために ★★★ 法が制定された。 (青山学院大、学習院女子大)

政教分離法(せいきょうぶんりほう)

◆信仰の自由と公教育での宗教教育の禁止などを定めた。**教会の権限が制限**され、国家の宗教的な中立が定められた。

□27 ★★ フランスの ★★ の呼びかけにより、1896年に ★★ で第1回国際オリンピック大会が開催された。 (成蹊大、武蔵大)

クーベルタン,
アテネ

ドイツ

□28 ★★★ 1890年、[★★★]世は**首相ビスマルクを罷免**し、親政を開始した。(愛知工業大)

ヴィルヘルム2世

□29 ★★★ ヴィルヘルム2世は**積極的な対外進出**を図り、**海軍力を大規模に拡張**した。このような1890年代以降のドイツの帝国主義政策を「[★★★]」という。(慶應義塾大)

◆ドイツ海軍の大拡張にイギリスは脅威を感じ、最新鋭の戦艦建造に走ったため、両国の対立が深まった。

世界政策

□30 ★★★ 1890年に**社会主義者鎮圧法が撤廃**されたことで、ドイツ社会主義労働者党は合法化され、[★★★]党に改称された。(予想問題)

ドイツ社会民主党

□31 ★★★ ドイツ社会民主党の[★★★]は**議会闘争**と社会政策に重点をおいて社会主義を実現しようとする[★★★]主義を唱え、主流派から非難された。(早稲田大、南山大)

ベルンシュタイン, 修正主義

□32 ★★★ ドイツ社会民主党は、**1889年**にパリで結成された[★★★]を主導した。(早稲田大、福岡大)

◆第2インターナショナルは、労働者を支持基盤とする社会主義勢力の国際的連帯を目指して結成された。

第2インターナショナル

ロシア

□33 ★★★ ロシアは、露仏同盟を背景に**フランス資本を導入**して、1891年に[★★★]の建設を開始した。(早稲田大)

◆東の終点はウラジヴォストークである。

シベリア鉄道

□34 ★★★ 1898年、ロシアではマルクス主義を掲げる[★★★]党が結成された。(南山大)

ロシア社会民主労働党

□35 ★★★ ロシア社会民主労働党は、創設直後に[★★★]を中心とする**ボリシェヴィキ**と、[★]を中心とする**メンシェヴィキ**に分裂した。(南山大)

◆ボリシェヴィキは「多数派」、メンシェヴィキは「少数派」をそれぞれ意味する。

レーニン, プレハーノフ

□36 ★★★ 1901年、**ナロードニキ**の流れをくむ[★★★]党が結成された。(名城大)

◆「エスエル」ともいう。

社会革命党（社会主義者・革命家党）

□37 ★★★ **日露戦争**中の1905年1月、首都 [★★★] で民主化や戦争反対を訴える**民衆の請願デモに軍が発砲**した。この出来事を [★★★] 事件という。 (試行調査)

ペテルブルク, 世界遺産

血の日曜日事件

□38 ★★ 司祭 [★★] は、血の日曜日事件に至るデモを率いた。彼は皇帝 [★★] 世による救済を求めたが、事件の凄惨さから**皇帝崇拝は一気に衰えた。** (関西学院大)

ガポン,
ニコライ2世

□39 ★★★ 血の日曜日事件を契機に、労働者や農民による [★★★] 革命が始まった。 (センター、新潟大)

1905年革命 (第1次ロシア革命)

□40 ★★★ 1905年革命の勃発で [★★★] 戦争は続行困難となり、1905年9月、**アメリカ大統領セオドア=ローズヴェルトの調停**で [★★★] 条約が締結された。 (センター、新潟大)

日露戦争,
ポーツマス条約

□41 ★★★ 1905年、ニコライ2世は**革命を沈静化するため、** [★★★] に [★★★] 宣言を発布させた。 (上智大)

◆同年、ウィッテは首相に登用された。

ウィッテ, 十月宣言

□42 ★★★ 十月宣言では、[★★★] (国会) の開設や憲法を制定することなどが認められた。 (上智大)

ドゥーマ

□43 ★★ 十月宣言の発布後、自由主義ブルジョワジーは [★★] 党を結成し、より民主化された立憲君主政を目指した。 (予想問題)

◆カデットともいう。ドゥーマで有力野党となり、ロシア二月革命(三月革命) 後の臨時政府でも主流を占めた。

立憲民主党

□44 ★★★ 1906年に首相に就任した [★★★] は、[★★★] **を解体**して土地改革を目指したが、挫折した。 (南山大、関西学院大)

◆改革の挫折により、かえって農村社会は動揺して体制の基盤は不安定になった。そのため、政府はバルカン方面への南下政策を進め、国際的緊張を高めることで国民の注意をそらそうとした。

ストルイピン,
ミール (農村共同体)

□45 ★★ ニコライ2世の提唱により、1899年と1907年にオランダの [★★] で**万国平和会議**が開催された。 (センター、成蹊大)

ハーグ

□46 ★★ 19世紀末から20世紀初頭にかけて、ロシア領内では [★★] と呼ばれる**ユダヤ人への暴力的迫害**が起こった。 (愛知教育大)

◆ロシア語で「破壊」の意。ポグロムをのがれてアメリカへ移民するユダヤ人もいた。

ポグロム

アメリカ

□47 ★★ [★★]年に南北戦争が終結した後、急速な工業化を果たしたアメリカは貿易収支が[★★]字に転じ、19世紀末には**世界第1位の工業国**となった。（共通テスト）
1865, 黒字（くろじ）

□48 ★★★ 1870年代のアメリカの恐慌は、企業合同の[★★★]を中心とする**資本と企業の集中・独占**を促した。（センター）
トラスト

□49 ★★ [★★]が設立したスタンダード石油会社は**アメリカ最初期に形成された**トラストで、石油産業の独占を進めた。（早稲田大、同志社大）
ロックフェラー［1世（せい）］

□50 ★★ [★★]は鉄鋼業界で成功し、「鉄鋼王」と呼ばれた。（専修大、関西学院大）
カーネギー

□51 ★★ [★★]は、複数の鉄鋼会社を合併させてUSスチール社を設立した。（慶應義塾大）
モーガン

◆カーネギーの鉄鋼会社も、世紀転換期にUSスチール社に買収された。

歴総 □52 ★★ 1871年に欧米へ派遣された[★★]使節団は、58年に**江戸幕府がアメリカと結んだ不平等条約**の[★★]条約の改正などを目的とした。（試行調査）
岩倉（いわくら）（遣欧（けんおう））使節団, 日米修好通商条約（にちべいしゅうこうつうしょう）

□53 ★★★ 1889年に[★★★]で開催された第1回[★★★]会議は、**ラテンアメリカへの影響力の拡大**を図ったものであった。（関西学院大）
ワシントン, パン=アメリカ会議

◆パン=アメリカ会議は、1826年にシモン=ボリバルらが開催していたパナマ会議を引き継ぐ形で始まった。

□54 ★★★ **1890年**、アメリカは[★★★]**の消滅を宣言**した。（試行調査）
フロンティア

◆これ以降、アメリカの関心は海外へと向いていった。

□55 ★★★ 1898年、**共和党**の[★★★]大統領は、[★★★]での反スペイン独立運動に乗じてアメリカ=スペイン（米西（べいせい））戦争を起こした。（成蹊大）
マッキンリー, キューバ

◆アメリカ=スペイン戦争では、スペインの植民地だったフィリピンも戦場となった。

□56 ★★ アメリカ=スペイン戦争に勝利したアメリカは、パリ条約で東南アジアの[★★]、マリアナ諸島の[★★]、カリブ海の[★★]を**スペインから獲得**した。（早稲田大）
フィリピン, グアム, プエルトリコ

□57 ★★ アメリカは、キューバに対して財政や外交を制限する［★★］条項を押しつけ、**事実上保護国化した。**（関西大） プラット条項

□58 ★★★ **1898年**、アメリカは［★★★］を併合した。（中央大） ハワイ

□59 ★★★ 1899・1900年、国務長官の［★★★］は［★★★］宣言を発して**中国市場への参入**を図った。（慶應義塾大、中央大） ジョン=ヘイ, 門戸開放宣言

□60 ★★ 門戸開放宣言は、中国の**門戸開放**・［★★］・［★★］の3原則を内容とし、列国に提唱された。（明治大） 機会均等, 領土保全 ※順不同

□61 ★★★ **共和党**の［★★★］大統領は「［★★★］」を展開し、**中米諸国に対して武力干渉を伴う**カリブ海政策を断行した。（上智大、早稲田大） セオドア=ローズヴェルト, 棍棒外交

◆「棍棒を手に、話は穏やかに」という彼の発言から名前がついた。

□62 ★★ カリブ海政策において、セオドア=ローズヴェルトは1903年にパナマを［★★］から独立させ、翌年からパナマ運河の建設工事を開始した。（神奈川大） コロンビア

◆フランスのレセップスも1881年にパナマ運河の建設に着手していたが、失敗した。

□63 ★★ セオドア=ローズヴェルトは、1905年に**日露戦争を調停**して［★★］条約を成立させた。（成蹊大、関西大） ポーツマス条約

◆これを理由に、彼は翌年ノーベル平和賞を受賞した。

□64 ★★★ セオドア=ローズヴェルトは、国内では［★★★］主義を掲げ、**トラストの規制**に務めた。（明治大） 革新主義

◆この思潮は20世紀初頭におこり、セオドア=ローズヴェルト、タフト、ウィルソンによって推進された。

□65 ★★ **共和党**のタフト大統領は、カリブ海地域・中南米および東アジアへの経済進出を強める「［★★］」を推進した。（関西学院大） ドル外交

◆「弾丸にかわりドルをもって」と述べたことから名前がついた。

□66 ★★★ **民主党**の［★★★］大統領は「新しい自由」を掲げ、関税の引き下げや**トラストの規制強化**を行い、**自由競争の復活**を訴えた。（早稲田大） ウィルソン

□67 ★★ 1914年、ウィルソンのもとで、**巨大企業による独占資本を規制**する［★★］法が制定された。（関西学院大） 反トラスト法

◆1890年に制定された**シャーマン反トラスト法**の実行力が乏しかったため、1914年の**クレイトン法**によって補完された。補完に至るまでに、セオドア=ローズヴェルトも尽力した。

3 アフリカ分割の背景

ANSWERS □□□

□1 ★★ 19世紀半ばにイギリスの [★★]、アメリカの [★★] が**アフリカ内陸部を探検**し、その様子が明らかにされると、列強はアフリカ大陸に関心を示すようになった。 (同志社大)

◆スタンリーはナイル川流域を探検中に消息を絶ったリヴィングストンの捜索に出向き、1871年にタンガニーカ湖で救出に成功した。

リヴィングストン, スタンリー

□2 ★★★ **ベルギー国王** [★★] 世はスタンリーの探検を援助し、**コンゴ**の植民地経営に着手した。これをきっかけに、1884年に [★★★] 会議が開催された。 (明治大)

レオポルド2世, ベルリン[=コンゴ]会議

□3 ★★★ [★★★] の主導で開かれたベルリン会議では、**アフリカ分割**の原則として、実効支配と**最初に占領した国**がその地を領有できる [★★] 権が承認された。 (愛知教育大、学習院大)

◆植民地化の際には相互通告が義務付けられた。以後、瞬く間に列強によるアフリカ分割が進んだ。

ビスマルク, 先占(せんせん)権

4 アフリカ分割

ANSWERS □□□

イギリス

□1 ★★★ イギリスは、**カイロ**と [★★★] を結ぶ [★★★] 政策をとった。 (関西学院大)

ケープタウン, アフリカ縦断(じゅうだん)政策

□2 ★★ **1881～82年**、「**エジプト人のためのエジプト**」をスローガンとする [★★] 運動が起こった。 (愛知教育大)

◆ウラービー運動は、アフガーニーの提唱した**パン=イスラーム主義**の影響を受けている。

ウラービー運動

□3 ★★ 1882年、[★★] を首相とするイギリスは、ウラービー運動を武力で制圧し、エジプトを**保護国化**した。 (慶應義塾大)

グラッドストン

□4 ★★ イギリスがエジプトを保護国化した背景には、[★★] への交通路としての [★★] 運河を防衛する意図があった。 (立教大)

英領(えいりょう)インド, スエズ運河

□5 ★★ エジプトを保護国化したイギリスは、南下して [★★] に進出した。 (予想問題)

スーダン

□6 ★★ スーダンでは、[★★] らが [★★] 運動を起こしてイギリスに抵抗した。 (試行調査)

◆マフディーとはアラビア語で「神により正しく導かれた者」のことで、ムハンマド=アフマドはこのマフディーを名乗った。

⚠アフリカでの反英運動として**エジプト**のウラービー運動と**スーダン**のマフディー運動との混同に注意！

ムハンマド=アフマド，マフディー運動

□7 ★★ マフディー派はイギリスの軍人 [★★] を戦死させ、1885年に [★] を占拠したが、98年にイギリス・エジプト連合軍に鎮圧された。 (試行調査)

ゴードン，ハルツーム

□8 ★★ ゴードンは、清(しん)朝の [★★] の乱で**常勝軍**(じょうしょう)を率いて戦った人物である。 (センター)

☞ゴードンが太平天国の乱とマフディー運動の両方に参戦していることから、これらの出来事が同時代に起きているとわかる。同時代に違う場所で起きた出来事を結びつける学習を心がけよう。

太平天国(たいへいてんごく)の乱

□9 ★★★ 1898年、**アフリカ縦断政策**を展開する [★★★] と**アフリカ横断政策**を展開する [★★★] が**スーダン**の [★★★] で衝突したが、後者が譲歩し、これ以降両者は和解の姿勢をとった。 (センター)

イギリス，フランス，ファショダ

□10 ★★★ ウィーン会議で [★★★] がイギリス領となったことで、**オランダ系移民の子孫**である [★★★] 人は19世紀半ばに北方に移住した。この集団移住を [★] という。 (早稲田大)

◆イギリスの支配に対し、ブール人は民族意識を高めて「アフリカーナー」と自称するようになった。

ケープ植民地(しょくみんち)，ブール人，グレート=トレック

□11 ★★★ グレート=トレックの結果、ブール人は [★★★]・[★★★] を1850年代前半に建国した。 (慶應義塾大)

オレンジ自由国(じゆうこく)，トランスヴァール共和国(きょうわこく) ※順不同

□12 ★★★ トランスヴァール共和国・オレンジ自由国で豊富な**金**や [★★] の鉱脈が発見されると、**ケープ植民地首相** [★★★] は両国への侵攻政策を推進した。 (学習院大)

◆彼はダイヤモンドや金の採掘(さいくつ)で巨万(きょまん)の富を得た。

ダイヤモンド，ローズ

□13 ★★ アフリカ南部の**ジンバブエ共和国**は、以前はローズの名にちなんで [★★] と呼ばれていた。 (東京大)

ローデシア

□14 ★★★ 1899年、**植民相** [★★★] は南アフリカ戦争でブール人に勝利した。 (同志社大) — **ジョゼフ=チェンバレン**

□15 ★★★ 南アフリカ戦争の結果、イギリスは [★★★] と [★★★] を併合した。 (慶應義塾大) — **オレンジ自由国, トランスヴァール共和国** ※順不同

□16 ★★★ 1910年に**イギリスの自治領**としてアフリカ大陸南端に成立した [★★★] 連邦では、**白人による非白人への人種差別的隔離政策**である [★★★] が実施された。 (試行調査) — **南アフリカ連邦, アパルトヘイト**

□17 ★★ 南アフリカには鉱山やプランテーションで働く労働者として [★★] から多くの移民が呼び寄せられた。 (学習院大) — **インド**

◆ガンディーは**南アフリカのインド移民に対する差別撤廃**を求めて非暴力運動を展開した。その中で、後年インドで展開される非暴力・不服従運動の理念を作り上げた。

□18 ★ 1884～85年の**ベルリン会議**では、イギリスによる [★] 川河口の統治が認められた。 (早稲田大) — **ニジェール川**

◇◇◇ フランス ◇◇◇

□19 ★★★ フランスは、アフリカの植民地化に際して、西アフリカ・サハラ地域を**横断**し紅海沿岸の [★★★] に至る [★★★] 政策をとった。 (慶應義塾大、早稲田大) — **ジブチ, アフリカ横断政策**

□20 ★★★ 1830年、フランスの [★★★] 世は**アルジェリアに出兵し、占領した。** (慶應義塾大) — **シャルル10世**

□21 ★★ アルジェリアの [★★] は、反フランス闘争を指揮した。 (早稲田大) — **アブドゥル=カーディル**

□22 ★★★ フランスは、1881年に [★★★] を保護国とした。 (慶應義塾大) — **チュニジア**

□23 ★★ 1896年、フランスは**アフリカ東部**の [★★] を**フランス領ソマリランド**として植民地化した。 (明治大) — **ジブチ**

□24 ★★ 1896年、フランスは**アフリカ大陸南東沖**の [★★] を植民地化した。 (センター) — **マダガスカル**

◆この島には19世紀末までメリナ王国が栄えていたが、フランス軍に倒された。1960年、マダガスカル共和国として独立した。

□25 西アフリカの［★★］では、［★★］が建てたイスラーム国家**サモリ帝国**がフランスに抵抗したが、敗北した。
★★ （法政大）

ギニア，サモリ=トゥーレ

□26 ファショダ事件で衝突したイギリスとフランスは、ともに［★★★］の動きを警戒し、**1904年**に［★★★］協商を結んだ。
★★★ （センター、慶應義塾大）

◆イギリスとフランスはどちらもドイツを脅威と感じていたため、お互いに波風を立てたくなかった。結果、ファショダ事件は**フランスが譲る**形で落ち着いた。

ドイツ，英仏協商

□27 英仏協商により、［★★］における**イギリスの優越**と、［★★］における**フランスの優越**が約束された。
★★ （青山学院大）

エジプト，モロッコ

□28 1912年、フランスは［★★］を保護国化した。
★★ （センター）

モロッコ

ドイツ

□29 ドイツは皇帝［★★］世の時代までに、南西アフリカ・トーゴ・［★★］・東アフリカなどの植民地を獲得した。
★★ （共立女子大）

◆南西アフリカ植民地は現在のナミビア、東アフリカ植民地は現在のタンザニア・ルワンダ・ブルンジにあたる。

ヴィルヘルム2世，カメルーン

□30 英仏協商でフランスがモロッコでの優越を認められると、1905年にドイツが介入し［★★★］事件が起きた。
★★★ （センター）

◆当時ドイツが獲得していた植民地は経済的価値に乏しく、価値がより大きい植民地の獲得を目論んでいた。

第1次モロッコ事件

□31 第1次モロッコ事件では、［★★］世がモロッコ北端の［★★］を訪問し、**モロッコのスルタンと会談**した。
★★ （センター）

◆ドイツはフランスのモロッコ進出に懸念を示したうえで、モロッコの領土保全と門戸開放を訴えた。

ヴィルヘルム2世，タンジール

□32 1906年、第1次モロッコ事件の処理のために［★★］会議が開かれ、［★★］のモロッコ進出が黙認された。
★★ （センター）

◆アルヘシラスはスペインの町。この会議ではアメリカ大統領セオドア=ローズヴェルトが議長を務めた。

アルヘシラス国際会議，フランス

□33 ★★★
1911年、ヴィルヘルム2世は、モロッコで起こった反フランス民族運動を受けて [★★] に軍艦を派遣するという [★★★] 事件を起こした。 (予想問題)

◆ドイツは、モロッコでのベルベル人の反乱鎮圧のためにフランスが軍を投入したことに対抗し、居留民の保護を口実に軍艦を派遣した。

アガディール, 第2次モロッコ事件

□34 ★★★
2度のモロッコ事件を通じ、[★★★] がフランスを支援したためドイツは孤立を深めた。 (センター)

イギリス

イタリア

□35 ★★
イタリアは紅海(こうかい)に面する [★★] などを獲得し、さらに [★★] 帝国に侵入したが、1896年に [★★] の戦いで敗れた。 (関西大)

エリトリア, エチオピア帝国, アドワの戦い

□36 ★
エチオピア帝国の [★] 世は、イタリアの侵入を撃退した。 (上智大)

◆メネリク2世は、帝国内の近代化を推進した。

メネリク2世

□37 ★★★
1911～12年にかけて、イタリアはイタリア=トルコ戦争を起こし、オスマン帝国から [★★★]・[★★★] を奪った。 (関西大)

◆トリポリはリビアの首都。レバノンにもトリポリという都市があり、こちらを「東のトリポリ」、リビアの方を「西のトリポリ」と呼んで区別する。キレナイカは、リビア東部の地域を指す。

トリポリ, キレナイカ ※順不同

□38 ★★★
イタリア=トルコ戦争でイタリアが獲得した地域は、現在の [★★★] に含まれる。 (京都大)

◆古代ローマではトリポリ・キレナイカをリビアと呼んでおり、イタリアはこの地域を獲得した後、古名のリビアに改称した。

リビア

□39 ★
メッカで創始されリビアに拠点を移した**イスラームの神秘主義教団**である [★] 教団は、イタリアの圧力に抵抗した。 (愛知教育大)

サヌーシー教団

□40 ★★★
[★★★] 帝国は、1936年に [★★★] 率いるイタリアに併合されたが、まもなく独立を回復した。 (東京大)

◆第二次世界大戦中にイギリス軍によって解放された。

エチオピア帝国, ムッソリーニ

□41 ★★
アフリカ北東部の「**アフリカの角**(つの)」と呼ばれる [★★] は、フランス・イギリス・イタリア領の3つに分割された。 (愛知教育大)

ソマリランド

□42 ★★ 1884年の**ベルリン会議**で、**ベルギー国王の所有地**として [★★] の設立が認められた。 (北海道大、早稲田大)

コンゴ自由国

◆ベルギーは、1908年にコンゴ自由国を正式に建国した。その実態はベルギー国王レオポルド2世の私有地であり、現地民を虐げる行為が行われていたとされる。2020年、フィリップ現国王がベルギー国王として初めて「遺憾」の意を表明した。

□43 ★★ 1869年、[★★] 運河と、アメリカの [★★] 鉄道が開通した。 (センター)

スエズ運河，大陸横断鉄道

□44 ★★★ アフリカ分割が進む中、ギニア湾岸の [★★★] 共和国、アフリカ北東部の [★★★] 帝国の**2カ国は独立を維持した**。 (センター)

リベリア共和国，エチオピア帝国

◆リベリア共和国はアメリカの解放奴隷を入植させて建てた国で、首都モンロビアは入植開始時の大統領であるモンローにちなんで名付けられた。

□45 ★★ 1884～85年のベルリン会議で、[★★] と [★★] は正式に**ポルトガル領**となった。 (中央大)

アンゴラ，モザンビーク ※順不同

5 太平洋分割

ANSWERS □□□

□1 ★★ オランダの [★★]、イギリスの [★★] は南太平洋の島々を探検し、現地の情報をヨーロッパへ伝えた。 (大阪大)

タスマン，クック

□2 ★★★ [★★★] は、ヨーロッパ人として初めて**ハワイ**に到達した。 (青山学院大)

クック

□3 ★ 1810年、[★] 世はハワイ全島を統一してハワイ王国を樹立した。 (上智大)

カメハメハ1世

□4 ★★ 1893年、ハワイにおける親アメリカ系市民のクーデタによって [★★] 女王が退位させられ王国は滅亡した。 (学習院大)

リリウオカラニ

◆リリウオカラニはハワイ民謡の「アロハオエ」を作詞・作曲した。

□5 ★★ アメリカは、[★★] 戦争中の**1898年**にハワイを併合した。 (東洋大)

アメリカ=スペイン（米西）戦争

□6 ★★★ 1770年、イギリスのクックは [★★★] の領有を宣言した。 (センター)

オーストラリア

□7 ★★★ 1788年以降、オーストラリアは**イギリス**の流刑植民地となり、先住民の [★★★] は迫害された。 (センター) — アボリジニー

□8 ★★ オーストラリアでは、**白人優先と有色人種排斥の思想・移民制限政策**である [★★] 主義が実施された。 (中央大) — 白豪(はくごう)主義

□9 ★★ 1901年、オーストラリア連邦はイギリス帝国内の [★★] 領となった。 (予想問題) — 自治(じち)領

□10 ★★★ **1931年**、[★★★] 憲章によってオーストラリア連邦は事実上独立した。 (中央大) — ウェストミンスター憲章

□11 ★★★ ニュージーランド**の先住民**である [★★★] 人は、イギリスの侵略に抵抗した。 (試行調査) — マオリ人

□12 ★★★ [★★★] は、1642年に**オランダ**の航海者タスマンが到達、1769年に**イギリス**の探検家 [★★★] が領有を宣言して1840年にイギリス植民地となり、1907年に [★★] 領となった。 (予想問題) — ニュージーランド, クック, 自治(じち)領

□13 ★★ 1893年、ニュージーランドは世界で初めて [★★] 権を認めた。 (関西学院大) — 女性参政(じょせいさんせい)権

◆19世紀に女性参政権を認めた国はニュージーランドのみである。

□14 ★ ドイツは、ミクロネシアとメラネシアに進出し、**メラネシア**では [★] 諸島を保護領とした。 (法政大) — ビスマルク諸島

□15 ★★★ グアムは、アメリカ=スペイン戦争の結果、1898年に [★★★] が獲得した。 (早稲田大) — アメリカ

□16 ★★ [★★] は、1847年に**フランス**領となり、19世紀末には**後期印象派**画家の [★] が移り住んだ。 (上智大) — タヒチ, ゴーガン

□17 ★★ **ニューギニア西部**は、1828年に [★★] が占領した。 (同志社大) — オランダ

□18 ★★ **ニューギニア東部**は、1884年に [★★] と [★★] により分割統治された。 (予想問題) — イギリス, ドイツ ※順不同

6 トルコの民族運動

ANSWERS □□□

□1 ★★★ 1683年、オスマン帝国は [★★★] の失敗を機に衰退し、領内の諸民族は自立を求めるようになった。 (センター、慶應義塾大)

第2次ウィーン包囲

□2 ★★★ オスマン帝国は、1699年の [★★★] 条約でオーストリアに [★★] ・**トランシルヴァニア**を割譲した。 (青山学院大)

カルロヴィッツ条約，ハンガリー

□3 ★★ エカチェリーナ2世はロシア=トルコ戦争を起こし、1774年の [★] 条約でオスマン帝国から [★★] 国の保護権を得た。 (予想問題)

◆この条約は、ヨーロッパの列強としてのオスマン帝国の地位低下を反映したものとなった。

キュチュク=カイナルジ条約，クリミア(クリム)=ハン国

□4 ★★ オスマン帝国は、キュチュク=カイナルジ条約でロシアに [★★] を奪われた。 (青山学院大)

黒海

□5 ★★ 18世紀以降のオスマン帝国では、徴税請負権や独自の軍隊をもつ [★★] と呼ばれる地方有力者が台頭した。 (早稲田大)

アーヤーン

□6 ★★ 1789年に即位したセリム3世は、**体系的な西洋化改革に着手**し、**西欧式の新軍隊** [★★] を創設した。 (早稲田大)

ニザーム=ジェディット

□7 ★★★ 1826年、マフムト2世は [★★★] **軍団を解体**した。 (早稲田大)

◆16世紀末以降、イェニチェリ内では軍規が乱れて政治介入を行う者もおり、近代化の妨げになっていた。

イェニチェリ

□8 ★★★ **18世紀半ば**、アラビア半島では [★★★] 派によるイスラーム改革運動が起こり、この運動は [★★★] 家と結んで拡大した。 (予想問題)

ワッハーブ派，サウード家

□9 ★★★ 1798年の [★★★] の遠征に刺激を受けて、**エジプトで独立運動**が起こり、1805年に [★★★] が**エジプト総督**に就任した。 (予想問題)

ナポレオン，ムハンマド=アリー

□10 ★★ ムハンマド=アリーは、オスマン帝国の [★] 世の要求で [★★] 半島に出兵し、1818年に**ワッハーブ王国**を一時滅ぼした。 (近畿大)

マフムト2世，アラビア半島

□11 ★★★ オスマン帝国内のギリシアは1821年に [★★★] 戦争を起こした。イギリス・フランス・[★★★] がギリシアを支援してオスマン帝国は敗れ、**1829年にギリシアの独立が実現**した。（センター、青山学院大）

ギリシア独立戦争，ロシア

□12 ★★ 1838年、オスマン帝国はイギリスと [★★] 条約を結んだ。（立命館大）

トルコ=イギリス通商条約

□13 ★★ トルコ=イギリス通商条約はイギリスに [★★] 権を認め、オスマン帝国の関税自主権を奪う**不平等条約**で、これにより帝国の経済は大打撃を受けた。（立命館大）

領事裁判権

□14 ★★ 1839年、**オスマン帝国**の [★★] 世は、近代化改革の指針となる [★★] 勅令を発布し**タンジマート**を開始した。（京都大）

アブデュルメジト1世，ギュルハネ勅令

□15 ★★ ギュルハネ勅令は、イスタンブルの [★★] 宮殿で発布された。（予想問題）

◆「ギュルハネ」の名称は、トプカプ宮殿のバラ園の名前にちなんでつけられた。

トプカプ宮殿

□16 ★★ タンジマートでは、[★★] とムスリムが**法のもとに平等**であることが謳われたが、保守派の反発も強く、挫折した。（センター）

非ムスリム

□17 ★★ オスマン帝国はクリミア戦争で勝利したが、戦費を捻出するために初の外債を導入した結果、国家財政が破綻し、列強の経済的な [★★] 下におかれた。（東京大）

◆オスマン帝国は政府の専売制を廃止し、イギリスやフランスの商人の特権を承認した。

従属

□18 ★★★ 1876年に即位した [★★★] 世は、帝国内で立憲運動が高まる中、宰相ミドハト=パシャを起草者に [★★★] 憲法を発布した。（センター）

◆ミドハト憲法は**アジア初の憲法**であり、**宗教を問わずすべてのオスマン人の平等と人権を保障する**など近代的な内容だった。

アブデュルハミト2世，ミドハト憲法（オスマン帝国憲法）

□19 ★★★ 1877年に勃発した [★★★] 戦争を理由に、ミドハト憲法は**停止**された。（センター）

ロシア=トルコ（露土）戦争

□20 ★★★ 1878年、ロシア=トルコ戦争の講和条約として [★★★] 条約が結ばれた。（センター）

サン=ステファノ条約

□21 ★★ サン=ステファノ条約に**イギリス・オーストリア**が反発すると、1878年に [★★] の仲介で [★★] 会議が開かれた。 (予想問題)

ビスマルク，ベルリン会議

□22 ★★★ ベルリン会議でサン=ステファノ条約は破棄され、新たに結ばれたベルリン条約でオスマン帝国から [★★★] ・ [★★★] ・ [★★★] **が独立**した。 (上智大)

セルビア，モンテネグロ，ルーマニア ※順不同

□23 ★★★ 19世紀、オスマン帝国内での民族独立に乗じた列強の介入を「[★★★]」といい、1878年の [★★★] 会議で一応終結した。 (中央大)

◆この対立の中で、**ロシアはバルカン半島・黒海・中東への進出を狙って南下政策**をとり、イギリスとフランスはロシアを阻止しつつ同様の地域への進出を狙っていた。

東方問題（とうほうもんだい），ベルリン会議

□24 ★ パン=イスラーム主義を採用した [★] 世は、ムスリムの巡礼の便宜（べんぎ）のためと称して [★] 鉄道を建設したが、頓挫（とんざ）した。 (予想問題)

◆表向きには巡礼者がメッカにアクセスしやすくなると宣伝されたが、アラビア半島を支配するという政治的な目的もあった。

アブデュルハミト2世，ヒジャーズ鉄道

□25 ★★★ 1878年、アブデュルハミト2世はロシア=トルコ戦争を口実に**議会を閉鎖**し、[★★★] **憲法を停止**して専制を復活させた。 (明治大)

ミドハト憲法

□26 ★★★ **憲法停止**に不満を抱いた将校ら「[★★★] 人」は、1889年に「[★★★]」を結成した。 (明治大)

青年（せいねん）トルコ人，統一と進歩団（とういつとしんぽだん）

□27 ★★★ **日露戦争**などの影響を受け、1908年、青年将校エンヴェルらによって [★★★] 革命が起こり、アブデュルハミト2世は**憲法を復活**させた。 (センター)

青年（せいねん）トルコ革命

□28 ★★★ 第一次世界大戦で、オスマン帝国は [★★★] 側で参戦したが、1918年に降伏した。 (早稲田大)

同盟国（どうめいこく）

□29 ★★ オスマン帝国は、第一次世界大戦での敗北によって連合国と [★★] 条約を結んだ。これにより、政府は各国による帝国分割や**治外法権を容認**した。 (早稲田大)

◆セーヴル条約はオスマン帝国の事実上の解体を認めさせる屈辱的な内容だった。

セーヴル条約

□30 ★★ オスマン帝国の降伏後、支配下にあったアラブ地域では、[★★]がイラク・パレスチナ・トランスヨルダンを、[★★]がシリア・レバノンを、それぞれ**委任統治領**とした。(津田塾大、同志社大)

☞どの国がどこを委任統治領にしたか整理しておこう。組み合わせを問う問題は頻出！

イギリス, フランス

□31 ★★★ 1919年、オスマン帝国は[★★★]軍に**イズミルを占領**された。(京都府立大)

ギリシア

□32 ★★★ 1920年、[★★★]はアンカラで**トルコ大国民議会**を開き、[★★]条約を**拒否**した。(早稲田大)

ムスタファ=ケマル, セーヴル条約

□33 ★★ 1922年、ムスタファ=ケマルのトルコ軍は連合国の支援を受けた[★★]軍を撃退し、[★★]を奪還した。(センター、東京都市大)

ギリシア, イズミル

□34 ★★★ **1922年**、ムスタファ=ケマルが[★★★]制の廃止を宣言し、**オスマン帝国は滅亡した。**(京都大、早稲田大)

スルタン制

□35 ★★★ 1923年、アンカラ臨時政府は、連合国と[★★★]条約を締結して**セーヴル条約を破棄**し、国境を画定するとともに[★★]**権の回復**と**治外法権の廃止**を勝ち取った。(京都大、早稲田大)

ローザンヌ条約, 関税自主権

□36 ★★★ ムスタファ=ケマルを指導者に1919年から始まった**トルコ革命**により、オスマン帝国は滅亡し、23年に[★★★]が樹立された。(センター)

トルコ共和国

□37 ★★ トルコ共和国の首都は[★★]である。(予想問題)

アンカラ

□38 ★★ 初代大統領となったムスタファ=ケマルは、1924年に[★★]憲法を発布した。(慶應義塾大、大阪経済大)

トルコ共和国憲法

□39 ★★★ 1924年、ムスタファ=ケマルは[★★★]**制を廃止**した。(京都大、早稲田大)

カリフ制

⚠スルタン制廃止とカリフ制廃止の時系列を問われることがあるので注意！

□40 ★★★ ムスタファ=ケマルは近代化政策を実施し、「**父なるトルコ人**」を意味する[★★★]と尊称された。(日本女子大)

アタテュルク

□41 ★★ トルコ共和国は、近代化の一環として**カリフ制を廃止**、**イスラームを非国教化**することで［★★］を実現した。（早稲田大）

政教分離

□42 ★★ ムスタファ=ケマルは西欧化を目指し、ヒジュラ暦にかわり［★★］暦を採用した。（成蹊大）

グレゴリウス暦

□43 ★★★ ムスタファ=ケマルは西欧化を目指し、トルコ語の表記法をアラビア文字から［★★★］字に変更した。（成蹊大）

ローマ字

□44 ★★★ ムスタファ=ケマルは、新民法で**一夫多妻制を廃止**し、1934年には女性に［★★★］権を認めた。（早稲田大）

◆女性のチャドル（ベール）などの伝統的な服装の着用も廃止された。

参政権

7 中東の民族運動

ANSWERS □□□

エジプト

□1 ★★★ ナポレオンのエジプト侵攻に抵抗した［★★★］は、1805年にオスマン帝国からエジプト［★★★］に任命された。（京都大、慶應義塾大）

ムハンマド=アリー，総督

□2 ★★★ 1805年、エジプトで［★★★］朝が成立し、急速な近代化、**富国強兵策**がとられた。（東京女子大）

◆ムハンマド=アリーは近代化を目指すため、旧勢力のマムルークをカイロに招きよせて虐殺した。

ムハンマド=アリー朝

□3 ★★ ムハンマド=アリーは、オスマン帝国の要請を受けて、**アラビア半島**の［★★］王国を滅ぼした。（関西大）

ワッハーブ王国

□4 ★★ ムハンマド=アリーは、富国強兵政策として［★★］の援助による陸海軍の創設、官営工場の設立などを行い、［★★］を中心とした商品作物の栽培を奨励した。（北海道大）

◆ムハンマド=アリーのこうした政策がきっかけで、エジプトでは綿花栽培が盛んになった。

フランス，綿花

□5 ★★ エジプトは、1821年からの［★★］戦争で［★★］を支持して参戦した。（早稲田大）

ギリシア独立戦争，オスマン帝国

□6 ★★★ ムハンマド=アリーは、ギリシア独立戦争での出兵の見返りに [★★★] の領有をオスマン帝国に求めたが、スルタンが拒否すると2度にわたる [★★★] 戦争を起こした。 (上智大、早稲田大)

シリア, エジプト=トルコ戦争

□7 ★★★ エジプトはエジプト=トルコ戦争で勝利したが、ヨーロッパ列強の介入を受け、1840年の [★★] 会議で**エジプト・ [★★★] 総督の地位の世襲が認められるのみにとどまり、シリアは放棄させられた。** (上智大)

ロンドン会議, スーダン

□8 ★★★ 1875年、財政難に陥ったムハンマド=アリー朝が [★★★] の株を売りに出すと、イギリスの [★★★] 政権はこれを買収し、エジプト支配の足がかりとした。 (慶應義塾大)

◆近代化政策と相次ぐ対外戦争により、ムハンマド=アリー朝は財政難に陥っていた。

スエズ運河会社(うんがかいしゃ), ディズレーリ

□9 ★★★ 1881年、 [★★★] はイギリスの支配に抵抗し「 [★★★] **人のためのエジプト**」を掲げて蜂起(ほうき)した。 (上智大、中央大)

◆このウラービー運動は結局イギリスに鎮圧されたが、のちのエジプト民族運動の原点となった。

ウラービー(オラービー), エジプト

□10 ★★★ ウラービー運動を単独で鎮圧したイギリスは、1882年に [★★★] を**事実上保護国化**した。 (名古屋学芸大)

◆**正式に保護国化**したのは1914年である。

エジプト

□11 ★★★ [★★★] が唱えたパン=イスラーム主義は、ウラービー運動やイランのタバコ=ボイコット運動に影響を与えた。 (京都大、立教大)

アフガーニー

□12 ★★★ 第一次世界大戦後のエジプトでは、 [★★★] 党を中心に独立運動が展開され、イギリスが保護権を放棄したことに伴い、1922年に [★★★] 王国が成立した。 (センター、青山学院大)

ワフド党, エジプト王国

□13 ★★ 1936年、エジプトはイギリスと [★★] 条約を結んだ。この条約で**スエズ運河地帯におけるイギリス軍の** [★★] 権を認め合法化したことで、エジプトの王権も認められた。 (明治大)

エジプト=イギリス同盟(どうめい)条約, 駐屯(ちゅうとん)権

アラビア半島

□14 ★★ 18世紀のアラビア半島では、[★★]がワッハーブ派を唱えて宗教改革運動を起こした。（上智大）

イブン=アブドゥル=ワッハーブ

□15 ★★ ワッハーブ派はイスラーム教の一派で、神秘主義や[★★]派を厳しく批判し、**ムハンマドの教えに回帰することを強く説いた。**（上智大、法政大）

シーア派

□16 ★ **神秘主義教団**の[★]教団は、19世紀前半にメッカで創設されたのちにリビアに進出し、植民地支配に抵抗した。（京都大）

サヌーシー教団

□17 ★★★ 18世紀半ば、ワッハーブ派は豪族の[★★★]家と協力してワッハーブ王国を建てた。（法政大、同志社大）

サウード家

□18 ★ ワッハーブ王国の首都は[★]である。（予想問題）

リヤド

□19 ★★ ワッハーブ王国はエジプト総督（そうとく）[★★]の侵入を受けて一時滅亡したが、1823年に再興された。（法政大）

ムハンマド=アリー

□20 ★★ 1916年、**ハーシム家**の[★★]はアラビア半島西岸にヒジャーズ王国を建てた。（早稲田大）

フセイン（フサイン）

□21 ★★★ イギリスの援助を受けてアラビア半島の統一を目指すネジド王国の[★★★]は、フセインを破ってヒジャーズ=ネジド王国を建国した。（センター）

イブン=サウード

□22 ★★★ **1932年**、イブン=サウードはヒジャーズ=ネジド王国を[★★★]王国へ改称し、首都を[★]に定めた。（センター）

◆サウジアラビア王国の国教は**ワッハーブ派イスラーム教**。

サウジアラビア王国，リヤド

シリア・パレスチナ・イラク

□23 ★★★ 1915年、イギリスは[★★★]協定で**アラブ人に独立を約束**したが、同時期に、その内容と矛盾する他の秘密協定を連合国などと結んだ。（センター）

◆イギリスはメッカ太守のフセインが**オスマン帝国に対する反乱を起こす見返り**として、アラブ国家の独立を約束した。

フセイン（フサイン）・マクマホン協定

□24 ★★★ 1916年、**イギリス・フランス・ロシア**は[★★★]協定で**戦後のオスマン帝国領アラブ地域の分割**について取り決めた。（慶應義塾大）

サイクス・ピコ協定

□25 ★★★ 1917年、イギリスは**ユダヤ人に対して** [★★★] 宣言を出し、**パレスチナでの「民族的郷土」の建設を支援**することを約束した。（センター）
バルフォア宣言

□26 ★★★ 第一次世界大戦後、フセイン・マクマホン協定は履行されず、イギリスは [★★★] 協定を優先した。その結果、旧オスマン帝国領は英仏の [★★★] となった。（試行調査）
サイクス・ピコ協定，委任統治領

◆シリア・レバノンは**フランス**の、イラク・トランスヨルダン・パレスチナは**イギリス**の委任統治領となった。

□27 ★★ 1920年に [★★] の委任統治領となったイラクは、1932年に [★★] 王国として独立した。（試行調査）
イギリス，イラク王国

□28 ★★ イラク王国の首都は [★★] である。（試行調査）
バグダード

8 イラン・アフガニスタンの民族運動

ANSWERS □□□

□1 ★★★ **1796年**、トルコ系遊牧民はイラン高原に [★★★] 朝を建てた。（センター、京都女子大）
ガージャール朝

□2 ★★ ガージャール朝の初期の首都は [★★] である。（関西大）
テヘラン

□3 ★★★ ガージャール朝は [★★] をめぐるロシアとの戦いに敗れ、1828年に [★★★] 条約を結んだ。（法政大）
コーカサス（カフカス），トルコマンチャーイ条約

□4 ★★ トルコマンチャーイ条約は、ガージャール朝がロシアに [★★] **の大半を割譲**するだけでなく、**ロシアに治外法権を認める不平等条約**であった。（上智大）
アルメニア

□5 ★★ 1848年、[★★] 教徒はガージャール朝に対して**武装蜂起**（ほうき）**したが**、**鎮圧**された。（東京大）
バーブ教徒

□6 ★★ バーブ教は [★★] によって創始された。（関西学院大）
サイイド=アリー=ムハンマド

◆バーブ教は農民や商人の間に広まり、ロシアとイギリスの進出で不満の高まるイランにおいて多くの信者を集めた。

□7 ★★★ 1891年、ガージャール朝政府が**タバコ**販売の利権を [★★★] へ譲渡したため、ウラマーや商人たちは [★★★] 運動を展開した。（センター、上智大）
イギリス，タバコ=ボイコット運動

◆近代化改革に失敗したイランは、道路建設などの利権をイギリスやロシアに譲渡することで収入を得て活路を見いだそうとしていた。タバコ利権の譲渡も、この一連の流れの中で行われた。

□8 ★★ タバコ=ボイコット運動は、思想家 [★★] の影響を受けており、**イラン=ナショナリズムの起点**とされている。 (センター、上智大)

アフガーニー

□9 ★★★ ガージャール朝では、[★★★] 戦争における日本の勝利はその立憲制によるとして立憲運動が起こり、**国民議会が開設**された。この出来事は [★★★] 革命と呼ばれるが、**イギリスとロシアが干渉し挫折した。** (東京大、法政大)

◆日露戦争での日本の勝利は、イランのみならずヨーロッパの支配を受けていたアジア諸国に影響を与えた。

日露(にちろ)戦争，イラン立憲(りっけん)革命

□10 ★★ 1907年、[★★] 協商が成立し、イラン南東部を [★★] が、北部を [★★] がそれぞれ勢力圏とした。 (センター)

英露(えいろ)協商，イギリス，ロシア

□11 ★★★ クーデタで政権を掌握した [★★★] は、**1925年**にガージャール朝を倒し [★★★] 朝を建国した。 (センター、早稲田大)

◆彼は自らシャー（皇帝）を名乗った。パフレヴィー朝は1979年にイラン=イスラーム革命で倒された。

レザー=ハーン，パフレヴィー朝

□12 ★★★ 1935年、レザー=ハーンは、国名を [★★★] から**「アーリヤ人たちの国」**を意味する [★★★] に改称した。 (センター)

ペルシア，イラン

□13 ★ 1747年、**ドゥッラーニー朝**により、[★] 王国が建国された。 (早稲田大)

アフガニスタン王国

□14 ★★ 19世紀より、[★★] の南下を警戒するイギリス軍の侵入を受けて３度にわたる [★★] 戦争が起き、第１次の戦争ではイギリスが敗北した。 (成蹊大)

ロシア，アフガン戦争

□15 ★★ 第 [★★] 次アフガン戦争の結果、1880年に**アフガニスタンはイギリスの保護国となった。** (中央大)

◆同年の1880年、イギリスは保守党から**自由党**に政権交代し、第２次グラッドストン内閣が発足した。

第２次アフガン戦争

□16 ★★★ 第 [★★★] 次アフガン戦争の結果、1919年に**アフガニスタンはイギリスからの独立を認められた。** (日本大)

第３次アフガン戦争

9 インドの植民地化

ANSWERS □□□

□1 ★★★ イギリス東インド会社は、インドの［★★★］、［★★★］、［★★★］を拠点とした。 (学習院大、慶應義塾大)

マドラス, ボンベイ, カルカッタ ※順不同

□2 ★★★ ルイ14世の**財務総監**であった［★★★］はフランス東インド会社を再建し、［★★★］と［★★★］を拠点とした。 (慶應義塾大)

コルベール, ポンディシェリ, シャンデルナゴル ※順不同

◆コルベールは重商主義政策をとり保護貿易の推進を行った。他にも北米のルイジアナ植民地を建設したのも彼の時代である。

□3 ★★ イギリス・フランス両東インド会社は、インドでの覇権をめぐって1744～63年に南インドで**3度の**［★★］戦争を起こした。 (試行調査、慶應義塾大)

カーナティック戦争

□4 ★★ フランスはインド総督［★★］のもとカーナティック戦争の序盤を有利に進めたが、拠点の［★］を失って決定的な打撃を受け、敗北した。 (試行調査、慶應義塾大)

デュプレクス, ポンディシェリ

◆この結果、当地のインド側の政治諸勢力も無力化されていくこととなった。

□5 ★★★ 1757年の［★★★］の戦いで**イギリスがフランス・ベンガル太守連合軍に勝利**し、インドでの覇権を決定的にした。 (試行調査)

プラッシーの戦い

□6 ★★ ［★★］はプラッシーの戦いでイギリスを勝利に導き、初代ベンガル知事に任命された。 (試行調査)

クライヴ

◆ベンガル知事はインド統治の最高官職である。

□7 ★ プラッシーの戦いののち、イギリスの［★］が初代ベンガル総督となった。 (上智大)

ヘースティングズ

◆ベンガル知事は1773年にベンガル総督と改称され、のちの1833年、さらに権限を広げインド総督となった。

□8 ★★★ イギリス東インド会社は、プラッシーの戦い以後［★★★］地方の［★★★］(徴税(ちょうぜい)権)を獲得した。 (島根県立大、明治大)

ベンガル, ディーワーニー

□9 ★★ イギリスは、1767～99年の４次にわたる［★★］戦争に勝利して**南インド**を支配した。 (中央大)

マイソール戦争

□10 ★★
イギリスは、1775～1818年の３次にわたる［★★］戦争に勝利して**デカン高原**西部を支配した。（関西学院大）

マラーター戦争

□11 ★★
イギリスは、1845～49年の2次にわたる［★★］戦争に勝利して**パンジャーブ地方**を支配した。（関西学院大）

シク戦争

□12 ★★
18世紀末、イギリスはインドに［★★］制を導入し、旧来の**地主・領主層に土地所有権を認めて**彼らから地税を徴収した。（慶應義塾大）

◆ザミンダーリー制により、ザミンダールと呼ばれるインドの在地領主層は領主的性格を失い、地主化した。

ザミンダーリー制

□13 ★★
インド西部や南部では、**農民に土地所有を認めて徴税する**［★★］制が導入された。（島根県立大、名城大）

◆これにより、農民や職人が没落した。

ライヤットワーリー（ライーヤトワーリー）制

□14 ★★
イギリス東インド会社のインド貿易独占権が1813年に廃止されると、イギリスからインドへの［★★］輸出が急増した。（センター）

◆イギリスの機械製綿布が流入したことでインドの綿布輸出入量は逆転したうえ、ザミンダーリー制・ライヤットワーリー制といった近代的税制により農民の税負担が増加した。イギリスによるインド支配の拡大は伝統的なインドの農村共同体を破壊した。

綿布

□15 ★★★
1857年、**インド人傭兵**の［★★★］がイギリスに宣戦し、やがて広範囲な階層におよぶ大規模な反英闘争となる［★★★］が発生した。（島根県立大、名古屋大）

◆反乱を鎮圧する過程で最後のムガル皇帝が流刑に処せられ、1858年に**ムガル帝国は滅亡**した。

シパーヒー、
インド大反乱

□16 ★★★
インド大反乱の勃発を理由に、1858年にイギリスは［★★★］を解散してインドを直轄とした。（予想問題）

東インド会社

□17 ★★★
1877年、イギリス国王の［★★★］女王が**皇帝を兼ねる**かたちでインド帝国が成立した。（予想問題）

ヴィクトリア女王

□18 ★★★
［★★★］とは、イギリス支配下で外交権・国防権などを除く**内政権が認められた地方王権**である。（成蹊大）

藩王国

□19 ★★
［★★］は**1815年**にイギリス領となり、第二次世界大戦後の**1948年**にイギリス連邦の［★★］領として独立した。（上智大）

◆その後、**1972年**に国名を**セイロンからスリランカへ改称**し完全な独立を果たした。このときの首相は世界初の女性首相**バンダラナイケ**だった。

セイロン、
自治領

10 インドの民族運動

ANSWERS □□□

□1 ★★ [★★]は、ヒンドゥー教の寡婦殉死（[★★]）や偶像崇拝に反対した。（早稲田大）
ラーム=モーハン=ローイ，サティー

□2 ★★★ インド帝国では、インド人の間に宗教やカーストによる対立を作り出す[★★★]統治が進められた。（関西学院大）
分割統治

◆イギリスは、**ヒンドゥー教徒とイスラーム教徒の対立**を利用した。

□3 ★★★ インドの知識人や民族資本家の不満を緩和するため、イギリスは1885年に[★★★]で[★★★]会議を開いた。（同志社大）
ボンベイ，インド国民会議

◆インド国民会議は、インド人の意見を諮問する機関として結成され、毎年1回、都市を変えて開催された。

□4 ★★★ 1905年、イギリスは[★★★]令を出して[★★★]教徒と[★★★]教徒の居住地域を分断し、**反英抵抗運動を弱めようとした**が、かえって**反英闘争を激化させた。**（関西大、南山大）
ベンガル分割令，イスラーム教徒，ヒンドゥー教徒 ※順不同

□5 ★★ ベンガル分割令を契機に、当初は穏健姿勢であったインド国民会議は[★★]ら**急進派が台頭**し、**反英的な傾向を強めた。**（共通テスト）
ティラク

□6 ★★★ 1906年、ティラクの主導で**インド国民会議**は[★★★]大会を開き、[★★★]を採択した。（成蹊大、法政大）
カルカッタ大会，カルカッタ大会4綱領

□7 ★★ 4綱領のうち、**イギリス産製品のボイコット**を掲げたものは[★★]である。（同志社大）
英貨排斥

□8 ★★ 4綱領のうち、**国産品の愛用**を掲げたものは[★★]である。（同志社大）
スワデーシ

□9 ★★ 4綱領のうち、**インド人による自治獲得**を掲げたものは[★★]である。（同志社大）
スワラージ

□10 ★★ 4綱領のうち、**イギリスによる植民地教育の否定**を掲げたものは[★★]である。（同志社大）
民族教育

□**11** ★★★ 1906年、**イギリス**は民族運動の分断をねらって、**親英的**な［★★★］連盟の結成を支援した。（関西学院大）

全インド=ムスリム連盟

◆当初は親英だった全インド=ムスリム連盟は、第一次世界大戦後は反英的となった。

□**12** ★★ 1911年、イギリスは［★★］令を撤回（てっかい）する一方で、首都を反英運動の拠点であった**カルカッタ**から［★★］に移し、運動の沈静化をはかった。（同志社大）

ベンガル分割（ぶんかつ）令，デリー

□**13** ★★★ 第一次世界大戦中、イギリスはインドに戦後の［★★★］を約束した。（上智大、名城大）

自治（じち）

□**14** ★★★ 1919年、イギリスは［★★★］法を制定し、州行政の一部をインド人にゆだねることを決めたが、**自治とは程遠い内容**だった。（上智大、名城大）

1919年（ねん）インド統治（とうち）法

□**15** ★★★ 1919年、イギリスは［★★★］法を定めて令状なしの逮捕や裁判手続きなしの投獄などを合法化し、**反英運動を弾圧**した。（上智大、名城大）

ローラット法

◆ローラット法の制定には、当然ながら激しい反対運動が起こった。パンジャーブ地方のアムリットサール市で行われた抗議集会では、イギリス軍が市民に発砲し、1,500名を超える死傷者を出した（アムリットサール事件）。

□**16** ★★ 南アフリカへは多くの［★★］人移民が渡っていたが、現地で差別を受けていた。［★★］はこれに抗議し、**人権擁護運動**を行った。（早稲田大）

インド，ガンディー

◆ガンディーはイギリスに留学し弁護士の資格をとった。その後南アフリカへ渡り、非暴力・不服従の精神を学んだ。

□**17** ★★★ ガンディーはイギリスからの独立を目指し、［★★★］を理念に社会運動を展開した。（学習院大、早稲田大）

非暴力（ひぼうりょく）・不服従（ふふくじゅう）

◆彼は「**インド独立の父**」と呼ばれた。

□**18** ★★★ 1929年、パンジャーブ州の［★★］で、国民会議派の［★★★］が［★★★］という目標を宣言した。（センター）

ラホール，ネルー，プールナ=スワラージ

◆プールナ=スワラージは「**完全独立**」を意味することばである。

□**19** ★★★ 1930年、ガンディーはイギリスの［★★★］の専売を**植民地支配の象徴**ととらえて「［★★★］」を行った。（センター、京都女子大）

塩（しお），塩（しお）の行進（こうしん）

◆ガンディーはインド西部の町アフマダーバードから自ら海へ歩き、海水で塩を作った。この運動の結果、専売制は実質崩壊するとともに、外国製品のボイコットや地税（ちぜい）不払いなどの非暴力・不服従運動が再燃した。

X 10 インドの民族運動

□20 「塩の行進」をはじめとする第２次［★★★］運動を受け、1931年、イギリスはインドの諸勢力を招いて［★★★］会議を開き、懐柔に努めた。（早稲田大）
★★★

◆英印円卓会議は３回にわたりロンドンで開催されたが、会議は紛糾し問題の解決には至らなかった。

非暴力・不服従運動，英印円卓会議

□21 1935年、［★★★］法が成立し、連邦制と各州の自治権が認められた。（法政大）
★★★

1935年インド統治法

11 東南アジアの植民地化

ANSWERS □□□

イギリス

□1 **ビルマ最後の王朝**である［★★★］朝は、［★★★］との**３度にわたるビルマ戦争**に敗れ、**1886年**、［★★★］帝国に併合された。（センター、早稲田大）
★★★

◆その後、ビルマでは1920年頃から独立運動が始まった。

コンバウン朝（アラウンパヤー朝），イギリス，インド帝国

□2 **ビルマ**では、1930年に民族主義的団体［★★★］党が組織され、やがて［★★★］の指導のもと独立運動の中核となった。（東京大）
★★★

タキン党，アウン=サン

□3 1786年、イギリスはマレー半島の［★★］を領有した。（関西学院大）
★★

ペナン

□4 1819年、イギリスの［★★］はジョホール王国から**シンガポール**を買収した。（慶應義塾大）
★★

◆植民地を獲得する際、シンガポールの王位継承問題を利用した。

ラッフルズ

□5 1824年、イギリスはマレー半島南西岸の［★★★］を**オランダ**から獲得した。（予想問題）
★★★

マラッカ

□6 1826年、イギリスはマレー半島の［★★］・［★★］・［★★］を合わせて海峡植民地を築いた。（東京大）
★★

◆海峡植民地は、1867年にイギリスの直轄地となった。

ペナン，マラッカ，シンガポール
※順不同

□7 1895年、イギリスはマレー半島南部の４カ国と協定を結び、［★★★］を形成して、支配を確立した。（法政大）
★★★

マレー連合州

□8 1888年、イギリスは［★★］を保護領とした。（慶應義塾大）
★★

北ボルネオ

□9 ★★★ イギリスは、マレー半島で豊富に産出された錫(すず)の開発を進めるため、労働者として [★★★] を送り込んだ。 (法政大)

華人(かじん)（華僑(かきょう)）

◆錫は、産業革命の進展とともに需要が伸びて鉱床の開発が進められた。

□10 ★★★ 19世紀末以降、イギリスはマレー半島でゴムのプランテーションを行い、労働力として [★★★] を送り込んだ。 (法政大)

印僑(いんきょう)（インド人労(じんろう)働者(どうしゃ)）

フランス

□11 ★★ 1771年、ベトナムで [★★] の乱が起こり、南北に分裂していた政権が倒された。 (予想問題)

西山(せいざん)の乱（タイソンの乱）

□12 ★★★ **1802年**、[★★★] はフランス人宣教師ピニョーらの援助を受けて西山政権を滅ぼし、ベトナム全土を統一して [★★★] 朝を建てた。 (早稲田大)

阮福暎(げんふくえい)，
阮(げん)朝

□13 ★★ 阮福暎は、宗主国の [★★] から [★★] 国王に封じられた。 (早稲田大)

清(しん)，越南(えつなん)国王（ベトナム国王）

□14 ★★ 1858年、フランスの**ナポレオン３世**はキリスト教宣教師迫害を口実に [★★] に出兵し、[★★] 戦争を起こした。 (早稲田大、関西大)

インドシナ，仏越(ふつえつ)戦争

□15 ★★ 仏越戦争に勝利したフランスは、1862年に [★★] 条約で [★★] ３省を獲得し、ダナンなど３港を開港させた。 (早稲田大)

サイゴン条約，
コーチシナ東部(とうぶ)

◆コーチシナはヨーロッパが用いたベトナム南部の呼称である。

□16 ★★★ フランスは、1863年に [★★★] **を保護国**とした。 (中央大)

カンボジア

□17 ★★ フランスは、1867年に [★★] ３省を占領した。 (中央大)

コーチシナ西部(せいぶ)

□18 ★★ フランスによるトンキン進出に対し、[★★] が組織した**中国人部隊**の [★★] 軍が抵抗した。 (予想問題)

劉永福(りゅうえいふく)，
黒旗(こっき)軍

□19 ★★ 1883・84年、フランスは [★★] 条約を結んで**ベトナムをフランスの保護国**とした。 (慶應義塾大)

フエ条約（ユエ条約）

□20 ★★★ ベトナムの宗主国であった清は**フランスのベトナム保護国化**に反発し、1884年に［★★★］戦争が起こった。（慶應義塾大）

清仏戦争

□21 ★★★ 1885年、清仏戦争の講和条約として［★★★］条約が結ばれ、清はベトナムの宗主権を放棄し、フランスの［★★］権を認めた。（京都大）

天津条約, 保護権

⚠天津条約には、他にも第2次アヘン戦争（アロー戦争）後の1858年に清がイギリスと締結した天津条約や、甲申政変を受けて1885年に日本が清と締結した天津条約があるので、混同しないように！

□22 ★★★ 1887年、フランスは**ベトナム**と**カンボジア**を合わせて［★★★］を形成した。（慶應義塾大）

フランス領インドシナ連邦

□23 ★★★ 1899年、フランスはフランス領インドシナ連邦へ［★★★］を編入した。（慶應義塾大）

ラオス

□24 ★★★ 1904年に結ばれた英仏協商では、東南アジアにおいてフランスが［★★★］を、イギリスが［★★★］を勢力圏に入れ、［★★★］を**緩衝地帯**とした。（センター）

インドシナ, ビルマ, タイ

□25 ★★★ 19世紀末以降、ベトナムの［★★★］はフランスからの独立運動を起こした。（センター）

ファン=ボイ=チャウ

◆ファン=ボイ=チャウは日本へ渡り、中国から亡命中だった梁啓超などと交流した。

□26 ★★ 1904年、ファン=ボイ=チャウは［★★］会を設立した。（センター）

維新会

□27 ★★★ ファン=ボイ=チャウは、［★★★］戦争で勝利した日本へ留学し、学問や技術を学ぼうとする［★★★］運動を開始した。（センター）

日露戦争, ドンズー運動（東遊運動）

◆ドンズー運動により、1907年までのおよそ3年間に200人を超えるベトナム人が日本に留学した。

□28 ★★ 1907年に［★★］協約が結ばれたため、ベトナム人留学生は日本から追放され、ドンズー運動は挫折した。（センター）

日仏協約

□29 ドンズー運動の挫折後、ファン=ボイ=チャウらは1912年に広東で新たな結社 [★★] 会を組織して武力革命を目指したが、フランスからの弾圧を受けた。(センター、東京大)
★★

ベトナム光復会

□30 ホー=チ=ミンは1925年に [★★] 会を結成し、それを母体に1930年に [★★★] 党を設立して独立運動を展開した。(早稲田大)
★★★

ベトナム青年革命同志会，インドシナ共産党

12 東南アジアの民族運動

ANSWERS □□□

タイ

□1 1782年、タイでは現在の王家につながる [★★★] 朝が建てられた。(慶應義塾大)
★★★

ラタナコーシン朝(チャクリ朝)

□2 ラタナコーシン朝の都は [★★] である。(学習院大)
★★

バンコク

□3 [★★] 世は、中国への朝貢貿易を取りやめ、欧米諸国との交易を重視した。(立命館大)
★★

ラーマ4世

□4 1855年、ラーマ4世はイギリスと**不平等条約**である [★★] 条約を締結した。(立命館大)
★★

◆バウリング条約では、イギリスが領事裁判権や港での交易と居住の権利などを獲得した。この翌年には同様の条約をアメリカやフランスなどとも結んだ。

バウリング条約

□5 1868年に即位した [★★★] は、近代化を目指して [★★] 改革を進めた。(センター)
★★★

◆彼はラタナコーシン朝第5代の国王で、在位期間(位1868～1910年)が明治天皇(位1867～1912年)とほぼ同時期である。

ラーマ5世(チュラロンコン)，チャクリ改革

□6 ラーマ5世は、貴族の既得権を没収し近代的な官僚制度と徴税制度を整備したが、[★] 制定や [★] 開設を拒んだ。(東京大、立命館大)
★

◆ラーマ5世の死後、王位に就いたラーマ6世は華人に対する批判を展開し、タイ人の民族意識を高めようとした。

憲法，国会

□7 タイは、近代化政策や、[★★]・[★★] の緩衝地帯となったことにより、**東南アジアで唯一独立を維持**した。(センター)
★★

イギリス，フランス ※順不同

□8 ★★★ 1932年、タイで無血革命である［★★★］革命が成功し、議会開設と暫定憲法が定められ、**立憲君主制**に移行した。（獨協大）

タイ立憲（りっけん）革命

□9 ★★ タイは、1939年以前には［★★］と呼ばれていた。（立命館大）

シャム

フィリピン

□10 ★★★ 1880年代のフィリピンでは、スペインによる植民地支配を批判する［★★★］ら知識人が民衆への**啓蒙活動を開始**した。（慶應義塾大、同志社大）

ホセ=リサール

□11 ★★★ 1896年、［★★★］を中心的指導者とする秘密結社［★★］の武装蜂起から、**フィリピン革命**が始まった。（獨協大、同志社大）

アギナルド, カティプーナン

□12 ★★ 1898年の［★★］戦争後、アギナルドを初代大統領に**フィリピン共和国（マロロス共和国）**が成立した。（法政大）

アメリカ=スペイン（米西（べいせい））戦争

□13 ★★★ 1899年、アメリカは**フィリピン共和国**の独立を認めず、［★★★］戦争を起こし、勝利した。（慶應義塾大）

◆アメリカ=スペイン戦争に勝利したアメリカは**フィリピンの領有権を獲得**しており、フィリピン共和国の独立を認めなかった。

フィリピン=アメリカ戦争

インドネシア

□14 ★★ 1824年の［★★］協定により、**マレー半島・シンガポール・インド**がイギリスの勢力圏、**スマトラ・ジャワ**などがオランダの勢力圏となった。（早稲田大）

イギリス=オランダ協定

□15 ★★★ 1825年、**ジャワ**ではオランダの支配に抵抗して［★★★］戦争が起こったが、鎮圧された。（学習院大）

ジャワ戦争

□16 ★★★ オランダの東インド総督［★★］は、**ジャワ戦争以後の財政の立て直し**のために、輸出用作物の［★★★］制度をジャワに導入した。（学習院大）

◆住民の**農地の5分の1にコーヒー・藍（あい）・サトウキビ・胡椒（こしょう）・タバコなどを栽培させ、安い価格で買い上げた。**

ファン=デン=ボス, 強制栽培制度（きょうせいさいばいせいど）（政府栽培制度（せいふさいばいせいど））

□17 ★ アチェ王国は、**オランダの侵略**に対して1873年から1912年にかけて [★] 戦争を起こして抵抗した。（明治大、早稲田大）

アチェ戦争

◆この戦争は、アチェ側がゲリラ戦を展開したために長期戦となったが、オランダはこれを**鎮圧した**。

□18 ★★ インドネシアの [★] 出身の [★★] は、**民族運動・女性解放運動の先駆者**である。（上智大）

ジャワ，カルティニ

◆裕福な家に生まれ、例外的にヨーロッパ人小学校でオランダ語で教育を受けた。

□19 ★★ 1908年、「**最高の英知**」を意味する [★★] が創設され、知識人を中心にジャワ人の**教育や文化の向上がめざされた。**（慶應義塾大）

ブディ=ウトモ

□20 ★★★ 1910年代初め、ジャワの商人は華人に対抗するために [★★★] を結成した。この組織はやがて、[★★] に自治を要求する独立運動の中心となった。（関西大）

イスラーム同盟（どうめい）（サレカット=イスラム），オランダ

□21 ★★★ 1920年、**アジア初の共産党**として [★★★] 党が結成され、**オランダからの独立**を唱えた。（成蹊大、明治大）

インドネシア共産（きょうさん）党

□22 ★★★ 第一次世界大戦後、**オランダの植民地**のインドネシアでは、[★★★] 率いるインドネシア国民党が**独立運動を展開**した。（センター）

スカルノ

◆インドネシア国民党は1928年に結成された。

13 2つのアヘン戦争

□1 ★★★ **乾隆帝（けんりゅう）退位後**の1796年、四川（しせん）や湖北などの新開地で [★★★] の乱が起こった。（立教大、関西大）

白蓮教徒（びゃくれんきょうと）の乱

◆人口が増える中、土地の不足などによる農民の貧困化が背景にあった。

◆白蓮教は宋代に成立した、**弥勒仏（みろくぶつ）の下生（げしょう）**を唱える民間の仏教系宗教結社である。

□2 ★★★ 白蓮教徒の乱の鎮圧には多額の経費がかかり、正規軍の**八旗（はっき）・緑営（りょくえい）の弱体化**が明らかになって、地方有力者が組織する [★★★] が活躍した。（青山学院大）

郷勇（きょうゆう）

ANSWERS □□□

□3 ★★ 乾隆帝(けんりゅう)治世下の**1757年**以来、清(しん)はヨーロッパ船の来航を［★★］のみに限定し、［★★］に貿易を管理させていたが、自由貿易を求めるイギリスはこれに不満を抱いた。（センター、学習院大）

広州(こうしゅう), 行商(こうしょう)(公行(こうこう))　コホン

□4 ★★★ 1793年、イギリスの外交官［★★★］は熱河(ねっか)の離宮で［★★★］帝に謁見(えっけん)し、貿易関係の改善を求めたが、清は認めなかった。（センター、学習院大）

マカートニー, 乾隆帝(けんりゅう)

□5 ★★ 1816年、清を訪れたイギリスの外交官［★★］は**三跪九叩頭**(さんききゅうこうとう)を拒み、**皇帝に謁見できなかった。**（センター）

◆**三跪九叩頭**とは、1回跪(ひざまず)き3回頭を床につける動作を3回繰り返すことで、皇帝と対面する際の儀礼とされた。

アマースト

□6 ★★★ ［★★］・陶磁器・生糸・絹織物などを清から大量に輸入していたイギリスは、輸入超過で大量の［★★］を失っていた。この状況を打開するため、イギリスは［★★★］貿易を行った。（センター、学習院大）

◆イギリスは、喫茶習慣の定着からくる茶の輸入の増加にともなう銀の大量流出に悩み、こうした片貿易を解消することを清に求めて使節団を派遣した。

茶(ちゃ), 銀(ぎん), 三角貿易(さんかく)

□7 ★★★ 三角貿易では、［★★★］から清に［★★★］が運ばれ、清からイギリスに茶が運ばれ、イギリスからインドへ［★★★］製品が運ばれた。（センター）

◆アヘンは麻薬の一種で、中毒性が強く依存者が続出した。常飲すると心身ともに廃人になるため、兵力の低下にもつながった。

インド, アヘン, 綿製品(めん)

□8 ★★ **1833年、東インド会社**の［★★］権が廃止されて民間業者の参入が正式に認められると、アヘンの密輸が激増した。（青山学院大）

中国貿易独占権(ちゅうごくぼうえきどくせん)

□9 ★★★ 1839年、道光帝(どうこう)は［★★★］を**欽差大臣**(きんさだいじん)に任命し、広州でアヘンの取り締まりにあたらせた。（京都大）

林則徐(りんそくじょ)　除×

□10 ★★★ 1840年、イギリスは自由貿易の実現を唱えて清に艦隊を派遣し、［★★★］戦争を起こした。（慶應義塾大）

アヘン戦争

□11 ★★ アヘン戦争中、民衆は［★★］を組織して反英運動を起こした。（明治大）

◆平英団は、中国における反帝国主義運動の先駆けとされている。

平英団(へいえいだん)

□12 ★★★ 1842年、イギリスはアヘン戦争で清に勝利し、［★★★］条約を結んだ。（武蔵大）

南京条約(ナンキン)

□13 南京条約では、［★★★］の割譲、賠償金の支払い、［★★★］の廃止、［★★★］・**寧波**・**福州**・**厦門**・広州の**5港の開港**などが定められた。（センター、早稲田大）
★★★
☞5港の位置を地図で確認しておきたい。上の問題文は北から順に並べたものである。

香港島, 行商（公行）, 上海

□14 1843年、**南京条約の補足条約**である［★★］章程が結ばれ、清はイギリスに領事裁判権を認め、関税自主権を喪失した。（関西大）
★★

五港(五口)通商章程

□15 1843年、**南京条約の追加条約**である［★★］条約が結ばれ、清はイギリスに**最恵国待遇**などを認めた。（関西大）
★★

虎門寨追加条約（寨 ×塞）

□16 1844年、アメリカは［★★］条約、フランスは［★★］条約を清と結び、イギリスと同等の不平等条約を認めさせた。（京都大、武蔵大）
★★

望厦条約, 黄埔条約

□17 治外法権により、清の警察権力が及ばない**外国人居留地**を［★★］という。（國學院大、上智大）
★★

租界

□18 1845年、イギリスは［★★］に最初の租界を設けた。（立教大）
★★

上海

□19 租界では、外国商社と特に関係の深い［★］と呼ばれる中国人商人が成長した。（東京大）
★
◆彼らは、租界に拠点をかまえる外国資本と結び付いて国内の商取引を仲介した。

買弁

□20 1856年、広州で［★★★］事件が起きると、**イギリス・フランス**は共同出兵して［★★★］戦争を起こした。（慶應義塾大）
★★★
◆広州の官憲が、英国旗を掲げて停泊していた貨物船アロー号の水夫を逮捕した事件。また、フランスは広西省での宣教師殺害事件を口実とした。

アロー号事件, 第2次アヘン戦争（アロー戦争）

□21 1858年、清は**イギリス・フランス・アメリカ・ロシア**と［★★★］条約を締結した。（慶應義塾大）
★★★

天津条約

□22 天津条約では、**外国公使の**［★★★］**駐在**、漢口など10港の開港、**キリスト教布教の自由**、外国人の中国内地旅行の自由などが認められた。（慶應義塾大、関西大）
★★★
◆同時期、アヘン貿易も公認された。

北京

□23 ★★ 1859年、天津条約の批准に来た英仏使節団を清が砲撃し、第2次アヘン戦争が再開した。翌60年、英仏軍は**北京**を占領し、[★★]を破壊した。(慶應義塾大)

◆円明園は、**イエズス会宣教師**の**カスティリオーネ**が設計に関わったことで知られる。

円明園（えんめいえん）

□24 ★★★ 1860年に新たに結ばれた[★★★]条約では、天津条約の確認に加え、天津の開港、[★★★]の**イギリスへの割譲**が認められた。(関西大)

北京（ペキン）条約, 九竜半島先端部（きゅうりゅうはんとうせんたんぶ／クーロン）

□25 ★★★ 北京条約で**外国公使の北京常駐**が規定された清は、1861年に**西洋諸国との外交事務を担当する機関**として[★★★]を設置した。(駒澤大、同志社大)

◆外務省にあたる。それまで各国との間の事件は、各省から報告があると、軍機処（ぐんきしょ）がそれをとりまとめて処理していた。

総理各国事務衙門（そうりかっこくじむがもん）（総理衙門（そうりがもん））　衛×

14 太平天国の乱

ANSWERS □□□

□1 ★★★ [★★★]は、自身を**キリストの弟**と称して、宗教結社[★★★]を結成した。(センター)

◆彼らは儒教を否定し、既存の秩序に不満を持つ人々の間で信者を獲得した。

洪秀全（こうしゅうぜん）, 上帝会（じょうていかい）

□2 ★★ 洪秀全は、五胡（ごこ）の争乱から逃れ、華南（かなん）に移り住んだ人々の子孫と称する[★★]の出身である。(センター)

◆客家は独自の文化と方言をもち、先住の漢民族と抗争することもあった。洪秀全は広東（カントン）省の客家出身である。ちなみに、洪秀全は何度か科挙（かきょ）に挑んでいたが、ことごとく失敗している。

客家（ハッカ）

□3 ★★★ 1851年、洪秀全率いる上帝会は広西（こうせい）省金田村（きんでんそん）で蜂起し、大規模な農民反乱を起こした。同年、彼らは国号を[★★★]と定めた。(センター、青山学院大)

◆太平天国軍は金田村から中国を北に縦断し、北京（ペキン）の手前まで到達した。

太平天国（たいへいてんごく）

□4 ★★ 1853年、太平天国は[★★]を攻略し、[★★]と改称して首都とした。これにより華中（かちゅう）と華南（かなん）を勢力圏に入れた。(センター)

南京（ナンキン）, 天京（てんけい）

□5 ★★ 太平天国は女性に対する[★★]の廃止や、男性に対する[★★]の廃止を実施した。(センター)

◆纏足から解放された女性は労働力となった。また、太平天国では中国史上初めて**女性の科挙受験が許された**。

纏足（てんそく）, 辮髪（べんぱつ）

□6 ★★ 太平天国は**土地制度**として［★★］制度を定め、土地を男女の区別なく均等に分けることとしたが、**実施はされなかった。**（センター）

天朝田畝制度

◆太平天国はアヘンの吸引も禁止とした。

□7 ★★ 太平天国の乱と同時期、貴州省のミャオ族、雲南・陝西・甘粛省などの回民、安徽省の［★★］軍などが相次いで反乱を起こした。（センター）

捻軍

◆ミャオ族は少数民族、回民は漢人のイスラーム教徒、捻軍は**農民による反乱軍**である。

□8 ★★ 太平天国鎮圧のため、上海の商人の要請を受けたアメリカの［★★］は、**欧米人を指揮官とし、西洋式の武装をした中国人部隊**の［★★］軍を組織した。（上智大）

ウォード, 常勝軍

◆諸外国は当初、太平天国の乱に対し中立政策をとっていたが、その後、清を支持した。

□9 ★★ ウォードの戦死後、常勝軍の司令官はイギリスの［★★］が務めた。（上智大、龍谷大）

ゴードン

◆ゴードンはその後、スーダンのマフディー運動鎮圧の際に戦死した。

□10 ★★★ 太平天国との戦いに際し、**従来の正規軍の八旗や**［★★］が無力であったため、**漢人官僚が指揮する義勇軍**の［★★★］が登場した。（京都大）

緑営, 郷勇

□11 ★★★ ［★★★］は、湖南省を中心に湘軍を組織した。（関西大）

曽国藩

□12 ★★★ ［★★★］は、安徽省を中心に淮軍を組織した。（関西大）

李鴻章

□13 ★★ 太平天国は、曽国藩の［★★］軍や李鴻章の［★★］軍ら郷勇、欧米人が指揮する常勝軍に追い詰められ、1864年に滅亡した。（センター、早稲田大）

湘軍, 淮軍

□14 ★★★ **第2次アヘン戦争での敗北、太平天国に対する常勝軍の活躍**で近代化の必要を痛感した清は、1860年代以降［★★★］運動に取り組んだ。（京都大、関西学院大）

洋務運動

□15 ★★ 洋務運動は、「［★★］」の立場から［★★］教にのっとった中国の伝統的な政治・社会制度を維持しつつ、**ヨーロッパの近代的な技術を導入する富国強兵政策**であった。（北海道大）

中体西用（洋×）, 儒教

◆結局は従来の専制体制を維持したため、伝統的な中華思想や官僚による私物化が足かせとなって挫折した。

□16 ★★ 洋務運動は、[★★]・[★★]・左宗棠(さそうとう)などの**漢人官僚を中心に**進められた。(東京農業大)
曽国藩(そうこくはん), 李鴻章(りこうしょう) ※順不同

□17 ★★★ 太平天国の乱の平定後、[★★★]と呼ばれる**比較的安定した時代**が始まった。(法政大)
同治中興(どうちちゅうこう)

□18 ★★ 李鴻章の組織した淮軍を母体として、[★★]軍が作られた。(近畿大)
北洋軍(ほくよう)

15 ロシアの東方進出

ANSWERS □□□

□1 ★★ 1847年、ロシア皇帝ニコライ1世は[★★]を初代**東シベリア総督**に任命した。(駒澤大)
ムラヴィヨフ

□2 ★★★ ロシアは第2次アヘン戦争に乗じて、1858年に清と[★★★]条約を結んだ。(南山大)
アイグン条約

□3 ★★ ロシアは、アイグン条約で[★★]以北を領有した。(センター)
黒竜江(こくりゅうこう)(アムール川(がわ))

◆ロシア・中国・モンゴルを流れる黒竜江は、17世紀からロシアと清(しん)の係争地だった。

□4 ★★★ ロシアは、1860年の北京(ペキン)条約で**ウスリー川以東**の[★★★]を領有した。(北海道大)
沿海州(えんかいしゅう)

□5 ★★★ ロシアは**極東政策**の拠点として、日本海に面する軍港[★★★]を建設した。(センター)
ウラジヴォストーク

□6 ★★ ロシアは、19世紀後半に中央アジア南部に侵攻し、[★★]=ハン国・ヒヴァ=ハン国を保護国とし、[★★]=ハン国を併合して、ロシア領トルキスタンを形成した。(上智大)
ブハラ(ボハラ)=ハン国, コーカンド=ハン国

□7 ★★★ 1870年代、ロシアは[★★★]教徒の反乱を機に新疆(しんきょう)のイリに出兵し(イリ事件)、1881年に清と[★★★]条約を締結した。(京都府立大、神戸学院大)
イスラーム教徒, イリ条約

▼ロシアと清が結んだ条約

年	条約	内容
1689年	ネルチンスク条約	国境をアルグン川とスタノヴォイ山脈(外興安嶺(そとこうあんれい))に画定
1727年	キャフタ条約	西部の国境画定/通商規定
1858年	アイグン条約	ロシアは黒竜江以北を獲得
1860年	北京条約	ロシアは沿海州を獲得
1881年	イリ条約	清はイリ地方の領土を回復 ロシアは通商上の特権獲得

⚠ロシアと清が結んだ条約は「並べ替え形式」で出題されやすいので注意!

□8 ★★ 日清戦争後、ロシアは［★★］鉄道や［★］軍港などの各種権益を中国東北部に獲得した。これらは［★★］戦争の遠因となった。（北海道大、京都大）

◆ロシアは**チタとウラジヴォストークを結ぶ路線**として東清鉄道を建設した。

東清鉄道，旅順軍港，日露戦争

16 日清戦争

ANSWERS □□□

歴総 □1 ★★★ 1894年、朝鮮南部で**東学の地方幹部**の［★★★］を指導者とする［★★★］が起きた。（新潟大）

全琫準（チョンボンジュン），甲午農民戦争（東学の乱）

歴総 □2 ★★★ 1894年、朝鮮政府は甲午農民戦争鎮圧のため清に援軍を求めたが、日本も対抗して出兵し、［★★★］戦争が勃発した。（試行調査、新潟大）

日清戦争

歴総 □3 ★★ 日清戦争は、平壌と［★］での戦いによって、［★★］軍の優勢が決定的となった。（上智大）

黄海，日本

歴総 □4 ★★ 日清戦争で、日本は中国東北地方に侵入し、［★★］半島を占領した。（上智大）

遼東半島

□5 ★★ 日清戦争で、日本は**威海衛**を攻略し、李鴻章が率いる［★★］艦隊を壊滅させた。（上智大）

北洋艦隊

歴総 □6 ★★★ 1895年、［★★★］を全権とする清と、［★★★］・陸奥宗光を全権とする日本は［★★★］条約を締結し、清は**朝鮮の独立を認めた。**（関西大）

李鴻章，伊藤博文，下関条約

歴総 □7 ★★★ 清は、下関条約で日本に［★★★］半島・台湾・［★★★］諸島を割譲した。（立教大）

◆澎湖諸島は、大小合わせて90のサンゴ礁に囲まれた島々からなる列島である。

遼東半島，澎湖諸島

歴総 □8 ★★★ 日清戦争後の1895年、**ロシア**は**フランス・ドイツ**を誘って［★★★］を行い、日本に**遼東半島の領有を放棄**させた。ロシアはその見返りに、1896年に清から［★★★］鉄道の敷設権を獲得した。（千葉大）

◆このときのロシア皇帝はニコライ2世。東清鉄道の敷設権を得たロシアは、東清鉄道とシベリア鉄道を連結した。

三国干渉，東清鉄道

歴総 □9 ★★ 日本は台湾に［★★］を設け、植民地支配を行った。（東京都立大）

台湾総督府

17 列強の中国分割

ANSWERS □□□

□1 ★★★ 列強諸国は、**日清戦争での清の敗北**を期に、[★★★]地の獲得競争を激化させた。 (立命館大)

租借地

□2 ★★★ **ロシア**は、[★★★]半島南部の[★★]・大連を租借した。 (北海道大、立命館大)

遼東半島, 旅順

□3 ★★★ 1897年の宣教師殺害事件をきっかけに、**ドイツ**は[★★★]湾を租借し、[★★]で海軍基地を建設した。 (学習院大、早稲田大)

膠州湾, 青島
広×

□4 ★★★ **イギリス**は**山東半島**の[★★★]、香港に隣接する[★★★]半島を租借し、広大な長江流域を勢力範囲とした。 (神戸女学院大)

◆威海衛は山東半島東北端の港。山東半島は、遼東半島とともに東アジアの歴史に頻繁に登場する。

威海衛,
九竜半島

□5 ★★ イギリスが1898年に租借した九竜半島と付属する島々のことを、総称して[★★]という。 (センター)

◆イギリスは、1898年に九竜半島全域を99年間の期限を付けて租借した。

新界

□6 ★★★ **フランス**は、1899年に[★★★]湾を租借し、フランス領インドシナに隣接する広西・広東・雲南の3省を勢力範囲とした。 (早稲田大)

広州湾

歴総 □7 ★★ **日本**は、1898年に**台湾の対岸に位置**する[★★]省を勢力範囲とした。 (法政大、関西学院大)

福建省

□8 ★★★ 中国進出に遅れを取った**アメリカ**は、国務大臣の[★★★]が門戸開放宣言を発して中国分割の勢いを止めようとした。 (千葉大)

◆当時、アメリカはアメリカ=スペイン戦争を戦っており、戦争の結果フィリピンを獲得した。

ジョン=ヘイ

□9 ★ 華北の農村では、清朝に[★]として公認された宗教的武術集団が、北京や天津で**外国人を攻撃**した。 (慶應義塾大)

団練

□10 1901年、[★]に**日本租界**が設置された。 (京都大)
★

◆この地域で唯一の租界であった。

重慶

▼中国における列強の勢力範囲

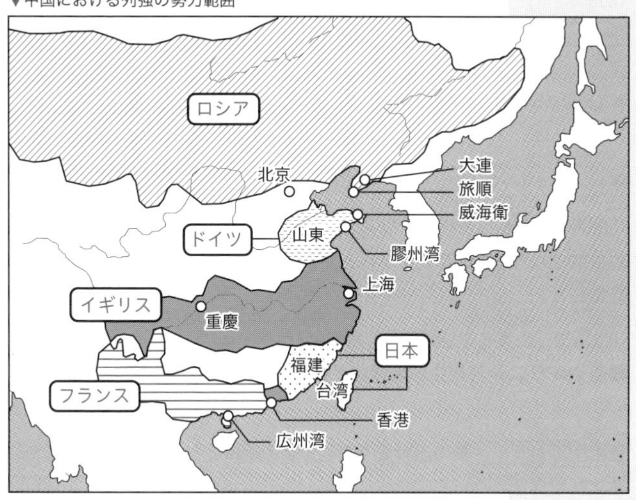

18 清の国政改革

ANSWERS □□□

□1 日清戦争の敗北で洋務運動の限界が明らかになると、**日本の明治維新**を手本に[★★★]制を導入して政治改革を行う[★★★]を求める意見が台頭した。 (京都大)
★★★

◆王朝創設以来の政治のやり方を変えることを「変法」という。

◆日本はこのころ、大日本帝国憲法公布（1889年）と議会開設（90年）により、**欧米以外の国で初めて立憲政治を開始**した。

立憲君主制,
変法

□2 清末、五経の1つである『[★★]』の注釈を重視し、**孔子**の説を実践的政治理念と捉える[★★]学が流行した。 (学習院大)
★★

◆日清戦争の敗北後、公羊学派の知識人らが政治改革を試みるも、失敗に終わった。

春秋,
公羊学

□3 清末の学者[★★★]は、公羊学を軸とした内政改革の必要性を訴えた。 (センター)
★★★

康有為

□4 康有為は[★★★]らとともに**変法運動を主導**した。
★★★
(京都女子大)

梁啓超

X 18 清の国政改革

□5 ★★★ 1898年、康有為は光緒(こうしょ／こうちょ)帝に登用され、［★★★］と呼ばれる改革を進めた。（センター、京都大）

戊戌(ぼじゅつ)の変法(へんぽう)

□6 ★★★ **1898年**、変法運動に反対した保守派と［★★★］が［★★★］を起こし、改革を推進する光緒帝を幽閉した。（千葉大）

西太后(せいたいこう)，戊戌(ぼじゅつ)の政変(せいへん)

◆光緒帝は軍事力を握る袁世凱を味方につけようとしたが、袁世凱は西太后の側についてクーデタを起こした。このクーデタにより、戊戌の変法は3カ月あまりで頓挫した。

◆その後、康有為や梁啓超は日本へ亡命した。

□7 ★★ 1860年、［★★］条約でキリスト教の布教の自由が認められて以降、各地で反キリスト教運動の［★★］が発生した。（立命館大）

北京(ペキン)条約，教案(きょうあん)（仇教運動(きゅうきょううんどう)）

□8 ★★ 19世紀末、山東省(さんとうしょう)で結成された**宗教結社**の［★★］は、**鉄道やキリスト教教会の破壊などの運動**を展開した。（京都大）

義和団(ぎわだん)

□9 ★★ 義和団は［★★］教の流れをくむ、武術を修練した宗教結社である。（立命館大）

白蓮教(びゃくれんきょう)

□10 ★★★ 1900年、列強の進出で困窮した民衆の不満を背景に、義和団が「［★★★］」を掲げて排外運動を起こした。（千葉大、上智大）

扶清滅洋(ふしんめつよう)

◆「扶清滅洋」は、「清を扶(たす)けて洋（＝外国）を滅ぼす」という意味。また、「除教安民(じょきょうあんみん)」というスローガンも掲げられた。これは「キリスト教を排除し、民衆に平和をもたらす」という意味。

歴総 □11 ★★★ 義和団は北京の外国公使館を包囲し、**清朝も同調して列強に宣戦布告した。**これに対し、日本とロシアを中心とする［★★★］カ国は共同出兵して北京を占領した。この出来事を［★★★］戦争という。（青山学院大）

8カ国，義和団(ぎわだん)戦争

歴総 □12 ★★ 西太后の宣戦布告に対して共同出兵したのは［★★］・［★★］・イギリス・フランス・アメリカ・ドイツ・オーストリア・イタリアの**8カ国連合軍**である。（慶應義塾大、立命館大）

日本(にほん)，ロシア

◆設問の8カ国は兵士数の多い順である。当時イギリスは南アフリカ戦争、アメリカはフィリピン=アメリカ戦争を戦っていたため兵力をこちらに割けず、日本とロシアが主力となった。

□13 ★★ 連合軍が北京を占領した直後、西太后は [★★] 帝を連れて北京を脱出し、陝西(せんせい)省の [★] に逃亡した。 （京都女子大、立命館大）

光緒(こうしょ)帝, 西安(せいあん)

□14 ★★★ 1901 年、義和団戦争の講和条約として、清朝と 11 カ国は [★★★] を締結した。 （センター、東京都市大）

◆この 11 カ国とは、出兵した 8 カ国とベルギー・オランダ・スペインである。

北京議定書(ペキンぎていしょ) (辛丑和約(しんちゅうわやく))

□15 ★★ 北京議定書により、清朝は多額の賠償金支払い、北京の公使館区域における列国軍隊の [★★] 権などを承認し、**中国の半植民地化が決定的**となった。 （学習院大）

⚠第２次アヘン戦争の北京条約で**外国公使の北京駐在権**が規定されたことと、義和団戦争の北京議定書で**外国軍隊の北京駐屯権**が認められたこととの混同に注意！

駐屯(ちゅうとん)権

歴総 □16 ★★★ **ロシア**は、義和団戦争を口実に占領した [★★★] から撤兵せず、さらに朝鮮半島への進出も試みたが、同じく朝鮮半島への進出を目指す日本と対立して [★★★] 戦争が勃発した。 （明治大）

満洲(まんしゅう), 日露(にちろ)戦争

歴総 □17 ★ 1905 年３月、日本は [★] 会戦(かいせん)でロシアに勝利した。 （予想問題）

◆日本は、1905 年 1 月に旅順(りょじゅん)要塞も陥落させた。

奉天(ほうてん)会戦
※会戦＝双方の軍が出会って戦うこと。

歴総 □18 ★★ 1905 年５月、日本は [★★] 海戦でロシアのバルチック艦隊に勝利したが、日本の国力は限界を迎えていた。 （予想問題）

日本海(にほんかい)海戦
※海戦＝海上で軍艦同士が戦うこと。

歴総 □19 ★★★ 1905 年９月、[★★★] 革命に起因する内政と軍部の混乱により日露戦争は終結し、[★★★] 条約が締結された。 （センター、上智大）

1905 年革命 (第1次(だいいちじ)ロシア革命), ポーツマス条約

歴総 □20 ★★★ ポーツマス条約で、日本は [★★★] の指導・監督権、遼東半島南部の租借権、[★★★] 鉄道と沿線の利権、[★★] の南半分などを獲得した。 （南山大）

◆遼東半島南端の旅順・大連地区を、日本は「**関東州**」と呼んだ。

韓国(かんこく), 南満洲(みなみまんしゅう)鉄道, 樺太(からふと) (サハリン)

歴総 □21 ★★★ アメリカ大統領の [★★★] は、ポーツマス条約を仲介した。 （センター）

セオドア=ローズヴェルト

歴総 □22 ★★ ポーツマス条約の全権代表は、日本側が小村寿太郎(こむらじゅたろう)、ロシア側が [★★] であった。 （センター）

ウィッテ

X 18 清の国政改革

歴総 □23 ★★ 日露戦争後の［★★］協約では、満洲・中国・モンゴルにおける両国の利益尊重と相互の勢力範囲の設定を約束した。（桜美林大）

日露協約

□24 ★★★ 義和団戦争後、西太后政権のもとで**近代化改革**を目指す［★★★］が開始され、**立憲君主制**を目指す方針も示された。（東京女子大、早稲田大）

［光緒］新政

□25 ★★★ 光緒新政では、1905年に［★★★］の廃止が断行された。（中央大）

科挙

□26 ★★★ 光緒新政では、1908年に日本の明治憲法を模範とする［★★★］が制定された。（早稲田大）

憲法大綱

□27 ★★★ 光緒新政では、1910年に［★★★］の公約がなされた。（中央大）

国会開設の公約

□28 ★★ 光緒新政の一環として、［★★］と呼ばれる**西洋式軍隊の整備**が行われた。（学習院大、早稲田大）

◆新軍の整備には、袁世凱も携わった。

◆光緒新政では、他にも学校の設立など数多くの新政策が打ち出された。この時期は海外への中国人留学生が増加し、日本が人気の留学先であった。

新軍

19 孫文と辛亥革命

ANSWERS □□□

□1 ★★ 1894年、［★★］はハワイに渡り、革命団体の［★］会を組織した。（九州大）

孫文，興中会

□2 ★★★ **1905年**、孫文は日本の［★★］で興中会・［★］会・光復会などの革命諸団体を統合して［★★★］会を結成した。（センター、京都女子大）

◆この時代、中国から日本に亡命した革命家や学者、ジャーナリストらが大勢いた。

東京，華興会，中国同盟会

□3 ★ 華興会は**湖南省**の団体で、代表的人物には［★］や宋教仁がいる。（上智大）

黄興

□4 ★ 章炳麟らの光復会は、［★］省の団体である。（上智大）

浙江省

□5 ★★★ 孫文は革命理念として、**民族の独立・民権の伸張・民生の安定**を内容とする［★★★］主義を唱えた。（立教大）

三民主義

□6 ★★ 孫文らの中国同盟会は、**機関紙**『［★★］』を発刊して革命思想の普及に努めた。(中央大)

◆中国同盟会は、三民主義とともにそれに基づく**四大綱領**（「駆除韃虜（くじょだつりょ）・恢復（かいふく）中華・創立民国・平均地権」）を掲げた。

民報（みんぽう）

□7 ★★★ 1911年、清朝は［★★★］**の国有化**と外国からの借款による鉄道建設の方針を表明した。(慶應義塾大、獨協大)

幹線鉄道（かんせんてつどう）の国有化

□8 ★★★ 幹線鉄道の国有化に対し、民族資本家らは激しく反対し、［★★★］では**暴動**が起こった。(慶應義塾大)

四川（しせん）

□9 ★★★ 1911年に湖北省で起こった［★★★］蜂起を受けて14省は独立を宣言し、［★★★］革命が起こった。(関西学院大)

武昌（ぶしょう）蜂起,
辛亥（しんがい）革命

□10 ★★★ 1912年1月1日、辛亥革命で独立を宣言した各省の代表たちにより、南京（ナンキン）で［★★★］**が建国**された。(慶應義塾大)

中華民国（ちゅうかみんこく）

□11 ★★★ 中華民国臨時政府では、［★★★］が臨時大総統（だいそうとう）に就任した。(上智大)

孫文（そんぶん）

□12 ★★★ 1912年2月、辛亥革命によって［★★★］が退位し、約300年間にわたって存続した**清朝は滅亡**した。(早稲田大)

宣統帝（せんとうてい）（溥儀（ふぎ））

□13 ★★ 1912年3月、第2代臨時大総統の［★★］は暫定憲法の［★］を公布した。(上智大)

袁世凱（えんせいがい）,
臨時約法（りんじやくほう）

□14 ★★ 袁世凱は、自身の権限を制約しようとする議会と対立し、国民党を率いる［★★］を暗殺した。(上智大)

宋教仁（そうきょうじん）

□15 ★★ 宋教仁暗殺を受け、［★★］革命と呼ばれる武装蜂起が起こったが、袁世凱に鎮圧された。(駒澤大)

第二革命（だいにかくめい）

□16 ★★★ 1913年の第二革命鎮圧後、［★★★］が**正式**に中華民国の［★★★］に就任すると、国民党を解散させ、国会の停止などを行って独裁を強めた。(中央大)

袁世凱（えんせいがい）,
大総統（だいそうとう）

□17 ★★ 孫文は袁世凱による弾圧から逃れて来日し、1914年に**東京**で［★★］党を組織した。(慶應義塾大)

中華革命党（ちゅうかかくめいとう）

□18 李鴻章の死後、袁世凱は [★★] 軍を掌握した。 (関西学院大)
★★
◆北洋軍の起源は李鴻章が統括した軍隊で、私兵としての性格が強く、日清戦争では日本軍の侵攻を持ちこたえられなかった。

北洋軍

□19 1915年末、袁世凱が**帝政復活を宣言**すると、それに反対する国民党系の地方軍人らが [★★] 革命を起こし、宣言は撤回された。 (慶應義塾大、同志社大)
★★
◆袁世凱は、独裁を進めるために自ら帝位に就こうとした。

第三革命

□20 袁世凱の死後、列強の支援を受けた [★★] が各地に分立し、互いに抗争する不安定な政情が十数年にわたって続いた。 (同志社大)
★★

軍閥

□21 袁世凱の死後、北洋軍閥は [★] 派と [★] 派に分裂した。この他に、東三省を拠点とする [★★] 派など複数の地方軍閥があった。 (専修大)
★★

安徽派, 直隷派 ※順不同, 奉天派

□22 安徽派の首領は [★] である。 (予想問題)
★

段祺瑞

□23 直隷派の中心人物は、馮国璋・曹錕・ [★] である。 (予想問題)
★

呉佩孚

□24 奉天軍閥の首領は [★★] である。 (駒澤大)
★★

張作霖

□25 辛亥革命に際し、外モンゴルは独立を宣言し、**チベット**では [★★] 世が独立を布告した。 (東京大)
★★
◆清による間接統治や漢語教育に対する不満を背景に、清末には漢民族のみならず周辺民族にも独立の機運が高まっていた。

ダライ=ラマ13世

□26 モンゴルの [★★] は、**ロシア革命の影響**を受けて [★★] 党を組織した。 (慶應義塾大)
★★

チョイバルサン, モンゴル人民革命党

□27 1924年、モンゴル人民革命党はソ連の援助のもと、**外モンゴル**に [★★] 共和国を建てた。 (青山学院大)
★★
◆この国は、**世界で2番目の社会主義国**であった。

モンゴル人民共和国

20 中国革命の展開

ANSWERS □□□

□1 ★★★ 1910年代の中国では、政治の混迷に対して根本的な社会変革を目指す機運が高まり、[★★★]運動と呼ばれる**啓蒙運動**が起こった。(学習院大)

新文化運動

□2 ★★★ 1917年、新文化運動の一環として、**白話文学**(**口語文学**)を中心に[★★★]革命が展開された。(法政大)

文学革命

□3 ★★★ 新文化運動の中心人物である[★★★]は、雑誌『新青年』を刊行した。(学習院大)

◆『新青年』(創刊時は『青年雑誌』だが翌年に改称)は青年知識人層に熱烈に支持された。

陳独秀

□4 ★★ 陳独秀は「[★★]」をスローガンに、儒教に代表される中国の旧文化を打倒し、西洋の文化を積極的に取り入れるべきだと主張した。(学習院大)

民主と科学

□5 ★★★ 1917年、胡適は『**新青年**』誌上で[★★★]文学を提唱した。(早稲田大)

◆それまでの文語体による文学を否定し、口語体を使用するという主張は、大きな衝撃を与えた。

白話文学(口語文学)

□6 ★★★ [★★★]は『新青年』で白話小説『**狂人日記**』を発表した。(法政大)

◆彼は『阿Q正伝』を著したことでも知られる。

魯迅

□7 ★★ [★★]大学は、新文化運動において主導的な役割を果たした。(法政大)

北京大学

□8 ★★ 北京大学の教授である[★★]は、マルクス主義を中国に紹介した。(関西大)

◆李大釗は、のちに中国共産党創設の中心人物となった。

李大釗

□9 ★★ 1918年にアメリカ大統領[★★]が発表した「[★★]」には、**民族自決**の項目が盛り込まれていたため、中国では諸権利の回復が期待された。(センター)

ウィルソン, 十四カ条

□10 ★★★ 1919年、[★★★]会議で中国は[★★★]の破棄と山東(さんとう)省のドイツ利権返還を要求したが、拒否された。これに抗議して、北京大学の学生を中心に[★★★]運動が起きた。（センター、学習院大）

パリ講和(こうわ)会議、二十一カ条の要求(にじゅういっかじょうのようきゅう)、五・四(ごし)運動

◆ヴェルサイユ条約の案では、山東省のドイツ利権を日本に譲渡することになっていた。五・四運動は全国の市民・労働者に広まり、中国民衆に反帝国主義の世論をもたらした。

□11 ★★ 1919・20年の２度、ソヴィエト政権は[★★]宣言を発表し、ロマノフ朝時代のロシアが清(しん)から獲得した権益を放棄することを取り決めた。（北海道大）

カラハン宣言

◆パリ講和会議に落胆する中国で反響を呼んだが、ソヴィエト政権もその後成立したソ連も、この取り決めを実行しなかった。

□12 ★★★ 五・四運動の高まりを受け、段祺瑞(だんきずい)率いる中国政府は[★★★]条約への調印を拒否した。（センター）

ヴェルサイユ条約

□13 ★★★ 1922年、中国はワシントン会議で[★★★]条約を締結し、中国の主権が尊重された。（センター）

九カ国(きゅうかこく)条約

◆二十一カ条の要求の一部破棄などが実現し、並行して日本との交渉で山東利権を回復した。

□14 ★★★ 1919年、五・四運動を契機にナショナリズムが高揚すると、孫文は秘密結社であった[★★]党を改組し、大衆政党の[★★★]党を組織した。（学習院大）

中華革命(ちゅうかかくめい)党、中国国民(ちゅうごくこくみん)党

□15 ★★★ 1921年、陳独秀を初代委員長とする[★★★]党が[★★★]で結成された。（早稲田大）

中国共産(ちゅうごくきょうさん)党、上海(シャンハイ)

□16 ★★★ 1924年、[★★]の指導を受け、中国共産党と中国国民党は第１次[★★★]を決定した。両党は協力して中国の統一を目指した。（センター）

コミンテルン、第１次国共合作(こっきょうがっさく)

◆1917年のロシア革命をきっかけに、中国の思想界では社会主義と民族解放闘争への関心が高まっていた。

□17 ★★★ 1924年１月、孫文は中国国民党一全大会で「[★★★]・[★★★]・[★★★]」の政策を採択した。（愛知学院大）

連(れん)ソ、容共(ようきょう)、扶助工農(ふじょこうのう)

◆「ソ連と連携し、中国共産党を容認し、労働者や農民の運動を支え、革命を推進する」の意。孫文がソ連の外交官ヨッフェとの会談で確認し党一全大会で採択された。

□18 ★★ 1925年、[★★]は軍閥打倒を果たせないまま病死した。（専修大）

孫文(そんぶん)

◆孫文は「**革命いまだ成らず**」と遺言を残した。

□19 ★★★ 1925年5月、上海の日本人経営の紡績工場での労働争議を契機に [★★★] 運動が起こり、反帝国主義が広がりをみせた。(京都大、大阪経済大)

五・三〇(ご・さんじゅう)運動

□20 ★★ 1925年7月、中国国民党は [★★] で国民政府を樹立した。(京都府立大)

広州(こうしゅう)

□21 ★★★ 中国国民党は、蔣介石(しょうかいせき)を校長とする [★★] 学校を創立し，その卒業生を中心に [★★★] 軍を組織した。(立命館大)

黄埔軍官学校(こうほぐんかん),
国民革命軍(こくみんかくめい)

□22 ★★★ 1926年、孫文の後継者となった [★★★] 率いる国民革命軍は、**軍閥打倒・中国統一**を目指して [★★★] **を開始**した。(京都府立大)

蔣介石(しょうかいせき),
北伐(ほくばつ)
閥×

□23 ★★ 1927年、[★★] と中国共産党は政府の中心を広州から [★★] に移した。(上智大)

国民党左派(こくみんとうさは),
武漢(ぶかん)

□24 ★ 武漢政府の主席は [★] が務めた。(上智大)

汪兆銘(おうちょうめい)

□25 ★★★ 1927年、北伐中の蔣介石は [★★★] を起こして**中国共産党を弾圧**し、新たに [★★★] に国民政府を立てて主席となった。(京都府立大、愛知大)

◆上海クーデタ後、武漢政府首班の汪兆銘ら国民党左派も反共を表明した。

上海(シャンハイ)クーデタ,
南京(ナンキン)

□26 ★★★ 1927年、武漢政府は内部分裂し、国民党左派が [★★★] 政府に合流した。(関西大)

◆中国共産党は排除された。

南京国民政府(ナンキンこくみん)

□27 ★★ 上海クーデタを経て、第1次 [★★] は崩壊した。この状況を国共分裂という。(予想問題)

◆中国共産党の革命運動は都市から農村へと重点を移した。

第1次国共合作(こっきょうがっさく)

□28 ★★ 上海を拠点とする [★★]・[★★] 出身の資本家(しほんか)(浙江財閥(せっこうざいばつ))は、1927年の上海クーデタを支援して南京国民政府の経済を支えた。(上智大)

◆浙江財閥の1つである宋(そう)家の三姉妹は、次女の慶齢(けいれい)が孫文(そんぶん)と、三女の美齢(びれい)が蔣介石とそれぞれ結婚した。三姉妹それぞれが激動の時代の中国で異なる立場から権力を手にし、同時に引き裂かれた。宋家の三姉妹は映画などの題材にもなっている。

浙江(せっこう)，江蘇(こうそ)
※順不同

□29 ★★ 1928年4月、蔣介石が北伐を再開し、**奉天派**の [★★] を**北京から駆逐して北伐を完了**させ、ほぼ中国の統一を完成させた。（京都府立大） 張作霖

◆蔣介石は軍閥を中国国民党に入党させつつ北上し、6月に北伐を完成させた。

歴総 □30 ★★ 1928年、日本の**田中義一内閣**が北伐に干渉して山東に出兵したことから、[★★] 事件が生じた。（慶應義塾大） 済南事件

歴総 □31 ★★★ 1928年、関東軍は張作霖を列車ごと爆破するという [★★★] 事件を起こした。（高崎経済大） 張作霖爆殺事件（奉天事件）

歴総 □32 ★★★ [★★★] は、父の張作霖の暗殺をうけ、**国民政府への支持**を表明した。（青山学院大） 張学良

◆蔣介石は12月には**張学良**の支持も得て、共産党以外すべての反対勢力を一掃することに成功した。

歴総 □33 ★★★ 1931年、関東軍は [★★] 郊外の [★★★] で**鉄道を爆破**し、これを張学良指揮の軍の仕業であるとして軍事行動を起こして、東北地方を占領した。（センター、早稲田大） 奉天, 柳条湖

歴総 □34 ★★★ 1931年9月、関東軍は柳条湖事件をきっかけに [★★★] を開始した。（明治大） 満洲事変

歴総 □35 ★★ 満洲事変に対する国際社会の注意をそらすため、日本軍は1932年に [★★] を起こした。（日本大） 上海事変

歴総 □36 ★★★ 1932年、関東軍は清朝最後の皇帝であった [★★★] を**執政**にすえ、日本の傀儡国家である [★★★] 国を建国させた。（東洋大） 溥儀, 満洲国

◆傀儡国家とは、名目上は独立しているが、実質的には他国の意志に従って統治を行う国のこと（傀儡は、操り人形を意味することば）。

歴総 □37 ★★ 満洲事変の背景には、[★★] による経済危機を広域経済圏の形成をはかることで解決しようという目的があった。（東京都市大） 世界恐慌

歴総 □38 ★★★ **国際連盟**は、中国政府から満洲国建国の無効と日本軍の撤退に関する提訴を受け、[★★★] 調査団を派遣した。（予想問題） リットン調査団

歴総 □39 ★★★ 1933年、総会でリットン調査団の報告書が採択されると、日本はこれを不服として［★★★］を脱退した。（早稲田大）

国際連盟（こくさいれんめい）

◆報告書では、日本の行為は侵略であると認定された。審議の結果、賛成42カ国、反対は日本のみ（棄権1カ国）で採択された。

歴総 □40 ★ 1933年、国民政府は日本と［★］協定を結び、事実上満洲国の存在を黙認した。（上智大）

塘沽停戦協定（タンクーていせん）

歴総 □41 ★★ 1935年、日本の関東軍は［★★］政府を組織し、**華北への軍事行動**を強めた。（慶應義塾大）

冀東防共自治政府（きとうぼうきょうじち）

◆河北・チャハル省を国民政府から切り離した関東軍のこの行動により、日本政府の国民政府との関係改善交渉は失敗に終わった。

□42 ★★ 1935年、国民政府は［★★］改革を行い、［★★］を統一通貨として流通させた。（慶應義塾大）

幣制改革（へいせい），法幣（ほうへい）

□43 ★★★ 中国共産党は、党の軍隊として［★★★］軍を組織した。（関西学院大）

紅軍（こう）

□44 ★★ 1927年、中国共産党の［★★］は江西省と湖南省との境の［★★］を革命の根拠地とした。（立命館大）

毛沢東（もうたくとう），井崗山（せいこうざん）

□45 ★★★ **1931年**、中国共産党は江西省の瑞金（ずいきん）に［★★★］政府を樹立した。（早稲田大）

中華ソヴィエト共和国臨時政府（ちゅうか きょうわこくりんじ）

□46 ★★★ 1934年、蔣介石の攻撃で瑞金が陥落すると、紅軍は［★★★］を開始し、［★★★］を中心とする陝西（せんせい）・甘粛省（かんしゅく）へ移動した。（早稲田大）

長征（ちょうせい），延安（えんあん）

□47 ★★★ 長征の途上で開かれた［★★］会議で、［★★★］が中国共産党の指導権を確立した。（早稲田大）

遵義会議（じゅんぎ），毛沢東（もうたくとう）

□48 ★★★ 1935年、共産党は全国民に向けて**内戦停止と民族統一戦線の結成**を呼びかける［★★★］宣言を行った。（早稲田大）

八・一宣言（はち いち）

□49 ★★★ 八・一宣言を受けて、1936年、［★★★］は蔣介石を監禁する［★★★］事件を起こし、**国共内戦の停止と抗日（こうにち）民族統一戦線**を要求した。［★★★］は共産党の代表として、平和的な解決に尽力した。（法政大、立命館大）

張学良（ちょうがくりょう），西安事件（せいあん），周恩来（しゅうおんらい）

◆このショッキングな事件を世界で最初に報道したのは、日本の同盟通信社（共同通信社・時事通信社の前身）の記者であった。

21 日本の大陸進出

ANSWERS □□□

歴総 □1 ★★ 1862年、鹿児島藩(薩摩藩)は**イギリス人を殺傷する事件**を起こした(★★ 事件)。翌年、イギリス艦隊は事件の報復のため鹿児島湾に来攻し、鹿児島藩と ★★ 戦争を起こした。(試行調査)

→ 生麦事件, 薩英戦争

歴総 □2 ★★ 1871年、日本と清は**対等な**関係の ★★ を結んだ。(共通テスト)

⚠日清修好条規は**対等な条約**だったが、日朝修好条規(江華条約)は**不平等な条約**だったことに注意しよう!

→ 日清修好条規

歴総 □3 ★★ 1872年、日本は琉球王国に ★★ 藩を設置した。(日本大)

→ 琉球藩

歴総 □4 ★★★ 1874年、日本は現地に漂着した**琉球船の乗組員が殺害されたことを口実**に、 ★★★ に出兵した。(センター)

◆台湾出兵は、近代日本にとって初めての海外出兵だった。

→ 台湾

歴総 □5 ★★★ 1875年、日本はアレクサンドル2世時代のロシアと ★★★ 条約を結び、北辺の領土を画定した。(共通テスト)

◆樺太全島をロシア領、千島列島全島を日本領と定めた。

→ 樺太・千島交換条約

歴総 □6 ★★ 1879年、日本は琉球藩を廃して ★★ 県を設置し、日本の領土とした。この施策を ★★ という。(学習院大)

→ 沖縄県, 琉球処分

歴総 □7 ★★ 1895年、日本は下関条約で ★★ を獲得し、**総督府**を置いた。(センター)

→ 台湾

歴総 □8 ★★★ 朝鮮は下関条約で独立し、1897年には ★★★ となったが、日本は3次にわたる ★★ 協約を通じて**保護国化**を進めた。(センター)

→ 大韓帝国, 日韓協約

歴総 □9 ★★★ 日露戦争後、アメリカ大統領 ★★★ の調停で、日本とロシアは ★★★ 条約を結び、日本は韓国の指導・監督権を得た。(学習院大)

→ セオドア=ローズヴェルト, ポーツマス条約

歴総 □10 ★★★ 1909年、初代統監の ★★★ が ★★★ に暗殺されると、翌年韓国を併合した。(センター)

◆台湾と韓国を併合した日本は**同化政策**を推進するなど植民地支配を強化していった。

→ 伊藤博文, 安重根

歴総 □11 ★★ 1914年、第一次世界大戦が勃発すると、日本は日英同盟に基づいて [★★] に宣戦布告した。（愛知大）

ドイツ

歴総 □12 ★★★ 第一次世界大戦で日本は、ドイツの租借地である膠州湾の [★★★]、太平洋上のドイツ領 [★] 諸島を占領した。（順天堂大）

青島(チンタオ)，南洋(なんよう)諸島

歴総 □13 ★★★ 1915年、日本の [★] 内閣は、**袁世凱**政府に**山東(さんとう)の旧ドイツ権益の譲渡**などを含む [★★★] を突きつけた。（慶應義塾大）

◆中国の主権を無視する屈辱的な内容だったため、中国人の対日感情が悪化した。

大隈重信(おおくましげのぶ)，二十一カ条(にじゅういっかじょう)の要求(ようきゅう)

歴総 □14 ★★ 1917年、日本はアメリカと [★★] 協定を結び、中国における自らの既得権益を認めさせた。（青山学院大）

石井(いしい)・ランシング協定

歴総 □15 ★★★ 1925年、日本国内では [★★★] 法が制定され、**言論や社会運動の抑制**が図られると、軍国主義化が進んだ。（センター）

◆敗戦後に廃止されるまでの20年間に改定を重ね、処罰の対象を拡大しながら思想・学問・政治活動などの弾圧手段として濫用された。

◆同じく1925年、男性普通選挙法も制定された。

治安維持法(ちあんいじ)

歴総 □16 ★★★ 蔣介石率いる国民革命軍が北伐(ほくばつ)を進めると、日本は1927年から３度にわたって [★★★] に出兵した。

◆当時の日本は田中義一(たなかぎいち)内閣である。（予想問題）

山東(さんとう)

歴総 □17 ★★★ 中国の東北を支配していた奉天(ほうてん)軍閥の [★★★] を日本は支援していたが、彼が**北伐軍に敗れると**、[★★★] 軍は列車ごと爆殺した。（帝京大）

◆次第に独自路線を強めていた張作霖に代わる政権を樹立し、北伐を避け、東北地方を直接支配することが狙いであった。

張作霖(ちょうさくりん)，関東軍(かんとう)

歴総 □18 ★★★ 日本では1932年に**犬養毅(いぬかいつよし)**首相が軍人に暗殺される [★★★] 事件、36年に**青年将校らによるクーデタ未遂**の [★★★] 事件が起きると、軍部が権力を握るようになり議会制民主主義が崩壊した。（早稲田大）

◆当時の日本では関東大震災後の混乱から、27年に金融恐慌が起こり、さらに世界恐慌の影響も重なった。国民は不況を解決できない政府に不満をいだき、テロが横行する状況となった。

◆同じファシズム国家でもドイツではナチ党、イタリアではファシスト党と単独の政党が権力を握ったが、日本で強大な権力をもったのは軍部だった。

五(ご)・一五(いちご)事件，二(に)・二六(にろく)事件

22 日中戦争

ANSWERS □□□

歴総 □1 ★★★ 1937年7月、北京郊外で起こった［★★★］事件を契機に、日中戦争が勃発した。 (上智大)

盧溝橋事件（ろこうきょう）　構×

歴総 □2 ★★★ 中国は第2次国共合作のもと［★★★］を結成し、紅軍は蔣介石指揮下の［★★］軍・［★★］軍に改編された。 (早稲田大)

◆1937年の第2次国共合作は日本の侵略に対する抗日体制の構築が目的だった。

抗日民族統一戦線（こうにちみんぞくとういつせんせん），八路軍（はちろ），新編第四軍（しんぺんだいし）（新四軍（しんし））※順不同

歴総 □3 ★★ 日本軍は1937年12月に［★★］を占領し、翌38年には武漢（ぶかん）を占領した。 (センター)

◆日本軍は南京で多数の中国人を殺害した（南京事件）。

南京（ナンキン）

歴総 □4 ★★ 中国はアメリカ・イギリス・ソ連の支援を受けて、南京→［★★］→［★★］へと遷都しながら抗戦した。 (慶應義塾大)

◆アメリカ・イギリスは国民政府を援助するため、**援蔣（えんしょう）ルート**を設置した。

武漢（ぶかん），重慶（じゅうけい）

歴総 □5 ★ 1938年、日本の［★］内閣は声明で**「国民政府を対手（あいて）とせず」**と述べ、重慶政府との交渉を打ち切り、強硬方針をとった。 (予想問題)

近衛文麿（このえふみまろ）

歴総 □6 ★★ 1939年5月、［★★］国とモンゴル人民共和国との国境付近で**日ソが武力衝突**する［★★］事件が起こり、日本は大敗した。 (上智大)

◆日ソ間の領土をめぐる争いだった。日本・満洲国軍が、ソ連・モンゴル軍に大敗した。

満洲国（まんしゅう），ノモンハン事件

歴総 □7 ★★★ 1940年、日本は［★★★］を首班とした［★★★］政府を組織して占領地域の統治にあたった。 (拓殖大)

汪兆銘（おうちょうめい），南京政府（ナンキン）

歴総 □8 ★★★ 日中戦争開始以後、日本軍が占領した朝鮮や台湾では［★★★］政策が実施され、**日本人への同化が強制**された。 (上智大)

◆朝鮮や台湾の人々に対し、日の丸の掲揚や神社の参拝などを強要する同化政策である。

皇民化政策（こうみんか）

23 近代朝鮮史

ANSWERS □□□

□1 ★★ 1811～12年にかけて、朝鮮半島の西北部では没落した両班(ヤンバン)による［★★］の乱が起きた。（立教大）

◆洪景来は王朝に不満を持つ官僚や窮乏した農民を指揮した。

洪景来(こうけいらい/ホンギョンネ)の乱

□2 ★★ **高宗の父**の［★★］は摂政として**鎖国政策**を推進し、民衆の力を動員して軍事占領を企てる列国を撃退した。（同志社大）

大院君(だいいんくん)

□3 ★★ **高宗の妃とその一族**である［★★］氏は、大院君を失脚させ、国王親政の名目で実権を握った。（明治大）

閔(びん/ミン)氏

歴総 □4 ★★★ 1875年、日本は朝鮮に対して挑発行為を行い、両国軍が武力衝突する［★★★］事件を起こした。（予想問題）

江華島(こうかとう)事件

歴総 □5 ★★★ 1876年、日本は不平等条約である［★★★］を朝鮮と締結した。（青山学院大）

日朝修好条規(にっちょうしゅうこうじょうき)（江華条約(こうかじょうやく)）

歴総 □6 ★ 日朝修好条規で、日本は朝鮮に［★］・［★］・［★］の３港を開港させ、治外法権や日本商品への無関税などを認めさせた。（青山学院大）

釜山(プサン), 仁川(インチョン), 元山(ウォンサン) ※順不同

□7 ★★★ **1882年**、［★★★］を支持する軍隊が漢城で［★★★］を起こした。彼らは閔氏一派を殺害し、日本公使館を襲撃したが、清軍の支援で閔氏政権は復活した。（東京経済大）

大院君(だいいんくん), 壬午軍乱(じんごぐんらん)

歴総 □8 ★★ 壬午軍乱ののち、**保守派**の事大(じだい)党は清と結んで政権の維持をはかった。これに対して、［★★］は**日本と結んで近代化を目指し**、両者の対立が激化した。（関西大）

開化派(かいかは)（独立党(どくりつとう)）

歴総 □9 ★★★ **1884年**、日本軍の協力を得た開化派の［★★★］らは閔氏政権に対してクーデタを起こした。これを［★★★］政変と呼び、袁世凱(えんせいがい)率いる**清軍に鎮圧**された。（センター）

◆金玉均は甲申政変が失敗したのちに日本へ亡命したが、1894年に上海(シャンハイ)で暗殺された。

金玉均(きんぎょくきん/キムオッキュン), 甲申(こうしん)政変

歴総 □10 ★★★ 1885年、甲申政変の処理のため日本と清の間で結ばれた［★★★］条約では、朝鮮からの両国軍撤兵や出兵の事前通告などが規定された。（東京経済大）

天津(てんしん)条約

□11 ★★ 崔済愚(さいせいぐ/チェジェウ)が創始した［★★］学は、朝鮮在来の民間信仰に儒教・仏教・道教などを融合した新宗教である。（同志社大）

東(とう)学

歴総 □12 ★★★ 1894年、全羅道で**東学の地方幹部**である［★★★］を指導者とする農民蜂起［★★★］が起こった。（同志社大）
全琫準, 甲午農民戦争

⚠**東学を創始**したのが崔済愚、**東学の乱を指導**したのが全琫準である。混同に注意しよう。

歴総 □13 ★★★ 甲午農民戦争をきっかけに、1894年、その鎮圧のために出兵した両国による［★★★］戦争が勃発した。（南山大）
日清戦争

◆甲午農民戦争の際に、朝鮮政府は宗主国の清に**援軍を求めて出兵を要請**していた。

歴総 □14 ★★★ 日清戦争に敗れた清は、1895年、［★★★］を全権とし、伊藤博文を全権とする日本側と［★★★］条約を締結して**朝鮮の独立**を認めた。（関西学院大）
李鴻章, 下関条約

歴総 □15 ★★★ 高宗の妃であった［★★★］は、**親露政策**を推進したが、日清戦争終結後の1895年に宮廷内で暗殺された。（京都大）
閔妃

□16 ★★★ 1897年、朝鮮の［★★］は国号を［★★★］と称した。（新潟大）
高宗, 大韓帝国

歴総 □17 ★★★ ロシアと日本は**朝鮮半島の利権をめぐって**激しく対立し、1904年に［★★★］戦争が勃発した。（新潟大）
日露戦争

歴総 □18 ★★ 韓国の植民地化を進めるため、日本は［★］年から［★］年にかけて、［★★］つの協約を韓国と結んだ。（センター）
1904, 1907, 3

歴総 □19 ★★ 1904年に締結された第［★★］次日韓協約では、日本政府が韓国に日本人財政・外交顧問を置くことを義務付けた。（センター）
第1次日韓協約

歴総 □20 ★★★ 1905年に締結された第2次日韓協約で、日本は**韓国の外交権を剥奪**し、韓国を［★★★］化した。（センター）
保護国

歴総 □21 ★★★ 第2次日韓協約に基づき、ソウルに設置された［★★★］の**初代統監**は［★★★］であった。（早稲田大）
統監府, 伊藤博文

歴総 □22 ★★ 1907年の第3次日韓協約では、韓国は［★★］を解散させられ、**内政と軍事**を日本が握るようになった。（センター）
軍隊

▼3つの日韓協約

第1次	1904年	日本政府の推薦する財政・外交顧問を採用
第2次	1905年	韓国の外交権剥奪（＝保護国化）
第3次	1907年	韓国の軍隊解散

歴総 □23 ★★★ 日本による朝鮮の植民地化・保護国化の動きに反対して、朝鮮民衆は [★★★] 闘争を起こした。(東京大)

義兵闘争

◆1907年に第3次日韓協約が締結されて韓国軍隊が解散させられると、この兵士たちが闘争に加わり抵抗運動が活発化した。

歴総 □24 ★★ 1906年以降の朝鮮では、文化的な諸活動を通じて保護国からの脱出を目指し、学校の設立などを行う [★★] 運動が展開された。(大東文化大)

愛国啓蒙運動
（あいこくけいもう）

歴総 □25 ★★ 1909年、[★★] は、ロシア蔵相と会談するために [★★] を訪れた**初代韓国統監**の**伊藤博文を暗殺**した。(津田塾大)

安重根,
（あんじゅうこん）
ハルビン

◆ハルビンは、ロシアと国境を接する中国東北地方の黒竜江省の省都である。

歴総 □26 ★★★ 1910年、日本は朝鮮の反日運動を弾圧し、[★★★] を断行した。(センター)

韓国併合
（かんこくへいごう）

歴総 □27 ★★★ 日本は [★★★] (漢城) に [★★★] を設置した。(センター)

ソウル, 朝鮮総督府

◆漢城は李氏朝鮮時代の首都ソウルの呼び名である。
（ちょうせんそうとく）

⚠**第2次日韓協約**の際に設置された統監府と、**韓国の併合**を機に設置された朝鮮総督府との混同に注意！

歴総 □28 ★★ 韓国併合後、朝鮮総督府は憲兵による [★★] 政治を実施した。言論・運動などの統制や日本語の強制、[★★] 事業を通じた**土地没収**などを行ったため、朝鮮半島では反日的な民族意識が高まった。(法政大)

武断政治, 土地調査事業

歴総 □29 ★★★ 1919年3月1日、**ウィルソン**の「**十四カ条**」で提唱された民族自決などの影響を受け、朝鮮各地で [★★★] 運動が展開された。(学習院大)

三・一独立運動
（さん　いちどくりつ）

歴総 □30 ★★★ 朝鮮総督府は三・一独立運動の鎮圧後、抗日運動の高まりを受け、武断政治から**懐柔的な政策**である「[★★★] 政治」に転換した。(学習院大、関西学院大)

文化政治

◆これは、朝鮮半島に起こっていた民族運動の分断を目的とした政策であった。

歴総 □31 ★★★ 三・一独立運動後、独立運動団体の1つとして**上海**に [★★★] が結成された。(早稲田大)

大韓民国臨時政府
（だいかんみんこくりんじせいふ）

歴総 □32 ★★★ 韓国併合後の植民地支配の中で、朝鮮人の姓名を日本風に改める [★★★] が行われた。(センター)

創氏改名

◆1939年2月に施行。皇民化政策の根幹をなす政策だった。

2つの世界大戦

15 14 13 12 11 10 9 8 7 6 5 4 3 2 1 BC AD 1 2 3 4 5 6 7 8 9 10 11 12 13 14 15 16 17 18 19 20 21

1 ビスマルク体制

ANSWERS □□□

□1 ★★★ ビスマルクが [★★★] の外交上の孤立とドイツ発展のための国際的安定を確保するために築いたヨーロッパ列強の複雑な同盟網を [★★★] 体制という。（早稲田大）

◆ドイツは、フランスが復讐心を燃やしナポレオン時代のような大国となることを恐れていた。

フランス，

ビスマルク体制

□2 ★★★ ビスマルクは、1873年にロシア・オーストリアと [★★★] 同盟を結んだ。（学習院女子大）

◆1878年のベルリン会議で、ビスマルクがロシアの南下政策を阻止したため、三帝同盟は事実上解消された。

三帝（さんてい）同盟

□3 ★ ベルリン会議後、**ロシアが三帝同盟から離脱**したが、1881年、**アフガニスタン**をめぐるロシアとイギリスの対立を背景に [★] が再建された。（予想問題）

新三帝同盟（しんさんていどうめい）（三帝（さんてい）協商（きょうしょう））

□4 ★★★ イタリアは、フランスの**チュニジア**占領に対抗してドイツ・オーストリアに接近し、1882年に [★★★] 同盟を結んだ。（明治大、早稲田大）

三国（さんごく）同盟

□5 ★★★ バルカンにおけるロシアとオーストリアの利害対立から、1887年に新三帝同盟が解消されると、ドイツとロシアは [★★★] 条約を結んでフランス包囲網の存続を図った。（学習院女子大）

◆その後、再保障条約はヴィルヘルム2世が1890年に更新を拒否して消滅した。

再保障（さいほしょう）条約

2 第一次世界大戦前の国際関係

ANSWERS □□□

□1 ★★★ ドイツ皇帝の [★★★] 世は、1890年にビスマルクを辞職させて政治の主導権を握った。（関西学院大）

ヴィルヘルム2世

□2 ★★★ ヴィルヘルム２世は、「［★★★］」と呼ばれる帝国主義政策を進めた。 (センター)

世界政策

□3 ★★★ ドイツは、［★★★］鉄道の敷設権を得て「［★★★］政策」を推進し、**中東やインド洋への進出**をはかった。 (センター、慶應義塾大)

◆ドイツはこの時期、オスマン帝国の鉄道網をペルシア湾まで延伸しようとしていたが、最終的にバグダード手前までの開通にとどまった。

バグダード鉄道, ３Ｂ政策

□4 ★★★ 「３Ｂ政策」の３Ｂとは、ベルリン・［★★★］（イスタンブル）・［★★★］を指す。 (センター、慶應義塾大)

ビザンティウム, バグダード

□5 ★★ イギリスが推進した「３Ｃ政策」は、［★★］・［★★］・［★★］を結ぼうとするものだった。 (同志社大)

◆「３Ｂ政策」「３Ｃ政策」はどちらも日本での呼称である。同時期に、フランスはアルジェリアとチュニジアを拠点にサハラ砂漠からアフリカ東海岸までの「アフリカ横断政策」をとっていた。

カイロ, ケープタウン, カルカッタ
※順不同

□6 ★★★ **1905年**と**11年**の２度、ドイツはフランスに対して［★★★］事件を起こしたが、いずれもイギリスがフランスを支援したために失敗した。 (早稲田大)

モロッコ事件

□7 ★★★ **1891～94年**にかけて、フランスは政治と軍事に関して［★★★］同盟を結び、国際的孤立から脱出した。 (上智大)

◆露仏同盟により、ロシアは極東やバルカン半島、中央アジアに対外膨張を進めた。

露仏同盟

□8 ★★ 露仏同盟により、［★★］資本が投下されて［★★］鉄道の建設が始まった。 (共通テスト、京都大)

◆シベリア鉄道はモスクワとウラジヴォストークを結ぶ全長約9,300kmの鉄道である。現在は全線で電化・複線化され、**世界最長の路線として営業**している。

フランス, シベリア鉄道

歴総 □9 ★★★ イギリスは、どの国とも同盟を結ばない「［★★★］」の立場をとっていたが、極東でのロシアの勢力拡大を牽制する目的で、1902年に［★★★］同盟を結んだ。 (センター)

光栄ある孤立, 日英同盟

□10 ★★★ 1904年、イギリスは［★★］、フランスは［★★］においてそれぞれの優越権を認める［★★★］協商が結ばれた。 (早稲田大)

エジプト, モロッコ, 英仏協商

□11 ★★ イギリスとロシアは、1907年の［★★］協商でイラン・アフガニスタンにおける相互の勢力範囲とチベットへの不干渉を取り決めた。（上智大）

◆ドイツの「世界政策」を警戒しての協商で、イランは北部をロシア、南東部をイギリスが、それぞれ勢力圏とした。

英露（えいろ）協商

□12 ★★★ ロシアは、ドイツと対立するイギリスとフランスと結んだ複数の提携によって［★★★］協商を形成した。（試行調査、島根県立大）

三国（さんごく）協商

3 バルカン問題

ANSWERS □□□

□1 ★★ 1890年代以降、ドイツの市民層の間で、国外のドイツ人を統合して大帝国建設を目指す［★★］主義運動が広がり、［★★］世の「**世界政策**」が支持された。（日本大）

パン=ゲルマン主義，ヴィルヘルム2世

□2 ★★ オスマン帝国支配下のスラヴ人がバルカン半島のスラヴ系民族の統一・独立を目指した思想を［★★］主義という。（予想問題）

パン=スラヴ主義

□3 ★★★ 第一次世界大戦前のバルカン半島は、**ロシア**が盟主の［★★★］主義と、**ドイツ・オーストリア**が盟主の［★★★］主義とが激しく対立し、一触即発の状況だったことから「［★★★］」と呼ばれた。（学習院大、関西大）

パン=スラヴ主義，パン=ゲルマン主義，ヨーロッパの火薬庫（かやくこ）

□4 ★★ 1908年にオスマン帝国で起こった青年（せいねん）トルコ革命の混乱に乗じて、［★★］**が完全独立**した。（京都大）

ブルガリア

□5 ★★★ セルビアは領土拡大を目指して［★★★］の編入を狙っていたが、1908年、**オーストリア**は［★★★］革命に乗じてこの地域を併合した。（早稲田大）

◆1878年の**ベルリン条約**でオーストリアがボスニア・ヘルツェゴヴィナの行政権を獲得していることも確認しておこう。この地域には主にスラヴ人が住んでおり、スラヴ人国家のセルビアの領土的野心の対象となった。

ボスニア・ヘルツェゴヴィナ，青年（せいねん）トルコ革命

□6 ★★★ オーストリアのボスニア・ヘルツェゴヴィナ併合に対抗し、1912年、［★★★］の支援のもと、**セルビア**・［★★★］・**ブルガリア・ギリシア**は［★★★］同盟を結成した。（共通テスト、南山大）

ロシア，モンテネグロ，バルカン同盟

□7 ★★★ 1912年、バルカン同盟は北アフリカで勃発した［★★★］戦争に乗じて［★★★］戦争を起こし、オスマン帝国に勝利した。（関西大）

◆オスマン帝国はバルカン半島における領土の大半を失った。

イタリア=トルコ戦争，第1次バルカン戦争

□8 ★★★ 1913年、第1次バルカン戦争で獲得した領土の分配をめぐり、［★★★］と他のバルカン同盟諸国の間で［★★★］戦争が起こった。（関西大）

◆バルカン同盟にルーマニアとオスマン帝国が加わり、ブルガリアが敗れた。ブルガリアはマケドニアなどを奪われたが、これを挽回しようとドイツ・オーストリア陣営に接近した。

ブルガリア，第2次バルカン戦争

□9 ★★ 第1次バルカン戦争でバルカン半島の領土の大半を喪失した［★★］と、第2次バルカン戦争で敗れた［★★］は**独墺に接近**し、同盟国側として第一次世界大戦に参戦した。（早稲田大）

オスマン帝国，ブルガリア

4 第一次世界大戦

ANSWERS □□□

□1 ★★★ 1914年6月、ボスニアの州都［★★★］で、セルビア人の民族主義者が［★★★］の帝位継承者夫妻を暗殺した。（共通テスト）

◆このサライェヴォ事件をきっかけに第一次世界大戦が勃発した。

サライェヴォ，オーストリア

□2 ★★★ オーストリアはサライェヴォ事件を契機に、ドイツ支持のもと［★★★］**に宣戦**し、これに対抗して同国を支援する［★★★］が総動員令を出した。（上智大）

セルビア，ロシア

□3 ★★★ ドイツは、ロシアとフランスに宣戦し、フランスへ進軍するために中立国［★★★］を侵犯した。この行動を理由に、［★★★］がドイツに宣戦した。（上智大）

ベルギー，イギリス

□4 ★★★ **三国協商**の**イギリス**・［★★★］・**ロシア**を中心とする合計27カ国は、［★★★］国側で参戦した。（予想問題）

フランス，協商国（連合国）

歴総 □5 ★★★ 日本は、1914年8月に［★★★］同盟を口実にドイツに宣戦し、［★★］省と南太平洋方面などに進出した。（早稲田大）

◆このとき、中国におけるドイツの租借地（膠州湾）を攻撃し、袁世凱の北京政府に二十一カ条の要求を認めさせ、中国権益を拡大した。

日英同盟，山東省

□6 ★★★ ドイツ・［★★★］・［★★★］・［★★★］の4カ国は、**同盟国側**で参戦した。（予想問題）

オーストリア, オスマン帝国(ていこく), ブルガリア ※順不同

□7 ★★ 1914年8月、東プロイセンに侵攻したロシア軍は、［★★］の戦いで**ヒンデンブルク将軍**率いるドイツ軍に大敗した。（名城大）

◆この戦いの結果、ドイツは東部戦線の主導権を握った。

タンネンベルクの戦い

□8 ★★ フランス軍が［★★］の戦いでドイツ軍の進撃を阻止すると、西部戦線では両軍が塹壕(ざんごう)に立てこもり、戦闘が長期化した。（慶應義塾大）

◆マルヌの戦いの結果、短期決戦を期したドイツの**シュリーフェン=プラン**は挫折した。

◆ドイツのエーリッヒ=レマルクは西部戦線での自身の戦場体験をもとに、戦場の過酷さを訴える反戦文学として『**西部戦線異状(いじょう)なし**』を発表した。

マルヌの戦い

□9 ★★★ 第一次世界大戦は、消耗戦に応じるために**国家・社会・国民の全体を戦争に動員**する［★★★］であった。（早稲田大）

◆男性が戦場へ駆り出されたため国内で労働力が不足し、代わりに女性が労働力として活躍した。これは戦後の**女性参政権拡大**へとつながった。女性たちは軍需工場で砲弾などの生産にあたった。

総力戦(そうりょくせん)

□10 ★★ ドイツは西部戦線の膠着(こうちゃく)状態を打破しようと［★★］を開発し、1915年の**イープルの戦い**で初めて戦争に用いた。（予想問題）

◆ユダヤ人のハーバーが開発を主導した。彼は世界で初めてアンモニア合成法（ハーバー=ボッシュ法）を開発し、ノーベル化学賞を受賞したが、毒ガス開発という戦争責任をめぐって大きな議論を巻き起こした。毒ガスは、のちに非人道的兵器として国際的に禁止された。

毒(どく)ガス

□11 ★★ 1916年の［★★］の戦いで、イギリス軍は世界で初めて［★★］を実戦投入した。（予想問題）

◆両軍合わせて100万人以上の犠牲者を出すも、勝敗は決着しなかった。

ソンムの戦い, 戦車(せんしゃ)

□12 ★★ 第一次世界大戦では戦車、［★★］、［★★］、毒ガスなどの**新兵器**が投入された。（早稲田大）

航空機(こうくうき), 潜水艦(せんすいかん) ※順不同

□13 ★★★ 自動連射が可能な［★★★］の発達により、戦争は長期にわたる**塹壕戦**・消耗戦となった。(早稲田大)

機関銃

□14 ★★★ 連合国側は、三国同盟の一員であるイタリアに対し、「［★★★］」などの領土の譲渡を約束する［★★★］条約を結んで、協商国側で参戦させた。(関西大)

◆「未回収のイタリア」は、イタリア統一の際に統合できなかったイタリア人の居住地域で、**トリエステ**や**南チロル**などを指す。イタリアはこの地域の奪還を目指して参戦した。

未回収のイタリア，ロンドン秘密条約

□15 ★★★ 第一次世界大戦中の1915年、イギリスは［★★★］協定でアラブ人の独立を約束したため、アラブ世界は対［★★★］の立場で参戦した。(試行調査)

◆イギリスがアラブの人々の協力を得て対オスマン帝国戦を有利に進めるための作戦だった。

フセイン・マクマホン協定，オスマン帝国

□16 ★★★ 1916年、**イギリス・フランス・ロシア**は［★★★］協定を結び、戦後のオスマン帝国分割やパレスチナの国際管理などを取り決めた。(早稲田大)

サイクス・ピコ協定

□17 ★★★ 1917年、イギリスは［★★★］宣言を発し、［★★★］にユダヤ人国家を建設することを認めてシオニズムを支援する姿勢を示した。(京都女子大)

◆外務大臣バルフォアがイギリスのユダヤ人協会会長ロスチャイルドに宛てた書簡として表明された。

バルフォア宣言，パレスチナ

□18 ★★★ 第一次世界大戦中にイギリスが主導したフセイン・マクマホン協定・［★★★］協定・［★★★］宣言は、いずれも互いに矛盾する内容だった。(予想問題)

◆第一次世界大戦時のこれらのイギリスの矛盾する外交姿勢は、のちのパレスチナ問題など、大きな禍根を残した。

サイクス・ピコ協定，バルフォア宣言

□19 ★★ 大戦を勝ち抜くため、イギリスでは［★★］を首相とする挙国一致内閣が作られ、当時の反ドイツ感情を受けて王朝名を［★★］朝に改めた。(慶應義塾大)

ロイド=ジョージ，ウィンザー朝

□20 ★★★ 1917年２月、ドイツは地上戦の膠着状態を打破するために［★★★］作戦を開始し、指定水路以外を航行する［★］国を含む**すべての船舶を無警告で攻撃する**と宣言した。(センター)

無制限潜水艦作戦，中立国

□21 ★★ アメリカは当初中立の立場だったが、1915年にイギリス船 [★★] 号がドイツ潜水艦に撃沈(げきちん)され、乗客のアメリカ人が犠牲になったことから世論が沸騰した。（慶應義塾大）

ルシタニア号

◆世論が参戦の決定に大きな影響を与えるようになったことは第一次世界大戦の特徴である。

□22 ★★★ アメリカでは、ルシタニア号事件をきっかけに反ドイツ感情が強まり、ドイツの無制限潜水艦作戦を受けて [★★★] 年4月にドイツに宣戦布告した。（慶應義塾大）

1917

◆アメリカの参戦決定の根底には、イギリス・フランスが敗北すれば対米負債の支払いが困難になるという恐れがあった。

□23 ★★★ 1917年のロシア十月革命（十一月革命）の際に樹立したソヴィエト政府は「[★★★]」を採択し、ドイツとの単独講和に踏み切り [★★★] 条約を結んだ。（慶應義塾大）

平和(へいわ)に関(かん)する布告(ふこく)，ブレスト=リトフスク条約

□24 ★★ 大戦中、アメリカ大統領 [★★] は講和の基礎となる原則として、[★★] 外交の廃止、民族自決、国際平和機構の設立などを内容とする「[★★]」を提唱した。（上智大）

ウィルソン，秘密(ひみつ)外交，十四カ条(じゅうよんかじょう)

◆この他にも、海洋の自由、軍備縮小、植民地問題の公正な解決、関税障壁の撤廃などが謳われた。

□25 ★★★ 1918年9月から11月にかけ、同盟国側の [★★★]・[★★★]・[★★★] があいついで降伏した。（関西大）

ブルガリア，オスマン帝国(ていこく)，オーストリア ※順不同

□26 ★★ 第一次世界大戦末期のドイツでは、革命運動組織の [★★] が各地に起こった。（京都大）

レーテ（評議会(ひょうぎかい)）

◆ロシア語の「ソヴィエト」のドイツ語訳で、「評議会」を意味する。

□27 ★★★ 1918年、[★★★] 軍港でドイツ海軍水兵が反乱を起こし、ドイツ革命の端緒になった。（京都女子大）

キール軍港

□28 ★★★ ドイツ革命で共和政が宣言されると、[★★★] 世は亡命した。（専修大）

ヴィルヘルム2世

□29 1918年11月、 ★★★ 党を中心とするドイツ臨時政府は、連合国側と休戦条約を結び、**第一次世界大戦は終結**した。 (専修大)
★★★

ドイツ社会民主党

□30 第一次世界大戦後、疲弊した ★★ 諸国にかわり、 ★★ が発言力を増した。 (試行調査)
★★

☞第一次世界大戦後のヨーロッパ地図を確認しよう。各国の当時と現在の国境線を比較すると、現在1つに統合されている国が分割されていたりする。国や地域の名前と地図上の位置が合致するような学習を心がけよう。

ヨーロッパ, アメリカ

□31 第一次世界大戦の体験から、 ★★ は**『西洋の没落』**を著して西洋文明の衰退を予言した。 (東京大)
★★

◆大戦とロシア革命で混乱していた当時のヨーロッパで、大きな反響を呼んだ。

シュペングラー

5 ロシア革命

ANSWERS □□□

□1 第一次世界大戦の長期化で食料や物資が不足していたロシアでは、1917年3月に首都 ★★★ で民衆が大規模なデモやストライキを起こした。 (実践女子大)
★★★

◆第一次世界大戦でドイツと戦うことになったため、ドイツ語風のサンクト=ペテルブルクはロシア語風のペトログラードに改称された。

ペトログラード

□2 デモやストライキには兵士も合流し、各地で**労働者・兵士による** ★★★ が組織された。 (実践女子大)
★★★

◆労働者・兵士の評議会として組織された。ソヴィエトは、1905年の1905年革命の際も形成されていた。

ソヴィエト(評議会)

□3 1917年、 ★★★ 革命が起こり、ロマノフ朝最後の皇帝 ★★★ 世は退位した。 (センター)
★★★

◆名称がなぜ二月と三月の2つあるのかは、ロシアの暦が関係している。当時ロシアは**グレゴリウス暦**より13日遅い**ユリウス暦**を使用しており、革命の日は**グレゴリウス暦**では3月8日、ユリウス暦では2月23日だった。

ロシア二月革命(三月革命), ニコライ2世

□4 ロシア二月革命後、ロシアは ★★★ と ★★★ の**二重権力**状態になった。 (早稲田大)
★★★

ソヴィエト, 臨時政府 ※順不同

□5 ロシア二月革命後に成立した臨時政府では ★★ 党が中心となり、**戦争を継続する方針**をとった。 (共通テスト)
★★

立憲民主党

□6 ★★★ ロシア二月革命後、ソヴィエト内では [★★★] や [★★★] 党が多数派であった。（センター）
メンシェヴィキ, 社会革命党

□7 ★★★ [★★★] は、ボリシェヴィキの指導者である。（立教大）
レーニン

□8 ★★★ 1917年4月、レーニンは亡命先のスイスから帰国したのち、[★★★] を発表した。（センター、慶應義塾大）
四月テーゼ

□9 ★★ レーニンは、四月テーゼで「[★★]」を唱えて臨時政府への不支持を表明した。（日本大）
すべての権力をソヴィエトへ

◆ロシア二月革命の時点では、ボリシェヴィキの多くは臨時政府を支持していた。しかし、レーニンの訴えで、ボリシェヴィキ党員を臨時政府との対決路線に結集させることに成功した。

□10 ★★★ レーニンは、1917年7月に新たに**臨時政府の首相**となった**社会革命党右派**の [★★★] と対立した。（立教大）
ケレンスキー

□11 ★ 臨時政府の首相ケレンスキーは挙国一致を主張したが、帝政復活を企図する [★] の反革命軍を抑えられず、**ボリシェヴィキの協力で反乱軍を鎮圧した。**（同志社大）
コルニーロフ

◆この結果、ボリシェヴィキの影響力が強まることになった。

□12 ★★★ ボリシェヴィキは、1917年11月に武装蜂起して臨時政府を倒し、二重権力状態を解消して [★★] とともにソヴィエト政権を樹立した。これを [★★★] 革命という。（中央大）
社会革命党左派, ロシア十月革命（十一月革命）

□13 ★★★ 1917年11月、**第2回全ロシア=ソヴィエト会議**において「[★★★]」が採択された。（大阪大、同志社大）
平和に関する布告

□14 ★★★ 「平和に関する布告」では、全交戦国に即時停戦と無併合・無償金・[★★★] の原則に基づく**即時講和**が呼びかけられた。（大阪大、同志社大）
民族自決

□15 ★★★ 「平和に関する布告」とともに、土地の私有を廃止する「[★★★]」が採択された。（同志社大）
土地に関する布告

□16 ★★ 「平和に関する布告」では [★★] 外交の完全公開が約束され、ロシア帝国が1916年に結んだ [★★] 協定が、ソヴィエト政府によって暴露された。（上智大）
秘密外交, サイクス・ピコ協定

◆サイクス・ピコ協定とフセイン・マクマホン協定の内容の矛盾が明らかになり、アラブの人々を憤激させた。

□17 ★★★ 1917年11月、**男女普通選挙**で選出された［★★★］は、［★★★］党が第一党を占めた。（予想問題）

憲法制定会議(けんぽうせいていかいぎ)，社会革命党(しゃかいかくめいとう)

□18 ★★★ ［★★★］は、武力で憲法制定会議を解散し、ソヴィエトは［★］支配に向かった。（慶應義塾大）

ボリシェヴィキ，一党支配(いっとう)

□19 ★★ 1917年12月、ソヴィエト政権を防衛するため、諸施策に抵抗する者を取り締まる［★★］が設置された。（同志社大）

チェカ（非常委員会(ひじょういいんかい)）

□20 ★★★ 1918年３月、ソヴィエト政権はドイツら同盟国側と［★★★］条約を結んで**単独講和**し、第一次世界大戦の戦線から離脱した。（関西大）

◆この条約に反対した社会革命党左派は、政府から脱退した。

ブレスト=リトフスク条約

□21 ★★ 第一次世界大戦後の国際社会で孤立した**ロシアとドイツは接近**し、1922年に［★★］条約を結んだ。（関西大）

ラパロ条約

□22 ★★★ 1918年３月、ボリシェヴィキは［★★★］党に改称し、以後ロシアでは、約70年にわたって共産党の一党独裁が続いた。（日本大）

ロシア共産党(きょうさん)

□23 ★★★ 1918年３月、ソヴィエト政権は［★★］から［★★★］に首都を移した。（早稲田大）

ペトログラード，モスクワ

□24 ★★ ソヴィエト政権の成立後、［★★］によって拡充された赤(せき)軍と［★★］軍の内戦が始まり、赤軍が勝利した。（神戸学院大）

◆英・仏・米・日の協商国はソヴィエト政権打倒のためにロシアに出兵し、反革命軍を支援した。

トロツキー，反革命軍(はんかくめい)（白軍(はく)）

歴総 □25 ★★★ ロシア革命の波及(はきゅう)を恐れた列強諸国は、反革命政権を援助し、さらに直接［★★★］などに軍隊を派遣して、［★★★］戦争に乗り出した。（上智大）

◆このころ日本では、シベリア出兵を見込んで米商人が米の買い占めを行ったため、米の価格が急騰した。これに対して富山県で米騒動(こめそうどう)が始まり、瞬く間に全国へ広がった。

シベリア，対ソ干渉戦争(たい かんしょう)

6 ソ連の成立と発展

ANSWERS □□□

□1 ★★★ 1919年3月、[★★★]によって**モスクワ**で結成された[★★★]は、先進資本主義国での**社会主義革命推進**のため各国の共産党を支援し、**国際共産主義運動の中心**となった。（共通テスト）

レーニン，コミンテルン（共産主義インターナショナル，第3インターナショナル）

□2 ★★ 1864年の[★★]、**89年**の[★★]はヨーロッパの**労働問題**を扱ったが、1919年のコミンテルンは植民地などヨーロッパ以外の地域にも関心を寄せた。（試行調査）

◆第１インターナショナルは**ロンドン**で、第２インターナショナルは**パリ**でそれぞれ組織された。

第1インターナショナル，第2インターナショナル

□3 ★★★ コミンテルンは当初、[★★]革命の推進や民族解放運動を通じての革命運動を目指したが、1935年以降は台頭するファシズムに[★★★]の戦術で対抗した。（試行調査）

◆独ソ戦が始まると、ソ連はイギリスやアメリカなど連合国側との協調を優先し、1943年にコミンテルンを解散した。

世界革命，人民戦線

□4 ★★★ 対ソ干渉戦争中、ソヴィエトは**農民から穀物を強制的に徴発**する[★★★]主義を実施したが、混乱状態となり、生産は低下した。（名城大）

◆この他、中小工場の国有化や労働義務制などが断行された。

戦時共産主義

□5 ★★★ ロシア革命を背景に、1922年に４つの共和国からなる[★★★]の成立が宣言された。（関西学院大）

ソヴィエト社会主義共和国連邦（ソ連）

□6 ★★ ソ連を構成した４カ国とは、ロシア・[★★]・[★★]・[★★]である。（予想問題）

◆その後、ソ連は拡大・再編を繰り返し、15のソヴィエト共和国と20の自治共和国に発展したが、1991年に消滅した。

ウクライナ，ベラルーシ（白ロシア），ザカフカース
※順不同

□7 ★★ 1924年、ソ連は[★★]憲法を公布した。（関西学院大）

ソヴィエト社会主義共和国連邦憲法

□8 ★★★ ソヴィエト政権は、戦時共産主義による経済政策から転換し、1921年に、**余剰農産物の販売**や**企業の営業**を認める [★★★] を導入した。（東京大、京都府立大）

新経済政策（ネップ）

◆ネップでは、戦時共産主義の時代に行われた穀物徴発制を廃止し、**小規模の企業の私的営業**や、**穀物の自由市場での販売の容認**など、部分的に市場経済を認めた。

◆これによってソ連政権が安定すると、列強は次々にソ連を承認した。イギリスとフランスは1924年に、日本は25年に承認した。一方、アメリカは33年まで承認しなかった。

□9 ★★★ 1924年の**レーニンの死後**、共産党書記長 [★★★] はレーニンの後継者をめぐる争いに勝利した。（学習院大）

スターリン

□10 ★★★ スターリンは、**ソ連一国のみで社会主義建設ができる**という [★★★] 論を唱え、対立する [★★★] を追放した。（フェリス女学院大）

一国社会主義論，トロツキー

□11 ★★★ トロツキーは『ロシア革命史』を著し、[★★★] 論を唱えた。（東京大）

世界革命論

◆彼は先進国の革命が不可欠であると主張した。トロツキーはメキシコへ亡命したが、のちにスターリンの刺客に暗殺された。

□12 ★★★ 1928～32年にかけ、**スターリン**は [★★★] 計画を実施し、**重工業化と農業集団化**を目指した。（大阪大）

第1次五カ年計画

□13 ★★★ 第1次五カ年計画では、**集団農場**の [★★★] と、**国営農場**の [★★★] の組織が強行された。（福岡大）

コルホーズ，ソフホーズ

◆コルホーズは、土地・農具・家畜を共有して農場の共同経営をはかるものだった。ソフホーズでは、農具も国有で、働き手は労働者として賃金を受け取った。

□14 ★★ 1933年、[★★] 計画が開始され、軽工業の推進によって国民生活の向上も配慮された。（上智大）

第2次五カ年計画

□15 ★★ 1936年、信教の自由や民族間の平等などを規定した [★★] 憲法が制定された。（上智大）

スターリン憲法

◆スターリン憲法はファシズムの脅威を意識し市民の自由や権利を盛り込んだが、実際にはスターリン体制のもとでソ連国内の人権は蹂躙されていた。

□16 ★★ [★] は、スターリンが**政敵や反政府的な人物を暴力によって排除**する、いわゆる [★★] を行う際に活用した組織である。（共通テスト、上智大）

国家政治保安部（GPU），粛清

◆国家政治保安部は、1917年に設置された治安組織チェカ（非常委員会）が22年に改組された組織である。

□17 ★★★ 1933年、アメリカの ★★★ 大統領によって**ソ連は承認**され、翌年 ★★★ に加盟した。 （学習院大）

フランクリン=ローズヴェルト, 国際連盟

7 ヴェルサイユ体制

ANSWERS □□□

□1 ★★★ 第一次世界大戦後、一連の講和条約によって作られた**ヨーロッパの国際秩序**を ★★★ 体制という。 （センター、神戸女学院大）

ヴェルサイユ体制

□2 ★★★ 第一次世界大戦の終結を受けて開催された ★★★ 会議は、 ★★ 国のみが参加し、 ★★ 国は参加できなかった。 （早稲田大）

パリ講和会議, 戦勝国, 敗戦国

□3 ★★★ パリ講和会議の基本原則は、1918年にアメリカ大統領 ★★★ が議会で発表した「 ★★★ 」である。 （早稲田大）

ウィルソン, 十四カ条

□4 ★★★ 「十四カ条」は ★★ **の廃止、海洋の自由、関税障壁の撤廃、軍備縮小、植民地問題の公正な解決、** ★★★ 、 ★★ **の設立**などを主な内容とする。 （中央大）

◆民族自決とは、民族は自己の政治的運命を自ら決定する権利を持つべきで、他民族の干渉は許すべきでないとする主張。「自ら決める」ということである。

秘密外交, 民族自決, 国際平和機構

□5 ★★ パリ講和会議は、アメリカの ★★ 大統領、イギリスの ★★ 首相、フランスの ★★ 首相らが中心となって主導された。 （早稲田大）

◆「十四カ条」を掲げたウィルソンと、敗戦国に対し強硬姿勢をとったクレマンソー、ロイド=ジョージの思惑が摩擦を生む結果となった。

ウィルソン, ロイド=ジョージ, クレマンソー

□6 ★★★ 1919年6月、連合国とドイツは ★★★ 条約を結び、ドイツの ★★★ は**非武装化地域**と定められた。 （京都女子大）

◆ラインラントはライン川両岸地域に広がる独仏の係争地域である。ヴェルサイユ条約では、ライン川東岸50キロを非武装地帯とし、西岸は連合国（協商国）側が15年間保障占領するとした。

ヴェルサイユ条約, ラインラント

□7 ★★★ ドイツはすべての植民地を失い、フランスに ★★★ ・ ★★★ を返還した。 (一橋大)

アルザス, ロレーヌ ※順不同

☞アルザス・ロレーヌは、フランスがドイツ=フランス戦争に敗れた際に**ドイツに割譲**されていた（フランクフルト講和条約による）。ラインラントと併せて、これらはいずれも独仏国境付近での出来事である。地図で確認しておこう。

□8 ★★ ポーランドは ★★ をドイツから割譲された。 (東京女子大)

ポーランド回廊(かいろう)

□9 ★★ ★★ は国際連盟下の自由市とされ、港湾使用はポーランドが特権を握った。 (東京女子大)

ダンツィヒ

□10 ★★ ドイツの ★★ 地方は国際連盟の管理下におかれ、15年後に住民投票で帰属を決定することとした。 (法政大)

ザール地方

◆ザール地方は、ヒトラー政権成立後に住民投票を経てドイツへ復帰した。

□11 ★★★ ドイツは ★★★ を制限されて**徴兵制が禁じられる**とともに、多額の ★★★ を課せられた。 (慶應義塾大)

軍備(ぐんび), 賠償金(ばいしょうきん)

□12 ★★★ ヴェルサイユ条約によって ★★★ の設立が決定され、1920年に発足した。 (早稲田大)

国際連盟(こくさいれんめい)

□13 ★★ 1919年9月、連合国は**第一次世界大戦の講和条約**としてオーストリアと ★★ 条約を結び、この結果、**オーストリア=ハンガリー帝国は解体**された。 (関西大)

サン=ジェルマン条約

□14 ★★ 連合国は、講和条約としてブルガリアと ★★ 条約を結んだ。 (慶應義塾大)

ヌイイ条約

□15 ★★ 連合国は、講和条約としてハンガリーと ★★ 条約を結んだ。 (慶應義塾大)

トリアノン条約

□16 ★★ 連合国は、講和条約としてオスマン帝国と ★★ 条約を結んだ。 (慶應義塾大)

セーヴル条約

□17 ★★ **委任統治**とは、第一次世界大戦後の旧 ★★ 領と旧 ★★ 領について、 ★★ の委託により先進国が保護を行うもので、実質的には植民地の再分割であった。 (試行調査)

オスマン帝国(ていこく), ドイツ ※順不同, 国際連盟(こくさいれんめい)

□18 ★★★ 旧オスマン帝国内の ★★★ ・ ★★★ ・ ★★★ はイギリスの委任統治領となった。（関西大）
イラク，パレスチナ，トランスヨルダン ※順不同

□19 ★★★ 旧オスマン帝国内の ★★★ ・レバノンはフランスの委任統治領となった。（近畿大）
シリア

歴総 □20 ★★ ヴェルサイユ条約により、中国の山東省のドイツ権益は ★★ が継承するものと定められた。（学習院大）
日本

歴総 □21 ★★ 旧ドイツ植民地の赤道以北の ★★ 諸島は日本の ★★ となった。（神戸女学院大）
南洋諸島，委任統治領

◆南洋諸島が日本の委任統治領になると、日本はパラオ諸島のコロール島に南洋庁を設置した。

□22 ★★ ロシアに併合されていた ★★ は1917年に、バルト3国（ ★★ ・ ★★ ・エストニア）は1918年にロシアからの独立を宣言した。（立命館大）
フィンランド，リトアニア，ラトヴィア ※順不同

□23 ★★ オーストリア=ハンガリー帝国では、1918年10月に ★★ が分離を主張し、チェコスロヴァキアが独立を宣言した。同年11月にはポーランド、12月には ★★ 王国が独立を宣言した。（立命館大）
ハンガリー，
セルブ=クロアート=スロヴェーン王国

◆セルブ=クロアート=スロヴェーン王国は、後に「**ユーゴスラヴィア**」に改称した。

8 「国際協調」の時代

ANSWERS □□□

□1 ★★★ 1919年のヴェルサイユ条約で成立した**欧州の国際秩序**を ★★★ 体制、1921年のワシントン会議で成立した**アジア・太平洋地域の国際秩序**を ★★★ 体制と呼ぶ。（センター）
ヴェルサイユ体制，ワシントン体制

◆これら2つの体制が、1920年代の**国際秩序の2本柱**である。

歴総 □2 ★★ ワシントン会議は、アメリカの ★★ 大統領の提唱で開催された。（明治大）
ハーディング

歴総 □3 ★★★ 1921年、 ★★★ ・アメリカ・ ★★★ ・フランスは四カ国条約を締結し、**太平洋地域**の現状維持を定めると同時に、 ★★★ 同盟は解消された。（センター）
イギリス，日本 ※順不同，
日英同盟

◆アメリカは、日本の第一次世界大戦中の強引な大陸進出を警戒していたため、アメリカの主導で列強が協力体制をとり、日本は外交的に孤立する結果となった。

歴総 □4 ★★★ 1922年、［★★★］条約が締結され、9カ国間で［★★★］の主権と独立の尊重、領土の保全、門戸開放、機会均等の原則が合意された。（センター）

◆九カ国条約の参加国は、アメリカ・ベルギー・イギリス・中国・フランス・イタリア・日本・オランダ・ポルトガル。

九カ国条約，中国

歴総 □5 ★★★ 1922年、［★★★］・イギリス・［★★★］・フランス・イタリアの**主力艦の保有比率**を「5：5：3：1.67：1.67」と定めた［★★★］条約が締結された。（センター、明治大）

◆アメリカがイギリスと対等の軍事力を認められていることがポイントである。

アメリカ，日本，ワシントン海軍軍備制限条約

歴総 □6 ★★ 1930年、ワシントン海軍軍備制限条約の改定のため［★★］会議が開かれた。（予想問題）

ロンドン会議

歴総 □7 ★★ 1930年のロンドン会議では、日本の**補助艦艇の保有比率**を［★★］や［★★］と比較して［★★］割程度に抑えることが決定された。（早稲田大）

⚠ワシントン海軍軍備制限条約では**主力艦**、ロンドン会議では**補助艦**の保有比率が規定された。混同に注意しよう。

アメリカ，イギリス ※順不同，7

□8 ★★ 1920年に正式に発足した**国際連盟の本部**は、スイスの［★★］に置かれた。（南山大）

ジュネーヴ

□9 ★★★ アメリカは、［★★★］党が有力であった［★★］院がヴェルサイユ条約の批准を否決したため、**国際連盟に加盟しなかった。**（神戸女学院大）

共和党，上院

□10 ★★★ **国際連盟の最高議決機関**は、全加盟国1国1票をもち、**全会一致**を原則とする［★★★］である。（法政大）

総会

□11 ★★ 国際連盟の主要機関は、総会、常任理事国と非常任理事国から構成される［★★］、ジュネーヴに設置された［★★］の3つである。（法政大）

理事会，連盟事務局

□12 ★★ 国際連盟は発足当時、**イギリス・フランス・**［★★］・**日本**が常任理事国であった。（法政大）

イタリア

□13 ★★ 国際連盟には、労働問題の調整などを担当する［★★］が設置された。（センター）

国際労働機関(ILO)

□14 ★★ 国際連盟は、オランダのハーグに［★★］を設置した。（上智大）

常設国際司法裁判所

□15 ★★★ 1925年、［★★★］条約によって**ドイツ西部の国境の現状維持**や**ラインラントの非武装化**が定められ、翌26年に［★★★］**が国際連盟に加入**した。（神戸女学院大）

ロカルノ条約，ドイツ

◆イギリス・フランス・ドイツ・イタリア・ベルギー・ポーランド・チェコスロヴァキアの7カ国が条約に参加した。

□16 ★★★ 1928年締結の［★★★］条約は、**フランス**の外相ブリアンと**アメリカ**の国務長官［★★★］が提唱した。（東京大、南山大）

不戦条約（ブリアン・ケロッグ条約），ケロッグ

◆国際紛争を解決する手段としての戦争を放棄することを明記したもので、**パリ不戦条約**ともいう。28年8月にアメリカ・イギリス・フランス・日本など15カ国が調印し、のちに63カ国が参加した。

◆ブリアンはロカルノ条約締結などが評価され、1926年、ドイツ外相シュトレーゼマンとともに**ノーベル平和賞を受賞**した。

9 第一次世界大戦後のアメリカ

ANSWERS □□□

□1 ★★★ 民主党の［★★★］大統領は、1920年に［★★★］の参政権を実現させた。（関西大）

ウィルソン，女性

□2 ★★ 1919年、合衆国憲法修正第18条で［★★］法が定められたが、33年に廃止された。（早稲田大）

禁酒法

◆酒類の密造・販売・運送を禁じた。1920年代、マフィアは酒類の密造や密売で巨額の利益をあげたが、禁酒法廃止の背景にはマフィアの暗躍があった。

□3 ★★★ アメリカは、上院の反発により［★★★］に参加せず、［★★★］主義の傾向を強めた。（京都大）

国際連盟，孤立主義

□4 ★★★ 1921～33年にかけて政権を担当し、**実業界を重視する政策**を実施したのは［★★★］党である。（センター）

共和党

□5 ★★ ［★★］は「**平常への復帰**」を訴えて当選し、続く［★★］はアメリカの好景気に支えられて**自由放任主義**を推進した。（早稲田大）

ハーディング，クーリッジ

□6 ★★★ ［★★★］は資本主義の「**永遠の繁栄**」を唱えて当選したが、任期中に世界恐慌が起こった。（早稲田大）

フーヴァー

◆1921年以降、ハーディング、クーリッジ、フーヴァーの3代にわたる**共和党**政治が続いた。

□7 ★★★ アメリカは、第一次世界大戦を機に大国に成長し、債務国から [★★★] 国になり、[★★★] の**ウォール街**は**世界金融の中心**の1つとなった。(センター)

債権国，ニューヨーク

□8 ★★★ 1920年代のアメリカでは、急速な工業化と [★★] 販売による消費者の購買力向上を背景に、[★★★] 社会が到来した。(明治大)

月賦，大量生産・大量消費社会

◆この時期に、豊かな資本家層と下層労働者のどちらにも属さず、高学歴のホワイトカラーと呼ばれる新中間層が増加した。

□9 ★★★ [★★★] 社は、**ベルトコンベアー**による「[★★★]」方式で**自動車を大量生産し、大衆化**した。(センター)

フォード，組み立てライン

◆フォード社は**T型フォード**を生産した。1903年のフォード社創立から10年も経たないうちに、一般の工場労働者でもT型フォードを購入できる価格設定になり、国内の自動車保有台数が飛躍的に伸びた。

□10 ★★ 1920年代のアメリカで花開いた現代大衆文化では、[★★]、[★★]、[★★]、[★★] 観戦などの娯楽が普及した。(センター)

ラジオ，映画，ジャズ ※順不同，プロスポーツ観戦

□11 ★ 1920年代のアメリカでは、[★] 製品の普及が家事労働の軽減をもたらし、[★] の社会進出につながった。(センター)

家電，女性

◆一般家庭にも洗濯機、冷蔵庫などの電気製品が普及した。

□12 ★★ [★★] は**白人・アングロ=サクソン・プロテスタント**を意味し、**アメリカ北部の白人エリート層**を主に指すことばである。(予想問題)

ワスプ (WASP)

◆WASPは、**W**hite **A**nglo-**S**axon **P**rotestantの略語である。

□13 ★★ 1920年、**無政府主義者のイタリア系移民**が証拠不十分のまま殺人事件の犯人として死刑となった [★★] 事件が起こった。(予想問題)

サッコ・ヴァンゼッティ事件

□14 ★★ 1920年代、[★★] が再興し、**白人至上主義のもと非白人に対する過激な差別を行った。**(予想問題)

クー=クラックス=クラン (KKK)

◆白色で三角形の覆面帽が特徴的な衣装である。現在も組織活動が続いているといわれている。

□15 ★★★ 1920年代の共和党政権は排他的傾向が強く、1924年の［★★★］法では**アジア系移民が全面的に禁止**されるとともに、**東欧・南欧からの新移民を制限**した。（試行調査）

移民法

10 第一次世界大戦後のイギリス

ANSWERS □□□

□1 ★★★ 1918年、イギリスでは第［★★★］回選挙法改正が行われ、**21歳以上**の男性と［★★★］歳以上の**女性**に選挙権が拡大された。（京都女子大）

第4回選挙法改正, 30

□2 ★★★ **ロイド=ジョージ挙国一致内閣**は1922年に［★★★］の自治を認め、［★★★］として独立させた。（予想問題）

アイルランド, アイルランド自由国

□3 ★★★ 1924年、［★★★］が首相となり、**初の労働党内閣**が成立した。（慶應義塾大）

◆労働組合が力をもち始めたことや、選挙法改正により選挙権をもつ人が増加したことも影響した。

マクドナルド

□4 ★★ 1928年、保守党の［★★］内閣時代に第［★★］回選挙法改正が行われ、**21歳以上の男女に普通選挙権**が与えられた。（予想問題）

ボールドウィン, 第5回選挙法改正

□5 ★★ 1929年、労働党による［★★］内閣が成立した。（青山学院大）

第2次マクドナルド

□6 ★★★ 1931年の［★★★］によって、**王冠への忠誠を条件として、各自治領がイギリス本国と対等**であるイギリス連邦が確認された。（京都女子大）

ウェストミンスター憲章

□7 ★★ イギリス連邦を構成した国は、［★★］連邦・南アフリカ連邦・オーストラリア連邦・ニュージーランド・アイルランド自由国・ニューファンドランドなどである。（東京都市大）

カナダ連邦

11 第一次世界大戦後のフランス

ANSWERS □□□

□1 ★★★ 1923年、[★★]右派内閣は、賠償金(ばいしょう)を支払わないドイツに対しベルギーと結託して[★★★]地方を武力占拠した。 (共通テスト)

ポワンカレ, ルール地方

□2 ★★ ルール占領が国際的批判を浴びて失敗すると、1924年に[★★]政権が登場した。 (近畿大)

◆この政権の特徴は協調外交であり、ソ連の承認、ロカルノ条約の調印など、平和的な外交を行った。

左派連合(さはれんごう)政権

12 第一次世界大戦後のイタリア

ANSWERS □□□

□1 ★★ イタリアでは、第一次世界大戦後の経済混乱により、1920年に[★★]でストライキ事件が起こった。 (上智大、同志社大)

北(きた)イタリア

□2 ★★★ 1922年、[★★★]はファシスト党による「[★★★]」を組織して政府に圧力をかけ、国王の指示で首相に任命され、**ファシスト政権**が誕生した。 (関西大)

ムッソリーニ, ローマ進軍(しんぐん)

□3 ★★ ファシスト党の最高機関は[★★]であった。(法政大)

◆1928年12月には国の最高決定機関となり、ファシズム体制が確立した。

ファシズム大評議会(だいひょうぎかい)

□4 ★★ ムッソリーニ政権は、1924年に[★★]を併合し、26年には[★★]を保護国とするなど対外膨張政策を進めた。 (共通テスト、同志社大)

◆フィウメは第一次世界大戦まではオーストリア領、大戦後はセルブ=クロアート=スロヴェーン王国（のちのユーゴスラヴィア）領であったが、1919年にイタリアの右翼勢力に占拠され、翌年自由市となった。

フィウメ, アルバニア

□5 ★★★ 1929年、ムッソリーニ政権は[★★★]条約で教皇庁と和解し、[★★★]市国の独立を正式に認めた。 (早稲田大)

◆このことで、ムッソリーニ政権は国民からの支持を集めた。現在、ヴァチカン市国はローマ帝国の公用語であった**ラテン語を公用語**とする唯一の国である。

ラテラノ（ラテラン）条約, ヴァチカン市国

13 第一次世界大戦後のドイツ

ANSWERS □□□

□1 ★★
ドイツでは、[★★]、[★★]らが結成したスパルタクス団が、1919年に社会民主党政権に対して蜂起(ほうき)した。（予想問題）

◆ポーランド出身の女性革命家ローザ=ルクセンブルクは、ドイツ共産党創始者の一人でもある。反乱はすぐに鎮圧され、二人は右翼軍人によって殺害された。

カール=リープクネヒト, ローザ=ルクセンブルク
※順不同

□2 ★★★
1919年8月、[★★★]憲法が制定され、**社会民主党**のエーベルトを初代大統領とする共和国が成立した。（慶應義塾大）

◆ヴァイマル共和国の成立である。

ヴァイマル憲法

□3 ★★
ヴァイマル憲法は、社会権や**20歳以上の男女の**[★★]などを保障し、**当時最も民主的な憲法**といわれたが、その一方で[★★]に強力な権限を与えていた。（東京都市大）

普通選挙権(ふつうせんきょけん), 大統領(だいとうりょう)

□4 ★★★
1923年に首相となった[★★★]は**協調外交**を推進し、26年には**国際連盟に加盟**した。（関西大）

◆1925年には右派のヒンデンブルクが第２代大統領に就任し、シュトレーゼマンは25～29年まで外相を務めた。シュトレーゼマンはロカルノ条約でラインラントの非武装を再確認するなど、**協調外交**を行ったことがポイントである。

シュトレーゼマン

□5 ★★★
1923年、フランス・ベルギーはドイツの賠償金の支払い不履行(ふりこう)を理由に、鉱工業地帯の[★★★]地方を占領した。（学習院大）

◆ドイツ国民は同地方での生産を停止するなどの不服従運動で抵抗したが、その結果インフレが一気に加速した。価値のなくなった紙幣は子どもが積み木がわりにしたり、壁紙にされたりした。

ルール地方

□6 ★★
1923年、ルール占領や激しいインフレの危機の中、[★★]は政権獲得を狙って[★★]を起こしたが、失敗して逮捕された。（中部大）

ヒトラー, ミュンヘン一揆(いっき)（発×）

□7 ★★
1923年、シュトレーゼマン内閣は**新通貨**の[★★]を発行して、**インフレを収拾した。**（センター）

◆従来のマルクとレンテンマルクの交換比率は１：１兆であった。

レンテンマルク

□8 ★★★ シュトレーゼマンは、1924年に [★★★] 案、29年に [★★★] 案を成立させ、アメリカの協力を得て経済の再建に努めた。 (日本大)

ドーズ案, ヤング案

◆どちらもアメリカの銀行家の名前である。

□9 ★★ [★★] 案によって、**ドイツの賠償金支払いが緩和**され、アメリカからドイツへの資本導入が決められた。 (慶應義塾大)

ドーズ案

□10 ★★ [★★] 案によって、賠償金額は358億金（きん）マルクに減額され、59年間の長期支払いが定められた。 (立教大)

ヤング案

◆その後、1932年のローザンヌ会議で賠償総額が大幅に削減された。

⚠ヤング案で賠償金が減額されたが、ドーズ案では減額されていない点に注意しよう。

14 第一次世界大戦後の東欧諸国

ANSWERS □□□

□1 ★★ 第一次世界大戦後の東欧諸国では、[★★] の指導によって共産党政権の成立が促された。 (予想問題)

コミンテルン

□2 ★ 1918年に共和国として独立したハンガリーでは、19年にコミンテルン指導下の [★] 率いる共産党政権が誕生したが、半年で瓦解（がかい）した。 (南山大)

クン=ベラ

◆クン=ベラ政権では、土地改革や金融機関の国有化などが実施された。

□3 ★★ 1920年、**ハンガリー**では右派の [★★] が実権を握り、国王空位のまま王国を名乗った。 (南山大)

ホルティ

◆ハンガリーは**トリアノン条約**で人口と領土の半分以上を失ったため、戦間期にはそれらの回復を目指す修正主義が台頭した。

□4 ★★ 1920年、ポーランドは領土拡大を目指して [★★] 戦争を起こし、ウクライナの一部とベラルーシの一部を獲得した。 (南山大)

ポーランド=ソヴィエト戦争

□5 ★★★ 1926年、**ポーランド**では [★★★] がクーデタを起こして政権を握った。 (青山学院大)

ピウスツキ

⚠戦間期の東欧諸国では、**ハンガリー**のホルティ独裁政権と、**ポーランド**のピウスツキ独裁政権との混同に注意！

□6 ★★★ 第一次世界大戦で勝利したギリシアは、[★★★]条約で**ブルガリア**から、[★★★]条約で**オスマン帝国**から領土を獲得した。(同志社大)

ヌイイ条約, セーヴル条約

□7 ★★ ギリシア軍は1919年に小アジア西岸の[★★]を占領し、翌20年にセーヴル条約でその領有権を得た。(同志社大)

◆イズミルはエーゲ海に面した古代からの良港である。

イズミル

□8 ★★ バルカン半島では、1918年にセルビアなどが[★★]王国としてまとまり、29年に国名を[★★]に改称した。(南山大)

◆セルビア人、クロアティア人、スロヴェニア人の統一国家として、1918年に**オーストリアから独立**した。集権主義を主張するセルビア人と連邦主義を主張するクロアティア人の対立により内紛が絶えなかった。

セルブ=クロアート=スロヴェーン王国, ユーゴスラヴィア

□9 ★★ サン=ジェルマン条約で独立した**チェコスロヴァキア**では、[★★]が初代大統領となり、第２代大統領にはベネシュが就任した。(法政大)

◆1919年のサン=ジェルマン条約では、オーストリア領内からチェコスロヴァキア・セルブ=クロアート=スロヴェーン王国・ハンガリー・ポーランドが独立した。

マサリク

□10 ★★★ **バルト３国**(エストニア・ラトヴィア・[★★★])は、1918年に[★★★]から独立した。(センター)

◆バルト３国は1940年にソ連に併合され、91年までに独立し、2004年にはEU(ヨーロッパ連合)に加盟した。

リトアニア, ロシア

15 世界恐慌とアメリカ

ANSWERS □□□

□1 ★★★ 世界恐慌は、[★★★]年10月にアメリカの[★★★]株式市場で株価が暴落したことが発端となって始まった。(上智大)

◆2020年の新型コロナウイルス感染症(COVID-19)の世界的な大流行は、この世界恐慌以来の国際経済の景気後退といわれている。

1929, ニューヨーク株式市場

RELIEVE THE UNEMPLOYED!

□2 ★★★ 世界恐慌において、［★★★］街の証券取引所で最初に暴落のあった10月24日は、「［★★］」と呼ばれた。 (立教大)

ウォール街，暗黒（あんこく）の木曜日（もくようび）

◆ウォール街は、ニューヨーク市にあるマンハッタン島の金融街である。

□3 ★★ ［★★］大統領は、世界恐慌に対応するために［★］法を発し、農産物を中心に**輸入関税を著しく引き上げた。** (法政大)

フーヴァー，スムート=ホーリー関税（かんぜい）法

◆これは他国による報復関税と列強間のブロック経済化を促し、状況改善どころか世界経済を縮小させた。

□4 ★★★ 1931年、フーヴァー大統領は世界恐慌で打撃を受けた［★★］の金融恐慌を防ぐため、**賠償金などの支払い義務を1年間延長する**［★★★］を発表した。 (センター、南山大)

ドイツ，フーヴァー=モラトリアム

◆賠償金の減額や支払い期限の延長などの措置が取られたが、ほとんど効果はなかった。1933年には、ヒトラーは賠償金の不払いを宣言した。

□5 ★★★ 1933年にアメリカ大統領に就任した民主党の［★★★］は、**恐慌対策**として［★★★］を実施した。 (南山大、早稲田大)

フランクリン=ローズヴェルト，ニューディール

◆ニューディールは「**新規まき直し**」という意味。前政権の自由放任主義とは異なり、**国家が積極的に経済に介入して景気回復を図る**この政策は、**修正資本主義**の端緒となった。

□6 ★★★ ニューディールの農業政策である［★★★］は、農家に補助金を交付して農産物の作付けを制限することで、**農産物の価格引き上げ**を図った。 (センター)

農業調整法（のうぎょうちょうせいほう）(AAA)

◆AAAは、**A**gricultural **A**djustment **A**ctの略。小麦、トウモロコシ、タバコなどが対象となった。自由主義の原則に反するという批判も多く、1936年の最高裁判所の違憲判決を受けて廃止された。

□7 ★★★ ニューディールの産業政策である［★★★］は、企業の［★★］的協定を認めて**工業製品の価格下落を防止**し、労働者の［★★］権と団体交渉権を認めて**労働者救済**を図った。 (東京大、関西学院大)

全国産業復興法（ぜんこくさんぎょうふっこうほう）(NIRA)，カルテル，団結（だんけつ）権

◆NIRAは、**N**ational **I**ndustrial **R**ecovery **A**ctの略。1935年の最高裁判所の違憲判決を受けて廃止された。

□8 ★★★ NIRAが違憲判決を受けて廃止されると、労働者の権利を守るため [★★★] 法が成立し、労働者の団結権と [★★] 権が改めて認められた。 (センター、関西学院大)

◆この法律の名称は提案者のワグナー上院議員に由来する。

ワグナー法, 団体交渉権

□9 ★★ ワグナー法が制定されると労働運動も発展し、1935年には労働組合の [★★] が結成された。 (南山大)

産業別組合会議(産業別組織会議, CIO)

□10 ★★★ ニューディールの総合開発事業である [★★★] は、ダム建設、発電、植林、水運の整備などの開発による**雇用促進**を図るものである。 (センター、関西学院大)

◆ TVA は、**T**ennessee **V**alley **A**uthority の略。テネシー川流域の発展にも寄与した。

テネシー川流域開発公社 (TVA)

□11 ★★ ニューディールの一環として、[★★] 制の停止が行われた。 (関西学院大)

金本位制

□12 ★★ ニューディールの一環として、連邦政府が失業保険や退職金などの支給を保障する [★★] 法が制定された。 (明治大)

社会保障法

□13 ★★ 1935年、アメリカは [★★] 法を制定し、**交戦国への武器や軍需品の売却を禁止した。** (昭和女子大)

◆イタリアのエチオピア侵略で世界戦争勃発が危ぶまれる中、戦争に巻き込まれることを防ぐために制定された。しかし、1941年に**武器貸与法**が成立したため、実質的に放棄された。

中立法

□14 ★★★ 恐慌後にブロック経済の形成が進むと、[★★★] 大統領は、ラテンアメリカを自国の経済圏に取り込むため、**内政干渉を控える** [★★★] 外交を展開した。 (上智大)

フランクリン=ローズヴェルト, 善隣外交

□15 ★★ フランクリン=ローズヴェルトは、善隣外交の一環として1934年に**プラット条項を撤廃**し、[★★] の独立を承認した。 (早稲田大)

キューバ

□16 ★★ 1933年、フランクリン=ローズヴェルトは、市場の拡大と日本の牽制をはかって [★★] を承認した。 (國學院大)

ソ連

□17 ★★ 1934年、フランクリン=ローズヴェルトは46年の [★★] の独立を約束した。 (慶應義塾大)

フィリピン

16 世界恐慌とイギリス・フランス

ANSWERS □□□

□1 ★★★ 1929年の第二次労働党内閣では、[★★★]首相が世界恐慌の影響から[★★★]の削減を提案したが、労働党が反対し、総辞職となった。 (法政大)

マクドナルド, 失業保険

□2 ★★★ 1931年、マクドナルドを首相とする[★★★]内閣が組織され、[★★★]制を停止した。 (南山大)

◆マクドナルドが労働党を除名されたのち、保守党・自由党が協力して組織した。

挙国一致内閣, 金本位制

□3 ★ 1932年、マクドナルド挙国一致内閣は[★]法を制定し、海外製品の流入を制限して国内経済の保護を図った。 (南山大)

保護関税法

□4 ★★★ イギリスは、カナダで[★★★]会議を開き、連邦内の貿易を優遇する[★★★]経済化を図った。 (南山大)

◆イギリスにおける自由貿易主義が保護貿易に転換する政策となった。

オタワ連邦会議(イギリス連邦経済会議), ブロック経済

□5 ★★★ フランスは恐慌に対応するため、植民地や友好国と[★★★]を築いて経済の安定化をはかった。 (明治大)

◆経済ブロックをまとめて確認しよう。
- スターリング=ブロック(ポンド=ブロック):イギリスが形成。
- フラン=ブロック:フランスが形成。
- ドル=ブロック:アメリカが南北アメリカ大陸に形成。

フラン=ブロック

□6 ★★★ フランスでは、共産党などの協力のもと、社会党(統一社会党)の[★★★]を首相としてファシズム・帝国主義・戦争に反対する[★★★]内閣が成立した。 (慶應義塾大)

ブルム, 人民戦線内閣

17 ナチ党の政権獲得

ANSWERS □□□

□1 ★★
世界恐慌の影響を強く受けたドイツでは、議会が機能不全に陥ると、[★★]大統領が[★★]令を乱発した。(日本女子大)

◆ヒンデンブルクは軍人出身の政治家で、第一次世界大戦では**タンネンベルクの戦いでロシアを破った国民的英雄**。大統領を2期務めたが、世界恐慌へ効果的な対策を打ち出すことはできなかった。

◆大統領緊急令は**ヴァイマル憲法**第48条の、議会が機能しない場合に大統領に認められた非常立法権。乱用により議会主義は空洞化し、共産党やナチ党が勢力を伸ばした。

ヒンデンブルク, 大統領緊急令(だいとうりょうきんきゅう)

□2 ★★★
1932年の選挙で[★★★]党は第一党になり、翌33年、ヒトラー内閣が誕生した。(予想問題)

◆教科書によってナチ党、ナチスなど呼称は様々だが、正式名称は「国民社会主義ドイツ労働者党」。ナチはもともと政敵による呼称だったが、現在は歴史用語として認められている。

ナチ党(国民社会主義ドイツ労働者党)(こくみんしゃかい しゅぎ ろうどうしゃ)

□3 ★★★
[★★★]を党首とするナチ党は、ドイツの旧領土の回復とドイツ民族の[★]圏の獲得を目指す政策を推進した。(センター)

◆オーストリア出身のヒトラーは、画家を目指し美術大学を受験したが失敗し、失意の中で青年時代を送った。貧しい暮らしから社会の下層部に触れることも多く、のちに政治家として中産層の保護や社会政策の充実などを訴えて支持を広げた。

ヒトラー, 生存(せいぞん)

□4 ★★★
ナチ党は当初支持されなかったが、[★★★]の影響で社会不安が広まると農民や中産層を中心に支持されるようになった。(東京都市大)

世界恐慌(せかいきょうこう)

□5 ★★★
ナチ党に対する保守層や**軍部**の支持を背景に、1933年、[★★★]大統領は**ヒトラーをドイツ首相に任命**した。(東京大)

ヒンデンブルク

□6 ★★
ナチ党政権は、1933年2月の[★★]事件を口実に**共産党**を非合法化し、解散に追い込んだ。(慶應義塾大)

国会議事堂放火事件(こっかいぎじどうほうか)

□7 ★★★
1933年3月、ナチ党政権は[★★★]法で**国会の立法権を政府に移し**、ナチ党による[★★★]**体制を合法的に確立**させた。(京都女子大)

◆全権委任法成立後、ナチ党は他の政党を解散させて新党の成立を禁じた。

全権委任法, 一党独裁体制(ぜんけんいにん いっとうどくさい)

□8 ★★★ 1933年、ドイツは [★★] 権が認められなかったことを理由に、[★★★] を脱退した。 (東京都市大)

軍備平等権, 国際連盟

□9 ★★★ 1934年、ヒンデンブルク大統領の死去に伴い、ヒトラーは**党首・首相・大統領**を兼ねる [★★★] となった。 (神戸学院大)

◆このようなナチ党体制下のドイツは、神聖ローマ帝国、ドイツ帝国に次ぐ帝国として**第三帝国**と呼ばれた。

総統(フューラー)

□10 ★★★ 恐慌後の失業者対策のため、ヒトラーは厳しい統制経済体制を敷き、[★★] 産業の振興や、**高速道路**である [★★★] の建設を進めた。 (東京大、東京都市大)

◆アウトバーンは現在も使われている道路。1936年に開始されたこれらの経済計画を**四カ年計画**と呼ぶ。戦争に向けた自給自足体制の準備でもあった。

軍需産業, アウトバーン

□11 ★★ ナチ党体制下のドイツでは、[★★] により国民生活が厳しく統制され、言論の自由などの基本的人権が奪われた。 (共通テスト)

◆特に、ナチ党体制反対派やユダヤ人、流浪の民であるロマの人々、障がい者や同性愛者らは厳しい取り締まりを受け、強制収容所に送られた。

秘密警察(ゲシュタポ)

□12 ★★ ゲシュタポや [★★] 隊(SS)・[★★] 隊(SA)による暴力、政府からの一方的宣伝により、ナチ党は国民の思想や文化まで徹底して取り締まる [★★] 主義国家となった。 (成城大)

親衛隊, 突撃隊, 全体主義

□13 ★★ ヒトラーは主著『[★★]』で、敗戦で傷ついたドイツ人の誇りをかきたて、その生存圏拡大を標榜する一方で、**反ユダヤ主義を主張**した。 (慶應義塾大)

◆ミュンヘン一揆後、逮捕されたヒトラーは獄中でこれを執筆した。

わが闘争

□14 ★★★ ナチ党は、[★★★] と呼ばれる**ユダヤ人の大量殺戮**を行った。 (東京大)

◆ナチ党の虐殺により600万人が犠牲となったといわれている。

ホロコースト

□15 ★★ [★★] の**アウシュヴィッツ強制収容所**では、**多くのユダヤ人が虐殺**された。 (東京大)

ポーランド
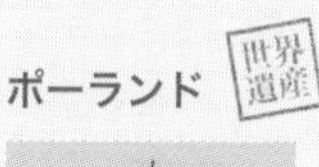

□16 ★★ 1935年、［ ★★ ］法が定められ、ユダヤ人は公民権を奪われた。（早稲田大）

◆ユダヤ人は公共の場への出入りを禁じられ、公職にいたユダヤ系旧軍人も追放された。

ニュルンベルク法

□17 ★★ ユダヤ人迫害に対し、ドイツ人作家の［ ★★ ］や**ユダヤ系**物理学者の［ ★★ ］は国外に亡命した。（関西大）

トーマス=マン, アインシュタイン

□18 ★ 1938年11月、ナチ党の司令でユダヤ人の住宅や商店などが襲撃された事件を、砕けたガラスの破片の様子から「［ ★ ］」という。（予想問題）

水晶(すいしょう)の夜(よる)

18 反ファシズムの動き

ANSWERS □□□

□1 ★★★ 1933年、ドイツは［ ★★★ ］を脱退した。（センター）

国際連盟(こくさいれんめい)

□2 ★★ 1935年、ドイツは国際連盟の管理下にあった［ ★★ ］地方を住民投票を経て編入した。（センター）

ザール地方

□3 ★★★ 1935年、ドイツは［ ★★★ ］宣言を出して**徴兵制を復活**させた。（センター）

◆ヒトラーはヴェルサイユ条約でドイツに課せられていた軍備制限条項を破棄し、再軍備を宣言した。

再軍備(さいぐんび)宣言

□4 ★★ 1935年、ドイツのザール編入や再軍備に対抗し、フランスとソ連は［ ★★ ］条約を締結した。（センター）

仏(ふっ)ソ相互援助(そうごえんじょ)条約

□5 ★★★ 1935年6月、イギリスが結んだ［ ★★★ ］協定により、ドイツの再軍備は事実上容認された。（慶應義塾大）

◆イギリスはドイツに対し、イギリス海軍の35％までの艦船(かんせん)の保有を認めた。

英独海軍(えいどくかいぐん)協定

□6 ★★★ 1935年にモスクワで開催された［ ★★ ］では、これまでの路線を転換し、**ファシズムに対抗**する［ ★★★ ］の結成が提唱された。（専修大、同志社大）

◆それまでは打倒ブルジョワ民主政の路線であった。

コミンテルン第(だい)7回大会(かいたいかい), 人民戦線(じんみんせんせん)

□7 ★★★ コミンテルン第7回大会を受け、フランスでは1936年に**社会党**の［ ★★★ ］を首相とする人民戦線内閣が成立した。（青山学院大、同志社大）

◆チリでも1938年に人民戦線内閣が成立したが、アメリカの圧力などにより48年に崩壊した。

ブルム

□8 第二共和政下のスペインでは、1936年の選挙後に
★★
[★★] を大統領とする人民戦線内閣が成立した。

(学習院大、南山大)

アサーニャ

◆1931年の**スペイン革命**でブルボン王政を倒し、共和政を成立させたが、世界恐慌の影響もあり国内の混乱は続いた。

□9 1935年、イタリアのムッソリーニは国境紛争を口実に
★★★
[★★★] **帝国に侵攻**し、翌年併合した。 (京都女子大)

エチオピア帝国

◆これに対し国際連盟がイタリアへの経済制裁を発動すると、打撃を受けたイタリアは制裁に参加しなかったドイツ経済に依存するようになった。

□10 1936年、ドイツは仏ソ相互援助条約を口実に [★★★] **条**
★★★
約の破棄を宣言し、非武装地帯の [★★★] へ進駐したが、イギリスとフランスは事実上黙認した。 (早稲田大)

ロカルノ条約,
ラインラント

◆ロカルノ条約の破棄により、第一次世界大戦後の国際秩序が崩壊した。イギリス・フランスはドイツの動きに歩調を合わせることができず、結果的に黙認することになった。

歴総 □11 1936年に [★★★] 協定が成立し、翌年にはイタリアも
★★★
加わって [★★★] 協定となり、三国間の結びつきが強化された。 (同志社大)

日独防共協定(にちどくぼうきょう),
三国防共協定(さんごくぼうきょう)

◆コミンテルンとソ連に対抗して日本とドイツが結んだ協定にイタリアが加わり、枢軸国を形成した。

19 スペイン内戦

ANSWERS □□□

□1 スペインでは、1936年に旧王党派や地主らの支持を得
★★★
た右派軍人 [★★★] が**モロッコ**でアサーニャ人民戦線内閣に対して反乱を起こし、内戦状態に陥った。

(共通テスト)

フランコ

◆このスペイン内戦は第二次世界大戦の前哨(ぜんしょう)戦といわれる。

□2 スペイン内戦に際し、**ドイツ・イタリア**はフランコ側
★★★
を支持したが、**イギリス・フランス**は [★★★] 政策を取り、中立の姿勢を表した。 (明治大、同志社大)

不干渉(ふかんしょう)政策

□3 ★★ スペイン内戦を機に、イタリアはヒトラー率いるドイツに接近し、1936年に [★★] を結成した。 (共通テスト)

◆1936年末のムッソリーニの演説に由来する言葉。スペイン内戦で両者ともフランコを支持したことなどを通じ、両国は接近した。

ベルリン=ローマ枢軸（すうじく）

□4 ★★★ スペイン内戦に際し、人民戦線内閣側は [★★★] と [★★★] 軍の支援を受けた。 (慶應義塾大、明治大)

◆国際義勇軍は、欧米の文化人や社会主義者らが反ファシズムを掲げて組織した外国人部隊で、総勢4万人ほどであった。

ソ連（れん）, 国際義勇軍（こくさいぎゆうぐん）

□5 ★★ 国際義勇軍に参加した**アメリカ**の [★★] 、**イギリス**の [★★] 、**フランス**の [★★] は、スペイン内戦での経験をもとに文学作品を著した。 (法政大)

◆ヘミングウェーは『**誰（た）がために鐘は鳴る**』、オーウェルは『**カタロニア賛歌**』、マルローは『希望』をそれぞれ著した。

ヘミングウェー, オーウェル, マルロー

□6 ★★ ドイツがスペインのゲルニカへ**無差別爆撃**を行うと、スペインの [★★] はこれに抗議して「ゲルニカ」を描いた。 (センター)

◆キュビスム絵画で知られるピカソの作品。他に有名な作品として「アビニョンの娘たち」「泣く女」などがある。

ピカソ

□7 ★★★ 1939年、 [★★] を陥落させ、スペイン内戦に勝利した反乱軍側の [★★★] は、内戦終結後にファシズム**独裁体制を確立**した。 (試行調査、関西学院大)

マドリード, フランコ

20 第二次世界大戦前のドイツによる侵略

ANSWERS □□□

□1 ★★★ 1938年、ナチ党はドイツ民族の統一を掲げ、 [★★★] を併合した。 (早稲田大)

オーストリア

□2 ★★★ **1938年**、ヒトラーはドイツ人が多く居住するチェコスロヴァキアの [★★★] 地方の割譲（かつじょう）を要求した。

(早稲田大、関西大)

◆チェコスロヴァキアはドイツの要求を拒否した。ズデーテン地方は、チェコスロヴァキアの重要な工業地帯である。

ズデーテン地方

□3 ★★★ イギリスの首相 [★★★] は、ズデーテン問題に対処するためにイギリス・フランス・イタリア・ドイツの4国による [★★★] 会談を開催した。 (予想問題)

ネヴィル=チェンバレン, ミュンヘン会談

□4 ★★★ ミュンヘン会談にはイギリスのネヴィル=チェンバレン、フランスの [★] 、ドイツのヒトラー、イタリアの [★★★] が参加した。 (関西大)

ダラディエ, ムッソリーニ

□5 ★★★ 戦争を恐れ、ドイツをソ連への防壁と考えていたイギリス・フランスは [★★★] 政策を取り、ズデーテン地方のドイツへの割譲を認めた。 (早稲田大、同志社大)

◆1つ前の設問の通り、ミュンヘン会談には**チェコスロヴァキア・ソ連は参加していない**。

宥和(ゆうわ)政策

□6 ★★★ 1939年、ナチ党は [★★★] **を解体**し、東側の [★★] **を保護国化**した。 (成蹊大)

◆西側のチェコ (ベーメン・メーレン) は保護領とした。

チェコスロヴァキア, スロヴァキア

21 第二次世界大戦の勃発

ANSWERS □□□

□1 ★★★ **1939年**3月、ドイツはポーランドに [★★★] **の割譲**と [★★★] **の通行権**を強く要求した。 (関西大)

◆ダンツィヒは、ヴェルサイユ条約によって国際連盟管理下の自由市となっていた。

ダンツィヒ, ポーランド回廊(かいろう)

□2 ★★ 1939年4月、イタリアは [★★] を併合した。 (早稲田大)

アルバニア

□3 ★★★ ポーランドが**ドイツの割譲要求**を拒否すると、ヒトラーは**1939年**8月にソ連の [★★★] と [★★★] 条約を結び、世界を驚愕(きょうがく)させた。 (関西大)

◆この条約の秘密条項で、ポーランドとバルト3国における両国の勢力範囲も定められた。

◆ソ連は、宥和(ゆうわ)政策を取る**イギリス・フランス**に不信感を募らせていた。

スターリン, 独(どく)ソ不可侵(ふかしん)条約

□4 ★★★ [★★★] 年9月、ドイツ軍が [★★★] への侵攻を開始すると、**イギリス**と**フランス**がドイツに宣戦を布告して第二次世界大戦が始まった。 (学習院大)

◆ヒトラーは独ソ不可侵条約の締結により、二正面作戦をとることにはならないと確信したうえで、この侵攻を行った。

1939, ポーランド

歴総 □5 ★★★ 第二次世界大戦は、**ドイツ・イタリア・日本**を中心とする［★★★］側と、**アメリカ・イギリス・フランス・ソ連**を中心とする［★★★］側の戦争となった。(学習院大、中央大)

◆枢軸国とは、「**ベルリン=ローマ枢軸**」から発展し、ファシズム国家の協力体制を指す言葉となった。

枢軸国(すうじくこく), **連合国**(れんごうこく)

22 ヨーロッパ戦線

ANSWERS □□□

□1 ★★★ 1939年9月、ソ連は［★★★］東部に侵攻し、ドイツとともに分割・占領した。(早稲田大)

◆この侵攻は独ソ不可侵条約の秘密条項に基づいて行われた。

ポーランド

□2 ★★★ 1940年8月、ソ連はバルト3国（［★★］・［★★★］・［★★★］）を併合した。(早稲田大)

エストニア, ラトヴィア, リトアニア
※順不同

□3 ★★★ ソ連は、1939年11月にフィンランドに侵攻して［★★★］戦争を始めたため、同年12月に**国際連盟から除名**された。(関西大、京都女子大)

◆領土交渉がもつれ、ソ連が宣戦した。イギリスとフランスに支援されたフィンランドの抗戦にソ連は苦しめられ、1940年に休戦した。

ソ連(れん)**=フィンランド戦争（冬**(ふゆ)**戦争）**

□4 ★★★ 1940年4月、ドイツは北欧の中立国である［★★★］・［★★★］を占領した。(専修大、日本女子大)

◆第二次世界大戦中、スカンディナヴィア3国の内で**中立を守ることができた**のはスウェーデンのみである。

デンマーク, ノルウェー
※順不同

□5 ★★★ 1940年5月、ドイツは中立国のオランダ・［★★★］に侵攻した。(専修大、日本女子大)

ベルギー

□6 ★★★ 1940年、イギリス首相になった保守党の［★★★］はヒトラーを強く警戒し、**対独宥和**(ゆうわ)**政策を厳しく批判**した。(学習院大、早稲田大)

チャーチル

□7 ★★★ 1940年6月、ドイツ軍の優勢を見て［★★★］が英・仏に宣戦した。(専修大、早稲田大)

イタリア

□**8** ★★★
1940年6月、ドイツ軍が ★★★ を占領すると、まもなく**フランスは降伏**した。（専修大、早稲田大）

◆ドイツはフランスを支配下においた後、イギリス本土を空爆して上陸を狙ったが、首相チャーチル率いるイギリスの抵抗が強く、**上陸作戦を断念**した。

パリ

□**9** ★★★
フランスの降伏後も行われた、**フランス人によるドイツ軍への抵抗運動**は ★★★ と呼ばれた。（京都女子大）

◆フランスのみならず、ユーゴスラヴィアやアルバニアといった第二次世界大戦中の**枢軸国占領下**で起こった抵抗運動をレジスタンスと呼ぶ。

レジスタンス

□**10** ★★★
★★★ は ★★ でレジスタンスを指導する**自由フランス政府**を組織し、対独抗戦（こうせん）を宣言した。（東京大）

◆ド=ゴールは、第二次世界大戦、1958年のアルジェリア独立戦争、68年の五月危機（五月革命）と、長年にわたりフランス政治に関わった。各時代にまたがって登場するため、それぞれの出来事と関連づけて理解したい。

ド=ゴール, ロンドン

□**11** ★★★
1940年7月、ドイツ軍に降伏した ★★★ は**親ドイツ政権**の ★★★ 政府をたて、フランスの南部**を統治**した。（専修大）

◆降伏後のフランスは2つに分割され、北部はドイツに占領された。

◆ペタンは第一次世界大戦のドイツ軍との戦いで活躍し、「ヴェルダンの英雄」としてたたえられていた。

ペタン,
ヴィシー政府

□**12** ★★
1941年3月、アメリカは ★★ 法を制定し、イギリス・ソ連などへの**軍事援助**を決めた。（東京大）

◆**フランクリン=ローズヴェルト**は「アメリカは民主主義の兵器廠（しょう）とならなければならない」として中立法に基づく政策を転換し、武器貸与法を成立させた。

武器貸与法（ぶきたいよ）

□**13** ★★
1941年4月、ドイツ軍は ★★ ・ ★★ を制圧し、5月に地中海のクレタ島に上陸した。このバルカン制圧により、**ドイツとソ連の関係が悪化**した。

（法政大、同志社大）

ユーゴスラヴィア,
ギリシア ※順不同

□**14** ★★
ドイツの占領下となったユーゴスラヴィアでは、共産主義者の ★★ がゲリラ戦術的な ★★ を展開し、**ドイツ軍を駆逐**した。（センター、早稲田大）

◆クロアティア生まれのティトーは、第一次世界大戦でロシア軍の捕虜となり、ロシア革命を経験した。

ティトー, パルチザン

歴総 □15 ★★★ 1941年4月、ソ連は日本と [★★★] 条約を結び、日独伊三国同盟による東西での**両面戦争の回避**を試みた。
(法政大)

◆日本は、この条約により北方の安全を確保し、東南アジアへの進出を強めた。

日ソ中立条約

23 独ソ戦

ANSWERS □□□

□1 ★★★ 1941年6月、ドイツは [★★★] 条約を破って**ソ連**を攻撃し、独ソ戦が始まった。**モスクワ攻撃**に失敗したドイツに対してソ連は反撃を開始し、**戦争は長期化**した。
(慶應義塾大)

独ソ不可侵条約

□2 ★★ 独ソ戦開始直後、**イギリス**と**ソ連**は [★★] 同盟を結び、両国は対独戦における相互援助と単独講和の禁止を約束した。
(予想問題)

英ソ軍事同盟

□3 ★★★ 1941年8月、アメリカのフランクリン=ローズヴェルトとイギリスのチャーチルが艦船で行った [★★★] 会談では、戦後の**国際秩序の構想**が話し合われた。
(青山学院大、早稲田大)

☞この時点では、アメリカはまだこの大戦に参戦していないことに留意しておこう。

大西洋上会談(米英首脳会談)

□4 ★★ 1942年1月、連合国は大西洋憲章を基礎に [★★] 宣言を発表し、**ファシズムを打倒**するための相互協力を約束した。
(中央大、立教大)

◆参加各国は単独で講和をしないことを誓約した。

連合国共同宣言

□5 ★★★ 1942～43年の [★★★] の戦いで、ドイツ軍はソ連軍に大敗した。
(センター)

◆この戦いは**ドイツ敗戦への転換点**となった。極寒の気候も相まって多くの犠牲者を出し、独ソ戦は人類史上すべての戦争の中で最大の死者数となった。

スターリングラードの戦い

□6 ★★ 1943年5月、ソ連のスターリンは**イギリス・アメリカ**との協調を深めるため、 [★★] **の解散**を断行した。
(上智大、関西大)

コミンテルン

□7 ★★★ 1943年7月、連合軍は北アフリカから［★★★］島に上陸し、イタリア本土に迫った。（日本女子大）

シチリア島

◆連合軍は、1942年11月に北アフリカのモロッコ・アルジェリアに上陸した。

□8 ★★★ 連合軍のシチリア島上陸作戦で不利な戦況になったイタリアでは、1943年7月に［★★★］**が失脚**し、9月に新政権の［★★★］政府が**無条件降伏**を申し出た。（日本大、立教大）

ムッソリーニ, イタリア新政府（バドリオ政府）

◆イタリア軍部とファシスト党内部で亀裂が生じ、ムッソリーニは失脚した。

24 枢軸国（同盟国）の敗戦

ANSWERS □□□

歴総 □1 ★★★ **1943年**11月、フランクリン=ローズヴェルト・チャーチル・［★★★］による［★★★］会談で、**対日処理方針を定めた**カイロ宣言が発表された。（上智大、中央大）

蔣介石, カイロ会談

□2 ★★★ **1943年**11月、フランクリン=ローズヴェルト・チャーチル・［★★★］による［★★★］会談で、連合軍の**北フランス上陸作戦**が協議され、第二戦線を形成することが決まった。（早稲田大、関西大）

スターリン, テヘラン会談

□3 ★★★ **1944年**6月、連合国軍総司令官［★★］の率いる米・英連合軍は［★★★］上陸作戦に成功し、**ドイツの敗北が決定的**となった。（京都女子大）

アイゼンハワー, ノルマンディー

◆ノルマンディー上陸作戦の初日は「Dデー」と呼ばれ、この日だけで1万人以上の連合国軍兵士が死傷した。

□4 ★★★ 1944年8月、［★★★］**が解放**され、［★★★］が帰還して**臨時政府を樹立**した。（青山学院大、関西大）

パリ, ド=ゴール

□5 ★★★ 1945年2月、フランクリン=ローズヴェルト・チャーチル・スターリンによる［★★★］会談の結果、戦後処理についての［★★★］協定が結ばれ、ドイツの処遇や**ソ連の対日参戦**が取り決められた。（明治大、早稲田大）

ヤルタ会談, ヤルタ協定

□6 ★★ 1945年2月、米・英連合軍はドイツの［★★］に**大規模な夜間無差別爆撃**を行った。（慶應義塾大）

ドレスデン

◆ドレスデンは、エルベ川の主な沿岸都市で、かつてザクセン選帝侯国の都だった。この**大空襲**で、2万5000人もの一般市民が犠牲になった。

□7 ★★★ 1945年5月2日、ドイツの首都［★★★］が陥落し、7日にドイツが無条件降伏したことで、ヨーロッパ戦線は終結した。（青山学院大、早稲田大）

◆ヒトラーはベルリン陥落の直前、4月30日に自殺した。

ベルリン

25 太平洋戦争

ANSWERS □□□

歴総 □1 ★★★ フランスの降伏を受け、日本軍は1940年9月に［★★★］北部に進駐し、直後に［★★★］同盟を結んで枢軸国間の団結を強めた。（上智大、関西大）

◆1936年の日独防共協定に翌年イタリアが加わった協定を発展させた軍事同盟である。

フランス領(りょう)インドシナ，日独伊三国(にちどくいさんごく)同盟

歴総 □2 ★★★ 1941年4月、日本は北方の脅威を取り除く目的から［★★★］条約を結び、フランス領インドシナ南部に進駐した。（上智大）

日ソ中立条約(にっちゅうりつ)

歴総 □3 ★★★ 南方進出を進める日本に対し、アメリカは［★★★］の対日全面禁輸などの強い対抗策に出た。（関西大）

◆日本は、4カ国が貿易制限による「ABCDライン」という対日包囲網を作っている、と主張した。Aはアメリカ（America）、Bはイギリス（Britain）、Cは中国（China）、Dはオランダ（Dutch）の頭文字である。

石油(せきゆ)

歴総 □4 ★ 日本は、アメリカが提案した中国・フランス領インドシナからの撤退を要求する「［★］」を受け、日米交渉を打ち切った。（上智大、明治学院大）

◆日米交渉は、1941年4月から11月まで行われた。

ハル=ノート

歴総 □5 ★★★ 日米交渉が行き詰まると、［★★★］年12月8日未明、日本軍はハワイの［★★★］にあるアメリカ海軍基地を攻撃した。（上智大）

1941，真珠湾(しんじゅわん)（パールハーバー）

歴総 □6 ★★ 日本の真珠湾攻撃によって太平洋戦争が始まり、［★★］・［★★］もアメリカに宣戦布告した。（中央大）

◆太平洋戦争は、戦争が太平洋のみならず中国・東南アジアにも及んだことから「**アジア・太平洋戦争**」ともいわれる。

ドイツ，イタリア
※順不同

歴総 □7 ★★★ 日本の近衛文麿(このえふみまろ)内閣は、白人諸国の植民地支配に対抗して、アジア諸民族が「［★★★］」を建設することを説いた。（センター）

◆しかし、実態は石油やゴムなどの資源の確保を目的としたアジア諸国への暴力的な侵略であり、各地で**抗日運動が活発化**した。

大東亜共栄圏(だいとうあきょうえいけん)

歴総 □8 ★ 1941年12月8日、日本は真珠湾攻撃とほぼ同時に［★］半島を占領し、**南方戦線を拡大**した。（学習院大）

マレー半島

歴総 □9 ★★ 1941年12月、日本はアヘン戦争以来［★★］領になっていた［★★］を攻略した。（関西大）

イギリス, 香港（ホンコン）

歴総 □10 ★★ 1942年、日本軍はイギリス領の［★★］、ジャワ・スマトラなど［★★］領東インド、フィリピン、ビルマ、ニューギニアなどを占領した。（共通テスト）

シンガポール, オランダ領東インド

歴総 □11 ★★ インドの［★★］派の［★★］は、第二次世界大戦中にドイツや日本の協力を期待して**独立運動を展開**した。（関西学院大）

国民会議（こくみんかいぎ）派, チャンドラ=ボース

歴総 □12 ★★★ 1942年6月の［★★★］海戦で大敗した日本は、太平洋戦争の主導権を失った。（早稲田大）

ミッドウェー海戦

歴総 □13 ★★ 1943年2月、日本は［★★］島から撤退した。（専修大）

ガダルカナル島

歴総 □14 ★★ 1944年7月、アメリカ軍は南太平洋の［★★］**島を陥落**させ、日本本土爆撃の拠点とした。（法政大）

◆日本軍はほぼ全滅し、その責任を取る形で**東条英機**（とうじょうひでき）**内閣が総辞職**した。

サイパン島

歴総 □15 ★★★ 1945年4月、アメリカ軍は［★★★］本島に上陸し、同年6月に日本軍はほぼ全滅した。（関西大）

◆沖縄戦には沖縄の地元住民も巻き込まれ、自決した者も含めて約10万人もの人々が犠牲になった。

◆同年3月には**東京大空襲**も行われ、約10万人もの死者を出した。

沖縄（おきなわ）

歴総 □16 ★★ 1945年7月、**アメリカ**の［★★］、**イギリス**の［★★］、**ソ連**の［★★］はポツダム会談でドイツの戦後処理や**日本の降伏条件**などを討議した。（中央大）

トルーマン, チャーチル, スターリン

歴総 □17 ★★★ **1945年**7月、**アメリカ・イギリス**の首脳と**中国**の［★★★］は［★★★］宣言を出し、日本に**無条件降伏を勧告**した。（中央大）

◆この時点では、ソ連は日ソ中立条約が有効だったため署名はしなかった。同年8月8日、ソ連はヤルタ協定に従って日ソ中立条約を破棄し、同日にポツダム宣言に署名した。

蔣介石（しょうかいせき）, ポツダム宣言

歴総 □18 ★★ アメリカの［★★］は、広島・長崎への**原子爆弾（原爆）投下を指示した。**（早稲田大）

トルーマン

歴総 □19 ★★★ **1945年**8月6日に［★★★］へ、9日に［★★★］へ**原爆が投下**された。（予想問題）

広島, 長崎

歴総 □20 ★★★ **1945年**8月8日、［★★★］は日ソ中立条約を破って［★★★］会談の密約によって日本に宣戦し、中国東北地方・朝鮮・樺太・千島に進撃した。（青山学院大）

ソ連, ヤルタ会談

歴総 □21 ★★★ **1945年**8月14日、日本は［★★★］宣言を受諾して降伏し、太平洋戦争は終結した。（中央大）

◆昭和天皇による終戦の詔（みことのり）は、翌15日に「玉音（ぎょくおん）放送」で日本国民に伝えられた。「堪（た）ヘ難（がた）キヲ堪ヘ、忍（しの）ビ難キヲ忍ビ」のフレーズは特に有名。宮内庁のホームページで、実際の音声を聞くことができる。

ポツダム宣言

26 連合国の主要会議

ANSWERS □□□

□1 ★★★ 1941年8月、フランクリン=ローズヴェルトとチャーチルは［★★★］会談を行い、戦後の**国際秩序の構想**について話し合った。（立教大）

大西洋上会談

□2 ★★ 1943年1月、北アフリカのモロッコでフランクリン=ローズヴェルトとチャーチルによる［★★］会談が行われ、シチリア島上陸作戦が決められた。（東京理科大）

◆ローズヴェルトは、この会談で枢軸国に対する無条件降伏論を主張した。

カサブランカ会談

歴総 □3 ★★★ 1943年11月、**アメリカ・イギリス・中国**による［★★★］会談が行われ、日本の無条件降伏後の**満洲・台湾・澎（ほう）湖（こ）諸島の中国への返還**、**朝鮮の独立**などを内容とする［★★★］宣言が採択された。（東洋大）

カイロ会談, カイロ宣言

□4 ★★★ 1943年、**アメリカ・イギリス・ソ連**による［★★★］会談が行われ、スターリンは対ドイツの第二戦線の実行を要求した。（東京理科大、関西学院大）

テヘラン会談

歴総 □5 ★★★ 1945年2月、**アメリカ・イギリス・ソ連**による［★★★］会談が行われ、**戦後処理を議論**し、ドイツの非武装化や**ソ連の対日参戦**などを定めた協定が締結された。（青山学院大、龍谷大）

ヤルタ会談

歴総 □6 ★★★ 1945年7月、**アメリカ・イギリス・ソ連**による［★★★］会談が行われ、**ドイツの戦後処理**の方針が決められた。（日本大）

ポツダム会談

□7 ★★ ポツダム会談には、当初**アメリカ**の［★★］、**イギリス**のチャーチル、**ソ連**のスターリンが出席したが、チャーチルは会談途中の政権交代により労働党の［★★］に代わった。（日本大）

トルーマン，アトリー

▼主要会議の内容と地図

会談	参加国	内容
① 大西洋上会談	米・英	大西洋憲章発表
② カサブランカ会談	米・英	対イタリア作戦協議
③ カイロ会談	米・英・中	カイロ宣言発表
④ テヘラン会談	米・英・ソ	対ドイツ作戦協議（第二戦線の形成）
⑤ ヤルタ会談	米・英・ソ	ソ連の対日参戦を決定（ヤルタ協定）
⑥ ポツダム会談	米・英・ソ	ポツダム宣言協議

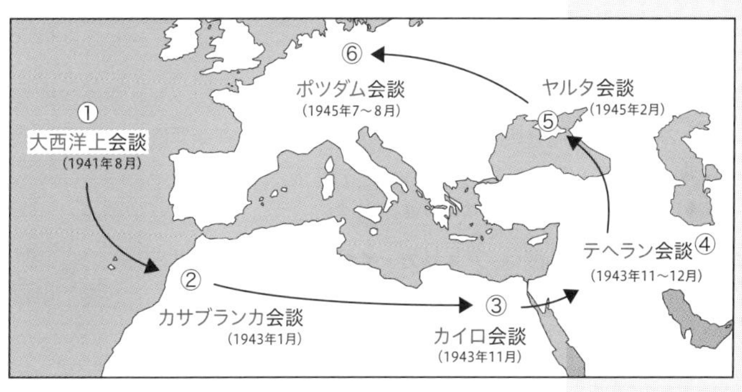

27 戦後の国際体制と戦後処理

ANSWERS □□□

□1 ★★★ 1941年８月、フランクリン=ローズヴェルトとチャーチルは［★★★］会談で国際平和機構再建の構想を示す［★★★］を出した。（日本大）

◆国際平和機構にアメリカが積極的に関与することを意味した。

大西洋上会談，大西洋憲章

□2 ★★ 1944年、**ワシントン**郊外で開かれた［★★］会議で**国際連合憲章**草案がまとめられた。（中央大、同志社大）

◆アメリカ・イギリス・ソ連・中国の代表が参加した。

ダンバートン=オークス会議

□3 ★★★ 1945年２月の［★★★］会談で、**常任理事国に拒否権が認められた**。（慶應義塾大）

◆1国の反対で否決ができるため、冷戦時代には数多く行使された。

ヤルタ会談

□4 ★★★ 1945年6月、連合国側の50カ国が参加した［★★★］会議で［★★★］が採決された。（神奈川大）

◆ダンバートン=オークス会議で懸案だった安全保障理事会常任理事国の拒否権について決定した。

サンフランシスコ会議，国際連合憲章（こくさいれんごうけんしょう）

□5 ★★★ 1945年10月、［★★★］が発足し、［★★★］に本部がおかれた。（桃山学院大）

◆原加盟国は51カ国である。

国際連合（こくさいれんごう），ニューヨーク

□6 ★★★ 1948年の第3回国連総会で、**達成すべき基本的人権を示す**［★★★］宣言が採択された。（成蹊大）

◆法的拘束力はないが、各国が補償すべき人権の目標となった。

世界人権宣言（せかいじんけん）

□7 ★★★ ［★★★］は、全加盟国が1票をもつ平等な会議である。（名城大）

総会（そうかい）

□8 ★★★ ［★★★］は**国連の中で最も強大な権限をもつ機関**で、5カ国の常任理事国と6カ国の非常任理事国によって構成された。（明治大）

◆1966年から**非常任理事国は10カ国**となった。

安全保障理事会（あんぜんほしょうりじかい）

□9 ★★ 国連の常任理事国は、**アメリカ・イギリス・フランス・**［★★］・**中国**（当時は［★★］）の5カ国である。（関西大）

◆中国の代表権は71年に中華人民共和国へ移り、ソ連の代表権は92年にロシア連邦へ変更された。

ソ連（れん），中華民国（ちゅうかみんこく）

▼国際連盟と国際連合の違い

	国際連盟	国際連合
本部	ジュネーヴ（スイス）	ニューヨーク（アメリカ）
常任理事国	英・仏・伊・日 ※米は不参加（孤立主義）	米・英・仏・ソ・中
決定	全会一致	総会：多数決制 安全保障理事会：常任理事国が拒否権を持つ
制裁方法	経済制裁	経済制裁・軍事制裁

⚠国際連盟の問題点として、下記の2点も押さえておこう。
①全会一致のため、紛争への対応が遅い
②軍事制裁ができない

□10 ★★ 国連の主要機関の1つである［★★］は、**オランダ**の［★★］に設置され、**国際紛争**の法的処理を担当している。（青山学院大）

国際司法裁判所（こくさいしほうさいばんしょ），ハーグ

□11 国連主要機関の1つである［★］は、経済・社会・文化・教育などを取り扱っている。（東京女子大）
★
◆理事国は54カ国で、任期は3年。

経済社会理事会

□12 労働者の保護を目的とし、国際連盟**の付属機関として**1919年に設置された［★★★］は、国際連合**に受け継がれ**、46年に専門機関となった。（上智大、東洋大）
★★★

国際労働機関（ILO）

□13 1946年、国連の専門機関として［★★★］が設立され、**教育・科学・文化事業を担当**し、教育の普及や**世界文化遺産**の保護を行っている。（東京女子大、関西大）
★★★

ユネスコ（国際連合教育科学文化機関，UNESCO）

□14 1948年、国連の専門機関として［★★★］が設立され、**保健衛生の事業**を担当した。（慶應義塾大）
★★★

世界保健機関（WHO）

□15 **1944年**7月、連合国は**ブレトン=ウッズ**で戦後の国際経済再建構想を協議し、［★★★］を**基軸通貨**とする［★★★］と［★★★］の2つの国際経済・金融組織の設立に合意した。（センター、東京大）
★★★
◆このブレトン=ウッズ国際経済体制では、各国の通貨とドルとの交換比率を固定する金・ドル本位制が導入された。
◆この体制は、**1973年に為替が変動相場制に移行**するまで、第二次世界大戦後の**国際経済の秩序**として機能した。

ドル，国際通貨基金（IMF），国際復興開発銀行（世界銀行，IBRD）
※順不同

□16 1947年、自由貿易の推進のため、**関税の引き下げや輸入規制の撤廃を目的**とする「［★★★］」が、23カ国の調印で成立した。（慶應義塾大、神奈川大）
★★★
◆冷戦終結後にこの取り決めを受け継いで成立した世界貿易機関（WTO）は、貿易の自由化のみならず、貿易紛争の調停も行っている。

関税と貿易に関する一般協定（GATT）

□17 1986～94年にかけて南米で行われた［★★］で、**モノだけでなくサービスや知的所有権も交渉の対象とされる**ことが決定され、1995年にGATTを受け継ぐ［★★］の設立が決定した。（明治学院大）
★★
◆ラウンドとは、3カ国以上で行われる交渉のことである。

ウルグアイ=ラウンド，世界貿易機関（WTO）

□18 1964年、**開発途上国の開発支援**と先進工業国との［★★］問題の是正を目的に、国連の常設機関として［★★］が設置された。（立教大、京都大）
★★
◆南半球に多い発展途上国と北半球に多い先進工業国との経済格差、およびそこから派生する様々な問題を南北問題という。

南北問題，国連貿易開発会議（UNCTAD）

□19 ★★★ 1975年以降、毎年 [★★★] が開催され、**世界経済の主要問題を討議する**ため、先進諸国の首脳が参加している。 (名城大)

◆第1次石油危機を機に開催され、**ロシア**参加後は主要国首脳会議と呼ばれる。第1回はフランスのランブイエで開催。

→ 先進国首脳会議(せんしんこくしゅのうかいぎ)(サミット)

歴総 □20 ★★ **1985年**、アメリカ・イギリス・西ドイツ・フランス・日本の先進5カ国による、**ドル高是正**のための [★★] が成立した。 (慶應義塾大)

→ プラザ合意(ごうい)

□21 ★★★ 1945～46年、[★★★] 裁判において**ドイツ**の戦争犯罪が裁かれた。 (センター)

→ ニュルンベルク裁判

歴総 □22 ★★★ 1946～48年、[★★★] 裁判において**日本**の戦争犯罪が裁かれた。 (センター)

◆裁判では**東条英機**(とうじょうひでき)元首相がA級戦犯(せんぱん)となり、死刑判決を受けた。

→ 東京裁判(とうきょう)(極東国際軍事裁判)(きょくとうこくさいぐんじ)

歴総 □23 ★★ 日本では**連合国軍総司令部**(れんごうこくぐんそうしれいぶ)**(GHQ)の指導**のもと、[★★] 解体・[★★] 改革・教育改革・[★★] の解散などが行われ、民主化・非軍事化が目指された。 (予想問題)

→ 財閥(ざいばつ)解体，農地(のうち)改革，軍隊(ぐんたい)

歴総 □24 ★★ 日本では、1946年11月に [★★] 憲法が公布され、47年5月に施行された。 (予想問題)

→ 日本国(にほんこく)憲法

□25 ★★ 1947年、旧枢軸国（[★★]・ハンガリー・ブルガリア・ルーマニア・フィンランド）と連合国は [★★] 条約を結んだ。 (中部大)

→ イタリア，パリ講和(こうわ)条約

歴総 □26 ★★★ 1951年、日本はサンフランシスコ講和会議で連合国と [★★★] 条約を結び、**主権を回復**するとともに [★★★]・台湾・南樺太・千島を放棄した。 (センター)

◆ソ連・中国・インド・ビルマ・東欧諸国は署名しなかった。

→ サンフランシスコ平和(へいわ)条約，朝鮮(ちょうせん)

□27 ★★★ 1955年、オーストリアはアメリカ・イギリス・フランス・ソ連と [★★] 条約を結んで**主権を回復**し、[★★★] 国となった。 (近畿大)

→ オーストリア国家(こっか)条約，永世中立国(えいせいちゅうりつ)

第3部 現代

CONTEMPORARY HISTORY

XII

冷戦の時代

15 14 13 12 11 10 9 8 7 6 5 4 3 2 1 BC AD 1 2 3 4 5 6 7 8 9 10 11 12 13 14 15 16 17 18 19 20 21

1 冷戦の始まり

ANSWERS □□□

□**1** ★★★ 第二次世界大戦後のアメリカとソ連の対立は、**直接の軍事衝突に至らなかった**ことから「［★★★］」と呼ばれる。（京都女子大）

冷戦（れいせん）

□**2** ★★★ 1946年、イギリスの［★★★］は、**バルト海**の［★★★］から**アドリア海**の［★★★］に至る線に「鉄のカーテン」が降りていると演説した。（センター、慶應義塾大）

チャーチル，シュテッティン，トリエステ

□**3** ★★★ 1947年3月、アメリカのトルーマン大統領は［★★★］を発表し、ソ連の勢力拡大に対する「［★★★］」を開始した。（センター、早稲田大）

トルーマン=ドクトリン，封じ込め（ふうこ）政策（せいさく）

□**4** ★★ トルーマン=ドクトリンは、［★★］と［★★］の共産主義化を阻止するために、連邦議会に両国への**軍事援助**を訴えるものであった。（上智大、法政大）

ギリシア，トルコ
※順不同

□**5** ★★★ 1947年6月、アメリカの国務長官マーシャルは、**ヨーロッパ諸国の経済的復興**を目指して［★★★］を発表した。（北海道大、立命館大）

◆経済的困窮が共産主義勢力拡大の要因であるとされた。ソ連・東欧は参加を拒絶した。

マーシャル=プラン（ヨーロッパ経（けい）済復興援助計画（ざいふっこうえんじょけいかく））

□**6** ★ 1948年、マーシャル=プランの受け入れ機関として［★］が設立された。（明治大）

◆1961年、OEECは経済協力開発機構（OECD）へと改組された。

ヨーロッパ経済協（けいざいきょう）力機構（りょくきこう）（OEEC）

□**7** ★★★ 1947年、ソ連・東欧諸国は**各国共産党の国際的な情報交換機関**として［★★★］を結成した。（中央大）

◆ソ連・東欧6カ国・フランス・イタリアの共産党によって組織された。

⚠コミンテルンとコミンフォルムの混同に注意！

コミンフォルム（共産党情報局（きょうさんとうじょうほうきょく））

□8 ★★★ [★★★]は、[★★★]の指導のもとで**独自の社会主義建設**を行い、1948年にコミンフォルム**から除名**された。（センター、早稲田大）

ユーゴスラヴィア，ティトー

□9 ★★★ チェコスロヴァキアでは、**マーシャル=プラン**の受け入れをめぐって1948年に[★★★]が起こり、[★★]**党政権が樹立**された。（早稲田大）

チェコスロヴァキア=クーデタ，共産党

□10 ★★ チェコスロヴァキア=クーデタに衝撃を受けた**イギリス・フランス・ベネルクス3国**は、1948年に[★★]条約を結んだ。（明治大）

◆ベネルクス3国はベルギー・オランダ・ルクセンブルクの総称。

西ヨーロッパ連合条約（ブリュッセル条約）

□11 ★★★ 戦後、ドイツは米・英・仏・ソに分割占領されていたが、1948年、**西側占領地域における通貨改革**に対し、ソ連は[★★★]を実行して[★★]**への交通を遮断**した。（東京理科大）

⚠1948〜49年の**ベルリン封鎖**と1961年に建設された**ベルリンの壁**の混同に注意！

ベルリン封鎖，西ベルリン

□12 ★★★ 約1年間のベルリン封鎖が解除されると、1949年にソ連管理地区には[★★★]共和国が、西側諸国管理地区には[★★★]共和国が建てられ、**ドイツは2国に分かれた。**（名古屋大）

ドイツ民主共和国，ドイツ連邦共和国

□13 ★★★ ソ連は**ベルリン封鎖中**の1949年、東欧諸国との間で[★★★]を創設し、**独自の国際経済金融体制の構築**を目指した。（青山学院大、早稲田大）

◆コメコンはマーシャル=プランに対抗するため、1949年に設立された。

経済相互援助会議（コメコン，COMECON）

□14 ★★★ **ベルリン封鎖中**の1949年、アメリカは西ヨーロッパ連合を基盤に、12の西欧諸国とともに[★★★]を結成した。（法政大、明治大）

北大西洋条約機構（NATO）

□15 ★★★ **1954年**の[★★★]協定で**西ドイツの主権回復、再軍備、NATO加盟**が承認されると、1955年、ソ連・東欧諸国は[★★★]を結成した。（早稲田大）

パリ協定，ワルシャワ条約機構（東ヨーロッパ相互援助条約）

2 雪どけ

ANSWERS □□□

□1 ★★★ 1953年3月の［★★★］死去を受け、集団指導体制へと移行したソ連では外交政策が見直され、資本主義国との平和共存を目指す姿勢が示されるようになった。

◆アメリカでは同年にアイゼンハワー政権が誕生した。(早稲田大)

スターリン

□2 ★★★ 朝鮮戦争は、1953年に［★★★］協定が結ばれたことで終結した。以後、北緯［★★★］度線付近の軍事境界線での朝鮮の南北分割が固定化された。(成蹊大)

◆この協定は板門店(パンムンジョム)(はんもんてん)で結ばれた。

朝鮮休戦(ちょうせんきゅうせん)協定, 北緯38度線

□3 ★★★ 1954年、［★★★］協定が結ばれ、ベトナム対フランスのインドシナ戦争が終結した。(慶應義塾大)

ジュネーヴ休戦(きゅうせん)協定

□4 ★★★ ジュネーヴ休戦協定により、北緯［★★★］度線が北の［★★★］と南の［★★★］を分ける暫定境界線に設定された。(慶應義塾大)

北緯17度線, ベトナム民主共和国(みんしゅきょうわこく), ベトナム国(こく)

□5 ★★★ 戦後、東西両陣営に属さない**ラテンアメリカ**や**アジア**、**アフリカ**の［★★★］と呼ばれる諸国は、**積極的中立**を掲げて先進諸国の政治・経済的な支配からの独立を目指した。(京都大、早稲田大)

第三勢力(だいさんせいりょく)

□6 ★★ 1954年4月、インド・セイロン・インドネシア・［★★］・［★★］の5カ国首脳は［★★］会議に参加した。(福井大、上智大)

◆アジアの主体的な平和構築を表明し、インドシナ戦争の早期解決などを宣言した。

ビルマ, パキスタン ※順不同, コロンボ会議

□7 ★★ 1954年、インドの［★★］と中国の［★★］はインドのデリーで会談し、平和五原則を発表した。(センター)

ネルー, 周恩来(しゅうおんらい)

□8 ★★ **平和五原則**では、［★★］、相互不侵略、内政不干渉、平等互恵(ごけい)、［★★］が掲げられた。(慶應義塾大)

領土保全(りょうどほぜん)と主権(しゅけん)の尊重(そんちょう), 平和的共存(へいわてききょうぞん) ※順不同

□9 ★★★ 1955年、**インドネシア**のバンドンで［★★★］会議が行われ、平和共存・反植民地主義などを内容とする［★★★］が確立された。(共通テスト)

◆アジア・アフリカの29カ国が参加した。

アジア=アフリカ会議(バンドン会議), 平和十原則(へいわじゅうげんそく)

□10 アジア=アフリカ会議は、インドネシアの [★★★] 大統領によって主催された。（國學院大、関西学院大）
★★★

スカルノ

□11 1961年、ユーゴスラヴィアのティトーは**東西対立の緩和**を目指し、首都 [★★★] で第1回 [★★★] 会議を開催した。（センター、明治大）
★★★

◆25カ国が参加したが、1970年代になると参加国間で経済格差による対立が生じた。

ベオグラード，非同盟諸国首脳会議

□12 非同盟諸国首脳会議の中心人物は、ティトー、エジプトの [★★] 、インドの**ネルー**らであった。（予想問題）
★★

ナセル

□13 1950～60年代、第三世界の多くの国では、国内産業への補助や保護主義的通商政策に基づく [　] 政策を採用した。（京都大）

◆第三世界とは、資本主義諸国と社会主義諸国のいずれにも属さないアジア・アフリカ・ラテンアメリカの発展途上諸国を指す。

輸入代替工業化政策

3 雪どけの進展と再燃

ANSWERS □□□

□1 1955年、[★★★] 会談が開催され、**アメリカ**の [★★★] 大統領、**イギリス**のイーデン首相、**フランス**のフォール首相、**ソ連**の [★★] 首相が参加し、冷戦の「**雪どけ**」が期待された。（法政大、早稲田大）
★★★

ジュネーヴ4巨頭会談，アイゼンハワー，ブルガーニン

歴総 □2 1956年、日本は [★★] 宣言でソ連との国交が回復し、**国連への加盟が認められた。**（共通テスト）
★★

◆ソ連が拒否権の不行使を決めたことで、日本の国連加盟が認められ、日本は主権国家として名実ともに**国際社会に復帰**した。

日ソ共同宣言

□3 ソ連の [★★★] 第一書記は、1956年の**ソ連共産党第20回大会**で [★★★] 批判を行い、**資本主義国との**平和共存政策を表明した。（早稲田大）
★★★

フルシチョフ，スターリン批判

□4 スターリン批判は周辺諸国に波及し、1956年6月に**ポーランド**の [★★★] 、10月に [★★★] で反政府・民主改革運動が起こった。（明治学院大）
★★★

◆同時期、**中国**はスターリン批判を機にソ連と対立を深めていた。

ポズナニ，ハンガリー

□5 **1956年**、フルシチョフは平和共存政策の一環として [★★★] **を解散**させた。（法政大）
★★★

コミンフォルム

□6 ★★★ [★★]年、フルシチョフはソ連の最高指導者として初めて**訪米**し、**キャンプ=デーヴィッド**で[★★★]大統領と会談した。（上智大）

1959, アイゼンハワー

□7 ★ 1960年、アメリカの軍事偵察機[★]が**ソ連上空で撃墜される事件**が起こると、米ソ間は再び緊張状態となった。（日本大）

U2型偵察機（がたていさつき）

□8 ★★★ [★★★]年、ソ連に後押しされた東ドイツは冷戦の象徴ともいわれる「[★★★]」を築いた。（島根県立大）

◆西ベルリンへの亡命を防ぐために作られた。

1961, ベルリンの壁（かべ）

□9 ★★★ 1959年、[★★★]は**ゲバラ**とともにキューバ革命で親米の[★★★]政権を打倒し、首相に就任した。（共通テスト）

カストロ, バティスタ

□10 ★★ キューバの革命政権がアメリカ資本を含む大企業の国有化を行うと、1961年に[★★]**大統領はキューバと国交を断絶した。**（昭和女子大、明治大）

アイゼンハワー

□11 ★★★ アメリカとの国交断絶後、[★★★]は**社会主義宣言**を発表した。（センター）

◆このことにより、キューバはラテンアメリカでは初の社会主義国となった。

カストロ

□12 ★★★ ソ連がキューバに**ミサイル基地を建設**したことをめぐり、[★★★]年にアメリカとソ連の間で[★★★]と呼ばれる対立が生じた。（北海道大）

1962, キューバ危機（きき）

□13 ★★★ キューバ危機では、[★★★]大統領がミサイル基地の撤去を求めて**キューバ海域の海上封鎖**を行い、緊張が高まったが、ソ連の[★★★]の譲歩で解決した。（日本大、早稲田大）

ケネディ, フルシチョフ

□14 ★★ キューバ危機後、[★★]協定が制定され、アメリカとソ連の首脳間に**直接通話回線が開設**された。（立教大）

直通通信（ちょくつうつうしん）協定（ホットライン協定）

□15 ★★★ 1963年、アメリカ・イギリス・[★★★]は、**地下実験を除く核兵器実験を禁じる**[★★★]条約に調印した。（東京大）

ソ連（れん）, 部分的核実験禁止（ぶぶんてきかくじっけんきんし）条約

□16 ★★ [★★]・[★★]は、米・英・ソによる核の独占であるとして、部分的核実験禁止**条約への調印を拒否**した。（東京外国語大）

フランス, 中国（ちゅうごく）
※順不同

4 平和運動

ANSWERS □□□

歴総 □1 ★★★ 1954年、アメリカが [★★] 環礁(かんしょう)で行った**水爆(すいばく)実験**により、日本のマグロ漁船が放射能汚染を受けるという [★★★] 事件が起きた。 (新潟大)

◆使用された水爆「ブラボー」は広島に投下された原爆の1000倍の威力があり、実験後、周囲の海域は「死の灰」と呼ばれる放射性物質で汚染された。この事件は**原水爆禁止運動**のきっかけとなり、日本でも主婦が始めた署名活動が広がった。

ビキニ環礁,
第五福竜丸(だいごふくりゅうまる)事件

□2 ★★ 核戦争に対する不安が世界中に広がると、1955年、哲学者 [★★] と物理学者 [★★] が代表となって、各国首脳に核戦争の回避を訴えた。 (成蹊大)

バートランド=ラッセル, アインシュタイン

歴総 □3 ★★ 1955年8月、第1回原水爆禁止世界大会が日本の [★★] で開催された。 (慶應義塾大)

広島(ひろしま)

歴総 □4 ★★★ 1957年、世界の科学者たちはカナダで [★★★] 会議を開き、核兵器廃絶を訴えた。この会議には、日本人初のノーベル賞受賞者 [★] も参加した。 (東京外国語大、慶應義塾大)

パグウォッシュ会議,
湯川秀樹(ゆかわひでき)

5 多極化

ANSWERS □□□

□1 ★★ 1960年に原爆実験に成功した [★★] は、**世界4番目の核保有国**となった。 (大東文化大)

フランス

□2 ★★★ ド=ゴールは、米・ソ対立を基軸とする国際関係の中で**独自の外交**を展開し、[★★★] **の独立**や [★★★] を承認するとともに、[★★★] の軍事部門から脱退した。 (中央大、関西大)

アルジェリア, 中華人民共和国(ちゅうかじんみんきょうわこく),
NATO(ナトー)(北大西洋条約機構(きたたいせいようじょうやくきこう))

□3 ★★★ ヨーロッパの統合を視野に、**1967年**に [★★★] が発足し、イギリス・ギリシアなどが加わった後、**1993年**に [★★★] が発足した。 (中央大)

ヨーロッパ共同体(きょうどうたい)(EC),
ヨーロッパ連合(れんごう)(EU)

□4 ★★★ [★★★] 率いる**ユーゴスラヴィア**は、ソ連の支配に抵抗して1948年に [★★★] を除名され、**独自の社会主義路線**を展開した。 (成蹊大、明治大)

ティトー,
コミンフォルム

□5 ★★★ ティトーやエジプトの [★★★] らの呼びかけにより、**1961年**9月に第1回 [★★★] 会議が**ベオグラード**で開催された。（早稲田大）

◆**ベオグラード**は当時のユーゴスラヴィアの首都。現在はセルビアの首都である。

ナセル, 非同盟諸国首脳会議

□6 ★★ 社会主義国の**ルーマニア**は、1960年代より権力を握った [★★] のもとで**対ソ独自外交**を行った。（予想問題）

チャウシェスク

□7 ★★★ 1968年、**チェコスロヴァキア**では [★★★] の指導のもと「[★★★]」と呼ばれる**民主化・自由化を求める運動**が起こった。（東京大）

ドプチェク, プラハの春

□8 ★★ 「プラハの春」が起こると、ソ連は [★★] と呼ばれる**「制限主権論」**に基づき、**チェコスロヴァキアへの軍事介入を正当化した。**（東京大、明治大）

◆ソ連の**ブレジネフ**第一書記は、**社会主義陣営の利益のためには国家主権の条件付き制限は認められる**と主張した。

ブレジネフ=ドクトリン

□9 ★★★ 中国の [★★★] はフルシチョフの**スターリン批判**と西側との**平和共存路線**に反対し、**中ソ対立が決定的になった。**（東京都市大）

毛沢東

□10 ★★★ 中ソ間の対立が激化すると、1959年に [★] 協定が破棄され、**1969年**に珍宝島（ダマンスキー島）で [★★★] が起こった。（青山学院大、中央大）

中ソ技術協定, 中ソ国境紛争

6 デタント（緊張緩和）

ANSWERS □□□

□1 ★★★ 1970年代に入ると、米ソ両国は、核戦争に対する世界的な批判や世界経済の多極化などにより、核軍縮、［★★★］（緊張緩和）の方向に転じた。（昭和女子大）

◆アメリカではベトナム戦争による国内外の威信の低下や経済力の低下、ソ連ではブレジネフ体制における経済停滞や中ソ対立などが背景にあった。

デタント

□2 ★★★ **西ドイツ首相**［★★★］は、東側諸国との関係改善をはかる［★★★］を展開し、デタントを進めた。（明治学院大）

◆彼は西ベルリンの市長として1961年のベルリンの壁建設を経験した。

ブラント，東方外交（とうほうがいこう）

□3 ★★ 1970年、ブラントはソ連と［★］条約を締結し、［★★］とはオーデル=ナイセ線を国境と定めた**国交正常化条約**を締結した。（早稲田大）

ソ連=西ドイツ武力不行使条約（れん にし ぶ りょく ふ こう し），ポーランド

□4 ★★ **1972年**、東西ドイツ両国は［★★］条約で双方の独立と国境を認め、武力不行使を取り決めた。（新潟大）

東西ドイツ基本条約（とうざい きほん）

□5 ★★★ 1973年、東西ドイツ両国は［★★★］**に同時加盟**した。（日本大）

国際連合（国連）（こくさいれんごう こくれん）

□6 ★★★ 1971年、ニクソンが**ドルと金の交換停止**を発表した結果［★★★］が起こり、**73年**には**変動相場制**に移行して［★★★］体制は崩壊した。（獨協大、慶應義塾大）

◆ベトナム戦争の戦費がアメリカの国際収支を悪化させ、ドルの価値の下落と信用の低下（ドル危機）が深刻化していた。

ドル=ショック，ブレトン=ウッズ国際経済体制（こくさいけいざい）

□7 ★★★ 1972年、アメリカの［★★★］大統領が訪中して毛沢東と会談し、［★★★］年のカーター大統領期に、正式に**米中の国交が正常化された。**（法政大）

☞**1972年**のニクソン大統領の訪中と**1979年**のカーター大統領の**米中国交正常化**を区別しよう！

ニクソン，1979

□8 ★★★ 1969年から始まった第１次［★★★］では、アメリカとソ連が戦略核兵器の軍縮に向けて交渉を行った。（センター、明治大）

第１次戦略兵器制限交渉（SALT Ⅰ）（せんりゃくへいきせいげんこうしょう ソルト ワン）

□9 ★★★ ベトナム戦争では、**1973年**に［★★★］協定が結ばれ、ベトナムからのアメリカ軍の撤退と停戦が実現した。（京都大）

ベトナム和平協定（パリ和平協定）（わへい）

歴総 □10 ★★★ 1975年、フランスの［ ★ ］大統領の呼びかけで第1回［ ★★★ ］が開催された。（早稲田大）

◆第1回はフランスのランブイエで開催され、フランス・アメリカ・イギリス・西ドイツ・イタリア・日本が参加した。以降は毎年開催され、カナダ（76年〜）、ロシア（97年〜）が加わり、参加国は「**G8**」と呼ばれる。しかし、2014年のクリミア併合によってロシアの参加は停止され、現在は「**G7**」である。

ジスカールデスタン，先進国首脳会議（サミット）

歴総 □11 ★★ 第1回先進国首脳会議の開催は、1973年の［ ★★ ］戦争による第1次［ ★★ ］が背景にあった。（法政大）

第4次中東戦争，第1次石油危機

□12 ★★ 1975年の［ ★★ ］で、主権尊重、武力不行使、科学・人間交流の協力をうたう［ ★★ ］宣言が採択された。（早稲田大）

全欧安全保障協力会議（CSCE），ヘルシンキ宣言

7 第2次冷戦

ANSWERS □□□

□1 ★★★ 1979年、ソ連のブレジネフ政権が［ ★★★ ］に侵攻すると、米・ソの対立が強まり「［ ★★★ ］」とも呼ばれる緊張状態になった。（駒澤大）

アフガニスタン，第2次冷戦（新冷戦）

□2 ★★ ソ連のアフガニスタン侵攻をきっかけに、アメリカの［ ★★ ］大統領は、1980年開催の［ ★ ］オリンピックへのボイコットを呼びかけた。（東京理科大）

カーター，モスクワオリンピック

□3 ★★ レーガン大統領はアメリカ国民に「［ ★★ ］」を訴え、ソ連脅威論を唱えて軍事予算を大幅に拡充した。（センター、明治大）

強いアメリカ

□4 ★★ レーガンは［ ★★ ］を提唱して新兵器の開発を推進し、中距離核兵器を大量に配備して軍拡をエスカレートさせた。（上智大）

◆SDIは「Strategic Defense Initiative」の略で、別名「**スターウォーズ計画**」。ソ連のミサイルがアメリカに到達する前に、ミサイル防衛網を宇宙空間に構築するという内容だったが、莫大な費用などの問題から実現はしなかった。

戦略防衛構想（SDI）

8 冷戦の終結

ANSWERS □□□

□1 ★★★ **1985年**に**ソ連共産党書記長**に就任した[★★★]は、[★★★]を実施して**経済の民主化や自由化改革**に取り組んだ。（共通テスト）

ゴルバチョフ, ペレストロイカ(改革)

□2 ★★★ ゴルバチョフは[★★★]を推進し、言論の自由化、報道の自由化、検閲の廃止、官僚制改革などに取り組んだ。（センター、早稲田大）

グラスノスチ(情報公開)

□3 ★★★ **1986年**に起こった[★★★]事故は、ソ連の安全管理体制の改革やグラスノスチの必要性を再認識させた。（東京国際大）

チョルノービリ(チェルノブイリ)原子力発電所事故

□4 ★★★ ゴルバチョフは、対外的には「[★★★]」を唱え、アメリカ大統領と協力して**冷戦からの脱却を目指した。**（東京理科大）

新思考外交

□5 ★ 1988年3月、ゴルバチョフは[★]宣言で**社会主義圏でのソ連の指導性を否定**した。（慶應義塾大）

新ベオグラード宣言

□6 ★★★ **1987年**、アメリカの[★★★]とソ連のゴルバチョフは[★★★]条約を締結し、**米ソ初の核兵器の削減**が合意された。（センター、上智大）

◆この条約はワシントンで結ばれた。

レーガン, 中距離核戦力(INF)全廃条約

□7 ★★★ **1989年**、ゴルバチョフ政権下のソ連は[★★★]から完全に撤退した。（中央大）

◆これにより、彼は1990年に**ノーベル平和賞**を受賞した。

アフガニスタン

□8 ★★★ 東ドイツでは、1989年に[★★★]政権が退陣し、その後まもなく[★★★]が開放された。（関西大）

◆ベルリンの壁開放は、**冷戦体制の崩壊**を象徴する出来事だった。

ホネカー, ベルリンの壁

□9 ★★★ [★★★]年12月、アメリカの[★★★]とソ連のゴルバチョフは[★★★]島で会談し、**冷戦の終結が宣言された。**（新潟大）

◆ブッシュ(父)のフルネームはGeorge Herbert Walker Bush。息子も大統領を務めたため、「パパ・ブッシュ」の愛称で呼ばれた。

⚠ **第二次世界大戦中の1945年**に開かれたヤルタ会談と**冷戦終結が宣言された1989年**のマルタ会談の混同に注意！

1989, ブッシュ(父), マルタ島

XIII

現代の世界

15 14 13 12 11 10 9 8 7 6 5 4 3 2 1 BC AD 1 2 3 4 5 6 7 8 9 10 11 12 13 14 15 16 17 18 19 20 21

1 アメリカ戦後史

ANSWERS □□□

□1 ★ **民主党**のトルーマン大統領は［★］政策を発表し、社会保障の充実を目指した。（明治大）

フェアディール政策

□2 ★ 1947年、アメリカは国内の共産主義者の活動を規制するため、**国家安全保障法を制定**して［★］を設置した。（学習院大）

◆中央情報局は諜報機関。冷戦期には各国の情報収集にあたり、冷戦後は国際テロ活動に関する情報収集などを行っている。

中央情報局（CIA）

□3 ★★ 1948年、アメリカは**ラテンアメリカ**への共産主義の拡大を防ぐため、反共協力組織の［★★］を設立した。（関西学院大）

米州機構（OAS）

歴総 □4 ★★ **1951年**、アメリカと日本は軍事条約の［★★］条約を締結した。（東京都市大）

◆1960年に改定され（日米相互協力及び安全保障条約）、**アメリカの日本防衛義務が明文化**された。

日米安全保障条約

□5 アメリカは、パラオ諸島などを［　］領とした。（予想問題）

国連信託統治領

□6 ★★ 1951年、朝鮮戦争を機に、アメリカはオーストラリア・ニュージーランドと［★★］を締結した。（大阪大）

◆対共産圏包囲網の1つとして結ばれた。

太平洋安全保障条約（ANZUS）

□7 ★★ トルーマン大統領は、朝鮮戦争時に連合国軍最高司令官の［★★］と対立し、彼を**解任**した。（明治大）

◆マッカーサーは核兵器の使用など強硬策を主張し、1951年に解任された。一連の解任事件は、非軍人が軍のトップとして統治する文民統制（シビリアン=コントロール）の実例といえる。

マッカーサー

□8 ★★ トルーマン政権時、アメリカ国内では［★★］と呼ばれる**反共産主義運動**が推進された。（関西学院大）

◆マッカーシー上院議員による「赤狩り」が行われた。

マッカーシズム（赤狩り）

□9 ★★★ 1953年、共和党のアイゼンハワー大統領時代に、板門店(パンムンジョム/はんもんてん)で［★★★］協定が結ばれた。(慶應義塾大)

朝鮮休戦協定(ちょうせんきゅうせん)

□10 ★★★ 1954年、アイゼンハワー大統領時代に、インドシナ戦争の休戦協定である［★★★］協定が結ばれた。(予想問題)

◆朝鮮休戦協定、ジュネーヴ休戦協定の締結により、アジアにおける熱戦が収束した。

ジュネーヴ休戦(きゅうせん)協定

□11 ★★★ 1954年、東南アジアにおける共産主義勢力を牽制(けんせい)するため、アメリカ・イギリス・フランス・オーストラリア・ニュージーランド・タイ・フィリピン・パキスタンの8カ国は［★★★］を結成した。(島根県立大、東京都市大)

◆この組織は、ベトナム戦争の終結後に解散した。

東南(とうなん)アジア条約機(じょうやくき)構(こう)(SEATO(シアトー))

□12 ★★ 1953年、アメリカは韓国(かんこく)と［★★］条約を締結した。(予想問題)

米韓相互防衛(べいかんそうごぼうえい)条約

□13 ★★ 1954年、アメリカは台湾(たいわん)(中華民国(ちゅうかみんこく))と［★★］条約を締結した。(関西学院大)

◆中国に対抗していたアメリカが蔣介石(しょうかいせき)の台湾と結んだ条約。1979年に中国と国交正常化したアメリカは、この条約を破棄した。

米華相互防衛(べいかそうごぼうえい)条約

□14 ★★ 1954年、［★］裁判所は公立学校での人種隔離を違憲(いけん)とする［★★］判決を出した。(早稲田大)

◆連邦最高裁判所はワシントンD.C.にある。

連邦最高(れんぽうさいこう)裁判所, ブラウン判決

□15 ★★★ 民主党の［★★★］大統領は［★★★］政策を掲げ、内外にわたる積極姿勢をうち出す一方で、ソ連との全面対決を避けた。(同志社大)

ケネディ, ニューフロンティア政策

□16 ★ ケネディ大統領は、キューバ革命の波及を防ぐため、ラテンアメリカ諸国との協力を目指す「［★］」を提唱した。(関西学院大)

進歩(しんぽ)のための同盟(どうめい)

□17 ★★★ 1963年、アメリカ・イギリス・ソ連は［★★★］条約を結び、地下以外での核実験が禁止された。(予想問題)

部分的核実験禁止(ぶぶんてきかくじっけんきんし)条約

□18 ★★★ ［★★★］牧師は、黒人差別撤廃を求める［★★★］運動を指導し、1964年にノーベル平和賞を受賞した。(試行調査)

キング牧師, 公民権(こうみんけん)運動

□19 ★★ 1963年、キング牧師は [★★] 大行進で**「私には夢がある」**の演説を行った。 (同志社大)

◆この年は奴隷解放宣言（1863年）からちょうど100周年だった。**奴隷解放宣言**では南部を含むすべての奴隷の解放が宣言されたが、奴隷の解放後も黒人に対する差別は依然として残っていた。

◆キング牧師は1968年に暗殺された。

ワシントン大行進

□20 ★ 1963年11月、ケネディ大統領は遊説(ゆうぜい)中のテキサス州 [★] で暗殺された。 (予想問題)

ダラス

□21 ★★★ **民主党**の [★★★] 大統領は、**「偉大な社会」**計画を提唱した。 (京都女子大)

◆これはジョンソン大統領2期目のスローガンで、貧困の解消や人種差別の撤廃などが盛り込まれた。しかし間もなくベトナム戦争が本格化し、これらの政策は後回しになった。

ジョンソン

□22 ★★★ 1964年、ジョンソン大統領は [★★★] 法を成立させた。 (立教大、早稲田大)

◆公民権法は、もともとケネディ政権で準備が進んでいた。この法律により、**教育や公共施設利用における人種差別が禁止された。**

公民権(こうみんけん)法

□23 ★★★ 1964年8月、アメリカの駆逐艦(くちくかん)が**トンキン湾**で北ベトナムの攻撃を受けたとして、翌**65年**、ジョンソン政権は [★★★] を開始した。 (早稲田大)

◆のちに、このトンキン湾事件はでっちあげだったとアメリカが発表した。

北(きた)ベトナム爆撃(ばくげき)（北爆(ほくばく)）

□24 ★ 1960年代後半のアメリカではベトナム反戦運動が高揚し、反体制文化の [★] が広まった。 (神戸学院大)

カウンター=カルチャー

□25 ★★★ ベトナム戦争の泥沼化を受け、**共和党**の [★★★] 大統領は [　　] を発表し、アジアにおけるアメリカの軍事介入を縮小することを提唱した。 (明治大)

ニクソン，ニクソン=ドクトリン

□26 ★★★ **1970年代**のニクソン政権下では、米ソ間に [★★★] といわれる緊張緩和がもたらされた。 (東京女子大)

デタント

□27 ★★★ ニクソンは、ソ連のブレジネフと第1次 [★★★] に合意し、両国間の緊張緩和を推進した。 (慶應義塾大)

第1次戦略兵器制限交渉(せんりゃくへいきせいげんこうしょう)（SALT(ソルト) I(ワン)）

□28 ★★★ 1972年、ニクソン大統領は**中華人民共和国を訪問**して[★★★]主席と会見し、[★]戦争の終結など関係改善を模索した。（試行調査）

◆アメリカ大統領初の訪中で世界を驚かせた。当時、中国と対立関係にあったソ連を牽制する目的もあった。

毛沢東, ベトナム戦争

歴総 □29 ★★★ ニクソン政権下の1972年、日本に[★★★]が返還された。（上智大）

沖縄

□30 ★★★ 1971年、ニクソン大統領は米ドル紙幣と金との**兌換一時停止を宣言**し、[★★★]と呼ばれる衝撃を与えた。（試行調査）

ドル=ショック

□31 ★★★ ドル=ショックによって**ドルを基軸通貨とした**[★★★]体制は終わり、1973年には固定相場制から[★★★]制へ移行した。（試行調査、名城大）

◆これ以降、世界経済は変動相場制に変わり、アメリカ・西ヨーロッパ・日本の３極構造に向かった。

ブレトン=ウッズ国際経済体制, 変動相場制

□32 ★★ 1974年、野党の民主党本部での盗聴事件である[★★]事件をきっかけに、ニクソンが辞任した。

◆副大統領のフォードが大統領に昇格した。（島根県立大）

ウォーターゲート事件

□33 ★★ 1977年に就任した**民主党**の[★★]大統領は、「**人権外交**」を唱えた。（センター）

カーター

□34 ★★ 1977年、カーター大統領は[★★]運河の返還に合意した。（青山学院大）

パナマ運河

□35 ★★★ 1978年、カーター大統領の仲介でエジプトとイスラエルは和平に合意し、**79年**に[★★★]条約が結ばれた。（上智大、早稲田大）

エジプト=イスラエル平和条約

□36 ★ 1978年、カーター大統領は第２次[★]を推進した。（立教大）

第２次戦略兵器制限交渉（SALT II）

□37 ★★★ 1979年、カーター大統領は[★★★]との**国交正常化**を実現させた。（立教大）

中国（中華人民共和国）

□38 ★★★ 1981年に就任した**共和党**の[★★★]大統領は、規制緩和や減税によって「[★★★]政府」を目指す新自由主義的な経済政策を展開した。（学習院大）

◆この一連の政策は、彼の名をとって「レーガノミクス」と呼ばれる。

レーガン, 小さな政府

□39 ★★ レーガンは、外交の目標として「 ★★ 」を掲げた。（センター）

強いアメリカ

□40 ★★ 1983年、レーガンはソ連のミサイルが到達する前にそれを破壊する防衛網を宇宙に広げるという ★★ を打ち出した。（予想問題）

◆この計画は、85年に**ソ連でゴルバチョフ政権が誕生したことで冷戦が終結**に向かったため、93年に正式に放棄された。

戦略防衛構想（SDI）

□41 ★★ 1983年、**カリブ海の島国** ★★ の左翼政権は、レーガン政権下のアメリカ軍の侵攻によって崩壊した。（関西学院大）

◆アメリカ軍は、グレナダ在住のアメリカ国民の保護を理由にグレナダ侵攻を行った。「自国民の保護」は、多くの場合、その国の侵攻や侵略行為の口実である。

グレナダ

歴総 □42 ★★ 1980年代、アメリカは「　　」という**財政赤字**と**貿易赤字**に悩まされた。同じ頃、日本の対米輸出量が増大すると、日米間では ★★ が激化した。（予想問題）

◆アメリカでは、日本製の自動車を破壊するなどの**ジャパン・バッシング**が起こった。

双子の赤字

貿易摩擦

歴総 □43 ★★★ 1985年、アメリカが世界最大の債務国となると、同年の ★★★ 合意に基づいて、急速な**円高・ドル安**が実現した。（南山大）

◆**ドル高是正を目的**とし、アメリカ・イギリス・西ドイツ・フランス・日本の先進5カ国で**プラザホテル**において会議が行われた。

プラザ合意

□44 ★★★ イラクの ★★★ 侵攻に対し、1991年にアメリカを中心とする多国籍軍が派遣されたため、 ★★★ 戦争が起こった。（上智大、中央大）

クウェート侵攻，湾岸戦争

□45 ★★★ 1991年、米ソは第1次 ★★★ を締結し、戦略核運搬手段と核弾頭を削減することに合意した。（日本大）

第1次戦略兵器削減条約（START I）

□46 ★★★ 1992年に調印し、94年に発効した ★★★ は、アメリカ・ ★★★ ・ ★★★ の3カ国間での**自由貿易協定**である。（早稲田大）

北米自由貿易協定（NAFTA），カナダ，メキシコ

※順不同

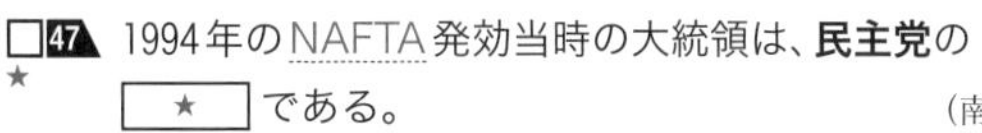

□47 ★ 1994年のNAFTA発効当時の大統領は、**民主党**の［ ★ ］である。（南山大）

クリントン

◆なお、1992年の調印当時はブッシュ（父）大統領だった。

□48 ★★★ 1993年、クリントン大統領の仲介で、イスラエルとパレスチナ解放機構（PLO）による［ ★★★ ］が成立した。（予想問題）

パレスチナ暫定自治協定（オスロ合意）

□49 ★ クリントン政権下の1995年、アメリカと［ ★ ］は国交を正常化した。（予想問題）

ベトナム

◆1975年にベトナム戦争が終結してからちょうど20年目だった。

□50 ★★ 1996年、国連総会で［ ★★ ］が成立し、**地下実験を含むすべての核実験が禁止された。**（関西大）

包括的核実験禁止条約（CTBT）

◆まだ批准していない国があるため、2024年現在発効されていない。

□51 ★★★ 2001年9月11日、アメリカの4カ所で［ ★★★ ］事件が発生した。（立命館大）

同時多発テロ事件

□52 ★ 同時多発テロ事件では、［ ★ ］の貿易センタービル、ワシントンの国防総省ビル（通称［ ★ ］）などにハイジャックされた旅客機が突入した。（青山学院大）

ニューヨーク，ペンタゴン

□53 ★★★ 共和党のブッシュ（子）大統領は、同時多発テロ事件の実行者は［ ★★ ］を指導者とする**イスラーム急進派組織**［ ★★★ ］だと発表した。（青山学院大）

ビン=ラーディン，アル=カーイダ

□54 ★★★ 「［ ★★★ ］」（アフガニスタン攻撃）を宣言したアメリカは、ビン=ラーディンをかくまったとして**アフガニスタン**の［ ★★★ ］政権を打倒した。（京都大、早稲田大）

対テロ戦争，ターリバーン

□55 ★★★ 2003年、アメリカはイラクのフセイン政権が大量破壊兵器を保有しているとして［ ★★★ ］戦争を開始した。（早稲田大）

イラク戦争

◆このアメリカの軍事行動にはイギリスも協力し、フセイン政権を打倒した。

□56 ★★ 2008年、アメリカの低所得者対象の［ ★ ］=ローンが連鎖的に破綻し、世界的な金融危機に発展した。これを［ ★★ ］という。（慶應義塾大）

サブプライム=ローン，2008年国際金融危機（リーマン=ショック）

◆破綻した証券会社**リーマン=ブラザーズ**にちなんでリーマン=ショックと呼ばれる。アメリカ史上最大規模の倒産だった。

□57 ★★★ 2009年、[★★★]はアフリカ系黒人を父に持つ初のアメリカ大統領となった。（予想問題）

◆演説の「Yes, we can.」のフレーズが有名。アメリカ国内の景気回復や「オバマケア」と呼ばれる医療保険制度の改革に尽力した。

オバマ

□58 ★★ 2009年、オバマは[★★]で核兵器廃絶（はいぜつ）を目指す演説を行った。（早稲田大）

◆彼は演説で「核なき世界」を国際社会に訴え、同年にノーベル平和賞を受賞した。

プラハ

□59 ★★ 2015年、オバマは[★★]との国交を回復した。（上智大）

キューバ

□60 ★★★ 2017年に就任した[★★★]党の[★★]大統領は、ユネスコ（国際連合教育科学文化機関）からの脱退、環太平洋（かんたいへいよう）パートナーシップ協定（TPP）からの離脱を行った。（立命館大）

◆トランプは従来の新聞やテレビは偏っていると非難し、SNSを駆使して情報発信を行った。

◆TPPは、アジア・太平洋地域の貿易自由化推進のための経済的枠組みである。

共和（きょうわ）党，トランプ

□61 ★★ 2021年1月、民主党の[★★]が大統領に就任した。（予想問題）

バイデン

2 ヨーロッパ統合史（EUの成立とその後）

ANSWERS □□□

□1 日本人を母に持つオーストリアの[　]は「パン=ヨーロッパ」構想を唱えた。（共立女子大）

クーデンホーフ=カレルギー

□2 ★★★ 1950年にフランス外相が[★★★]を発表し、1952年、ヨーロッパ石炭鉄鋼共同体（ECSC）が結成された。（東京大、京都大）

◆西ドイツとフランスの石炭・鉄鋼資源と施設を共同管理する提案。経済再建と、仏独融和を含む地域協力が目指された。

シューマン=プラン

□3 ★★ ECSCには、フランス・西ドイツ・[★★]・ベネルクス3国（ベルギー・[★★]・[★★]）が参加した。（早稲田大）

イタリア，オランダ，ルクセンブルク ※順不同

□4 ★★★ 1958年、ローマ条約に基づき、ECSCを基礎に[★★★]が発足し、域内関税引き下げや共同の農業政策・資本自由化などを実施した。（立教大）

ヨーロッパ経済共同体（けいざいきょうどうたい）（EEC）

□5 ★★★ 1958年、ローマ条約に基づき、EECと同じ6カ国は ★★★ を設立し、**原子力資源の平和利用**を目指した。（上智大）

ヨーロッパ原子力共同体（EURATOM）

□6 ★★ EECとEURATOMは、1957年に結ばれた ★★ 条約に基づいて設立された。（立命館大）

ローマ条約

□7 ★★ EEC発足を受け、1960年にイギリスは ★★ を結成し、**ヨーロッパ統合への動きに対抗した。**（成蹊大）

◆EFTAはイギリス・スウェーデン・ノルウェー・デンマーク・オーストリア・スイス・ポルトガルの7カ国で発足した。

ヨーロッパ自由貿易連合（EFTA）

□8 ★★★ 1967年、ECSC・EEC・EURATOMの**3共同体が統合されて** ★★★ となった。（早稲田大）

ヨーロッパ共同体（EC）

□9 ★★ ECは、1973年に ★★ ・**デンマーク・アイルランド**を加えた拡大ECとなり、81年に ★★ 、86年に**スペイン・ポルトガル**も加わった。（早稲田大）

イギリス，ギリシア

□10 1979年、拡大ECは ＿＿ を発足させ、のちのヨーロッパ通貨統合を目指した。（早稲田大）

欧州通貨制度（EMS）

□11 ★ 1987年、 ★ が発効され、92年末までに商品、労働力、資本、サービスの自由な移動が確保された域内市場統合を完成させるとした。（慶應義塾大）

単一欧州議定書

□12 ★★★ 1993年、統一通貨の導入など、さらなる経済統合を目指す ★★★ 条約が発効し、ECは ★★★ に改組された。（学習院大）

マーストリヒト条約，ヨーロッパ連合（EU）

□13 ★ 1995年、 ★ ・ ★ ・フィンランドがEUに加盟した。（早稲田大）

オーストリア，スウェーデン ※順不同

□14 ★★★ 1999年から決済通貨として導入された ★★★ は、2002年に通貨統合が行われ**EUの共通通貨**となった。（大阪大、東京都市大）

◆2024年1月現在、EU加盟国のうち20カ国がユーロを導入している。なお、スウェーデンやブルガリアなど、ユーロを導入していない加盟国もある。

◆2010年代にはギリシアの財政赤字が発端となって**ユーロ危機**が起こった。

ユーロ

□15 ★ 2004年、東欧の旧社会主義国を中心とした［★］カ国がEUに加盟した。（早稲田大） — 10

⚠ポーランド・ハンガリー・スロヴェニア・バルト3国など。キプロスなど、旧社会主義国ではない国も同時に加盟していることに注意！

□16 ★★ 2007年にルーマニアとブルガリアが、13年に［★★］がEUに加盟した。（早稲田大） — クロアティア

◆旧社会主義国の多くはEU加盟後も独自通貨の利用を続けている。EUに加盟した旧社会主義国のうち、ユーロを利用しているのはスロヴァキア・スロヴェニア・バルト3国（エストニア・ラトヴィア・リトアニア）・クロアティアの6カ国のみ。

□17 ★ EUは、2004年の［★］憲法の採択、09年の［★］条約の発効など、政治的な**地域統合**をさらに推進しようとした。（清泉女子大） — EU憲法，リスボン条約

□18 ★★ ［★★］は2016年の国民投票で**EU離脱を決定**し、20年1月31日に離脱した。（南山大） — イギリス

3 西ヨーロッパ戦後史

ANSWERS □□□

イギリス

□1 ★★★ 1945年、労働党の［★★★］が首相となり、**重要産業の国有化**を推進した他、国民保険法の改正など、**社会福祉制度の充実**を図った。（新潟大、京都女子大） — アトリー

◆「**ゆりかごから墓場**（はかば）**まで**」のスローガンで知られる福祉政策。**失業保険と疾病**（しっぺい）**保険を組み合わせた国民健康保険法を制定**した。

□2 ★★★ 1946年、前首相の［★★★］は「鉄のカーテン」演説を行った。（早稲田大） — チャーチル

□3 ★★★ 1950年1月、アトリー政権下のイギリスは西側諸国の中ではいち早く［★★★］を承認した。（慶應義塾大） — 中華人民共和国（ちゅうかじんみんきょうわこく）

◆香港領有を存続させるためだった。

□4 ★★★ 1979年、**イギリス初の女性首相**である［★★★］は、［★★★］党内閣を組織した。（センター） — サッチャー，保守党（ほしゅ）

◆強い意志を持って自身の政策を推進したことから、「**鉄の女**」の異名をもつ。

□5 ★★★ サッチャーは、自由競争を重視し「 ★★★ 政府」づくりを目指す ★★★ 主義を推進した。 (上智大)

◆サッチャーは、産業の民営化、公共事業の縮小、規制緩和などを行い、より自由な経済活動の活発化を目指した。

小さな政府, 新自由主義

□6 ★★ **1982年**、サッチャーは**アルゼンチン**との ★★ 戦争で強硬な姿勢をとり、イギリスの海外領土を守った。 (立教大)

フォークランド戦争

□7 ★★★ 1984年、サッチャーは中国と ★★★ の返還協定を結んだ。 (立教大)

◆第二次世界大戦中、香港は日本の占領下に置かれたが、戦後はイギリス領に戻っていた。

香港

□8 ★★★ イギリスは、2016年に行われた**国民投票**で ★★★ **からの離脱が決定**し、20年1月末に離脱した。 (予想問題)

ヨーロッパ連合(EU)

□9 ★ 保守党の ★ 首相は、イギリスのEU残留を支持したが、国民投票の結果を受けて辞任した。 (上智大)

◆キャメロンの次に首相に就任した保守党のメイ（在任：2016～18年）は、EU離脱という難題に取り組む中、冷静沈着で感情を表に出さないことから「氷の女王」と呼ばれた。

キャメロン

フランス

□10 ★★ フランスでは、第二次世界大戦後の1946年に第 ★★ 共和政が成立した。 (予想問題)

第四共和政

□11 ★★ フランスの ★★ 党は、1947年に結成された ★★ に加盟して**社会主義諸国とのつながり**をもち、野党となった。 (神戸女学院大)

共産党, コミンフォルム（共産党情報局）

□12 ★★★ フランスの経済学者ジャン=モネの策を受け、**外相のシューマン**は ★★★ を発表し、1952年に ★★★ が発足した。 (学習院大、明治大)

◆ECSCは「**E**uropean **C**oal and **S**teel **C**ommunity」の略。

シューマン=プラン, ヨーロッパ石炭鉄鋼共同体(ECSC)

□13 ★★★ フランスは、1945年にホー=チ=ミンが樹立した ★★★ の独立を認めず、翌46年に ★★★ 戦争を起こした。 (立命館大)

ベトナム民主共和国, インドシナ戦争

□14 ★★★ 1954年、インドシナ戦争の休戦協定である ★★★ 休戦協定が結ばれた。 (立命館大)

ジュネーヴ休戦協定

□15 ★★★ 1954年、フランス領のアルジェリアで［★★★］が武装蜂起し、［★★★］戦争が勃発した。（同志社大）
◆独立をめぐって世論が分かれ、第四共和政は崩壊した。
民族解放戦線(FLN), アルジェリア戦争

□16 ★★★ アルジェリア独立をめぐる危機の中、1958年に［★★★］が政界に復帰し、同年に第［★★★］共和政を発足させた。（早稲田大）
ド=ゴール, 第五共和政

□17 ★★ 1958年、ド=ゴールは、**大統領の権限を強化**した［★★］憲法を公布した。（青山学院大）
第五共和国憲法

□18 ★ ド=ゴールは、「［★］」を掲げて**独自外交を展開**し、フランスの国際的地位を高めた。（予想問題）
フランスの栄光

□19 ★★★ 1960年、フランスは［★★★］・［★★★］・［★★★］に次いで**4番目の核保有国**になった。（早稲田大）
◆核実験は当時植民地であった**アルジェリアのサハラ砂漠**で行われた。
アメリカ, ソ連, イギリス

□20 ★★★ **1962年**、ド=ゴールは［★］協定を結んで［★★★］の独立を認めた。（センター、立教大）
エヴィアン協定, アルジェリア

□21 ★★★ 1963年、ド=ゴールは［★★★］条約への調印を拒否した。（青山学院大）
部分的核実験禁止条約

□22 ★★★ 1964年、ド=ゴールは［★★★］を承認した。（法政大）
中華人民共和国

□23 ★★★ ド=ゴールはアメリカと距離をおくため、1966年に［★★★］の**軍事機構から脱退**した。（立命館大）
北大西洋条約機構(NATO)

□24 ★★ 1968年、フランスの学生・労働者らが［★★］と呼ばれる**反ド=ゴール体制運動**を起こし、ド=ゴールは翌年辞任した。（上智大、中央大）
五月危機（五月革命）

□25 ★★ 1981年に大統領となった社会党の［★★］は、ドイツのコール首相とともに、ヨーロッパ統合を推進した。（早稲田大）
ミッテラン

西ドイツ

□26 ★★★ アメリカ・［★★★］・［★★★］・［★★★］の4カ国に**分割占領**されたドイツは、冷戦の最前線となった。（早稲田大）
フランス, イギリス, ソ連 ※順不同

□27 ★★ 1948年、アメリカ・イギリス・フランスは**ドイツ西側占領地区**で [★★] 改革を行い、新通貨の導入を決定した。 (慶應義塾大)

通貨改革

□28 ★★★ 1948年6月、ソ連は西側占領地区通貨改革に反発して [★★★] を行い、**西ベルリンの交通を遮断**した。これによってドイツの東西分裂が決定的になった。 (京都女子大)

ベルリン封鎖

□29 ★★ ベルリン封鎖中、アメリカ・イギリス・フランスは、西ベルリンに [★★] で食料・燃料などを供給した。 (京都女子大)

空輸

□30 ★★★ 1949年、ドイツはボンを首都とする [★★★] (西ドイツ) と東ベルリンを首都とする [★★★] (東ドイツ) に分かれた。 (学習院大、関西学院大)

ドイツ連邦共和国, ドイツ民主共和国

□31 ★★ 西ドイツでは、**旧中央党**を中心に [★★] が結成された。 (京都府立大)

キリスト教民主同盟

□32 ★★★ 1949年、キリスト教民主同盟の [★★★] は**西ドイツの初代首相**となり、「**奇跡の経済復興**」を成し遂げた。 (京都大)

アデナウアー

□33 ★★★ 西ドイツは、1954年に結ばれた [★★★] 協定によって**主権を回復**し、再軍備が認められた。 (関西学院大)

パリ協定

□34 ★★ 1955年、西ドイツ**は** [★★] **に加盟**し、**再軍備**が実現した。 (早稲田大)

◆西ドイツのNATO加盟に対し東側陣営はワルシャワ条約機構を結成した。

北大西洋条約機構(NATO)

□35 ★★★ [★★] 年以降、「[★★★]」の建設が始まった。 (明治大)

1961, ベルリンの壁

□36 ★★★ **社会民主党**の [★★★] 首相は、**東側諸国との和解**を目指して [★★★] 外交を行い、**デタントを進展**させた。 (予想問題)

ブラント, 東方外交

□37 ★★ 1970年、**西ドイツとポーランドの国交正常化**に伴い、[★★] 線が国境として定められた。 (明治大、早稲田大)

◆**オーデル川**と**ナイセ川**に沿って国境が定められた。

◆ブラントはワルシャワの慰霊碑を訪れ、ナチス=ドイツのユダヤ人虐殺を謝罪した。

オーデル=ナイセ線

□38 ★★★ 1973年、東西ドイツは同時に [★★★] に加盟した。(慶應義塾大、中央大)
国際連合(こくさいれんごう)

□39 ★★★ **キリスト教民主同盟**の [★★★] 首相時代の1989年、[★★★] **が開放**された。(龍谷大)
◆このことは「**東欧革命**」を象徴する出来事だった。
コール，ベルリンの壁(かべ)

□40 ★★★ [★★★] 年、コール首相は**東西ドイツの統一**を実現した。(関西学院大)
1990

□41 ★ ドイツの [★] は、環境保護・反核・女性解放・平和などを掲げた。(早稲田大)
緑(みどり)の党(とう)

□42 ★★ 2005年に首相に就任した**キリスト教民主同盟**の [★★] は、ドイツ初の女性首相である。(武蔵大)
◆メルケルは積極的な難民受け入れ政策を約束したが、そうした政策に反対する政党や国民も多く、ドイツ社会に亀裂をもたらした。
メルケル

その他の西欧諸国

□43 ★ **ポルトガル**では、1932～68年にかけて [★] 首相が独裁政治を行った。(早稲田大)
サラザール

□44 ★★ 1974年の**ポルトガル革命により民主化が進展**したことを背景に、ポルトガルの植民地であったアフリカの [★★]・[★★] が75年に独立した。(同志社大)
アンゴラ，モザンビーク ※順不同

□45 ★★ スペインでは、1939年以降 [★★] が独裁政治体制を維持していた。(関西大)
フランコ

□46 ★★ 1975年、フランコに代わって [★★] 朝の国王が即位し、78年に新憲法が承認され、**民主化が進んだ。**(関西大)
ブルボン朝

□47 ★★ 1970年代、[★★]・[★★]・ギリシアの**3カ国が民主化**を実現し、**80年代にはECに加盟した。**(早稲田大)
◆1981年にギリシア、86年にスペイン・ポルトガルがECに加盟した。
スペイン，ポルトガル ※順不同

4 ソ連戦後史

ANSWERS □□□

□1 ★★★ ソ連は、マーシャル=プランに対抗し、1949年に東欧諸国と［★★★］を設立した。（早稲田大）

経済相互援助会議(コメコン, COMECON)

□2 ★★★ ［★］年８月、ソ連は**原爆実験に成功**し、［★★★］番目の核保有国となった。（慶應義塾大）

1949, 2

□3 ★★★ **1950年**、ソ連と中華人民共和国は、モスクワで［★★★］条約に調印し、**日本・アメリカを仮想敵国とした。**（慶應義塾大）

中ソ友好同盟相互援助条約

□4 ★★★ ［★★］年に**スターリンが死去**すると、マレンコフが首相に就任し、［★★★］が第一書記に就任して、ソ連は**集団指導体制**へと移行した。（早稲田大）

1953, フルシチョフ

□5 ★★★ ［★★★］の北大西洋条約機構（NATO）加盟に反発したソ連は、1955年に［★★★］を締結してNATO**に対抗する軍事同盟**を組織した。（早稲田大）

◆1991年７月、ワルシャワ条約機構はソ連の解体直前に解散した。

西ドイツ, ワルシャワ条約機構（東ヨーロッパ相互援助条約）

歴総 □6 ★★★ 1956年、日本の鳩山一郎首相が訪ソし、［★★］宣言に調印して両国の国交が回復した。これを機に、日本は［★★★］**に加盟**した。（早稲田大）

◆平和条約には至っておらず、依然として北方領土問題は残っている。

日ソ共同宣言, 国際連合

□7 ★★★ フルシチョフは、1956年の［★★★］大会で［★★★］を行い、［★★★］を打ち出した。（関西大）

◆スターリン批判によってスターリンの専横的な政治や大粛清が明るみに出たため、世界に衝撃が走った。

ソ連共産党第20回大会, スターリン批判, 平和共存政策

□8 ★★★ **スターリン批判**ののち、1956年６月、ポーランドの［★★★］で労働者や学生が**反ソ運動**を起こした。

◆同年、ハンガリーでも反ソ運動が起こった。（明治大）

ポズナニ

□9 ★★★ **1956年**、フルシチョフは［★★★］を解散した。（学習院大）

コミンフォルム（共産党情報局）

□10 ★★ 1950年代後半、ソ連は［★★］の開発と人工衛星の打ち上げに成功した。（慶應義塾大）

大陸間弾道ミサイル（ICBM）

□11 ★★ 1957年、ソ連は**人類初の人工衛星**である［★★］の打ち上げに成功し、アメリカに［★★］と呼ばれる衝撃を与えた。（センター）

◆宇宙開発を含む科学技術で世界の先頭を行く自負があったアメリカは、大きなショックを受けた。これを機に宇宙開発が加速し、専門機関としてアメリカ航空宇宙局（NASA）を創設した。

→ スプートニク1号（ごう）, スプートニク=ショック

□12 ★★ 1959年、ソ連は［★★］協定を破棄し、中国からソ連の技術者を引き揚げさせた。（慶應義塾大）

→ 中ソ技術協定（ちゅう・ぎじゅつ）

□13 ★ 1960年代以降、中央アジアの［★］海が干上がり始めた。その主な原因は、［★］栽培のためのソ連の無計画な灌漑（かんがい）で河川水量が激減したことにある。（予想問題）

◆アラル海はかつて世界第4位の規模を誇る湖だった。

→ アラル海, 綿花（めんか）

□14 ★★★ 1964年10月、［★★★］が解任されると、コスイギン首相・［★★★］**第一書記**の体制が成立し、自由化の進展は抑えられた。（明治大）

→ フルシチョフ, ブレジネフ

□15 ★★★ 1968年、ソ連など62カ国は［★★★］に調印し、すでに核を持っている**米・英・ソ・仏・中**以外の国が核を持つことを禁止した。（慶應義塾大）

→ 核拡散防止条約（かくかくさんぼうしじょうやく）(NPT)

□16 ★★★ ブレジネフは、アメリカの［★★★］大統領と第1次［★★★］で合意し、両国間の緊張緩和を推進した。（慶應義塾大）

→ ニクソン, 第1次戦略兵器制限交渉（せんりゃくへいきせいげんこうしょう）(SALT Ⅰ)（ソルトワン）

□17 ★★★ 1968年、チェコスロヴァキアで「［★★★］」と呼ばれる民主化運動が起こると、ソ連は［★★★］で軍事介入を正当化した。（明治大）

◆ブレジネフ=ドクトリンとは、**社会主義陣営の利益のためには一国の主権が制限されるのはやむを得ない**という考えで、「**制限主権論**」ともいう。

→ プラハの春（はる）, ブレジネフ=ドクトリン

□18 ★★ 1969年、珍宝（ちんぼう）島（ダマンスキー島）をめぐって［★★］紛争が発生した。（京都大）

→ 中ソ国境紛争（ちゅう・こっきょう）

□19 ★★★ 1979年、［★★★］政権下のソ連が［★★★］に侵攻すると、再び米ソの緊張が高まった。（神戸女学院大）

→ ブレジネフ, アフガニスタン

□20 ★ ブレジネフの後、1982年に［★］、次に［★］が書記長に就任したが、いずれも短命の政権であった。（上智大）

→ アンドロポフ, チェルネンコ

□21 ★★★ 1985年3月、[★★★]が書記長に就任し、ソ連の政治・社会体制の改革に乗り出した。（島根県立大）

◆彼は54歳で書記長になった。これはソ連政界では異例の若さでの就任だった。

ゴルバチョフ

□22 ★★★ ゴルバチョフは国内改革のため、[★★★]をスローガンに掲げて市場経済への移行を進めた。（東京大）

ペレストロイカ（改革）

□23 ★★★ ゴルバチョフは、ペレストロイカを支える基本理念として[★★★]（**情報公開**）を唱えた。（明治大）

グラスノスチ

□24 ★★★ グラスノスチの背景には、**1986年**にウクライナの[★★★]**原子力発電所で起きた事故**があった。（明治大）

チョルノービリ（チェルノブイリ）原子力発電所

□25 ★★★ ゴルバチョフは、緊張緩和に向けた「[★★★]外交」を掲げた。（早稲田大）

新思考外交

□26 ★★★ 1987年、ソ連のゴルバチョフとアメリカの[★★★]大統領との間で[★★★]条約が締結され、核軍縮への期待が高まった。（予想問題）

レーガン，中距離核戦力（INF）全廃条約

□27 ★★ 1988年、ソ連はユーゴスラヴィアと共同で[★★]宣言を出した。これによってブレジネフ=ドクトリンの制限主権論の撤回が表明された。（学習院大）

新ベオグラード宣言

□28 ★★ 新ベオグラード宣言後、東欧諸国では[★★]党の一党独裁体制から**複数政党制**へ移行する「**東欧革命**」が起きた。（学習院大）

共産党

□29 ★★★ ゴルバチョフは、[★★]年2月に[★★★]からの撤退を完了し、冷戦終結への道を開いた。（早稲田大）

1989，アフガニスタン

□30 ★★ 1989年、ソ連は[★★]との関係の正常化を実現した。（北海道大）

中国

□31 ★★★ 1989年、ゴルバチョフとアメリカの[★★★]大統領による[★★★]会談が行われ、**冷戦の終結**が宣言された。（東京都市大）

ブッシュ（父），マルタ会談

□32 ★★ 1990年3月、ゴルバチョフによる憲法改正で、共産党の指導性の放棄と[★★]制の導入がはかられた。

◆これにより、ゴルバチョフが大統領に就任した。（早稲田大）

大統領制

□33 ★★★ ソ連とアメリカは1991年の第1次 [★★★] の締結など、核兵器などの軍縮条約・協定の締結を目指して交渉を行った。（早稲田大）	第1次戦略兵器削減条約(START Ⅰ)
□34 ★★★ [★★] 年、[★★★] とワルシャワ条約機構が解消され、東欧諸国での共産党支配が終わり、**社会主義圏が消滅**した。（明治大）	1991，経済相互援助会議(コメコン)
□35 ★★★ 1991年8月、共産党保守派による反 [★★★] クーデタが失敗に終わり、**ソ連共産党は解散**した。（早稲田大）	ゴルバチョフ
□36 ★★★ 1991年、[★★★] は旧ソ連内の11共和国による [★★★] を結成し、この結果、**ソ連は解体**した。（早稲田大） ◆ロシア・ウクライナ・ベラルーシが中心となった。	エリツィン，独立国家共同体 (CIS)
□37 ★★★ [★★★] (エストニア・ラトヴィア・リトアニア) は、**ソ連崩壊直前**の1991年に独立し、2004年には [★★★] に加盟した。（センター） ◆1990年、これらの国々はソ連からの独立を宣言したが、**当時の大統領ゴルバチョフ**はこれを認めなかった。	バルト3国，ヨーロッパ連合 (EU)
□38 ソ連解体後の1992年、**モンゴル人民共和国**では [　　] 体制が放棄され、国名をモンゴル国と改めて [　　] 経済に移行した。（東京大）	一党独裁体制，市場経済
□39 ★★★ ロシアの支配下にあった [★] の地域では、ソ連の解体により**分離独立運動が活発に**なり、1994年と99年に [★★★] 紛争が起こった。（立教大） ◆2009年までに戦闘行為はおさまったが、まだ解決には至っていない。	北コーカサス (カフカス)，チェチェン紛争
□40 ★★★ 1994～96年の第1次チェチェン紛争では、独立を認めないロシアの [★★★] 大統領が軍を派遣した。（センター）	エリツィン
□41 ★★ 1999年～2009年の第2次チェチェン紛争では、[★★] 大統領が「**強いロシア**」の再建を訴えて、チェチェンへの空爆を行った。（学習院大）	プーチン
□42 ★ チェチェン共和国は、[★] 海と [★] 海に挟まれた北コーカサスに位置する [★] 教国家である。（センター）	黒海，カスピ海 ※順不同，イスラーム教
□43 ★ 2008年、[★] が大統領に就任し、プーチンを首相として双頭体制を築いた。（予想問題）	メドヴェージェフ

□44 2014年、プーチン大統領は［★★］を併合した。（上智大）
★★

◆2014年2～3月にかけて、ロシアが強引にクリミア自治共和国を併合した。国連総会ではこの併合を無効とする決議が採択されている。

クリミア

□45 2022年、プーチン政権は［★］全土に軍事侵攻を行った。（予想問題）
★

ウクライナ

5 東ヨーロッパ戦後史

ANSWERS □□□

◇◇◇ チェコスロヴァキア ◇◇◇

□1 1948年、チェコスロヴァキアで、［★★★］の受け入れをめぐってクーデタが起こり、［★★］党政権が樹立され、西側に衝撃を与えた。（早稲田大）
★★★

◆このころ、東欧諸国では共産党によって**人民民主主義体制**が作られ、ソ連と同様の政治制度が採用されていった。

マーシャル=プラン，共産党

□2 1968年、チェコスロヴァキアでは、［★★★］政権下で**言論の自由化**などを目指す「［★★★］」が起こった。（共通テスト）
★★★

◆「プラハの春」は、チェコスロヴァキア民衆の民主化要求の高まりを背景に盛り上がりを見せた。1968～69年をピークに、ユーゴスラヴィアなどへの旅行者数が急増した。

ドプチェク，プラハの春

□3 「プラハの春」が起こると、ソ連は［★★★］による**軍事介入でこの運動を弾圧**し、対ソ従属政権を樹立した。（東京大、早稲田大）
★★★

◆ドプチェクは、この軍事介入を受けて失脚したが、1989年の「**ビロード革命**」により連邦議会の議長に返り咲いた。

ワルシャワ条約機構

□4 1993年、チェコスロヴァキアはチェコと［★★］の両共和国に**円満に分離**し、独立国家となった。（東京都市大）
★★

スロヴァキア

◇◇◇ ハンガリー ◇◇◇

□5 スターリン批判を契機に、**ハンガリー**では**1956年**に首都［★★］で学生や労働者が改革を求めて［★★★］を起こした。（早稲田大）
★★★

ブダペスト，ハンガリー反ソ運動（ハンガリー事件）

□6 ★★★ ハンガリー反ソ運動が起きると、[★★★]が再び首相となり改革を目指したが、**ソ連の軍事介入により処刑された。** (予想問題)　ナジ=イムレ

◆彼は一党独裁の廃止、ワルシャワ条約機構からの脱退と中立路線を主張した。1989年に彼の名誉回復が行われている。

□7 ハンガリー反ソ運動の後、ソ連の指示を受けた[　　]政権が成立した。 (予想問題)　カーダール

◆この政権は後に大胆な経済改革路線を取ったが、ハンガリー経済は次第に停滞していった。

東ドイツ

□8 ★★★ 1949年、[★★★](東ドイツ)が成立した。(東京都市大)　ドイツ民主共和国(みんしゅきょうわこく)

□9 ★ ドイツ民主共和国(東ドイツ)の首都は[★]である。 (東京都市大)　東(ひがし)ベルリン

▼東ドイツと西ドイツ

	西ドイツ	東ドイツ
国名	ドイツ連邦共和国	ドイツ民主共和国
首都	ボン	東ベルリン
陣営	西側(資本主義)陣営	東側(社会主義)陣営

□10 ★★★ 1980年代末、東ドイツの[★★★]は社会主義体制の維持をはかったが、市民の抗議運動などにより89年10月に**退陣**した。 (京都女子大)　ホネカー

◆ホネカーは、西ドイツへの出国を求める市民らの動きの中で解任された。

□11 ★★★ ホネカー退陣後、「[★★★]」が開放された。(予想問題)　ベルリンの壁(かべ)

ポーランド

□12 ★★★ 1956年、スターリン批判を機に**ポーランド**で待遇改善と民主化を要求する[★★★]が起こり、民衆は軍や警察と衝突した。 (慶應義塾大)　ポズナニ暴動(ぼうどう)(ポーランド反政府(はんせいふ)・反(はん)ソ運動(うんどう))

□13 ★★ ポズナニ暴動を受け、共産党は[★★]を第一書記として復権させることで国民の不満を抑え、**ソ連の介入を防いだ。** (慶應義塾大)　ゴムウカ(ゴムルカ)

◆ゴムウカ政権は一定の改革と自由化の後、1970年に崩壊した。

□14 1980年、ポーランドで [★★★] を議長に、**自主管理労組**「[★★]」が組織された。 (共通テスト)
★★★

ワレサ, 連帯

□15 1981年、[★] 首相は「連帯」を非合法化し、ワレサを軟禁した。 (センター)
★

ヤルゼルスキ

◆ワレサは82年に解放され、翌年ノーベル平和賞を受賞した。

□16 1989年、「連帯」は合法化され、一部不完全ながら東欧初の [★★] が実施された。**「連帯」は、この選挙で圧勝**し、翌90年にワレサが大統領に就任した。 (慶應義塾大、上智大)
★★

自由選挙

ルーマニア

□17 ルーマニアは、[★★] 大統領の独裁のもと、自国の**石油**を武器に**対ソ独自外交**を進めた。 (上智大)
★★

チャウシェスク

◆中ソ対立では中立の立場を取ったり、アメリカから経済援助を引き出した。

□18 1989年、東欧革命の中で [★★★] 大統領が処刑された。 (センター)
★★★

チャウシェスク

アルバニア

□19 **アルバニア**では、1944年に [★] 政権が成立し、**共産党一党独裁体制を樹立**した。 (予想問題)
★

ホジャ

□20 アルバニアは、1961年に [★] **と断交**し、68年に [★] **を脱退**した。 (早稲田大)
★

ソ連, ワルシャワ条約機構

◆**東欧革命以前に**ワルシャワ条約機構**を脱退したのはアルバニアだけ**。この国は**ソ連との断交後中国に接近**したが、のちに中国の対米接近を批判し、中国とも断交した。

ユーゴスラヴィア

□21 **ユーゴスラヴィア**は [★★★] の指導のもと、ソ連に対して自立的な態度を取ったため、1948年に [★★★] **から除名**された。 (予想問題)
★★★

ティトー, コミンフォルム

◆**ユーゴスラヴィア**は第二次世界大戦中にドイツの支配を受けたが、共産党系のパルチザンが積極的に支配に抵抗し、ソ連の支援無しにドイツの支配から国土を解放した。

□22 ★★	ユーゴスラヴィアでは、[★★]、[★★]、ギリシア正教の3つの宗教（宗派）が対立していた。（予想問題）	カトリック，イスラーム ※順不同
□23 ★★★	ティトーの死や冷戦終結を背景に、[★★★]内戦が勃発した。（予想問題） ◆ユーゴスラヴィア社会主義連邦共和国は、「7つの国境、6つの共和国、5つの民族、4つの言語、3つの宗教、2つの文字、1つの国家」といわれる複合国家であった。	ユーゴスラヴィア内戦
□24 ★★	ユーゴスラヴィアでは、1991年に[★★]・スロヴェニア・マケドニアが独立を宣言した。（南山大）	クロアティア
□25 ★★	1992年、[★★]はユーゴスラヴィアからの独立を宣言した。（法政大）	ボスニア=ヘルツェゴヴィナ
□26 ★★	1992年、[★★]では、独立の賛否をめぐってムスリム（ボシュニャク人）・セルビア人・クロアティア人が対立し、**内戦**が深刻化した。（法政大） ◆ボスニア内戦では、**民族浄化**と呼ばれる、各民族が互いに相手を消滅しようと集団虐殺・暴行をはかる行為が行われた。	ボスニア=ヘルツェゴヴィナ
□27 ★★	1992年、セルビアとモンテネグロからなる[★★]が成立し、旧ユーゴスラヴィアは解体された。（昭和女子大） ◆2003年に連邦制を解消し、セルビア・モンテネグロに改編、06年に両国は分離し現在に至る。	新(しん)ユーゴスラヴィア連邦(れんぽう)
□28 ★★	セルビア南部の[★★]自治州は、住民の約9割がアルバニア系住民である。（南山大）	コソヴォ自治州
□29 ★★★	コソヴォのアルバニア系住民が分離・独立を要求して運動を起こすと、セルビアの[★★]大統領は厳しく弾圧した。この弾圧に対し、1999年に[★★★]軍による**空爆**が行われた。（南山大）	ミロシェヴィッチ，北大西洋条約機構(きたたいせいようじょうやくきこう)（NATO(ナトー)）
□30 ★★	2013年、[★★]がヨーロッパ連合（EU）に加盟し、この時点での加盟国は**28カ国**となった。（南山大） ◆2020年にイギリスが脱退したため、2024年現在の加盟国は27カ国。 ◆EUの東方拡大と呼ばれる加盟国の増加はEUとしての合意形成を難しくさせ、東ヨーロッパ側から、より豊かな西ヨーロッパ側への移民や労働者の大量移動が起こった。	クロアティア

6 中国戦後史

ANSWERS □□□

□1 ★★★ 1945年に日本が降伏すると、中国では［★★★］が再開した。（青山学院大）

［国共］内戦

□2 ★★★ 国共内戦が再開された際の**中国国民党**の指導者は［★★★］、**中国共産党**の指導者は［★★★］である。（青山学院大）

しょうかいせき もうたくとう

蔣介石，毛沢東

□3 ★ 1945年10月、蔣介石と毛沢東は［★］協定を結び、内戦の回避に合意した。（立命館大）

双十協定

□4 ★ 双十協定を背景に、1946年、国共両党と主要政治勢力は**重慶**で［★］会議を開催した。（青山学院大）

じんみんせい じ きょうしょう

人民政治協商会議

□5 ★★★ 国共内戦において、［★★★］党は幹部の腐敗や経済政策の失敗で**支持を失った**。一方、［★★★］党は土地改革を実施して農民の**支持を得た**。（北海道大、神戸女学院大）

ちゅうごく こくみん

［中国］国民党，［
ちゅうごく きょうさん
中国］共産党

□6 ★★★ ［★★★］年９月、共産党は蔣介石派以外の党派を集めて北京で［★★★］会議を開催し、中華人民共和国の建国を決定した。（島根県立大、南山大）

◆1954
じんみんせい じ きょうしょう
年の全国人民代表大会（全人代）が成立するまでの最高権力機関であった。

1949，人民政治協商会議

□7 ★★★ 中華人民共和国は、北京を首都とし、［★★★］が**国家主席**、［★★★］が**首相**に就任した。（北海道大、新潟大）

もうたくとう

毛沢東，
しゅうおんらい
周恩来

□8 ★★ **東欧諸国**・［★★］・［★★］・**イギリス**は早期に中華人民共和国を承認した。（青山学院大）

ソ連，インド
※順不同

□9 ★★★ 国共内戦に敗れた蔣介石は**1949年**12月に［★★★］へ逃れ、ここで［★★★］政府を維持した。（北海道大）

たいわん

台湾，
ちゅう か みんこく
中華民国

□10 ★★★ アメリカは、**1971年**まで［★★★］政府を中国の正式代表とする立場をとっていた。（共通テスト）

ちゅう か みんこく

◆ソ連など**社会主義諸国が**中華人民共和国**を**、アメリカなど**資本主義諸国は**中華民国**を承認**していた（「**2つの中国**」問題）。

中華民国

□11 ★★ 中華民国政府は、アメリカの支持のもと、**1971年**まで国連の［★★］の**常任理事国**だった。（京都女子大）

あんぜん ほ しょうり じ かい

安全保障理事会

総 □12 ★★★ 1950年、中華人民共和国は、ソ連との間に**対日・対米**を想定した［★★★］条約を結んだ。（南山大）

ちゅう ゆうこうどうめいそう ご

中ソ友好同盟相互援助条約

□13 ★★ 1950年、中華人民共和国政府は［★★］法を公布し、地主の土地を再分配した。（國學院大）

◆52年末までには全国で改革が完了し、中国の農業生産力が向上した。

土地改革法

□14 ★★ 1953～57年にかけて実施された第1次［★★］では、**企業の国営化と農業の集団化**が行われた。これは［★★］をモデルにした**急速な社会主義政策**であった。（センター、青山学院大）

第1次五カ年計画, ソ連

□15 ★★ **中ソ対立**は、フルシチョフの［★★］を契機に始まった。（慶應義塾大）

スターリン批判

□16 ★★★ 1958年からの**第2次**五カ年計画では、毛沢東が「［★★★］」政策を掲げ、**農業の集団化**を図る［★★★］が編成されたが、**失敗に終わった。**（センター）

◆凶作も重なり結果的に工業と農業の生産性が著しく低下した。2,000万人以上の餓死者が出たといわれる。

大躍進, 人民公社

□17 ★★ 中ソの関係が悪化すると、1959年、第2次五カ年計画中に［★★］協定が破棄され、翌年**ソ連は中国から技術者を引き揚げた。**（早稲田大）

◆1950年の中ソ友好同盟相互援助条約以来の中ソ同盟は、事実上崩壊した。

中ソ技術協定

□18 ★★★ 1959年、「大躍進」の失敗を受け、毛沢東に代わって［★★★］が国家主席に就き、［★★★］らとともに**調整政策**を実施し、経済再建を試みた。（青山学院大）

劉少奇, 鄧小平（劉少奇の「少」は「小」×、鄧小平の「小」は「少」×）

□19 ★★★ 1959年、チベット反乱を機に、**チベット仏教の最高指導者**［★★★］世がインドへ亡命すると、中国とインドの間で［★★★］紛争が起こった。（共通テスト、東京大）

ダライ=ラマ14世, 中印国境紛争

□20 ★★★ 1964年、中国は**世界で5番目**に［★★★］の実験に成功し、67年に［★］の実験にも成功した。（立命館大）

原子爆弾（原爆）, 水爆

□21 ★★ 1964年にフランスの［★★］大統領が**中華人民共和国を承認**し、**71年**には国連における中華人民共和国の［　］権が認められた。（南山大）

ド=ゴール, 代表権

□22 ★★ 毛沢東は、劉少奇や鄧小平を［★★］派と呼んで批判した。（青山学院大）

◆走資派とは、「資本主義の道を歩む者」という意味。

実権派（走資派）

□23 ★★★ 毛沢東は、1966年に権力の奪還(だっかん)を図って [★★★] を呼びかけた。 (センター)

[プロレタリア]文(ぶん)化大革命(かだいかくめい)

□24 ★★★ プロレタリア文化大革命が始まると、青年や学生を中心に [★★★] が組織され、[★★] 主義的なものや権威的なものを排除した。 (センター、青山学院大)

紅衛兵(こうえいへい), 資本主義(しほん)

□25 ★★ [★★] は、プロレタリア文化大革命を支持して**毛沢東の後継者**に指名されたが、毛沢東暗殺のクーデタに失敗した。 (中央大、早稲田大)

林彪(りんぴょう)

□26 ★★ プロレタリア文化大革命で浮上した、**毛沢東の夫人**である江青(こうせい)ら推進派グループを「[★★]」という。 (上智大)

◆「四人組」は江青、王洪文(おうこうぶん)、張春橋(ちょうしゅんきょう)、姚文元(ようぶんげん)の4人からなる。

四人組(よにんぐみ)

□27 ★★ 1976年1月に**周恩来**が、9月に**毛沢東**が死去したのち、[★★] が首相に就任した。 (中央大)

華国鋒(かこくほう) 峰×

□28 ★★ 天安門広場で開かれた [★★] の追悼(ついとう)集会の参加者が民主化要求の声を上げると、政権側は武装警官を動員した。この出来事を第1次 [★] 事件という。 (予想問題)

周恩来(しゅうおんらい),

第1次天安門(てんあんもん)事件

□29 ★★ 毛沢東の死後、「四人組」は華国鋒によって逮捕され、**プロレタリア文化大革命は終結**した。なお、毛沢東夫人の [★★] は獄中(ごくちゅう)で自殺した。 (センター、青山学院大)

江青(こうせい)

□30 ★★ 1969年、中国とソ連は国境の [★★] 島の領有権をめぐって衝突した(中ソ国境紛争)。 (共通テスト)

珍宝島(ちんぽう)(ダマンスキー島)

□31 ★★★ 1971年にアメリカの [★] 大統領補佐官が、翌**72年**に [★★★] 大統領が**訪中**し、**米中関係が改善**に向かった。 (南山大)

キッシンジャー, ニクソン

歴総 □32 ★★★ ニクソン訪中を受け、1972年、日本の [★★] 首相も訪中して**日中国交正常化を実現**し、**78年**に [★★★] 条約が締結された。 (島根県立大、学習院大)

田中角栄(たなかかくえい), 日中平和友好条約(にっちゅうへいわゆうこう)

□33 ★★★ 1970年代末、プロレタリア文化大革命後に復権した鄧小平は経済建設を重視する方針への転換を発表し、「[★★★]」を推進した。 (予想問題)

四つの現代化(よっつのげんだいか)

□34 ★★ 「四つの現代化」とは、農業・工業・[★★]・[★★]の**近代化政策**で、もともとは[★★]が提唱したものである。（センター、島根県立大）

国防，科学技術 ※順不同，周恩来

□35 ★★★ 鄧小平は、第２次五カ年計画で普及した[★★★]**の解体**、農産物の価格自由化、「[★]」を設置した外資導入などの[★★★]政策を実施した。（センター）

人民公社，経済特区，改革開放政策

□36 ★★★ 鄧小平を中心とする指導部のもと、**政治的には**[★★★]党の一党独裁を維持しながら、**経済的には資本主義市場経済を導入**する[★★★]経済が展開された。（日本女子大、関西大）

共産党，社会主義市場経済

□37 ★★★ **1979年**、中国共産党の[　]国家主席は、アメリカの[★★★]大統領との間で**米中国交正常化**を実現した。（京都大）

華国鋒，峰× カーター

□38 ★★★ **1979年**、ベトナムが[★★★]に侵攻したことをめぐり、**中国とベトナムが衝突する**[★★★]戦争が起きた。（センター）

カンボジア，中越戦争

□39 1980年、[　]が共産党総書記に就任し、改革開放政策を推進した。（予想問題）

胡耀邦

□40 ★ 胡耀邦の失脚後の1987年、[★]が共産党総書記に就任した。（予想問題）

趙紫陽

□41 ★★★ **1989年**５月、ソ連共産党書記長[★★★]の訪中により、**中ソ国交正常化**が実現した。（北海道大、早稲田大）

ゴルバチョフ

□42 ★★★ 1989年６月４日、民衆による**民主化要求運動**が武力弾圧されるという第２次[★★★]事件が起こった。（北海道大、早稲田大）

◆第２次天安門事件はその日付から「**六・四事件**」とも呼ばれる。

第２次天安門事件

□43 ★★★ 第２次天安門事件で趙紫陽は失脚し、1989年に[★★★]が総書記となった。（立命館大）

◆趙紫陽は民主化運動に同情的だった。

江沢民

□44 ★★★ 中国は、1997年にイギリスから[★★★]を、99年に[★★★]から**マカオ**を返還された。（南山大）

香港，ポルトガル

□45 中国は、香港・マカオの統治に ★★ 制度を採用し、資本主義体制の維持を認めた。（北海道大）
★★

◆50年間は一国二制度による統治がなされるとされた。

一国二制度

□46 2003～13年に国家主席であった ★★ は、六カ国協議発足にあたり主導的な役割を担った。（慶應義塾大）
★★

胡錦濤

□47 1990年代以降、中国は著しい経済成長を遂げ、2010年には国内総生産（GDP）で世界第 ＿＿ 位となった。（南山大）

2

□48 2013年、 ★★ が国家主席に就任した。（青山学院大）
★★

習近平

ANSWERS □□□

7 台湾戦後史

□1 台湾は1945年から中華民国の統治下に置かれたが、**外省人**と ★★ 人との対立を背景に、47年に台北で ★★ 事件が起こった。（慶應義塾大）
★★

◆本省人とは、台湾生まれの人々のこと。1949年に国民政府が台湾へ移転して以降は、中国大陸から移住した外省人が主流派であった。

本省人，二・二八事件

□2 台湾では、 ★★ 党の長期政権が続いていた。（新潟大、共立女子大）
★★

国民党

□3 1988年に本省人として初めて**台湾総統に就任**した国民党の ★★★ は、**積極的な民主化**を推進し、初の総統直接選挙で再選した。（京都大）
★★★

李登輝

□4 2000年、台湾で初めて民進党政権が成立し、総統に ★★ が就任した。（新潟大、共立女子大）
★★

陳水扁

□5 2008年に発足した国民党の ★★ 政権は、中台関係に関する三不政策を掲げた。（慶應義塾大）
★★

馬英九

□6 2016年、民進党の ★★ が**初の女性総統**に就任した。（予想問題）
★★

蔡英文

8 朝鮮戦後史

ANSWERS □□□

□1 ★★★ 1945年の日本の敗戦後、朝鮮半島は北緯 ★★★ 度を境に分断され、北側を ★★★ が、南側を ★★★ が占領した。（センター）

北緯38度，ソ連(れん)，アメリカ

□2 ★★★ 1948年、 ★★★ を初代大統領として朝鮮半島**南部**に ★★★ が成立した。（愛知大）

◆首都はソウル。

李承晩(イスンマン)，大韓民国(だいかんみんこく)（韓国(かんこく)）

□3 ★★★ 1948年、大韓民国に対抗して、朝鮮半島**北部**に ★★★ を首相とする ★★★ が成立した。（東京理科大）

金日成(キムイルソン)，朝鮮民主主義人民共和国(ちょうせんみんしゅしゅぎじんみんきょうわこく)（北朝鮮(きたちょうせん)）

□4 ★ 朝鮮民主主義人民共和国の首都は ★ に置かれた。（予想問題）

平壌(ピョンヤン)

□5 ★★★ 1950年、北朝鮮が韓国に侵攻し、 ★★★ 戦争が始まった。（筑波大）

朝鮮(ちょうせん)戦争

□6 朝鮮戦争では、北朝鮮軍が奇襲攻撃によってソウルを陥落させ、半島南端の □ に迫った。（上智大）

釜山(ふざん／プサン)

□7 ★★ 国連の ★★ は北朝鮮軍の行動を侵略と決議したが、これには ★★ は参加していなかった。（駒澤大）

安全保障理事会(あんぜんほしょうりじかい)，ソ連(れん)

□8 ★★★ 韓国を支援するために、アメリカ軍が統一指揮をとる ★★★ 軍が派遣された。（早稲田大）

国連軍(こくれん)

□9 ★★★ 北朝鮮を支援するため、中国は ★★★ 軍を派遣した。（早稲田大）

義勇軍(ぎゆう)

□10 ★ 朝鮮戦争では、国連軍が ★ から上陸し北朝鮮軍を押し返して北上すると、中国の義勇軍が ★ を渡河し、戦局を再度逆転させ南下した。そのため、戦線が38度線で膠着した。（上智大）

◆鴨緑江は、中国と北朝鮮の国境を流れる川である。

仁川(インチョン)，鴨緑江(おうりょくこう)

□11 ★★★ ソ連の提案によって ★ で休戦交渉が始まり、1953年に板門店(パンムンジョム／はんもんてん)で ★★★ 協定が結ばれた。（慶應義塾大）

開城(かいじょう)，朝鮮休戦協定(ちょうせんきゅうせん)

□12 ★★★ 朝鮮休戦協定により、北緯 [★★★] 度線をまたぐ停戦ラインでの南北の分断が固定化された。（慶應義塾大）

◆あくまで「休戦」のため、現在も朝鮮戦争は終結していない。

北緯38度線

□13 ★★★ 1960年、学生らによる革命運動が大統領を失脚に追い込み、61年には**軍部クーデタ**が起こって [★★★] が政権を掌握(しょうあく)した。（関西大）

朴正熙(パクチョンヒ)

□14 ★★★ 朴正熙大統領は、[★★★] の政治体制をとって経済開発を進めた。（関西学院大）

◆貧困克服には政治と社会の安定が不可欠として、国民の自由を厳しく制限する。**アジア・アフリカ・ラテンアメリカ**の発展途上国に見られた政治体制である。

開発独裁(かいはつどくさい)

歴総 □15 ★★★ 1965年、朴正熙は [★★★] 条約を結んで**日本との国交を回復**し、日本からの資本と技術援助を受けながら経済開発を進めた。（慶應義塾大）

日韓基本(にっかんきほん)条約

□16 ★★ 1980年、光州(こうしゅう)市で [　　] をリーダーとする**民主化運動が政府によって武力鎮圧**された。これを [★★] 事件と呼ぶ。（センター、関西学院大）

◆戒厳(かいげん)令が出されていた光州はこのとき、都市封鎖されたうえに報道規制も敷かれ、弾圧の惨状は一切外部に伝えられていなかった。

金大中(キムデジュン)，光州(こうしゅう/クワンジュ)事件

□17 ★ 光州事件を弾圧した [★] は、同年に大統領に就任した。（東京大、関西学院大）

◆1979年の朴正熙暗殺後、軍の実権を掌握した。退任後、1979年のクーデタの責任を問われて逮捕され、1997年に無期懲役の判決を受けたのちに特赦(とくしゃ)を受けた。

全斗煥(チョンドゥホァン)
換×

□18 ★ 全斗煥の後継者 [★] は、民主化を掲げ、1987年末に [★] 選挙を実現した。（センター）

盧泰愚(ノテウ)，大統領選挙(だいとうりょう)

□19 ★★★ 盧泰愚政権下の韓国は、1991年に [★★★] とともに [★★★] に加盟した。（中京大）

◆1990年代には民主化と経済成長が進んだ。

北朝鮮(きたちょうせん)，国際連合(こくさいれんごう)

□20 ★ 1980～90年初頭にかけ、韓国は [★]、[★] の2つの政権のもとで工業化に成功した。（センター）

全斗煥(チョンドゥホァン)，盧泰愚(ノテウ)
※順不同

□21 ★★ 32年ぶりの文民政権となった、韓国の [★★] 政権は、軍人出身の前2代の大統領を処罰するなど、文民統治の定着に努めた。（慶應義塾大）

金泳三(キムヨンサム)

□22 ★★ 1998年に大統領となった [★★] は、**北朝鮮に対し友好関係を築く** [★] 政策をとった。 (センター)

金大中(キムデジュン)，太陽(たいよう)政策

□23 ★★★ 韓国は1970年代以降、経済発展に成功し、[★★★] のひとつに数えられるようになった。 (関西学院大)

新興工業経済地域(しんこうこうぎょうけいざいちいき)(NIES(ニーズ))

□24 ★★ **2000年**、北朝鮮の首都 [★] で**韓国大統領の**金大中と**北朝鮮の最高指導者** [★★] が [★★] 会談を行った。 (センター、南山大)

平壌(ピョンヤン)，金正日(キムジョンイル)，南北首脳(なんぼくしゅのう)会談

□25 ★★ 金大中は、南北首脳会談を実現した功績で [★★] **賞を受賞**した。 (名古屋学院大)

ノーベル平和(へいわ)賞

□26 ★★ 北朝鮮では、[★]、[★★]、[★★] の3代にわたる世襲制のもと、**朝鮮労働党による一党独裁**が続いている。 (センター)

金日成(キムイルソン)，金正日(キムジョンイル)，金正恩(キムジョンウン)

□27 ★ 金日成は、中ソ論争を背景に、1972年の改正憲法で [★] と呼ばれる独自の政治思想を国家活動の指導的指針とした。 (慶應義塾大)

◆思想・政治・経済・国防の自主・自立を基本とし、金日成とその後継者への崇拝を国家理念とする思想である。年号も、金日成生誕の1912年を元年とする「主体」を採用している。

主体思想(チュチェしそう)

歴総 □28 ★★ 北朝鮮は、1990年代以降 [★★] 開発をめぐりアメリカとの対立が激化した。これを受け、2003年からアメリカ・中国・日本・ロシアなど関係諸国による [★★] 協議が始められた。 (立命館大)

核(かく)，六カ国(ろっかこく)協議

9 西アジア戦後史

ANSWERS □□□

反共軍事同盟

□1 ★★★ 1955年、**共産主義勢力の拡大を防ぐ目的**で [★★★] が結成され、**イギリス・トルコ・イラク・イラン・パキスタン**が参加した。(センター、明治大)

バグダード条約機構(中東条約機構，METO)

□2 ★★★ METO は、イラク革命を契機に**イラク**が脱退したため、1959年に [★★★] に再編されたが、1979年の [★★] 革命によって崩壊した。(神戸学院大)

◆イラン=イスラーム革命の結果、CENTO はイギリス以外の3国(トルコ・イラン・パキスタン)が脱退し崩壊した。

中央条約機構(CENTO)，イラン=イスラーム革命

イラン

□3 ★★★ **パフレヴィー朝**の [★★★] 首相は、イギリス系の [★★] 会社を接収して**石油の国有化**を強行したが、国際石油市場から締め出しを受けた。(関西大)

◆モサッデグは、1953年に国王派がクーデタを起こしたことにより失脚した。

モサッデグ(モサデグ)，アングロ=イラニアン石油会社

□4 ★★ アメリカの支持を受けたイランの [★★] 世は、「**白色革命**」と呼ばれる**近代化政策**を進めた。(センター)

パフレヴィー2世

□5 ★★★ 1979年、パフレヴィー2世の近代化政策に対して [★★★] 革命が起こり、シーア派のウラマーの [★★★] の指導でパフレヴィー朝が打倒されて [★★★] が建国された。(センター)

◆ホメイニ政権は反ソ連・反米を主張し、イスラーム色が強い。

イラン=イスラーム革命，ホメイニ，イラン=イスラーム共和国

□6 ★★★ **1979年**のイラン=イスラーム革命をきっかけにホメイニ政権が**石油産出量を削減**したことから、第2次 [★★★] が起こった。(センター)

第2次石油危機

□7 ★ 産油国は、原油の生産量や価格をコントロールすることで**原油輸入国へ政治的圧力**をかけることができる。これを [★] という。(試行調査)

◆石油資源に乏しい国は産油国のこうした戦略の影響を受けざるを得ない。

石油戦略

イラク

□8 ★★ 1958年、カセムらの指導で［★★］革命が起こり、王政が廃止されて**共和制へ移行**した。（実践女子大）

◆イラク革命の結果、同国は1959年にバグダード条約機構（METO）を脱退した。

イラク革命

□9 ★★★ 1980年、イラン革命の波及を恐れたアラブ諸国や西側諸国の支持を受けた**イラクがイランに侵攻**し、［★★★］戦争が起こった。（センター）

◆結局、この戦争は決着がつかず、両国ともに経済的に疲弊した。

イラン=イラク戦争

□10 ★★ イラン=イラク戦争の当時、イラクの大統領は［★★］であった。（センター）

サダム=フセイン

□11 ★★★ 1990年、サダム=フセインが財政難を理由に［★★★］に侵攻したため、91年に［★★★］戦争が勃発し、**アメリカを中心とする多国籍軍**がイラクを攻撃した。（予想問題）

◆多国籍軍は国連の安全保障理事会の決議に基づいて派遣され、2カ月ほどでイラク軍はクウェートから撤退した。湾岸戦争ではバグダードを襲うミサイルの様子などが全世界に中継された。

クウェート, 湾岸(わんがん)戦争

□12 ★★★ 2003年、［★★★］戦争が起こり、［★★★］大統領政権下の**アメリカ**と**イギリス**が侵攻してサダム=フセイン政権は崩壊した。（センター）

イラク戦争, ブッシュ(子(こ))

トルコ

□13 ★ 1952年、**トルコ共和国**はギリシアとともに［★］に加盟した。（センター）

◆1949年結成のNATOへは、中東地域からの唯一の加盟国となっている。

北大西洋条約機構(きたたいせいようじょうやくきこう)(NATO(ナトー))

□14 ★★ ［★★］人は、トルコ・イラン・イラクなどにまたがって居住する民族で、現在も国家をもてない状態にある。（予想問題）

◆各国の中では少数民族の立場にあるため、1980年代以降独立を要求して政府と対立した（**クルド問題**）。

クルド人

パレスチナ問題

□15 ★★★ ［★★★］は、ユダヤ教、キリスト教、［★★★］教の共通の聖地である。（東京大）

世界遺産

イェルサレム, イスラーム教

□16 ★★ 1945年、**エジプト**などのアラブ7カ国は [★★] 連盟を結成した。(青山学院大)

アラブ[諸国]連盟

□17 ★★ イギリスの委任統治下で [★] 人社会が発展する一方、[★] 人社会は貧困にさらされ、格差の中対立が激化し [★★] は内戦状態となった。(センター)

ユダヤ人, アラブ人, パレスチナ

□18 ★★★ 1947年11月、国連はアメリカと [★] の一致のもと、[★★★] を決議した。(上智大、関西大)

ソ連, パレスチナ分割案

□19 ★★★ パレスチナ分割案では、56%の土地に [★★★] 人の国家を建設することとされ、[★★★] 人の強い反発を招いた。(センター)

ユダヤ人, アラブ人

◆パレスチナにおける人口のわずか3分の1のユダヤ人が半分以上の土地を与えられるこの案には、隣接するエジプトをはじめ周辺のアラブ諸国が抵抗し、受け入れを拒否した。

□20 ★★★ 1948年、イギリスの**パレスチナ**における [★★] が終了し、ユダヤ人はアメリカと [★] の支持を受けて [★★★] を建国した。(早稲田大、関西大)

委任統治, ソ連, イスラエル

□21 ★★★ **エジプト**を中心とする [★★★] 連盟はイスラエルの建国に反発し、1948年に [★★★] 戦争が勃発した。(東洋大、関西大)

アラブ連盟, パレスチナ戦争(第1次中東戦争)

□22 ★★ パレスチナ戦争では、[★★] **・イギリスはイスラエル側を支援した。**(大妻女子大)

アメリカ

◆アメリカの支持を得て**圧勝したイスラエル**は、パレスチナ全域の約8割の土地を手に入れた。

□23 ★★★ パレスチナから追放された**アラブ人**は [★★★] となり、現在まで続く深刻な問題となっている。(東洋大)

パレスチナ難民

□24 1949年、アラブ連盟とイスラエルとの休戦後、ガザ地区は [ ] 軍が押さえた。(関西大)

エジプト

◆イスラエル占領下に入った地域から約18万人のパレスチナ難民が流入した。

□25 ★★ エジプトでは1952年に [★★] のナセルらによる**エジプト革命**が起こり、53年に [★★] が成立した。(同志社大)

自由将校団, エジプト共和国

□26 ★★★ 1956年、[★★★] がエジプト大統領に就任した。(同志社大)

ナセル

□27 ★★ ナセル指導下のエジプトが非同盟路線をとると、［★★］・［★★］はアスワン=ハイダム建設のための**資金援助を拒否**した。（慶應義塾大）

アメリカ，イギリス ※順不同

□28 ★★★ 1956年、ナセルは［★★★］国有化を宣言した。（成蹊大）

◆運河の通航料をアスワン=ハイダムの建設資金にしようとした。

スエズ運河

□29 ★★★ 1956年にスエズ運河国有化を宣言した**エジプト**に対して［★★★］・［★★★］・［★★★］が軍事行動を起こし、［★★★］戦争が勃発した。（明治大）

◆イスラエルを支援したイギリス・フランスに対し、アメリカは中東諸国の反資本主義陣営化を恐れて沈黙を保った。

イギリス，フランス，イスラエル ※順不同，スエズ戦争（第2次中東戦争）

□30 ★★ スエズ戦争では、国連の即時停戦決議や［★★］・［★★］の反対により、3カ国は撤退した。（法政大）

◆スエズ戦争を通してナセルは国際世論を味方につけ、アラブ民族主義の英雄とされた。

アメリカ，ソ連 ※順不同

□31 ★★★ 1964年、**パレスチナの解放**を目指し［★★★］が組織され、69年からは［★★★］が議長を務めた。（九州大）

◆パレスチナ人のアラファトはスンナ派のムスリムで、カイロ大学で工学を学んだ。

パレスチナ解放機構（PLO），アラファト

□32 ★★★ 1967年、イスラエルの先制攻撃により［★★★］戦争が起こり、イスラエルが勝利した。（立教大、関西大）

第3次中東戦争（6日戦争）

□33 ★★ 第3次中東戦争で、イスラエルはガザ地区・［★★］高原・［★★］川西岸・［★★］半島を占領した。（立教大、関西大）

◆第3次中東戦争でイスラエルがヨルダン川西岸を獲得したことなどから、イスラエルとパレスチナで水の格差が生じた。中東問題は宗教や石油のイメージが強いが、**水**をめぐる争いも続いてきた。

ゴラン高原，ヨルダン川西岸，シナイ半島

□34 ★★★ ［★★★］年の第4次中東戦争を契機に、［★★★］が**イスラエルを支援する諸国に対して原油の輸出停止**を行う**石油戦略をとったことで石油価格が高騰**し、第1次［★★★］が起こった。（京都大、武蔵大）

◆これを機に先進国の経済成長は止まり、それまでの産業構造の転換を迫られることとなった。日本も高度経済成長が終わりを告げ、翌74年には第二次世界大戦後で初めてのマイナス成長となった。

1973，アラブ石油輸出国機構（OAPEC），第1次石油危機

□35 ★★★ **第４次中東戦争**を受けて［★★★］が**石油価格を引き上げた**ことも、第１次石油危機の一因となった。（予想問題）

石油輸出国機構(OPEC)

□36 ★★★ 1978年、アメリカの［★★］大統領の仲介のもと、エジプトの［★★★］大統領とイスラエルの**ベギン**首相が［★］合意を結んだ。（慶應義塾大）

◆アメリカのキャンプ=デーヴィッドで合意が結ばれた。

カーター，サダト，中東和平合意

□37 ★★ 中東和平合意では、第３次中東戦争でイスラエルが占領した［★★］半島を返還するかわりに、エジプトがイスラエルを承認することなどが取り決められた。（慶應義塾大）

◆イスラエル・エジプト間の国交正常化なども盛り込まれた。

シナイ半島

□38 ★★★ サダトは、**1979年**に［★★★］条約を結んだ。（中央大）

エジプト=イスラエル平和条約

□39 ★★ 1981年に**サダトが暗殺**されると、［★★］が大統領に昇格した。（上智大）

ムバラク

□40 ★★★ 1987年12月、イスラエル占領地のガザ地区やヨルダン川西岸地区で、**パレスチナ人が投石**などの［★★★］を行った。（関西大）

インティファーダ

□41 ★★★ 1993年に結ばれた［★★★］協定（［★★★］合意）により、翌94年にPLO主導による自治政府が誕生した。（センター）

パレスチナ暫定自治協定，オスロ合意

□42 ★★ パレスチナ暫定自治協定を仲介した国は［★★］である。（センター）

ノルウェー

□43 ★★ パレスチナ暫定自治協定は、アメリカ大統領［★］の調停のもと、PLOの［★★］議長とイスラエルの［★★］首相が**ワシントン**で調印した。（センター）

クリントン，アラファト，ラビン

□44 ★★ 1994年、パレスチナ暫定自治協定に基づき、パレスチナ南西部の地中海に面した［★★］地区と、死海の北西にある［★★］で、**パレスチナ自治政府による自治**が始まった。（センター、関西大）

ガザ地区，イェリコ

□45 ★ 1994年、PLOのアラファト議長とラビン首相は［★］賞を受賞した。（南山大）

ノーベル平和賞

□46 ★★ 1995年、イスラエルの [★★] 首相はユダヤ教急進派に暗殺された。 (青山学院大)

ラビン

□47 ★ 2001年、パレスチナ人との対立姿勢をとる [★] がイスラエル首相に就任し、03年にアメリカらが提示した [★] などの和平への取り組みは進展しなかった。 (関西大)

シャロン, 平和共存のための行程表（ロードマップ）

◆シャロンは右派政党リクード出身で、パレスチナとイスラエルの境界に「分離壁」を建設した。

□48 ★ **ガザ地区**では、パレスチナ全土の領土解放を目指す [★] が勢力を拡大した。 (関西大)

ハマース

◆ハマースは、ガザ地区・ヨルダン川西岸地区を拠点に活動する**イスラーム主義**組織。ムスリム同胞団(1928年にエジプトで結成された組織)のメンバーによって設立された。

□49 ★ 2005年、[★] がPLOの議長になった。 (予想問題)

アッバース

エジプト

□50 ★★★ [★]・[★★★] を中心とする**自由将校団**は、1952年にエジプト革命を実行してムハンマド=アリー朝を倒し、前者は**エジプト共和国の初代大統領**となった。 (跡見学園女子大)

ナギブ, ナセル

□51 ★★★ **1956年**、アメリカ・イギリスが [★★★] 建設の経済援助を拒否すると、ナセル大統領は [★★★] **の国有化を宣言**した。 (京都府立大)

アスワン=ハイダム, スエズ運河

□52 ★★★ スエズ運河の国有化宣言を契機に、イスラエル・イギリス・フランスが出兵し、[★★★] 戦争が始まった。 (京都府立大)

スエズ戦争（第2次中東戦争）

□53 ★ ナセルは、1958年にシリアと [★] を合邦して [★] を成立させ、その初代大統領に就任したが、61年にシリアが離脱した。 (明治大)

エジプト, アラブ連合共和国

◆ナセルはアラブの解放のためにはアラブの統一が不可欠だと考えていたが、中央集権的な支配体制にはシリアの反発が強かった。エジプトは71年までアラブ連合共和国を国名として使い続けた。

□54 ★★★ ナセルの後を継いだ [★★★] 大統領は、1973年にシリアとともにイスラエルに反撃して第４次中東戦争を起こした。 (関西学院大、西南学院大)

サダト

◆第３次中東戦争で失った領土を回復するため、この反撃を行った。

⚠**第２次・第３次中東戦争**はナセルの時代、**第４次中東戦争**はサダトの時代である。混同に注意！

□55 ★★★ 第４次中東戦争後、サダトはイスラエルとの和解に転じ、**1979年**、**アメリカ**の [★★] 大統領の仲介のもと、[★★★] 条約を締結した。 (関西学院大)

カーター，エジプト=イスラエル平和(へいわ)条約

◆エジプトがアラブ諸国で初めて**イスラエルを公式に承認**した条約である。また、シナイ半島がエジプトに返還された。

□56 ★★ 暗殺されたサダトに代わって就任した [★★] 大統領は**強権的な長期政権**を敷いたが、「アラブの春」の影響を受けて2011年に辞任した。 (早稲田大、名古屋学芸大)

ムバラク

アフガニスタン

□57 ★★★ 1979年、ソ連は、[★★] の**親ソ政権を支援**するために**軍事侵攻**したが、89年に [★★★] が撤兵を完了させた。 (慶應義塾大、関西学院大)

アフガニスタン，ゴルバチョフ

◆この侵攻によって、米ソ対立は激化した。

□58 ★★★ 2001年９月11日、**ニューヨーク**の世界貿易センタービルなどに旅客機が突入する [★★★] 事件が起こり、テロ組織の [★★★] が実行者とされた。 (青山学院大、慶應義塾大)

同時多発(どうじたはつ)テロ事件，アル=カーイダ

□59 ★★★ 同時多発テロ事件を受け、[★★★] 大統領は「対テロ戦争」を宣言し、アル=カーイダの首謀者**ビン=ラーディン**をかくまう**アフガニスタンに侵攻**して [★★★] 政権を打倒した。 (中央大、関西大)

ブッシュ（子(こ)），ターリバーン

◆2021年、アメリカ軍がアフガニスタンから撤退すると、ターリバーンは首都カブールを制圧し、ターリバーン政権が復活した。

10 東南アジア戦後史

ANSWERS □□□

インドネシア

□1 ★★ 東南アジアの**オランダ領** [★★] はムスリムが過半数を占め、[★] を産出した。(上智大)

オランダ領東インド, 石油

□2 ★★★ 1945年、インドネシア**共和国が独立を宣言**し、初代大統領に [★★★] が就任したが、宗主国の [★★] はこれを承認せず、武力介入した。(センター、北海道大)

◆現在、人口のおよそ9割がムスリムという世界最大のムスリム国家だが、イスラームは国教ではなく、キリスト教、ヒンドゥー教、仏教などを含めた5つの宗教が国家公認宗教となっている。

スカルノ, オランダ

□3 ★ 1949年、[★] 協定によりインドネシア共和国はオランダから独立した。(センター)

ハーグ協定

□4 ★★★ 1955年、スカルノはジャワ島の [★★★] で [★★★] 会議を主催した。(センター、早稲田大)

バンドン, アジア=アフリカ会議(バンドン会議)

□5 ★★★ アジア=アフリカ会議では「[★★★]」が採択され、国連憲章の尊重、人種と国家間の平等、侵略の排除など**平和共存・反植民地主義**を表明した。(北海道大)

平和十原則

□6 ★★★ 1965年、**共産党系の軍人によるクーデタ未遂**を契機に共産党勢力が一掃される [★★★] 事件が起きた。この事件でスカルノは失脚し、代わって [★★★] が権力を握った。(センター、立教大)

九・三〇事件, スハルト

□7 ★★ 1968年に大統領に就任したスハルトは、経済成長を最優先する強権的な [★★] を行う長期政権となった。(東京都市大、明治大)

開発独裁

□8 ★★★ スハルトは、1997年にタイの通貨が急落したことを原因とする [★★★] への対応に失敗し、失脚した。(早稲田大)

アジア通貨危機

□9 ★★ ポルトガル領であった [★★] では1975年に独立運動が高まったが、翌年インドネシアに**併合**され、2002年に**独立**を達成した。(獨協大、早稲田大)

◆対立の背景には、インドネシアが世界最大のイスラーム人口を持つ国であるのに対し、東ティモールはカトリック教国であることがあげられる。

東ティモール

ミャンマー（ビルマ）

□10 ★★ ビルマは太平洋戦争中に日本の支配を受け、［★★］率いる**反ファシスト人民自由連盟**が**抗日運動**を起こした。（センター）

アウン=サン

□11 ★★ 1947年、アウン=サンはイギリスの［★★］首相と**独立協定**を締結した。（センター）

◆アウン=サンは協定を結んだのち、独立を目前に暗殺された。

アトリー

□12 ★★ 1948年、ビルマは［★］共和国として完全に独立し、その後、62年に［★★］のクーデタで**軍事政権が誕生**した。（早稲田大）

ビルマ連邦（れんぽう）共和国, ネ=ウィン

□13 ★★ ビルマ民主化運動を率いた［★★］は、1991年に**ノーベル平和賞**を受賞した。（予想問題）

スー=チー

カンボジア

□14 ★★ 1953年、カンボジアは国王［★★］の主導のもと、フランスから完全独立を果たした。（成城大）

シハヌーク

□15 ★★ 1970年、**親米派**の将軍［★★］によるクーデタで、シハヌークが失脚して**中国へ亡命**した。（センター）

ロン=ノル

□16 ★★★ 1976年にカンボジアで成立した**民主カンプチア**（**民主カンボジア**）は、**親中派**の［★★★］を首相とした。（センター）

◆ポル=ポト政権は**農村への強制移住をはじめ、農業中心で閉鎖的な共産主義政策を行った**。敵対勢力の虐殺（ぎゃくさつ）も行われた。

ポル=ポト

□17 ★★ ポル=ポトはカンボジアの急進的左派勢力の［★★］の中心人物だった。（センター）

◆「クメール=ルージュ」ともいう。

赤色（せきしょく）クメール

□18 ★ **親中派**のポル=ポト政権は、隣国の［★］や［★］とは敵対した。（センター）

ベトナム, ラオス
※順不同

□19 ★★★ 1978年、［★★★］は反ポル=ポト派の［★★］を支援し**カンボジアに軍事介入**した。この結果、ポル=ポト政権は崩壊し、新たに［★］が樹立された。（センター）

◆この軍事介入が、**カンボジア内戦**を引き起こした。ポル=ポト派は中国の援助をうけてゲリラ戦を展開した。

ベトナム, ヘン=サムリン, カンボジア人民共和国（じんみんきょうわこく）

10 東南アジア戦後史 XII

□20 ★★★ **1979年**、ポル=ポト政権を支持する [★★★] が**ベトナムに軍事侵攻**し、[★★★] 戦争が起こった。（関西学院大）

中国, 中越戦争

◆中国・ポル=ポト派陣営 vs. ソ連・ベトナム陣営という社会主義国間での戦争だった。

□21 ★★★ 1989年に [★★★] は**カンボジアから撤退**し、1991年にはカンボジアの両派間でカンボジア内戦の**和平協定が調印**された。（獨協大）

ベトナム

◆ソ連の援助が得られなくなったため、ベトナム軍は撤退を決めた。

◇◇◇ ベトナム ◇◇◇

歴総 □22 ★★ [★★] の占領下にあったフランス領インドシナでは、1941年にホー=チ=ミンが [★★] を結成した。（センター、島根県立大）

日本, ベトナム独立同盟会（ベトミン）

◆ホー=チ=ミンは1911年に渡欧し、フランスで共産主義に出会った。ソ連や中国へも訪れた。現在でも「ホーおじさん」と呼ばれ親しまれている。

□23 ★★ ホー=チ=ミンは、**世界の共産党の指導機関**である [★★] の一員としてアジア各地で活動した。（大阪大）

コミンテルン

□24 ★★★ 日本降伏後の1945年、ホー=チ=ミンは [★★★] の独立を宣言し、大統領に就任した。（センター、大阪大）

ベトナム民主共和国

□25 ★★★ ベトナム民主共和国は、1946年に勃発した [★★★] 戦争で再植民地化を狙うフランスと戦った。（センター）

インドシナ戦争

□26 ★★ フランスはベトナム民主共和国を認めず、1949年に [★★] 朝最後の王 [★★] を主席とするベトナム国を建てた。（関西大）

阮朝, バオダイ

□27 ★★★ 1954年5月、**ベトナム民主共和国**はフランスの根拠地である [★★★] を陥落させた。（東京都市大）

ディエンビエンフー

◆ディエンビエンフーは、ラオス防衛の前線としてフランスが建設した根拠地。ラオスとベトナムの国境付近の町である。

□28 ★★★ ディエンビエンフーの戦いで敗れたフランスはインドシナからの撤退を決め、**1954年**7月に [★★★] 協定が結ばれた。（大阪大）

ジュネーヴ休戦協定

□29 ★★★ ジュネーヴ休戦協定では、北緯 [★★★] 度の暫定境界線や南北統一選挙の実施などが決められた。[★★] は、この協定に調印しなかった。（大阪大、島根県立大）

北緯17度, アメリカ

□30 ★★★ 1955年、[★★★]は**アメリカの支援**を受けて**ベトナム南部**に[★★★]を樹立した。 (上智大)

ゴ=ディン=ジエム, ベトナム共和国

□31 ★★★ 1960年、ベトナム共和国でゴ=ディン=ジエム政権に反対する[★★★]が結成され、ゲリラ戦を開始した。 (大阪大、島根県立大)

◆ゴ=ディン=ジエム政権はアメリカの支援で権力を強めたが、同族支配で腐敗した。彼自身は軍のクーデタで暗殺された。

南ベトナム解放民族戦線

□32 ★★★ 1963年、ベトナム共和国の[★★★]政権が倒されると、南ベトナム解放民族戦線の攻勢が激しくなったため、アメリカの[★]政権は本格的な軍事援助を開始した。 (島根県立大、名城大)

ゴ=ディン=ジエム, ケネディ

□33 ★★★ アメリカは[★★]事件を口実に、**1965年**に北ベトナムに対する[★★★]を行い、ベトナム戦争が本格化した。 (関西学院大)

トンキン湾事件, 北ベトナム爆撃(北爆)

□34 ★★★ ベトナム戦争は、**北部**の[★★★]と**南部**の[★★★]間の内戦という性格もあった。 (跡見学園女子大)

ベトナム民主共和国, ベトナム共和国

□35 ★★★ アメリカの[★★★]大統領は北爆を開始し、ベトナム戦争への介入を拡大させたが、泥沼化し、1968年に停止した。 (島根県立大)

ジョンソン

□36 ★★★ 1968年1月末、[★★★]と北ベトナム軍は、南ベトナムの主要都市を攻撃する[★]を行った。 (学習院大)

◆テトとはベトナム語で「旧正月」を意味する。

南ベトナム解放民族戦線, テト攻勢

□37 ★★★ **1973年**、ニクソン大統領は[★★★]協定を締結し、アメリカ軍を**南ベトナムから撤退**させた。 (京都大)

⚠**インドシナ戦争**のジュネーヴ休戦協定と、**ベトナム戦争**のパリ和平協定との混同に注意！

ベトナム和平協定(パリ和平協定)

□38 ★★★ 1975年、南ベトナム解放民族戦線と北ベトナム軍により、**ベトナム共和国**の首都[★★★]が攻略され、76年に**南北ベトナムを統一**した[★★★]が成立した。

◆サイゴンは現在のホーチミンである。 (京都大、島根県立大)

サイゴン, ベトナム社会主義共和国

□39 ★★★ ベトナム社会主義共和国は、1978年末より[★★★]に出兵した。 (学習院大)

カンボジア

□40 ★★★ 1986年、**ベトナム**はソ連のペレストロイカと同様の改革政策である「 ★★★ 」(刷新(さっしん)) を開始した。(東京大) ドイモイ

◆この改革の結果、1995年にASEANへの加盟が実現した。

タイ

□41 ★★★ **1997年**、**タイ**の通貨であるバーツの急落を契機に、アジア諸国で**一斉に通貨が暴落**し、 ★★★ が起こった。(予想問題) アジア通貨危機(つうかきき)

◆この影響で、インドネシアのスハルトが失脚した。**韓国**などにも波及した。

マレーシア・シンガポール

□42 ★★★ マレー半島は、1957年に ★★★ 連邦としてイギリスから独立した。(慶應義塾大、中央大) マラヤ連邦

□43 ★★★ 1963年、マラヤ連邦を中心に ★★★ が成立したが、**マレー人優遇策**に不満の多かった ★★ 系住民は65年に ★★★ として分離・独立した。(センター、東京都市大) マレーシア, 中国(ちゅうごく), シンガポール

◆マレーシアが成立したとき、石油管理をめぐって利害が対立したブルネイはマレーシアに加わらなかった。

□44 ★ 1981年にマレーシア首相となった ★ は、日本を手本に「ルック=イースト」政策を推進した。(立教大) マハティール

□45 ★ シンガポールは、 ★ の指導のもとで**マレーシアから分離・独立**した。(予想問題) リー=クアンユー

フィリピン

□46 ★★ 朝鮮戦争中の1951年8月、アメリカとフィリピンは ★★ 条約を結び、**アジアにおける共産化を阻止する**反共陣営が固められた。(明治大) 米比相互防衛条約(べいひそうごぼうえいじょうやく)

◆1951年の太平洋安全保障条約(ANZUS)、53年に韓国と結んだ米韓(べいかん)相互防衛条約、54年に台湾と結んだ米華(べいか)相互防衛条約など、アメリカがアジア・太平洋地域において展開した反共政策の一環である。

□47 ★★★ フィリピンの ★★★ 大統領は、1965～86年にかけて**親米政策**をとる**長期独裁政権**を敷いた。(関西学院大) マルコス

□48 ★★ [★★] は、暗殺された夫の遺志を継いで政界入りし、1986～92年にフィリピン大統領を務めた。（獨協大）

◆夫のベニグノ=アキノは政治家で、マルコス大統領に対して独裁政治反対を主張していた。

コラソン=アキノ

経済発展・諸同盟

□49 ★★★ 1970年代、韓国・台湾・香港(ホンコン)・シンガポール・メキシコ・アルゼンチンなど、工業化によって急速な経済成長をとげた国や地域を [★★★] と呼ぶ。（共通テスト）

◆NIESは「**N**ewly **I**ndustrializing **E**conomie**s**」の略である。

新興工業経済地域(しんこうこうぎょうけいざいちいき)(NIES(ニーズ))

□50 ★★★ 東南アジア地域への共産勢力の拡大を防ぐため、アメリカは1954年に [★★★] を成立させ、イギリス・フランス・オーストラリア・ニュージーランド・[★★]・[★★]・パキスタンが参加した。（学習院大）

◆SEATOは、ベトナム戦争終結後、1977年に解散した。

東南(とうなん)アジア条約機構(じょうやくきこう)(SEATO(シアトー))、フィリピン，タイ
※順不同

□51 ★★★ 1967年に結成された [★★★] は、インドネシア・フィリピン・シンガポール・[★★]・マレーシアの5カ国で構成され、結成当初は**反共主義**に立つ外相会議として発足した。（慶應義塾大）

東南(とうなん)アジア諸国連合(しょこくれんごう)(ASEAN(アセアン))，タイ

□52 ASEANの原加盟5カ国は1976年に [ ] を結び、先進諸国の援助や投資が活発化した。（慶應義塾大）

◆TACは、1976年にインドネシアのバリ島で開かれた第1回東南アジア諸国連合(ASEAN)首脳会議で締結された。

東南(とうなん)アジア友好協力条約(ゆうこうきょうりょくじょうやく)(TAC)

□53 ★★ 1984年にブルネイ、95年に [★★]、97年にミャンマー・ラオス、99年に [★★] がASEANに加盟した。（慶應義塾大）

ベトナム，カンボジア

歴総 □54 ★★ 1989年、**アジア・太平洋地域の経済発展を目的とする** [★★] が、アメリカ・カナダ・オーストラリア・ニュージーランド・日本・韓国・ASEAN 6カ国によって発足した。（早稲田大、関西学院大）

◆発足時、中国は加盟していなかった。

アジア太平洋経済協力(たいへいようけいざいきょうりょく)(APEC(エイペック))会議(かいぎ)

□55 現在ASEANに加盟している10カ国は、[ ] を形成し、域内貿易と域外貿易を活発に行っている。（慶應義塾大）

ASEAN経済共同体(けいざいきょうどうたい)(AEC)

11 南アジア戦後史

ANSWERS □□□

インド

□1 ★★★ インドでは、**ヒンドゥー教徒とムスリムの融和**を求める [★★★] と、パキスタンの分離を求める [★★★] が対立していた。 (センター)

ガンディー，ジンナー

□2 ★★★ 1947年、インドは**ヒンドゥー教徒**が多数を占める [★★★] と、ムスリムによる [★★★] との2国に分かれてイギリスから独立した。 (センター)

◆このときのイギリスはアトリー内閣時代。47年に**インド独立法**が定められて独立が決まった。

インド連邦(れんぽう)，パキスタン

□3 ★★★ ジンナーは、[★★★] 連盟の指導者であった。 (関西学院大)

全(ぜん)インド=ムスリム連盟

□4 ★★ 独立後のインドは、[★★] 主義に基づく外交を積極的に展開する一方、**社会主義的な考え方を取り入れた経済建設**を始めた。 (センター)

非同盟(ひどうめい)主義

□5 ★★★ 1947年、[★★★] が**インドの初代首相**に就任した。 (センター)

◆ネルーもガンディーと同じくイギリスに留学していた。帰国後は政治に身を投じ、ガンディーの支援を受けて国民会議派の中心となって活躍した。

ネルー

□6 ★★★ 1948年、ガンディーは [★★★] 教の急進派によって暗殺された。 (慶應義塾大)

ヒンドゥー教

□7 ★★★ インドとパキスタンの分離独立の際、インド北西部の [★★★] 地方は、藩王(はんおう)が [★★★] 教徒、住民の多くが [★★★] 教徒だったため、領土の帰属をめぐって対立が続いている。 (センター)

カシミール地方，ヒンドゥー教徒，イスラーム教徒

□8 ★★★ カシミール帰属問題をめぐり、1947～49年と1965～66年の2度にわたる [★★★] 戦争が起こった。 (上智大)

インド=パキスタン(印(いん)パ)戦争

□9 ★ 1950年、ネルーが新憲法を発布し、インド連邦は [★] となった。 (中央大、早稲田大)

◆憲法では、カーストによる差別を禁止するなど、近代化を目指す内容が盛り込まれた。

インド共和国(きょうわこく)

□10 1954年、ネルーの呼びかけで [★★] 会議が開かれ、インドシナ戦争の早期終結や核実験の停止が提唱された。
★★ (京都大、早稲田大)

◆ビルマ・インド・パキスタン・インドネシア・セイロンが参加。

コロンボ会議

□11 1954年、ネルーは中国の [★★★] と会談し、[★★★] を提唱した。
★★★ (京都大、早稲田大)

◆平和五原則は、①領土保全と主権の尊重、②相互不侵略、③内政不干渉、④平等互恵、⑤平和的共存の5つからなる。

周恩来(しゅうおんらい), 平和五原則(へいわごげんそく)

□12 1955年、ネルーはエジプトの [★★★]、中国の周恩来、インドネシアのスカルノらとともに [★★★] 会議を主導した。
★★★ (予想問題)

ナセル, アジア=アフリカ会議 (バンドン会議)

□13 1966年・80年の2度、インド首相を務めた [★★] は、外交的には**ソ連と友好関係**を深めた。
★★ (早稲田大)

◆彼女はネルーの娘である。

インディラ=ガンディー

□14 1971年、インドとパキスタンは [★★★] の独立をめぐって第3次 [★★★] 戦争を起こした。
★★★ (センター、関西大)

東(ひがし)パキスタン, インド=パキスタン (印(いん)パ) 戦争

□15 第3次インド=パキスタン戦争の結果、1971年にパキスタンから [★★★] が独立した。
★★★ (法政大、早稲田大)

◆政治・経済の両面で主導権を持っていたのが西パキスタン (現パキスタン) で、国語をウルドゥー語にしようとしたが、これに対し主にベンガル語を使用する**東パキスタン** (現**バングラデシュ**) が独立した。

バングラデシュ

□16 1974年、インドは [★★] 実験に成功した。
★★ (早稲田大)

核(かく)実験

□17 1984年にインドの首相になった [★★] は、退陣後の91年に**タミル人**過激派に暗殺された。
★★ (予想問題)

◆インディラ=ガンディーの長男。つまり、ネルーの孫にあたる。

ラジブ=ガンディー

□18 1998年に政権を掌握した**インド人民党**は、[★] 主義を掲げてイスラームを敵視した。
★ (上智大、早稲田大)

ヒンドゥー至上(しじょう)主義

□19 インドは経済の自由化や外資導入で [★] 産業を中心に経済成長を実現し、[★★] の構成国となった。
★★ (早稲田大)

◆BRICSとは、成長著しい新興国の代表として注目を集め、有力新興国とされるブラジル (**B**razil)、ロシア (**R**ussia)、インド (**I**ndia)、中国 (**C**hina)、南アフリカ (**S**outh Africa) の頭文字をとった造語。

IT産業, BRICS(ブリックス)

パキスタン

□20 ★★★ 全インド=ムスリム連盟の指導者 [★★★] は**パキスタンの初代総督**で、パキスタンの「**建国の父**」と呼ばれている。（京都女子大）

◆ジンナーは当初ムスリムとヒンドゥー教徒の融和を目指したが、のちに両者の分離・独立を主張するようになった。

ジンナー

□21 ★★★ インドとパキスタンの分離独立の際、[★★★] 地方の住民の大半はムスリムだったが、その地を治めるヒンドゥー教徒の [★] がインドへの加入を決めたため、その帰属をめぐって**現在も対立が続いている**。（南山大、早稲田大）

☞カシミール地方の位置を地図で確認してみよう。**国境線が破線**になっており、国境が画定していないことが読み取れる。

カシミール地方, 藩王(はんおう)

□22 ★★★ 1998年、パキスタンはインドに対抗して [★★★] 実験を行った。（センター）

核(かく)実験

スリランカ

□23 ★★ 1948年、[★★] から独立した**スリランカ**では、**ヒンドゥー教徒で少数派**の [★★] 人と、**仏教徒で多数派**の [★★] 人が対立していた。（センター）

イギリス, タミル人, シンハラ人

□24 ★ 1960年、スリランカの [★] は**世界初の女性首相**となった。（慶應義塾大）

バンダラナイケ

□25 ★ 1983年、シンハラ人政府とタミル人の抵抗勢力による [★] 内戦が激化した。（早稲田大）

◆およそ25年にわたり続いたスリランカ内戦は、2009年5月に終結した。犠牲者は7万人以上とされる。

スリランカ内戦

12 アフリカ植民地の独立

ANSWERS □□□

北アフリカ諸国

□1 ★★★ [★★★] 朝は、1952年に [★★★] やナギブらの**自由将校団**(じゆうしょうこうだん)が中心となって起こしたエジプト革命で倒され、翌53年に**エジプト共和国**が成立した。（京都女子大）

ムハンマド=アリー朝, ナセル

□2 ★★★ 大統領に就任したナセルは、［★★★］の建設など近代化を進め、外交的には**積極的中立策**をとった。

◆アスワン=ハイダムはナイル川中流域に建設された。（京都女子大）

アスワン=ハイダム

□3 ★ 1899年以来、スーダンは名目的に［★］・［★］の共同統治の下に置かれていたが、1956年に独立した。

（法政大）

イギリス，エジプト
※順不同

□4 ★ 2011年、［★］がスーダンから分離独立した。

（立命館大）

◆スーダンでは、イスラーム系の北部と非イスラーム系の南部の間で半世紀にわたって内戦が続いていた。

◆南スーダン共和国は193番目の国連加盟国となった。

南スーダン共和国（みなみスーダンきょうわこく）

□5 ★★ イタリア=トルコ戦争の結果、1912年にイタリア領となった［★★］は、51年に独立し王政となった。

（上智大）

◆第二次世界大戦で旧宗主国イタリアが敗れ、戦後リビアはイギリス・フランスの共同統治下に入った。

リビア

□6 ★★ リビアは、1969年以降、クーデタを起こした［★★］による長期独裁政権となった。（上智大）

カダフィ

□7 ★★★ ［★★★］は、1881年にフランスの保護国となったのち、1956年に独立した。（関西大）

チュニジア

□8 ★★★ チュニジアでは、2011年に「［★★★］革命」と呼ばれる反政府デモが起こり、これを機にアラブ諸国に**民主化運動**が波及した。これを「［★★★］」という。

（センター、南山大）

◆インターネットやSNSを通じて民衆が連帯し行動したことが注目された。

ジャスミン革命，
アラブの春（はる）

□9 ★★ 「アラブの春」の影響で、［★★］のカダフィ政権が崩壊した。（京都大）

リビア

□10 ★★ 「アラブの春」の影響で、エジプトの［★★］政権が崩壊した。（上智大）

◆イエメンでも「アラブの春」の影響で長期独裁政権が倒れた。

ムバラク

□11 ★★ 「アラブの春」以降、［★★］は諸外国の干渉を受け混迷が深まり、2014年にはIS（イスラム国）が台頭した。

（明治大、関西学院大）

シリア

□12 ★★★ 1954年、アルジェリアでは独立を求めて［★★］が結成され、フランスと［★★★］戦争で戦った。（センター）

◆当時、アルジェリアには100万人ものフランスからの入植者が住んでいた。

民族解放戦線（みんぞくかいほうせんせん）(FLN), アルジェリア戦争

□13 ★★ 1962年、［★★］大統領はアルジェリア戦争の終結のために［★］協定を結び、**アルジェリアは正式にフランスから独立**した。（センター）

◆政界を引退していたが1958年に大統領に復帰し、軍の反対にあいながらも、アルジェリアの独立承認に動いた。

ド=ゴール, エヴィアン協定

□14 ★★ アルジェリアは独立後も、フランスとの関係で諸派が対立し、政情不安定のためにクーデタが起こって初代大統領［★★］は失脚した。（関東学院大）

ベン=ベラ

□15 ★★★ ［★★★］はフランスによって1912年に保護国化されたが、56年、**チュニジア**とともに独立した。（同志社大、福岡大）

モロッコ

□16 ★★ エチオピアは、第二次世界大戦中の1941年に［★★］から独立を回復した。（明治学院大）

イタリア

□17 ★ 1974年、エチオピアでは軍部のクーデタで［★］が退位して帝政が倒れ、社会主義が宣言された。（名城大）

ハイレ=セラシエ

□18 1993年、エチオピアから［　］が分離独立した。（名城大）

エリトリア

サハラ以南のアフリカ諸国

□19 ★★★ サハラ以南のアフリカにおいて、**1960年より前に独立した国**は［★★★］と［★★★］である。（予想問題）

ガーナ, ギニア ※順不同

□20 ★★★ 1957年、［★★★］が、ガーナを［★★★］から独立させて大統領に就任した。（センター）

◆ガーナは**サハラ以南のブラック=アフリカで最初の独立国**となった。

ンクルマ（エンクルマ）, イギリス

□21 1958年、**ギニア**は［　］共同体への参加を拒んでフランスから**完全独立**を果たした。（関西学院大）

◆フランスは植民地を独立から引き止めるため共同体を作ったが、**ギニア**はこれに参加せず完全独立の道を選び、他のアフリカ諸国に影響を与えた。

フランス共同体

□22 ★★ [★★]は、ギニア共和国の初代大統領に就任した。（慶應義塾大）

セク=トゥーレ

□23 ★★★ **サハラ以南のアフリカ**では、[★★★]年に[★★]カ国が一気に独立したことから、この年は「[★★★]」と呼ばれる。（センター、学習院大）

1960, 17, アフリカの年(とし)

□24 ★★★ **コンゴ**では、1960年の独立後、カタンガ州の鉱物資源をめぐる[★★★]が起こり、旧宗主国ベルギーの介入などによる混乱の中で、初代首相[★]は反対派に暗殺された。（センター、法政大）

コンゴ動乱(どうらん), ルムンバ

□25 ★ 1967年、**ナイジェリア**では[★]人が独立を宣言し、[★]内戦（ビアフラ戦争）が起きた。（関西学院大）

イボ人, ナイジェリア内戦

□26 ★★★ 1988年以降、**ソマリア**では長期にわたって内戦が続き、飢饉(ききん)も生じたため、92年に[★★★]の部隊が派遣されたが、効果を上げられなかった。（早稲田大）

国連平和維持活動(こくれんへいわいじかつどう)（PKO）

□27 ★★ 1990年、**ルワンダ**では少数派の[★★]人と多数派の[★★]人との内戦が生じ、多数派が少数派を虐殺(ぎゃくさつ)した。（東京大、立教大）

◆ルワンダでは難民が発生し、難民キャンプ内で伝染病が流行するなど悲惨な状況となった。

ツチ人, フツ人

□28 ★★ 1975年、**東アフリカ東岸**の**モザンビーク**が[★★]から独立した。（南山大）

ポルトガル

□29 ★★★ 1975年に**ポルトガル**から独立した**アフリカ南西**の[★★★]は、独立の前後にアメリカ・ソ連・中国・キューバ・南アフリカなどの干渉を受け、独立後も長く内戦に苦しんだ。（京都大）

☞アンゴラ内戦は2002年に終結した。1975年に**ポルトガル**から独立したアフリカの国はアンゴラとモザンビークの2カ国。セットで覚えよう。

アンゴラ

□30 ★★ 1964年、**北ローデシア**は黒人政権の[★★]として[★]から独立した。（成蹊大）

ザンビア共和国(きょうわこく), イギリス

□31 ★★ 1965年、**南ローデシア**は白人政権が独立を宣言したため混乱が起こり、80年に**黒人が白人を打倒**して[★★]が成立した。（成蹊大）

ジンバブエ

□32 ★★★ イギリス自治領時代の南アフリカ連邦では、白人政府が [★★★] と呼ばれる極端な**人種差別・隔離政策**を採用したため、1923年に [★★★] が結成され、反対闘争が起こった。 (青山学院大)

アパルトヘイト, アフリカ民族会議(ANC)

□33 ★★★ 南アフリカ連邦は、**1961年**に [★★★] としてイギリス連邦から離脱したが、20世紀末までアパルトヘイトを実施していた。 (関西学院大)

南アフリカ共和国

□34 ★★ **1991年**、南アフリカ共和国では、**白人**の [★★] 大統領がアパルトヘイトを撤廃した。 (早稲田大)

デクラーク

□35 ★★★ 南アフリカ共和国では、1994年にANC議長であった [★★★] が**南アフリカ初の黒人大統領**に就任した。 (東京大、学習院大)

◆1990年に27年間の獄中生活から解放されたマンデラは、93年にノーベル平和賞を受賞、その翌年に大統領に就任した。

マンデラ

アフリカ諸国の連帯

□36 ★★ [★★] はアメリカの黒人の市民権確立を目指し、また、アフリカの自立を目標とする [★★] にも取り組んだ。 (昭和女子大)

デュボイス, パン=アフリカニズム

□37 ★★★ 1963年、アフリカ諸国は [★★★] を結成し、本部をエチオピアの [★★] に置いた。 (東京大、京都大)

◆1963年の**アフリカ諸国首脳会議**で結成が決められた。

アフリカ統一機構(OAU), アディスアベバ

□38 ★★★ 2002年、OAUが発展改組し、[★★★] が結成された。

◆2024年時点で55の国・地域が加盟している。 (南山大)

アフリカ連合(AU)

13 ラテンアメリカ戦後史

ANSWERS □□□

□1 ★★★ 1959年、キューバ出身の［★★★］とアルゼンチン出身のゲバラを指導者とする［★★★］革命が起こった。（センター、青山学院大）

カストロ, キューバ革命

□2 ★★★ カストロは、キューバ革命で親米的な［★★★］独裁政権を倒した。（立教大）

◆カストロは革命後に首相に就任し、2008年までキューバの軍、党、政府の最高指導者として実権を握った。2016年に死去。

バティスタ

□3 ★★★ キューバ革命後、カストロ政権が［★★★］資本の企業を国有化すると、1961年、アメリカの［★★］大統領は**キューバと断交**した。（センター）

◆キューバとアメリカの断交はアイゼンハワー大統領の任期切れ17日前に行われた。その後、**正式に国交を回復するのは民主党のオバマ大統領時代**の2015年である（キューバの雪どけ）。

アメリカ, アイゼンハワー

□4 ★★★ アメリカがキューバとの国交を断絶すると、カストロは［★★★］宣言を発表してソ連寄りの姿勢を強めた。（上智大）

社会主義(しゃかいしゅぎ)宣言

□5 ★★★ 1962年、**ソ連がキューバにミサイル基地の建設を図った**ことがきっかけで［★★★］が発生した。（上智大）

キューバ危機(きき)

□6 ★★★ カストロとともにキューバ革命を指導した［★★★］は、**ラテンアメリカ各地の革命に参加**したが、1967年に［　］で軍に捕らえられ、処刑された。（関西学院大）

ゲバラ, ボリビア

□7 ★★ 1983年、アメリカのレーガン政権はキューバとの関係を深めたカリブ海の小国［★★］に侵攻し、**政権を打倒**した。（東京大）

グレナダ

□8 ★★ **ニカラグア**では、1979年に**サンディニスタ民族解放戦線**による［★★］革命が成功し、［★★］独裁政権が倒された。（上智大）

ニカラグア革命, ソモサ

□9 ★★★ 1970年、**チリ**では史上初の選挙による［★★★］主義政権が誕生し、大統領に就任した［★★★］は、銀行など主要産業の［★］化を行った。（センター、上智大）

社会(しゃかい)主義, アジェンデ, 国有(こくゆう)化

□10 ★★ 1973年、**チリ**で［★★］将軍がクーデタを起こしてアジェンデ政権を打倒した。この事件後、**チリは軍事独裁政権**に移行した。(センター、上智大)

ピノチェト

◆大量虐殺などの人権蹂躙が国際的な批判を浴びながらも、1990年に辞任するまでピノチェトによる軍部独裁政権が続いた。

□11 ★★ **アルゼンチン**では、1946年に大統領となった［★★］が基幹産業の国営化などに加えて、反米的な民族主義に基づく社会改革を行った。(早稲田大)

ペロン

□12 ★★ **1982年**、**アルゼンチン**は**イギリス**のサッチャー政権との間に［★★］戦争を起こした。(センター)

フォークランド戦争

◆アルゼンチン沖のフォークランド諸島（アルゼンチン名はマルビナス諸島）の領有をめぐる争いである。もともとイギリス領だったが、アルゼンチンが侵攻したことで勃発した。結果、イギリスが勝利し、1990年には国交を回復した。

□13 ★ 1951年、**グアテマラ**で左翼政権が発足し、土地改革などを行ったが、54年に［★］の介入で倒された。(慶應義塾大)

中央情報局(CIA)

□14 ★ 1930～50年代にかけて、**ブラジル**の［★］大統領は**民族主義政策のもとで経済発展を目指した。**(関西学院大)

ヴァルガス

□15 **ベネズエラ**では、20世紀末に大統領に就任した［　］が独裁政治を行い、政治や経済が混乱した。(慶應義塾大)

チャベス

□16 ★★★ 1947年、ブラジルのリオデジャネイロで［★★］協定が締結された。翌48年には第9回パン=アメリカ会議で［★★★］が成立し、［★★］海地域での**反共体制**が構築された。(センター)

リオ協定, 米州機構(OAS), カリブ海

◆OASは南北アメリカの21カ国による反共協力組織となった。

□17 ★★★ 1994年に発効した［★★★］は、［★★★］・［★★★］・メキシコによる自由貿易協定である。(早稲田大)

北米自由貿易協定(NAFTA), アメリカ, カナダ ※順不同

◆2020年、NAFTAは新たにアメリカ=メキシコ=カナダ協定(USMCA)となった。

□18 ★ 1995年に発足した［★］は、ブラジル・アルゼンチン・ウルグアイ・パラグアイによる共同市場で、域内の関税撤廃などを目指した。(南山大)

南米南部共同市場(MERCOSUR)

14 20世紀の文化

ANSWERS □□□

哲学・思想

□1 ★ 厭世(えんせい)主義(ペシミズム)を説いたドイツの[★]は、『意志と表象(ひょうしょう)としての世界』を著した。(予想問題)

◆当時の西洋哲学には珍しく、彼の思想には東洋の仏教思想の影響が強くみられる。

ショーペンハウアー(ショーペンハウエル)

□2 ★ ドイツの実存主義哲学者[★]は、『存在と時間』で**独自の存在論を展開**した。(予想問題)

◆ハイデッガーが1930年代にナチ党に加担していたことは、後に大きな論争を引き起こした。

ハイデッガー(ハイデガー)

□3 ★★ フランスの実存主義哲学者[★★]は、**『存在と無』**で現象学的な存在論を展開した。(予想問題)

◆彼は「いかなる人も生きている間に神聖化されるに値しない」として**ノーベル文学賞を辞退**した。

サルトル

□4 ★★★ **オーストリアの精神医学者**[★★★]は、意識の表層の下に巨大な無意識の深層が隠れているとし、[　]の分析を精神治療に初めて取り入れた。(東京大)

◆フロイトが発見したエディプス・コンプレックス(＝男子が同性の父親を憎み、母親を思慕する傾向)は、古代ギリシア神話の「オイディプス王」にちなんで名付けられた。

フロイト，夢(ゆめ)

□5 ★★★ **アメリカの教育学者**[★★★]は、プラグマティズムを大成した。(予想問題)

◆プラグマティズムは実用主義とも訳され、20世紀初頭のアメリカ思想の主流となった。デューイの主著は『民主主義と教育』。

デューイ

□6 ★★ フランスの人類学者で**構造主義**を唱えた[★★]は、『悲しき熱帯』を著した。(慶應義塾大)

レヴィ=ストロース

歴史学・社会学・経済学

□7 ★★ ドイツの社会学者[★★]は、**『プロテスタンティズムの倫理と資本主義の精神』**を著した。(関西学院大)

マックス=ヴェーバー

□8 ★★ ドイツのシュペングラーは、『[★★]』で第一次世界大戦後のヨーロッパ文明の衰退を予言した。(予想問題)

西洋(せいよう)の没落(ぼつらく)

□9 ★ 1980年代頃から、第三世界に対する西洋側の偏見を批判する[★]研究が注目されるようになった。(関西大)

ポスト=コロニアル

□10 ★ アメリカの［★］による『**オリエンタリズム**』は、ポスト=コロニアル研究の起点となった。（関西大）

サイード

文学・絵画

□11 ★★★ アメリカの［★★★］は、第一次世界大戦の経験から『**武器よさらば**』を著した。また、自らが国際義勇兵として参加したスペイン内戦を舞台に『［★★★］』を著した。（青山学院大、慶應義塾大）

ヘミングウェー，誰(た)がために鐘(かね)は鳴(な)る

□12 ★★ スペイン内戦に国際義勇兵として参加したイギリスの［★★］は、その様子を小説『**カタロニア賛歌(さんか)**』で表現した。（明治大）

オーウェル

□13 ★★ フランスの［★★］は、［　］主義の立場から戦争やファシズムに反対した。代表作は『**ジャン=クリストフ**』である。（関西学院大）

◆ロマン=ロランは1915年、ノーベル文学賞を受賞した。

ロマン=ロラン，人(じん)道(どう)主義

□14 フランスのサルトルは、作家としては『［　］』を著した。（東海大）

嘔吐(おうと)

□15 ★★ ドイツの［★★］は、『**魔(ま)の山**』『ファウスト博士』などを著した。（予想問題）

◆トーマス=マンは1929年、ノーベル文学賞を受賞した。33年に成立したナチ党政権に反対し、アメリカに亡命した。

トーマス=マン

□16 ★★ ドイツの［★★］は、自身の第一次世界大戦での経験から、反戦小説『**西部戦線異状(いじょう)なし**』を著した。（予想問題）

レマルク

□17 ★★★ 中国の［★★★］は、雑誌『新青年』で［★★★］文学を提唱した。（センター）

◆胡適は1910年に**アメリカに留学した**。新文化運動の一環であるこの口語文学運動は、**文学革命**と呼ばれる。

胡適(こせき/こてき)，白話(はくわ)文学（口語(こうご)文学）

□18 ★★ 中国の魯迅(ろじん)は、文学による中国人の精神的改造を目指し、『［★★］』『［★★］』などの文学作品を発表した。（センター）

◆魯迅は中国から官費で日本の仙台へ留学し、医学を学んだ。『狂人日記』は『新青年』に掲載された小説で、白話文学を実践した最初の作品である。

狂人日記(きょうじんにっき)，阿Q正伝(あきゅうせいでん) ※順不同

□19 コロンビアの作家［★］は『百年の孤独』を著し、1982年に**ノーベル文学賞**を受賞した。(慶應義塾大)
★

ガルシア=マルケス

□20 フランスのマティスは、単純化された構図と豊かな色彩を特色とする［★］の画家である。(早稲田大)
★

野獣派(フォーヴィスム)

□21 20世紀初頭、自然を球や円錐などの立体ととらえる［★★］の絵画は、伝統的な遠近法に基づく絵画技法を一変させた。(関西学院大)
★★

立体派(キュビスム)

□22 キュビスムの画家［★★★］は、ナチ党の無差別爆撃を非難して「［★★★］」を描いた。(関西大)
★★★

◆ゲルニカは、爆撃を受けたスペインの小都市である。その他の代表作は、「**アヴィニョンの娘たち**」など。

ピカソ,
ゲルニカ

□23 スペインのダリは、潜在意識を表現する［★★］の代表的画家である。(関西学院大)
★★

シュルレアリスム(超現実主義)

□24 メキシコ壁画運動の中心人物であり、メキシコ革命にも参加した画家は［★］である。(慶應義塾大)
★

シケイロス

□25 20世紀初頭、［★］は調性を放棄した十二音技法を完成させた。(立教大)
★

シェーンベルク

科学技術

□26 第二次世界大戦中、アメリカでは**軍事目的**で新技術の［★］の開発が進められた。(東京大)
★

コンピュータ

□27 1980年代、コンピュータ技術に基づいた［　］と呼ばれる新たな出版の形態が生み出された。(東京大)

電子出版

□28 ［★★］年の**第４次中東戦争で石油危機**が起こり、脱石油が叫ばれると、［★］発電への転換が推進された。(センター)
★★

◆石油危機後、先進国では**省エネルギー化**を目指す政策が進められた。日本ではエネルギーの消費量が多い鉄鋼分野などに代わり、コンピュータなどの**ハイテクノロジー産業**が発展した。

1973,
原子力発電

□29 軍事技術者の**通信手段**として発達した［★★★］は、［★］年代に世界規模での商業利用が拡大した。(早稲田大)
★★★

◆1995年のWindows95（マイクロソフト社）の発売を機に、一般ユーザに広くコンピュータとインターネットが普及した。

インターネット,
1990

□30 ★ ドイツの［★］は、**アンモニアの合成方法**を開発した他、兵器として**毒ガス**を開発した。（慶應義塾大）
ハーバー

□31 ★★★ **ユダヤ系物理学者**［★★★］は、**相対性理論**(そうたいせいりろん)を提唱して物理学に変革をもたらした。（予想問題）
アインシュタイン

◆アインシュタインはユダヤ系であったため、ドイツにナチ党政権が成立するとアメリカへ亡命した。哲学者ラッセルと核兵器廃絶を訴えるなど平和活動に従事(じゅうじ)した。

□32 ★★ ドイツの［★★］は、**量子力学**の研究を行い、不確定性原理を提唱した。（慶應義塾大）
ハイゼンベルク

□33 ★ 1920年代のアメリカでは、自動車や家電製品などの生産方法に［★］が導入され、大量生産・大量消費**の時代が到来**した。（試行調査）
ベルトコンベアー

□34 ★★★ 20世紀前半、アメリカの［★★★］は、「組み立てライン」方式による**自動車の大量生産**に成功した。（早稲田大）
フォード

□35 ★★★ **20世紀初頭**、アメリカの［★★★］兄弟は、飛行機を開発して**世界初の飛行**に成功した。（センター）
ライト兄弟

□36 ★★ 1920年代のアメリカでは、［★★］の普及など、**情報通信技術の発達**が大衆文化の発展を後押しした。（センター）
ラジオ

□37 ★★ 1962年、海洋学者［★★］は『**沈黙**(ちんもく)**の春**』を出版し、**環境破壊を問題視**した。（慶應義塾大）
レイチェル=カーソン

□38 ★ 米ソ間の宇宙開発競争の中で、1961年、ソ連の［★］は**宇宙への有人飛行に初めて成功**した。（明治学院大）
ガガーリン

◆彼は宇宙から地球を見て、「**地球は青かった**」という名言を残した。1968年、飛行機での訓練中に事故が起き、34歳の若さで他界した。

□39 ★ 1969年7月、アメリカは［★］号を打ち上げ、人類初の［★］着陸を成功させた。（センター）
アポロ11号, 月面(げつめん)着陸

◆船長のアームストロングは人類史上初めて月面に降り立った。月面で最初の一歩を踏み出した彼は「これは一人の人間にとっては小さな一歩だが、人類にとっては大きな躍進(やくしん)だ」と語った。

□40 ★ 20世紀、イギリスの［★］は世界初の**抗生物質**ペニシリンを発見した。（慶應義塾大）
フレミング

□41 ★ 1996年、イギリスの研究チームが誕生させた［★］羊の**ドリー**は、分子生物学を基盤とする［　］の技術を用いたものである。（早稲田大）
クローン, 生命工学(せいめいこうがく)（遺伝子工学(いでんしこうがく), バイオテクノロジー）

□42 ★ 1920年代、ラジオや映画が普及すると、アメリカを中心に［★］文化が花開いた。（予想問題）

大衆文化

□43 ★★★ 20世紀初頭、アメリカ南部のニューオーリンズで**黒人の音楽**をルーツとする［★★★］など、新たな音楽ジャンルが生まれた。（慶應義塾大、早稲田大）

ジャズ

□44 ★ 1960年代後半、ヒッピーと呼ばれる若者たちを中心に**既成文化を批判**する［★］が生まれた。（早稲田大）

◆カウンター=カルチャーの背景には、**ベトナム反戦運動**や**女性解放運動**の高まりがあった。

カウンター=カルチャー

□45 ★ 1950年代、アメリカを中心に［★］音楽が流行し、62年にイギリスで［★］がデビューすると一大ブームが起こった。（共立女子大）

ロック、ビートルズ

□46 1969年、アメリカのニューヨーク州で**大規模な野外コンサート**の［　］が開催された。（センター）

◆ジミ=ヘンドリックスやザ・フー、ジョー=コッカーなどが出演し、反戦・人種差別への抗議などとロックの理想主義が融合したイベントであった。

ウッドストック=フェスティバル

□47 1937年、［　］兄弟は**世界初のカラー長編アニメーション映画「白雪姫」**を製作した。（京都大）

◆1955年にはカリフォルニア州アナハイムにディズニーランドが開園した。弟のウォルトは開園に際し「ディズニーランドは永遠に完成しない。世界に想像力がある限り、成長し続けるだろう」と語った。

ディズニー兄弟

□48 ★★ イギリス出身の俳優・映画監督の［★★］は多くの**コメディー映画**を制作した。代表作には現代社会の人間疎外を描いた「［★］」（1936年）、**ヒトラーを風刺した**「独裁者」（40年）がある。（慶應義塾大）

チャップリン

モダン=タイムス

15 地球環境問題

ANSWERS □□□

□1 産業革命以降、化石燃料などの大量消費によって［　　］や［　　］などの**公害**が増加した。（予想問題）

大気汚染，水質汚濁 ※順不同

□2 ★ 1972年、スウェーデンの［★］で［★］が開かれ、**初めて国際的に環境問題が議論された。**（慶應義塾大）

ストックホルム，国連人間環境会議

歴総 □3 ★★★ 1979年にアメリカのスリーマイル島原子力発電所で、86年にソ連（現ウクライナ）の［★★★］原子力発電所で、2011年に日本の［★★★］原子力発電所で事故が発生し、**放射性物質が流出**した。（予想問題）

チョルノービリ（チェルノブイリ）原子力発電所，福島第一原子力発電所

□4 **フランス**領ポリネシア内の［　　］環礁では、1966年以来フランスが**核実験**を繰り返したため、この島を中心に核実験反対の運動が展開された。（上智大）

ムルロア環礁

□5 ムルロア環礁での核実験を受け、南太平洋フォーラムで［　　］条約が成立し、南太平洋地域は**非核地帯**となった。（慶應義塾大）

◆南太平洋フォーラムとは、**オーストラリア**や**ニュージーランド**などの南太平洋諸国の地域協力機構である。

ラロトンガ条約

□6 ★★★ 1992年、リオデジャネイロで開催された「［★★★］」（地球サミット）では、「［★★］な開発」の理念を掲げる**リオ宣言**と、その実現を目指す**アジェンダ21**計画が採択された。（早稲田大）

◆この会議には、172カ国と環境問題に取り組む非政府組織（NGO）らが参加した。

環境と開発に関する国連会議，持続可能な開発

□7 ［　　］は、国際的に環境保護活動を展開する非政府組織である。（早稲田大）

グリーンピース

歴総 □8 ★★★ 1997年、気候変動枠組み条約第3回締約国会議（COP3、地球温暖化防止京都会議）で［★★★］が採択され、**温室効果ガスの排出削減数値目標を設定**した。（同志社大）

京都議定書

歴総 □9 ★★★ 2015年、気候変動枠組み条約第21回締約国会議（COP21）で［★★★］が採択され、21世紀後半に**温室効果ガスの排出量を実質ゼロ**にする目標を設定した。（慶應義塾大）

パリ協定

巻末付録

索引

INDEX

この索引には、問題文の空欄に入る「正解」が五十音順（略語はアルファベット順）に整理されています。ただし、「世界史用語ではない一般用語や数字」「地名・国名」などは、原則として除いています。

※問題文・注釈中で赤文字になっている世界史用語は掲載していません。

【凡例】

※列の左側にある「-あ」「-い」などの赤文字は、「用語の二文字目の読み」です。例えば、「始皇帝（しこうてい）」は し 列の「-こ」を検索すればすぐに見つかるなど、検索性が高まるよう工夫されています。

※用語の右側にある数字はページ数です。複数のページに記載がある用語は、解答の仕方によって表記が異なる場合もありますが、索引では表記を統一しています。

あ PAGE▼

え

お

き

く

け

こ

さ

し

す

せ

そ

た

ち

つ

て

な

に

ぬ

ね

の

は

ひ

ふ

へ

ほ

り

る

れ

【略語索引】

白地図

メモや知識の整理など、自由にご活用ください。

【訂正のお知らせはコチラ】 

本書の内容に万が一誤りがございました場合は，東進 WEB 書店（https://www.toshin.com/books/）の本書ページにて随時お知らせいたしますので，こちらをご確認ください。☞

大学受験　高速マスターシリーズ

世界史一問一答【完全版】4th edition

発行日：2024 年 7 月 25 日　初版発行
2024 年 8 月 20 日　第 2 版発行

監　修：**加藤和樹**

発行者：**永瀬昭幸**

発行所：株式会社ナガセ
〒180-0003　東京都武蔵野市吉祥寺南町 1-29-2
出版事業部（東進ブックス）
TEL：0422-70-7456 ／ FAX：0422-70-7457
www.toshin.com/books（東進WEB書店）
（本書を含む東進ブックスの最新情報は、東進WEB書店をご覧ください）

編集担当：山村帆南

編集協力：深澤美貴　木下千尋　甲斐早人　城谷颯　湯本実果里　黒川千智
カバーデザイン：LIGHTNING
本文イラスト：新谷圭子
本文デザイン：東進ブックス編集部
印刷・製本：シナノ印刷株式会社
音声制作：青木めぐ　山城絢奈　萬海歌ほか（朗読部屋Studio）
音声出演：朗読むすめ（青木めぐ　辻紗樹　三浦菜摘　美波花音）

ISBN978-4-89085-964-1　C7322

東進の合格の秘訣が次ページに

合格の秘訣1

全国屈指の実力講師陣

東進の実力講師陣 数多くのベストセラー参考書を執筆!!

東進ハイスクール・東進衛星予備校では、そうそうたる講師陣が君を熱く指導する！

本気で実力をつけたいと思うなら、やはり根本から理解させてくれる一流講師の授業を受けることが大切です。東進の講師は、日本全国から選りすぐられた大学受験のプロフェッショナル。何万人もの受験生を志望校合格へ導いてきたエキスパート達です。

英語

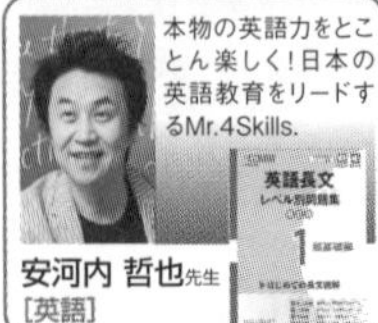

本物の英語力をとことん楽しく！日本の英語教育をリードするMr.4Skills.

安河内 哲也先生 [英語]

100万人を魅了した予備校界のカリスマ。抱腹絶倒の名講義を見逃すな！

今井 宏先生 [英語]

爆笑と感動の世界へようこそ。「スーパー速読法」で難解な長文も速読即解！

渡辺 勝彦先生 [英語]

雑誌『TIME』やベストセラーの翻訳も手掛け、英語界でその名を馳せる実力講師。

宮崎 尊先生 [英語]

いつのまにか英語を得意科目にしてしまう、情熱あふれる絶品授業！

大岩 秀樹先生 [英語]

全世界の上位5％(PassA)に輝く、世界基準のスーパー実力講師！

武藤 一也先生 [英語]

関西の実力講師が、全国の東進生に「わかる」感動を伝授。

慎 一之先生 [英語]

数学

数学を本質から理解し、あらゆる問題に対応できる力を与える珠玉の名講義！

志田 晶先生 [数学]

論理力と思考力を鍛え、問題解決力を養成。多数の東大合格者を輩出！

青木 純二先生 [数学]

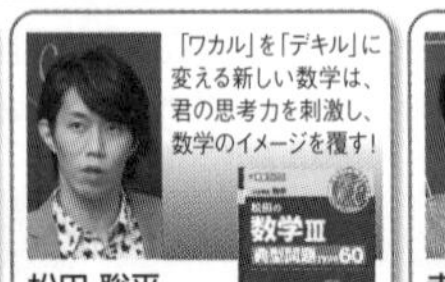

「ワカル」を「デキル」に変える新しい数学は、君の思考力を刺激し、数学のイメージを覆す！

松田 聡平先生 [数学]

明快かつ緻密な講義が、君の「自立した数学力」を養成する！

寺田 英智先生 [数学]

ココが違う 東進の指導

01 人にしかできないやる気を引き出す指導

夢と志は志望校合格への原動力！

夢・志を育む指導

東進では、将来を考えるイベントを毎月実施しています。夢・志は大学受験のその先を見据える、学習のモチベーションとなります。仲間とワクワクしながら将来の夢・志を考え、さらに志を言葉で表現していく機会を提供します。

一人ひとりを大切に 君を個別にサポート

担任指導

東進が持つ豊富なデータに基づき君だけの合格設計図をともに考えます。熱誠指導でどんな時でも君のやる気を引き出します。

受験は団体戦！ 仲間と努力を楽しめる

チーム制

東進ではチームミーティングを実施しています。週に1度学習の進捗報告や将来の夢・目標について語り合う場です。一人じゃないから楽しく頑張れます。

現役合格者の声

東京大学 文科一類
中村 誠雄くん
東京都 私立 駒場東邦高校卒

林修先生の現代文記述・論述トレーニングは非常に良質で、大いに受講する価値があると感じました。また、担任指導やチームミーティングは心の支えでした。現状を共有でき、話せる相手がいることは、東進ならではで、受験という本来孤独な闘いにおける強みだと思います。

02 人間には不可能なことを AI が可能に

学力×志望校 一人ひとりに最適な演習をAIが提案！

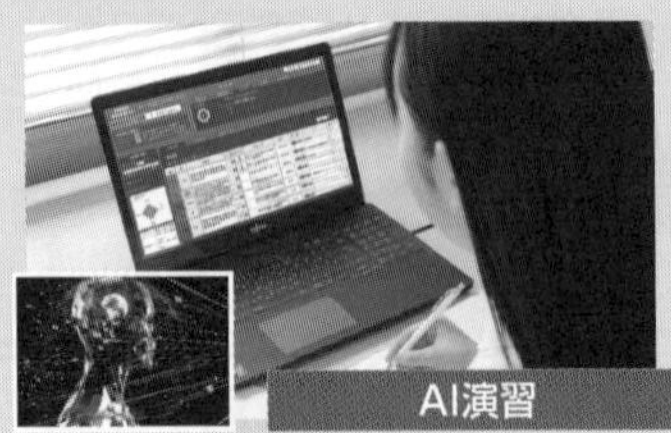

AI演習

東進のAI演習講座は2017年から開講していて、のべ100万人以上の卒業生の、200億題にもおよぶ学習履歴や成績、合否等のビッグデータと、各大学入試を徹底的に分析した結果等の教務情報をもとに年々その精度が上がっています。2024年には全学年にAI演習講座が開講します。

AI演習講座ラインアップ

高3生 苦手克服＆得点力を徹底強化！

「志望校別単元ジャンル演習講座」
「第一志望校対策演習講座」
「最難関4大学特別演習講座」

高2生 大学入試の定石を身につける！

「個人別定石問題演習講座」

高1生 素早く、深く基礎を理解！

「個人別基礎定着問題演習講座」 2024年夏 新規開講

現役合格者の声

千葉大学 医学部医学科
寺嶋 伶旺くん
千葉県立 船橋高校卒

高1の春に入学しました。野球部と両立しながら早くから勉強をする習慣がついていたことは僕が合格した要因の一つです。「志望校別単元ジャンル演習講座」は、AIが僕の苦手を分析して、最適な問題演習セットを提示してくれるため、集中的に弱点を克服することができました。

東進ハイスクール
在宅受講コースへ

「遠くて東進の校舎に通えない……」。そんな君も大丈夫！ 在宅受講コースなら自宅のパソコンを使って勉強できます。ご希望の方には、在宅受講コースのパンフレットをお送りいたします。お電話にてご連絡ください。学習・進路相談も随時可能です。 **0120-531-104**

03 本当に学力を伸ばすこだわり

楽しい！わかりやすい！そんな講師が勢揃い

実力講師陣

わかりやすいのは当たり前！おもしろくてやる気の出る授業を約束します。1・5倍速×集中受講の高速学習。そして、12レベルに細分化された授業を組み合わせ、スモールステップで学力を伸ばす君だけのカリキュラムをつくります。

英単語1800語を最短1週間で修得！

高速マスター

基礎・基本を短期間で一気に身につける「高速マスター基礎力養成講座」を設置しています。オンラインで楽しく効率よく取り組めます。

本番レベル・スピード返却学力を伸ばす模試

東進模試

常に本番レベルの厳正実施。合格のために何をすべきか点数でわかります。WEBを活用し、最短中3日の成績表スピード返却を実施しています。

パーフェクトマスターのしくみ

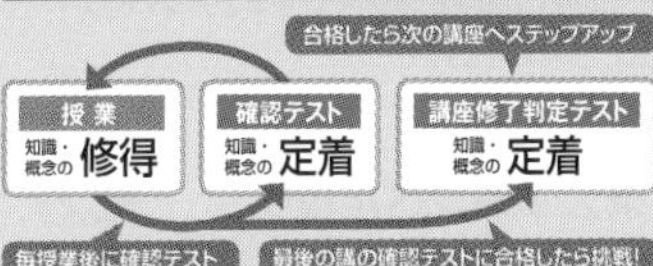

現役合格者の声

早稲田大学 基幹理工学部
津行 陽奈さん
神奈川県 私立 横浜雙葉高校卒

私が受験において大切だと感じたのは、長期的な積み重ねです。基礎力をつけるために「高速マスター基礎力養成講座」や授業後の「確認テスト」を満点にすること、模試の復習などを積み重ねていくことでどんどん合格に近づき合格することができたと思っています。

ついに登場！

君の高校の進度に合わせて学習し、定期テストで高得点を取る！

高等学校対応コース

目指せ！「定期テスト」20点アップ！
「先取り」で学校の勉強がよくわかる！

楽しく、集中が続く、授業の流れ

1. 導入

授業の冒頭では、講師と担任助手の先生が今回扱う内容を紹介します。

2. 授業

約15分の授業でポイントをわかりやすく伝えます。要点はテロップでも表示されるので、ポイントがよくわかります。

3. まとめ

授業が終わったら、次は確認テスト。その前に、授業のポイントをおさらいします。

合格の秘訣3 **東進模試**

申込受付中
※お問い合わせ先は付録7ページをご覧ください。

学力を伸ばす模試

本番を想定した「厳正実施」
統一実施日の「厳正実施」で、実際の入試と同じレベル・形式・試験範囲の「本番レベル」模試。
相対評価に加え、絶対評価で学力の伸びを具体的な点数で把握できます。

12大学のべ42回の「大学別模試」の実施
予備校界随一のラインアップで志望校に特化した"学力の精密検査"として活用できます(同日・直近日体験受験を含む)。

単元・ジャンル別の学力分析
対策すべき単元・ジャンルを一覧で明示。学習の優先順位がつけられます。

最短中5日で成績表返却
WEBでは最短中3日で成績を確認できます。※マーク型の模試のみ

合格指導解説授業
模試受験後に合格指導解説授業を実施。重要ポイントが手に取るようにわかります。

2024年度

東進模試 ラインアップ

共通テスト対策
- 共通テスト本番レベル模試 全4回
- 全国統一高校生テスト(全学年統一部門)(高2生部門)(高1生部門) 全2回

同日体験受験
- 共通テスト同日体験受験 全1回

記述・難関大対策
- 早慶上理・難関国公立大模試 全5回
- 全国有名国公私大模試 全5回
- 医学部82大学判定テスト 全2回

基礎学力チェック
- 高校レベル記述模試(高2)(高1) 全2回
- 大学合格基礎力判定テスト 全4回
- 全国統一中学生テスト(全学年統一部門)(中2生部門)(中1生部門) 全2回
- 中学学力判定テスト(中2生)(中1生) 全4回

※ 2024年度に実施予定の模試は、今後の状況により変更する場合があります。
最新の情報はホームページでご確認ください。

大学別対策
- 東大本番レベル模試 全4回
- 高2東大本番レベル模試 全4回
- 京大本番レベル模試 全4回
- 北大本番レベル模試 全2回
- 東北大本番レベル模試 全2回
- 名大本番レベル模試 全3回
- 阪大本番レベル模試 全3回
- 九大本番レベル模試 全3回
- 東工大本番レベル模試[第1回] 東京科学大本番レベル模試[第2回] 全2回
- 一橋大本番レベル模試 全2回
- 神戸大本番レベル模試 全2回
- 千葉大本番レベル模試 全1回
- 広島大本番レベル模試 全1回

同日体験受験
- 東大入試同日体験受験 全1回
- 東北大入試同日体験受験 全1回
- 名大入試同日体験受験 全1回

直近日体験受験 各1回
- 京大入試 直近日体験受験
- 北大入試 直近日体験受験
- 阪大入試 直近日体験受験
- 九大入試 直近日体験受験
- 東京科学大入試 直近日体験受験
- 一橋大入試 直近日体験受験

※2024年4月現在

世界の主な地形

※赤シートで地形名を隠して学習しましょう。